兩晉南北朝史　下

# 吕思勉全集

6

# 第十七章　晉南北朝社會組織

## 第一節　昏　制

去古漸遠,則一切社會制度隨社會組織而有變遷。古者貴族之家,皆有妾媵,然其以一人拘多女,實反不如後世富者之甚,故諸侯不再娶之禮,與其一娶九女并存。迨於後世,封建之制既絶,於是繼娶之禮興,而前娶與後繼,皆爲適室矣。① 陳舒謂:"自秦、漢以來,廢一娶九女之制,近世無復繼室之禮,先妻卒則更娶,苟生加禮,則亡不應貶。"見《晉書‧禮志》。《魏律》正殺繼母與親母同,見《晉書‧刑法志》。《北史‧節義‧劉孝翊傳》引《令》,爲人後者,父母殁并解官,申其心喪,父卒母嫁,爲父後者雖不服,亦申心喪,繼母嫁不解官,此自因繼母非天屬之親,嫁則恩義不存故爾,非其地位與正室有殊也。此自社會漸趨平等使然,然一切制度,不能一變則其餘與之俱變,故其彼此之間,轉有不能和協者。《顔氏家訓‧後娶篇》云:"江左不諱庶孽,喪室之後,多以妾媵終家事。疥癬蚊蝱,或未能免,限以大分,故希鬥閲之恥。河北鄙於側出不豫人流,是以必須重娶至於三四,《北史‧李叔彪傳》:孫象,喪妻無子,終竟不娶,論者非之。 母年有少於子者。後母之弟,與前婦之兄,衣服、飲食,爰及婚、宦,至於士庶、貴賤之隔,俗以爲常。身殁之後,辭訟盈公門,謗辱彰道路。子誣母爲妾,弟黜兄爲傭;播揚先人之辭迹,暴露祖考之長短;以求直己者,往往而有。"又曰:"凡庸之性,後夫多寵前夫之孤,後妻必虐前妻之子。非惟婦人懷嫉妒之情,丈夫有沈惑之辟,亦事勢使之然也。前夫之孤,不敢與我子爭家,提攜鞠養,積習生愛,故寵之。前妻之子,每居己生之上,宦學、婚嫁,莫不爲防焉,故虐之。異姓寵則父母被怨,繼親虐則兄弟爲讎,家有此者,皆門户之禍也。"蓋適妾之别,其分自明,至前後妻則貴賤相等,而其子之爭斯起矣。此封建之世妻妾之制既更,而承襲之制,不隨之而俱變,有以致之也。

---

① 婚姻:繼室亦爲適。

繼室之禮既廢，爲妾媵者，可升爲正適乎？《晉書·武帝紀》：泰始十年，詔曰："嫡庶之別，所以辨上下，明貴賤，而近世以來，多階内寵，登妃后之職，亂尊卑之序。自今以後，皆不得登用妾媵，以爲適正。"此非指并后、匹適言，乃謂正妻亡歿、離絶，仍不得以妾媵繼之也。孫騰妻死，正其妾賈爲妻；夏侯道遷不娶正室，惟有庶子數人；自中國人言之，其非禮甚矣。《晉書·后妃傳》：元帝簡文宣鄭大后，嘉平時，羣臣希旨，謂應配食元帝。徐邈言："子孫豈可爲祖考立配？[1] 崇尊盡禮，由於臣子，故得稱大后，祔葬配食，義所不可。"從之。《宋書·臧燾傳》：孝武帝追崇庶祖母宣大后，議者或謂宜配食中宮，燾亦以爲不可。則雖死後，亦不容儕於適室矣。當時諸王之所生母，率緣母以子貴之義，班秩視子爲序，故多封爲其國大妃。然亦有并此而不得者，魏齊郡王簡之子祐，母常氏孝文帝以納不以禮，不許爲妃是也。宣武以母從子貴，特拜爲齊國大妃，此自中國人觀之，已爲非禮。至北齊高歸彦封爲平秦王，嫡妃康及所生母王氏并爲大妃，則更爲禮所不容矣。

二適爲禮所不許，然時直非常，則有非常之事，即禮、律亦有難言之者。《晉書·禮志》：大康元年，東平王楙上言："王昌父毖，本居長沙，有妻息。漢末使入中國直吴叛，仕魏爲黄門郎，與前妻息生死隔絶，更娶昌母。今江表一統，昌聞前母久喪，當追成服，求平議。"其時議者：謝衡以爲"雖有二妻，蓋有故而然，不爲害於道，宜更相爲服"。張悝謂"《堯典》以釐降二女爲文，不殊嫡媵，而傳記亦以妃、夫人稱之，明不立正后。"蓋皆以爲無妨於二適者也。然二適實禮所不許，以其有故而許之，能保無故者之不矯託於有故乎？於是有欲彊絶其一者：虞溥謂"未有遭變而二適，更娶則絶前之證，故昌父更娶之辰，是前妻義絶之日"。許猛以爲地絶。衛恒謂地絶、死絶無異。李胤謂"大義滅親，毖爲黄門侍郎，江南已叛，不得以故妻爲妻"。皆欲彊求其説者也。然昌母何故當義絶？説不可通。故議者或謂當同之於死而義不絶。地絶亦難質言，且亦難免狡詐者之藉口，而劉卞謂"地既通何故追絶之"，於義爲尤允矣。然則毖妻未故而地通，又將如何？大義滅親，説尤牽彊。江南叛，非毖之妻叛也。果如所言，有擅土而叛者，則一竟之民，未能自拔者，夫婦皆當離絶乎？虞溥謂毖"妻專一以事夫，夫懷貳以接己，開偽薄之風，傷貞信之義"；衛恒謂"絶前爲奪舊與新，爲禮、律所不許，人情所不安"；於義實恊。然人情非有妃匹，不能久安其處，當求歸不得之日，而必責以守信獨居，亦事之難行者也。當時又有陳説者，先娶零陵李繁姊。産四子而遭賊。於賊請活姑命。賊略將李去。説更

---

[1] 婚姻：子不得升母爲適。

娶嚴氏。生三子。繁後得姊消息，往迎還誑。誑籍注二妻。及李亡，誑疑制
服，以事言征西大將軍庾亮。府司馬王愆期議曰："誑有老母，不可以莫之養，
妻無歸期，納妾可也。李雖没賊，尚有生冀，誑尋求之理不盡，而便娶妻，誠誑
之短。其妻非犯七出。臨危請活姑命，可謂孝婦矣。議者欲令在没略之中，
必全苦操，有隕無二，是望凡人皆爲宋伯姬也。"夫社會之於貞節，恒偏責諸女
子，李繁姊在賊中，蓋已不能全節，而愆期之議猶如此，況王昌之母，未嘗失節
者乎？愆期又曰："後子不及前母，故無制服之文，然礿祠蒸嘗，未有不以前母
爲母者。亡猶母之，況其存乎？若能下之，則趙姬之義，若云不能，官當有制。
先適後繼，有自來矣。"干寶議愍事云："同産無適側之别，而先生爲兄；同爵無
等級之差，而先封爲長。二妻無貴賤之禮，則宜以先後爲秩。今生而同室者
寡，死而同廟者衆，及其神位，故有上下也。《春秋》賢趙姬遭禮之變而得禮
情。朝廷於此，宜導之以趙姬，齊之以詔命，使先妻恢含容之德，後妻崇卑讓
之道，室人達少長之序，百姓見變禮之中。若此，可以居生，又況於死乎？"説
與愆期同，似協於義。劉卞云：愍於南爲邦族，於北爲羇旅，以此名分言之，前妻爲元妃，後婦爲
繼室，於義似不甚安。然趙姬之美，非可責諸人人，使王昌之母，不甘爲妾，議者亦
無以難也，而可彊抑之乎？時又有吳國朱某，娶妻陳氏，生子東伯。入晉，晉賜
之妻某氏，生子綏伯。大康中，某已亡，綏伯將母以歸邦族，兄弟交愛敬之道，二
母篤先後之序；及其終也，二子交相爲服；可謂能行寶與愆期之議矣。然虞溥
云："伯夷讓孤竹，不可以爲後王法。"又安豐大守程諒，先已有妻，後又娶，遂立二
適。前妻亡，後妻子勳疑所服。荀勖議曰："昔鄉里鄭子羣，娶陳司空從妹。後
隔呂布之亂，不復相知存亡，更娶鄉里蔡氏女。徐州平定，陳氏得還，遂二妃并
存。蔡氏之子元靈，爲陳氏服適母之服，事陳公以從舅之禮。而族兄宗伯，責元
靈謂抑其親。"此亦不能責後妻之子若其親屬，不持此議也。於道爲又窮矣。此
誠禮律之所難言者也。此亦非禮律之過。有制度則必有所窮。所謂禮律者，亦
不過據一時之社會組織，而爲之制度耳，原不能通於萬變也。故曰："失道而後
德，失德而後仁，失仁而後義，失義而後禮；"又曰："禮者，忠信之薄而亂之首"也。
　　此等非常之事，亦有以法令濟其窮者，然終不能饜於人心也。沛國劉仲
武，先娶毌丘氏，生子正舒、正則。毌丘儉敗，仲武出其妻。娶王氏，生陶。仲
武爲毌丘氏别舍而不告絶。及毌丘氏卒，正舒求祔葬焉，而陶不許。舒不釋
服，訟於上下。泣血露骨，衰裳綴落。數十年不得從，以至死亡。此於舒爲可
哀，於陶不受責也。《賈充傳》：充前妻李氏，生二女：褒、裕。褒一名荃，裕一
名濬。父豐誅，李氏坐流徙。後娶郭配女。名槐，封廣城君。武帝踐阼，李以大赦

得還。帝特詔充置左右夫人。充母亦勑充迎李氏。郭槐怒，攘袂數充。充乃答詔，託以謙沖，不敢當兩夫人盛禮。而荃爲齊王攸妃，欲令充遣郭而還其母。時沛國劉含母，及帝舅羽林王虔前妻，皆毋丘儉孫女。此例既多，質之禮官，皆不能決。雖不遣後妻，多異居私通。充自以宰相，爲海内準則，乃爲李築室於永年里而不往來。荃、濬每號泣請充，充竟不往。會充當鎮關右，公卿供帳祖道，荃、濬懼充遂出，乃排幔出，於坐中叩頭流血，向充及羣僚陳母應還之意。衆以荃王妃，皆驚起而散。充甚愧愕，遣黄門將宫人扶去。既而郭槐女爲皇太子妃，帝乃下詔，斷如李比皆不得還。充薨，李氏二女欲令其母祔葬，賈后弗之許，及后廢，李氏乃得合葬焉。此等法令，隨朝局之轉移而轉移，終非人心之所安也。

　　晉武帝勑賈充置左右夫人，已爲非禮，魏收娶其舅女崔昂之妹，產一女，無子，魏大常劉芳孫女，中書郎崔肇師女，夫家坐事，齊文宣乃賜收爲妻，時人比之賈充，則更爲非禮矣。虜主固不足責也。收卒無子，後病甚，恐身後適媵不平，乃放二姬。然北人二妻者頗多。陸麗二妻：長杜氏，次張氏。長子定國，杜氏所生。娶河東柳氏，生子安保。後納范陽盧度世女，生昕之。二室俱爲舊族，而適妾不分。定國亡後，兩子爭襲父爵。僕射李沖，有寵於時，與度世子泉，此據《魏書·麗傳》。《北史》作伯源，皆避唐諱也。據《魏書·盧玄傳》，其人實名淵。昏親相好，遂左右申助昕之，由是承爵、尚主，職位赫奕。安保沈廢貧賤，不免饑寒。李洪之微時，妻張氏，助其經營貲產，自貧至貴，多所補益，有男女幾十人。洪之後得劉氏，劉芳從妹。《北史》作姊。洪之欽重，而疏薄張氏。爲兩宅別居，偏厚劉室。由是二妻妒競，互相訟詛，兩宅母子，往來如讎。此則較之遭變更娶，或有君命者，更無以自解矣。魏尚書僕射范陽盧道虔女，爲右衛將軍郭瓊子婦，以瓊死罪没官，齊高祖啓以賜陳元康爲妻，元康乃棄故婦李氏。東平王元匡妾張氏，薛琡初與姦通，後納以爲婦，逐前妻于氏，不訒其子，家内怨忿，竟相告列。崔道固兄子僧深，坐兄僧祐與沙門法秀謀反徙薄骨律鎮。後位南青州刺史。元妻房氏，生子伯驎、伯驥。後薄房氏，納平原杜氏，與俱徙。生四子：伯鳳、祖龍、祖螭、祖虯。僧深得還之後，絶房氏，遂與杜氏及四子寓青州。伯驎、伯驥與母房居冀州。雖往來父間，而心存母氏。孝慈之道，頓阻一門。僧深卒，伯驎奔赴，不敢入家，寄哭寺門。祖龍剛躁，與兄伯驎訟適庶，并以刀劍自衛，若怨讎焉。此等皆近於薄。魏故事：前妻雖有子，後賜之妻，子皆承適；見《魏書·畢衆敬傳》。又有因尚主而出妻者；[1]如李蓋是，見《外戚

---

[1] 婚姻：魏故事前妻雖有子，後賜之妻子皆承適，又有因尚主而出妻者。北人二妻者多。

傳》。其政令固有以啓之也。

古代昏禮,大抵廢墜,如不賀、不舉樂,雖尚沿襲其文,而已罕存其實是矣。①《晉書·禮志》:穆帝升平元年,將納皇后何氏,大常王彪之,大引經傳及諸故事,以定其禮。以娶婦之家,三日不舉樂,而咸康羣臣賀爲失禮,故但依咸寧上禮,不復賀。八年,臺符問迎皇后大駕應作鼓吹不?博士胡訥議:"臨軒儀注闕,無施安鼓吹處所,又無舉庵鳴鐘之條。"彪之以爲"昏禮不樂,鼓吹亦樂之總名,儀注所以無者依昏禮。今宜備設而不作。"時用此議。永和二年,納后,議賀不。王述云:"昏是嘉禮。《春秋傳》曰:娶者大吉非常吉。又《傳》曰:鄭子罕如晉賀夫人,鄰國猶相賀,況臣下邪?此便應賀,但不在三日内耳。今因廟見成禮而賀,亦是一節也。"彪之議云:"昏禮不樂、不賀,《禮》之明文。《傳》稱子罕如晉賀夫人,既無《經》文,又《傳》不云禮也。《禮》取婦三日不舉樂,明三日之後自當樂,至於不賀,無三日之斷,恐三日之後,故無應賀之禮。"又云:"《禮記》所以言賀取妻者,是因就酒食而有慶語也。愚謂無直相賀之禮,而有禮既共慶會之義,今世所共行。"於時竟不賀。此晉朝典禮,猶守不樂、不賀之故實也。然云禮既共慶會,其去賀之實幾何?《宋書·文五王傳》:南平王鑠早薨,子敬淵婚,廬江王禕白世祖借伎,世祖答曰:"婚禮不舉樂,且敬淵等孤苦,倍非宜也。"當時雖爲世祖所格,然禕有此借,可見時俗舉樂,習爲故常。王公如此,況於泯庶?《魏書·高允傳》:允言"前朝屢發明詔,禁諸婚娶不得作樂,而俗不革變。今諸王納室,皆樂部給伎,而獨禁細民,此一異也。"《周書·崔猷傳》云:時婚姻禮廢,嫁娶之辰,多舉音樂。可見南北皆然矣。徐孝嗣云:"三加廢於王庶,六禮限於天朝,"《齊書·禮志》。信矣。違禮之失,大抵在於奢侈,致嫁娶不能及時。當時政令,深以蕃民爲急,於此屢加督勸,然亦文具而已。《宋書·周朗傳》:朗上書曰:"女子十五不嫁,家人坐之。特雄可以聘妻妾,大布可以事舅姑。若待足而行,則有司加糾。凡宫中女隸,必擇不復字者。庶家内役,皆令各有所妃。要使天下不得有終獨之生,無子之老。"此欲蕃民者之議論也。《晉書·武帝紀》:泰始九年,十月,制女年十七父母不嫁者,使長吏配之。《齊書·海陵王紀》:延興元年,十月,詔曰:"督勸婚嫁,宜嚴更申明;必使禽幣以時,摽梅息怨。"《魏書·高祖紀》:大和二十年,七月,詔"男女失時者,以禮會之。"《世宗紀》:正始元年,六月,詔"男女怨曠,務令媾會。"《肅宗紀》:正光二年,七月,詔"男女怨曠,務令會偶。"《周書·武帝紀》:建德三年,正月,詔"自今已後,男年十五,女年十三已上,爰及鰥寡,所在軍民,以時嫁娶。務從節儉,勿爲財幣稽留。"此蕃民之政令也。官爲妃合,惟聞施諸軍士,②每致詒害閭閻。此固虐民以奉軍,非真能行蕃民之政也。武定三年,齊神武請釋芒山俘桎梏,配以民間寡婦。天保七年,十月,發山東寡婦二千六百人,以配軍士。有夫而濫奪者,五分之一。皆見《北齊書·本紀》。《北史·本紀》,五分之一作十二三。又天保六年,三月,發寡婦以配軍士。史傳所載昏嫁之年頗早,③梁武帝納丁貴嬪,時年十四。《魏書·高允傳》:允言"今諸王十五,便賜妻別居,然所妃者或長少差舛,或罪人掖庭。往年及今,頻有檢劾,誠是諸王過酒致責,迹其元起,亦由色衰相棄,致此紛紜。"蓋既求滿淫欲,又欲急求子嗣,故不得取女之年長者也。孝文將爲廢大子恂娶馮誕女,以其年幼,先爲聘劉長

---

① 婚姻:不賀、不舉樂漸廢。
② 婚姻:官爲配合,施於軍士,乃虐民以奉軍。
③ 婚姻:晉南北朝婚年。

文、鄭懿女爲左右孺子,則其一證。時恂年十三四。帝欲使旦出省經傳,食後還内,晡時復出,日夕而罷。崔光言:“血氣未定,戒之在色。大子幼年涉學,不宜於正晝之時,捨書御内。又非所以安柔弱之體,固永年之命。”帝以爲然,乃不令恂晝入内。此已爲有節限者。若齊樂陵王百年死時,妃年不過十四;琅邪王儼死時年十四,已有遺腹四男矣,或尚有女,爲史所不載者也。尚主者年亦多小:如梁張纘,年十一,尚高祖女富陽公主。魏穆紹,年十一,尚琅邪長公主。齊文襄十二,尚魏孝静帝妹馮翊長公主。又神武爲武成聘柔然大子菴羅辰女,武成時僅八歲。此等固或别有原由,不可以常格論,然貴族之習於早昏,則亦因此可見矣。其非王公貴人,則杜有道妻嚴氏,皮京妻龍氏,出適年皆十三,見《晉書·列女傳》。史映周妻出適年十七;魏溥、董景起之死,妻年皆十六;張洪部之死,妻年十七;見《魏書·列女傳》。宇文護母與護書,言“吾十九入汝家”,則多係貴族。不則民閒爲子取婦,利其勤勞,且爲頗遲者矣。冀早育,乃求女之年長者,參觀下文可知也。

孤貧不立之士,則有三十不昏如顔延之者矣。財産私有之世,女子若貨物然,皆聚於多財之家,固事之無可如何者也。

職是故,當時之世家大族,雖高自位置,陵蔑庶姓,而貪其財利,與結昏姻者仍甚多。①《北齊書·封述傳》:述爲息娶隴西李士元女,大輸財聘。及將成禮,猶競懸違。述忽取供養像對士元打像爲誓。士元笑曰:“封公何處常得應急像,須誓便用?”一息娶范陽盧莊之女,述又經府訴云:“送贏乃嫌腳跛,平田則云鹹薄,銅器又嫌古廢。”史以此譏述之吝嗇,實則盧、李二家之求取,正因此而可知。此誠顔之推所謂“賣女納財,買婦輸絹,比量父祖,計較錙銖,責多還少,市井無異”者矣。《顔氏家訓·治家篇》。嫁女既欲得財,取妻自望送贈。“爲子取婦,恨其生貲不足,倚作舅姑之尊,毒口加誣,不識忌諱”,《歸心篇》。又曷足怪乎?《抱朴子·弭訟篇》,載其姑子劉士由之論,謂“末世舉不脩義,許而弗與,訟閲穢辱,煩塞官曹。今可使諸爭婚者,未及同牢,皆聽義絶,而倍還酒禮,歸其幣帛。其嘗已再離者,一倍裨聘;其三絶者,再倍裨聘”。已則謂“責裨聘倍,貧者所憚,後所許者,或能富殖,助其裨聘,必所甘心,先家拱默,不得有言,血刃之禍,於是將起”。欲使“女氏受聘,即日報板,使時人署姓名於别板,必十人已上,以備遠行及死亡。又令女之父兄若伯叔,答壻家書,必手書一紙。若有變悔而證據明者,女氏父母兄弟,皆加刑罰罪”。當時變悔者之多可見。《晉書·刑法志》述賈充等定律云:“崇嫁娶之要,一以下聘爲正,不理私約,”蓋亦以其紛紜變幻,不可勝理也。梁武帝時,富陽滿璋之,爲息覓婚。東海王源,嫁女與之。璋之下錢五萬,以爲聘禮。源先喪婦,又以所聘餘直納妾。中丞沈約奏彈之云:“自宋氏失御,禮教彫衰,衣冠之族,日失其序。

---

① 婚姻:財婚。

姻婭淪雜,罔計廝庶;販粥祖曾,以爲賈道;明目腆顏,曾無媿畏。若夫盛德之
胤,世業可懷;欒、郤之家,前徽未遠;既壯而室,竊資莫非皁隸;結褵以行,箕帚咸
失其所;志士聞而傷心,耆老爲之歎息。"可見貴族之貪利結昏,與庶民無異矣。

　　古代昏姻自由之風,斯時尚未盡泯。①《晉書・王濬傳》云:濬美姿貌。
州郡辟河東從事。刺史燕國徐邈,有女才淑,擇夫未嫁。邈乃大會佐吏,令女
於內觀之。女指濬告母,邈遂妻之。隋開皇初,樂平公主周宣帝后,隋文長女。有
女娥英,妙擇昏對。敕貴公子弟集弘聖宮,日以百數。公主選取李敏。賢孫,見
《北史・賢傳》。可見自魏至隋,匹對皆許男女自擇。賈充有女,通於韓壽,即以妻
之;魏大原長公主寡居,與裴詢私姦,肅宗仍詔詢尚焉;亦順本人之意,非如後
世謂女重從一,雖曰姦通,亦不容改適也。《晉書・潘岳傳》云:岳美姿儀,少
時常挾彈出洛陽道,婦人遇之者,皆連手縈繞,投之以果,遂滿載而歸,亦可見
當時婦女之自由也。惟昏姻由父母主持者究多,故指腹爲昏等事,南北朝之
世,亦時有所見焉。《梁書・韋放傳》:放與吳郡張率,皆有側室懷孕,因指爲昏姻。其後各產男
女,未及成長而率亡。遺嗣孤弱,放嘗贍恤之。及爲北徐州,有貴族請婚者,放曰:"吾不失信於故
友。"乃以息岐娶率女,又以女適率子。時稱放能篤舊。《魏書・王慧龍傳》:子寶興。尚書盧遐妻,崔
浩女也。初寶興母及遐妻俱孕。浩謂曰:"汝等將來所生,皆我之自出,可指腹爲親。"

　　離昏尚頗容易。張稷長女楚瓊,適會稽孔氏,無子歸宗,是無子即可去
也。劉璠妻王氏,椓壁挂履,土落璠母孔氏牀上,②孔氏不悅,璠即出其妻。孫
謙從兄靈慶,嘗病寄於謙,謙出行,還問起居,靈慶曰:"向飲冷熱不調,即時猶
渴,"謙退,遣其妻。此等似失之輕易,然與其彊合,無寧聽其離絕之爲愈。
《宋書・王微傳》:微弟僧謙卒,微以書告其靈曰:"弟由來意謂婦人雖無子,不
宜踐二庭,此風若行,便可家有孝婦",此乃欲束縛婦人,使不得去,則不敢不
盡其孝敬,乃壓制之加深,非能體念婦女也。然無子即去,在當時尚頗通行,
則亦由此可見。《陳書・徐陵傳》:陵第三弟孝克,③事所生母陳氏,盡就養之
道。梁末,侯景寇亂,京邑大饑,餓死者十八九,孝克養母,饘粥不能給。妻東
莞臧氏,領軍盾之女也,甚有容色。孝克乃謂之曰:"今饑荒如此,供養交闕,欲嫁
卿與富人,望彼此俱濟,於卿意如何?"臧氏弗之許也。時有孔景行者,爲侯景將,
富於財。孝克密因媒者陳意。景行多從左右,逼而迎之。臧涕泣而去。所得穀
帛,悉以供養。孝克又鬀髮爲沙門,改名法整,兼乞食以充給焉;臧亦深念舊盟,

———————

① 婚姻:晉南北朝婚姻自由之風未盡泯,離婚尚易,改嫁爲恒事(第六二七—六二八頁)。
② 宮室:椓壁挂履土落,可見壁皆土。
③ 婚姻:許孝克妻去而復歸。

數致餽餉;故不乏絕。後景行戰死,臧伺孝克於途中,累日乃見。謂曰:"往日之事,非爲相負。今既得脱,當歸供養。"孝克默然無答。於是歸俗,更爲夫妻。學道之人,舉動自異流俗,然亦可見當時視婦女名節,尚不甚重也。

改嫁實爲恒事。后妃、公主,改嫁者亦甚多,魏孝武帝后,改適彭城王勰之孫韶,見《北史·獻文六王傳》。孝静帝后改適楊愔。齊孝昭后元氏,齊亡入周氏宫中,隋文帝作相,乃放還山東。後主后斛律氏,齊亡,嫁爲開府元仁妻。胡氏後亦改嫁,皆見《北史·后妃傳》。齊琅邪王儼妃,李祖欽女也,儼死,謚爲楚恭哀帝,以慰大后,后進爲楚帝后,齊亡亦改嫁,見《北齊書》本傳。齊文襄長子河閒王孝瑜之母,本魏潁川王斌之妃,爲文襄所納。文宣以永安王浚妃配劉郁捷,上黨王涣妻配馮永洛,皆高氏奴,此固由亂命,亦不聞其抗節不屈也。公主中如魏陳留長公主,本劉昶子婦,改適王肅,又馮翊長公主蓼居,孝武以之歸周文。而民閒無論矣。改嫁有出自願者,《南史·徐孝嗣傳》:父被害,孝嗣在孕,母年少,欲更嫁,不願有子,自牀投地者無算,又以搗衣杵舂其要,并服墮胎藥,胎更堅,及生,故小字遺奴。亦有爲親族所迫者,《齊書·孝義傳》:晉陵吳康之妻趙氏,少時夫亡,家欲更嫁,誓死不貳。義興蔣儁之妻黄氏,夫亡不重嫁,逼之,欲赴水自殺,乃止。此逼迫之出於夫家者也。又韓靈敏兄靈珍亡,無子,妻胡氏,守節不嫁,慮家人奪其志,未嘗告歸。《北史·列女傳》:鉅鹿魏溥妻房氏,慕容垂貴鄉大守房湛女也。年十六而溥卒。及將大斂,房氏操刀割左耳,投之棺中。姑劉氏輟哭謂曰:"新婦何至於此?"對曰:"新婦少年,不幸早寡,實慮父母,未量至情,覬持此自誓耳。"於時子緝生未十旬,鞠養於後房之内,未嘗出門。緝年十二,房父母仍存,於是歸寧。父兄尚有異議。緝竊聞之,啓其母。房命駕,紿云他行,因而遂歸。其家弗之知也,行數十里,方覺。兄弟來追,房哀歎而不返。其執意如此。又:滎陽刁思遵妻,魯氏女也。始笄,爲思遵所聘,未逾月而思遵亡。其家矜其少寡,許嫁已定。魯聞之,以死自誓。父母不達其志,遂經郡訴,稱刁氏愍護寡女,不使歸寧。魯乃與老姑徒步詣司徒府自告情狀,此逼迫之出於母家者也。蓋終不免有因以爲利之意也。以不再醮而見旌表者,亦時有之。刁思遵妻,普泰初有司聞奏,詔依式標榜,是旌表有式也。《齊書·孝義傳》:吳翼之母丁氏,丁長子婦王氏,守寡執志不再醮,州郡上言,詔表門閭,蠲租税。《南史·孝義傳》:霸城王整之姊,嫁爲衛敬瑜妻,年十六而敬瑜亡,父母舅姑,咸欲嫁之,誓而不許,乃截耳置盤中爲誓,乃止。西昌侯藻嘉其美節,起樓於門,題曰貞義衛婦之閭。又表於臺。《梁書·止足傳》:顧憲之除豫章大守。有貞婦萬晞者,少孀居,無子,事舅姑尤孝。父母欲奪而嫁之,誓死不許。憲之賜以束帛,表其節義。《魏書·高祖紀》大和九年,八月,詔"自大和六年已來,買定、冀、幽、相四州饑民良口者,盡還所親。雖聘爲妻妾,遇之非禮,情不樂者亦離之。"此與後漢光武、明帝詔饑民遭亂爲賊所略,或依託人爲下妻,邊人遭患爲内郡人妻者,得以恣去頗相似,見《秦漢史》第十四章第一節。政令固應爾也。

同姓不昏,古本論姓而不論氏,然至後世,則古義漸亡,以姓氏之別已亡故也。[1]《晉書·劉頌傳》:頌嫁女臨淮陳矯,矯本劉氏子,與頌近親,出養於

————————
① 婚姻、宗族:同姓異氏爲昏。

姑,改姓陳氏,中正劉友讖之。頌曰:"舜後姚、虞、陳、田,本同根系,而世皆爲昏,禮、律不禁,今與此同義,爲婚可也。"友欲列上,爲陳騫所止,故得不劾。姚、虞、陳、田爲昏,爲古義所不許,而禮、律不之禁者以世皆僅知尚存之氏,而不能溯已亡之姓,禁之勢有不行也。《劉聰載記》:聰后呼延氏死,將納其大保劉殷女,其弟乂固諫。聰更訪之於大宰劉延年、大傅劉景。景等皆曰:"臣常聞大保自云周劉康公之後,與聖氏本原既殊,納之爲允。"聰大悅。使其兼大鴻臚李弘拜殷二女爲左右貴嬪。又納殷女孫四人爲貴人。謂弘曰:"大保於朕,實自不同,卿意安乎?"弘曰:"大保胤自有周,與聖原實別。陛下正以姓同爲恨耳。且魏司空東萊王基,當世大儒,豈不達禮乎? 爲子納司空大原王沈女,以其姓同而源異故也。"聰大悅,賜弘黃金六十斤,曰:"卿當以此意諭吾子弟輩。"劉景、李弘之意,庸或以取媚於聰,其言則是也。然乂以此爲疑,而聰亦不能不以爲恨,可見流俗讖平之所在矣。魏初不禁同姓昏,至大和七年,乃詔禁之。見《紀》。《北史·長孫紹遠傳》曰:出爲河州刺史。河右戎落,向化日近,同姓昏姻,因以成俗。紹遠導之以禮,大革弊風。河州,見第十二章第三節。玩因以成俗一語,當時同姓爲昏者,實不僅戎落爲然,蓋戎多華少之地,華人亦稍化於戎矣。然此等處實不多,其俗亦不能持久也。親族禁昏,本當兼論母系。魏文帝大統九年,嘗禁中、外及從母姊妹爲昏。周武帝建德六年,亦詔自今以後,悉不得娶母同姓以爲妻妾。其已定未成者,即令改聘。然宣帝即位,詔制九條,宣下州郡,二曰母族絕服外者聽昏,則其制之不能行審矣。[①] 蓋恒情於父母統系,恒衹能論其一也。

姬妾之數,大抵富貴者爲多。宋胡藩有庶子六十人。南郡王義宣後房千餘,尼媼數百,男女三十人。梁鄱陽王恢有男女百人。魏咸陽王禧姬妾數十,猶欲遠有簡聘。奚斤有數十婦,子男二十餘人。齊神武既納建明皇后,小介朱。又納孝莊皇后彭城大妃。及魏廣平王妃。馮翊大妃。高陽大妃游氏,父京之,爲相州長史,神武克鄴,欲納之,京之不許,遂牽曳取之,京之尋死,皆見《北史·后妃傳》。可見是時貴人之暴橫矣。然土豪之縱恣者亦不乏。《北史·李遷哲傳》云:遷哲累葉雄豪,爲鄉里所服。遷哲安康人,安康,見第十二章第六節。性復華侈,能厚自奉養。妾媵至有百數,男女六十九人。緣漢千餘里間,第宅相次,姬媵之有子者,分處其中,各有僮僕、侍婢,閹人守護。遷哲每鳴笳侍從,往來其間,縱酒歡燕,盡生平之樂。子孫參見,忘其年名者,披簿以審之。此其豪縱,恐

***

① 婚姻:禁母族爲婚,不行。

尚有過於王公也。賀琛之言曰："歌姬舞女，本有品制。二八之錫，良待和戎。今無等秩，雖復庶賤微人，皆盛姬姜。務在貪汙，爭飾羅綺。"可見富人之縱恣，亦不下於朝貴矣。亦有欲爲立限節者，如齊永明中，制諸王年未三十，不得畜妾；《南史·齊高帝諸子傳》。又敕位未登黄門郎，不得畜女伎《齊書·王晏傳》。是也。① 然此等法令之不能行，則顯而易見矣。伎本與妾有別，然畜伎者既務宣淫，其下漁自無節限。《魏書·高聰傳》云：聰有伎十餘人，有子無子，皆注籍爲妾，以悦其情，可見伎妾之別，特其名焉而已。當時貴族，多以伎妾回相贈遺，見第十二章第五節。又有鬻賣以爲利者。《隋書·李諤傳》：諤見禮教彫敝，公卿薨亡，其愛妾侍婢，子孫輒嫁賣之，遂成風俗，上書曰："如聞朝臣之內，有父祖亡後，日月未久，子孫無賴，便分其妻妾，《北史》作伎妾。嫁賣取財。有一於此，實損風化。妾雖微賤，親承衣履，服斬三年，古今通式。豈容遽褫衰絰，彊傅鉛華，泣辭靈几之前，送付他人之室？凡在見者，猶致傷心，況乎人子，能堪斯忍？復有朝廷重臣，位望通貴，平生交舊，情若弟兄，及其亡殁，杳同行路，朝聞其死，夕規其妾，方便求聘，以得爲限，無廉恥之心，棄友朋之義"云云。上覽而嘉之。五品已上妻妾不得改醮，始於此也。案此事在開皇十六年，《紀》云："詔九品已上妻，五品已上妾，夫亡不得改嫁。"② 諤陳子孫嫁賣，朋舊規取之非，詔乃禁及再嫁，可謂答非所問矣。案《梁書·高祖三王傳》：南康簡王續子乂理，生十旬而簡王薨，至三歲而能言。見內人分散，涕泣相送，乂理問其故。或曰："此簡王宮人，喪畢去耳。"乂理便號泣，悲不自勝。諸宮人見之，莫不傷感，爲之停者三人焉。然則喪終而伎妾分散，實爲當時通法，而北朝子孫嫁賣，友朋規取，皆在其人方死之初，此其所以爲人所嫉惡也。李元護弟静，兄亡未斂，便剥奪諸伎服玩及餘財物，與鬻賣取利者，可謂正同。然如高聰病，不欲他人得其妾，并令燒指吞炭，出家爲尼，其不法，實更甚於規取及嫁賣者矣。

　廣羅姬妾以縱淫欲者，貴人也，而限止貴人，使之不得畜妾縱淫者，亦貴人女。比而觀之，真使人歎淫之與妬，皆爲貴族所獨擅矣。魏臨淮王譚之曾孫孝友，以通於政理稱，嘗奏表曰："古諸侯娶九女，士有一妻二妾。《晉令》諸王置妾八人，郡公侯六人。③《官品令》：第一、第二品有四妾，第三、第四有三妾，第五、第六有二妾，第八有一妾。而聖朝將相，多尚公主；王侯亦娶后族；

---

① 音樂：位未登，黄門郎不得蓄女伎。
② 婚姻：九品以上妻，五品以上妾，不得改嫁。喪終伎妾分散爲當時常法。
③ 婚姻：晉令妾數。

故無妾媵，習以爲常。婦人多幸，生逢今世，舉朝略是無妾，天下殆皆一妻。
設令人疆志廣娶，則家道離索，身事迍邅，內外親知，共相嗤怪。凡今之人，通
無準節。父母嫁女，則教之以妒；姑姊逢迎，必相勸以忌。持制夫爲婦德，以
能妒爲女工。自云不受人欺，畏他笑我。王公猶自一心，已下何敢二意？夫
妒忌之心生，則妻妾之禮廢；妻妾之禮廢，則姦淫之兆興；斯臣之所以毒恨者
也。請以王公第一品娶八，通妻以備九女，二品備七，三品、四品備五，五品、
六品，則一妻二妾。限以一周，悉令充數。若不充數，及待妾非禮，使妻加捶
撻，免所居官。其妻無子而不娶妾，斯則自絕，無以血食祖父，請科不孝之罪，
離遣其妻。"案《魏書·皇后傳》言："昭成之前，世崇儉質，妃嬙嬪御，率多闕
焉，惟以次第爲稱"，蓋鮮卑本止一妻，故無適庶之別。酋長如此，豈況凡民？
尚公主、娶后族者，其數不能甚衆，而孝友言舉朝略是無妾，有娶者即共相嗤
笑，至於家道離索，身事迍邅，便可見其俗本無妾。① 顏之推言北人妻死，必須
重娶，蓋以此也。娶妾既非舊俗，有行之者，其妻之父母、姑姊，自必教之以
妒，勸之以忌矣。淫亂之生，由於飽暖逸居而無教。世家巨室，與民隔絕，內
淫易而外淫較難，故當時貴人之家，若累世同居之義門，帷薄往往不脩。② 貴家
淫亂者：如宋始安王休仁之妃殷氏，因疾召祖翻視脈，遂與之通。荀伯玉姊當嫁，明日應行，今夕隨人
逃去。魏北海王詳，蒸於安定王燮之妃高氏。孝靜帝姑博陵長公主，女爲元景獻妻，祖珽以貨物致之，
與諸狎遊者遞寢。大族內亂者：如袁顗弟㥄死後，㥄弟昇，通於其妻，顗惎恚，爲之發病，昇終不止。李
元護子會頑駿，其妻，南陽大守清河房伯玉女也，甚有姿色。會不答之。房乃通於其弟機。因會飲醉
殺之。機與房遂如夫婦。積十餘年，房氏色衰，乃更婚娶。盧元明妻鄭氏，與元明兄子士啓淫汙，元明
不能離絕。盧氏同居共財，自祖至孫，家內百口。自淵兄弟亡，淵子道將卒後，家風衰損，子孫多非法，
帷薄淫穢，爲論者所鄙。《畢衆敬傳》云："諸畢當朝，不乏榮貴，但帷薄不脩，爲時所鄙。"《鄭義傳》云：
"自靈大后豫政，淫風稍行，及元乂擅權，公爲姦穢，自此素族名家，遂多亂雜，法官不加糾治，婚宦無貶
於世，有識者咸歎息矣。"其實此時不過輿論糾謫稍寬，其穢亂，未必始於此時也。巨族家風，亦有脩飭
者，如羊烈閨門脩飾，爲世所稱，一門女不再醮是也，然此等恐甚寡，且亦不足尚也。穢亂之甚者，如北
之抱嶷，南之臨賀王正德，至於易室而姦，見第十一章第一節、第十二章第五節。此與不娶妾何
與？而孝友欲以置妾塞姦淫，可謂揚湯止沸矣。《宋書·后妃列傳》曰：宋世
諸主，莫不嚴妒。大宗每疾之。湖孰令袁慆妻以妒忌賜死。使近臣虞通之撰
《妒婦記》。江湛孫斆，當尚世祖女，上乃使人爲斆作表讓昏，曰："自晉氏以
來，配尚王姬者，雖累經美胄，亦有名才，至如王敦懾氣，桓溫斂威，真長陽愚
以求兔，子敬灸足以違詔，王偃無仲都之質，而倮露於北階，何瑀闕龍工之姿，

---

① 婚姻：鮮卑俗無妾。
② 婚姻：貴族大家多淫亂。

而投軀於深井，謝莊殆自同於曠室，殷沖幾不免於彊鉏，數人者非無才意，而勢屈於崇貴，事隔於聞覽，吞悲茹氣，無所逃訴。制勒甚於僕隸，防閑過於婢妾。往來出入，人理之常，當賓待客，朋友之義，而令掃轍息駕，無闚門之期，廢筵抽席，絶接對之理，非惟交友離異，乃亦兄弟疏闊。第令受酒肉之賜，制以動静，監子荷錢帛之私，節其言笑。姆嬭争媚，相勸以嚴，妮媪競争，相諂以急。第令必凡庸下材，監子皆葭萌愚堅，議舉止則未閑是非，聽言語則謬於虛實。姆嬭敢恃耆舊，惟贊妒忌，妮媪自唱多知，務檢口舌。其閒又有應答問訊，卜筮師母。乃至殘餘飲食，詰辯與誰，衣被故敝，必責頭領。又出入之宜，繁省難衷，或進不獲前，或入不聽出，不入則嫌於欲疏，求出則疑有別意，召必以三晡爲期，遣必以日出爲限，夕不見晚魄，朝不識曙星，至於夜步月而弄琴，晝拱袂而披卷，一生之内，與此長乖。又聲影裁聞，則少婢奔迸，裾袂向夕，則老醜叢來。左右整刷，以疑寵見嫌，賓客未冠，以少容致斥。禮則有列媵，象則有貫魚，本無慢嫡之嫌，豈有輕婦之誚？況今義絶旁私，虔恭正匹？而每事必言無儀適，設辭輒言輕易我。又竊聞諸主聚集，惟論夫族，緩不足爲急者法，急則可爲緩者師，更相扇誘，本其恒意，不可貸借，固實常辭。雖曰家事，有甚王憲，發口所言，恒同科律。王藻雖復彊很，頗經學涉，戲笑之事，遂爲冤魂；褚曖憂憤，用致夭絶；傷理害義，難以具聞。夫螽斯之德，實致克昌，專妒之行，有妨繁衍，是以尚主之門，往往絶嗣，駙馬之身，通離釁咎"云云。大宗以此表徧示諸主。《齊書·劉休傳》云：明帝憎婦人妒，尚書右丞榮彥遠以善棋見親，婦妒傷其面，帝曰："我爲卿治之，何如？"彥遠率爾應曰："聽聖旨。"其夕，遂賜藥殺其妻。休妻王氏亦妒。帝聞之，賜休妾，敕與王氏二十杖，令休於宅後開小店，使王氏親賣掃帚、皂莢以辱之。[①] 此等刑罰，并爲失衷，然大勢所趨，卒亦非一二失衷之刑賞所能挽也。當時尚主者固多罹禍，而主之還罹其禍者亦多，所謂其何能淑，載胥及溺而已。尚主而罹禍者：如張瓊之子欣，尚魏平陽公主，與主情好不篤，遂爲孝武所害。其兩受其弊者：如劉昶之子輝，尚魏蘭陵長公主，世宗第二姊也。輝嘗私幸主侍婢有身，主笞殺之，剖其孕子，節解，以草裝實婢腹，裸以示輝。輝遂忿憾，疏薄公主。公主姊因人聽講，言其故於靈大后。大后敕清河王懌窮其事。懌與高陽王雍、廣平王懷奏其不和之狀，無可爲夫婦之理，請離婚。大后從之。公主在宫周歲，高陽王及劉騰等爲言，聽復舊義。大后流涕送公主，誡令謹慎。正光初，輝又私淫張、陳二氏女，公主更不檢惡。主姑陳留公主共相扇獎，遂與輝復致忿争。輝推墮主牀，手腳毆蹹，主遂傷胎。輝懼罪逃逸。靈大后召清河王懌決其事。二家女髠笞付宫，兄弟皆坐鞭刑，徙配敦煌爲兵。公主因傷致薨。大后親臨慟哭。出葬城西，親送數里，盡哀而還。

---

①　商業：使妒婦賣掃帚皂莢。

謂侍中崔光曰："向哭所以過哀者？追念公主爲輝頓辱非一，乃不關言，能爲隱忍，古今寧有此？此所以痛之。"後執輝，幽於司州，將加死刑，會赦得免。又盧度世孫道虔，尚高祖女濟南長公主，公主驕淫，聲穢遐邇，先無疹患，倉卒暴薨，時云道虔所害。世663祕其醜惡，不苦窮治。後靈大后追主薨事，乃黜道虔爲民，終身不仕。崔暹子達拏，尚齊文襄女樂安公主。文宣問主："達拏於汝何如？"答云："甚相敬，惟阿家憎兒。"文宣令宮人召達拏母入而殺之，投漳水。齊滅，達拏殺主以復讎。此皆禍之至酷者。南朝究係禮義之邦，故其慘酷不如北朝之甚。然如趙倫之之孫情，尚宋文帝第四女海鹽公主，主甚愛重情，而情因言戲，以手擊主，事上聞，帝怒，離婚，情父伯符惵懼，遂發病卒。梁武帝與殷叡少故舊，以女永興公主妻其子鈞。鈞形貌短小，爲主所憎。每被召入，先滿壁爲殷叡字，鈞輒流涕而出，主命婢束而反之。鈞不勝怒，而言於帝。帝以犀如意擊主，碎於背，然猶恨鈞。誠所謂人莫知其子之惡矣。江敩表辭，固由授意，然如晉荀崧子羡，將尚尋陽公主，遠逃去，監司追之，不獲已乃出；又如宋高祖第五女新安公主，先適大原王景深，離絕，當適王景文，景文固辭以疾；則懼而逃之者，實非無人也。司馬消難之叛，固由其反覆無常，而與公主情好不睦，爲主所憎，亦爲其原因之一，其爲禍不亦博乎？

　飽暖思淫欲，事理之常，故當時貴家婦女，亦多淫恣。其公然行之者，宋廢帝爲山陰公主置面首左右三十人，已見第九章第三節。讀史者以爲異聞，然據《南史·后妃傳》：鬱林王嘗爲文安王皇后置男左右三十人，①則行之者實不僅主一人也。面首者，年少貌美之意。《齊書·恩幸傳》：茹法亮選白衣左右八十人，皆面首富室是也。

　適庶兄弟之相爭，禍實更甚於前後妻之子。如盧度世以庶兄弟欲相危害，遂戒絕妾孽是也。見第八章第六節。爲妾者多出賤族，然較高之門第，亦時有之。《晉書·列女傳》：周顗母李氏，字絡秀，淮南人也。少時在室，顗父浚爲安東將軍，求爲妾。其父兄不許。絡秀曰："門户殄悴，何惜一女？若連姻貴族，將來庶有大益矣。"父兄許之。遂生顗及嵩、謨。顗等既長，絡秀謂之曰："我屈節爲汝家作妾，門户計耳。汝不與我家爲親親者，吾亦何惜餘年？"顗等從命。由此李氏爲方雅之族。《后妃傳》：簡文宣鄭大后，河南滎陽人，世爲冠族。后少孤，無兄弟，惟姊妹四人。后最長，先適渤海田氏，生一男而寡。元帝爲丞相，敬后先崩，納爲琅邪王貴人，甚有寵。后雖貴幸，而恒有憂色。帝問其故。對曰："妾有妹，中者已適長沙王褒，餘二妹未有所適，恐姊爲人妾，無復求者。"帝因從容謂劉隗曰："鄭氏二妹，卿可爲求佳對，使不失舊。"隗舉其從子傭娶第三者，以小者適漢中李氏，皆得舊門。李與鄭固非賤族也。然出於賤隸者究多。《齊書·孔稚珪傳》：兄仲智妾李氏，驕妒無禮，稚珪白大守王敬則殺之。② 蓋律殺奴婢，不過先以白官，見《秦漢史》第十四章第二節。妾與婢無

————————

① 婚姻：男妾不僅宋主面首。

② 階級：白官殺兄妾。

異,故其殺之之易如是也。妾既多出賤族,庶生之子,自不易與適出者并,故賤視庶孽及遇庶兄弟無禮之事,史屢見之。《晉書·王沈傳》:子浚,母趙氏婦,良家女也,貧賤,出入沈家,遂生浚。沈初不齒之。年十五,沈薨,無子,親戚共立浚爲嗣。《魏書·崔道固傳》:道固賤出,適母兄攸之、目連等輕侮之。父輯謂攸之曰:"此兒姿識如此,或能興人門戶,汝等何以輕之?"攸之等遇之彌薄,略無兄弟之禮。時劉義隆子駿爲徐、兗二州刺史,將辟他州民爲從事,輯乃資給道固,令其南仕。既至彭城,駿以爲從事。青州刺史新除過彭城,駿謂之曰:"崔道固人身如此,豈可爲寒士至老乎?而世人以其偏庶,便相陵侮,可爲歎息。"《北齊書·高乾傳》:從兄永樂子長命賤出,年二十餘,始被收舉。《魏收傳》:收有賤生弟仲固,先未齒録,及崔悛將加彈劾,收因此怖懼。《北史·李訢傳》:訢母賤,爲諸兄所輕。《高允傳》:始神廞中,允與從叔濟俱被徵。濟子遵賤出,其兄矯等常欺侮之。及父亡,不令在喪位。遵遂馳赴平城歸允。允爲作計,乃爲遵父舉哀,以遵爲喪主。京邑無不弔集,朝貴咸識之。徐歸奔赴。免喪後爲營官路。遵感成益之恩,事允如諸父。此等事未易枚舉。褚淵庶生,其母,宋高祖第五女吳郡宣公主也,以淵有才,表爲嫡嗣,此等事不易多觀矣。

　　《顔氏家訓·治家篇》云:"江東婦女,略無交遊。①婚姻之家,或十數年未相識,惟以信命贈遺致殷勤焉。鄴下風俗,專以婦持門戶。爭訟曲直,造請逢迎,車乘填街衢,綺羅盈府寺,代子求官,爲夫訴屈,此乃恒、代之遺風乎?南閒貧素,皆事外飾,車乘衣服,必貴齊整,家人妻子,不免饑寒。河北人事,多由内政,綺羅金翠,不可廢闕,羸馬顇奴,僅充而已。唱和之禮,或爾汝之。"又曰:"河北婦人,織紝組紃之事,黼黻、錦繡、綺羅之工,大優於江東也。"乍觀之,似北方婦女,生利之力,較彊於南,故其地位亦優於南者。然《抱朴子·疾謬篇》云:"今俗婦女,休其蠶織之業,廢其玄紞之務,不績其麻,士也婆娑。舍中饋之事,脩周旋之好,更相從詣,之適親戚。承星舉火,不已於行。多將侍從,曄曄盈路。婢使吏卒,錯雜如市,尋道褻謔,可憎可惡。或宿於他門,或冒夜而返。遊戲佛寺,觀視漁畋。登高臨水,出境慶弔。開車褰幃,周章成邑。杯觴路酌,絃歌行奏。轉相高尚,習非成俗。"其所言,與顔氏適相反,則顔氏所云,恐非恒、代之遺風,實京、洛之弊俗也。參觀第十八章第三節自明。至於僻陋阻塞之區,則葛屨履霜之風特甚。《隋書·地理志》述豫章之俗云:"其君子善居室,小人勤耕稼。衣冠之人,多有數婦,暴面市廛,競分銖以給其夫。②及舉孝廉,更要富者。前妻雖有積年之勤,子女盈室,猶見放逐,以避後人。"又言其地"一年蠶四五熟,勤於紡績,有夜浣紗而旦成布者,俗呼爲雞鳴布。"勤勞如此,而其見棄遺如彼,"非以貧而爲奴,乃以爲奴而貧",信矣!《南

————————

① 婚姻:顔之推謂:江東婦女無交遊,代北專以婦持門戶,恐實。京洛弊俗。

② 商業:豫章數婦市廛競分銖以給其夫。案此猶使奴婢經商。

史·蔡廓傳》：廓孫樽，爲吳興大守。初樽在臨海，百姓楊元孫，以婢采蘭，貼與同里黃權，約生子酬乳哺直。權死後，元孫就權妻吳贖婢母子五人。吳背約不還。元孫訴樽，判還本主。吳能爲巫，出入樽內，以金釧賂樽妾，遂改判與之。元孫撾登聞鼓訟之，爲有司所劾。當時民閒之於婦女，利其作力之情形可見矣。

　　貴人之家，雖多畜女伎，然民閒婦女爲倡伎者，亦非無之，而貴人亦時遨遊於其閒。《隋書·地理志》言："齊郡俗好教飾子女。淫哇之音，能使骨騰肉飛，傾詭人目。俗云齊倡，本出此也。"《北齊書·祖珽傳》云：珽豐於財產，又自解彈琵琶，能爲新曲。招城市年少，歌舞爲娛。遊集諸倡家。與陳元康、穆子容、任胄、元士亮等爲聲色之遊，即是物矣。

　　《晉書·五行志》云："自咸寧大康之後，男寵大興，甚於女色，士大夫莫不尚之，天下相放效，或至夫婦離絕，怨曠妒忌者。"《宋書·五行志》同。其事之見於史者：苻堅與慕容沖，已見第六章第四節。《石季龍載記》：勒爲聘將軍郭榮妹，季龍惑優僮鄭櫻桃，殺郭氏。更納清河崔氏女，櫻桃又譖而殺之。《北史·盧魯元傳》：少子內，給侍東宮，景穆深昵之，常與臥起，同衣食。正平初，宮臣伏誅，大武以魯元故，惟殺內而厚撫其兄弟。此皆虜主，不足責。然如辛德源，士大夫也，而史稱裴讓之特相愛好，兼有龍陽之重。亦見《北史》。《宋書·謝方明傳》：子惠連，先愛會稽郡史杜德靈，①及居父憂，贈以五言詩十餘首，文行於世，坐被徙廢塞，不豫榮伍。尚書殷景仁愛其才，因言次白大祖："臣小兒時便見世中有此文，而論者云是謝惠連，其實非也。"大祖曰："若如此，便應通之。"似其見讁徒以居憂作詩者。然《宗室傳》：長沙景王子義宗，元嘉八年，坐門生杜德靈放橫打人，還第內藏，義宗隱蔽之免官。德靈雅有姿色，爲義宗所愛寵，本會稽郡史，謝方明爲郡，子惠連愛幸之，爲之賦詩十餘首，《乘流歸渚篇》是也。則惠連見讁之深，其故自別有在矣。《南史·王僧達傳》：族子確，少美姿容，僧達與之相款。確叔父休，爲永嘉大守，當將確之郡，僧達欲逼留之。確知其意，避不往。僧達潛於所住屋後作大阬，欲誘確來別殺埋之。從弟僧虔知其謀，禁呵乃止。又《梁宗室傳》：長沙宣武王弟子韶，爲幼童，庾信愛之，有斷袖之歡。衣食所資，皆信所給。遇客，韶亦爲信傳酒。後爲郢州，信西上江陵，途經江夏，韶接信甚薄。坐青油幕中，引信入宴。坐信別榻，有自矜色。信稍不堪。因酒酣，乃逕上韶牀，踐蹋肴饌。直視韶面，謂曰："官今日形容，大異近日。"時賓客滿坐，韶甚慚恥。讀之俱令人駭笑。此亦當時

---

　　① 選舉：謝惠連愛杜德靈，蓋男色。

貴族墮落,不可救藥之一端也。

## 第二節　族　制

聚族而居,範圍之大小,必視生計情勢以爲衡。自氏族散爲家族,其勢日趨於分,讀《先秦史》第十二章第二節,《秦漢史》第十三章第二節,可見其概。晉、南北朝之世,社會情勢,實與前無異。惟其時去古較近,各地方彊宗巨家,尚有存者;又直喪亂之際,移徙者多與親族相偕,初至異邦,與當地之人,未能融洽,或仍聚族而居;於是家族之大者,往往有之。此就全國言之,實爲特異之象;又昔時之人,狃於成見,不知社會貴化除畛域,而以親族互相依倚爲美談,政令既加以褒揚,輿論又羣相稱道;史家自必勤於記錄。讀者不察,遂謂其時社會情形,與今迥異矣。其實以中國之大,歷朝史籍所占年代之長,有此區區,正如鳳毛麟角耳。大家族不見記載者,自亦有之,且其數必不少,然即具記之,在全社會中,亦必仍微不足道,則理有可信者也。

《北史·韋孝寬傳》:孝寬欲築城汾北,畫地形具陳其狀,宇文護謂使人曰:"韋公子孫雖多,數不滿百,遣誰固守?"事遂不行,可見子孫百人,在當時猶以爲少。《周法尚傳》:法尚爲順州刺史,司馬消難作亂,遣兵攻圍之,法尚棄城走,虜其母弟及家累三百人。法尚在當時,未聞爲著名大族,而其家累至於三百,可見其時士大夫家口之衆矣。此等家口,并不以後世所謂同姓爲限。《晉書·朱伺傳》:杜曾遣説伺云:"馬雋等感卿恩,盡以君家内外百口付雋,雋已盡心收視,卿可來迎。"《祖約傳》:石勒詐約,并其親屬中外百餘人悉滅之。《宋書·沈慶之傳》:慶之有園舍在婁湖,一夜移子孫徙居之。又移親戚中表於婁湖,列門同閈。《自序》言:沈林子賞賜重疊,皆散於親故,家無餘財,中表孤貧悉歸焉。《魏書·袁飜傳》:父宣,爲沈文秀府主簿,隨文秀入國,劉昶每提引之,言是其外祖淑之近親。又《高祐傳》:孫諒,造親表譜録四十餘卷,自五世已下,内外曲盡,覽者服其博記。蓋古代親親,原不限於父族;如九族之制是也,詳見《先秦史》。又其兩姓恒交昏,而又繼之以世;故夫之父母,與母之兄弟,父之姊妹同稱,詳見《先秦史》。故中表之情爲尤親。次則從母之子,自亦爲母族中之最親者。自此展轉推之,其範圍自有甚廣者矣。《魏書·盧玄傳》:無鹽房崇吉母傅氏,度世玄子。繼外祖母兄之子婦也。兗州刺史申纂妻賈氏,崇吉之姑女也。皆亡破軍途,老病憔悴。度世推計中表,致其供恤。每覲見傅氏,跪問起居。隨時奉送衣被、食物。亦存振賈氏,供其服、膳。青州既陷,諸崔墮落,多所收贖。

及淵、昶等，皆度世子。并循父風。遠親疏族，叙為尊行長者，莫不崇拜致敬。閨門之禮，為世所稱。其一事也。沈充之敗也，亡失道，誤入故將吳儒家。儒欲殺之。充曰："爾以大義存我，我宗族必厚報汝。若必殺我，汝族滅矣。"儒遂殺之。充子勁，竟滅吳氏。勁固彊果，然其能復讎，必得其宗族之助，則可推知。宋明帝之殺王景文也，手詔曰："與卿周旋，欲全卿門戶，故有此處分。"景文門生焦度忿怒，發酒覆地，曰："大丈夫安能坐受死？州中文武，可數百人，足以一奮。"景文曰："知卿至心。若見念者，為我百口計。"王奐之見收也，子彪議閉門拒命，長史殷叡，奐女壻也，諫曰："百世門戶，宜思後計，孰與仰藥自全？"董巒討益州，為魏所執，并其子景曜。魏以巒為越騎校尉，景曜為員外郎。巒謀南叛，坐徙朔州。孝文南寇，召巒從軍。軍次魯陽，巒單騎南走。至境首，北向哭呼景曜云："吾百口在彼，事理須還，不得顧汝一子也。"《魏書‧田益宗傳》。當時親族關係之密如此，故苟有刑誅，必致波及。孝文之南寇也，董景曜亦被召，至洛陽，密陳其父必當南叛，及巒南走，仍鏁詣魏主所，數而斬之。袁瑾之死也，并其宗族數十人。魏孝武入關，以韋子粲為南汾州，城陷不能死難，闔門百口，悉在西魏，多致誅滅。蓋聚族既衆，則其為力彊，慮以怨毒、不自安之情，或致反側，故其措置如此。晉、南北朝之世，刑法酷濫，實由此也。是時之遷徙者，亦多率族而行。如黃泓率宗族歸慕容廆；《晉書‧藝術傳》。張昌之亂，王偁、呂蕤，密將宗室奔汝南；樊毅隨叔父文皎援臺，文皎戰死，毅將宗族子弟赴江陵皆是。魏孝莊帝徙河北，執楊侃手曰："卿尊卑百口，若隨朕行，所累處大，卿可還洛，寄之後圖。"侃曰："寧可以臣微族，頓廢君臣之義？"固求陪從。及帝圖尒朱榮，侃豫其謀。尒朱兆入洛，侃時休沐，遂得潛竄，歸於華陰。普泰初，天光在關西，遣侃子婦父韋義遠招慰之，立盟許恕其罪。侃從兄昱，侃，播子。昱，播弟椿之子。令侃出應。"假其食言，不過一人身殁，冀全百口。"侃遂赴之，為天光所害。元顥入洛，昱出鎮滎陽，見擒。又椿弟順，順子仲宣，兄子保，弟子遁，并在河北，為顥嫌疑。以椿家世顯重，恐失人望，未及加罪。時人助其憂怖。或勸椿攜家避禍。椿曰："吾內外百口，何處逃竄？正當坐任運耳。"當時親族、中外，互相依倚如此，此族誅之刑，所由足累其心與？

《魏書‧源子恭傳》云：蕭衍亡人許周，自稱為衍給事黃門侍郎，朝士翕然，咸共信待。子恭奏其"履歷清華，名位高達，計其家累，應在不輕，今者歸化，何其孤迴？設使當時恩遣，不得攜將，及其來後，家貲產業，應見簿斂；尊卑口累，亦當從法；而周兄弟怡然，曾無憂慮"。以是為怪，可見當時巨家，多歷顯宦，有厚產矣。《晉書‧文苑傳》：應貞，汝南南頓人，魏侍中璩之子也。自漢至魏，世以文章

顯。軒冕相襲，爲郡盛族。此以門第顯者也。《習鑿齒傳》云：宗族富盛，世爲鄉豪，此以財力雄者也。職是故，其人在地方，多有聲勢。使能教養其民，原未嘗不足爲善。《北史·李靈傳》：孫顯甫，豪俠知名。集諸李數千家，於殷州西山開李魚川，方五六十里居之，顯甫爲其宗主。是其力足以養民也。又《李士謙傳》：李氏宗黨豪盛，每春秋二社，必高會極宴，無不沈醉諠亂。嘗集士謙所，盛饌盈前，而先爲設黍。謂羣從曰：“孔子稱黍爲五穀之長，荀卿亦云：食先黍、稷，古人所尚，寧可違乎？”少長肅然，無敢弛惰。退而相謂曰：“既見君子，方覺吾徒之不德也。”是其力足以教民也。無如世祿之家，鮮克由禮，能善導其民者少，而恃勢武斷鄉曲者多。① 如卞梭以門盛輕郤詵，相視如讎，詵後爲中丞，卒奏陷卞氏，見《晉書·卞壼傳》。而當風塵澒洞之時，尤易啓其輕狡之念。張軌割據河右，晉昌張越，涼州大族、密圖代之。又有賈摹者，寔之妻弟，亦涼州大姓，勢傾西土。時有謠曰：“手莫頭，圖涼州。”其居心可想。張茂誘而殺之，於是豪右屏迹，威行涼域。此雖未成割據之業，而實有割據之心者也。薛氏之在河東，羈旅之族也，然猶同姓三千家，宋高祖不得不用爲大守，虜亦不得不用爲都統，見第八章第五節。此則無割據之名，而有割據之實者也。蘇峻之亂，臨平人范明，率宗黨五百人，合諸軍討其將張健。見《晉書·顧衆傳》。宋景平中，富陽孫氏，聚合門宗，謀爲逆亂。見《宋書·褚叔度傳》。義康之徙也，胡藩子誕世、茂世，率羣從二百餘人，攻破郡縣謀奉之。見第八章第一節。劉彌之青州彊姓，門族甚多故其宗從，能相合率以拒沈文秀。見第九章第五節。侯景之亂，沈衆表梁武帝，稱家世所隸義故部曲，并在吳興，求還召募以討賊。武帝許之。及景圍臺城，衆率宗族及義附五千人入援。王廣攻毛興於枹罕，興遣衛平率其宗人千七百襲敗之。後枹罕諸氏，以平年老，不可以成事業，議廢之，而憚其宗彊，連日不決。有啖青者，挺身而起，乃獲廢平而推苻登。見《晉書·苻丕載記》。郝溫舉義於杏城，蓋鮮率宗族爲虜討之。《魏書·世祖紀》大平真君六年。獨孤信東伐，趙肅率宗人爲之鄉道。魏孝武西遷，猗氏樊、王二姓舉兵，爲東魏所誅。《周書·儒林樊深傳》。此等雖順逆不同，而其隱若敵國則一。南北疆場，一彼一此，亦多有此等豪族，參與其閒，非盡恃兵力也。又有保險劫掠，行同盜賊者。《宋書·朱齡石傳》：遷武康令。喪亂之際，武康人姚係祖，招聚亡命，專爲劫盜。所居險阻，郡縣畏憚不能討。齡石至縣，僞與親厚，召爲參軍。係祖恃其兄弟徒黨彊盛，謂齡石必不敢圖己，乃出應召。齡石潛結腹心，知其居止塗徑。乃要係祖宴會，叱左右斬之。率五人馳至其家，掩其不備。悉斬係祖兄弟，殺數十人。自是一郡得平。《魏書·李仲琁傳》：爲弘農大守。先是宮、牛

_____

① 宗族：大族與割據之關係。

二姓，阻險爲害。仲琁示以威惠，并即歸伏。《薛辨傳》：河北郡帶山河路多盜賊。有韓、馬兩姓，各二千餘家，恃彊馮險，最爲狡害。劫掠道路，侵暴鄉閭。《酷吏傳》：靈丘羅思祖，宗門豪溢，家處險隘，多止亡命，與之爲劫。顯祖怒之，戮其家。思祖宗黨，相率寇盜。《北史·宋隱傳》：弟子世良，拜清河太守。郡東南有曲隄，成公一姓，阻而居之，羣盜多萃於此。人爲之語曰：“寧度東吳會稽，不歷成公曲隄。”世良施八條之制，盜奔他隄。此等皆地方之大害。梁、陳間諸割據者，亦不過此等人中之佼佼者耳，讀第十三章第六、七、八節可知也。

　　然此等巨族，究爲特異之象，以大勢論之，則仍日趨於分。《晉書·刑法志》言：魏世制法，“除異子之科，使父子無異財也”。《宋書·周朗傳》：朗上書言：“今士大夫之家，父母在而兄弟異計，十室而七矣；庶人父子殊產，亦八家而五矣。甚者危亡不相知，飢寒不相卹。又嫉謗讒害，不可稱數。宜明其禁，以革其風。”可見時人疾惡分異之烈。然參考史事，則宗族之能同居者實少。兄弟白首不分異，業已侈爲美談；《北史·甄琛傳》：與弟僧林，誓以同居没齒。《山偉傳》：偉弟少亡，偉撫家訓孤，同居二十餘載，恩義甚篤。《周書·崔謙傳》：與弟說特相友愛。雖復年事并高，名位各重，所有資產，皆無私焉。《寇儁傳》：兄祖訓、祖禮及儁，并有志行，閨門雍睦，白首同居。觀此等亦侈爲美談，知當時兄弟同居者已少。羣從同居者更寡；《晉書·忠義傳》：嵇紹與從子含等五人共居，撫卹如所同生。《魏書·韓麒麟傳》：孫子熙，少孤，爲叔顯宗所撫養。及顯宗卒，子伯華又幼，子熙友愛，等於同生。長猶共居，車馬貲財，隨其費用，未嘗見於顏色。《北史·辛紹先傳》：孫少雍，妻王氏，有德義。少雍與從弟懷仁，兄弟同居。懷仁等事之甚謹。閨門禮讓，人無閒焉。又《寇儁傳》：篤於仁義。期功之中，有孤幼者，衣食豐約，并與之同。其更廣於此者，則真如鳳毛麟角矣。宗族百口，累世同居者，多見諸史《孝義》、《節義》等傳。此外如《晉書·儒林傳》：氾毓，奕世儒素，敦睦九族。客居青州，逮毓七世，時人號其“兒無常父，衣無常主”。《北史·許彥傳》：曾孫子恂，閨門雍睦，三世同居。《周書·辛威傳》：家門友義，五世同居。而好生分及不能相卹之事則甚多。《南史·袁粲傳》：粲幼孤，祖哀之，名之曰慜孫。伯叔并當世榮顯，而慜孫飢寒不足。《魏書·裴伯茂傳》：伯茂先出後其伯仲規，與兄景融別居，景融貧窘，伯茂了無振卹，殆同行路。此猶在平時，其在流離顛沛之中者；《李寶傳》：李氏自初入魏，人位兼舉，因沖寵遇，遂爲當世盛門。而仁義吉凶，情義淺薄。期功之服，殆無慘容。相視窘迫，不加拯濟。此猶曰李氏入魏，即蒙恩寵也。崔子瓚闔門誅滅，入魏獲存者，惟子瓚與弟道諧二人，而瓚富貴之後，遂捐棄道諧，令其異居。所得廩禄，略不相及。當時於此等事，不惟與論羣相責詆，即法律亦或加以懲處。如《魏書·島夷傳》言：蕭鸞宣德大僕劉朗之、游擊將軍劉璩之，坐不贍給兄子，使其隨母他嫁，免官禁錮是也。然究何益哉？生分之俗，南方較北方爲甚。[1]《魏書·裴叔業傳》云：叔業兄子植，雖自州送禄奉母及贍諸弟，而各別貲

_____

　　[1]　宗族：南方好生分較甚於北。北土重同姓，遠來相投者，莫不營贍，不則不爲鄉里所容（第六四〇頁）。

財,同居異爨,一門數竈,蓋亦染江南之俗也,是其證。《晉書·隱逸傳》:陶潛與子書曰:"雖不同生,當思四海皆弟兄之義。鮑叔、敬仲,分財無猜,歸生、伍舉,班荆道舊,遂能以敗爲成,因喪立功。他人尚爾,況共父之人哉。"可見其彊相維繫,懍乎若朽索之馭六馬矣。《南史·蔡興宗傳》:父廓,罷豫章郡還,起二宅。先成東宅,以與兄軌。軌罷長沙郡還,送錢五十萬,以禅宅直。興宗年十一,白母曰:"一家由來,豐儉必共,今日宅直,不宜受也。"母悦而從焉。軌深有愧色。謂其子淡曰:"我年六十,行事不及十歲小兒。"此事不足見時人之能共豐儉,正足見其習於分異耳。然謂北方能不分異者,亦非其實。楊昱第六叔早喪,有一男六女。及終喪,妻元氏請別居。昱父椿,集親姻泣謂曰:"我弟不幸早終。今男未婚,女未嫁,何便求別居?"不聽。崔挺三世同居,門有禮讓,於後頻直饑年,亦卒分析。義門如此,況在恒人?《北史·薛慎傳》:保定初,出爲湖州刺史。蠻族昏娶之後,父母雖在,即與別居。慎乃親自誘導,示以孝慈。并遣守令,各喻所部。有數户蠻,別居數年,遂還侍養;及行得果膳,歸奉父母。慎以其從善之速,具以狀聞。有詔蠲其賦役。於是風化大行,有同華俗。又《儒林·樂遜傳》:授湖州刺史。人多蠻左,未習儒風。蠻俗生子長大,多與父母異居。遜每加勸導,多革前弊。當時蠻左,實多華人,具見第十六章第二、第六節。此蓋仕宦之家,親族多互相依倚,平民之多田産者,亦能聚族而居,其貧苦者則不然,非關華夷之異也。《隋書·食貨志》言:山東承齊俗,避役惰游者十六七。四方疲人,或詐老詐小,規免租賦。高祖令州縣大索、貌閲。户口不實者,正長遠配。而又開相糾之科。大功已下,兼令析籍,各爲户頭,以防容隱。既狃於成見而責其合,又利其賦役而迫之分,狐埋狐揾,謂之何哉? **其以敦睦稱者,又或別有所爲。**《晉書·儒林傳》:范隆生而父亡。年四歲,又喪母。單孤無緦功之親。疏族范廣,愍而養之。迎歸教書。爲立祠堂。隆奉廣如父。《周書·薛憕傳》:河東汾陰人也。曾祖弘敞,值赫連之亂,率宗人避地襄陽。孝昌中,杖策還洛陽。先是憕從祖真度,與族祖安都,擁徐、兖歸魏。其子懷儁,見憕,甚相親善。《北史·獨孤信傳》:子羅,爲高氏所囚,及信爲宇文護所誅,羅始見釋。寓居中山,孤貧無以自給。齊將獨孤永業,以宗族故,哀之,爲買田宅,遺以資畜。此等似乎甚厚。然《宋書·王懿傳》言:北土重同姓,并謂之骨肉。有遠來相投者,莫不竭力營贍。若不至者,以爲不義,不爲鄉里所容。懿聞王愉在江南,是大原人,乃往依之,愉禮之甚薄。則其相周卹,特迫於人言耳,非出本心也。《北史·胡叟傳》:卒,無子,無家人營主凶事。胡始昌迎殯之於家,葬於墓次,即令弟繼其襲其爵。叟與始昌雖宗室,性氣殊詭不相附。其存,往來甚簡。及亡而收恤甚厚。議者以爲非敦哀疏宗,或緣求利品秩也。可謂肺肝如見矣。劉昶令袁宣與其府諮議參軍袁濟爲宗,宣時孤寒,甚相依附。及齇兄弟官顯,與濟子洸、演,遂各陵競。洸等乃經公府以相排斥。以利合者,固無以善其終也。**然後知社會演進之大勢,終不可逆也。**語曰:"求忠臣必於孝子之門。"①此由古所謂忠臣者,多盡力於一人一姓,而古所謂國者,本與家同物,特大小有殊而已。至於後世,則國之與家,性質大異。盡忠於國者,非當異族馮陵之際,以國家爲民族之藩衞,視君主爲主權之表徵;則廑己飢己溺之懷,思得政權以遂其拯民於塗炭之志。若此者,知識既高,願力亦大,豈僅盡心於一小搏體者之所知? 不寧惟是,小搏體之利害,往往與大搏體不相容。顧慮身

---

① 倫理:後老篤於族者,與忠不相容,孝者不必仁。

家之念重,盡忠君國之義自輕。趙氏翼嘗譏:"江左高門大族,雍容令僕,裙屐相高。與時推遷,自保家世。朝市革易,而我之門第如故。"《廿二史劄記‧江左世族無功臣》條。所以致此,雖其道多端,然家室之累,實其大者。然則即以忠君舊義論,篤於宗族者,亦未必遂可託孤寄命矣。不寧惟是,行以中庸爲貴,而流俗之所稱美者,則大抵非行庸德、謹庸言之徒。吾嘗見居喪盡禮,有過恒人,而性情乖戾,爲鄉里所患苦者矣。高宗,殷之賢王也。《記》稱之曰:"繼世即位,而子良於喪,當此之時,殷衰而復興,禮廢而復起。"然實殺孝己。與寵姜女而替大伯之古公,溺驪姬而殺申生之晉獻正相類。此中消息,殊耐尋思。特非方内之士所敢道耳。《魏書‧裴叔業傳》:叔業孫譚,粗險好殺。然孝事諸叔,盡於子道,國祿歲入,每以分贍,世以此稱之。古今人情,固不甚相遠也。

　　凡大族,能歷時稍久者,必自有其法度。《陳書‧王瑒傳》云:瑒兄弟三十餘人,居家篤睦。每歲時餽遺,徧及近親。敦誘諸弟,并稟其規訓。《魏書‧盧玄傳》言:玄子度世,及孫淵、昶,并循父風。父母亡後,同居共財。自祖至孫,家内百口。在洛時有饑年,無以自贍,然尊卑怡穆,豐儉同之。親從昆弟,常旦省謁諸父,出坐別室,至暮乃入。《崔挺傳》言:挺三世同居,門有禮讓。挺有子六人,長曰孝芬,弟孝暐等奉之,盡恭順之禮。一錢尺帛,不入私房。吉凶有須,聚對分給。諸婦亦相親愛,有無共之。始挺與弟振同居,振亡之後,孝芬等承奉叔母李氏,若事所生。旦夕溫清,出入啓覲。家事巨細,一以諮決。每兄弟出行,有獲財物,尺寸已上,皆内李氏之庫。四時分賫,李自裁之。如此者二十餘歲。《楊播傳》言:播家世純厚,并敦義讓。昆季相事,有若父子。播剛毅,椿、津并播弟。恭謙。兄弟旦則聚於廳堂,終日相對,未曾入内。有一美味,不集不食。廳堂閒往往幃幔隔障,爲寢息之所。時就休偃,還共談笑。椿、津年過六十,并登台鼎,而津嘗旦暮參問。子姪羅列階下。椿不命坐,津不敢坐。椿每近出,或日斜不至,津不先飯。椿還然後共食。食則津親授匙箸,味皆先嘗。椿命食,然後食。一家之内,男女百口,緦服同爨,庭無閒言。魏世已來,惟有盧淵及播昆季,當世莫逮焉。《節義傳》言:李几七世共居同財。家有二十二房,一百九十口。長幼濟濟,風禮著聞。至於作役,卑幼競進。夫搏結多人,不可無法,家國之理一也。此等法度,實此等巨家之所以能持久也。然果足尚乎?子弟率教之謹,最爲拘墟之士所豔稱。然如是,則身居其閒者,將絕少自由,於才性之發揚,所損實巨。而身家之念大重,則盡忠於國家、民族、社會之念自輕,前已言之矣。即以一家論,亦未必終爲其利何者?此等大族,搏結之始,必以生計之互相依倚爲之因。此蓋一時事勢使然。

641

久之，事勢改變，大族生利之力雖彊，終不如一切與全社會相依，而更擴其分工協力之範圍爲得計矣。此其所以終於離析歟？盧氏自淵亡後，家風衰損，已見上節。崔氏頻遭饑年，家遂分析，說亦見前。莊帝還宮，楊椿頻乞歸老，臨行誡子孫曰：“吾兄弟若在家，必同盤而食，若有近行不至，必待其還。如聞汝等，兄弟時有別齋獨食，此又不如吾等一世也。”可見其家法亦寖寖不能維持矣。

凡權勢之家，據權勢愈久，則其自私而思保守之愈甚。歷代帝王之家，所謂敦宗睦族者，原其朔，則不過如是而已。《魏書·景穆十二王傳》：京兆王推之子遙，大功昆弟，皆是恭宗之孫，至肅宗而本服絕，故除遙等屬籍。遙表曰：“《律》云議親者，非惟當世之屬親，歷謂先帝之五世。謹尋斯旨，將以廣帝宗，重磐石。先皇所以變革事條，爲此別制者？大和之季，方有意於吳、蜀，經始之費，慮深在初，割減之起，當出暫時也。古人有言：百足之蟲，至死不僵，以其輔己者衆。大宗一分，則天子屬籍，不過十數人而已。在漢，諸王之子，不限多少，皆列土而封，謂之曰侯。至於魏、晉，莫不廣胙河山，稱之曰公。臣去皇上，雖是五世之遙，於先帝，便是天子之孫。今朝廷猶在遏密之中，便議此事，實用未安。”詔付尚書博議。令任城王澄、左僕射元暉奏同遙表。靈大后不從。據此，拓跋氏之待宗室，實較漢、魏以來爲薄，一由其互相猜忌，一亦由其演進本淺，故其自私，轉不如中國之甚也。亦可見一切弊政，皆由積漸而致矣。

小史之職既廢，譜牒之作，衹爲私家之事，自晉以降，國家乃復起而干與之，則以其時嚴士庶之別故也。《晉書·摯虞傳》曰：虞以漢以來喪亂，譜牒多亡失，雖其子孫，不能言其先祖，撰《族姓昭穆》十卷，上疏進之，以爲足以備物致用，廣多聞之益。此爲譜學之權輿。《齊書·文學傳》：賈淵，祖弼之，世傳譜學。竟陵王子良使撰《見客譜》。先是譜學未有名家。弼之廣集百氏譜記，專心治業。晉大元中，朝廷給弼之令史、書吏，撰定繕寫藏祕閣，仍遷左民曹。《南史》作“及左户曹”。民作户避唐諱。淵父及淵，三世傳學。凡十八州士族譜，合百帙，七百餘卷，該究精悉，當世莫比。永明中，衛軍王儉，抄次百家譜，與淵參懷撰定。淵撰《氏族要狀》及《人名書》，并行於世。《南史·王僧孺傳》：知撰譜事。先是尚書令沈約，以爲“晉咸和初蘇峻作亂，文籍無遺。後起咸和二年，以至於宋，所書并皆詳實。并在下省左户曹前廂，謂之晉籍，有東西二庫。此籍既并精詳，實可寶惜位宦高卑，皆可依案。宋元嘉二十七年，始以七條徵發。既立此科，人姦互起。僞狀巧籍，歲月滋廣。以至於齊，患其不實。於是

東堂校籍，置郎、令史以掌之。競行姦貨，以新換故。昨日卑細，今日便成士流。宋、齊二代，士庶不分，雜役減闕，職由於此。竊以晉籍所餘，宜加寶愛”。參看第三節。武帝以是留意譜籍，州郡多罹其罪。因詔僧孺改定百家譜。始晉大元中，員外散騎侍郎平陽賈弼，即弼之。篤好簿狀。乃廣集衆家，大搜羣族。所撰十八州，一百一十六郡，合七百一十二卷。凡諸大品，略無遺闕。藏在祕閣，副在左戶。及弼子大宰參軍匪之，匪之子長水校尉深，即淵，《南史》本傳書其字曰希鏡，此處則改爲深。《唐書·儒學柳沖傳》云：希鏡傳子執，執更作《姓氏英賢》一百篇。又著《百家譜》，廣兩王所記。執傳其孫冠，冠撰《梁國親王大子序親譜》四篇。世傳其業。大保王弘，領軍將軍劉湛，并好其書。弘日對千客，不犯一人之諱。湛爲通曹，始撰百家，以助銓序，而傷於寡略。齊衛將軍王儉，復加去取，得繁省之衷。僧孺之撰，通范陽張等九族，以代雁門解等九姓。其東南諸族，別爲一部，不在百家之數焉。《集十八州譜》七百一十卷，《百家譜集抄》十五卷，《東南譜集抄》十卷，并行於世。是南方譜學，實以賈氏爲名家，其後官私撰述，并承其餘緒也。梁、陳二代，通譜學者，亦有其人。《梁書·徐勉傳》：勉居選官時，該綜百氏，皆爲避諱。《傅昭傳》：博極古今，尤善人物。魏、晉以來官宦簿伐，姻婭內外，舉而論之，無所遺失。《陳書·陸瓊傳》：遷吏部尚書，詳練譜牒。“後魏遷洛，有八氏十姓，咸出帝族；又有三十六族，則諸國之從魏者；九十二姓，世爲部落大人；并爲河南洛陽人。《周書·文帝紀》：魏恭帝元年，魏氏之初，統國三十六，大姓九十九，後多絕滅。至是，以諸將功高者爲三十六國後，次功者爲九十九姓後。所統軍人，亦改從其姓。① 其中國士人，則第其門閥，有四海大姓，郡姓，州姓，縣姓。及周大祖入關，諸姓子孫有功者，并令爲其宗長。仍撰譜録，記其所承。又以關內諸州，爲其本望。”《隋書·經籍志》。北魏宗室及諸臣，亦有通譜學者。《北史·景穆十二王傳》：濟陰王小新成曾孫暉業，撰魏藩王家世，號爲《辨宗録》，四十卷，行於世。《宋隱傳》：弟子世良，撰《宋氏別録》十卷。周武帝敕鮑宏脩皇室譜一部。《隋書·經籍志》史部譜系門，著録四十一部三百六十卷；通計亡書，則五十三部一千二百八十卷云。《齊書·王晏傳》：武帝欲以高宗代晏領選，手敕問之。晏啓曰：“鸞清榦有餘，然不諳百氏，恐不可居此職。”上乃止。《北史·魏收傳》：收撰《魏書》。楊愔謂曰：“此謂不刊之書，傳之萬古。但恨論及諸家，枝葉親姻，過爲繁碎，與舊史體例不同耳。”收曰：“往因中原喪亂，人士譜牒，遺逸略盡，是以具書其枝派，望公觀過知仁。”可見當時視此之重已。

　　然時雖致謹於族姓，而自誣其祖者仍多，此又大勢所趨，無可如何者也。

---

　　① 民族：魏三十六國，九十九姓多絕，以功高者復之，可見其僞。



劉延孫於宋室，本非同宗，而孝武與之合族，見第九章第二節。此執政柄者之自亂其例也。《晉書·惠羊皇后傳》：賈后既廢，孫秀議立后，后外祖孫旂，與秀合族，又諸子自結於秀，故以大安元年，立爲皇后。《南史·周弘正傳》：臺城陷，弘正諂附王偉，又與周石珍合族，此趨炎附勢之爲也。《齊書·賈淵傳》：淵遷長水校尉。荒傖人王泰寶，買襲琅邪譜。尚書令王晏，以啓高宗。淵坐被收，當極法。子棲長謝罪，稽顙流血，朝廷哀之，乃得免罪。此以財貨誘引者也。《晉書·石苞傳》：苞曾孫樸，没於胡，石勒以與樸同姓，俱出河北，引爲宗室，特加優寵。《北齊書·高隆之傳》：本姓徐氏，云出自高平金鄉。父幹，爲姑婿高氏所養，因從其姓。隆之後有參議之功，高祖命爲從弟，仍云渤海蓚人。此異族之攀援也。侯景僭位，以漢司徒侯霸爲始祖，晉徵士侯瑾爲七世祖。李賢，自云隴西成紀人，漢騎都尉陵之後。陵没匈奴，子孫因居北狄。後隨魏南遷，復歸汧隴。竇熾，自云扶風平陵人，漢大鴻臚章十一世孫。章子統，靈帝時爲雁門大守，避竇武之難，亡奔匈奴，遂爲部落大人。後魏南徙，子孫因家於代，賜姓紇豆陵氏。當時此等誣辭，蓋又不知凡幾矣。讀《唐書·宰相世系表》，尚有可見者。元魏入中國，賜姓命氏，其事不一。其後改易，多有與中國同者。詳見《魏書·官氏志》。而賜姓又多。[1] 賜姓魏、周、齊皆有之，而周尤盛。甚有如令狐整，宗人二百餘户，并列屬籍者。女子亦有賜姓者，高祖及齊王憲之在襁褓，以避忌不利居宮中，大祖令於李賢家處之，六載乃還宮，因賜賢妻吳姓宇文氏，養爲姪女是也。静帝大象元年，詔諸改姓者悉令復舊，然不復者必多矣。華之與夷，蓋混淆不可辨矣。然同是圓顱方趾之倫，優劣本無區別；又凡諸民族，血統孰不混淆？此固不足計也。當時之人，皆非以異姓爲後，即法律亦所不許，見下。然隨所養而改姓者仍多。如高隆之之父即是。《陳書》：高祖宣皇后章氏，本姓鈕，父景明，爲章氏所養，因改焉。周文育，本姓項氏，爲壽昌浦口戍主周薈所養。紀少瑜，本姓吳，養於紀氏，因而命族。又獨孤永業，本姓劉，母改適獨孤，永業隨母，爲獨孤家所養，遂從其姓，皆其事也。父母之恩，本不在生而在養，此又不足怪也。北族之養子弟，則非因其幼小無依，而特爲臣主之閒，以恩相結，蓋由不知君臣有朋友之誼，而惟知有親族關係使然，又與中國之養子殊科矣。《北史·齊宗室諸王傳》：上洛王思宗弟思好，本浩氏子也，思宗養以爲弟。又《蔡祐傳》：周文帝謂祐曰："吾今以爾爲子，爾其父事我。"《張羨傳》：隋文帝曰："卿可爲朕兒，朕爲卿父。"又《宇文述傳》：性貪鄙，知人有珍異物，必求取。富商大賈，及隴右諸胡子弟，皆接以恩意，呼之爲兒。由是競加餽遺，珍寶累積。又有趙行樞者，本大常樂户，家財億計，述謂爲兒，受其賂遺。此爲訒義子者之又一變格，[2] 然亦北

---

[1]　宗族：賜姓宇文最多。

[2]　宗族：義子北俗。

族之俗，有以作之俑也。

　　《晉書·賈充傳》云：充婦廣城君郭槐，性妒忌。充子黎民，年三歲，乳母抱之當閤，黎民見充入，喜笑，充就而抭之，槐望見謂充私乳母，即鞭殺之，黎民戀念，發病而死。後又生男，過期，復爲乳母所抱，充以手麾其頭，郭疑乳母，又殺之，兒亦思慕而死。充遂無胤嗣。及薨，槐輒以外孫韓謐爲黎民子，奉充後。郎中令韓咸，中尉曹軫諫，不從。咸等上書求改立嗣，事寢不報。槐遂表陳：是充遺意。帝乃詔曰："周之公旦，漢之蕭何，或豫建元子，或封爵元妃，蓋尊顯勳庸，不同常例。大宰素取外孫韓謐爲世子黎民後。吾退而斷之，外孫骨肉至近，推恩計情，合於人心。其以謐爲魯公世孫，以嗣其國。自非功如大宰，始封無後如大宰，所取必以己自出如大宰，皆得以爲比。"及下禮官議充謐，博士秦秀，援莒人滅鄫之文，謂"充絕父祖之血食，開朝廷之禍門，謐法，昏亂紀度曰荒，請謚荒公"，不從。《秀傳》。案賈充固非正人，《晉書》所載之辭，則亦多誣衊。三歲過朞之兒，安知戀念乳母而死？即曰知之，而二子之死，其事若一，理可通乎？莒人滅鄫，雖曰《春秋》之義，然時異勢殊，寧可拘執。當時議者，亦借此以攻充耳，意初不在禮律，此參觀第三章第一節而可知者也。然其事至煩武帝特下詔書，亦可見舊習入人之深矣。又古之爲人後者，僅主其祭祀，而非利其財產。《宋書·謝弘微傳》：從叔峻，司空琰第二子也，無後，以弘微爲嗣。義熙初，襲峻爵建昌縣侯。弘微家素貧儉，而所繼豐泰。惟受書數千卷，國史數人而已。遺財禄秩，一不關豫。八年，混以劉毅黨見誅。妻晉陵公主，改適琅邪王練。公主雖執意不行，而詔與謝氏離絕。公主以混家事，委之弘微。混仍世宰輔，一門兩封，田業十餘處，僮僕千人。惟有二女，年并數歲。弘微經紀生業，事若在公。一錢尺帛，出入皆有文簿。高祖受命，晉陵公主降爲東鄉郡君。以混得罪前代，東鄉君節義可嘉，聽還謝氏。自混亡至是九載，而室宇脩整，倉庫充盈；門徒業使，不異平日；田疇墾闢，有加於舊。元嘉九年，東鄉君薨，資財鉅萬，園宅十餘所；又會稽、吳興、琅邪諸處，大傅安，司空琰時事業，奴僮猶有數百人。公私咸謂室內貲財，宜歸二女，田宅僮僕，應屬弘微。弘微一無所取，自以私禄營葬。案琰、安子、峻、混皆琰之子。弘微、安弟萬之孫。案議者謂田宅僮僕，應屬弘微者？蓋謂此與封爵相聯，乃古圭田之例，然弘微并此而不取，則可見繼其宗祧者，原不必襲其財產。[①]《梁書·阮孝緒傳》：孝緒七歲出後從伯胤之，胤之母周氏卒，有遺財百餘萬，應歸孝緒，孝緒一無所納，盡以

_____

① 宗族：繼宗祧不襲財產。

歸胤之姊琅邪王晏之母，此則又非親生女之比矣。《晉書・殷仲堪傳》言：仲堪以異姓相養，禮、律所不許，子孫繼親族無後者，惟令主其烝嘗，不聽別籍以避役，此又見按諸禮、律，承嗣本與財產無關，足以告後世之與爲人後而有所冀者矣。

## 第三節　戶口增減

中國歷代，史所記戶口之數，多寡縣殊，晉、南北朝之世，則其寡少殊甚。《晉書・地理志》云：大康元年平吳，大凡戶百四十五萬九千八百四十，口一千六百一十六萬三千八百六十三。《隋書・地理志》云：大康時，戶二百六十餘萬。此後無總數可考。桓溫嘗言："戶口凋寡，不當漢之一郡"，則東晉之世，民戶之寡少可知。《南史・本紀》言：梁元帝時，人戶著籍，不盈三萬，詳見第十三章第四節。其寡少尤爲可駭。《隋書・地理志》言：陳世戶數，爲六十萬。《北史・隋本紀》：陳國平，戶五十萬，口二百萬。《隋書・本紀》無。蓋昔人好舉成數，其戶數，當在五十、六十萬之間也。北朝以正光以前爲全盛，其數倍於晉之大康。孝昌以後，耗減且將大半。《魏書・地形志》。元孝友當魏末，謂"計見管之戶，應二萬餘族"，族二百家，是有二百萬戶也。《周書・武帝紀》：關東平，得戶三百三十萬二千五百二十八，口二千萬六千六百八十六。《隋志》載北齊戶數本之，而謂隋世戶數，爲八百九十萬七千五百四十六，口數爲四千六百一萬九千九百五十六云。僭僞諸國，戶口之數可考者：《苻堅載記》，謂堅滅前燕，入鄴宮，閱其名籍，戶二百四十五萬八千九百六十九，口九百九十八萬七千九百三十五。《慕容垂載記》，載翟釗所統七郡戶數爲三萬八千，慕容永所統新舊八郡戶數爲七萬六千八百。此外皆無所見。案亂離分裂之世，戶口之數，自當少於統一全盛之時。① 然據當時記載，僅山陰一縣，戶數即已三萬；《宋書・顧覬之》及《良吏・江秉之傳》。其課戶爲二萬，見《齊書・顧憲之傳》。魏孝静帝遷鄴，戶四十萬，狼狽就道；《北齊書・神武紀》。陳國雖褊小，豈有僅二十倍於山陰；魏末雖喪亂，豈有僅五倍於鄴都之理？其非實數，顯而易見。蓋史之所記，原不過當時占著之數，非以爲生齒之實也。然以考生齒之數雖不足，以考人民占籍之情形，則有可見者矣。

著籍之數，何以寡少？其原因蓋有多端。《晉書・武帝紀》，載帝平吳，得

---

① 戶口：山陰一縣三萬戶，鄴都四十萬戶，無陳五六十萬戶、魏二百萬戶之理。

户五十二萬三千,吏三萬三千,兵二十五萬,男女口二百三十萬,則吏之與兵,皆在民户之外。①《慕容寶載記》:寶嗣僞位,遵垂遺令,校閲户口,罷諸軍營,分屬郡縣。《宋書·州郡志》:南彭城蕃縣、薛縣,皆義旗初免軍户所立。《劉粹傳》:弟道濟,爲益州刺史,蜀土僑舊,翕然并反,道濟皇懼,免吳兵三十六營,以爲平民,分立宋興、宋寧二郡。《隋書·食貨志》:周武帝建德二年,改軍士爲侍官,募百姓充之,除其縣籍。《高祖紀》:開皇十年,五月,乙未,詔曰:"魏末喪亂,寓縣瓜分,役車歲動,未遑休息,兵士軍人,權置坊府。南征北伐,居處無定。家無完堵,地罕苞桑。恒爲流寓之人,竟無鄉里之號。朕甚愍之。凡是軍人,可悉屬州縣。墾田帳籍,一與民同。"遂罷山東、河南及北方緣邊新置軍府。是晉、南北朝之世,有兵籍者,多在民户之外也。《南史·郭祖深傳》:祖深以爲"都下佛寺,五百餘所,僧尼十餘萬。所在郡縣,不可勝言。道人又有白徒,尼則皆畜養女,皆不貫人籍。天下户口,幾亡其半"。《魏書·釋老志》言:大和十年,有司奏前被勅:以勒籍之初,愚民僥倖,假稱入道,以避輸課,其無籍僧尼,罷遣還俗。又沙門統曇曜奏:平齊户宋明帝失淮北,虜徙青、齊民於平城,置平齊郡以居之,其民謂之平齊户,見第九章第五節。及諸民,有能歲輸穀六十斛入僧曹者,即爲僧祇户。又請民犯重罪及官奴爲佛圖户,以供諸寺掃灑。此等蓋亦如僧尼之不貫民籍矣。《閹宦·仇洛齊傳》言:魏初禁網疏闊,民户隱匿漏脱者多。東州既平,綾羅户民樂葵,因是請采漏户,供爲綸綿。自後逃户占爲細繭、羅穀者非一。於是雜、營户帥,徧於天下。不屬守宰,發賦輕易。民多私附。户口錯亂,不可檢括。洛齊奏議罷之,一屬郡縣。《隋書·刑法志》言:自魏、晉相承,死罪重者,妻子皆以補兵。魏虜西涼之人,没入名爲隸户。魏武入關,隸户皆在東魏。後齊因之,仍供廝役。建德六年齊平後,武帝欲施輕典於新國,乃詔凡諸雜户,悉放爲百姓。事亦見《周書·本紀》。《魏書·世祖紀》:真君五年,北部民殺衡陽公莫孤,率五千餘落北走,追擊於漠南,殺其渠帥,餘徙居冀、定、相三州爲營户。《高祖紀》:延興元年,沃野、統萬二鎮勑勒叛,詔源賀追擊,至枹罕,滅之,徙其遺迸於冀、定、相三州爲營户。二年,連川敕勒謀叛,徙配青、徐、齊、兗四州爲營户。此等亦皆不貫民籍者。《梁書·武帝紀》:天監十七年,八月,詔以兵驕、奴婢,男年登六十,女年登五十,免爲平民。《南史》作男年六十六,女年六十,免爲編户。則奴婢亦在編户之外。《魏書·景穆十二王傳》:京兆王子推之子遥,遷冀州刺史。以諸胡先無籍貫,悉

---

① 户口:吏兵僧道雜隸等營奴婢諸胡皆在民户外。浮浪人(第六四八—六四九頁)。

令造籍，遂欲稅之，爲胡所搆，則諸胡又莫非漏籍之人也。無籍及不屬州縣者既多，民户自見其少。然此等爲數，究屬有限，其大使民户減少者，則人民之漏籍，豪彊之隱占也。

漏籍之弊，南北皆然。《晉書·庾冰傳》：冰爲揚州刺史，隱實户口，料出無名萬餘人，以充軍實。《陳書·文學·褚玠傳》：除山陰令。縣民張次的、王休達等，與諸猾吏賄賂通姦，全丁大户，類多隱没。玠乃鏁次的等，具狀啓臺。高宗手勅慰勞，并遣使助玠搜括，所出軍民八百餘户。《魏書·韓茂傳》：顯祖以五州民户殷多，編籍不實，五州，據上文觀之，當爲冀、定、相、青、東青。詔茂子均檢括，出十餘萬户。足見其數之多。諸漏籍之人，有竟不占著者，《隋書·食貨志》言："江左無貫之人，不樂州縣編户者，謂之浮浪人"是也。有隱蔽於大户之中者，虞玩之謂"抱子并居，竟不編户"；《魏書·李沖傳》言：舊無三長，惟立宗主督護民多隱冒，五十、三十家，方爲一户是也。齊建元二年詔曰："黄籍民之大紀，國之理端。自頃氓俗巧僞，爲日已久。至乃竊注爵位，盜易年月，增損三狀，貿襲萬端。或户存而文書已絶，或人在而反託死叛。停私而云隸役，身彊而稱六疾。編户齊家，少不如此。"《齊書·虞玩之傳》。《魏書·昭成子孫傳》：元暉上書，言"國之資儲，惟藉河北。饑饉積年，户口逃散。生長姦詐，因生隱藏。出縮老小，妄注死失。收人租調，割入於己。人困於下，官損於上"。近世論户籍者，或謂"饑時散振，平時服役之書，必不足用，更須重造，可見編審之無謂"，此言實不祓自承其户籍之不實。《魏書·高祖紀》：大和十一年，七月，詔"年穀不登，聽民出關就食，遣使者造籍，分遣去留"。九月，又詔曰："去夏以歲旱民飢，須遣就食，舊籍雜亂，難可分簡，故依局割民，閱户造籍，欲令去留得實，振貸平均。乃者以來，猶有餓死衢路，無人收識。良由本部不明，籍貫未實，廩恤不周，以至於此。"是其振饑册籍，亦臨時編造，而又不能善其事也。[①] 又近世所謂編審者，初非閱實户口，祇是量度一州縣賦役，合取丁錢多少，攤派之於有田之家耳。所謂丁隨糧行也。一條鞭之法行後，舉國皆漸行此法，故其生齒雖盛，而户口不增。清聖祖詔盛世滋生人丁，永不加賦，正窺破此中消息也。《北史·李義深傳》：弟幼廉，爲瀛州長史。齊神武行經冀部，總合河北六州文籍，商榷户口增損。親自部分。多在馬上，徵責文簿。幼廉應機立成，恒先期會。爲諸州準的。版籍苟實，何容以意增損？其所謂增損者，蓋亦隨賦役爲盈虚耳。又編審之難，在於官不能親歷閭閻；又不能令民抱子攜妻，赴公堂而聽點。而《齊

---

① 户口：振饑臨時造籍。

書·顧憲之傳》,憲之謂"比衆局檢校,首尾尋續,横相質累者,亦復不少。一人被攝,十人相追;一緒裁萌,千蘖互起;蠶事弛而農業廢,賤取庸而貴舉責;應公贍私,日不暇給"。則凡近世之弊,南北朝時,已皆有之矣。《隋書·食貨志》述北齊文宣時事云:舊制未娶者輸半牀租調,陽翟一郡,户至數萬,籍多無妻。版籍不實之情形,真可發一大噱。

《晉書·食貨志》:武帝泰始五年,正月,勅戒郡國計吏:豪勢不得侵役寡弱,私相置名。① 《高陽王睦傳》:武帝受禪,封中山王。咸寧三年,睦使募徙國内八縣,受逋逃、私占,及變易姓名,詐冒復除者七百餘户。有司奏事在赦前應原。詔不許,貶爲縣侯。可見豪彊隱蔽,晉初其弊已甚。東渡之際,百姓遭難流移,多庀大姓爲客。時不能正,乃定給客之制。然仍有不可檢實者。見《齊書·州郡志》南兗州。《隋書·食貨志》云:都下人多爲諸王公貴人左右、佃客、典計、衣食客之類,皆無課役。客皆注家籍。案給客之數,隨官爵大小爲差,詳見《志》。此爲法之所許,然違法隱占者實多。《陳書·宣帝紀》:大建二年,詔籍有巧隱,并王公百司輒受民爲程蔭,解還本屬,即其事也。又有擅募部曲,及逼人爲左右者。② 參看第十二章第五節所引郭祖深之言。《陳書·始興王叔陵傳》:遷湘州刺史,瀟、湘以南,皆逼爲左右。閭里殆無遺民。其中脱有逃竄,輒殺其妻子。其暴横如此。《慕容德載記》:其尚書韓諲上疏,言"百姓因秦、晉之弊,迭相蔭冒。或百室合户,或千丁共籍。依託城社,不避熏燒。宜隱實黎民,正其編貫"。德納之。遣慕容鎮率騎三千,緣邊嚴防,備百姓逃竄,而以諲爲行臺尚書,巡郡縣隱實。得蔭户五萬八千,其數亦可謂多矣。《山濤傳》:濤孫遐,爲餘姚令。時江左初基,法禁寬弛,豪族多挾藏户口,以爲私附。遐繩以峻法。到縣八旬,出口萬餘。諸豪彊莫不切齒。遂陷其罪。遐與會稽内史何充牋:"乞留百日,窮覈逋逃,退而就罪,無恨也。"充申理不能得,竟坐免官。可見整頓之不易矣。

流亡之多,亦使户籍大損。《宋書》美元嘉之治曰:"家給人足,即事雖難,轉死溝渠,於時可免",亦不過美其民不流亡而已。詳見第九章第七節。《晉書·王彪之傳》,稱彪之爲會稽内史,居郡八年,亡户歸者三萬餘口,可見流亡者之多。《齊書·柳世隆傳》:尚書符罪狀沈攸之曰:"竄叛入境,輒加擁護;逋亡出界,必遣窮追。"是行暴政者既迫民使流亡,又開他境之民之流亡也。歷代開亡叛自首之途者甚多,《宋書·武帝紀》:永初元年,八月,開亡叛。赦限内首出,蠲租布二年。先有資狀,黄籍猶存者,聽復本注。孝武帝大明二年、五年,明帝泰始二年,皆有原赦逃亡之詔,見《紀》。梁武帝時,詔令尤煩,見第十二章第五節。然實惠未必逮下。《魏書·韓茂傳》言:

① 户口:私相置名,蓋謂私家有名籍? 客皆注家籍因有給客之制,則其合法者?

② 階級:逼爲左右,廛裏無遺,蓋如幹取其材。

魏因河外未賓，民多去就，權立東青州，爲招懷之本，新附之民，咸受優復，舊人奸逃者，多往投焉，是寬政亦有流弊也。然能行寬政者究少，大抵皆嚴於追捕。《晉書·王羲之傳》：羲之遺謝安書曰："自軍興以來，征役、充運、死亡、叛散，不返者衆。虛耗至此，補代循常。所在彫困，莫知所出。上命所差，上道多叛，則吏及叛者，席卷同去。又有常制，輒令其家及同伍課捕。課捕不擒，家及同伍，尋復亡叛。"《宋書·羊玄保傳》言：劉式之爲宣城，立吏民亡叛制。一人不禽，符伍里吏，送州作部。若獲者賞位二階。《南史·郭祖深傳》言："梁興以來，發人征役，號爲三五。及投募將客，主將無恩，存卹失理，多有物故，輒刺叛亡。或有身殞戰場，而名在叛目。監符下討，稱爲逋叛。録質家丁；合家又叛，則取同籍；同籍又叛，則取比伍；比伍又叛，則望村而取；一人有犯，則合村皆空。"其虐可謂甚矣。

　　《宋書·州郡志》曰："《晉書》濟岷郡，[1]魏平蜀，徙蜀豪將家於濟河，故立此郡，安帝義熙中土斷，并濟南。"此即僑郡。蓋古之爲治，習於屬人，僑居之民，與當地之民，不易浹洽，故特立郡縣以撫安之也。五胡之亂，遷移者既多，僑州郡縣遂盛，而其有害政理，亦緣之而甚焉。范甯陳其弊曰："聖王作制，籍無黃白之别。昔中原喪亂，流寓江左，庶有旋反之期，故許其挾注本郡。自爾漸久，人安其業，丘隴墳柏，皆已成行，雖無本邦之名，而有安土之實。今宜正其封疆，以土斷人户，明考課之科，脩閭伍之法。難者必曰：人各有桑梓，俗自有南北。一朝屬户，長爲人隸，君子則有土風之慨，小人則懷下役之慮。斯誠并兼者之所執，而非通理者之篤論也。古者失地之君，猶臣所寓之主；列國之臣，亦有違適之禮。且今普天之人，原其氏出，皆隨世遷移，何至於今，而獨不可？凡荒郡之人，星居東西，遠者千餘，近者數百，而舉召役調，皆相資須，期會差遣，輒致嚴坐。今荒小郡縣，皆宜并合。不滿五千户，不得爲郡；不滿千户，不得爲縣。"讀此而當時新徙之民，狃於自私，規避政役之情形可見矣。散居爲當時僑人大弊。《齊書·州郡志》：南兖州，永明元年，刺史柳世隆奏："尚書符下土斷條格，并省僑郡縣。凡諸流寓，本無定憩。十家五落，各自星處。一縣之民，散在州境，西至淮畔，東屆海隅。今專罷僑邦，不省荒邑，雜居舛止，與先不異，雖爲區斷，無革游濫。謂應同省，隨界并帖。若鄉屯里聚，二三百家，并甸可脩，區域易分者，則别詳立。"於是濟陰郡六縣，下邳郡四縣，淮陽郡三縣，東莞郡四縣，以散居無實土，官無廨舍，寄止民村，及州治立見省，民户帖屬。《隋書·食貨志》曰：元帝寓居江左，百姓之自拔南奔者，并謂之僑人，皆取舊壤之名，僑立郡縣，往往散居，無有土著。欲圖治理，自非嚴行土斷不可。其事始於晉成帝之咸康七年。《本紀》："實編户，王公已下皆正，土斷白

────────────

① 區劃：魏平蜀立濟岷郡即僑郡。

籍。"胡三省《通鑑注》曰："時王公庶人,多自北來,僑寓江左,今皆以土著爲斷,著之白籍。白籍者,戶口版籍。宋、齊以下有黃籍。"案既云土斷白籍,則晉時已有黃籍矣,觀范甯之言,尤爲曉然。胡氏之意,蓋謂晉世雖有此政,宋、齊以下,仍有黃籍也。至哀帝興寧二年復行之,謂之庚戌制。《本紀》:"三月,庚戌朔,大閱户人,嚴法禁,稱爲庚戌制。"彭城穆王之玄孫玄,以匿五户,爲桓溫所表,收付廷尉,可見其行法之嚴。然至末造,其法復壞。《宋書·武帝紀》:帝於義熙九年表論之曰:"在漢西京,大遷田、景之族,以實關中,即以三輔爲鄉閭,不復繫之於齊、楚。自永嘉播越,爰託淮海,朝有匡復之算,民殷思本之心,經略之圖,日不暇給,是以寧民綏治,猶有未遑。及至大司馬桓溫,以民無定本,傷治爲深,庚戌土斷,以一其業。於時財阜國豐,實由於此。自兹迄今,彌歷年載,畫一之制,漸用頹弛。雜居流寓,閭伍弗脩。王化所以未純,民瘼所以猶在。自非改調解張,無以濟治。請準庚戌土斷之科。"於是依界土斷。惟徐、兗、青三州居晉陵者,不在斷例。諸流寓郡縣,多被并省。其後孝武帝大明元年,土斷雍州諸僑郡縣。時王玄謨爲雍州刺史,民不便之。柳元景弟僧景爲新安大守,恃元景之勢,至欲發兵以討玄謨,賴玄謨處之以静,得以無事。亦可見惡直醜正者之實繁有徒矣。廢帝元徽元年,八月,詔曰:"聖武造運,道一閎區,詒長世之規,申土斷之制。而夷險相因,盈晦遞襲,歲饉凋流,戎役惰敝,違鄉寓境,漸至繁積。宜式遵鴻軌,以爲永憲。"可見宋初之制,至是已漸隳壞矣。《齊書·吕安國傳》:建元二年,虜寇邊,上遣安國出司州,安集民户。詔曰:"郢、司之閒,流雜繁廣,宜并加區判,定其隸屬",此亦土斷之意。梁武帝天監元年,四月,土斷南徐州諸僑郡縣。陳文帝天嘉元年,七月,詔曰:"自頃喪亂,編户播遷,言念餘黎,良可哀惕。其亡鄉失土,逐食流移者,今年内隨其適樂,來歲不問僑舊,悉令著籍,同土斷之例。"《魏書·張普惠傳》:除東豫州刺史。淮南九戍、十三郡,猶因蕭衍前弊,別郡異縣之民,錯雜居止。普惠乃依次括比,省減郡縣。上表陳狀。詔許之。綜觀諸文,則土斷之政,終南北朝之世未息,終亦未能弊絕風清,蓋以其時内亂外患,迄未寧静也。《陳書·宣帝紀》:大建十一年,三月,詔"淮北義人率户口歸國者,建其本屬舊名,置立郡縣,即隸近州,賦給田宅,喚訂一無所豫"。此與公違土斷者何異?以是爲寬恤之政,土斷之所以難行者可知矣。《魏書·大祖紀》:天賜元年,初限縣户不滿百罷之,而甄琛當世宗時,仍表言邊外小縣,所領不滿百户,可見北朝亦有斯患。《隋書·楊尚希傳》:尚希於隋初上表曰:"當今郡縣,倍多於古。或地無百里,數縣并置;或户不滿千,二郡分領。具寮以衆,資費日多,吏卒又倍,租調歲減。清幹良才,百分無二,動須數萬,如何可覓?"請"存

要去閑,并小爲大"。文帝鑒而嘉之,遂罷天下諸郡。蓋僑州郡縣之弊,至是始除,亦以其時海内寧一故也。

籍分黄白,而弊寶隨之。《齊書·虞玩之傳》:玩之承建元二年之詔,上表曰:"宋元嘉二十七年八條取人,孝建元年書籍,衆巧之所始也。元嘉中,故光禄大夫傅隆,年出七十,猶自書籍,躬加隱校。古之共治天下,惟良二千石。今欲求治取正,其在勤明令長。凡受籍縣,不加檢合,但封送州。州檢得實,方卻歸縣。吏貪其賂,民肆其姦。姦彌深而卻彌多,賂愈厚而答愈緩。自泰始三年至元徽四年,揚州等九郡四號黄籍,共卻七萬一千餘户。於今十一年矣,而所正者猶未四萬。神州奥區,尚或如此,江、湘諸郡,倍不可念。愚謂宜以元嘉二十七年籍爲正。民惰法既久。今建元元年書籍,宜更立明科,一聽自悔。迷而不反,依制必戮。使官長審自檢校。必令明洗,然後上州。永以爲正。若有虚昧,州縣同咎。今户口多少,不減元嘉,而版籍頓闕,良亦有以。自孝建已來,入勳者衆。其中操干戈衞社稷者,三分殆無一焉。勳簿所領,而詐注辭籍,浮遊世要,非官長所拘録,復爲不少。尋蘇峻平後,庾亮就温嶠求勳簿,而嶠不與,以爲陶侃所上,多非實録。物之懷私,無世不有,宋末落紐,此巧尤多。又將位既衆,舉卹爲禄,實潤甚微,而人領數萬。如此二條,天下合役之身,已據其大半矣。又有改注籍狀,詐入仕流,昔爲人役者,今反役人。又生不長髮,便謂爲道,填街溢巷,是處皆然。或抱子并居,竟不編户。遷徙往來,公違土斷。屬役無滿,流亡不歸。寧喪終身。疾病長卧。法令必行,自然競反。"云云。上省表納之。乃別置校籍官,置令史,限人一日得數巧,以防懈怠。於是貨賂因緣。籍注雖正,猶彊推卻,以充程限。至世祖永明八年,謫巧者戍緣淮各十年。百姓怨望。世祖乃詔:"既往之譴,不足追咎。自宋昇明以前,皆聽改注。其有謫役邊疆,各許還本。此後有犯,嚴加翦治。"永明六年,唐寓之之亂,實因檢籍而作,事見第十章第四節。梁武帝時,王僧孺言晉籍宜加寶愛,武帝因詔僧孺改定《百家譜》,已見上節。案役籍既與户籍并爲一談,士人又得特邀寬典,勢自不能無弊。《魏書·孫紹傳》,延昌中,紹表言:"中正賣望於下里,主案舞筆於上臺,使門齊身等,而涇、渭奄殊,類應同役,而苦樂懸異。"《北齊書·高隆之傳》:自軍國多事,冒名竊官者,不可勝數。隆之奏請檢括,獲五萬餘人。而羣小諠囂,隆之懼而止。可見南北情弊,如出一轍也。特有黄白籍之别,俾得所藉手,則其弊更甚耳。

魏初惟立宗主督護,民多隱冒,已見前。李沖創三長之制上之。五家立鄰長,五鄰立里長,五里立黨長。文明大后覽而稱善,引見公卿議之。或以爲不可。或

謂事屬有益。惟有事之月，校比民户，民必勞怨。請過今秋，至冬閒月。沖曰：“若不因調時，百姓徒知立長校户之勤，未見均徭省賦之益，心必生怨。宜及課調之月，令知賦税之均。”於是遂立三長。史稱公私便之。蓋前此隱漏雖多，利仍在於苞蔭者也。此事在大和十年。先是延興三年，九月，詔遣使者十人，循行州郡，檢括户口。其有仍隱不出，州郡縣户主，并論如律。此所謂户主者，蓋即《李沖傳》所謂宗主，督責雖勤，收效蓋寡。及大和十四年，十二月，詔依準丘井之式，遣使與州郡宣行條制。隱口漏丁，即聽附實。若朋附豪勢，陵抑孤弱，罪有常刑。此時必責成三長，其收效當較弘。魏之户口，獲倍於大康，蓋在此時也。喪亂以後，隱匿遂多，一切之政復作。孝静帝武定二年，孫騰、高隆之爲括户大使，凡獲逃户六十餘萬，僑居者各勒還本屬，史稱租調之入有加焉。見《魏書·本紀》及《隋書·食貨志》。《北齊書·循吏傳》：宋世良爲殿中侍御史，詣河北括户，大獲浮惰。還，孝莊勞之曰：“知卿所括，得十倍於本帳，若官人皆如此用心，便是更出一天下也”，可見其數之衆矣。周行《刑書要制》，正長隱五户及十丁已上，皆至死刑，《北史·周本紀》建德六年，《隋書·食貨志》。李沖所創之制，亦徒便於作繭絲耳。

著籍之少，固非必生齒之減，然謂是時户口不凋耗，則又不可得，此觀於其時嫁娶者之減，自殘及生子不舉者之多而可知也。《晉書·五行志》云：義熙中，東陽人莫氏，生女不養，埋之數日，於土中啼，取養遂活。① 此猶曰：世俗重男輕女，故有生女不養之事也。然《王濬傳》言：濬除巴郡大守，郡邊吴境，兵士苦役，生男多不養，則亦不以女爲限矣。《范甯傳》：甯上疏曰：“古之使人，歲不過三日，今之勞擾，殆無三日休停。至有殘形、翦髮，要求復除；生兒不復舉養；鰥寡不敢妻娶。”《劉毅傳》：毅轉江州都督，表言：“江州以一隅之地，當逆順之衝。自桓玄以來，驅蹙殘敗，至乃男不被養，女無匹對。”《宋書·周朗傳》：朗上書曰：“自華夷爭殺，戎夏競威，破國則積尸竟邑，屠將則覆軍滿野，海内遺生，蓋不餘半？重以急政嚴刑，天災歲疫。貧者但供吏，死者弗望�薤。鰥居有不願娶。生子每不敢舉。又戍淹徭久，妻老嗣絶。及淫奔所孕，皆復不收。是殺人者日有數途，生人者歲無一理。不知復百年間，將盡以草木爲世邪？”《良吏傳》：徐豁爲始興大守，言“郡大田武吏，年滿十六，便課米六十斛；十五以下至十三，課米三十斛；一户内隨丁多少，悉皆輸米。且十三歲兒，未堪田作：或是單迴，無相兼通；年及應輸，便自逃逸。或乃斷截支體，産

_____

① 醫學：人死復活。

子不養。戶口歲減，寔此之由"。《齊書‧竟陵王子良傳》：子良啓言：其時之
民，"有畏失嚴期，自殘軀命；亦有斬絕手足，以避徭役；生育弗起，殆爲恒事"。
可謂驚心動魄矣。《晉書‧列女傳》：鄭休妻石氏。休前妻女既幼，又休父布
臨終，有庶子沈生，命棄之。石氏曰："奈何使舅之胤不存乎?"遂養沈及前妻
女。力不兼舉，九年之中，三不舉子。《宋書‧孝義傳》：郭世道，①家貧無產
業，庸力以養繼母。婦生一男，夫妻共議曰："勤身供養，力猶不足，若養此男，
則所費者大。"乃垂泣瘞之。又：嚴世期，會稽山陰人也。同里張邁三人，妻各
產子，時歲饑儉，慮不相存，欲棄不舉。世期聞之，馳往拯救。分食解衣，以贍
其乏。三子并得成長。此猶閭閻貧苦之家。至如《顏氏家訓‧治家篇》云：
"大公曰：養女大多，一費也。陳蕃云：盜不過五女之門。女之爲累，亦以深
矣。然天生烝民，先人傳體，其如之何? 世人多不舉女，賊行骨肉，豈當如此，
而望福於天乎? 吾有疏親，家饒妓媵。② 誕育將及，便遣閽豎守之。體有不
安，窺窗倚戶。若生女者，輒持將去。母隨號泣，莫敢救之。"此則淫佚之夫，
徒以欲保財產之故，而亦忍行殺害，可謂天理所不容矣。然亦可見其時行此
者之多，故習以成俗也。《南史‧劉懷肅傳》言：宋武帝產而皇妣殂，③孝皇帝
貧薄，無由得乳人，議欲不舉。帝從母生懷敬未期，乃斷懷敬乳而自養帝。懷
肅，武帝從母兄。懷敬，懷肅弟。烏乎! 如可贖兮，人百其身，歷來棄而不舉之子，安知
其中無宋武帝之儔哉? "法有禁殺子之科，設早娶之令"。周朗之言。歷代政府，
留意於此者亦多，早娶之令，可參看第一節。禁殺子或加惠於其父母者：如《王濬傳》言：濬因巴
郡生男多不養，乃嚴其科條；寬徭課；其產育者，皆與休復；所全活者數千人。《齊書‧武帝紀》：永明七
年，詔曰："今產子不育，雖炳常禁，比聞所在，猶或有之。宜節以嚴威，敦以惠澤。主者尋舊制，詳量附
定。蠲岍之宜，務存優厚。"《南史》云：申明不舉子之科，若有產子者，復其父。《齊書‧明帝紀》：建武
四年，正月，詔民產子者，蠲其父母調役一年，又賜米十斛。新婚蠲夫役一年。《南史‧任昉傳》：出爲
宜興大守。時產子者不舉。昉乃嚴其制，罪同殺人；孕者供其資費；濟者千家。《北史‧邢邵傳》：除中
書令。舊格制生兩男者賞羊五口，不然則絹十匹。僕射崔暹奏絕之。邵曰："此格不宜輒斷。句踐以
區區之越，賞法：生三男者給乳母，況以天下之大，而絕此條? 舜藏金於山，不以爲乏。今藏之於民，復
何所損!"詔從之。皆其事也。然此豈法令所能挽哉?

## 第四節　人　民　移　徙

兩漢之世，移民之政頗詳。雖其行之之善否，未知如何，然國家於土滿、

---

① 戶口：郭巨埋兒，郭世道同。
② 戶口：家饒妓媵而生女不舉。
③ 戶口：宋武幾至不舉。

人滿之閒，時思加以調劑；且欲以是振起風俗；樹立邊防；則彰彰然也。晉、南北朝之世，此等用意，幾於不可復見。移民之舉，非計疆場之利，則爲鎮壓之圖而已。

當時行軍，多事俘掠。有以外夷而掠中國者，如石虎使夔安等略漢東，擄七千餘家，遷於幽、冀是也。《晉書·成帝紀》咸康五年。《石季龍載記》作七萬戶，蓋侈辭。有以外夷而略外夷者，如慕容皝伐宇文歸，徙其部人五萬餘落於昌黎；石虎伐段遼，遷其戶二萬餘於雍、司、兗、豫是也。皆見《載記》。不惟外夷，即中國人之用兵，亦往往如是，如邵續攻石勒之渤海，虜三千餘人；見《勒載記》。桓溫敗姚襄，徙其餘衆三千餘家於江、漢之閒，《穆帝紀》永和十二年。攻苻健，健芟苗清野，軍糧不足，乃收三千餘口而還是也。《溫傳》。當時割據之國，初興之時，多務俘掠，或則逼徙其民，以益其衆，慕容氏、拓跋氏、沮渠氏、禿髮氏尤甚，讀《晉書·載記》及《魏書·本紀》自見。如有率衆歸之者，自亦爲其所樂受，如司馬楚之、刁雍、寇讚等之附魏皆是。《周書·司馬裔傳》：大祖令山東諸將，能率衆入關者，并加重賞，裔領戶千室先至，大祖欲遂以封之，可見其招徠之亟矣。

勇於戰鬥之民，及地方豪右，亦爲割據者所欲徙。劉曜時，上郡氐、羌十餘萬落保險不下，大酋虛除權渠自號秦王，游子遠降之，徙其部落二十餘萬口於長安。及討楊韜，又遷隴右萬餘戶。平陳安，則徙秦州大姓楊、姜諸族二千餘戶於長安。後趙滅前趙，徙關東流人、秦、雍大族九千餘人於襄國。皆見《劉曜載記》。《石勒載記》：勒滅前趙，徙氐、羌十五萬落於司、冀。先是石勒已徙平原烏丸三萬餘戶於襄國。其攻靳準，又遷巴帥及諸羌、羯十餘萬落於司州。秦州休屠王羌反，徙其夷豪五千餘戶於雍州。石虎破石生，徙雍、秦華戎十餘萬戶於關東。慕容恪克廣固，徙鮮卑、胡、羯三千餘戶於薊。苻堅滅慕容暐，徙鮮卑四萬餘戶於長安。又徙關東豪桀及諸雜夷十萬戶於關中，處烏丸雜類於馮翊、北地，丁零翟斌於新安。齊神武虜紇豆陵伊利，遷其部落於河東。周文帝破曹泥，遷其豪帥於咸陽。大統十二年，字文仲和反，獨孤信討禽之，遷其民六千餘家於長安。東梁州平，亦遷其豪帥於雍州。皆其犖犖大者也。此等異族，大抵勤事生產，不如漢人，而頗樂於戰鬥，故欲逼遷之以絕後患，然則華人之習於戰鬥者，自亦爲其所欲徙，故周建德六年，有移并州軍人四萬戶於關中之舉焉。地方豪右，恒反覆於疆場之際，一彼一此之閒，亦爲割據者之所忌。在一地方有勢力者，易地則無能爲，故當時於降戶，有移之甚遠者，如魏徙魯陽叛蠻於幽、并諸州是也。見《魏書·李柔傳》。然此等舉措，多無以善其後。如梁定州刺史田超秀附魏，魏恐致邊役，未許，會超秀死，其部曲相率附魏，魏徙之六

鎮、秦、隴,遂致所在反叛,《魏書·蠻傳》。其一事已。

移民以實都邑若形要之地者亦有之。劉曜之移民於長安,石勒之移民於襄國,即兼有此意者也。李壽以郊甸未實,都邑空虛,工匠械器,事未充盈,乃徙旁郡户三丁已上,以實成都。宋文帝元嘉二十六年,詔曰:"京口皇基舊鄉,地兼蕃重,宜令殷阜,式崇形望。可募諸州樂移者數千家,官給以田、宅,并蠲復。"此皆專爲充實地方起見。并有因此而出於俘掠者,如《魏書·世祖紀》:大平真君六年,使永昌王仁、高凉王那南掠淮、泗以北,徙青、徐之民,以實河北是也。《崔浩傳》:世祖蒐於河西,詔浩詣行在所議軍事。浩表曰:"昔平凉州,臣愚以爲北賊未平,征役不息,可不徙其民。案前世故事,計之長者。若遷民人,則土地空虛,雖有鎮戍,適可禦邊而已,至於大舉,軍資必乏。陛下以事闊遠,竟不施用。如臣愚意,猶如前議。募徙豪彊大家,充實凉土,軍舉之日,東西齊勢,此計之得者。"浩爲乃心華夏之人,其爲虜畫策,庸或别有深意,見第八章第六節。然其理自不誣。魏人於西域,守禦之規,不逮前世遠甚;而其於柔然,終不能一大創之者,亦以其根據實在西北,而魏凉州兵力大弱故也。參看第十六章第八、第九節。延興中,尚書以敦煌介遠西北,寇賊路衝,慮或不固,欲移就凉州,賴韓秀力争乃罷。使行尚書之議,則西北守禦之規彌隘矣。此亦誤於初平凉州時逼遷其民之故。反觀之,移民以實形要之地,其利自明。然晉、南北朝之世,能行此而收其利者,則絶未之見也。河南之不可復,實誤於淮南之不能充實,即其大者,自東晉以來,弊皆如此。

《晉書·宣帝紀》:魏正始七年,吴寇沮中,夷夏萬餘家避寇北渡沔。帝以沔南近賊,若百姓奔還,必復致寇,宜權留之。曹爽不從。賊果襲破沮中,所失萬計。有民而不能衛,則反爲敵資,此兵争之世,緣邊之所以多曠土也。《宋書·州郡志》論淮南云:三國時,江、淮爲戰争之地,其間不居者各數百里。此諸縣并在江北淮南,虚其地無復民户。吴平,民各還本,故復立焉。其後中原亂,胡寇屢南侵,淮南民多南渡。成帝初,蘇峻、祖約爲亂於江、淮,胡寇又大至,民南渡江者轉多,乃於江南僑立淮南郡及諸縣。此最可見兵争而緣邊曠廢之情形也。於是有度不能守而豫棄之者,《晉書·五行志》:孝武帝大元五年,大水,去年氐賊攻没襄陽,又向廣陵,於是逼徙江、淮民,悉令南渡,三州失業,道殣相望,即其事也。何承天以青、兗舊民,冀州新附,在界首者,爲寇之資,欲悉徙之泰山以南,參看第八章第七節。姚萇僭即帝位,徙安定五千餘户於長安,又以安定地狹,且逼符登,使姚碩德鎮之,而徙安定千餘家於陰密,亦此意也。然此等遷徙,無以善其後者多。秃髮傉檀伐沮渠蒙遜而敗,又爲赫連勃勃所破,慮東西寇至,乃徙三百里内百姓,入於姑臧,遂召屠各成七兒之叛;宋武帝

征姚泓，姚紹言於泓曰："豫州、安定孤遠，卒難救衛，宜遷諸鎮戶，內實京畿，可得精兵十萬"，泓以疑忌姚恢，未用其策，見第七章第七節。然即用之，亦未必能作困獸之鬥也。有雖喪其地而仍欲遷其民者，如劉琨徙陘北五縣之民，而以其地界鮮卑；陳亡淮南，而徙三州、九郡之民是也。亦有地經殘破，不復可守，而爲移民之計者，如宋元嘉二十八年徙彭城流民於瓜步，淮西流民於姑熟是也。此等皆隨軍事爲進退，不足語於移民之計也。

徙戶雖云顛沛，亦必薄有貲財，移徙之間，多致喪失，此人民之所以視遷徙爲畏途也。《晉書·禿髮傉檀載記》：傉檀伐沮渠蒙遜，掠五千餘戶而歸。其將屈右進曰："徙戶貲財，盈溢衢路，宜倍道還師，早度峻險。"衛尉伊力延曰："彼徒我騎；勢不相及。若倍道還師，必捐棄貲財，示人以弱。"俄而昏霧風雨，蒙遜軍大至，傉檀敗績而還。騎步勢不相及，而傉檀卒致敗績者，以徙戶爲貲財所累，不能速行也。然即使徐行，安然而返，亦未必能一無所損。故徙戶多困窮。李平崇從弟。表宣武，言代人之遷洛者，"貲産罄於遷移，牛畜斃於輦運，陵大行之險，歷長津之難，辛勤備經，得達京闕，富者猶損大半，貧者可以意知"，則其明證。《魏書·高允傳》：顯祖平青、齊，徙其族望於代。時諸士人，流移遠至，率皆飢寒。徙人之中，多允姻媾，皆徒步造門。允散財竭產，以相贍振；慰問周至；無不感其仁厚。傅永爲崔道固城局參軍，與道固俱降，入爲平齊百姓。父母并老，饑寒十數年。賴其彊於人事，戮力傭丐，得以存立。此其幸而獲濟者。其不能自彊，又莫相振恤，以至流離死亡者，蓋不知凡幾矣！故移民極易召變。慕容麟説慕容德曰："魏雖拔中山，勢不久留，不過驅掠而返。人不樂徙，理自生變。然後振威以援之，魏則內外受敵，可一舉而取。"其後魏果致仇儒之變，見第八章第六節。惜乎燕勢大弱，無以乘之，使其少能自振，因憚遷之民，以犄思歸之衆，魏未必能遂有趙、魏也。《北史·崔宏傳》：明元以郡國豪右，爲人蠱害，優詔徵之。人多戀本，而長吏逼遷。輕薄少年，因相扇動，所在聚結。西河、建興，盜賊并起，守宰討之不能禁。帝引宏及安同、叔孫建、元屈等問焉。宏欲大赦以紓之。屈曰："不如先誅首惡，赦其黨類。"宏曰："王者臨天下，以安人爲本，何顧小曲直也。"明元從之。使從元屈之議，其亂恐非一時所能定也。

《魏書·崔玄伯傳》言：道武還代京，親登山頂，撫慰新民。適遇玄伯，扶母登嶺，賜以牛米。因詔諸徙人不能自進者，給以車牛。此等事特出偶然，況其口惠而實不至？而督促之人，卻有極暴虐者，如略陽王羯兒與永昌王健討禿髮保周，徙張掖數百家於武威，與諸將私自沒入是也。《魏書·道武七王傳》。又

657

《周觀傳》：真君初，詔觀討禿髮保周，徙其民百家，將置於京師，至武威，輒與諸將私分之。流移之民，往往爲舊民所輕侮，杜弢、邢杲，皆以是致叛，然亦有新民轉苦舊民者，如《魏書·娥清傳》言：徒何民散居三州，頗爲民害，詔青徙之平城是也。當時之於人民，一徙之後，或繼之以再徙，如姚興徙新平、安定新户六千於蒲阪；吕光徙西海郡人於諸郡，以其相扇動，復徙之於西河是。孝静帝之遷鄴，徙鄴舊人西徑百里，以居新遷之民，是又因移新民而累及舊人矣。移民之煩擾如此，民安得不視爲畏途哉？《晉書·石季龍載記》：鎮遠王擢，表雍、秦二州望族，自東徙以來，遂在戍役之例，既衣冠華胄，宜蒙優免。從之。自是皇甫、胡、梁、韋、杜、牛、辛十有七姓，[1]蠲其兵貫，一同舊族；隨才銓叙；思欲分還桑梓者聽之。其非此等，不得爲例。《魏書·世祖紀》：大延元年，二月，詔長安及平涼民徙在京師，其孤老不能自存者，聽還鄉里。《劉昞傳》：世祖平涼州，士民東遷，昞聞其名，拜樂平王從事中郎。世祖詔諸年七十已上，聽留本鄉，一子扶養。昞時老矣，在姑臧歲餘，思鄉而返。至涼州西四百里韭谷窟，遇疾而卒。以聽還鄉里爲惠，可知新民之不安。史嵩謂禿髮利鹿孤曰：“今不以綏寧爲先，惟以徙户爲務，安土重遷，故有離叛”，當時如是者，正不止利鹿孤一人。遷徙者既久而不安，故壓力一弛，即相率逭歸本土，此冉閔之所以亡，蒲洪、姚弋仲，亦此等思歸戎落之大酋耳。參看第五章第三節。《宋書·天文志》：永和七年，劉顯殺石祇及諸胡帥，中土大亂，戎、晉十萬數，各還舊土，互相侵略，及病疫死亡，能達者十二三。

　　新舊僑民，既難浹洽，則綏撫之者，不得不設僑州、郡、縣。宋南徐州備有徐、兖、幽、冀、青、并、揚七州郡邑，《宋書·州郡志》。則其一例。不獨華人，即於戎落，亦或如是。《魏書·昭成子孫傳》：道武時，休屠郁原等叛，壽鳩之子素討之，徙千餘家於涿鹿之陽，立平原郡以處之，是其事也。僑州、郡、縣之置，實爲政理之害，已見上節。

　　移多就寡，實爲移民之首務，此所以調劑土滿與人滿也，然能行之者絶少。《宋書·孔靖傳》：子靈符，大明初入爲丹陽尹。山陰縣土境褊狹，民多田少，靈符表徙無貲之家於餘姚、鄞、鄮三縣界，墾起湖田。上使公卿博議。公卿多不以爲然。上違議從其徙民，并成良業。移多就寡，有成效者，恐惟此而已。封裕之諫慕容皝也，曰：“九州之人，塞表殊類，襁負萬里，流人之多舊士，十倍有餘，人殷地狹，無田者十四”，其窘困之情可想。魏初徙民，多給田業。天興元年，二月，詔給内徙民耕牛，計口授田；永興五年，七月，奚斤等破越勤

_____

　　① 兵：十七姓東徙在戎役例蠲其兵，又凡民皆合成。

倍泥部落,徙二萬家於大寧,計口授田則其事。蓋代北地廣人希,故能如是。然鮮卑實昧於政理,恐亦未必能善其事也。《隋書·食貨志》言:北齊天保八年,議徙冀、定、瀛無田之人於范陽寬鄉,而百姓驚擾。土滿人滿之不易調劑,由來舊矣。

官家移民,雖多無以善其後,然士大夫則仍有能爲之率將者。《晉書·徐邈傳》:東莞姑幕人也。祖澄之,爲州治中,屬永嘉之亂,與鄉人臧環等,率子弟并閭里士庶千餘家南渡江,家於京口。《祖逖傳》云:京師大亂,逖率親黨數百家,避地淮、泗。以所乘車馬,載同行老疾,躬自徒步。藥物衣糧,與衆共之。又多權略。是以少長咸宗之,推爲行主。郗鑑之寢疾也,上疏曰:"臣所統錯雜,率多北人。或逼遷徙,或是新附。百姓懷土,皆有歸本之心。臣宣國恩,示以好惡,處與田宅,漸得少安。聞臣疾篤,衆情駭動。若當北渡,必啓寇心。"因薦蔡謨爲徐州刺史,兄子邁爲兗州刺史。逖與鑑之能保土立功,其故蓋可思矣。《孝友·庾袞傳》云:明穆皇后伯父也。諸父并貴盛,惟父獨守貧約。袞躬親稼穡,以給供養。齊王冏之唱義也,張弘等肆掠於陽翟,袞乃率其同族及庶姓,保於禹山。是時百姓安寧,未知戰守之事。袞曰:"孔子云:不教而戰,是爲棄之。"乃集羣士而謀曰:"古人有言,千人聚而不以一人爲主,不散則亂矣,將若之何?"衆曰:"善。今日之事,非君而誰?"袞乃誓之曰:"無恃險,無怙亂,無暴鄰,無抽屋,無樵採人所植,無謀非德,無犯非義。戮力一心,同恤危難。"衆咸從之。於是峻險阨,杜蹊徑,脩壁塢,樹藩障,考功庸,計丈尺,均勞逸,通有無,繕完器備,量力任能,物應其宜。使邑推其長,里推其賢而身率之。分數既明,號令不二。及賊至,袞乃勒部曲,整行伍,皆持滿而勿發。賊挑戰,晏然不動,且辭焉。賊服其慎而畏其整,是以皆退。如是者三。及冏歸於京師,踰年不朝。袞曰:"晉室卑矣,寇難方興。"乃攜其妻子適林慮山。比及期年,而林慮之人歸之,咸曰庾賢。及石勒攻林慮,父老謀曰:"此有大頭山,九州之絕險也,上有古人遺迹,可共保之。"惠帝遷於長安,袞乃相與登於大頭山,而田於其下。年穀未熟,食木實,餌石藥,同保安之。及將收穫,命子恤與之下山,中塗目眩瞀,墜崖而卒。此傳稱美,庸或過當,然其人必田疇、管寧之倫,則可信矣。當時山澤之主,堡塢之雄,此等人必不少也。官亦有能率民以徙者:柳慶五世祖恭,仕後趙爲河東郡守,以秦、趙喪亂,率民南徙,居於汝、潁之間;高翼爲渤海大守,率合境徙於河、濟之間是其事。

播遷之衆,能犯波濤,移殖海外者,亦頗有之。《晉書·庾翼傳》言:時東土多賦役,百姓乃從海道入廣州。刺史鄧嶽,大開鼓鑄,諸夷因此知造兵器。

翼表陳："夷人常伺隙,若知造鑄之利,將不可禁。"此自一時之邊防言爲可慮,
自長久之計言之,則夷人之開化,正有藉於此等播遷之民矣。《馮跋載記》:
河間人褚匡言於跋曰："陛下至德應期,龍飛東夏,舊邦崇族,傾首朝陽,以日
爲歲。若聽臣往迎,致之不遠。"跋曰："隔絕殊域,阻迴數千,何可致也?"匡
曰："章武郡臨海,船路甚通,章武,見第八章第五節。出於遼西臨渝,不爲難
也。"①跋許之。匡尋與跋從兄買、從弟睹自長樂率五千餘户來奔。《陳書·
蕭允傳》:侯景之亂,梁元帝爲荆州刺史,朝士多往歸之。允弟引曰："諸王
力爭,禍患方始。今日逃難,未是擇君之秋。吾家再世爲姑興郡,遺愛在民,
正可南行,以存家門耳。"於是與弟彤及宗親百餘人奔嶺表。觀此,知當時南
至交、廣,北至遼東、西,人民之浮海而往者,皆不少也。

## 第五節　各地方風氣

漢世風俗,見於《漢書·地理志》,晉、南北朝風俗,則見於《隋書·地理
志》。《隋志》多承《漢志》立論,雖其説不必盡確,然總可見其變遷之大略也。

《隋志》論雍州云:京兆王都所在,隋京兆,治今西京。俗具五方。人物混淆,
華戎雜錯。去農從商,争朝夕之利;游手爲事,競錐刀之末;貴者崇侈靡,賤者
薄仁義;豪彊者縱横,貧寠者窘蹙;桴鼓屢驚,盗賊不禁;此乃古今之所同焉。
自京城至於外郡,得馮翊、扶風,馮翊,魏時爲同州,見第十四章第五節。扶風,本岐州,見第
十一章第四節。是漢之三輔,其風大抵與京師不異。安定、本涇州,見第十一章第四節。
北地、本豳州,見第十二章第三節。上郡、本北華州,見第十二章第二節。隴西、本渭州,見第十
二章第七節。天水、本秦州,見第十一章第三節。金城,今甘肅皋蘭縣。於古爲六郡之地,
其人性猶質直,然尚儉約,習仁義,勤於稼穡,多畜牧,無復寇盗矣。雕陰、今陝
西綏德縣。延安、魏東夏州,見第十二章第七節。弘化,西魏朔州,見第十一章第二節。連接山
胡,②性多木彊,皆女淫而婦貞,蓋俗然也。平涼、本原州,見第十二章第三節。朔方、
本夏州,見第十二章第三節。鹽川、今寧夏鹽池縣北。靈武、魏靈州,見第十二章第三節。榆林、
今綏遠托克托縣境。五原,今綏遠五原縣。地接邊荒,多尚武節,亦習俗然焉。河西諸
郡,其風頗同,并有金方之氣矣。

論梁州云:漢中之人,質樸無文,不甚趨利。性嗜口腹,多事田漁,雖蓬室

---

①　交通:章武至臨渝,船路甚通。
②　婚姻:接胡者女淫婦貞。

柴門,食必兼肉。① 好祀鬼神,尤多忌諱,家人有死,輒離其故宅。崇重道教,猶有張魯之風焉。② 傍南山,雜有僚户,富室者頗參夏人爲婚,衣服、居處、言語,殆與華不别。西城、今陝西安康縣。房陵、今湖北竹山縣。清化、本巴川,見第十六章第二節。通川、今四川達縣。宕渠,今四川渠縣。地皆連接,風俗頗同。漢陽、魏南秦州,見第十二章第三節。臨洮、周洮陽郡,後立洮州,見第十六章第七節。宕昌、周宕州,見第十六章第七節。武都、今甘肅武都縣東南。同昌、今甘肅文縣西北。河池、魏南岐州,見第十二章第九節。順政、魏東益州,見第十一章第四節。義城、西魏利州,見第十五章第一節。平武、今四川平武縣東南。汶山、今四川茂縣。皆連雜氐、羌,人尤勁悍,性多質直,皆務於農事,工習獵射,於書計非其長矣。蜀郡、見第三章第六節。臨邛、今四川雅安縣。眉山、今四川樂山縣。隆山、今四川仁壽縣。資陽、今四川資中縣北。瀘川、今四川瀘縣。巴東、見第三章第六節。遂寧、今四川遂寧縣。巴西、西魏隆州,見第十五章第一節。新城、今四川三台縣。金山、西魏潼州,見第十四章第五節。普安、西魏始州,見第十五章第一節。犍爲、今四川宜賓縣西南。越巂、今西康西昌縣。牂柯、今貴州德江縣西。黔安,今四川彭水縣。得蜀之舊域。其地四塞,山川重阻,水陸所湊,貨殖所萃,蓋一都之會也。昔劉備資之以成三分之業;自金行喪亂,四海沸騰,李氏據之於前,譙氏依之於後;當梁氏將亡,武陵馮險而取敗;後周之末,王謙負固而速禍;故孟門不祀,古人所以誡焉。其風俗大抵與漢中不别。③ 其人敏慧輕急,貌多蕞陋;頗慕文學,時有斐然;多溺於逸樂,少從宦之士,或至耆年白首,不離鄉邑。人多工巧,綾錦、雕鏤之妙,殆侔於上國。貧家不務儲蓄,富家專於趨利。其處家,則女勤作業,而士多自閑。④ 聚會宴飲,尤足意錢之戲。小人薄於情禮,父子率多異居。其邊野富人,多規固山澤,以財物雄使夷僚,故輕爲姦藏,權傾州縣,此亦其舊俗乎? 又有儴、俚、蠻、賨,其居處、風俗、衣冠、飲食,頗同於僚,而亦與蜀人相類。

論豫州云:洛陽,其俗尚商賈,機巧成俗,故《漢志》云:周人之失,巧僞趨利,賤義貴財,此亦自古然矣。滎陽今河南鄭縣。古之鄭地,梁郡,見第二章第三節。梁孝王故都,邪辟敖蕩,舊傳其俗。今則好尚稼穡,重於禮文,其風皆變於古。譙郡、魏南兖州,見第十三章第一節。濟陰、今山東曹縣西北。襄城、今河南臨汝縣。潁川、魏鄭州,見第十四章第四節。汝南、治縣瓠,見第五章第六節。淮陽、今河南淮陽縣。汝陰、今安徽阜陽縣。其風頗同。南陽見第三章第四節。古帝鄉,搢紳所出。自三方鼎立,地處

---

① 飲食:梁州蓬室柴門,食必魚肉。
② 宗教:《隋書·地理志》梁州"崇重道教,猶有張魯之風與"。
③ 風俗:《隋書》言蜀人"溺於逸樂,少從宦之士或至耆年白首不離鄉邑",則類唐之閩。
④ 風俗:《隋志》論蜀"女勤作業,士多自閑"。

邊疆，戎馬所萃，失其舊俗。上洛、見第十六章第六節。弘農，見第十六章第六節。本與三輔同俗。自漢高發巴、蜀之人定三秦，遷巴之渠帥七姓，居於商、洛之地，由是風俗不改其壤，其人自巴來者，風俗猶同巴郡。見第三章第六節。淅陽、見第十六章第六節。淯陽，見第十六章第六節。亦頗同其俗云。參看第十六章第六節。

論兗州云：東郡、見第十二章第三節。東平、見第三章第三節。濟北、舊濟州，治碻磝，見第十二章第九節。武陽、今河北大名縣東。平原今山東陵縣。等郡，兼得鄒、魯、齊、衛之交。舊傳大公、康叔之教，亦有周、孔遺風。其人多好尚儒學，質直懷義，有古之風烈矣。

論冀州云：信都、舊冀州，見第十一章第四節。清河、今河北清河縣北。河閒、舊瀛州，見第十一章第四節。博陵、舊定州，見第十一章第二節。恒山、周恒州，見第十一章第二節。趙郡、今河北趙縣。武安、今河北永年縣。襄國，見第四章第二節。其俗頗同。人性多敦厚，務在農桑，好尚儒學，而傷於遲重。前代稱幽、冀之士鈍如椎，蓋取此焉。俗尚氣俠，好結朋黨。其相赴死生，亦出於仁義。故班《志》述其土風，悲歌慷慨；椎剽掘冢，亦自古之所患焉。前諺云：仕宦不偶遇冀部，實弊此也。魏郡、魏相州，見第八章第二節。鄴都所在，浮巧成俗。彫刻之工，特云精妙。① 士女被服，咸以奢麗相尚。其性所尚習，得京、洛之風矣。語曰：魏郡、清河，天公無奈何，斯皆輕狡所致。汲郡、今河南濬縣西南。河內，舊懷州，見第十一章第三節。得殷之故壤。考之舊説，有紂之餘教；汲又衛地，習仲由之勇；故漢之官人，得以便宜從事，其多行殺戮，本以此焉。今風俗頗移，皆向於禮矣。長平、舊建州，見第十二章第七節。上黨，今山西長治縣。多重農桑，性尤樸直，蓋少誣詐。河東、周蒲州，見第十四章第五節。絳郡、今山西新絳縣。文城、今山西吉縣。臨汾、舊晉州，見第十二章第八節。龍泉、今山西隰縣。西河，今山西臨汾縣西。土地沃少塉多，以是傷於儉嗇。其俗剛彊，亦風氣然乎？大原山川重複，實一都之會。本雖後齊別都，人物殷阜，然不甚機巧。俗與上黨頗同。人性勁悍，習於戎馬。離石、見第三章第四節。雁門、今山西代縣。馬邑、舊朔州，見第十一章第二節。定襄、今山西平魯縣西北。樓煩、今山西静樂縣。涿郡、今河北涿縣。上谷、今河北易縣。漁陽、今河北薊縣。北平、今河北盧龍縣。安樂、今河北密雲縣東北。遼西、舊營州，見第十一章第四節。皆連接邊郡，習尚與大原同。故自古言勇俠者，皆推幽、并云。然涿郡、大原，自前代以來，皆多文雅之士，雖俱曰邊郡，風教不爲比也。

論青州云：在漢之時，俗彌侈泰。織作冰紈綺繡純麗之物，號爲冠帶衣履

---

① 工業：《隋志》魏郡雕刻之工特妙。

天下。始大公以尊賢、尚智爲教，故士庶傳習其風，莫不矜於功名，依於經術；
闊達多智，志度舒緩。其爲失也，夸奢朋黨，言與行繆。齊郡，舊曰濟南，見第十
二章第三節。其俗好教飾子女，淫哇之音，能使骨騰肉飛，傾詭人目，俗云齊倡，
本出此也。大抵數郡風俗，與古不殊。君子多務農桑，崇尚學業。其歸於儉
約，則頗變舊風。東萊本膠州，見第十三章第一節。人尤樸魯，故特少文義。

　　論徐州曰：其在列國，則楚、宋及魯之交。考其舊俗，人頗勁悍輕剽；其士
子則挾任節氣，好尚賓遊；此蓋楚之風焉。案此指彭城言。大抵徐、兗同俗，故其
餘諸郡，皆得齊、魯之所尚，莫不賤商賈，務稼穡，尊儒慕學，得洙、泗之俗焉。

　　論揚州云：江都、舊廣陵，見第三章第九節。弋陽、今河南光山縣。淮南、見第十四章
第四節。鍾離、見第八章第四節。蘄春、今湖北蘄春縣西北。同安、今安徽潛山縣。廬江、今
安徽合肥縣。歷陽，見第三章第九節。人性并躁勁，風氣果決。包藏禍害，視死如歸，
戰而貴詐，此則其舊風也。自平陳之後，其俗頗變，尚淳質，好儉約，喪紀婚
姻，率漸於禮，其俗之敝者，稍愈於古焉。丹陽舊京所在，人物本盛，小人率多
商販，君子資於官祿。市廛列肆，埒於二京。人雜五方，故俗頗相類。京口東
通吳會，南接江湖，西連都邑，亦一都會也。其人本并習戰，號爲天下精兵。
俗以五月五日爲鬥力之戲，各料彊弱相敵，事類講武。宣城、見第三章第九節。毗
陵、今江蘇武進縣。吳郡、見第三章第九節。會稽、見第三章第九節。餘杭、今浙江杭縣西。
東陽，見第五章第六節。其俗亦同。然數郡川澤沃衍，有海陸之饒，珍果所聚，故
商賈并湊。其人，君子尚禮，庸庶敦龐，風俗澄清，而道教隆洽，亦其風氣所尚
也。豫章見第三章第九節。之俗，頗同吳中。其君子善居室，小人勤耕稼。衣冠
之人，多有數婦，暴面市廛，競分銖以給其夫。及舉孝廉，更要富者。前妻雖
有積年之勤，子女盈室，猶見放逐，以避後人。俗少爭訟，而尚歌舞。一年蠶
四五熟。① 勤於紡績。亦有夜浣紗而旦成布者，俗稱爲雞鳴布。新安、今安徽歙
縣。永嘉、今浙江麗水縣東南。建安、今福建閩侯縣。遂安、晉新安郡，見第四章第三節。鄱
陽，見第四章第三節。九江、今江西九江縣。臨川、見第七章第一節。廬陵、見第三章第九節。
南康、見第七章第五節。宜春，見第十三章第八節。其俗又頗同豫章。而廬陵人龐淳，
率多壽考。然此數郡，往往畜蠱，而宜春偏甚。其法：以五月五日聚百種
蟲，②大者至蛇，小者至蝨，合置器中，令自相啖，餘一種存者留之，蛇則曰蛇
蠱，蝨則曰蝨蠱。行以殺人。因食入人腹內，食其五藏。死則其產移入蠱主

---

① 衣服：豫章蠶四五熟，夜浣紗旦成布。
② 醫學：蠱。

之家。三年不殺他人,則畜者自鍾其弊。累世子孫,相傳不絕,亦有隨女子嫁焉。干寶謂之爲鬼,其實非也。自侯景亂後,蠱家多絕,既無主人,故飛遊道路之中則殞焉。自嶺以南二十餘郡,大抵土地下濕,皆多瘴癘,人尤夭折。南海、交趾,各一都會也,參看第十六章第二節。并所處近海,多犀象、瑇瑁、珠璣、奇異珍瑋,故商賈至者,多取富焉。其人性并輕悍,易興逆節。椎結、跣踞,乃其舊風。其俚人則質直尚信,諸蠻則勇敢自立,皆重賕輕死,惟富爲雄。巢居崖處,盡力農事。刻木以爲符契。言誓則至死不改。父子別業。父貧,乃有質身於子,諸僚皆然。并鑄銅爲大鼓。初成,縣於庭中,置酒以招同類。來者有豪富子女,則以金銀爲大釵,執以叩鼓,竟,乃留遺主人,名爲銅鼓釵。俗好相殺,多搆讎怨,欲相攻則鳴此鼓,到者如雲。有鼓者號爲都老,羣情推服。

論荊州云:其風俗、物産,頗同揚州。其人率多勁悍決烈,亦天性然也。南郡、見第三章第九節。夷陵、今湖北宜昌縣西北。竟陵、見第三章第九節。沔陽、今湖北沔陽縣。沅陵、今湖南沅陵縣。清江、今湖北恩施縣東。襄陽、見第三章第四節。春陵、魏南荊州,見第十二章第四節。漢東、今湖北鍾祥縣西北。安陸、今湖北安陸縣。永安、今湖北黄岡縣西北。義陽、見第八章第七節。九江、江夏今湖北武昌縣。諸郡,多雜蠻、左。①　其與夏人雜居者,則與諸華不別。其僻處山谷者,則言語不通,嗜好、居處全異,頗與巴渝同俗。諸蠻,本其所出,承盤瓠之後。故服章多以班布爲飾。其相呼以蠻,則爲深忌。自晉氏南遷之後,南郡、襄陽,皆爲重鎮,四方湊會,故益多衣冠之緒,稍尚禮義、經籍焉。九江襟帶所在,江夏、竟陵、安陵,各置名州,爲藩鎮重寄,人物乃與諸郡不同。大抵荊州率敬鬼,尤重祠祀之事。昔屈原爲制《九歌》,蓋爲此也。屈原以五月望日赴汨羅,土人追至洞庭,不見,湖大船小,莫得濟者,乃歌曰:何由得渡湖?因爾鼓櫂爭歸,競會亭上。習以相傳,爲競渡之戲。其迅檝齊馳,櫂歌亂響,喧振水陸,觀者如雲,諸郡率然,而南郡、襄陽尤甚。二郡又有牽鉤之戲,云從講武所出。楚將伐吳,以爲教戰,流遷不改,習以相傳。鉤初發動,皆有鼓節,羣譟歌謠,振驚遠近。俗云以此厭勝,用致豐穰。其事亦傳於他郡。梁簡文之臨雍部,發教禁之,由是頗息。其死喪之紀,雖無被髮袒踊,亦知號叫哭泣。始死,即出尸於中庭,不留室内。斂畢,送至山中。以十三年爲限。先擇吉日,改入小柩,謂之拾骨。拾骨必須女壻。蠻重女壻,故以委之。拾骨者,除肉取骨,棄小取大。當葬之夕,女壻或三數十人,集會於宗長之宅。著芒心接羅,名曰茅綏。各執竹竿,長一丈許,上三

---

① 　民族:蠻、左。

四尺許,猶帶枝葉。其行伍前卻,皆有節奏;歌吟叫呼,亦有章曲。傳云:盤瓠初死,置之於樹,乃以竹木刺而下之,故相承至今,以爲風俗。隱諱其事,謂之刺北斗。既葬設祭,則親疏咸哭。哭畢,家人既至,但歡飲而歸,無復祭哭也。其左人則又不同。無衰服。不復魄。始死,置尸館舍。鄰里少年,各持弓箭,遶尸而歌,以箭扣弓爲節。其歌辭説平生樂事,以至終卒,大抵亦猶今之挽歌。歌數十闋,乃衣衾棺斂,送往山林。別爲廬舍,安置棺柩。亦有於村側瘞之,待二三十喪,總葬石窟。長沙郡見第三章第九節。又雜有夷蜒,名曰莫徭。自云其先祖有功,常免徭役,故以爲名。其男子但著白布褌、衫,更無巾、袴。其女子青布衫,班布裙。通無鞋屬。婚嫁用鐵鈷鏻爲聘財。武陵、今湖南常德縣。巴陵、見第三章第九節。零陵、今湖南零陵縣。桂陽、今湖南郴縣。澧陽、今湖南澧縣。衡山、今湖南衡陽縣。熙平今廣東連縣。皆同焉。其喪葬之節,頗同於諸左云。

《隋志》之言如此:綜而論之:北方之俗,大體質樸厚重;而河東儉嗇,幽、冀椎魯,齊、魯文儒,緣邊之地,多尚武節,又各因其所處之境而殊;大致尚與《漢志》所言相類,然如鄴都爲都邑所在;梁郡則菁華已竭,褰裳去之;而其風氣亦即隨之而異,則又可見風俗之隨人事而變遷者爲不少矣。以大體言之,北方之文教,可謂頗有增進。六郡無復寇盜;汲郡之桀驁,化爲馴良;青州之侈靡,歸於節儉;涿郡、大原,亦日習於文雅;皆其驗也。江、淮之俗,本稱勁悍。自晉室東渡,衣冠之族,爲土人所慕效,武風乃漸就衰頹。後世江域之風氣,轉較河域爲弱,蓋始於此。然如京口之習兵,荊域之狎於水戰,其流風遺烈,蓋猶有存焉。《記》曰:“季春出火,爲焚也。然後簡其車賦,而歷其卒伍,而君親誓社,以習軍旅。左之右之,坐之起之,以觀其習變也。而流示之禽,而鹽諸利,以觀其不犯命也。求服其志,不貪其得,故以戰則克,以祭則受福。”古於生活大有關係之事,必有大祭,聚衆既多,則因以習武、牽鉤、競渡,其原皆出於此,云以追屈原等,則附會之談耳。**淮南則因喪亂而習於戰鬥。**《晉書・伏滔傳》:滔從桓温伐袁真,至壽陽,以淮南屢叛,著論二篇,名曰《正淮》。其上篇曰:“爰自戰國,至於晉之中興,六百有餘年,保淮南者九姓,稱兵者十一人,皆亡不旋踵,禍溢於世,而終莫戒焉。其俗尚氣力而多勇悍;其人習戰争而貴詐僞;豪右并兼之門,十室而七;藏甲挾劍之家,比屋而發;然而仁義之化不漸,刑法之令不及,所以屢多亡國也。”以淮南之多叛,歸咎於其地之人,可謂因果倒矣。《齊書・地理志》:劉毅復鎮姑孰,上表曰:“西界荒餘,密邇寇虜。北垂蕭條,土氣彊獷。民不識義,惟戰是習。逋逃不遏,不謀日會。”可見其致此之由。當時南風之彊勁,實不在北方之下。使能善用之,夫豈五胡所能格?惜乎政柄迄在北來貴族之手,淫靡脆弱,徒作新亭之對泣也。蜀爲沃土,故其民耽於逸樂而頗尚文。其地阻塞,故安土而不樂與外境往來。民不習戰而即安,故有割據其地者,其人皆不能抗,然割據者亦不能用其人以有爲也。此時代中,漢族與異族,關涉最繁。異族衆多之區,漢族亦

閒染其習尚,如雕陰等郡則是。然以大體言之,固皆異族同化於我,彼之風俗,終不能以久存矣。殊方之俗,至此時始見記載,如競渡至此始見正史。可見彼我交涉之繁。此等風俗,其後有遂不可見者;如畜蠱之俗,據《隋志》,今江西地方最盛,後世則惟西南諸省有之矣。亦有久存而并爲漢人所效法者,如競渡即其一事。然亦全非故意矣。風氣之遷移,必隨乎生計。漢族資生之法,較諸異族,演進實深,彼我相遇,彼自不得不舍其舊而從我。自蜀至於豫章,皆女勞而男逸,此蓋淺演之世,女事生產,男事戰鬥,其後干戈日澹,而男女職業,不復轉變使然,此亦一種社會組織也,而其後遂不可復見,杜甫《負薪行》詠夔州之俗云:"土風坐男使女立,應門當户女出入。十猶八九負薪歸,賣薪得錢應供給。"又云:"筋力登危集市門,死生射利兼鹽井。"則至唐世猶有其風,然雖有存焉者寡矣。而蜀人之處邊郡者,且能規固山澤,役使夷獠,可見生計之變遷,彼皆舍其舊而從我矣。資生之法變,則日用行習,一切隨之而變,而風氣迥殊矣。野蠻社會,人皆譏爲野蠻,實則其組織自有法度,相處乃極安和,而文明社會,則適與之相反,風尚遷流,俗亦隨之而薄,固其所也。此亦一古今之升降也。特世鮮通方之士,於我之古變爲今,則哀之惜之,於彼則慶其自野蠻進於文明,自詡牖啓之功,且以是爲彼幸,爲可笑耳。南北分疆之世,華夷錯處之時,際會之區,風氣自極錯雜,《梁書·大祖五王傳》:南平元襄王偉之子恭,除雍州刺史,大宗手令曰:"彼士流航髒,有關輔餘風;黔首扞格,但知重劍輕死;降胡惟尚貪慘;邊蠻不知敬讓。"可以見其一班。一統之後,乃稍歸於一焉,亦非一朝一夕之故也。

斯時代之大事,尤莫如南北意見之漸見融和。吳亡之後,叛晉者之多,已見第三章第九節。《晉書·周浚傳》云:吳之未平也,浚在弋陽,南北爲互市,而諸將多相襲奪以爲功。吳將蔡敏,守於沔中,其兄珪,爲將在秭陵,與敏書曰:"古者兵交,使在其閒,軍國固當舉信義以相高,而聞疆場之上,往往有襲奪互市,甚不可行,弟慎無爲小利而忘大備也。"候者得珪書,以呈浚。浚曰:"君子也。"及渡江,求珪得之,問其本,曰:"汝南人也。"浚戲之曰:"吾固疑吳無君子,而卿果吾鄉人。"陸玩者,機之從弟,元帝引爲丞相參軍,時王導初至江左,思結人情,請婚於玩。玩對曰:"培塿無松柏,薰蕕不同器。玩雖不才,義不能爲亂倫之始。"導乃止。玩嘗詣導,食酪,因而得疾,與導牋曰:"僕雖吳人,幾爲傖鬼。"王獻之嘗經吳郡,聞顧辟疆有名園,先不相識,乘平肩輿徑入。時辟疆方集賓友,而獻之遊歷既畢,旁若無人。辟疆勃然,數之曰:"傲主人,非禮也;以貴驕士,非道也;失是二者,不足齒之傖耳。"便驅出門。獻之傲如也,不以屑意。丘靈鞠烏程人。領驍騎將軍,靈鞠不樂武位,謂人曰:"我應還東掘顧榮冢。江南地方數千里,士子風流,皆出此中,顧榮忽引諸傖輩渡,妨我

輩塗轍，死有餘罪。"《齊書·文學傳》。觀此數事，當時南北人士相疾之情，實不可謂之不深刻。案是時北人岐視南人頗甚。《晉書·儒林傳》：文立，蜀時游大學，師事譙周。泰始初，拜濟陰大守。入爲大子中庶子。上表請以諸葛亮、蔣琬、費禕等子孫，流徙中畿，宜見敘用，一以慰巴、蜀之心，其次傾吳人之望。事皆施行。又以立爲散騎常侍。是晉之於蜀，頗能收用其人。乃吳亡則大不然。《顧榮傳》云：吳平，與陸機兄弟同入洛，時人號爲三俊。《薛兼傳》云：少與同郡紀瞻，廣陵閔鴻，吳郡顧榮，會稽賀循齊名，號爲五儁。初入洛，司空張華見而奇之，曰："皆南金也。"此皆南士之宜見收用者也。乃《賀循傳》言：循以無援於朝，久不進序。陸機上疏薦循曰："伏見武康令賀循，前烝陽令郭訥，皆出自新邦，朝無知己，居在遐外，志不自營，年時倏忽，而邈無階緒，州黨愚智，所爲恨恨。臣等伏思：臺郎所以使州州有人，非徒以均分顯路，惠及外州而已。誠以庶士殊風，四方異俗，壅隔之害，遠國益甚。至於荆、揚二州，户各數十萬，今揚州無郎，而荆州江南，乃無一人爲京城職者，誠非聖朝待四方之本心。"《顧榮傳》：齊王冏召爲大司馬主簿，榮懼及禍，以情告友人長樂馮融。融爲榮說冏長史葛㠜曰："以顧榮爲主簿，所以甄拔才望，委以事機，不復計南北親疏，欲平海内之心也。"《陸曄傳》曰：大興元年，元帝以侍中皆北士，宜兼用南人，曄以清貞著稱，遂拜侍中。《齊書·張緒傳》：大祖欲用緒爲右僕射，以問王儉。儉曰："南士由來，少居此職。"褚淵在坐，啟曰："儉年少，或不盡憶，江左用陸玩、顧和，皆南人也。"儉曰："晉氏衰政，不可以爲准則。"上乃止。《沈文季傳》：世祖謂文季曰："南士無僕射，多歷年所。"合第三章第九節所引劉頌、華譚之言觀之，可見北人岐視南人之甚。此固由朝士把持權利之私，然南北意見，未盡融和，亦必不能爲之曲諱；抑北人之岐視南人，此等成見，或且隱爲之祟也。自元帝東渡至陳末，歷二百七十年，歲月既深，僑居者漸成土著，而此等意見，寖以消融矣。此亦我民族合同而化之一重要關鍵也。

　　異族既已同化，則習焉而忘其初相處之難，遂忘古人提攜誘掖之勞，此亦未足知人論世也。今試引二事，以見當時異族風氣與漢人相去之遠。《齊書·焦度傳》曰：南安氐人也。明帝時，補晉熙王燮防閤，隨鎮夏口。武陵王贊代燮爲郢州，度仍留鎮。沈攸之大衆至夏口，將直下都，度於城樓上肆言辱罵攸之，至自發露形體穢辱之，故攸之怒，改計攻城。後度見朝廷貴戚，説郢城事，發露如初。楊大眼者，武都氐難當之孫也。仕魏，以勇名。《魏書》本傳云：大眼妻潘氏，善騎射。戰陳遊獵之際，大眼令潘戎裝，或齊鑣戰場，或并驅林壑。及至還營，同坐幕下。對諸僚佐，言笑自得。時指之謂人曰："此潘將

軍也。"大眼有三子：長甑生，次領軍，次征南，皆潘氏所生。大眼徙營州，以鍾離之敗，見第十一章第四節。潘在洛陽，頗有失行。及爲中山，永平中，世宗追其前勳，起爲試守中山内史。大眼側生女夫趙延寶言之於大眼。大眼怒，幽潘而殺之。後娶繼室元氏。大眼之死也，甑生等問印綬所在。時元始懷孕，自指其腹，謂甑生等曰："開國當我兒襲之，汝等婢子，勿以爲望。"甑生深以爲恨。及大眼喪將還京，大眼爲荆州刺史死。出城東七里，營車而宿。夜二更，甑生等開大眼棺。延寶怪而問之。征南射殺之。元怖，走入水。征南又彎弓射之。甑生曰："天下豈有害母之人？"乃止。遂取大眼尸，令人馬上抱之，左右扶掖以叛。奔於襄陽，遂歸蕭衍。此等舉動，自漢人觀之，直是匪夷所思，無怪當時暴主如石虎、高洋輩，淫虐出人意外也。使其洗心革面，豈易事哉？

# 第十八章　晉南北朝社會等級

## 第一節　門閥之制上

　　魏、晉、南北朝之世,崇尚門閥之風極盛。論其事者,以唐柳芳爲最詳,今錄其辭如下:芳之言曰:"氏族者,古史官所記也。昔周小史,定繫世,辨昭穆。故古有《世本》,錄黃帝以來至春秋時所記諸侯、卿、大夫名號、繼統。左丘明傳《春秋》,亦言天子建德,因生以賜姓,胙之土,命之氏;諸侯以字爲氏,以諡爲族;下及三代,官有世功,則有官族,邑亦如之。後世或氏於國,則齊、魯、秦、吳;氏於諡,則文、武、成、宣;氏於官,則司馬、司徒;氏於爵,則王孫、公孫;氏於字,則孟孫、叔孫;氏於官,則東門、北郭;氏於志,則三烏、五鹿;氏於事,則巫、乙、匠、陶;於是受姓命氏,粲然眾矣。秦既滅學,公侯子孫,失其本系。漢興,司馬遷父子,乃約《世本》脩史記,因周譜明世家,乃知姓氏之所由出。虞、夏、商、周、昆吾、大彭、豕韋、齊桓、晉文,皆同祖也。更王迭霸,多者千祀,少者數十代。先王之封既絕,後嗣蒙其福,猶爲彊家。漢高帝興徒步,有天下,命官以賢,詔爵以功;先王公卿之冑,才則用,不才棄之;不辨士與庶族,然則始尚官矣。然猶徙山東豪桀,以實京師。齊諸田,楚屈、景,皆右姓也。其後進拔豪英,論而錄之,蓋七相、五公之所由興也。魏氏立九品,置中正,尊世冑,卑寒士,權歸右姓已。其州大中正、主簿,郡中正、功曹,皆取著姓士族爲之,以定門冑,品藻人物,晉、宋因之,始尚姓已。然其分別貴賤,士庶,不可易也。於時有司選舉,必稽譜籍而考其真偽。故官有世冑,譜有世官。賈氏、王氏譜學出焉。由是有譜局,令史職皆具。過江則爲僑姓,王、謝、袁、蕭爲大。東南則爲吳姓,朱、張、顧、陸爲大。山東則爲郡姓,王、崔、盧、李、鄭爲大。關中亦號郡姓,韋、裴、柳、薛、楊、杜首之。代北則爲虜姓,元、長孫、宇文、于、陸、源、竇首之。虜姓者?魏孝文帝遷洛,有八氏、十姓、三十六族、九十二姓。八氏、十姓,出於帝宗屬,或諸國從魏者。三十六族、九十二姓,世爲部落大

人。并號河南洛陽人。郡姓者？以中國士人差第閥閱爲之制。凡三世有三公者曰膏粱，有令、僕者曰華腴，尚書、領、護而上者爲甲姓，九卿若方伯者爲乙姓，散騎常侍、大中大夫者爲丙姓，吏部正員郎爲丁姓。凡得入者，謂之四姓。又詔代人諸冑，初無族姓，其穆、陸、奚、于，下吏部勿充猥官，得視四姓。北齊因仍，舉秀才、州主簿、郡功曹，非四姓不在選。故江左定氏族，凡郡上姓第一則爲右姓。大和以郡四姓爲右姓。齊浮屠曇剛類例，凡甲門爲右姓。周建德氏族，以四海通望爲右姓。隋開皇氏族，以上品茂姓，則爲右姓。唐貞觀《氏族志》，凡第一等，則爲右姓。路氏著《姓略》，以盛門爲右姓。柳沖《姓族系録》，凡四海望族，則爲右姓。不通歷代之説，不可與言譜也。今流俗獨以崔、盧、李、鄭爲四姓，加大原王氏號五姓，蓋不經也。夫文之弊至於尚官，官之弊至於尚姓，姓之弊至於尚詐。隋承其弊，不知其所以弊，乃反古道，罷鄉舉，離地著，尊執事之吏。於是乎士無鄉里，里無衣冠，人無廉恥，士族亂而庶人僭矣。故善言譜者，繫之地望而不惑，質之姓氏而無疑，綴之昏姻而有別。山東之人質，故尚昏姻，其信可與也。江左之人文，故尚人物，其智可與也。關中之人雄，故尚冠冕，其達可與也。代北之人武，故尚貴戚，其泰可與也。及其弊，則尚昏姻者先外族後本宗，尚人物者進庶孽退適長，尚冠冕者略伉儷慕榮華，尚貴戚者徇勢利亡禮教。四者俱敝，則失其所尚矣。人無所守，則士族削，士族削，則國從而衰。管仲曰：爲國之道，利出一孔者王，二孔者彊，三孔者弱，四孔者亡。故冠昏者人道大倫。周、漢之官人，齊其政，一其門，使下知禁，此出一孔也，故王。魏、晉官人，尊中正，立九品，鄉有異政，家有競心，此出二孔也，故彊。江左、代北，諸姓紛亂不一，其要無歸，此出三孔也，故弱。隋氏官人，以吏道治天下，人之行不本鄉黨，[1]政煩於上，人亂於下，此出四孔也，故亡。唐承隋亂，宜救之以忠。忠厚則鄉黨之行脩；鄉黨之行脩，則人物之道長；人物之道長，則冠冕之緒崇；冠冕之緒崇，則教化之風美；乃可與古參矣。"《唐書·儒學·柳沖傳》。據其所説，魏、晉已後士庶之別，實原於古封建之世。封建之世，士庶之別，本自釐然，秦并六國，父兄有天下，子弟爲匹夫，其等級業已夷滅。漢高祖起徒步，有天下，亦未嘗復張其燄。然此特法律如是。古士庶之別，在民間實不得遽泯；而彊宗大家，尤爲人所尊敬，則政令初無如之何。惟習爲故常之事，每爲論議記載所不及，故後之讀史者，遂覺兩漢之世，社會平夷無等級耳。東漢季世，九域分崩，如蜩如螗，如沸如羹，士流播遷，皆

---

[1]　選舉：柳芳言"隋氏官人以吏道治天下，人之行不本鄉黨。"

失其所。凡在一地方習爲人所尊敬者，易一地焉則人莫之知，乃不得不高標郡望，以自矜異。亦會其時，五胡雲擾，異族紛紛，入據中國，神明之裔，恥胤胄之殽雜，而欲明其所自出者，亦或有之。然其關係，恐尚較本族之中士庶之別爲淺。以當時人士，區別士庶之見頗深，而民族之義，則尚未昌明也。此等風氣，使無法令以助長之，維持之，亦或不旋踵而滅，而九品中正之制，適起於此時；他法令之區別士庶者，又隨之而俱起；則虛聲與實利相合，而其勢益盛，而其閱時亦益久矣。然社會組織，既與封建之世殊科，區區政令之力，又安能逆之而行？胙土之制既廢矣，同出一祖者，已不復能相維相繫，安得不尚外族而後本宗？官人必取其才，安能常先適長而後庶孽？有權利者必爲人所附，安得不崇冠冕，右貴戚；崇冠冕、右貴戚矣，略伉儷慕榮華，徇勢利忘禮教之弊，又安得而不作乎？猶欲如封建之世，以士族爲國之楨幹，民之表率，安可得哉？喬木世臣，自孟子已慨其無有，況於千載之後乎？柳芳之見，亦適成其爲柳芳之見而已。晉、南北朝之世，蓋古封建遺孽迴光返照之時也。

　　其所以能爲是迴光返照者，實以其馮藉政權之故。政權之馮藉，自以選舉爲大。《魏書·劉昶傳》：高祖臨光極堂大選，曰："朝因月旦，欲平魏典。夫典者，爲國大綱，治民之柄，君能好典則國治，不能則國亂。我國家昔在恒、代，隨時制作，非通世之長典，故自夏及秋，親議條制。或言惟能是寄，不必拘門，朕以爲不然。何者？當今之世，仰祖質朴，清濁同流，混齊一等，君子小人，名品無別，此殊爲不可。我今八族以上，士人品第有九，九品之外，小人之官，復有七等。苟有其人，可起家爲三公，正恐賢才難得，不可止爲一人，渾我典制。故今班鏡九流，清一朝軌。"《韓麒麟傳》載高祖與其子顯宗及李沖、李彪等論議，其意亦同。孝文雖渴慕中華，究係虜主，而其言如是，中國人之見解，可以概見。斯時操選舉之權，史稱其能不偏於貴冑者，固非無人，然因"家世貴顯，與物多隔，不能留心寒素"者，《梁書·王暕傳》謂暕之語。恐實多矣。貴冑出身既優，①《晉書·閻纘傳》：國子祭酒鄒湛，以纘才堪佐著，薦於祕書監華嶠。嶠曰："此職閒廩重，貴勢多爭之，不暇求其才。"遂不能用。《宋書·謝弘微傳》：晉世名家，身有國封者，起家多拜員外散騎侍郎。《梁書·張緬傳》：祕書郎有四員，宋、齊以來，爲甲族起家之選，待次入補，其居職，例數十百日便遷任。《宋書·江智淵傳》：元嘉末，除尚書庫部郎。時高流官序，不爲臺郎，智淵門孤援寡，獨有此選，意甚不悅，固辭不肯拜。《梁書·王筠傳》：除尚書殿中郎。王氏過江以來，未有居郎署者。或

----

　　① 階級、選舉：貴冑出身優，入仕早，庶族見輕，尚書郎欲不放右丞入省，郎以地寒，爲州郡綱紀人不與同坐，湘俗單家以賂求州職，楊公則斷之梁武班下諸州以爲法，舊族在朝住者，必郡有一人，且置州望郡宗鄉豪專事搜薦，察秀孝，戶內有工役者，不染清流，且不聽立學(第六七一—六七三頁)。

勸遼巡不就。筠曰："陸平原東南之美,王文度獨步江東,吾將比蹤昔人,何所多恨?"乃欣然就職。《北史·穆崇傳》:孝文欲以崇玄孫弼爲國子助教,弼辭以爲屈。帝曰:"朕欲敦屬胄子,屈卿先之。白玉投泥,豈能相汙?"弼曰:"既遇明時,恥沈泥滓。"會司州牧咸陽王禧入,帝:"朕與卿作牧督,舉一主簿",即命弼謁之。因爲帝所知。此皆貴冑出身習於優異之事。《梁書·王僧虔傳》:遷御史中丞,甲族由來多不居憲臺,王氏分支居烏衣者,位宦微減。僧虔爲此官,乃曰:"此是烏衣諸郎坐處,我亦可試爲耳。"是貴冑之中,又有高下也。《齊書·王晏傳》:時王儉雖貴而疏,晏既領選權,行臺閣,與儉頗不平。儉卒,禮官議謚,上欲依王導,謚爲文獻。晏啓上曰:"導乃得此謚,但宋已來不加素族",則并虛名亦不相假矣。《梁書·文學傳》:庾於陵拜大子洗馬。舊事:東宮官屬,通爲清選,洗馬掌文翰,尤其清者,近世用人,皆取甲族有才望。時於陵與周捨,并擢充職。高祖曰:"官以人而清,豈限以甲族。"時論以爲美。可見族望遞相膺清選之難。**入官之年又早。**《梁書·武帝紀》:上表請立選簿云:"且聞中間立格,甲族以二十登仕,後門以過立試吏,此實巨蠹,尤宜刊革。"然天監四年正月朔詔曰:"今九流常選,年未三十,不通一經,不得解褐,若有才同甘、顔,勿限年齒",則其制實未革也。《張緬傳》:起家祕書郎,出爲淮南大守,時年十八;緬弟纘,起家祕書郎,時年十七;可見貴冑出仕之早。**庶族則雖抱異才,執政柄,仍爲人所輕視;**《晉書·張華傳》:聲譽益盛,有台輔之望焉,而荀勖自以大族,恃帝恩深,憎疾之,每伺間隙,欲出華外鎮。賈謐與后共謀,以華庶族儒雅,有籌略,進無逼上之嫌,退爲衆望所依,欲倚以朝綱,訪以政事。蔡興宗之位望,不爲不高,然義恭詆其"起自庶族",興宗亦言:"吾素門平進,與主上甚疏,未容有患",則當時庶族,雖居高位,握重權,其分望究與貴冑有異也。齊高帝大漸詔曰:"吾本布衣素族,念不到此";而梁王琳謂李膺曰:"今天下未平,遷琳嶺北,如有不虞,安得琳力?忖官正疑琳耳,琳分望有限,可得與官爭爲帝乎?"宜矣。《齊書·陳顯達傳》:自以人微位重,每遷官,常有愧懼之色。有子十餘人,誡之曰:"我本志不及此,汝等勿以富貴陵人。"謂其子曰:"麈尾、扇是王、謝家物,汝不須捉此自隨。"可見庶族之自視欿然也。**其平流而進者,則内而丞、卿、曹掾,**《魏書·張普惠傳》:任城王澄嘉賞普惠,臨薨啓爲尚書右丞。尚書諸郎以普惠地寒,不應便居管轄,相與爲約,并欲不放上省,紛紜多日乃息。《良吏傳》:竇瑗,除大宗正卿,宗室以其寒士,相與輕之。《北史·趙隱傳》:齊文襄爲尚書令,沙汰諸曹郎,隱以地寒被出。按隱即彦深,避齊廟諱,以字行。《呂思禮傳》:普泰中,司馬子如薦爲尚書二千石郎中,尋以地寒被出。**外而州郡佐吏,**《晉書·石苞傳》:孫鑠,河内懷人也。少爲縣吏。大守吳奮轉以爲主簿。鑠自微賤登綱紀,時僚大姓,不與鑠同坐。奮大怒,遂薦鑠爲司隸都官從事。《郭奕傳》:咸寧初,遷雍州刺史。時亭長李含有俊才,而門寒,爲豪族所排,奕用爲別駕。含後果有名位,時以奕爲知人。《忠義傳》:易雄,爲州主簿,遷別駕,自以門寒,不宜久處上綱,謝職還家。《宋書·孝義傳》:郭世道子原平。會稽重望計及望孝,盛族出身,不減祕、著。蔡興宗欲舉山陰孔仲智長子爲望計,原平次息爲望孝。仲智會上高門,原平一邦至行,欲以相敵。又:吳逵,大守王韶之擢補功曹史,逵以門寒,固辭不受。《梁書·楊公則傳》:湘俗單家以射求州職,公則至,悉斷之,所辟引皆州郡著姓,高祖班下諸州以爲法。《北史·賈思伯傳》:弟思同,初爲青州別駕。清河崔光韶,先爲中從事,自恃資地,恥居其下,聞思同還鄉,遂便去職。州里人物,爲思同恨之。《蘇綽傳》:爲六條詔書,奏施行之。其四擢賢良,曰:"今刺史、縣令,悉有僚吏,皆佐助之人也。刺史府官,則命於天朝,其州吏以下,并牧守自置。① 自昔以來,

_____

① 職官:北朝刺史府官命於天朝,州吏以下,并牧守自置。

州、郡大吏,但取門資,多不擇賢良。《文苑傳》:樊遜,字孝謙。崔暹大會客,大司馬襄城王旭時亦在坐,欲命府僚。暹指遜曰:"此人學富才高,兼之佳行,可爲王參軍也。"旭目之曰:"豈能就邪?"遜曰:"家無蔭第,不敢當此。"天保八年,減東西二省官,更定選員不過三百,參者二三千人。楊愔言於衆曰:"後生清俊,莫過盧思道;文章成就,莫過樊孝謙;几案斷割,莫過崔成之。"遂以思道兼員外郎,三人并員外將軍。孝謙辭曰:"門族寒陋,訪第必不成,乞補員外司馬督。"愔曰:"才高不依常例",特奏用之。案《梁書·武帝紀》:天監五年正月朔,詔凡諸郡國,舊邦族内無在朝位者,選官搜括,使郡有一人。七年,二月,又詔於州、郡、縣置州望、郡宗、鄉豪各一人,專掌搜薦。此所搜薦者,亦必多衣冠中人。《齊書·王琨傳》:琨出爲會稽大守,本州中正。時王儉爲宰相,屬琨用東海郡迎女。琨謂信人曰:"語郎:三臺、五省,皆是郎用人,外方小郡,當乞寒賤,省官何容復奪之?"遂不過其事。當時貴胄之與寒賤,出身之優劣,豈可以道里計邪? 亦無不爲人所擠排。《魏書·高祖紀》:延興二年,六月,詔曰:"頃者州郡選貢,多不以實。今年貢舉,尤爲猥濫。自今所遣,皆門盡州郡之高,才極鄉閭之選。"而韓顯宗上言曰:"今之州郡貢察,徒有秀孝之名,而無秀孝之實。而朝廷但檢其門第,不復彈坐。如此,則可令別貢門望,以叙士人,何假冒秀孝之名也?"可見門盡州郡之高爲實語,才極鄉閭之選爲虛言矣。秀孝察舉,雖不限於未仕,究以未仕及仕而未達者爲多,其爲門望所占如此,寒賤寧復有奮揚之路? 梁初鍾嶸上言:吏姓寒人,惟當聽極門品,不當因軍,遂濫清級。陳世,章華以素無閥閱,遭朝臣排抵,除大市令。見《陳書·傅縡傳》。魏孝文以李彪爲祕書令,至特爲之下詔。寒族登進之艱可知。若夫執技事上之流,限其所至之途尤酷。魏大和元年詔:戶内有工役者,惟止本部丞已下,不得或染清流,已云酷矣,甚至如真君五年之詔:百工技巧、騶卒子息,不聽私立學校,違者師身死,主人門誅,并其鄉學之途而絶之焉。蔣少游因工藝自達,高允、李沖皆右之。高祖、文明大后謂百官曰:"本謂少游作師耳,高允老公乃言其人士。"少游卒不遷移。張景仁實彊毅有爲,而史謂其"自倉頡以來,八體取進,一人而已",譏議之意顯然。《顏氏家訓·雜藝篇》言:吳郡顧士端父子,彭城劉岳,并妙丹青。士端父子,常被梁元帝所使,每懷羞恨。岳隨武陵王入蜀,下牢之敗,遂爲陸護軍畫支江寺壁,與諸工巧雜處。向使三賢都不曉畫,豈見此恥? 又言琴足暢神情,惟不可令有稱譽,見役勳貴,處之下坐,以取殘杯冷炙之辱。當時士大夫,視曲藝之士,爲何如哉?

　　世業之制破,則職業無復制限,人得盡其才性,以各赴其所長,此實古今之一大變,今之遠勝於古者也。乃至南北朝之世,猶有欲行管子四民異居之説者,泥古而不察實,亦足異矣。魏孝文之遷洛也,韓顯宗上言曰:"伏見洛京之制,居民以官位相從,不依族類。①官位非常,有朝榮而夕悴,則衣冠淪於厮

---

① 宫室:洛京居民,以官位相從,韓顯宗欲分士庶,云道武本如此,凡所徙居,悉是公地可行。

竪之邑，臧獲騰於膏腴之里。物之顛倒，或至於斯。古之聖王必令四民異居者？欲其業定而志專，故耳目所習，不督而就，父兄之教，不肅而成。仰惟大祖道武皇帝，創基撥亂，日不暇給，然猶分別士庶，不令雜居，伎作屠沽，各有攸處。但不設科禁，賣買任情，販貴易賤，錯居混雜。假令一處彈箏吹笛，緩舞長歌，一處嚴師苦訓，誦詩稱禮，宣令童齔，任意所從，其走赴舞堂者萬數，往就學館者無一，此則伎作不可雜居，士人不宜異處之明驗也。朝廷每選舉人士，則校其一婚一宦，以爲升降，何其密也？至於開伎作宦途，得與膏粱華望，接閈連甍，何其略也？今稽古建極，光宅中原，凡所徙居，皆是公地，分別伎作，在於一言，有何爲疑，而闕盛美？"其言所就係於所習，誠與今教育家言教育當改造環境之義合，然百工伎作，何故當限其所至？而人心之不同如其面，又豈易彊之以其所不欲，以就世業邪？

　　當時高門，皆不服役，故籍有黃白之別，已見第十七章第三節。《宋書・宗越傳》：本爲南陽次門。趙倫之鎮襄陽，襄陽多雜姓，倫之使長史范覬之條次氏族，辨其高卑。覬之黜越爲役門。元嘉二十四年，啓大祖求復次門。許之。所謂次門，蓋尚克邀免役之寬典者也。兵亦役之一，故軍户亦爲賤辱，別於論兵制時詳之。又刑罰亦因貴賤而異施。①《齊書・竟陵王子良傳》：子良啓曰："夫獄訟惟平，畫一在制。雖恩家得罪，必宜申憲，鼎姓詒譽，最合從網。若罰典惟加賤下，辟書必躅世族，懼非先王立理之宗。"此法同而用之有異者也。《幸臣傳》：永明中，敕親近不得輒有申薦，人士免官，寒人鞭一百。《魏書・源賀傳》：賀子懷，景明二年，徵爲尚書左僕射。時有詔以奸吏犯罪，每多逃遁，因眚乃出，并皆釋然。自今已後，犯罪不問輕重，藏竄者悉遠流。若永避不出，兄弟代役。源奏曰："守宰犯法，逃走者衆。禄潤既優，尚有兹失。及蒙恩宥，卒然得還。今獨苦此等，恐非均一之法。"書奏，門下以成式既班駁奏不許。懷重奏曰："伏尋條制：勳品已下，罪發逃亡，遇恩不宥，仍流妻子。雖欲抑絶姦途，匪爲通式。謹案事條：侵官敗法，專據流外。豈九品已上，人皆貞白也？其諸州守宰，職任清流，至有貪濁，事發逃竄，而遇恩免罪。勳品已下，獨乖斯例。如此，則寬縱上流，法切下吏，育物有差，惠罰不等。"書奏，世宗納之。此等則立法亦有偏頗矣。

　　車服之殊，古本用以別貴賤。當時之人，既視士庶等級，判然不同，則其視車服之殊，自亦以爲應然之事。《晉書・良吏傳》：王宏，大康中，代劉毅爲

---

司隸校尉。檢察士庶，使車服異制。庶人不得衣紫絳及綺繡錦績。《齊書·明帝紀》言帝明審有吏才，持法無所借。制御親幸，臣下蕭清。驅使寒人，不得用四幅繖。《梁書·良吏傳》：沈瑀起爲餘姚令。初至，富吏皆鮮衣美服，以自彰別。瑀怒曰：“汝等下縣吏，何自擬貴人邪？”悉使著芒屬粗布，侍立終日。足有蹉跌，輒相榜棰。史言“瑀微時嘗自至此鬻瓦器，爲富人所辱，故因以報焉。由是士庶駭怨。然瑀廉白自守，故得遂行其志。”可見當時視此等度制，不以爲非，故怨家不得而中之也。張祚禁四品已下不得衣繒帛，庶人不得畜奴婢，乘車馬。苻堅時，商人趙掇、丁妃、鄒甕等，皆家累千金。車服之盛，擬則王侯。堅之諸公競引之，爲國國卿。黃門侍郎程憲言於堅。堅於是推檢引掇等爲國卿者，降其爵。乃下制：非命士以上，不得乘車馬於都城百里之内。金銀錦繡，工商皂隸婦女，不得服之。犯者棄市。慕容熙之敗也，工人李訓，竊寶而逃，貲至巨萬。行貨於馮跋吏部尚書馬弗勤。弗勤以爲方略令。既而失志之士，書之於闕下碑。馮素弗言之於跋。跋雖原馬弗勤，而以李訓小人，汙辱朝士，命東市考竟。則雖偏隅小國，法令且甚峻切矣。

車服既殊，起居動作之閒，庶族自不得與貴冑并。《齊書·東昏侯紀》言：帝每四更中，鼓聲四出，幡戟橫路，百姓喧走相隨，士庶莫辨，則其本有辨可知。《梁書·文學傳》：王籍以不得志，遂徒行市道，不擇交游，則當時士大夫徒行者甚少。楊暉以陶侃州里，與同乘見顧榮，而人譏其與小人共載，宜矣。《宋書·后妃傳》：路淑媛，孝武帝母。弟子瓊之，宅與大常王僧達并門。常盛車服衛從造僧達，僧達不爲之禮。《南史·僧達傳》云：瓊之大后兄慶之孫。僧達將獵，已改服，瓊之就坐，僧達了不與語，謂曰：“身昔門下騶人路慶之者，是君何親？”遂焚瓊之所坐牀。瓊之以訴大后。大后大怒，欲罪僧達。上曰：“瓊之年少，自不宜輕造詣，王僧達貴公子，豈可以此事加罪？”又《張邵傳》：子敷。中書舍人狄當、狄當作秋。《蔡興宗傳》、《陸慧曉傳》、《恩倖傳叙》皆作秋。《廣韻·秋字注》：“又姓，宋中書舍人秋當。”周赳，并管要務，以敷同省名家，欲詣之，赳曰：“彼恐不相容接，不如勿往。”當曰：“吾等并已員外郎矣，何憂不得共坐？”敷先設二牀，去壁三四尺。二客就席，敷呼左右曰：“移我牀遠客。”赳等失色而去。其自標遇如此。又《蔡興宗傳》：被徵還都。時右軍將軍王道隆，任參内政，權重一時。躡履到前，不敢就席。良久方去，竟不呼坐。元嘉初，中書舍人秋當詣大子詹事王曇首不敢坐。其後中書舍人王弘，《南史》作中書舍人弘興宗，蓋傳寫之誤，觀下文言“弘還”與《宋書》同可知。爲大祖所愛遇，上謂曰：“卿欲作士人，得就王球坐，乃當判耳。殷、劉并雜，無所益也。若往詣球，可稱旨就席。”球舉扇曰：“君不得爾。”弘還，依事啓聞。帝曰：“我便無如此何。”五十年中，

有此三事。此八字,南史作"至是興宗復爾"六字。《南史·江斆傳》:中書舍人紀僧真,幸於武帝,稍歷軍校,容表有士風。謂帝曰:"臣小人,出自本縣武吏,邀逢聖時,階榮至此;爲兒昏得荀昭光女;即時無復所須,惟就陛下乞作士大夫。"帝曰:"由江斆、謝瀹,我不得措此意,可自詣之。"僧真承旨詣斆。登榻坐定,斆便命左右曰:"移吾牀讓客。"僧真喪氣而退。告武帝曰:"士大夫固非天子所命。"時人重斆風格,不爲權倖降意。此數事相類,庸有附會之談,然當時必有此等事,則可知也。紀僧真等猶曰佞人,案《南史·江斆傳》言:僧真容表有士風,《齊書倖臣傳》亦云:僧真容貌言吐,雅有士風,世祖嘗目送之,笑曰:"人生何必計門户?紀僧真,堂堂貴人所不及",則其人亦必非無可取也。徐爰則被服儒雅,乃宋文帝命王球及殷景仁與之相知,球辭曰:"士庶區別,國之章也,臣不敢奉詔",上改容謝焉。然則學問文章,舉非所尚,而惟門第之崇矣。《晉書·列女傳》:王渾妻鍾氏,字琰,潁川人,魏大傅繇曾孫也。渾弟湛妻郝氏,亦有德行。琰雖貴門,與郝雅相親重。郝不以賤下琰,琰不以貴陵郝,時人稱鍾夫人之禮,郝夫人之法云。《魏書·公孫表傳》:初表與渤海封愷友善。後爲子求愷從女,愷不許,表甚銜之。及封氏爲司馬國璠所逮,大宗以舊族欲原之,表固證其罪,乃誅封氏。表第二子軌,終得娶於封氏。生二子:斌,叡。軌弟質第二子邃。邃、叡爲從父兄弟,而叡才器小優;又封氏之甥,崔氏之壻,邃母雁門李氏,地望縣隔。鉅鹿大守祖季真,多識北方人物。每云:"士大夫當須好婚親。二公孫同堂兄弟耳,吉凶會集,便有士庶之異。"勢利之見,存於骨肉之間,異哉!

《晉書·郗鑒傳》:鑒陷於陳午,邑人張實,先求交於鑒,鑒不許,及是,實於午營來省鑒疾,既而卿鑒。鑒曰:"相與邦壤,義不及通,何可怙亂至此?"實大慙而退。《齊書·王僧虔傳》:徙爲會稽大守。中書舍人阮佃夫,家在會稽,請假東歸。客勸僧虔,以佃夫要倖,宜加禮接。僧虔曰:"我立身有素,豈能曲意此輩?彼若見惡,當拂衣去耳。"佃夫言於宋明帝,使御史中丞孫夐奏僧虔前莅吳興,多有謬命,又聽民何係先等一百十家爲舊門,委州檢削,坐免官。《南史·袁粲傳》:大明七年,皇大子冠。上臨宴東宮,與顏師伯、柳元景、沈慶之等并樗蒲。愍孫勸師伯酒,粲少孤,祖哀之,名之曰愍孫。師伯不飲。愍孫因相裁辱,曰:"不能與佞人周旋。"師伯見寵於上,上常嫌愍孫以寒素陵之,因此發怒,曰:"袁濯兒不逢朕,粲父名濯。員外郎未可得也,而敢寒士遇物。"將手刃之。命引下席。愍孫色不變。沈、柳并起謝,久之得釋。此等事史并以爲美談,實亦客氣用事耳。《朱异傳》:异輕敖朝賢,不避貴戚。人或誨之。异曰:"我寒士也,遭逢以至今日。諸貴皆恃枯骨見輕,我下之則爲蔑尤甚,我是以先之。"實亦恃枯骨而驕人者,有以自取

之也。宋武帝微時，王愉不爲禮，及得志，愉合家見誅，見《魏書·王慧龍傳》。又《南史·庾悅傳》：累遷建威將軍、江州刺史。初劉毅家在京口，酷貧。嘗與鄉曲士大夫往東堂共射。時悅爲司徒右長史，與府州僚佐出東堂。毅已先至，遣與悅相聞曰："身并貧躓，營一遊甚難，君如意人，無處不可爲適，豈不能以此堂見讓？"悅素豪，徑前，不答毅。時衆人并避，惟毅留射如故。悅厨饌甚盛，不以及毅。毅既不去，悅甚不歡。毅又相聞曰："身今年未得子鵝，豈能以殘炙見惠？"悅又不答。至是，毅表解悅都督、將軍官，以刺史移鎮豫章。以親將趙恢領千兵守尋陽。建威府文武三千人，悉入毅將府。深相挫辱。悅不得志，疽發背，到豫章，少日卒。毅之挫折悅，庸或以非己黨，欲去其權，然當時貴人，任意而行，賈怨寒士，自所不免也。

　　欲使族姓貴賤，恒久不變，則必婚姻不通而後可。故當時士庶之族，通婚頗難。《陳書·儒林傳》：王元規，大原晉陽人。八歲而孤。兄弟三人，隨母依舅氏往臨海郡。時年十二。郡土豪劉瑱者，資財巨萬，欲以女妻之。元規母以其兄弟幼弱，欲結彊援。元規泣請曰："因不失親，古人所重，豈得苟安異壤，輒昏非類？"母感其言而止。《魏書·崔辯傳》：孫巨倫，有姊明惠，有德行，因眇一目，内外親族，莫有求者。其家議欲下嫁之。巨倫姑，趙國李叔胤之妻，聞而悲感，曰："吾兄盛德，不幸早世，豈令此女，屈事卑族？"乃爲子翼納之。時人歎其義。觀此二事，可知當時貴胄，不肯苟婚庶姓。《宋書·褚叔度傳》，謂諸尚公主者并因世胄，不必皆有才能。魏孝文帝以諸王婚多猥濫，爲咸陽王禧聘隴西李輔女，河南王幹聘代郡穆明樂女，廣陵王羽聘滎陽鄭平城女，潁川王雍聘范陽盧神寶女，始平王勰聘隴西李沖女，北海王詳聘滎陽鄭懿女。[1] 北齊世宗謂趙郡王叡曰："我爲爾娶鄭述祖女，門閥甚高，汝何所嫌，而精神不樂？"《崔悛傳》：悛一門婚嫁，皆是衣冠之美，吉凶儀範，爲當時所稱。婁大后爲博陵王納悛妹爲妃，勅中使曰："好作法用，勿使崔家笑人。"觀此諸事，可知當時帝王之家，求婚望族之切。然《梁書·王峻傳》：峻子琮，爲國子生，尚始興王女繁昌縣主，不惠，爲學生所嗤，遂離昏。峻謝王。王曰："此是上意，僕極不願如此。"峻曰："臣大祖是謝仁祖外孫，亦不藉殿下姻構爲門户。"則望族之於王室，轉不以獲居肺腑爲榮矣。門望較下之家，尤以結婚望族爲至幸。《北史·孫騫傳》：世寒賤。神武賜妻韋氏，既士人子女，又兼色貌，時人榮之。又《陳元康傳》：左衛將軍郭瓊以罪死，子婦，范陽盧道虔女也，没官，神武啓以賜元康爲妻，元康地寒，時以爲殊賞。求之不得，則以爲大怨。如前述公孫表之封氏，即其一事。《北史·崔逞傳》：逞六世孫叔義，父休，爲青州刺史，放盜魁令出其黨，遂以爲門客，在洛陽，與叔義兄叔仁鑄錢。事發，合家逃逸，叔義見執。時城陽王徽爲司州牧，臨淮王彧以非其身罪，數爲致言，徽以求婚不得，遂停赦書而殺之。

---

① 民族：魏孝文爲諸弟取漢人女。

又《崔悛傳》：悛爲齊文襄所禁，謂邢子才曰："卿知我屬意大丘不？"子才出，告悛子瞻曰："尊公正應欲結姻於陳元康。瞻有女，乃許妻元康子。"元康爲言於文襄，乃舍之。此又以許婚而見德者也。甚有視爲盛衰榮辱所關，出死力以爭之者。《北史·房謨傳》：謨與子結婚盧氏。謨卒後，盧氏將改適他姓。有平陽廉景孫者，少厲志節，以明經舉郡孝廉，爲謨所重，至是訟之臺、府，不爲理。乃持繩詣神廟前，北面大呼曰："房謨清吏，忠事高祖，及其死也，妻子見陵，神而有知，當助申之，今引決訴於地下。"便以繩自經於樹。衛士見之，救解送所司。朝廷哀其至誠，命女歸房族。觀此，而知當時士庶之閒，限隔之峻也。至於百工廝養之徒與士民通婚，則法本爲之屬禁矣。[1]《魏書·高宗紀》：和平四年十二月，制皇族、師傅、王公侯伯、及士民之家，不得與百工技巧卑姓爲婚，犯者加罪。高祖大和元年五月，以百姓習常，仍不肅改，著之律令，永爲定準，犯者以違制論。十七年九月，詔廝養户不得與庶士婚。有文武之才，積勞應進者，同庶族例聽之。然貪財而與卑姓婚者仍多，見第十七章第一節。乃知社會演進之大勢，卒不可逆也。

塚中枯骨，與人生榮辱升沈，關係之密如此，譜牒自不免於誣。[2]《南史·齊本紀》云："據齊、梁紀録，并云出自蕭何，又編御史大夫望之，以爲先祖之次。案何及望之，於漢俱爲勳德，而望之本傳，不有此言，齊典所書，便乖實録。近祕書監顏師古，博考經籍，注解《漢書》，已正其非，今隨而改削云。"《南史》之言如此，而《齊書·本紀》，自蕭何至高帝之父，凡二十三世，皆有官位、名諱，其誣亦可謂甚矣。《陳書·高祖紀》云："其本甚微，自云漢大丘長寔之後也"，亦爲不信之辭。梁武請立選簿表曰："譜牒訛誤，詐僞多緒，人物雅俗，莫肯留心，是以冒襲良家，即成冠族，妄脩邊幅，便爲雅士"，言之可謂深切矣。乃其謂俞藥曰："俞氏無先賢，宜改姓喻。"見《南史·陳慶之傳》。又何其習於誣罔，恬不爲怪也？

門寒者雖或驟貴，仍不免見輕於人。《宋書·袁湛傳》：朱齡石伐蜀，使袁豹爲檄文曰："蕞爾譙縱，編户黔首。"《南史·張纘傳》：大同五年，武帝詔曰："纘外氏英華，朝中領袖，司空已後，名冠范陽，可尚書僕射。"纘本寒門，以外戚顯重，高自擬論，而詔有司空、范陽之言，深用爲恨。以朱异草詔，與异不平。又《到溉傳》：溉掌吏部尚書，時何敬容以令參選，事有不允，溉輒相執。敬容謂人曰："到溉尚有餘臭，遂學作貴人。"溉祖彦之，初以擔糞自給，故世以爲譏云。皆其事也。然亦有世實顯貴，妄爲人所擠排者。《晉書·楊佺期傳》云：弘農華陰人，漢大尉震之後也。佺期沈勇果勁，而兄廣及弟思平等，皆彊獷粗暴。自云門户承藉，江表莫比。有以其門第比王珣者，猶恚恨。而時人以其晚過江，婚宦失類，每排抑之。恒慷慨切齒，欲因事際，以逞其志。《桓玄傳》

---

[1]　婚姻：婚姻之禁。

[2]　宗族：僞造譜牒之例。

云：佺期爲人驕悍，常自謂承藉華胄，江表莫比，而玄每以寒士裁之，佺期甚憾。《宋書·杜驥傳》：驥高祖預。曾祖耽，避難河西，因仕張氏。苻堅平涼州，父、祖始還關中。兄坦，高祖征長安，席卷隨從南還。晚度北人，朝廷恒以傖燕遇之，雖復人才可施，每爲清途所隔。坦以此慨然。嘗與大祖言及史籍。上曰："金日磾忠孝淳深，漢朝莫及，恨今世無復如此輩人。"坦曰："日磾之美，誠如聖詔，假使生乎今世，養馬不暇，豈辦見知？"上變色曰："卿何量朝廷之薄也？"坦曰："請以臣言之。臣本中華高族。亡曾祖因晉氏喪亂，播遷涼土，世葉相承，不殞其舊。直以南度不早，便以荒傖賜隔。日磾胡人，身爲牧圉，便超入内侍，齒列名賢。聖躬雖復拔才，臣恐未必能也。"上默然。《梁書·羊侃傳》：中大通四年，詔隨大尉元法僧北討。侃曰："北人雖謂臣爲吳，南人已呼臣爲虜。今與法僧同行，還是羣類相逐。非止有乖素心，亦使匈奴輕漢。"《魏書·李元護傳》：遼東襄平人。八世祖胤，晉司徒、廣陸侯。胤子順、瑢，及孫沈、智，皆有名宦。沈孫根，慕容寶中書監。根子後智等，隨慕容德南渡河，居青州。數世無名位，三齊豪門多輕之。世族既以把持權利爲事，自不免於互相擠排，故位宦深沈，雖馮家世，亦藉人事也。荀伯子通率好爲雜語，敖游閭里，遂失清途。白建雖無他才伎，而勤於在公，以温柔自處。與唐邕俱以典執兵馬，致位卿相。諸子幼弱，俱爲州郡主簿。男婚女嫁，皆得勝流。平恒三子，并不率父業，好酒自棄。恒常忿其世衰，不爲營事婚宦，故仕聘碎濁，不得及其門流。其明驗矣。

　　門第優劣，亦有兼論名德者。《南史·王彧傳》：彧曾孫克，仕侯景，景敗，克迎候王僧辯。僧辯問克曰："勞事夷狄之君。"又誚之曰："王氏百世卿族，便是一朝而墜。"《北史·鄭羲傳》言："自靈大后豫政，淫風稍行；及元乂擅權，公爲奸穢；自此素族名家，遂多亂雜，法官不加糾正，昏宦無貶於時，有識者咸以歎息矣。"則其本有糾貶可知。此似較專論位宦者爲優，然庸流無識，所糾貶者，亦多瑣瑣末節，無當於出處大節也。《北齊書·羊烈傳》：烈家傳素業，閨門脩飾，爲世所稱。一門女不再醮。天統中，與尚書畢義雲争爲兗州大中正。義雲盛稱門閥，云："我累世本州刺史，卿世爲我家故吏。"烈答云："卿自畢軌被誅以還，寂無人物。近日刺史，皆是疆場之上，彼此而得，何足爲言？豈若我漢之河南尹，晉之大傅，名德、學行，百代傳美；且男清女貞，足以相冠；自外多可稱也？"蓋譏義雲之帷薄焉。闚觀女貞，又何關於德業邪？

　　士庶利權，相去既遠，故欲清釐之者，每以招怨。《晉書·慕容寶載記》言：寶以垂遺令，校閱户口。罷諸軍營，分屬郡縣。定士族舊籍，明其官儀。

而法峻政嚴，上下離德，百姓思亂者，十室而九焉。《宋書・沈懷文傳》言：孝武壞諸郡士族，以充將吏。并不服役，至悉逃亡。加以嚴罰不能禁。乃改用軍法，得便斬之。莫不奔竄山湖，聚爲盜賊。《魏書・道武七王傳》：元法僧爲益州刺史。素無治幹，加以貪虐。殺戮自任，威怒無恒。王、賈諸姓，州內人士，法僧皆召爲卒伍，無所假縱。於是合境皆反。民之多幸，國之不幸，固也，然政令本已非平，而更加之以操切，又曷怪怨叛之起邪？

## 第二節　門閥之制下

語曰：“國於天地，必有與立。”晉、南北朝之世，所謂世族者，既居於率將之地，則國家之盛衰彊弱，恒必由之。乃其人率多呰窳莫能振拔，遂致神州陸沈，久而不復矣。《詩》曰：“其何能淑？載胥及溺”，此則可爲痛哭流涕者也。

此輩之見譏於世者，首爲其不事事。《梁書》載姚察之論曰：“魏正始及晉之中朝，時俗尚於玄虛，貴爲放誕。尚書丞、郎以上，簿領文案，不復經懷，皆成於令史。逮乎江左，此道彌扇。惟卞壼以臺閣之務，頗欲綜經。阮孚謂之曰：卿嘗無閒暇，不乃勞乎？《晉書・壼傳》云：壼幹實當官，以褒貶爲己任。勤於吏事。欲軌正督世，不肯苟同時好。然性不弘裕，才不副意，故爲諸名士所少，而無卓爾優譽。明帝深器之。於諸大臣，而最任職。阮孚每謂之曰：“卿恒無閒泰，常如含瓦石，不亦勞乎？”壼曰：“諸君以道德恢弘，風流相尚，執鄙吝者，非壼而誰？”時貴遊子弟，多慕王澄、謝鯤爲達。壼屬色於朝曰：“悖禮傷教，罪莫斯甚。中朝傾覆，實由於此。”欲奏推之。王導、庾亮不從，乃止。然而聞者莫不折節。宋世王敬弘，身居端右，未嘗省牒。敬弘名裕之，名與宋武帝諱同，故以字行。元嘉三年，爲尚書僕射。關署文案，初不省讀。嘗豫聽訟，上問疑獄，敬弘不對。上變色，問左右：“何故不以訊牒副僕射？”敬弘曰：“臣乃得訊牒，讀之正自不解。”上甚不悦。雖加禮敬，亦不以時務及之。見《南史》本傳。風流相尚，其流遂遠。望白署空，是稱清貴；恪勤匪懈，終滯鄙俗。是使朝經廢於上，職事隳於下。小人道長，抑此之由。嗚呼！傷風敗俗，曾莫之悟。永嘉不競，戎馬生郊，宜其然矣。”《何敬容傳論》。《陳書・後主紀論》曰：“自魏正始、晉中朝以來，貴臣雖有識治者，皆以文學相處，罕關庶務。朝章大典，方參議焉。文案簿領，咸委小吏。浸以成俗。迄至於陳，後主因循，未遑改革。故施文慶、沈客卿之徒，專掌軍國要務。姦黠左道，以哀刻爲功。自取身榮，不存國計。是以朝經隳廢，禍生鄰國。”案當時論者，率以政事之敗壞，歸咎於人主之好用小人，實仍是士族偏私之見。此輩實不可謂無才；抑貴冑既不事事，人主雖欲不用此輩，亦不可得也。參看下引《顏氏家訓》自明。是時流風所扇，雖英君、哲相，亦不能免。《南史・鄭鮮之傳》云：宋武帝少事戎旅，不經涉學。及爲宰相，頗慕風流。時或談論。人皆依違不敢難。鮮之難必切至，未嘗寬假。與帝言，要須帝理屈，然後置之。是雖雄才如宋武，亦未能免俗也。《宋書・袁粲傳》云：粲與齊王、褚淵、劉

秉入直，平決萬幾，時謂之四貴。粲閒默寡言，不肯當事。主書每往咨決，或高詠。對之。宅宇平素，器物取給。好飲酒，善吟諷。獨酌園庭，以此自適。居負南郭，時杖策獨遊。素寡往來，門無雜客。及受遺當權，四方輻湊，閒居高臥，一無所接。談客文士，所見不過一兩人。疏率如此，此粲之所以敗也。**甚至武人亦沿其流。**《宋書·沈演之傳》：家世爲將，而演之折節好學，讀《老子》日百徧，以義理業尚知名。《自序》：沈林子所著，有《論老子》一百二十一首。杜慧度以勳業名，《傳》亦云其頗好莊、老。甚至如崔慧景，稱兵內向，而頓法輪寺，對客高談，卒以致敗。習俗之誤人，可謂深矣。**朝士曠職者，多見容恕。**《晉書·阮孚傳》：避亂渡江，元帝以爲安東參軍，蓬髮飲酒，不以王務嬰心。時帝既用申、韓以救世，而孚之徒未能棄也，雖然，不以事任處之。轉丞相從事中郎，終日酣縱，恒爲有司所按，帝每優容之。《南史·王裕之傳》：宋武帝以爲道規諮議參軍。時府主簿宋協，亦有高趣。道規并以事外相期。其孫延之，在江州，獨處齋內，未嘗出戶，吏人罕得見焉。延之子綸之，爲安成王記室參軍，偃仰召會，退居僚末。司徒袁粲聞而歎曰：“格外之官，便今日爲重。”貴游居此位者，遂以不掌文記爲高，自綸之始也。可謂世有俅俅矣。《王球傳》：彭城王義康謂劉湛曰：“王敬弘、王球之屬，竟何所堪？施爲自富貴，復那可解。”殷景仁卒，球除尚書僕射。素有腳疾，多病還家，朝直甚少。錄尚書江夏王義恭謂尚書何尚之曰：“當今乏才，羣下宜加戮力，而王球放恣如此，宜以法糾之。”尚之曰：“球有素尚，加又多疾，公應以淡退求之，未可以文案責也。”義恭又面啓文帝曰：“王球誠有素譽，頗以物外自許，端任要切，或非所長。”帝曰：“誠知如此，要是時望所歸。昔周伯仁終日飲酒而居此任，蓋所以崇素德也。”遂見優容。《張率傳》：爲揚州別駕。率雖歷居職務，未嘗留心簿領。及爲別駕，奏事，梁武帝覽牒，問之，并無對，但云事在牒中。帝不悅。然亦不聞其有所懲也。**即有願治之主，或加屏棄；**《南史·明山賓傳》：詔使公卿舉士。左衛將軍江祏上書薦山賓才堪理劇。齊明帝不重學，謂祏曰：“聞山賓談書不輟，何堪官邪？”遂不用。又《恩倖傳》：齊武帝常云：“學士輩不堪經國，惟大讀書耳。經國一劉係宗足矣。沈約、王融數百人，於事何用。”**持正之士，深致譏平；**《梁書·何敬容傳》：大宗頻於玄圃，自講《老》《莊》二書。學士吳孜，時寄詹事府，每日入聽。敬容謂孜曰：“昔晉代喪亂，頗由祖尚玄虛，胡賊殄覆中夏。今東宮復襲此，殆非人事，其將爲戎乎？”《侯景傳》：陶弘景嘗爲詩曰：“夷甫任散誕，平叔坐談空，不意昭陽殿，化作單于宮。”**卒不能挽滔滔之俗也。**當時衣冠中人，亦閒有明於政務，勤於職事者。如《宋書·王淮之傳》云：曾祖彪之，尚書令。彪之博聞多識，練悉朝儀。自是家世相傳，并諳江左舊事。緘之青箱，世人謂之王氏青箱學。淮之究識舊儀，問無不對。時彭城王義康錄尚書事，每歎曰：“何須高論玄虛？正得如王淮之兩三人，天下便治矣。”然寡乏風味，不爲時流所重。撰儀注，朝廷至今遵用之。《梁書·周捨傳》云：雖居職屢徙，而常留省內，罕得休下。國史、詔誥、儀體、法律、軍旅謀謨，皆兼掌之。日夜侍上，豫機密，二十餘年，未嘗離左右。《何敬容傳》云：敬容久處臺閣，詳悉舊事；且聰明識治，勤於簿領，詰朝理事，日旰不休。自晉、宋以來，宰相皆文義自逸，敬容獨勤庶務，爲世所嗤鄙。時蕭琛子巡者，頗有輕薄才，因製卦名離合等詩以嘲之，敬容處之如初，亦不屑也。然此等人甚少矣。**魏寇之勐也，**梁元帝猶於龍光殿述《老子》義，敵兵至襄陽，乃停講，旋復續講，百僚戎服以聽。置禍福死生於度外，時人庸或以爲高致，然膺民社之重者，其成敗利鈍，實非徒一身死生禍福之所關，而其輕心掉之，至於如此，尚何言哉？王衍之死也，顧而言曰：“吾曹雖不如古人，向若不祖尚

浮虛，戮力以匡天下，猶可不至今日。"桓溫曰："神州陸沈，百年丘墟，王夷甫諸人，不得不任其責"，信矣。此等弊風，前人每蔽其罪於清談，而溯其原於正始。《日知錄》云：魏明帝殂，少帝即位，改元正始，凡九年。其十年，則大傅司馬懿殺大將軍曹爽，而魏之大權移矣。三國鼎立，至此垂三十年。一時名士風流，盛於雒下。乃其棄經典而尚《老》、《莊》，蔑禮法而崇放達，視其主之顛危，若路人然，即此諸賢爲之唱也。自此以後，競相祖述。如《晉書》言王敦見衛玠，謂長史謝鯤曰："不意永嘉之末，復聞正始之音。"沙門支遁，以清談著名，於時莫不崇敬，以爲造微之功，足參諸正始。《宋書》言羊玄保二子，大祖賜名曰咸曰粲。謂玄保曰："欲令卿二子有林下正始餘風。"王微與何偃書曰："卿少陶玄風，淹雅脩暢，自是正始中人。"《南齊書》言袁粲言於帝曰："臣觀張緒，有正始遺風。"《南史》言何尚之謂王球，正始之風尚在。其爲後人企慕如此。然而《晉書·儒林傳序》云："擯闕里之典經，習正始之餘論，指禮法爲流俗，目縱誕以清高。"此則虛名雖被於時流，篤論未忘乎學者。是以講明六藝，鄭、王爲集漢之終，演說《老》、《莊》，王、何爲開晉之始。以至國亡於上，教淪於下，羌戎互僭，君臣屢易，非林下諸賢之咎而誰咎哉？其實正始諸賢，初非無意於天下者，讀《秦漢史》所述，已可見之。談玄亦學問之事，初不必其廢事；即晉世所謂名士者，亦或廢事或不廢事，初非一染玄風，即遺俗務也。[1] 如《晉書·羊曼傳》曰："曼任達頹縱，好飲酒。溫嶠、庾亮、阮放、桓彝，同志友善，并爲中興名士。時州里稱阮放爲宏伯，郗鑒爲方伯，胡母輔之爲達伯，卞壺爲裁伯，蔡謨爲朗伯，阮孚爲誕伯，劉綏爲委伯，而曼爲䵟伯，凡八人，號兗州八伯，蓋擬古之八雋也。"此中溫嶠、庾亮、桓彝、郗鑒、卞壺、蔡謨，并功名志節之士也。故以晉、南北朝士大夫風俗之惡，蔽罪於清談，溯原於正始，非篤論也。晉、南北朝士大夫風俗之惡，實當溯其原於千載以前。蓋自隆古之世，治人者與治於人者，等級既分，治人者遂日益縱恣淫佚，而其居心亦日益險詐卑鄙，其體魄遂日以委靡不振，終至於滅亡而後已。此乃一等級之將即消亡，固非一人一事之咎，亦非一朝一夕之故也。

晉、南北朝之世，士大夫之惡德，蓋有多端。言之深切著明者，莫如葛洪。洪固有心人，其所著之《抱朴子》，《內篇》雖惑溺神仙，《外篇》則實足與王符之《潛夫論》并稱也。今試略引其言，以見其時所謂貴胄者之情形焉。其惡德之最淺而易見者，時曰淫酗。《酒誡篇》述其弊曰："貞良者流華督之顧眄；怯懦者效慶忌之蕃捷；遲重者蓬轉而波擾；整肅者鹿踊而魚躍。或奔車走馬，赴阬谷而不憚；或登危蹋頹，雖墮墜而不覺；或肆忿於器物。或酗礜於妻子。加枉酷於臣僕。用剣鋒於六畜。熾火烈於室廬。掊寶玩於淵流。遷威怒於路人。加暴害於士友。褻嚴主以夷戮。犯凶人而受困。白刃抽而忘思難之慮。梧杖奮而罔顧前後。搆漉血之讎。招大辟之禍。以少陵長，則鄉黨不相重矣。

責辱人父兄,則子弟將推刃矣。發人所諱,則壯士不能堪矣。計數深刻,則醒者不能恕矣。其爲禍敗,不可勝載。"此等情形,設見於今日,寧非極下等無教化之人所爲乎?<sup>①</sup> 今之論者,每謂"中國人之酒德,遠勝於歐、美",然此實後世之事,若稽諸古昔,則知其淫酗實與歐、美人同,此篇亦可爲其證也。此猶可諉曰酒實爲之也,而其醒時之悖戾,亦有不減於醉時者。《疾謬篇》曰:"嘲戲之談,或及祖考,或逮婦女。往者必務其深焉。報者恐其不重焉。利口者扶彊而黨勢。辯給者借鋒以刺敵。以不應者爲拙劣,以先止者爲負敗。乃有使酒之客,及於難侵之性,不能堪之,拂衣拔棘,手足相及。醜言加於所尊。歡心變而成讎。絶交壞身,搆隙致禍。"此其忿不思難,亦何異於醉客乎? 夫行檢之不脩,實由其居心之不遜。《疾謬篇》又曰:"或因變故,佻竊榮貴;或賴高援,矯飛拔萃;於是氣陵雲物,步高視遠。顧瞻否滯失羣之士,雖實英異,忽焉若草。或傾枕而延賓,或稱疾以距客。欲令人士立門以成林,車騎填噎於閭巷。"更有"不治清德以取敬,而杖氣力以求畏。其入衆也,則亭立不坐,爭處端上,作色諧聲,逐人自安。其不得意,恚對不退。其行出入也,窄逼之地,恥於分塗,振策長驅,推人於險,有不即避,更加擭頓。"此非子輿氏所謂橫逆之來,與禽獸奚擇者乎?《刺驕篇》曰:"生乎世貴之門,居乎熱烈之勢,率多不與驕期而驕自來矣。亦有出自卑碎,由微而著。便自軒昂,視人猶芥。或曲宴集,管絃嘈雜,後賓填門,不復接引。或於同造之中,偏有所見。復未必全得也,直以求之差勤,苟且繼到,壺榼不曠耳。"内貪婪而外悖慢,其惡德爲何如哉? 其夷居則不務德業,惟事游蕩。《疾謬篇》曰:"盛務惟在樗蒲彈碁。所論極於聲色之間。舉口不踰綺襦紈袴之側。游步不去勢利酒客之門。不聞清談論道之言,專以醜辭嘲弄爲先。"《交際篇》自言:"諸戲弄之事,彈碁、博、弈,皆所惡見;飛輕走迅,游獵遨覽,咸所不爲;殊不喜嘲褻",則"親交遼遠"矣。至其黨類聚集,則《疾謬篇》又言之曰:"其相見也,不復叙離闊,問安否。賓則入門而呼奴,主則望客而唤狗。其或不爾,不成親至,棄之不與爲黨。及好會則狐蹲牛飲,爭食競割,橫撥淼摺,無復廉恥。以同此者爲泰,以不爾者爲劣。終日無及義之言,徹夜無箴規之益。"甚有如《刺驕篇》所言:"或亂項科頭,或裸袒蹲夷,或濯腳於稠衆,或溲便於人前"者。其游遨也,則《疾謬篇》言之曰:"攜手連袂,以遨以集。入他堂室,觀人婦女。指玷脩短,平論美醜。或有不通主人,便共突前,犯門折關,踰垍穿隙,有似抄劫之至也。其或妾媵,藏避不及,至搜索隱僻,就而引

---

曳。落拓之子，無骨鯁而好隨俗者，以通此者爲親密，距此者爲不恭。於是要呼愼雜，入室視妻；促膝狹室，交杯咫尺；絃歌淫冶之曲，以誂文君之心；載號載呶，戲謔醜褻，窮鄙極黷。”又有“戲婦之法”：“於稠衆之中，親屬之前，問以醜言，責以慢對。其爲鄙黷，不可忍論。”乃“或蹙以楚撻，或繫腳倒懸，酒客酗醟，不知限齊，至有傷於血流，蹉折支體者”。此則直當歸諸司敗，威之齊斧矣。而其時之婦女，亦市也婆娑，習非成俗，已見第十七章第一節。觀於此，然後知宋孝武之狎侮，齊文宣之淫酗，宋、齊諸荒主之四出遊走，梁世諸王、貴游之擾害人民，以及歷朝佞幸之臣之權勢熏灼，貨賄豐盈，皆非一時之失政，一人之失德，而實爲其時貴族社會之通病也。吾故曰：此實自隆古以來，所謂治者階級，積其縱恣淫欲，將趨於滅亡之候也。

或曰：無禮無義之徒，貴游之中，何世蔑有？安得以此誣當時之名士乎？則試與觀當時之所謂名士者，其居心之忌刻，參看第四章第四節論王羲之，第九章第六節論宋明帝。交友之勢利，《晉書·郗超傳》：王獻之兄弟，自超未亡，見愔常躡履問訊，甚脩舅甥之禮。及超死，見愔慢怠。展而候之，命席便遷延辭避。愔每慨然曰：“使嘉賓不死，鼠子敢爾邪？”接物之狂敖，《梁書·劉孝綽傳》：孝綽少有盛名，而仗氣負才，多所陵忽。有不合意，極言詆訾。領軍臧盾，大府卿沈僧杲等，并被時遇，孝綽尤輕之。每於朝集會同，處公卿間，無所與語，反呼騶卒訪道途間事，由此多忤於物。案南北朝時，狂敖之甚者，無過於謝靈運與王僧達，可參看《宋書》本傳。立身之無禮，而且無行，《晉書·胡母輔之傳》：性嗜酒任縱，不拘小節。子謙之，才學不及父，而傲縱過之。至酣醉，常呼其父字，輔之亦不以介意。輔之正酣飲，謙之闚而厲聲曰：“彥國年老，不得爲爾，將令我尻背東壁？”輔之歡笑，呼入與共飲。《畢卓傳》：卓少希放達，爲胡母輔之所知。大興末，爲吏部郎，常飲酒廢職。比舍郎釀熟，卓因醉，夜至其甕間盜飲。爲掌酒者所縛。明旦，視之，乃畢吏部也。遽釋其縛。卓遂引主人宴於甕側，致醉而去。此無禮也。《謝鯤傳》：鄰家高氏女有美色，鯤嘗挑之，女投梭，折其兩齒。時人爲之語曰：“任達不已，幼輿折齒。”鯤聞之，傲然長嘯，曰：“猶不廢我嘯歌”，則無行矣。《南史·張融傳》：永明二年，總明觀講，勅朝臣集聽。融扶入就榻，私索酒飲之。難問既畢，乃長歎曰：“嗚呼！仲尼獨何人哉？”爲御史中丞到撝所奏，免官。《文學傳》：謝幾卿，性通脫，會意便行，不拘朝憲。嘗豫樂遊宴，不得醉而還，因詣道邊酒壚，停車褰幔，與車前三騶對飲。時觀者如堵，幾卿處之自若。後以在省署夜著犢鼻褌，與門生登閣道飲酒酣呼，爲有司糾奏，坐免官。此皆無禮之尤。徐孝嗣與到洽友善，同遊東宮。孝綽自以才優於洽，每於宴坐，嗤鄙其文。洽銜之。及孝綽爲廷尉正，攜妾入官府，其母猶停私宅。洽尋爲御史中丞，遣令史案其事，遂劾奏之，云“攜少妹於華省，棄老母於下宅。”高祖爲隱其惡，改妹爲姝。坐免官。孝綽諸弟，時隨藩皆在荆、雍，乃與書，論共洽不平者十事，其辭皆鄙。到氏又寫別本，封呈東宮。昭明大子命焚之，不開視也。孝綽所攜，果妾，高祖當究到洽之誣，不得但改妹爲姝。鄙辭累及十事，凡鄙之所羞言，況於士君子邪？此真無行之尤矣。果有以異於鄉之所云者乎？爲此者果何人哉？《抱朴子·疾謬篇》又曰：“敢爲此者，非必篤頑也。率冠蓋之後，勢援之門。素頗力行善事，以竊虛名。名既粗立，本

情便放。或假財色以交權豪,或因時運以佻榮位,或以昏姻而連貴戚,或弄毀
譽以合威柄。器盈志溢,態發病出。黨成交廣,志通步高,清論所不能制,繩
墨所不能彈,遂成鷹頭之蠅,廟垣之鼠"矣。其下於此者,《刺驕篇》云:"既辱
天官,又移染庸民。後生晚出,見其或以涇清之資,或佻竊虛名,而躬自爲之,
便謂立身當世,莫此爲美。"乃轉爲其所汙染者耳。夫顯爲名者,未有不陰爲
利者也。《交際篇》謂此輩"能令壞蟲羣飛,斥鷃戾天。手捉刀尺。口爲禍
福"。《刺驕篇》云:"所惠則得多。屬託則常聽。所欲則必副。言論則見饒。
有患則見救。所論薦則蹇驢蒙龍駿之價。所中傷則孝己受商臣之談。"此"小
人之赴之",所以"若決積水於萬仞之高隄,而放烈火於雲、夢之枯草"也。參
觀第二章第一節所引干寶、潘尼之言,而其所由來,可以思過半矣。

　　葛氏推原此等弊風,以爲皆起於東漢。其所辭嚴義正、首致其誅者乃爲
最負高名之郭林宗。《正郭篇》曰:"此人有機辯風姿,又巧自抗遇而善用;且
好事者爲之羽翼,延其聲譽於四方,故能見推慕於亂世。所言所褒,則重於千
金。游涉所經,則賢愚波蕩。①蓋欲立朝則世已大亂,欲潛伏則悶而不堪。或
躍則畏禍害,確乎則非所安。"故其"言行相伐,口稱靜退,心希榮利。"其"名稱
重於當世,美談盛於既没",則"其所得者世共傳聞,所失者莫之有識"。"逋逃
不仕也,則方之巢、許;廢職待客也,則比之周公;養徒避役者,則擬之仲尼;棄
親依豪者,則同之游、夏",②使"世眩名實,大亂滋甚"。"朱家、郭解之亂世,曾
不若是也"。葛氏之言如此,可謂禹鼎象物,魑魅罔兩,無所遁其形矣。《刺驕
篇》又總論之曰:"漢末諸無行,自相品藻次第。羣驕慢敖不入道檢者,爲都魁
雄伯,四通八達。背叛禮教,而縱肆邪辟。讒毀真正,中傷非黨。口習醜言,
身行弊事。凡所云爲,使人不忍論也。"此則漢世之所謂名士者,何一能免於
葛氏之譏乎? 吾曹試一按往史,《三國·吳志·諸葛恪傳》云:"恪父瑾,面長
似驢,孫權大會羣臣,使人牽一驢入,長檢其面,題曰諸葛子瑜。恪跪曰:'乞
請筆益兩字。'因聽與筆。恪續其下曰之驢。舉坐歡笑,乃以驢賜恪。"權"命
恪行酒,至張昭前。昭先有酒色,不肯飲,曰:'此非養老之禮也。'權曰:'卿其
能令張公辭屈,乃當飲之耳。'恪難昭曰:'昔師尚父九十,秉旄仗鉞,猶未告老
也。今軍旅之事,將軍在後,酒食之事,將軍在先,何謂不養老也?'昭卒無辭,
遂爲盡爵"。後蜀使至,羣臣并會,權謂使曰:"此諸葛恪,雅好騎乘,還告丞

---

　　①　風俗:《正郭篇》云:"欲立朝則世已大亂,欲潛伏則悶而不堪,或躍則畏禍害,確乎則非所安。"
案遊蕩者所以遊蕩,以任事則負責,此則不負責而有利也。

　　②　役法:《抱朴子·正郭篇》:"養徒避役者,則擬之仲尼。"

相，爲致好馬。"恪因下謝。權曰："馬未至而謝，何也？"恪對曰："夫蜀者陛下
之外厩，今有恩詔，馬必至也，安敢不謝？"魏晉、南北朝使人，每好以口舌爭勝，①實爲無
禮之尤。魏孝文使盧昶、王清石聘於齊，謂清石曰："凡使人以和爲貴，勿迭相矜，見於辭色，失將命之
體。"其所見，反出於中國君若臣之上也，亦可媿矣。《蜀志·周羣傳》：蜀郡張裕，先主與
劉璋會涪時，爲璋從事，侍坐。其人饒鬚。先主嘲之曰："昔吾居涿縣，特多毛
姓。東西南北，皆諸毛也。涿令稱曰：諸毛繞涿居乎？"裕即答曰："昔有作上
黨潞長，遷爲涿令。涿令者去官還家。時人與書，欲署潞則失涿，欲署涿則失
潞，乃署曰潞涿君。"先主無鬚，故裕以此及之。先主嘗銜其不遜，後遂以事誅
之。此即葛洪所云好相嘲謔，出辭鄙黷之俗也。《魏志·武帝紀》注引《曹瞞
傳》曰：大祖爲人，佻易無威重。時或冠帢帽以見賓客。每與人談論，戲弄言
誦，盡無所隱。及歡悅大笑，至以頭没杯案中，肴膳皆沾汙巾幘。其輕易如
此：此即洪所謂狐蹲牛飲，爭食競割者也。又引孫盛《異同雜語》云：大祖嘗私
入中常侍張讓室，讓覺之，乃舞手戟於庭，踰垣而出。此即洪所云門犬折關，踰
塊穿隙，有似抄劫者也。《蜀志·龐統傳》注引《襄陽記》云：司馬德操嘗造龐德
公，直其渡沔，德操徑入其室，呼德公妻子，使速作黍。"徐元直向云：有客當來
就我與龐公譚"。其妻子皆羅列，拜於堂下，奔走供設。須臾，德公還，直入相就，
不知何者是客也。此即洪所謂入門呼奴，入室視妻者也。有一起於正始之年者
乎？即謂起於東京季世，亦非其情，此特吾曹之所知極於此耳。同一事也，譽之
者則以爲名士風流，疾之者則曰"左袒之所爲"，"羌、胡猾夏先著之妖怪"，《抱朴
子·刺驕篇》。不博考諸家之記載，驗以今日之人情，亦安往而能知史事之真哉？

　　六朝風俗之敝如此，顧論世之士，猶有稱道之者，謂其尊嚴家諱，矜尚門
地，慎重婚姻，區別流品，主持清議，皆非後世所能及也。清楊繩武之論，《日知録·正
始》條《集釋》引之。矜尚門地，慎重婚姻，區別流品，其不足取，讀前所述，已可見
之。清議之不足尚，當於述選舉之時明之。尊嚴家諱，爲時人所謂守禮之一
端。六朝士夫，好講禮學，亦多能寶其篘狗，其人率多以此自矜，其實乃極可
笑。夫禮之所以可貴者，以其爲人生之軌範耳。既爲人生之軌範，則脩之必
因乎俗。《秦漢史》第五章第二節，已深明之。在晉世，亦惟葛洪，深明此義，
《抱朴子·省煩》之篇，實名論也。其言曰：安上治民，莫善於禮，彌綸人理，誠爲曲備，然冠
婚飲射，何煩碎之甚邪？②人倫雖以有禮爲貴，但當足叙等威而表情敬，何在乎升降揖讓之繁重，跽拜
俯伏之無已邪？往者天下乂安，四方無事，好古官長，時或脩之。至乃講試累月，督以楚撻，晝夜脩習，

<hr>

① 外交：魏晉南北朝使人以口舌爭勝，魏孝文不以爲然。
② 史事：《抱朴子》言：禮非平民常行之事，宜重定而主儉。

廢寢與食。經時學之，一日試之，執卷從事，案文舉動，黜謫之罰，又在其閒，猶有過誤，不得其意，而欲以爲生民之常事，至難行也。此墨子所謂累世不能盡其學，當年不能究其事者也。古人詢於芻蕘，博采童謠，狂夫之言，猶在擇焉，墨子之論，不能廢也。但其張刑網，開塗徑，浹人事，備王道，不能曲述耳。至於譏葬厚，刺禮煩，未可棄也。自建安之後，魏之文、武，送終之制，務在儉薄，此則墨子之道，有可行矣。予以爲喪亂既平，朝野無爲，王者所制，自今作古。可命精學洽聞之士，才任損益，免於居愚者，使刪定三禮。割棄不要，次其源流，總合其事，類集以相從。其煩重遊說，辭異而理同者，存之不可常行，除之無所傷損，卒可斷約，勿令沈隱，復有凝滯。其吉凶器用之物，俎豆觚觶之屬，衣冠車服之制，旗章采色之美，宮室尊卑之品，朝饗賓主之儀，祭奠殯葬之變，郊祀禘祫之法，社稷山川之禮，皆可減省，務令儉約。夫約則易從，儉則用少；易從則不煩，用少則費薄；不煩則蒞事者無過矣，費薄則調求者無苛矣。拜伏揖讓之節，升降盤旋之容，使足叙事，無令小碎。條牒各別，易案用今。五禮混擾，雜飾紛錯，枝分葉散，重出互見，更相貫涉。曲儒師案，猶多所滯。駁難漸廣，異同無已。殊理兼說，歲增月長。自非至精，莫不惑悶。治之勤苦，妨費日月，廢棄他業。長致章句，多於本書。今若次比、刪削，息學者萬倍之役，弭諸儒爭訟之煩，將來達者觀之，當美於今之視周矣。此亦燒石、去血食之比也。**顧其時朝廷之所脩，**晉、南北朝之世，脩禮之盛業，當推梁世之五禮。其事起於齊之永明三年，至梁普通五年乃成。六年，徐勉表上之。見《梁書·徐勉》及《司馬褧》、《儒林·賀瑒》、《處士·何胤傳》。禮論先有八百卷，何承天刪并爲三百卷，見《南史·承天傳》。**士夫之所守，率多違人情而不可行。**《顏氏家訓·風操篇》云："江左朝臣，子孫初釋服，朝見二宮，皆當泣涕，二宮爲之改容。頗有膚色充澤無哀感者，梁武薄其爲人，多被抑退。"又云："江南餞送，下泣言離。有王子侯，梁武帝弟，出爲東郡，與武別。帝曰：'我年已老，與汝分張，甚心惻愴。'數行淚下。侯遂密雲，赧然而出。坐此被責，飄飄舟渚，一百許日，卒不得去。"又云："江南凡遭重喪，若相知者同在城邑，三日不弔，則絕之，除喪雖相遇，則避之，怨其不己憫也。有故及道遙者，致書可也，無書亦如之。"此等既非人情，於事自亦多礙，不可行也。**即以避諱論：聞名心瞿之實不存焉，而以是自矜其知禮，其事已極無謂。乃度責罰之不加，則恣睢而廢事；**《顏氏家訓·風操篇》云："《禮》云：見似目瞿，聞名心瞿。有所感觸，惻愴心眼，若在從容平常之地，幸須申其情耳。必不可避，亦當忍之。伯叔、兄弟，酷類先人，可得終身腸斷，與之絕邪？又臨文不諱，廟中不諱，君所無私諱，蓋知聞名須有消息，不必期於顛沛而走也。梁世謝舉，聞諱必哭，爲世所譏。又臧逢世，臧嚴之子也。孝元經牧江州，遺往建昌督事。郡縣民庶，競脩牋書，朝夕輻湊，几案盈積。書有稱嚴寒者，必對之流涕，不省取記。多廢公事，物情怨駭。竟以不辦而還。此并過事也。近在揚都，有一士人諱審，而與沈氏交結周厚。沈與其書，名而不姓。此非人情也。"此等皆有礙於事。又云："言及先人，理當感慕，古者之所易，今人之所難。江南事不獲已，乃陳文墨；須言閥閱，必以文翰，罕有面論者。北人無何便爾話說，及相訪問。如此之事，不可加於人也。人加諸己，則當避之。"此爲顏氏所主張，然已不可行矣。《晉書·禮志》：大元十三年，召孔安國爲侍中，安國表以黃門郎王愉名犯私諱，不得連署求解。有司議云："公義奪私情，王制屈家禮。尚書安衆男臣先表中兵曹郎王祐名犯父諱，求解職，明詔爰發，聽許換曹，蓋是恩出制外耳。而頃者互用瞻式。源流既啓，莫知其極。請一斷之。"從之。是矣。然《江統傳》：選司以統叔父春爲宜春令，統因上疏曰："故事：父祖與官職同名，皆得改選。身名所加，亦施於臣子。佐吏係屬，朝夕從事，官位之號，發言所稱。臣以爲身名與官職同者，宜與觸父祖名爲比。"朝廷從之。《王舒傳》：舒父

名會。舒授會稽内史，上疏辭以父名。朝議以字同音異，於禮無嫌。舒復陳：音雖異而字同，求换他郡。於是改會字爲鄶。《梁書·張稷傳》：稷父名永，稷爲新興、永寧二郡大守，以郡犯私諱，改永寧爲長寧。則因之以廢事者，卒非少也。**逮富貴之可求，又借之以行詒；**《齊書·禮志》：晉武大始二年，有司奏故事皇后諱與帝諱俱下。詔曰："禮：内諱不出宫，近代諱之也。"此已爲非禮之禮矣，猶曰皇后之尊也。乃如毛寶子穆之，字憲祖，小字武生，名犯王靖后諱，故行字，後又以桓温母名憲，乃更稱小字。虞預本名茂，犯明穆皇后母諱，故改焉。徐爰本名瑗，後以與傅亮父同名，改爲爰。荆州人爲羊祜諱，屋室皆以門爲稱，改户曹爲辭曹。則諂諛已甚矣。遂至有權勢者，亦以此求之於人。桓玄平元顯後，諷朝廷發詔爲桓温諱。有姓名同者，一皆改之。姚興班告境内及在朝文武：立名不得犯叔父緒及碩德之名，以彰殊禮。此并非法已甚。《魏書·游肇傳》：高肇以肇名與己同，欲令改易，肇以高祖所賜，秉志不許。高肇甚衙之，世宗嘉其剛梗。魏史於高肇，多溢惡之辭，所云或非其實，然亦當時實有此等事，故得肆其詆誣也。**行比於宦官宫妾，**禮不諱嫌名，二名不偏諱。《顔氏家訓·風操篇》云："劉絹、緩、綏兄弟，父名昭，一生不爲照字，惟依《爾雅》火旁作召。"是諱嫌名也。古之避諱者，諱其音非諱其義，炤豈無昭音乎？是并不達於禮矣。《北齊書·杜弼傳》：相府法曹辛子炎諮事，云須取署，子炎讀署爲樹，高祖大怒曰："小人都不知避人家諱"，杖之於前。弼進曰："禮二名不偏諱，子炎之罪，理或可恕。"案《神武紀》其父名樹，蓋其字爲後來所制，實非單名樹也。《顔氏家訓》云："江南至今不諱字，河北士人，全不辨之。"《晉書·儒林傳》：劉兆，字延世，嘗有人著靴騎驢，至兆門外，曰：吾欲見劉延世，門人大怒。更可發笑。而其居心之悖傲、卑鄙，則更甚焉，不亦可羞矣乎？抑禮之非因乎人情者，雖不復足爲人生之軌範，然情生文，文亦生情，果爲衆所共嚴，猶足維持一時之綱紀，如《秦漢史》第十九章第一節所論《後漢書·儒林傳贊》之語，雖誣而實不可謂之誣是。此實當時社會僅存一綫之綱維也。乃自魏、晉已還，而此藩籬又毁。《日知録》又云："有亡國，有亡天下。亡國與亡天下奚辨？曰：易姓改號，謂之亡國，仁義充塞，而至於率獸食人，人將相食，謂之亡天下。稽紹之父，被殺於晉文王，至武帝革命，而山濤薦之入仕。紹時屏居私門，欲辭不就。濤謂之曰：爲君思之久矣：天地四時，猶有消息，而況於人乎？一時傳誦，以爲名言，而不知其敗義傷教，至於率天下而無父者也。夫紹之於晉，非其君也。忘其父而事非其君，當其未死三十餘年之間，爲無父之人，亦已久矣！而蕩陰之死，何足以贖其罪乎？自正始以來，而大義之不明，徧於天下。邪正之説，不容兩立，何怪其相率臣於劉聰、石勒，觀其故主青衣行酒，而不以動其心者乎？"亭林所謂亡國，即今所謂王室之興亡，其所謂亡天下，則今所謂國家、民族之傾覆也。五胡雲擾之時，民族實藉國家以自衛，君主則爲主權所寄託，而爲國家之表徵，君臣之義，蕩焉如此，國家、民族，安得而不傾覆？本實既撥矣，而以瑣瑣末節，自矜其知禮，不益可羞矣乎？

　　當時君臣之義，何以蕩焉如是？曰：此貴族争奪相殺必至之符，亦足證吾晉、南北朝士夫風俗之惡，實爲其階級將趨消亡之説也。《齊書·褚淵傳論》

曰："金、張世族，袁、楊鼎貴，委質服義，皆由漢氏。膏腴見重，事起於斯。魏氏君臨，年祚短促。服褐前代，宦成後朝。晉氏登庸，與之後事。名雖魏臣，實爲晉有。故主位雖改，臣任如初。自是世禄之盛，習爲舊準。羽儀所隆，人懷羨慕。君臣之節，徒致虛名。貴仕素資，皆由門慶。平流進取，坐至公卿。則知殉國之感無因，保家之念宜切。市朝亟革，寵貴方來。陵闕雖殊，顧眄如一，中行、智伯，未有異遇。夫爵禄既輕，有國常選。恩非己獨，責人以死，斯固人主之所同謬，世情之過差也。"其於是時世族徒知自保，蔑視節義之原因，言之可謂深切矣。然若深求其原，則尚不止此。夫君臣之義之最高者，彼此皆有拯民於水火之心，奠國於苞桑之念；或爲元首，或爲股肱，各因其才，以任其職，志事既彼此相同，死生自不相棄背，此義知之者蓋罕。尋常所謂忠君者，則古封建之世，視土地人民爲私有，爲臣者乃受肇於其君，衣食既見解推，禮貌復云優異，乃爲是感激意氣之私。世變既殊，土地人民非一人一姓所私有，其義終將昌明而爲之君者，亦日益驕淫縱恣，不復能有恩禮於其臣，或且視之如草芥；意氣感激之念，復安得存？逐鹿、從龍，同爲私利，苟爲後義而先利，不奪不屬，固勢之所必至也。梁武帝之受禪也，齊和帝之臣顏見遠，不食而死。武帝聞之曰："我自應天從人，何豫天下士大夫事，而顏見遠乃至於此也？"《梁書·文苑·顏協傳》。見遠，協之父。不啻明言之矣。喪亂之世，武人秉權，自尤不知忠義之可貴。宋竟陵王誕之叛也，其臣王璵之，五子悉在建業。璵之嘗乘城，沈慶之縛其五子，示而招之。許以富貴。璵之曰："吾受主王厚恩，不可以二心。三十之年，未獲死所耳，安可以私親誘之？"五子號叫，於外呼其父。及城平，慶之悉撲殺之。沈攸之在郢州，州從事輒與府録事鞭，攸之免從事官，而更鞭録事五十，謂人曰："州官鞭府職誠非體，要由小人陵侮士大夫。"倉曹參軍事邊榮，爲府録事所辱，攸之爲榮鞭殺録事。攸之自江陵下，以榮爲留府司馬守城。張敬兒將至，人或説之，使詣敬兒降。榮曰："受沈公厚恩，共如此大事，一朝緩急，便改易本心，不能行也。"城敗見敬兒，敬兒問曰："邊公何不早來？"榮曰："沈公見留守城，而委城求活，所不忍也。本不蘄生，何須見問？"敬兒曰："死何難得？"命斬之。歡笑而去，容無異色。泰山程邕之者，素依隨榮。至是，抱持榮曰："與邊公周旋，不忍見邊公前死，乞見殺。"兵不得行戮，以告敬兒。敬兒曰："求死甚易，何爲不許？"先殺邕之，然後及榮。齊始安王遥光之叛也，府佐司馬端爲掌書記。曹虎謂之曰："君是賊非？"端曰："僕荷始安厚恩，今死甘心。"虎不殺，執送還臺。徐世摽殺之。《梁書·陸襄傳》：父閑，爲遥光揚州治中。遥光作亂，或勸閑去之。閑曰："吾爲人吏，何所逃死？"臺軍攻城陷城，閑見執。將刑，第二子絳求代死，不獲，遂以身蔽刃，刑者俱害之。《南史》云：閑被收至杜姥宅，尚書令徐孝嗣啓閑不與逆謀，未及報，徐世摽命殺之。而各忠所事，實有礙於統一，爲大君者，又從而摧殘之。[1]宋孝建二年，改革諸王車服制度，事見第九章第二節。上諷有司增廣條目。奏曰："郡縣内史、相及封内官長，於其封君，既非在三，罷官則不復追敬，

---

① 君臣：摧殘各忠所事之義。

不合稱臣，宜止下官而已。"見《宋書・禮志》及《義恭傳》。《周書・齊煬王憲傳》：開府裴文舉，憲之侍讀，高祖嘗御內殿引見之，謂曰："近代以來，暫經隸屬，便即禮若君臣，此乃亂代之權宜，非經國之治術。《詩》云：夙夜匪懈，以事一人，一人者止據天子耳。"積古所傳君臣之義，安得不蕩焉以盡？《齊書・王延之傳》云：宋德既衰，大祖輔政，朝野之情，人懷彼此，延之與尚書令王僧虔，中立無所去就。延之時爲左僕射。時人爲之語曰：二王持平，不送不迎。大祖以此善之。《梁書・謝朏傳》：齊高帝進大尉，以朏爲長史。高帝方圖禪代，思佐命之臣，以朏有重名，深所欽屬。論魏、晉故事，因曰："晉革命時事久兆，石苞不早勸晉文，死方慟哭，方之馮異，非知機也。"朏答曰："昔魏臣有勸魏武即帝位者，魏武曰：如有用我，其爲周文王乎？晉文世事魏氏，將必身終北面。假使魏早依唐、虞故事，亦當三讓彌高。"帝不悅，更引王儉爲左長史。以朏爲侍中，領祕書監。及齊受禪，朏當日在直，百僚陪位，侍中當解璽。朏陽不知，曰："有何公事？"傳詔云："解璽授齊王。"朏曰："齊自應有侍中。"乃引枕臥。傳詔懼，乃使稱疾，欲取兼人。朏曰："我無疾，何所道？"遂朝服步出東掖門。乃得車，仍還宅。是日，遂以王儉爲侍中解璽。既而武帝言於高帝，請誅朏。帝曰："殺之則逆成其名，正應容之度外耳。"遂廢於家。後復起。爲吳興大守。明帝謀入嗣位，朝之舊臣，皆引參謀策。朏內圖止足，且實避事。弟瀟，時爲吏部尚書。朏至郡，致瀟數斛酒。遺書曰："可力飲此，勿豫人事。"《齊書・瀟傳》曰：高宗廢鬱林，引兵入殿，左右驚走報瀟。瀟與客圍碁，每下子，輒云其當有意。竟局，乃還齋臥，竟不問外事也。《梁書・王志傳》：志領右衛將軍。義師至，城內害東昏，百僚署名送其首。志聞而歎曰："冠雖弊，可加足乎？"因取庭中樹葉挼服之，偽悶不署名。高祖覽牋無志署，心嘉之，弗以讓也。此曹在當日，已爲賢者矣，亦以其時篡奪者率重民望不敢害；又明知此曹無能爲，不欲加害；可以沽名，可以避事，而不至於受禍，故相率而爲此耳。晉初名士，率計避禍。阮籍之事，已見第一章。《阮孚傳》：明帝即位，遷侍中，轉吏部尚書。及帝疾大漸，溫嶠入受顧命，過孚要與同行。升車乃告之曰："主上遂大漸，江左危弱，實資羣賢，共康世務。卿時望所歸，今欲屈卿，同受顧託。"孚不答，固求下車。嶠不許。垂至臺門，告嶠內迫。求暫下，便徒步還家。咸和初，拜丹陽尹。謂所親曰："今江東雖累世，而年數實淺。主幼時艱，運終百六，而庾亮年少，德信未孚。以吾觀之，將兆亂矣。"遂苦求出。除廣州刺史，未之鎮卒。而阮放亦以其時求爲交州，皆爲避禍計也。謝鯤爲王敦大將軍長史，從容諷議，卒歲而已。敦將爲逆，謂鯤曰："劉隗奸邪，將危社稷，吾欲除君側之惡，匡主濟時，何如？"對曰："隗誠始禍，然城狐社鼠也。"敦怒曰："君庸才，豈達大理？"出鯤爲豫章大守。又留不遣，藉其才望，逼與俱下。史稱是時朝望被害，皆爲其憂，而鯤推理安常，時進正言，亦以其本不當權，不虞見害，非真能持正犯難也。既避實禍，亦惜虛名，心法相傳，至南北朝之末而未改。《齊書・孝義傳》：樂頤，隆昌末，謂丹陽尹徐孝嗣曰："外傳藉藉，似有伊、周

之事。君蒙武帝殊常之恩，荷託付之重，恐不得同人此舉？人笑褚公，至今齒冷。"孝嗣心甚納之。當時愛人以德之士，所期望於人者，亦不過如是而已。其乾没圖利者，褚淵母與繼母，皆爲宋公主，王儉之母亦然；二人又皆尚主；而皆"不賴舅氏，遑恤國家"，《梁書·處士·何點傳》：褚淵、王儉爲宰相，點謂人曰："我作《齊書》贊云：淵既世族，儉亦國華，不賴舅氏，遑恤國家。"江、河日下之勢，尚可以隄防止乎？斯時志節之士，所行亦有足稱者，《晉書·張軌傳》：張掖人吳詠，爲護羌校尉馬賢所辟。後爲大尉龐參掾。參、賢相誣，罪應死，各引詠爲證。詠計理無兩直，遂自刎而死。參、賢惡悔，自相和釋。《宋書·文五王傳》：竟陵王誕閉門拒使，參軍賀弼固諫。誕怒，抽刃向之，乃止。或勸弼出降。弼曰："公舉兵向朝廷，既不可從；荷公厚恩，又義無違背；惟當以死明心耳。"乃服藥自殺。然究見危授命，抑亦邂逅至此，尚有難言。朱齡石伯父憲及斌，并爲袁真將佐。桓溫伐真，真以憲兄弟與溫潛通，并殺之。齡石父綽，逃走歸溫。壽陽平，真已死，綽輒發棺戮尸。溫怒，將斬之。弟沖苦請得免。綽事沖如父。及沖薨，綽歐血而死。此乃意氣感激之私，無與於君臣之義也。陶侃，廬江大守張夔召爲督郵，遷主簿。會州從事之郡，欲有所按。侃閉門部勒諸吏，謂從事曰："若鄙郡有違，自當明憲直繩，不宜相逼。若不以禮，吾能禦之。"從事即退。《晉書·忠義傳》：王育，大守杜宣命爲主簿。俄而宣左遷萬年令。杜令王攸詣宣，宣不迎。攸怒曰："卿往爲二千石，吾所敬也，今吾儕耳，何故不見迎？欲以小雀遇我，使我畏死鶚乎？"育執刀叱攸曰："君辱臣死，自昔然然。我府君以非罪黜降，如日月之食耳。小縣令敢輕辱吾君？汝謂吾刀鈍邪？敢如是乎？"前將殺之。宣懼，跣下抱育，乃止。自此知名。亦侃此事之類也。夔妻有疾，將迎醫於數百里。時正寒雪，諸綱紀皆難之。侃獨曰："資於事父以事君。小君猶母也，安有父母之疾而不盡心乎？"乃請行。衆咸服其義。侃少本巧宦，老非純臣，此之所爲，乃正借以行諂耳。《魏書》所載石文德、河中蒲阪人。真君初，縣令黄宣在任喪亡，宣單貧無期親，文德祖父苗，以家財殯葬，持服三年。奉養宣妻，二十餘載。及亡，又衰絰斂袝，率禮無闕。自苗逮文德，刺史、守、令卒官者，制服送之。石祖興、常山九門人。大守田文彪、縣令和真等喪亡，祖興自出家絹二百餘匹，營護喪事。邵洪哲、上谷沮陽人。縣令范道榮，先自晌城歸款，除縣令。道榮鄉人徐孔明，妄經公府，訟道榮非動。道榮坐除名。羈旅孤貧，不能自理。洪哲不勝義憤。遂代道榮詣京師，申明曲直。經歷寒暑，不憚劬勞。道榮卒得復雪。北鎮反亂，道榮孤單，無所歸附，洪哲兄伯川，復率鄉人，來相迎接，送達幽州。以上皆見《節義傳》。杜纂，常山九門人。少以清苦自立。時縣令齊羅喪亡，無親屬收瘞，纂以私財殯葬。見《良吏傳》。皆以齊民，盡忠守令，①此則地方豪民，本有以獲接官長爲榮者；且可借此以立名；亦非中庸之行也。姚泓將趙玄，與晉將毛德祖戰敗，被創十餘，據地大呼。玄司馬騫鑒，冒刃抱玄而泣。玄曰："吾創已重，君宜速去。"鑒曰：

---

① 君臣：齊民盡忠守令。

“若將軍不濟，去將安之？”皆死於陳。《晉書·泓載記》。宋武帝討司馬休之，密書招其録事參軍韓延之。延之報書曰：“以平西之至德，寧可無授命之臣乎？假天長喪亂，九流渾濁，當與臧洪，游於地下，不復多云。”《宋書·武帝紀》。王僧辯之誅也，所司收僧辯及其子顗尸，於方山同坎埋瘞。許亨以故吏，抗表請葬之。乃與故義徐陵、張種、孔奐等相率以家財營葬。凡七樞，皆改窆焉。王琳傳首建康，縣之於市。琳故吏朱瑒，致書徐陵求琳首。仍與開府主簿劉韶慧等持其首還於淮南，權瘞八公山側。此等雖久要無愧，而昧於民族大義，其愚忠又不足尚也。胡藩參都恢征虜軍事。時殷仲堪爲荆州刺史，藩外兄羅企生爲仲堪參軍。藩請假還，過江陵，省企生。仲堪要藩相見。藩因説仲堪曰：“桓玄意趣不常，每怏怏於失職。節下崇待大過，非將來之計也。”仲堪色不悦。藩退，謂企生曰：“倒戈授人，必至之禍。若不早規去就，後悔無及。”玄自夏口襲仲堪，藩參玄後軍軍事。仲堪敗，企生果以附從及禍。義旗起，玄戰敗，將出奔，藩於南掖門捉玄馬控曰：“今羽林射手，猶有八百，皆是義故西人，一旦舍此，欲歸可復得乎？”玄直以馬鞭指天而已。於是奔散，相失。追及玄於蕪湖。桑落之戰，藩艦被燒。義軍既迫，不復得西，乃還家。其後復事宋武。蓋無所謂公義，亦無所謂私讎，有用之者，則委身焉，敗則去之而已。爲之君者，不亦難乎？不特此也，袁粲之死也，小兒數歲，乳母將投粲門生狄靈慶，靈慶抱以首。晉安王子懋之敗，于琳之勸其僚佐陸超之逃亡，超之不可。王玄邈等以其義，欲將還都。超之門生姓周者，謂殺超之當得賞，乃伺超之坐，自後斬之。魏莊帝之敗，城陽王徽走故吏寇彌宅。彌怖徽云：官捕將至，令避他所，而使人於路要害，送尸於尒朱兆。然則私恩亦無一足恃者矣。此無他，上下皆懷利以相接也。國家民族之義未昌，而君臣之義先敝，一時之人心，安得不如汎舟中流，靡知所屆乎？

凡物之將腐者，未有蟲不生之者也；木之既槁者，未有風不隕焉者也。積古相傳之世族，既如朽木糞牆矣，遭直時變，安得不隨風而靡？梁、陳之際是也。《顏氏家訓·涉務篇》曰：“晉朝南渡，優惜士族。故江南冠帶，有才幹者，擢爲令僕以下，尚書郎、中書舍人已上，典掌機要。其餘文義之士，多迂誕浮華，不涉世務；纖微過失，又惜行捶楚；所以處於清名，蓋護其短也。至於臺閣令史、主書、監帥、諸王簽省，并曉習吏用，濟辦時須；縱有小人之態，皆可鞭杖肅督；故多見委使，蓋用其長也。①人每不自量，舉世怨梁武帝父子愛小人而

---

① 選舉：好用佞幸之由。

疏士大夫，此亦眼不能見其睫耳。"又曰："梁世士大夫，皆尚褒衣博帶，大冠高履。出則車輿，入則扶侍，郊郭之內，無乘馬者。周弘正爲宣城王所愛，給一車下馬，常服御之，舉朝以爲放達。乃至尚書郎乘馬則糾劾之。及侯景之亂，膚脆骨柔，不堪行步；體羸氣弱，不耐寒暑；坐死倉卒者，往往而然。"《勉學篇》曰："梁朝全盛之時，貴游子弟，多無學術。至於諺云：上車不落則著作，體中何如則祕書。無不熏衣鬄面，傅粉施朱。駕長簷車，跟高齒屐，坐棋子方褥，馮班絲隱囊，列器玩於左右。從容出入，望若神仙。明經求第，則顧人答策。三九公燕，則假手賦詩。當爾之時，亦快士也。及離亂之後，朝市遷革。銓衡選舉，非復曩者之親。當路秉權，不見昔時之黨。求諸身而無所得，施之世而無所用。孤獨戎馬之間，轉死溝壑之際。當爾之時，誠駑材也。有學藝者，觸地而安。自荒亂已來，諸見俘虜，雖百世小人，知讀《論語》、《孝經》者，尚爲人師；雖千載冠冕，不曉書記者，莫不耕田養馬；以此觀之，安可不自勉邪？"觀此，可知當時世族之無能，而亦可知其喪亂之際顛覆之慘矣。承平之世，既因通婚、通譜而統系稍見混淆；喪亂之際，又以柔靡癡愚，而地位忽焉降落；恃選舉以弋高位，則以其無能大甚，而其制度亦卒不得不變；於是一命以上，皆在選舉，實權喪而積古沿襲之虛名，亦卒不可久矣。此亦世變必至之勢，道之所符，而自然之驗邪？

## 第三節　豪右游俠

　　從來爲地方人民之患者，莫如豪右及游俠，而二者又恒相結。晉南北朝，爲綱紀廢弛之世，故此二者，爲患尤甚焉。豪族有由於閥閱者，如《晉書·劉頌傳》，言其爲漢廣陵厲王之後，世爲名族，同郡有雷、蔣、穀、魯四姓，皆出其下，時人爲之語曰："雷、蔣、穀、魯，劉最爲祖"是也。有由於多財者，如《忠義傳》言：麴允金城人，與游氏世爲豪族，西州爲之語曰："麴與游，牛羊不數頭，南開朱門，北望青樓。"是也。又有恃當路之權勢者，如《梁書·謝朏傳》言：朏弟子覽，出爲吳興太守；中書舍人黃睦之，家居烏程，子弟專橫，前太守皆折節事之是也。《宋書·謝方明傳》言：江東民戶殷盛，風俗峻刻，彊弱相陵。而《蔡興宗傳》言：會稽多諸豪右，不遵王憲；又幸臣近習，參半宮省，封略山湖，妨民害治，王公、妃、主，邸舍相望，撓亂在所，大爲民患。子息滋長，督責無窮。《梁書·良吏·沈瑀傳》言：餘姚大姓虞氏千餘家，請謁如市，前後令長莫能絕。縣南又有豪族數百家，子弟縱橫，遞相芘蔭，厚自封殖，百姓甚患之。

則數者兼有之矣。當時豪族，有從事劫掠與盜賊無異者，如《南史·沈慶之傳》言：諸沈爲劫首者數十，人士患之，慶之詭爲置酒，一時殺之，於是合境肅清，人皆喜悅。《魏書·李安世傳》言：廣平人李波，宗族彊盛，殘掠生民。刺史相州。薛道㧑親往討之，波率其宗族拒戰，大破㧑軍。遂爲逋逃之藪，公私成患。百姓爲之語曰："李波小妹字雍容，褰裙逐馬如卷蓬，左射右射必疊雙。婦女尚如此，男子那可逢？"則豪右、游俠，二者殆不可分矣。貴人子亦有爲劫者：《晉書·戴淵傳》言：淵少好游俠，不拘操行，遇陸機赴洛，船裝甚盛，遂與其徒掠之。《北齊書·畢義雲傳》言：義雲少粗俠，家在兗州北境，常劫掠行旅，州里患之。《北史·畢衆敬傳》言：衆敬少好弓馬射獵，交結輕果，常於疆境盜掠爲業。此尚其小焉者。其大者，如齊之阿伽郎君，《北齊書·陽州公永樂傳》：弟長弼，小名阿伽。性粗武。出入城市，好毆擊行路。時人皆呼爲阿伽郎君。以宗室封廣武王。時有天恩道人，至凶暴，橫行閭肆。後入長弼黨，專以鬥爲事。文宣并收掩付獄。天恩黨十餘人皆棄市。長弼鞭一百。尋爲南營州刺史。在州無故自驚走，叛亡入突厥，竟不知死所。周之李居士，居士父名昶，在周尚公主，與隋高祖有舊，及受禪，甚見親禮。居士爲大子千牛備身。聚徒任俠，不遵法度。數得罪，上以昶故，每原之。居士轉恣，每大言曰："男兒要當辮頭反縛篷篨上作僚舞。"取公卿子弟膂力雄健者，輒將至家，以車輪括其頸而棒之，殆死。能不屈者，稱爲壯士，釋而與交。黨與三百人，其趫捷者號爲餓鶻隊，武力者號爲蓬轉隊。每轞鷹繼犬，連騎道中，毆擊路人，多所侵奪。長安市里無貴賤，見之者皆辟易。至於公卿、妃、主，莫敢與校者。有人告"居士與其徒遊長安城，登故未央殿基，南向坐，前後列隊，意有不遜。每相約曰：當爲一死耳"。又時有人言："居士遣使引突厥令南寇，當於京師應之。"帝謂昶曰："今日之事，當復如何？"昶猶恃舊恩，不自引咎，直答曰："黑白在於至尊。"上大怒，下昶獄，捕居士黨與治之。居士坐斬，昶賜死於家。見《隋書·列女傳》。則其爲人患尤甚矣。第十二章第五節所述梁諸王事亦此類，可以參觀也。

　　此等豪暴之徒，徒能恃勢倚衆，犯法陵民，非能結合徒黨，自成一隊，如古所謂隱若一敵國者，實俠徒中之下焉者也。其能如此者，亦自有其人。《晉書·王衍傳》：衍妻郭氏，賈后之親，藉宮中之勢，剛愎貪戾，聚斂無厭，好干豫人事。衍患之而不能禁。時有鄉人幽州刺史李陽，京師大俠也，郭氏素憚之。衍謂郭曰："非但我言卿不可，李陽亦謂不可。"郭氏爲之小損。李陽之勢力可想。此等游俠魁首，遭逢喪亂，往往能挺戈而起，如王彌，史言其"少游俠京師"是也。永和中，張琚據隴東，遣使招司馬勳，勳復入長安。初，京兆人杜洪，以豪族陵琚，琚以勇俠侮洪。洪知勳憚琚兵彊，因說勳曰："不殺張琚，關中非國家有也。"勳乃僞請琚，於坐殺之。琚弟走池陽，合兵攻勳。勳頻戰不利，乃請和歸梁州。《晉書·濟南惠王遂傳》。俠徒之爲重一方可見矣。職是故，有志於建立勳業者，亦多藉其人以爲用。《晉書·祖逖傳》云：逖輕財好俠，慷慨

有節尚。每至田舍，輒稱兄意，散穀帛以周貧乏。鄉黨宗族，以是重之。後居丹徒之京口。以社稷傾覆，常懷振復之志。賓客義徒，皆暴桀勇士。逖遇之如子弟。時揚土大飢，此輩多爲盜竊，攻剽富室。逖撫慰，問之曰："比復南塘一出不？"或爲吏所繩，逖輒擁護救解之。談者以此少逖，逖自若也。《北齊書·高乾傳》：乾父翼，豪俠有風神，爲州里所宗敬。乾少時輕俠，數犯公法。長而脩改，輕財重義，多所交結。弟昂，初以豪俠立名。爲之羽翼者：劉海寶，少輕俠。東方老，少粗獷無賴，結輕險之徒，共爲賊盜。又《李元忠傳》：元忠家素富，在鄉多有出貸求利，元忠焚契免責。其宗人愍，少有大志。年四十，猶不仕州郡，惟招致姦俠，以爲徒侶。洛京傾覆，愍率所部西保石門山，潛與劉靈助及高昇兄弟、安州刺史盧曹等同契。助敗，愍遂入石門。高祖建義，以書招愍，愍奉書，擁衆數千人以赴。又元忠族叔景遺，少雄武，有膽力。好結聚亡命，共爲劫盜，鄉里每患之。永安末，其兄南鉅鹿大守無爲，以臧罪爲御史所劾，禁於州獄。景遺率左右十餘騎，詐稱臺使，逕入州城，劫無爲而出之。州軍追討，竟不能制。由是以俠聞。及高祖舉義信都，景遺赴軍門。高祖素聞其名，接之甚厚。命與元忠舉兵於西山。仍與大軍俱會，擒刺史尒朱羽生。又《毛遐傳》：遐少任俠。弟鴻賓，尤輕財好施，遐雖早立，而名出其下。又《外戚傳》：李延寔長子彧，任俠交遊，輕薄無行。尒朱榮之死，武毅之士，皆彧所進。知風塵澒洞之際，俠徒之爲用，爲不少矣。

　　游俠之大者，其黨羽必散布各地，又必彼此互相交通，故道路艱阻之時，行人往還，或藉其力。房崇吉之南奔，賴張略之得達，已見第九章第五節。元亨父季海，魏司徒、馮翊王。遇周、齊分隔，遂仕長安。亨時年數歲，與母李氏在洛陽。齊神武禁錮之。亨母，魏司空李沖女也。素有智謀。詐稱凍餒，請就食滎陽。齊人以其去關西尚遠，老婦弱子，不以爲疑，許之。李氏陰託大豪李長壽，攜亨及孤姪八人，潛行草間，遂得至長安。魏孝莊帝時，盜賊蠭起。清河有五百人西戍，還經南趙郡，以路梗，共投李元忠。奉絹千餘匹。元忠惟受一匹，殺五牛以食之。遣奴爲導，曰："若逢賊，但道李元忠客。"如言，賊皆舍避。聲氣之廣如此，此周亞夫得劇孟，所以若得一敵國歟？

　　俠徒之所以爲俠，窮其本原，則既不能勤事生產，又不能淡泊自甘，乃不能不犯法以求食而已。捍法非一人所能爲，則不得不相要結；欲相要結，則盜亦有道，又不得不互相振贍；此古今一轍者也。《魏書·薛安都傳》：少驍勇，善騎射，頗結輕俠。諸兄患之。安都乃求以一身分出不取片資。兄許之。居於別廐。遠近交遊者，爭有送遺，馬牛、衣服、什物，充滿其庭。又《裴延儁

傳》：延儁從孫慶孫，任俠有氣。鄉曲壯士及好事者，多相依附，撫養咸有恩紀。在郡之日，值歲飢凶，四方遊客，常有百餘，慶孫自以家財贍之。《馮元興傳》：家素貧約，食客恒數十人，同其飢飽，曾無吝色。《北史·房法壽傳》：少好射獵。輕率勇氣，結諸羣小爲劫盜。宗族患之。弱冠，州迎主簿。後以母老，不復應州郡命。常盜殺豬羊以供母。招集勇士，恒有數百。及降虜，虜給以田宅奴婢，親舊賓客，率同飢飽，坎壈常不豐足。《毛遐傳》：世爲豪右，貲産巨億，士流貧乏者，多被振贍。故中書郎檀翥、尚書郎公孫範等，常依託之。至於自供，衣食粗敝而已。鴻賓，昆季之中，尤輕財好施。尒朱天光自關中還洛，夷夏心所忌者，皆將自隨。鴻賓亦領鄉中壯武二千人以從。洛中素聞其名，衣冠貧冗者，競與之交。尋拜西兗州刺史。羈寓倦游之輩，四坐常滿。鴻賓資給衣食，與己悉同。私食不足，頗有公費。《周書·韋祐傳》：少好遊俠。所與交遊，皆輕猾亡命。正光末，四方雲擾，王公避難者或依之，多得全濟。此等皆俠徒之本色，不如是，殆不足爲俠也。既如是，安能不取非其有，此其所以終不免爲盜跖之居民間者歟！亦有能振施而不爲輕俠者：《晉書·隱逸·劉驎之傳》云：驎之雖冠冕之族，而信義著於羣小。凡厮伍之家，婚娶、葬送，無不躬自造焉。居於陽岐，在官道之側。人物來往，莫不投之。驎之躬自供給。士君子頗以勞累，更憚過焉。凡人致贈，一無所受。去驎之家百餘里，有一孤姥，病將死，歎息謂人曰：“誰當埋我？惟有劉長史耳。何由令知？”驎之先聞其有患，故往候之。直其命終，乃身爲營棺殯送之。此事甚類俠者之所爲，然驎之名列《隱逸》之傳，則非爲俠者也。其漢鄭當時之流乎？蓋尚不逮王丹？見《秦漢史》第十四章第三節。然較諸盜跖之居民間者，則自賢矣。

　　能裁抑豪彊者，莫如宋武帝，已見第九章第七節。《晉書·張輔傳》：補藍田令。不爲豪彊所屈。彊弩將軍龐宗，西州大姓。護軍趙浚，宗婦族也，僮僕放縱，爲百姓所患。輔繩之，殺其二奴。又奪宗田二百餘頃，以給貧户。一縣稱之。轉山陽令。大尉陳準家僮暴橫，輔復擊殺之。蔡興宗守會稽，亦能繩之以法。謝覽守吳興，黃睦之子弟來迎。覽逐去其船，杖吏爲通者。自是睦之家杜門不出。沈瑀爲餘姚令，虞氏非訟訴無所通。召縣南豪族老者爲石頭倉監，少者補縣僮，皆號泣道路。自是權右屏迹。李安世設方略，誘李波及諸子姪三十餘人，斬於鄴市。境内蕭然。泉企除東雍州刺史。部民楊羊皮，大保椿之從弟，恃託椿勢，侵害百姓。守宰多被其陵侮，皆畏而不敢言。企收治之。將加極法。楊氏慚懼，宗族詣閤請恩。自此豪右屏迹，無敢犯法。此皆能不畏彊禦者。《周書·宇文貴傳》：除益州刺史。先是蜀人多劫盜。貴乃召

任俠輕健者，署爲遊軍，二十四部，令其督捕。由是頗息。又《韓襃傳》：出爲北雍州刺史。州帶北山，多有盜賊。襃密訪之，并豪右所爲也。陽不之知，悉召桀黠少年，素爲鄉里所患者，署爲主帥。分其地界，有盜發而不獲者，以故縱論。諸被署者莫不皇懼。皆首伏曰："前盜發者，并某等爲之。"所有徒侶，皆列其姓名。或亡命隱匿者，亦悉言其所在。襃乃取盜名簿藏之。因大榜州門曰："自知行盜者，可急來首，即除其罪。盡今月不首者，顯戮其身，籍没妻子，以賞前首者。"旬月之閒，諸盜咸悉首盡。襃取名簿勘之，一無差異。并原其罪，許以自新。由是羣盜屏息。此亦能以方略除盜者也。然良有司不易得，欲以是絶其根株，難矣。《魏書·大宗紀》：永興五年，詔分遣使者，巡求儁逸。其豪門彊族，爲州閭所推者，各令詣京師。當隨才叙用，以贊庶政。《崔玄伯傳》云：大宗以郡國豪右，大爲民蠹，乃優詔徵之。民多戀本，而長吏逼遣。輕薄少年，因相扇動，所在聚結。西河、建興，盜賊并起。守宰討之不能禁。大宗引玄伯及安同、叔孫建、元屈等問曰："今犯者已多，不可悉誅，朕欲大赦以紓之，何如？"屈對曰："民逃不罪，而反赦之，似若有求於下。不如先誅首惡，赦其黨類。"玄伯曰："王者治天下，以安民爲本，何能顧小曲直也？赦而不改，誅之不晚。"大宗從之。即永興五年事也。可見普加誅翦之不易矣。《梁書·良吏·何遠傳》：遷東陽大守。遠處職，疾彊富如仇讎，視細民如子弟，特爲豪右所畏憚。在東陽歲餘，復爲受罰者所謗，坐免歸。《南史·范雲傳》：爲始興内史。郡多豪猾大姓，二千石有不善者，輒共殺害，不則逐之。邊帶蠻俚，尤多盜賊，前内史皆以兵刃自衛。雲入境，撫以恩德。罷亭候，商賈露宿。郡中稱爲神明。遷廣州刺史。時江祐姨弟徐藝爲曲江令，祐深以託雲。有譚儼者，縣之豪族，藝鞭之，儼以爲恥，至都訴雲，雲坐徵還下獄。然則無論德化刑威，良吏之得行其志，要不易也。

## 第四節　奴客部曲門生

奴婢有官私之別。官奴婢在平世，皆以罪没入。爭戰之世，亦兼以俘虜爲之。《晉書·孝武帝紀》：大元十四年正月，詔"淮南所獲俘虜，付諸作部者，一皆散遣，男女自相配匹，賜百日廩"是也。又以之充軍賞，詔又言"其没爲軍賞者，悉贖出之"是也。終南北朝之世，屠戮丁男，而以老弱婦女充賞者極多。桓温禽袁瑾，瑾所侍養乞活數百人悉阬之，以妻子爲賞。桓玄之敗也，其宫女及逆黨之家子女伎妾，悉爲軍賞，東及甌越，北流淮、泗，人有所獲。《晉》、《宋書·

五行志》。陳武帝之破齊軍，以賞俘貿酒者，①一人裁得一醉。詳見第十三章第五節。
呂弘之敗，呂纂以東苑婦女賞軍。弘之妻子，亦爲士卒所辱。姚弼攻禿髮傉
檀，州人王鍾等密爲内應，傉檀殺五千餘人，以婦女爲軍賞。樂都之潰，傉檀
喻其衆曰："若歸熾磐，便爲奴僕矣，豈忍見妻子在他人抱中？"赫連勃勃兄子
羅提攻姚興將姚都於定陽，克之，阬將士四千餘人，以女弱爲軍賞。觀此等記
載，可見當時以俘虜充賞者之多。宋孝武帝克廣陵，悉誅城内男丁，以女口爲
軍賞，論者以爲至酷，其實孝武特不應以此施諸本國之民，至以此施諸敵國
者，其事初不可一二數也。疆場之間，戰陳之際，將帥以抄略自利者亦多。魏
濟陰王小新成之子麗，爲秦州刺史，討破呂苟兒、陳瞻，枉掠良善七百餘人，則
其一事。《北史·李崇傳》：孝文初，爲荆州刺史。邊戍掠得齊人者，悉令還
之。南人感德，仍送荆州口二百許人。兩境交和，無復烽燧之警。《周書·韓
褒傳》：保定三年，出爲汾州刺史。先是齊寇數入，民廢耕桑。褒伏擊之，盡獲
其衆。故事：獲生口者并囚送京師。褒奏請放還，以德報怨。有詔許焉。自
是抄兵頗息。此等事不易覯矣。

　　以俘虜作奴婢者，尤莫如索虜之酷。魏初用兵，本爲俘掠，已見第十七章
第三節。其時以奴隸若隸户爲賜者即甚多。後來吞并割據諸國，世祖之攻赫連氏
及馮文通，皆以生口班賚，見《魏書·本紀》始光四年正月、五月，神䴥三年十一月，延和元年八月。《高
宗紀》：興安二年十二月，誅河間鄭民爲賊盜者，男年十五以下爲生口，班賜從臣各有差，則不惟施之敵
國，亦且施之本國之民；不惟施之反叛，亦且施之盜賊矣。及其入犯中國，亦多如是。《世祖
紀》：真君十一年四月，正平元年三月，皆以南伐所獲生口爲賜。《高祖紀》大和三年六月，五年四月亦
然。十八年十二月，詔壽陽、鍾離、馬頭之師，所獲男女之口，皆放還南；十九年二月，車駕至鍾離，軍士
擒蕭鸞卒三千，帝曰："在君爲君，其民何罪？"於是免歸；此蓋一時之措置。故其後世宗永平元年十二
月，肅宗熙平元年三月，孝静帝武定六年正月，即復以縣瓠、硤石、寒山之俘分賜矣，皆見《紀》。段韶破
東方白頟，顯祖以吳口七十爲賞，見《北齊書·韶傳》。尉遲迥之陷蜀，吏人等各令復業，惟收僮奴及儲
積，以賞將士，在虜之用兵，實罕見焉。蓋以蜀地險阻，慮其復叛也。隋文帝可謂恭儉之主。其平陳
也，敕有司曰："亡國物我一不以入府。"然猶大陳奴婢、貨賄，令王公、文武以射取之。積習之難改，可
謂甚矣。事見《隋書·韓禽虎傳》。其尤甚者，則爲青、兗及江陵二役。慕容白曜陷無
鹽，即欲盡以其人爲軍實，以酈範言得免。及青、兗州陷，卒徙其民望於下館，
置平齊郡以居之，其餘則悉以爲奴婢，分賜百官焉。江陵之陷，于謹選男女爲
奴婢，驅入長安，小弱者悉殺之，已見第十三章第四節。是役也，謹獲賜千口。
長孫儉以元謀，亦獲賜三百口。謹子翼傳云：謹平江陵，以所賜得軍實分給諸

<hr>

①　奴婢：以俘虜充賞者之多，元魏尤甚（第六九八—六九九頁）。

子,翼一無所取,惟簡賞口內名望子弟有士風者,別待遇之。《唐瑾傳》云:瑾南伐江陵,以瑾爲元帥府長史。江陵既平,衣冠、士伍,并没爲僕隸。瑾察其才行,有信善者,輒議免之。賴瑾獲免者甚衆。時論多焉。《隋書‧藝術‧庾季才傳》言:郢都之陷,衣冠士人,多没爲賤。季才散所賜物,購求親故。周文帝問何能若此?季才曰:"僕聞魏克襄陽,先昭異度;晉平建業,喜得士衡;伐國求賢,古之道也。今郢都覆敗,君信有罪,縉紳何咎,皆爲賤隸?鄙人羇旅,不敢獻言,誠切哀之,故贖購耳。"大祖乃悟,因出令免梁俘爲奴婢者數千口。然則以儒爲驅,正不待胡元之入,而後有此酷矣。《周書‧武帝紀》:保定五年六月,詔有"江陵人年六十五已上,爲官奴婢者,已令放免"之言。建德元年十月,又詔"江陵所獲俘虜充官口者,悉免爲民"。然至六年十一月,仍有"平江陵之日,良人没爲奴婢者,并宜放免"之詔,則其前此之令,未能盡行可知也,亦云酷矣。然沈璞之守盱眙,臧質收散卒千餘人向城,衆謂璞勿受,而璞歎曰:"賊之殘害,古今未有,屠剝之刑,衆所共見,其中有福者,不過得驅還北國作奴婢耳,"《宋書‧自序》。則儒之爲驅,已爲有幸矣,民族可無武備以自衛哉?

民閒私奴,多因貧窮而粥賣。《晉書‧惠帝紀》:元康七年,關中飢,米斛萬錢,詔骨肉相賣者不禁。《陶回傳》:遷吳興大守,時人飢穀貴,三吳尤甚,詔欲聽相粥賣,以拯一時之急。蓋賣買奴婢,法本有禁,凶荒之際,粥賣者多,禁之既力有所窮,又不能縱而不問,乃爲是權宜之計耳。其平時民閒粥賣,不至彰著耳目者,則法之置諸不問久矣。故其事之見於史者頗多。《晉書‧忠義傳》:王育少孤貧,爲人傭牧羊。每過小學,必歔欷流涕。時有暇,即折蒲學書。忘而失羊,爲羊主所責。育將粥己以償之。同郡許子章,聞而嘉之。代育償羊。給其衣食,使與子同學。《齊書‧孝義傳》:公孫僧遠,兄姊未婚嫁,乃自賣爲之成禮。吳康之妻趙氏,父亡弟幼,值歲飢,母老病篤。趙詣鄉里自賣,言辭哀切。鄉里憐之,人人分升米相救。遂得免。吳達之,嫂亡無以葬,自賣爲十夫客,以營家檉。從祖弟敬伯夫妻,荒年被略賣江北,達之有田十畝,貨以贖之,與之同財共宅。《南史‧孝義傳》:朱文濟自賣以葬母。《周書‧王德傳》:子慶,小名公奴。初德喪父,家貧無以葬,乃賣公奴并一女,以營葬事。因遭兵亂,不復相知。及德在平涼,始得之,遂名曰慶。皆其事也。粥賣之多者,皆在兵荒之時。如《魏書‧島夷傳》言:侯景渡江至陷城之後,江南之民,及王侯、妃、主,世胄子弟,爲景軍人所掠,或自賣粥,漂流入國者,蓋以數十萬口?陳寶應因東境饑饉,平民男女并皆自賣,多致玉帛子女是也。詳見第十三章第七節。國家亦閒有救正之策,如姚興班命郡國,百

姓因荒自賣爲奴婢者，悉免爲良人是，然其效蓋微矣。

　　粥賣之外，又有以人爲質者，亦謂之貼。①《晉書‧桓沖傳》云：彝亡後，沖兄弟并少，家貧，母患須羊以解，無由得之？溫乃以沖爲質。羊主甚富，言不欲爲質，幸爲養買德郎。買德，沖小字也。及沖爲江州，出射，羊主於堂邊看，沖識之，謂曰："我買德也，"遂厚報之。《宋書‧何承天傳》言：時有尹嘉者，家貧，母熊，自以身貼錢，爲嘉償責。《齊書‧孝義傳》：公孫僧遠弟亡無以葬，身自販貼與鄰里，供斂送之費。《良政傳》：明帝以故宅起湘宮寺。新安大守巢尚之罷郡還見。帝曰："卿至湘宮寺未？我起此寺，是大功德。"虞願在側，曰："陛下起此寺，皆是百姓賣兒貼婦錢，佛若有知，當悲哭哀愍，罪高佛圖，有何功德？"皆其事也。《齊書‧陸澄傳》：揚州主簿顧測，以奴就澄弟鮮質錢，鮮死，子暉誣爲賣券，合第十七章第一節所述楊元孫以婢貼與黃權之事觀之，可知賣與質之別也。

　　以力脅迫人爲奴婢者曰掠。既脅迫之，而又粥賣之以取利曰掠賣。大者如熊曇朗之縛賣居民，見第十三章第七節。小者如《南史‧柳仲禮傳》言：其弟敬禮，少以勇烈聞，粗暴無行檢，恒略賣人，爲百姓所苦是也。亦有身爲官吏，而爲此不法之事者。如《魏書‧酷吏傳》：羊祉爲秦、梁二州刺史，坐掠人爲奴婢，②爲御史中丞王顯所彈免是也。據《魏書‧刑法志》：盜律：掠人、掠賣人、和賣人爲奴婢者皆死。和賣人法蓋不能盡治，掠人及掠賣人，則尚不能置之不問。《北史‧高謙之傳》：謙之弟道穆，正光中爲御史，糾相州刺史李世哲事，大相挫辱，其家恒以爲憾。至是，世哲弟神軌，爲靈大后深所寵任。會謙之家奴訴良，神軌左右之。入諷尚書，判禁謙之於廷尉。時將赦，神軌乃啓靈大后發詔，於獄賜死。此事雖出搆陷，然合羊祉之事觀之，可見脅迫人爲奴婢者，其罪甚重也。然官吏之不法者仍多。元遙爲涼州，欲規府人及商胡富人財物。詐一臺符，誆諸豪等，云欲加賞。一時屠戮。所有資財、生口，悉没自入。《魏書‧景穆十二王傳》。邢巒在漢中，因百姓去就，誅滅齊民，籍爲奴婢者二百餘口。馮熙爲州，取人子女爲奴婢，有容色者，則幸之爲妾。此皆罪不容於死，然法固不能盡治也。因之掠賣人之事頗多。喪亂之際，雖貴胄亦不得免。如晉惠帝賈皇后女臨海公主，洛陽之亂，爲人所略，傳賣與吳興錢溫是也。溫以送女，女遇主甚酷，元帝鎮建康，主詣縣自言，元帝爲誅溫及女。亦可慨矣。

　　古之有奴婢者，皆使事生業，③故其數可以甚多，說見《秦漢史》第十四章

---

①　奴婢：自賣、帖、自帖。

②　奴婢：刺史掠人。

③　奴婢：使奴婢事生業。

第二節。晉、南北朝之世,猶有此風。石崇之敗也,有司簿閱,倉頭八百餘人。
刁協孫逵,兄弟子姪,并不拘名行,以貨殖爲務。有田萬頃,奴婢數千人。陶
淡家累千金,僮客百數。謝混一門兩封,田業十餘處,僮僕千人。東鄉君薨,
會稽、吳興、琅邪諸處,大傅、司空琰時事業,奴僮猶有數百人。詳見第十七章第二
節。沈慶之奴僮千計。魏咸陽王禧,奴婢千數。高崇家資富厚,僮僕千餘。王
叡子椿,亦僮僕千餘。趙黑及張宗之之後,皆家僮數百。老壽敗後,妻常氏,
收紀家業,稍復其舊,奴婢尚六七百人。北齊婁提,昭之祖。家僮千數,牛馬以
谷量。周薛善家素富,僮僕數百人。此中除一二豪侈之士,庸或多以之供使
令外,如石崇等。使事生業者必多。故奴婢多者田業亦多。《陳書·程靈洗傳》,言其
伎妾無游手,并督之紡績,伎妾且然,況於奴婢乎? 中人之家,則大抵有奴婢
一二十人。王僧達請解職,自言"婢僕十餘,贏有田入,歲時是課,足繼朝昏";
《顏氏家訓·止足篇》云:"常以爲二十口家,①奴婢盛多,不可出二十人。良田
十頃。堂室纔蔽風雨。車馬僅代杖策。蓄財數萬,以擬吉凶急速。不羡此
者,以義散之;不至此者,勿非分求之。"是其證。陶潛與子書曰:"恨汝輩稚
小,家貧無役,柴水之勞,何時可免?"此則家無僕役者。設有所蓄,亦不過一
二人。又不逮中家之業矣。

　　私奴中亦有佳人被抑者。《晉書·熊遠傳》:遠祖翹,嘗爲石崇倉頭,而性
廉直有士風,潘岳見而稱異,勸崇免之,乃還鄉里。《魏書·索敞傳》:初敞在
州之日,敞,敦煌人,涼州平入魏。與鄉人陰世隆文才相友。世隆至京師,被罪徙和
龍。屆上谷,困不能達,土人徐能抑掠爲奴。敞因行至上谷,遇見世隆,語其
由狀,對泣而去,爲訴理得免。是其證也。

　　《齊書·蕭景先傳》:景先遇疾,遺言曰:"三處田勤作自足供衣食,力少,
更隨宜買粗猥奴婢充使。"則奴婢之事力作者,初不求其俊巧。然權勢之門,
不必其皆如是。故《魏書·文苑傳》言:溫子昇爲廣陽王淵賤客,在馬坊教諸
奴子書焉。②《北史·恩倖傳》言:趙邕以少年端謹,出入李沖家;頗給按摩奔
走之役,沖令與諸子遊處,人有束帶謁沖者,時託之以自通。按摩奔走,蓋去
奴僕無幾? 而謁者託以自通,則權勢之漸矣。《顏氏家訓·風操篇》云:"門不
停賓,古所貴也。失教之家,閽寺無禮。或以主君寢食嗔怒,拒客未通。江南
深以爲恥。黃門侍郎裴之禮,號善爲士大夫。有如此輩,對賓杖之。其門生、

僮僕，接於他人，折旋俯仰，辭色應對，莫不肅敬，與主無別。"中國士大夫之風教，固非虜朝之士所能及也。《魏書·恩倖傳》：王仲興兄可久在徐州，恃仲興寵勢，輕侮司馬梁郡大守李長壽，遂至忿諍。可久乃令僮僕邀毆長壽，折其骨。《景穆十二王傳》：濟陰王小新成之孫誕，爲齊州刺史，在州貪暴，家之奴隸，悉迫取良人爲婦。則更不法之尤矣。

晉、南北朝之世，僮奴多習武事。① 蓋由時值喪亂，畜奴者多武人，又地方豪右，亦藉僮奴以自衛故也。劉伯根之起也，王彌率家僮從之；法秀之亂，蘭臺御史張求等一百餘人，招結奴隸，謀與相應；《魏書·高祖紀》大和五年。則藉其力且可以爲亂矣。謝靈運因父祖之資，生業甚厚，奴僮既衆，義故門生數百。嘗自始寧南山，伐木開道，直至臨海，臨海大守王琇驚駭，謂爲山賊。靈運非能爲亂者，而其聲勢如此，武人及土豪可知。職是故，當時有奴客者，往往懷不逞之心，而亦易招疑忌。蔡興宗説沈慶之曰："公門徒義附，并三吳勇士，宅內奴僮，人有數百。"封士讓啓斛律光曰："家藏弩甲，奴僮千數。"胡靈后欲出張烈爲青州，議者以烈家富殖，僮客甚多，慮其怨望，謂不宜出爲本州，烈，元义黨。宜矣。奴既習武，故亦可以從戎。尉遲迥之叛，梁士彥令家僮梁默等爲前鋒，而身繼之，所當皆破，其著者也。職是故，充兵者或以奴自代，而朝廷亦時發私奴從軍。《晉書·何充傳》：充入領揚州。先是庾翼悉發江、荆二州編户奴以充兵役，士庶嗷然。充復欲發揚州奴以均其謗。後以中興時已發三吳，今不宜復發而止。所謂中興時已發三吳者？《王敦傳》言："帝以劉隗爲鎮北將軍，戴若思淵爲征西將軍，悉發揚州奴爲兵，外以討胡，實禦敦也，"是其事。其後元顯又發東土諸郡免奴爲客者，號曰樂屬，移置京師，以充兵役。《武十三王傳》。此等勉彊不得已之衆，束縛馳驟而用之，夫安得不僨事？《宋書·武帝紀》：永初元年八月，詔"先因軍事所發奴僮，各還本主。若死亡及勳勞破免，亦依限還直"。案爲奴者爲國驅馳，苟非有功，即須仍還奴籍，安足爲勸？而爲之主人者，又以喪失財產爲慮，主奴皆怨，其衆復安可用邪？《魏書·高謙之傳》：謙之上疏曰："自正光已來，諸守帥或非其才。多遣親者，妄稱入募，別倩他人引弓格。虛受征官，身不赴陳。惟遣奴客充數而已，"此亦魏之兵力所以不振歟？

兵亦役也。發奴以從軍，即責其主出奴以應役也。② 故亦可發奴以應他役。《晉書·食貨志》：咸寧元年十二月，詔曰："出戰入耕，雖自古之常，然事

---

① 奴婢、兵：僮奴多習武，奴代充軍，發私奴。
② 奴婢：發奴應役。

力未息，未嘗不以戰士爲念也。今以鄴奚官奴婢著新城，代田兵種稻。奴婢各五十人爲一屯，屯置司馬，使皆如屯田法。"《惠帝本紀》：大安二年，張方決千金堨，水碓皆涸，乃發王公奴婢手舂，以給兵廩。《苻堅載記》：堅以關中水旱不時，議依鄭、白故事，發其王侯已下及豪望富室僮隸三萬人開涇水上源。鑿山起隄，通渠引瀆，以溉斥鹵之田。及暮而成，百姓賴其利。梁武帝大同九年二月，使江州民三十家出奴婢一户，配送司州。此等苟能善用之，似較使從征戍爲善也。

奴籍之免除，有行之以政令者。每丁喪亂之後，必多曠蕩之恩。①《晉書·元帝紀》：大興四年，詔曰："昔漢二祖及魏武，皆免良人；武帝時涼州覆敗，諸爲奴婢，亦皆復籍；此累代成規也。其免中州良人遭難爲揚州諸郡僮客者，以備征役。"此舉固未嘗無利其可充征役之心，然大亂之後，被抑者多，爲民生計，勢亦不得不爾也。周武帝建德元年八月，詔曰："有刑止刑，以輕代重，罪不及嗣，皆有定科。雜役之徒，獨異常憲。一從罪配，百代不免。② 罰既無窮，刑何以措？凡諸雜户，悉放爲百姓。"是年十月，詔江陵所獲俘虜充官口者，悉免爲民。六年滅齊，詔："自武平三年已來，河南諸州之民，僞齊掠爲奴婢者，不問官私，并宜放免。"是年十一月，又詔："自永熙三年七月已來，去年十月已前，東土之民，被抄略在化内爲奴婢者；及平江陵之後，良人没爲奴婢者；并宜放免。所在附籍，一同民伍。若舊主人猶須共居，聽留爲部曲及客女。"③宣政元年三月，詔："豆盧寧征江南武陵、南平等郡，所有民庶爲人奴婢者，悉依江陵放免。"此等行之雖未知如何，以政令論，固爲度越前人之舉也。至於平時彝典，則爲奴婢者，大抵以六十爲限，④故律、令有婦人六十已上免配之條，《北史·崔仲方傳》：仲方從叔昂，從甥李公統，河清元年，坐高歸彦事誅。依律：婦人年六十已上免配官。時公統母年始五十餘，而稱六十。公統舅宣寶求吏以免其姊，昂弗知。録尚書彭城王浟發其事，竟坐除名。案此事亦見《齊宗室諸王傳》，云："依令：年出六十，例免入官。"而詔命亦時有免六十已上奴婢之舉也。梁武帝天監十七年之詔，已見第十七章第三節。《北齊書·孝昭帝紀》：皇建元年八月，詔官奴婢年六十已上，免爲庶人。《後主紀》：天統四年十二月，詔掖庭、晉陽、中山宮人等，及鄴下并州大官官口二處，其年六十已上，及有癃患者，仰所司簡放。政令以外，亦有主人自行釋放者，不則當以財贖。閒有以人贖者，《魏書·崔光傳》：皇興初，有同

① 奴婢：亂後免奴。
② 奴婢：雜户百代不免。
③ 奴婢：免者主須共居，聽留爲部曲客女。
④ 奴婢：大抵六十免，故婦人六十以上免配官。

郡二人，并被掠爲奴婢，後詣光求哀，光乃以二口贖免是其事。抑勒不許贖者，其罰頗重。《魏書·高宗紀》：和平四年八月，詔曰：“前以民遭飢寒，不自存濟，有賣鬻男女者，盡仰還其家。或因緣勢力，或私行請託，共相通融，不時檢校。令良家子息，仍爲奴婢。今仰精究，不聽其贖，有犯加罪。若仍不檢還，聽其父兄上訴，以掠人論。”可見其一斑也。然被掠者亦須以財贖。[1] 吳達之贖從祖弟，已見前。《梁書·文學傳》：劉峻，宋泰始初青州陷魏，峻年八歲，爲人所略，至中山，中山富人劉實以束帛贖之，教以書學，亦其事也。

　　贖法亦通行於國際之間。[2]《南史·劉善明傳》：泰始五年，魏克青州，善明母在焉，移置代郡。善明少立節行，及累爲州郡，頗犢財賄。所得金錢，皆以贖母。及母至，清節方峻。[3]《魏書·張讜傳》：初讜妻皇甫氏被掠，賜中官爲婢。皇甫遂乃詐癡，不能梳沐。後讜爲劉駿冀州長史，以貨千餘匹，購求皇甫。高宗怪其納財之多也，引見之。時皇甫年垂六十矣。[4] 高宗曰：“南人奇好，能重室家之義。此老母復何所任？乃能如此致費也？”案此可見鮮卑人之思想。《齊書·劉懷珍傳》：子靈哲，嫡母崔氏，及兄子景煥，泰始中没虜。靈哲傾私產贖，累年不能得。世祖哀之，令北使告虜主，虜主送以還南。《北史·韋孝寬傳》：兄子沖，從元定渡江，爲陳人所虜，周武帝以幣贖還之。復令沖以馬千匹使陳，贖開府賀拔華等五十人及元定之柩而還。觀此數事，則不論官私奴婢，皆可以財贖，且可公然求之於異國之君，實爲國際閒明仞之法矣。

　　《南史·范雲傳》：雲爲始興内史。舊郡界得亡奴婢，悉付作部曲，即貨之買銀輸官。雲乃先聽爲百姓誌之，若百日無主，依判送臺。賣買奴婢，既爲法所不許，奴婢逃者，必其主人遇之不善，此當分別情事，或逕放免，或則爲贖，乃或因以爲利，或則抑還其主，亦酷矣。虜以生口爲利，故其酷尤甚。《魏書·崔模傳》：附《崔玄伯傳》。爲劉裕滎陽大守，戍虎牢。神麚中平滑臺，模歸降。始模在南，妻張氏有二子：沖智、季柔。模至京師，賜妻金氏。生子幼度。沖智等以父隔遠，乃聚貨物，閒託開境，規贖模歸。張氏每謂之曰：“汝父性懷，本自無決，必不能來也。”行人遂以財賄至都。當竊模還。模果顧念幼度等，指幼度謂行人曰：“吾何忍捨此輩，令坐致刑辱？當爲爾取一人，使名位不減於我。”乃授以申謨。謨，劉義隆東郡大守，與朱脩之守滑臺，神麚中被執入

---

① 奴婢：被掠者亦以財贖。
② 奴婢：贖法通行國際間，然常法不能得（第七〇五頁），亦行塞外（第七〇五頁）。
③ 道德：贖母清節方峻，王述足自當之（第七二五頁），案人莫不以爲足自當止也。
④ 奴婢：南人贖六十之妻，魏孝文怪其複何所任。

國,俱得賜妻,生子靈度。申謨聞此,乃棄妻子,走還江外。靈度刑爲閹人。《隋書‧藝術傳》:萬寶常父大通,從梁將王琳歸齊,後復謀還江南,事泄伏誅,由是寶常被配爲樂户。然則没虜者雖可以財贖,而依常法并不能得,謀叛走者,則又當身死而刑其家累也,可謂無道矣。

　　中國人或掠外夷爲奴婢,如第十六章第二節所言,南北朝皆有伐僚之事是也。《隋書‧蘇孝慈傳》:兄子沙羅,檢校益州總管長史。蜀王秀廢,吏奏案沙羅云:秀調熟僚令出奴婢,沙羅隱而不奏,則虜掠之外,并有以人爲賦者,其無道尤甚矣。[1]《秀傳》:秀廢爲庶人,幽内侍省,不得與妻子相見,令給僚婢二人驅使,蓋尚攜自蜀中者也。亦有外夷掠外夷之人,而賣諸中國者,如第十六章第一節所言,慕容廆掠夫餘種人,賣諸中國是也。《梁書‧王僧孺傳》:僧孺出爲南海大守。郡常有高涼生口;及海舶每歲數至,外國賈人,以通貨易;舊時州郡以半價就市,又買而即賣,其利數倍,歷政以爲常,僧孺并無所取。又《良吏傳》:孫謙爲巴東、建平二郡大守,掠得生口,皆放還家。《魏書‧吕羅漢傳》:高祖詔羅漢曰:"赤水諸羌居邊土,非卿善誘,何以招輯?仰所得口馬,表求貢奉,朕嘉乃誠,便領納。其馬即付都牧,口以賜卿。"此并緣邊之地,以夷口爲利之事,已爲無道,若其附塞或居塞内者,既經歸化,即爲中國邊氓,而司馬騰乃執賣諸胡以爲利,則其無道更甚矣。芮芮之亡也,周文既聽突厥之請,縛其主已下三千餘人付突厥使斬之,又以其中男已下配王公家,茹柔而嗜利,尚復成何政體哉?

　　中國人爲夷虜奴婢者亦多,[2]第六章第六節所言,吕隆時姑臧被困,百姓請出城乞爲夷虜奴婢者,日有數百;第十六章第六節引《侯莫陳穎傳》言胡村厭匿漢人爲奴皆其事。《北史‧王慧龍傳》:崔浩被誅,盧遐後妻,寶興慧龍子。從母也,緣坐没官。寶興亦逃避。未幾得出。遐妻時官賜度斤鎮高車滑骨。寶興盡賣貨產,自出塞贖之以歸。則贖法亦通行於塞外。然喪亂之際,没身異域而不能歸者,必甚衆矣。

　　漢世殺奴婢者,不過先以白官,晉、南北朝之世,蓋猶有此習,故孔稚珪殺其兄之妾,亦不過先白大守,已見第十七章第一節。然《宋書‧沈文秀傳》,坐爲尋陽王鞭殺私奴免官,加杖一百,則似又不能擅殺也。《魏書‧高謙之傳》:世無髡黥奴婢。常稱俱稟人體,如何殘害?然《北史‧魏本紀》:文帝大統十三年二月,詔亡奴婢應黥者,止科亡罪。[3]又《房謨傳》:前後賜其奴婢,率多

---

① 奴婢:賦賣族人爲奴婢,外夷掠外夷賣諸中國。
② 奴婢:中國人爲夷虜奴婢者。
③ 奴婢:可擅殺?可黥?

免放。神武後賜其生口，多黥面爲房字而付之。則黥法尚習爲故常也。《晉書·王敦傳》言：王愷、石崇，以豪侈相尚。愷常置酒，敦與導俱在坐。有女伎，吹笛小失聲韻，愷便毆殺之。一坐改容。敦神色自若。他日，又造愷。愷使美人行酒。以客飲不盡，輒殺之。酒至敦、導所。敦故不肯持，美人悲懼失色，而敦傲然不視。導素不能飲，恐行酒者得罪，遂勉彊盡觴。《崇傳》：崇爲客作豆粥，咄嗟便辦。每冬得韭苹虀。嘗與愷出遊，爭入洛城，崇牛迅若飛禽，愷絕不能及。愷每以此三事爲恨。乃密貨崇帳下，問其所以。答云：“豆至難煑，豫作熟末，客來但作白粥以投之耳。韭苹虀是擣韭根，雜以麥苗耳。牛奔不遲，良由御者逐不及反制之，可聽蹁轅則駃矣。”於是悉從之，遂爭長焉。崇後知之，因殺所告者。《北齊書·盧文偉傳》：子宗道，性粗率，重任俠。嘗於晉陽置酒，賓遊滿坐。中書舍人馬士達，目其彈箜篌女伎云：“手甚纖素。”宗道即以此婢遺士達。士達固辭。宗道便命家人，將解其腕。士達不得已而受之。將赴營州，於督亢陂大集鄉人，殺牛聚會。有一舊門生，酒醉，言辭之閒，微有疏失，宗道遂令沈之於水。紀綱廢弛之世，人命真如草菅也。

　　部曲緣起，本因軍事，見《秦漢史》第十四章第二節。故當喪亂之際，招募孔多，或藉之以爲亂。遙光之叛，欲用遙欣、遙昌二州部曲。桑偃等謀立昭胄，亦以蕭寅有部曲，大事皆以委之。皆見第十章第五節。殷琰無部曲，則受制於杜叔寶。見第九章第四節。劉秉之圖齊高帝也，其弟遐爲吳郡，潛相影響，齊高密令張瓌取遐。諸張世有豪氣，瓌宅中常有父時舊部曲數百。遐召瓌，瓌僞受旨，與叔恕領兵十八人入郡，與防郡隊主郭羅雲進中齋取遐。遐踰窗而走。瓌部曲顧憲子手斬之。郡内莫敢動者。夏侯夔在豫州七年，有部曲萬人，[1]馬二千匹，并服習精彊，爲當時之盛。大同四年，卒於州。子譒，少粗險薄行，常停鄉里領其父部曲，爲州助防。刺史蕭淵明引爲府長史。淵明彭城戰没，復爲侯景長史。景反，譒前驅濟江，頓兵城西士林館，破掠邸第及居人富室，子女財貨，盡掠有之。淵明在州有四妾，并有國色。淵明没，并還京第。譒至，破第納焉。有部曲者之足以爲患如此。案《齊書·蕭景先傳》：景先北征，軍未還，遇疾，遺言“周旋部曲，還都理應分張，其人舊勞勤者，應料理隨宜啓聞乞恩”，則部曲本不應傳襲，[2]而當時多聽其子孫有之，此其所以詒禍也。《梁書·處士傳》：張孝秀去職歸山，居於東林寺，有田數十頃，部曲數百人，率以力田，[3]此等人蓋不多

---

① 奴婢：夏侯夔部曲萬人，其子率之爲州助防，案此其口實之所以能給？
② 奴婢：部曲本不應傳襲。
③ 奴婢：率部曲力田。

也。《齊書·李安民傳》言,宋泰始以來,内外頻有賊寇,將帥已下,各募部曲,①屯聚京師。安民上表陳之,以爲自非淮北常備,其外餘軍,悉皆輸遣。若親近宜立隨身者,聽限人數,上大祖納之,詔斷衆募,固不得不然矣。部曲亦爲私屬,故亦可以賞賜。《北史·竇熾傳》:子榮定,爲洛州總管,隋文帝受禪來朝,文帝賜以部曲八十户是其事。其等級較高於奴婢,故奴婢可免爲部曲也。部曲之女曰客女。皆見上。

賓客雖云寄食,猶爲敵體,説見《秦漢史》第十四章第二節。然其後亦成爲部曲之流,敵體之義微矣。晉室東渡之際,百姓遭難流移,多芘大姓爲客,時不能正,乃定給客之制,已見第十七章第三節。《隋書·食貨志》云:都下人多爲諸王公貴人左右、佃客、典計、衣食客之類,皆無課役。官品第一、第二,佃客無過四十户;第三品三十五户;第四品三十户;第五品二十五户;第六品二十户;第七品十五户;第八品十户;第九品五户;其佃穀皆與大家量分。其典計:官品第一、第二置三人;第三、第四置二人;第五、第六及公府參軍、殿中監、監軍、長史、司馬、部曲督、關外侯、材官、議郎已上一人;皆通在佃客數中。官品第六已上,并得衣食客三人;第七、第八二人;第九品及驍騎、迹禽、前驅、由基、彊弩司馬,羽林郎,殿中宂從武賁,持鍦斧武騎、武賁,持鈒宂從、武賁,命中武賁、武騎一人。客皆注家籍。此即所謂給客之制,法所許爲其私屬者也。《晉書·外戚傳》云:魏氏給公卿已下租牛客户,數各有差。自後小人憚役,多樂爲之。貴勢之門,動有百數。又大原諸郡,亦以匈奴、胡人爲田客。多者數千。武帝踐位,詔禁募客。則客制實起於曹魏之世,晉初嘗禁之,其後力不能勝,乃又從而許之也。魏世有僧祇户、佛圖户,亦係私屬,見第十七章第三節。

門生之地位,更高於部曲。其人蓋古舍人之類,故亦可以入仕。《齊書·王琨傳》:琨轉吏部郎。更曹選局,貴要多所屬請,琨自公卿下至士大夫,例爲用兩門生。《南史·陸慧曉傳》:慧曉遷吏部郎。尚書令王晏選門生補内外要局,慧曉爲用數人而止,晏恨之。《晏傳》云:内外要職,并用周旋門義。又云:内外要職,并用門生。《周書·李賢傳》:高祖西巡,幸賢第,門生昔經侍奉者,二人授大都督,四人授帥都督,六人别將。則其入仕之途頗捷,時亦頗優;又依附公卿,人多視爲榮幸;故富人子弟,亦慕爲之,不惟無所利於其主,而且有所獻納焉。《南史·徐湛之傳》言:湛之門生千餘,皆三吳富人子,資質端美,衣服鮮麗。《梁

書・顧協傳》：有門生，始來事協，知其廉潔，不敢厚餉，止送錢二千。協發怒，杖二十。因此事者絶於饋遺。又《江革傳》：革除武陵王長史、會稽郡丞，行府、州事。革門生故吏，家多在東州，聞革應至，并齎持緣道迎候。革曰："我通不受餉，不容獨當故人筐篚。"至鎮惟資公費。則其證也。其人既係仕宦之流，故頗能通文墨。《北史・楊愔傳》：愔所著詩賦、表奏、書論甚多，誅後散失，門生鳩集，所得者萬餘言，是其證也。其來也既多由趨炎附勢，恣橫自所不免。周嵩嫁女，門生斷道，斫傷二人，建康左尉赴變，又被斫，劉隗爲御史中丞，劾其兄顗，顗坐免官。江斅出爲豫章内史，還除大子中庶子，領驍騎將軍，未拜，門客通臧利，至煩齊世祖遣使檢覈。何敬容既廢，賓客門生，誼譁如昔。會稽謝郁致書戒之曰："踵君侯之門者，未必皆感惠懷仁，有灌夫、任安之義，乃戒翟公之大署，冀君侯之復用也。"則門生未嘗不足爲居官之累矣。《齊書・劉懷珍傳》云：孝建初，爲義恭大司馬參軍直閣將軍。懷珍北州舊姓，門附殷積。啓上門生千人充宿衛。孝武大驚。召取青、冀豪家私附，得數千人。土人怨之。此蓋其特多者。然如范雲之不畜私門生者，士夫中恐不易多覯矣。

# 第十九章　晉南北朝人民生計

## 第一節　物價工貲貨産

欲知一時代中人民生計情形者,必先知其生活之所費,次知其所入幾何,以供此費,爲有餘,抑爲不足? 若有餘者,其餘財用諸何方? 而其俗之侈儉可知矣。一切費用,若能均以錢幣計算,自爲最便。苦於前代,錢之爲用,不甚普徧;晉室東渡以後,又南北分離,幣制既不統一,又皆不甚整飭,公家所鑄之錢,不得民信,民閒乃以他物代之;其所以爲代之物,又不能畫一;故其計算極難也。

語曰:"食爲民天。"欲知人民生活情形,自宜首知其穀價,而欲知穀價者,又必先考其度、量、衡。歷代度、量、衡制,略見於正史之《律曆志》,然與民閒所用,實不甚相符。《隋書》所載晉、南北朝度制,以晉荀勗準《周禮》所造,即所謂晉前尺者,爲計算之準。此尺與《漢書・律曆志》所載王莽時劉歆所造之銅斛尺,後漢之建武銅尺相符。魏杜夔所用之尺,較此長七氂。江東所用,謂之晉後尺,當此尺一尺六分二氂。宋民閒所用之尺,傳諸梁、陳者,當此尺一尺六分四氂,魏氏所用之尺,分前、中、後三種:前尺當晉前尺一尺二寸七氂。中尺當其一尺二寸一分一氂。後尺,亦即後周民閒所用,當其一尺二寸八分一氂。又有所謂東魏尺者,爲高齊所沿用,當晉前尺一尺五寸八豪。後周保定中,詔遣大宗伯盧景宣等累黍造尺,從衡不定。後因脩倉掘地得古玉斗,事在保定元年,見下。以爲正器,據斗造律、度、量、衡。其所造者,謂之玉尺。《隋志》云:俗閒見玉作名爲玉尺,見鐵作名爲鐵尺。與相承一銅籥云是蔡邕銅籥者,校計相符。實比晉前尺一尺一寸五分八氂。當時因此大赦,改元天和。《志》云:"百司行用,終於大象之末。"然又云:"平齊後以宋氏尺同律、度、量,班於天下。"則玉尺僅官司用之而已。此尺以鐵作,俗閒名爲鐵尺。《志》又載宣帝時達奚震及牛弘等議,謂"今之鐵尺,是大祖遣蘇綽所造,驗其長短,與宋尺符同,平齊之

始,已用宣布,因而爲定,彌合時宜",則鐵尺初非取諸宋氏。不知周氏諱言之而妄云爲蘇綽所造邪? 抑綽之所造,實取正於上國也?《志》又云:"未及詳定,高祖受終。"則其尺亦未嘗行也。量法:《隋志》引魏劉徽《九章商功注》:謂王莽銅斛,當魏九斗七升四合有奇。又云:梁、陳依古斗。齊以古升五升爲一斗。後周武帝保定元年五月,晉國造倉,獲古玉升。五年十月,準爲銅升,班之天下。依甄鸞算術:玉升一升,得官斗一升三合四勺。開皇以古斗三升爲一升。大業初依復古斗。稱法:梁、陳依古稱。齊以古稱一斤八兩爲一斤。周玉稱四兩,當古稱四兩半。開皇以古稱三斤爲一斤。大業中依復古稱。案魏孝文、齊神武、周武帝,皆有釐正度、量、衡之舉;隋煬帝大業三年,改度、量、權、衡,并依古式,尤爲曠然一大變革;然實皆未行。《魏書·本紀》:大和十九年六月,詔改長尺、大斗,依《周禮》制度,班之天下。《北齊書·本紀》:天平三年八月,神武請均斗、尺,班於天下。《周書·本紀》:建德六年八月,議定權、衡、度、量,班於天下。其不依形式者,悉追停。《隋書·本紀》:大業三年四月,改度、量、權、衡,并依古式。案《魏書·張普惠傳》:普惠以天下民調,幅、度長、廣,尚書計奏復徵縣、麻,上疏曰:"仰惟高祖,廢大斗,去長尺,改重秤,所以愛萬姓,從薄賦。萬姓荷輕賦之饒,不適於縣麻而已,故歌舞以供其職,奔走以役其勤。自茲以降,漸漸長闊。百姓嗟怨,聞於朝野。宰輔不尋其本,而特放縣、麻之調,以悦天下之心,此所謂悦之不以其道。今宮人請調度造衣物,必度忖秤量。絹、布匹有丈尺之盈,一猶不計其廣,絲、縣斤兼百銖之重,未聞依律罪州郡。若一匹之濫,一斤之惡,則鞭户主,連三長。今百官請俸,人樂長、闊,并欲厚、重,無復準極。得長、闊、厚、重者,便云其州能調絹、布,橫發美譽,以亂視聽。今若必復縣、麻者,謂宜先令四海,知其所由;明立嚴禁,復本幅、度。其在庫絹、布并絲、縣,不依典制者,請遣一尚書,與大府卿,左、右藏令,依今官度、官秤,計其斤、兩、廣、長,折給請俸之人。"後普惠表論時政得失,又以審法度、平斗尺爲言;而任城王澄奏利國、濟民,所宜振舉者十條,亦以律、度、量、衡公私不同宜一爲首。二人之論,皆在明帝之初,距大和十九年,不過二十年耳。則謂改制之始,民樂輸將,後乃稍離其本,不過遜順之辭,實則大和之詔,初未嘗行也。《通典》言梁武帝五銖錢實重四銖三參三黍,其百文重一斤二兩,齊文襄五銖錢實重五銖,百文重一斤四兩二十銖,較其多寡,重輕,兩相符合,而《左氏》定公八年《正義》,謂魏、齊斗、稱,於古二而爲一;《隋志》謂其以古稱一斤八兩爲一斤,此即公家定制,與民閒所用,實不相符之證。後周則觀《志》言其平齊後即班宋氏尺於天下,而達奚震等仍以爲言,而可知其令之不行矣。歷代之度、量、衡,蓋無不徒有其名者。《晉書·律曆志》言:荀勖新尺,惟以調音律,至於人閒,未曾流布,故江左及劉曜儀表,并與魏尺略相依準;又言裴頠以醫人命之急,而稱、兩不與古同,爲害特重,宜改治權、衡,不見省;其明證也。《左氏》定公八年《正義》,謂魏、齊斗、稱,於古二而爲一;周、隋斗、稱,於古三而爲一;蓋據當時實在行用者,約略言之也。度、量、衡器,初非概由官制,民閒自制,自不能無"增損、譌替"。語見《隋志》。而前世取民,多以實物,官司恒利於度之長,量之大,衡之重;民閒交易,權操於豪彊、商賈,其所利者,亦與官司同;故增損、譌替之餘,度必漸增其長,量必漸增其大,衡必漸增其重。《日知録》云:"《漢書·貨殖傳》:黍千大斗。師古曰:大斗者,異於量米、粟之斗

也,是漢時已有大斗,但用之量麄貨耳。《唐六典》:凡度:以北方秬黍中者一黍之廣爲分,十分爲寸,十寸爲尺,一尺二寸爲大尺,十尺爲丈。凡量:以秬黍中者容一千二百黍爲龠,二龠爲合,十合爲升,十升爲斗,三斗爲大斗,十斗爲斛。凡權、衡:以秬黍中者百黍之重爲銖,二十四銖爲兩,三兩爲大兩,十六兩爲斤。凡積秬黍爲度、量、權、衡者,調鍾律,測晷景,合湯藥,及冠冕之制則用之;內外官司,悉用其大者。按唐時權、量,是古今、小大并行。大史、大常、大醫用古,他有司皆用今。久則其今者通行,而古者廢矣。”《大斗大兩》條。自注引《通典》載諸郡土貢,亦有用小斤、小兩者,然皆湯藥之用,如上黨郡貢人參三百小兩,濟陽郡貢阿膠二百小斤是也。愚案《晉》、《隋書》《律曆志》引《九章商功法程》云:“粟一斛,積二千七百寸,米一斛,積一千六百二十七寸,菽、合麻、麥一斛,積二千四百三十寸,此據精粗爲率,使價齊而不等其器之積寸也。以米斛爲正,則同於《漢志》。”然則隨物之精粗、貴賤而異其度、量、衡之器,民間本有此法。久之漸趨畫一,取其一器以爲正,如量粟、菽、麻、麥皆用米斛。而度量衡之長、大、重,亦隨之而增矣。此較增損、譌替者,所增爲巨。《齊民要術·作醬法》云:“豆黃堆量不概,鹽麴輕量平概。達奚震及牛弘等言:以上黨羊頭山黍依《漢書·律曆志》度之:若以大者稠累,依數滿尺,實於黃鍾之律,須撼乃容;若以中者累尺,雖復小稀,實於黃鍾之律,不動而滿。”堆量、輕量;或概、或不概;或撼、或不動;雖同用一器,所得多少,又自不同。此等皆隨俗而殊,斷難畫一。故計算歷代之物價,總祇能得其大較之大較也。商業興盛之國,交易皆集於都會,小都會又取準於大都會,則度、量、衡及錢幣等,皆易於畫一。以農業爲主之國,交易分成多區,區各有其取正之所,商人勢不得不屈於其俗,欲定一尊甚難。中國歷代,皆欲畫一度、量、衡及錢幣,而皆徒有其名,蓋爲此也。以大較之大較言之:南朝之量與衡,視爲與古略相放,北朝之量與衡,視爲於古二而爲一,或當相去不遠也。據《隋志》所載尺法,惟東魏於古,二而爲一,尚有奇零,餘皆不逮頗多。然此係官家定制,民間所用,未必如是。正恐二而爲一,由來已久,而官家乃從而用之也。又《梁書·庾詵傳》,載詵嘗乘舟從田舍還,載米一百五十石。有人寄載三十石。既至宅,寄載者曰:“君三十斛,我百五十石。”蓋以詵之米爲己之米,己之米爲詵之米也。魏大和五年班祿增調,《魏書·本紀》言穀二斛九斗,《食貨志》言粟二石九斗。皆可證斛、石仍同。然《肅宗紀》:孝昌二年二月,詔有能輸粟入瀛、定、岐、雍四州者,官斗二百斛賞一階,入二華州者,五百石賞一階,地方儲積,固有多少之殊;運轉亦有難易之別;官家須用,亦有緩急之不同;然酬獎之厚薄,似不應縣殊至是? 則北方斛、石,似又因地而不同矣。此等亦難於詳考也。

　　度、量、衡既略明，又宜進考其時之幣價。漢獻帝初平元年，董卓壞五銖錢鑄小錢，實爲錢法一大變。其後宋孝武帝孝建元年造四銖錢。三年，用徐爰議，收銅繕鑄，私鑄始甚。前廢帝即位，改鑄二銖；又用沈慶之説通私鑄，而錢法大壞。史述其弊，至於"斗米一萬，商賈不行"。梁武帝鑄五銖及女錢，二品并行，亦卒爲私錢所亂。後廢銅錢，更鑄鐵錢，大同後遂至積如丘山，交易者不復計數，而惟論貫。北朝大和十九年，始行五銖錢，後世宗又鑄之，其行皆不廣。肅宗以後，私鑄轉甚。亦至風飄水浮，米斗幾直一千。迄於齊、周，無以善其後。本節所論幣制，宜與第二十章第四、五節參看。以是言之，其時物價，宜極騰貴。顧史所載者，與前世并無大殊，錢價仍遠較後世爲貴，其故何也？曰：當時錢幣之爲用，本不普徧；惡錢雖與好錢并行，蓋皆減折行使；論物價者，仍以好錢爲準，而史從而書之，故覺其物價無甚變動也。《晉書·食貨志》云："董卓鑄小錢，貨輕物貴，穀一斛至錢數百萬。參看《秦漢史》第十六章第四節。魏武作相，罷之，還用五銖。是時不鑄錢既久，貨本不多，又更無增益，故穀賤無已。"夫民閒果其通用，豈魏武一令所能罷？此觀於歷代私錢之難禁可知。蓋董卓所鑄之小錢，本已廢而不行矣。《志》又云："黃初二年，魏文帝罷五銖錢，使百姓以穀、帛爲市。至明帝，乃更立五銖錢。"錢之用便於穀、帛，不待再計而知。民閒果其通用，更豈魏文一令所能廢？《志》又載晉末桓玄議廢錢，孔琳之駁之，謂"錢之不用，由於兵亂積久，自致於廢"，[1]此言最合事情。琳之去魏世近，蓋必有所見，非慢然言之也。《晉書·張軌傳》：索輔言於軌曰："古以金、貝、皮幣爲貨，息穀物量度之耗。二漢制五銖錢，通易不滯。泰始中，河西荒廢，遂不用錢。裂匹爲段。縑布既壞，市易又難；徒壞女工，不任衣用；弊之甚也。今中州雖亂，此方安全。宜復五銖，以濟通變之會。"軌納之。立制準布用錢。錢遂大行，人賴其利。此爲琳之之説之鐵證。蓋前世錢貴，民閒零星交易，并不甚用錢，參看《秦漢史》第十六章第四節。故錢之用，惟於商賈爲最切，商賈不行，即寖至於廢矣。《晉志》載琳之之議又曰："魏明帝時，錢廢穀用既久，以不便於人，乃舉朝大議。精才達政之士，莫不以宜復用錢。下無異情，朝無異論。""錢廢穀用既久"句，《宋書·琳之傳》作"錢廢穀用，三十年矣"。《南史》作四十年矣。三、四二字，未知孰是，古人好舉成數，逾於三十，即可言四十；又其言數不甚精密，雖迫近四十，仍可言三十也。而既久二字，則必爲後人所改，蓋作史者疑自黃初之世，至於明帝之時，不及三十年，而不知琳之此語，乃上溯漢獻帝時言之也。

　　① 錢幣：亂則錢自廢，錢貴惟商賈多用，不行即自廢。

此亦足證董卓所鑄小錢，自致於廢，而無待於魏武之令也。即謂有待於魏武之令，自初平元年至建安元年魏武作相，亦不過六年。宋自孝建三年五月鑄四銖錢，下逮明帝泰始元年十二月罷之，及其明年三月斷新錢專用古錢，亦不及十年也。參看第二十章第四節。《隋書·食貨志》云：陳初承梁喪亂之後，鐵錢不行，似鐵錢至梁亡始廢。然其爲用見於史者，僅《陳書·沈炯傳》，謂其爲宋子仙所逼，令掌書記，王僧辯購得之，酬所獲者鐵錢十萬而已。此蓋破敗之餘，銅錢闕乏，又或吝惜不出，而非其時鐵錢之果行也。然則積如丘山，適足見其壅塞不行而已。當時短陌大行，最貴者京師以九十爲陌，次則八十、七十，末年乃以三十五爲陌。此即錢日貴，物日賤，向值百錢者，落至僅值九十、八十、七十，甚至僅值三十五也。錢日多而物日賤，錢之不行可知。魏肅宗初，任城王澄上書論當時錢貨，謂大和五銖，不入徐、揚之市，河北且無新造五銖，與此正可參證。大和五銖，不可謂之惡錢，且猶如此，況於梁之鐵錢哉？齊初，孔覬上《鑄錢均貨議》，言："盜鑄者摩澤淄染，始皆類故，交易之後，渝變還新，良民弗皆淄染，不復行矣。所粥賣者，皆徒失其物。盜鑄者復賤買新錢，淄染更易。反覆生詐，循環起姦。"觀此，知當時私鑄雖甚，而私錢之廢而不行者亦多；且新舊二錢，判然異價；論物價者，安得不以舊錢爲主？又宋文帝時，江夏王義恭欲以大錢一當兩，沈演之議，謂："晉遷江南，疆境未廓，或土習其風，錢不普用，今王略開廣，聲教遐暨，金�93所布，爰逮荒服，悉皆流行之矣。"此説謂晉世錢貨不行之地尚多是實，其謂宋世流行，則不過故甚其辭，以伸己説，故《隋志》謂梁初尚惟京師及三吳、荊、郢、江、湘、梁、益用錢也。錢且不行，況於新鑄？其論物價之辭，必以舊錢爲主，更不待言矣。

　　然則當時幣價，果何如邪？案《齊書·王敬則傳》載竟陵王子良啓，謂"錢貴物賤，殆欲兼倍。凡在觸類，莫不如茲。稼穡惟劬，斛直數倍。今機杼勤苦，匹裁三百。所以然者，實亦有由。年常歲調，既有定期，僅卹所上，咸是見直。民閒錢多翦鑿，鮮復完者。公家所受，必須員大。以兩代一，困於所貿。鞭棰、質繫，益復無聊。"又謂"昔晉氏初遷，江左草創，絹布所直，十倍於今。賦調多少，因時增減。永初中，官布一匹，直錢一千，而民閒所輸，聽爲九百。漸及元嘉，物價轉賤，私貨則束直六千，官受則匹准五百。所以每欲優民，必爲降落。今入官好布，匹堪百餘。四民所送，猶依舊制。昔爲損上，今爲刻下。氓庶空儉，豈不由之？"《子良傳》載其啓，又謂"泉鑄歲遠，類多翦鑿。江東大錢，十不一在。公家所受，必須輪郭。遂買本一千，加子七百。猶求請無地，棰革相繼。"然則當齊初，好惡錢之相比，爲以兩當一，或以十七當十。與

所謂斗米一萬,商賈不行者,相去何其遠邪? 足見此等情形,即有之亦爲時甚暫也。物直自永初至元嘉,殆減其半,至齊初則僅十之一矣。合梁世短陌之數觀之,略可見其時物直降落之情形也。

銅錢而外,金、銀亦略具錢幣之用。前世用金,皆以斤計,此時則多以兩計,詳見第二十章第五節。即其通行漸廣之徵。漢世黄金一斤直錢萬。晉、南北朝之世,史無明文。然史亦未言其相異,則其比直或無甚變動。黄金一斤直錢萬,則一兩直錢六百二十五。新室幣制,銀八兩爲一流,直千,見《秦漢史》第七章第二節。當金價五分之一。是時若無變動,則銀一兩直錢百二十五也。

金、銀爲用不廣,錢又不足於用,所資以交易者,實惟穀、帛爲多。宋世周朗,亦主廢錢幣用穀帛者,其言曰:“自淮已北,萬匹爲市,從江以南,千斛爲貨,不患其難。”可見北多用帛,南多用穀。① 欲計布帛之直,必先考其長、廣。《宋書·律志》謂“布幅廣二尺七寸,四十尺爲匹”,較《漢書·食貨志》所云“布帛廣二尺二寸爲幅,長四丈爲匹”者少廣。《魏書·食貨志》云:“舊制民間所織絹布,皆幅廣二尺二寸,長四十尺爲一匹。”則與《漢志》符同。又云:“六十匹爲一端。”案大和班禄之先,户以九品混通,各調帛二匹,又各入帛一匹二丈,委之州庫,以供調外之費。詳見第三節。一匹二丈,則六十尺。蓋因有是調,乃有一端之稱也。② 前世多言布帛,南北朝之世,則多言絹、布,蓋以絹爲絲織之總名。③《北齊書·李元忠傳》云:元忠貢世宗蒲桃一盤,世宗報以百縑,又載世宗書辭曰:“聊用絹百匹,以酬清德。”上言縑,下言絹,其明徵矣。是時銅錢日少,故絹價日廉。《晉書·石勒載記》:勒令公私行錢,而人情不樂,乃出絹市錢,限中絹匹一千二百,下絹八百。百姓私買,則中絹四千,下絹二千。魏大和十九年行錢,内外官禄,皆准絹給錢,絹匹爲錢二百。永安二年鑄五銖,官欲貴錢,出藏絹,分使人於三市賣之,絹匹止錢二百,而私市者猶三百。蓋官賣止收好錢,私市兼收惡錢。普泰元年,天下調絹四百一匹,此則利於多取,其時絹價未必至是也。《北史·房謨傳》云:魏朝以河南數州,鄉俗絹濫,退絹一匹,徵錢三百,人庶苦之,乃表請錢、絹兩受,任人所樂,可見四百爲多取也。自石勒之時,至於魏世,絹價約落至十分之一,亦頗與南朝情形相似矣。

史所載穀價,多在飢荒喪亂之時,實不足考人民生活情形,晉、南北朝穀價異常者:《惠帝紀》:元康七年七月,關中飢,米斛萬錢,時直齊萬年之亂。大安二年十月,公私窮蹙,米

① 錢幣:南北朝時,北多用帛,南多用穀。
② 布帛:以六十匹爲一端之由來。
③ 錢幣:前世多言布帛,南北朝言絹布,絹蓋絲織之總名。

石萬錢,時直張方之亂。《懷帝紀》:永嘉五年六月,百姓飢儉,米斛萬餘,時劉曜、王彌陷京師。《愍帝紀》:建興四年十月,京師飢甚,米斗金二兩,人相食,死者大半,時劉曜自前月逼京師。《成帝紀》:咸和四年正月,蘇峻子碩攻臺城,城中大飢,米斗萬錢。《魏書·僭晉傳》云:穀石數萬。咸康元年,大旱,會稽、餘姚尤甚,米斗五百。《石季龍載記》:時衆役繁興,軍旅不息,加以久旱,穀貴,金一斤,直米二斗。《吕光載記》:光之稱酒泉公,穀價騰踊,斗直五百,人相食,死者大半。吕隆之將亡也,姑臧穀價踊貴,斗值錢五千,人相食,餓死十餘萬。《魏書》本傳同。《禿髮氏載記》云:隆爲沮渠蒙遜所伐,遣使乞師,利鹿孤引羣下議之,其尚書在丞婆衍崘曰:"今姑臧飢荒殘弊,穀石萬錢。"則尚未至如《隆載記》所言之烈。蓋其初危急時,與後極困弊時,穀價又有不同也。《宋書·沈演之傳》:元嘉十二年,東諸郡大水,民人饑饉。吴、義興及吴郡之錢塘,升米三百。《前廢帝紀》:大明八年,去歲及是歲,東諸郡大旱。甚者米一升數百。① 京邑亦至百餘。餓死者十有六七。一升,《南史》作一斗。案《孔覬傳》言:大明八年,東土大旱,都邑米貴,一斗將百錢,《南史》亦同,則作斗者是也。《梁書·武帝紀》:天監元年,大旱,米斗五千,人多餓死。《庾蓽傳》亦言蓽以是時行會稽郡事,時承彫敝之後,百姓凶荒,所在穀貴,米斗數千,人多流散。《侯景傳》言:景圍臺城時,食稍盡,米斛數十萬,人相食者十五六。《南史·景傳》云:景食石頭常平倉既盡,便掠居人。爾後米一升七八萬錢,人相食,有食其子者。《魏書·島夷傳》云:城内大飢,人相食。米一斗八十萬。皆以人肉雜牛馬而賣之。軍人共於德陽前立市,屠一牛得絹三千匹,賣一狗得錢二十萬。皆熏雀掘鼠而食之。案穀價之翔貴,由於水旱者實少,由於兵亂者特多且甚,此以見人禍之更烈於天災也。其稍近於常情者:《晉書·食貨志》載户調之式,遠夷不課田者,輸義米户三斛,遠者五斗,極遠者輸算錢人二十八文,此恐亦僅能取諸户主。課調既愈遠而愈輕,則二十八文,必尚不及米五斗之價。此大粗略;且遠夷情形,亦與中國不同;不足以考穀價。《齊書·豫章王嶷傳》:嶷爲荆、湘二州刺史,以穀過賤,聽民以米當口錢,優評斛一百,此條最可考見南朝穀價。荆、湘爲産米之區,參看第二十章第一節。穀斛不及百錢,餘瘠薄之地當較貴,則當在百錢左右也。梁天監四年,大穰,米斛三十,其必病農,自無疑矣。然《魏書·食貨志》言:天興後比歲大熟,匹中八十餘斛。《隋書·食貨志》言:東魏元象、興和之中,頻歲大穰,穀斛至九錢。魏初絹匹,假依石勒時中絹爲四千,斛得錢約五十,其斛儻與古量相同,已去天監之世不遠。東魏之世,斗、稱於古,既已二而爲一,則古斛一斛,僅得四錢半,不惟視梁之米斛三十爲廉,且較漢宣帝時穀石五錢猶下矣。豈其所謂斛,猶以古斛言之邪?然南北朝時,不論南北,糴價皆賤,則似不足疑。此當時論者,所由多以傷農爲慮也。

　　日食之量,在前世爲人五升,已見《秦漢史》第十五章第一節。晉、南北朝之世,似亦無甚差殊,此固不應有異也。《晉書·食貨志》載鄧艾論屯田之語

―――――――――――

① 　生計:《宋書·前廢帝紀》大明八年米一升數百,《南史》升作斗,是。

曰："六七年間,可積三千萬斛於淮北,此則十萬之衆五年食也。"十萬之衆,五年食三千萬斛,則人年食六十斛,以三百六十日除之,日得一斗六升餘,此似乎大多。然《宋書·樂志》載晉成帝咸康七年,散騎常侍顧臻表諫伎樂之語,謂"兵食七升,忘身赴難"。又《宋書·劉勔傳》,載勔策攻縣瓠之語,謂"二萬人歲食米四十八萬斛,五年合須米二百四十萬斛",則人歲食米二十四斛。以三百六十日除之,日得六升又三分升之一。則與五升之數,相去不遠矣。《後漢書·伏湛傳》注引《九章算術》云:"粟五十糲率三十,一斛粟得六斗米爲糲。"鄧艾之語,蓋據粟言之,一斗六升粟,得糲九升許,以稍精鑿之米言之,則亦與顧臻、劉勔所云相去不遠也。《梁書·何胤傳》:胤謂王果曰:吾年已五十七,月食四斗米不盡,何容得有宦情?《陳書·孝行傳》:司馬嵩丁父艱,日食薄麥粥一升。張昭及弟乾,父卒,并日食一升麥屑粥。此爲衰者、毀者之食,不能以例常人。《梁書·江革傳》:革爲元延明所執,日給脱粟三升,僅餘性命;《齊書·孝義傳》:崔懷慎孤貧獨立,宗黨哀之,日斂給其升米;所以爲至愨之養,免死之周也。此升皆近於古。《北齊書·庫狄伏連傳》:附《慕容儼傳》後。家口百數,盛夏之日,料以食米二升,不給鹽菜,常有飢色,若爲南朝之量,必不能支。蓋謂盛夏可以少食,故又略減於古之五升。亦足證魏、齊斗、稱,於古二而爲一也。

　　《晉書·何曾傳》云:曾食日萬錢,猶曰無下箸處。① 子劭,食必盡四方珍異。一日之供,以錢二萬爲限。時論以爲大官御膳,無以加之。讀史者皆以爲極侈,其實亦不盡然。《北齊書·韓軌傳》:子晉明,好酒誕縱,招引賓客,一席之費,動至萬錢,猶恨儉率,然則萬錢爲宴客之侈者。曾乃日食之,劭則又倍之耳。若尋常之食:則《宋書·衡陽王義季傳》云:義季爲荆州刺史,隊主續豐,母老家貧,無以充養,遂斷不食肉。義季哀其志。給豐每月米二斛,錢一千。并制豐噉肉。豐所噉肉,未必更由官給。然則日得錢三十三,足以噉肉,且不關於甘旨之養矣。《顔氏家訓·治家篇》云:鄴下有一領軍,貪積已甚。朝夕肴膳,以十五錢爲率。遇有客旅,更無以兼。獨食月得四百五十錢,略半於義季所以周續豐者,亦不爲甚儉矣。《南史·褚彦回傳》云:時淮北屬江南,無復�propriée魚。或有閒關得至者,一枚直數千錢。人有餉彦回鰒魚三十枚。彦回時雖貴,而貧薄過甚。門生有獻計賣之,云可得十萬錢。何曾所食,設有若彦回時鰒魚者,但一味,已去萬錢十之三四矣。故史事苟記載真實,而又參互詳考之,無甚遠於情理而不可

① 生計:日食萬錢,不爲甚侈。

解者也。

衣料：布帛價已見前。《宋書·沈懷文傳》云：齋庫上絹，年調巨萬匹。縣亦稱是。期限嚴峻。民閒買絹，一匹至二三千。縣一兩亦三四百。此雖異常之價，然二者橫調既同，價之增當亦相近。假以絹一匹爲錢二千五百，縣一兩爲錢三百五十，則縣一斤之價，當絹二匹又二十五分匹之六，絹匹三百，縣斤當得六百七十二文矣。《齊書·褚淵傳》：淵死後，弟澄以錢萬一千，就招提寺贖大祖所賜淵白貂坐褥，①壞作裘及纓。白貂蓋爲名裘，當時之貂,亦産於今之吉、黑。《魏書·勿吉傳》曰：其父母春夏死,立埋之,若秋冬,以其尸捕貂,貂食其肉,多得之。《失韋傳》曰：亦多貂皮。閒關至中國殊不易。《三國志·鮮卑傳》注引《魏書》謂其有貂、豽、鼲子,皮毛柔蠕,天下以爲名裘,其地尚較勿吉、失韋爲近也。質價固非賣價，然淵甚貧，所質必與賣價相近，以是度之，裘亦不能甚貴也。

《宋書·后妃傳》：明帝陳貴妃，家在建康縣界，有草屋兩三閒。② 上出行，問尉曰：“御道邊那得此草屋？ 當由家貧。”賜錢三萬，令起瓦屋。則以草屋改爲瓦屋，每閒所費，爲萬至萬五千錢。《蔡興宗傳》：父廓，奉兄軌如父。罷豫章郡還，起二宅，先成東宅，與軌。廓亡而館宇未立。軌罷長沙郡還，送錢五十萬，以補宅直。造價若倍於改爲，則五十萬之貲，可得屋二十五閒或十八九閒也。造屋所費如是，買宅價亦相近。《齊書·王琨傳》：琨罷廣州刺史還，宋孝武問還貲多少，琨曰：臣買宅百三十萬。《南史·呂僧珍傳》：宋季雅罷南康郡，市宅居僧珍宅側。僧珍問宅價，曰：“一千一百萬。”怪其貴。季雅曰：“百萬買宅，千萬買鄰。”千萬買鄰爲虛言，百萬買宅爲實語，則其所費，倍於蔡廓耳。廣州固仕宦者膏腴之地，季雅亦以豪舉稱，故其所費較多也。崔慰祖賣宅四十五萬，與蔡廓起宅所費略侔。桓閎弟子曇深，爲臨城縣，罷歸，得錢十萬，買宅奉兄，見《南史·桓護之傳》。則其人以行義稱，故其所費爲獨少也。《晉書·石勒載記》：勒將營鄴宮，其廷尉續咸，上書切諫。勒怒，欲收之。其中書令徐光又諫。勒爲之止，而歎曰：“人家有百匹貲，尚欲市別宅，況有天下之富，萬乘之尊乎？ 終當繕之耳。”勒時中絹之價爲四千至千二百，下絹之價爲二千至八百，已見前。百匹市宅，以中絹計，爲錢十二萬或四十萬；以下絹計，爲錢八萬或二十萬；亦與南朝相去不遠也。

《晉書·食貨志》言：惠帝蕩陰反駕，囊錢三千，似至儉矣。然《魏書·蕭

---

寶夤傳》言：寶夤脱本衣服，著烏布襦，要繫千許錢以奔虜；又《司馬楚之傳》言：有上蔡董毛奴，齎錢五千，死於道路；則當時民間行旅，原不過齎錢數千，惠帝亦僑於氓庶耳。《魏詠之傳》言：詠之生而兔缺，聞殷仲堪帳下有名醫能療之，貧無行裝，遂齎數斛粟西上，以投仲堪。晉世布價，十倍齊初，粟價亦當十倍，數斛粟亦當得數千錢也。《習鑿齒傳》：桓溫追蜀人知天文者至，問國家運祚脩短。答云：“世祚方永。”溫不悦，送絹一匹，錢五千文。星人馳詣鑿齒曰：“家在益州，被命遠下。今受旨自裁，無由致其骸骨。緣君高義，乞爲標揭棺木耳。”鑿齒問其故。星人曰：“賜絹一匹，令僕自裁，惠錢五千以買棺。”鑿齒曰：“君幾誤死，此以絹戲君，以錢供道中貲，是聽君去耳。”以蕭寶夤、魏詠之所齎例之，溫之所贈，亦未爲薄也。

不徒以爲行貨不爲菲也，即以爲棺價亦然。《齊書·劉祥傳》：祥從祖兄彪，以崇聖寺慧首髠頭爲尼，以五百錢爲買棺材，以泥洹轝送葬劉墓，爲有司所奏。又《張融傳》：遺令以三千買棺。《梁書·劉歊傳》；歊著《革終論》，欲死後以一千錢市治棺。二人固主薄葬者，然歊論言“積習生常，難卒改革，一朝肆志，儻不見從”，則亦非過於儉者。然則當時棺價，極亦不過數千錢耳。

後魏賈思勰著《齊民要術》，雜載物價頗多，今摘録如下：《種瓠篇》云：破以爲瓢。其中白膚，以養豬致肥。其瓣以作燭致明。一本三實，一區十二實，一畝得二千八百八十實，十畝凡得五萬七千六百瓢。瓢直十錢，并直五十七萬六千文。用糞矢二百石，牛耕功力直二萬六千文，餘有五十五萬。肥豬、明燭，利在其外。《種胡荽篇》云：春種者五月子熟，拔取曝乾格柯打出，作蒿蓋盛之。冬月亦得入窖。夏還出之。但不濕。亦得五六年停。一畝收十石。都邑糶賣，石堪一匹絹。秋種者十月足霜乃收之。一畝兩載，載直絹三匹。《種桑柘篇》云：一枝直十文。此上有奪文。胡牀一具直百文。十五年任爲弓材，一張二百。亦堪作履，一兩六十。裁截碎木，中作錐刀靶，一箇直三文。二十年好作犢車材，一乘直萬錢。欲作鞍橋者，生枝長三尺許，以繩繫旁枝，木橛釘著地中，令曲如橋。十年之後，便是渾成柘橋。一具直絹一匹。欲作快弓材者，宜於山石之間北陰中種之。其高原、山田，土厚、水深之處，多掘深坑，於坑之中種桑柘者，隨坑深淺，或一丈五，直上出坑，乃扶疏四散。此樹條直，異於常材。十年之後，無所不任。一樹直絹十匹。《種榆白楊法》云：榆：三年春，可將莢葉賣之。五年之後，便堪作椽。不挾者即可砍賣，一根十文。挾者鏃作獨樂及盞，一箇三文。十年之後，魁、椀、瓶、櫺、器皿，無所不任。一椀七文。一魁二十。瓶、櫺、器皿，一百文也。十五年後，中爲車轂及蒲桃㹟。

瓷一直二百。車轂一具,直絹三匹。其歲歲料簡剥治之功,指柴顧人,十束顧一人,無業之人,争來就作。賣柴之利,已自無貲。歲出萬束,一束三文,則三十貫。荄葉在外也。況諸器物,其利十倍。歲收三十萬。砍後復生,不勞耕種,所謂一勞永逸。能種一頃,歲收千疋。惟留一人守護,指揮處分。既無牛耕、種子、人功之費,不慮水、旱、風、蟲之災。比之穀田,勞逸萬倍。男女初生,各與小樹二十株。比至嫁娶,悉任車轂。一樹三具,一具直絹三匹,成絹一百八十匹。聘財、資遣,粗得充事。白楊:一畝三壠,一壠七百二十株,一株兩根,一畝四千三百二十株。案當作根。三年中爲蠶樀,五年任爲屋椽,十年堪爲棟梁。以蠶樀爲率:一根五錢,一畝歲收二萬一千六百文。歲種三十畝,三年九十畝。一年賣三十畝,得錢六十四萬八千文。周而復始,永世無窮。比之農夫,勞逸萬倍。去山遠者,實宜多種,千根以上,所求必備。《種棠篇》云:八月初天晴時,摘葉薄布,曬令乾,可以染絳。成樹之後,歲收絹一匹。《種穀楮篇》云:三年便中斫。指地賣者,省功而利少;煮剥賣皮者,雖勞而利大;自能造紙,其利又多。種三十畝者,歲斫十畝,三年一徧,歲收絹百匹。《種槐柳楸梓梧篇》云:楊柳:三歲成椽,一畝二千六百六十根,三十畝六萬四千八百根,根直八錢,合收錢五十一萬八千四百文。百樹得柴一載,合柴六百四十八載,載合錢一百文,柴合收錢六萬四千八百文。都合收錢五十八萬三千二百文。歲種三十畝,三年種九十畝。歲賣三十畝,終歲無窮。箕柳:至秋任爲簸箕,五條一畝,歲收萬錢。柞:十年中可雜用,一根直十文。二十歲中屋樽,一根直百錢。《種紅花藍花梔子篇》云:花,負郭良田種頃者,歲收絹三百匹。一頃收子二百斛,與麻子同價。既任車脂,亦堪爲燭。即是直頭成米,二百石米,已當穀田,三百匹絹,端然在外。此皆當時物價間可考見者也。

　　力作者以一人一日之所作,爲計算之單位,此乃事理之自然。今俗語工夫二字,①專指時間言之,乃其偏端之義。溯其原,則夫指人力;工亦作功,謂一人一日之所作也。《宋書・孝義傳》:王彭,少喪母。元嘉初,父又喪亡。家貧力弱,無以營葬。兄弟二人,晝則傭力,夜則號感。鄉里哀之,各出夫力助作甎。此爲夫字之義。《晉書・文帝紀》:帝將伐蜀,謀衆曰:"略計取吳,作戰船,通水道,當用千餘萬功,此十萬人百數十日事也。"《劉曜載記》:曜葬其父母及妻,游子遠諫,謂:"計六萬夫百日作,所用六百萬功。"皆以一人一日所作爲一工也。庸力者即準此論直。《齊書・王敬則傳》:敬則爲會稽大守。會土

---

① 生計:工夫、夫力、夫直、匠、散夫、十夫、私夫、息日(第七二〇、六九九頁)。

邊帶湖、海，民丁無士庶，皆保塘役。敬則以功力有餘，悉評斂爲錢。送臺庫以爲便宜。竟陵王子良啟言："塘丁所出，本不入官。均夫、訂直，民自爲用。今郡通課此直，悉以還臺。租賦之外，更生一調。"均夫者，通計全工須用人力若干，均之各家。訂直者，定一人一日之作，所直若干，有不能力作之人，許其出直以爲代。史言士庶皆保塘役，士人未必能力作，必許其出直以爲代也。民間訂直，或不必皆以見錢，敬則則一以見錢計直而取之，故云評斂爲錢。《東昏侯紀》言其下揚、南徐二州橋、桁、塘、埭丁，計功爲直，斂取見錢，其所爲亦猶是也。民間有以夫力助人，亦有借人夫力而以夫力還之者。又有技藝者，其顧直與徒能力作者不同。《宋書·孝義傳》：吳逵，經荒饑饉，係以疾疫，父母、兄弟、嫂及羣從小功之親，男女死者十三人。逵時病困，鄰里以葦席裹之，埋於村側。既而逵疾得瘳。親族皆盡，惟逵夫妻得全。家徒壁立。冬無被袴。晝則傭賃，夜則伐木燒甎，期年中成七墓，葬十三棺。鄰里嘉其志義，葬日悉出赴助。逵時逆取鄰人夫直。葬畢，衆悉以施之。逵一無所受。皆備力報答焉。逆取謂暫未給直。施之則不取其直。備力報答，則以夫直還夫直也。又郭原平，性閑木功，庸賃以給供養。性謙虛。每爲人作匠，取散夫價。父亡，以爲奉終之義，情理所畢，營壙凶功，不欲假人。性雖智巧，而不解作墓。乃訪邑中有營墓者，助人運力。經時展勤，久乃閑練。又自賣十夫，以供衆費。葬畢，詣所買主，執役無懈。與諸奴分務，每讓逸取勞。主人不忍使，每遣之。原平服勤，未曾暫替。所餘私夫，傭賃養母。有餘，聚以自贖。本性智巧，既學搆冢，尤善其事。每至吉歲，求者盈門。原平所赴，必自貧始。既取賤價，又以夫日助之。散夫，蓋別無技藝，僅能力作之人。原平既閑木工，此即所謂作匠，原不應取散夫之價，故其取之爲謙虛。搆冢云取賤價，蓋亦指此。客爲依人之稱，兼具隸屬之義，故晉世佃客、衣食客，皆注家籍。參看第十八章第四節。十夫客受取買主之貲，蓋亦同於奴婢，故有自賣之名。所異者，還其買價，即可自贖耳。《宋書·自序》言：世祖出鎮歷陽，沈亮行參征虜軍事。時營創城府，功課嚴促。亮病其以歲月之事，求不日之成。謂："比見役人，未明工作，閉鼓乃休。呈課既多，理有不逮。至於息日，拘備關限。"公家役民，程課之法，亦必本諸習俗。彼此相況，則民間庸顧之法可明。雖受顧直，而其日可不工作，是爲息日。非息日者，工作亦有定時，往必後於未明，罷必先於閉鼓。息日若未往之先，既罷之後，工力自仍爲所自有。此時力作，是謂私夫。故原平得庸賃以養母，又得聚以自贖也。庸力得直，可使農民於稼穡之餘，別有所入。無常職者，尤恃此爲日食之資。程課寬嚴，平直高下，於民生舒蹙，所關實大。《齊

民要術》言：指柴十束顧一人，無業之人，争來就作；又言柴一束三文；則日得
卅錢，已爲顧直之優者矣。其《種紅花藍花栀子篇》又言："一頃收花，日須百
人。一家手力，十不充一。但駕車地頭，每旦當有小兒、僮女，百十餘羣，自來
分摘。正須平量，中半分取。"則指物顧人，自爲當時通法。蓋由民間錢少故
如此。日得錢三十，準諸穀價，不爲不優。然此尚須賣出柴始得錢，而主人亦
不更給食，故其平直如此耳。顧臻言"兵食七升，忘身赴難，過泰之戲，日廩五
斗"，此蓋當時伎樂庸直。伎樂之藝，自更優於匠人；且爲侈靡之事；刺繡文不
如倚市門，自古然矣，故其所得亦較優也。

　　李悝盡地力之教曰："一夫挾五口，治田百畞，歲收畞一石半，爲粟百五十
石。除十一之税十五石，餘百三十五石。食：人月一石半，五人終歲，爲粟九
十石。餘有四十五石。石三十，爲錢千三百五十。除社、閭、嘗新、春秋之祠，
用錢三百，餘千五十。衣：人率用錢三百，五人終歲用千五百。不足四百五
十。不幸疾病、死喪之費，及上賦斂，又未與此。此農夫所以常困，有不勸耕
之心。"此言計算農家生計，最爲清晰。不足四百五十，合粟十五石；疾病死喪
之費，及上賦斂，假亦以粟十五石計；則五人終歲，當得粟百八十石，乃可勉
支，此爲至儉之率矣。魏、齊斗、稱，於古二而爲一，當得粟九十石。周、隋斗、
稱，於古三而爲一，當得粟六十石。南朝斛、石，去古不遠，米斛以百錢計，當
得萬八千錢；絹匹以三百計，當得六十匹絹也。今試本此，以觀其時人之所
入。晉世，諸公及開府位從公者；食俸日五斛。大康二年，又給絹，春百匹，秋
絹二百匹，緜二百斤。元康元年，給菜田十頃，騶十人。立夏後不及田者，食
奉一年。奉日五斛，年得千八百斛，恰十倍於農家五人終歲之計。絹三百匹：
依石勒時中絹官定之價，爲錢三十六萬；私價百二十萬。下絹依官價，爲錢二
十四萬；私價六十萬。緜二百斤，據前所引沈懷文説，一斤之價，當絹二匹又
二十五分匹之六，依石勒時中絹官價，斤得錢二千六百八十八；私價得錢八千
九百六十。下絹官價，斤得錢千七百九十二；私價得錢四千四百八十。以二
百乘之，爲錢五十三萬七千六百，或一百七十九萬二千，或三十五萬八千四
百，或八十九萬六千。合緜、絹二項，爲錢六十九萬七千六百，或三百九十九
萬二千，或五十九萬八千四百，或百四十九萬六千。以粟斛千錢計，又得八百
九十七斛六斗，或二千九百九十二斛，或五百九十八斛四斗，或一千四百九十
六斛。菜田一頃，所入不易計算，以再食俸一年計，又得千八百斛。奉、緜絹、
菜田三項合計，其所入，爲四千四百九十七斛六斗，或六千五百九十二斛，或
四千一百九十八斛四斗，或五千有九十六斛。當農家五口之計，二十四倍又

百八十分之百七十七有六，或三十六倍又百八十分之百十二，或二十三倍又
有八十分之五十八，或二十八倍又百八十分之百五十六也。特進，食奉日四
斛；春服絹五十匹，秋絹百五十匹，緜一百五十斤；菜田八頃，騶八人。光禄大
夫，食奉日三斛；春絹五十匹，秋絹百匹，緜百斤；菜田六頃，田騶六人。大子
大傅，少傅同。尚書令，食奉月五十斛，絹春三十匹，秋七十匹，緜七十斤；菜
田六頃，騶六人。依此可以類推。《晉書·會稽王道子傳》，謂其時軍旅荐興，
國用虛竭，自司徒以下，日廩七升，蓋以上公而受兵卒之餉，宜乎其窮蹙矣。
《魏書·薛虎子傳》：虎子除徐州刺史，上表言：在鎮之兵，資糧之絹，人十二
匹，蓋月得一匹。匹以錢二百，穀以斛五十計，月得穀四斛，歲得穀四十八斛。
《劉芳傳》言：芳常爲諸僧傭寫經、論，筆迹稱善，卷直以一縑，歲中能入百餘
匹，則侔於穀四百餘斛。如此數十年，賴以頗振，宜矣。若論貲產之數，則貧
民所有，不過數千。《齊書·顧憲之傳》：西陵戍主杜元懿請增諸埭稅，憲之議
言：山陰一縣，課户二萬，其民貲不滿三千者，殆將居半，刻又刻之，猶且三分
餘一是也。富人則有千萬倍於此者。元嘉北伐，有司奏軍用不充，揚、南徐、
兗、江四州之民，家貲滿五千萬，僧尼滿二千萬者，并四分换一，過此率討；詳見
第八章第七節。《南史·張敬兒傳》：敬兒誣襄陽吳泰與袁顗同逆，收籍其家，僮
役、財貨，直數千萬；①此尚苞括各項資財。若《晉書·郗鑒傳》，言其子愔好聚
斂，積錢數千萬；《宋書·蕭惠開傳》，言其自蜀還資財二千餘萬；《齊書·豫章
王嶷傳》，言其荆州還資，評直三千餘萬；《曹虎傳》言其在雍致見錢五千萬；《南
史》作七千餘萬。又云：悉厚輪大郭，他物稱是。則尚非其貲產之全。其貪積最甚，若梁
之臨川王宏者，見第十二章第五節。則其貲財，更不可以稱計矣。財多如此，故其
用財亦無節限。《齊民要術》言：男女嫁娶，得絹百八十匹，粗足充事。絹匹
二百，不過錢三萬六千。《宋書·武帝紀》言帝儉德，諸主出適，遣送不過二
十萬。《晉書·卞壼傳》：言壼廉潔儉素，居甚貧約，息當婚，詔特賜錢五十
萬，既已數倍或十數倍於平民。而劉敬宣女嫁，武帝乃賜之錢三百萬。蕭惠
開妹當適桂陽王休範，女又當適世祖子，發遣之資，須應二千萬，乃以爲豫章
内史，聽其肆意聚納，則更不成語矣。婚嫁一端如此，其餘諸事，又可推
想也。

---

①　生計：多藏實物，故多云評貲若干，不皆積見錢也。積見錢者，見(第七二二頁)，然如梁臨川
王宏，則實物，鄴下領軍，麻鞋一屋，敝衣數庫(第七二九頁)，見錢究不適多積也。連車載物道路不斷
(第七二九頁)。

## 第二節　豪　貴　侈　靡

　　晉、南北朝貴人豪族之侈靡，實爲其時風俗之大弊，第二章第一節，已略言之。此蓋自古以來，操治理之權者，積漸墮落，以至崩隤，非一人一事之失也。《晉書·文六王傳》：齊獻王攸奏議，言"都邑之内，游食滋多。巧伎末業，服飾奢麗，富人兼美，猶有魏之遺弊。"《王導傳》：導言："自魏氏以來，迄於大康之際，公卿世族，豪侈相高。政教陵遲，不遵法度。羣公卿士，皆厭於安息。遂使姦人乘釁，有虧至道。"足見晉初之弊，皆沿自魏朝。而魏世之弊，則又有沿諸秦、漢者。《江統傳》：統轉大子洗馬，上書曰："秦、漢以來，風俗轉薄。公侯之尊，莫不殖園圃之田，而收市井之利。[①] 漸染相放，莫以爲恥。今西園賣葵菜、藍子、雞、麴之屬，虧敗國體，貶損令問。"夫商賈之事，古之士大夫，莫不視爲大恥，今乃以大子之尊，而公然爲之，封建之世，治人、食於人者之節概，掃地盡矣。此其所以五胡一起，遂如土崩瓦解而不可止歟？

　　當時奢侈之事，觀史之所載，殆無不出於意表者。如王濟食晉武帝，供饌悉貯琉璃器中，已見第二章第一節。《石崇傳》云：崇與貴戚王愷、羊琇之徒，以奢靡相尚。武帝每助愷，嘗以珊瑚樹賜之，高三尺許，枝柯扶疏，世所罕比。愷以示崇，崇便以鐵如意擊之，應手而碎。愷既惋惜，又以爲嫉己之寶，聲色方厲。崇曰："不足多恨，今還卿。"乃命左右悉取珊瑚樹。有三四尺者六七株。條幹絶俗，光采耀日，如愷比者甚衆。愷恍然自失矣。琉璃、珊瑚，乃西域、南海之物，既路途遙遠，又喪亂荐臻，宇縣分隔，致之甚艱，而晉初君臣，乃能多致之如此，其驕淫矜夸，可以想見。當時以奢侈聞者，如竟陵王楙、何曾、夏侯湛、任愷、賈謐、賈模等，其事迹皆見《晉書》本傳。王濟功名之士，而史稱其平吳之後，不復素業自居，玉食錦衣，縱奢侈以自逸。習俗之移人，可謂深矣。**奢侈之極而無以供，則不得不競爲聚斂。** 如義陽成王望，《望傳》云：望性儉吝，而好聚斂。身亡之後，金帛盈溢，以此獲譏。望孫奇，亦好畜聚，不知紀極。遣三部使到交、廣商貨，爲有司所奏，貶爲三縱亭侯。**和嶠，**杜預稱嶠有錢癖，見《預傳》，亦見《嶠傳》。《王濟傳》云：嶠性至儉。家有好李，武帝求之，不過數十。濟候其上直，率少年詣園共啖，畢，伐樹而去。**王戎等是也。**《戎傳》云：性好興利。廣收八方園、田、水碓，周徧天下。積實聚錢，不知紀極。每自執牙籌，晝夜算計，恒若不足。而又儉嗇，不自奉養。天下人謂之膏肓之疾。又云：家有好李，常出貨之，恐人得種，恒鑽其核。以此獲譏於世。**儉以持身者，殆爲鳳毛麟角。** 當時以儉稱者：如高密王泰、下邳王晃、劉寔、山濤、華恒等是，皆見《晉書》本傳。然泰子新蔡王騰，史稱鄴中雖府庫虛竭，而騰資用甚饒。性儉嗇，無所振惠。臨急，乃賜將士米可數升，帛各數尺。人不爲用，遂致於禍矣。**甚至身當戎馬之際，日迫危亡之機，而**

---

猶不能自振焉。如羅尚,史稱蜀中風謠,謂其富擬魯、衞,辭固多誣,見第三章第六節,然謂尚不富亦不可得也。又如王浚,①《裴楷傳》言石勒簿其官寮、親屬,皆貲至巨萬。浚之所以敗,未必不由此也。流風所被,則雖賢者亦不能獨立,而不得不隨俗波靡矣。如杜預餉遺洛中貴要,苟晞厚遺都下親貴是也,見第二章第一節。劉毅等數劾奏何曾侈汰無度,武帝一無所問。益州監軍位缺,朝議用武陵大守楊宗及唐彬。武帝以問散騎常侍文立。立曰:"宗、彬俱不可失,然彬多財欲,而宗好酒,惟陛下裁之。"帝曰:"財欲可足,酒者難改。"遂用彬。蓋其視貪侈,亦習焉而不以爲怪矣。曷怪其口言節儉,而卒不能董之以齊斧哉? 參看第二章第一節。

當時之貴戚、功臣,非惟侈靡而已,其敫很又特甚。如石崇因其帳下洩其作豆粥、韭蓱虀及御牛之法而殺其人,又吹笛小不韻而殺其伎是也。驕侈之極,則見惡於人,而身亦不免。《晉書・何曾傳》言:曾每宴見,不食大官所設,帝輒命取其饌。又云:人以小紙爲書者,②敕記室勿報。曾子劭,驕奢簡貴,亦有父風。劭庶兄遵,性亦奢汰。遵四子:嵩、綏、機、羨。史惟於嵩無貶辭。於綏則云:自以繼世名貴,奢侈過度。性既輕物,翰札簡敖。城陽王尼見綏書疏,謂人曰:"伯蔚居亂,而矜豪乃爾,豈其免乎?"劉興、潘協譖之於東海王越,越遂誅綏。於機則云:性亦矜敖。責鄉里謝鯤等拜。或戒之曰:"禮敬年爵,以德爲主,令鯤拜勢,懼傷風俗。"機不以爲懟。於羨則云:既驕且吝,陵駕人物,鄉閭疾之如讎。永嘉之末,何氏滅亡無遺焉,得謂之偶然乎?《石崇傳》云:賈謐誅,崇以黨與免官。時趙王倫專權,崇甥歐陽建,與倫有隙。崇有伎曰綠珠,美而豔,善吹笛。孫秀使人求之。崇盡出其婢妾數十人,曰:"在所擇。"使者曰:"本受命指索綠珠,不識孰是?"崇勃然曰:"綠珠吾所愛,不可得也。"使者曰:"君侯博古通今,察遠照邇,願加三思。"崇曰:"不然。"使者出而又返,崇竟不許。秀怒,乃勸倫誅崇、建。夫其所以召禍,亦未始非其敫很有以致之也,豈真以一伎哉? 孔子曰:"人皆曰予知,驅而納諸罟擭陷阱之中而莫之知辟也。"當時貴勢中人,輕淺寡慮如此,而欲任之以家國之重,安可得乎? 此其所以五胡一起,遂如土崩瓦解而不可止歟?

元帝渡江,奢侈之風,未之有改。③《晉書・紀瞻傳》云:瞻厚自奉養。立宅於烏衣巷,館宇崇麗,園池竹木,有足賞翫焉。《謝安傳》云:安於土山營墅,

----

① 生計:王浚、石勒簿其官寮、親屬,皆貲至巨萬。案此與袁紹在冀州同,梁、益刺史賓寮(第七二七頁)。

② 文具:《何曾傳》:人以小紙爲書者,敕記室勿報。

③ 宮室:宅有園池竹木,墅有樓觀林竹。

樓觀林竹甚盛。每攜中外、子姪，往來遊集，肴饌亦屢費百金。世頗以此譏焉，而安殊不以屑意。則雖賢者亦不免焉。安弟石，遂以聚斂無厭，取譏當世，不可謂非父兄之教不先也。武人如陶侃、劉胤，見第三章第三節、第四章第三節。世族如王國寶等，國寶，述之孫，坦之子也。史言其聚斂不知紀極。後房伎妾以百數。天下珍玩，充滿其家。不知禮義者，自更不足責。恭謹志節之士，不隨俗波靡者，如周顗、卞壺、褚哀、庾冰、桓沖、王恭、殷仲堪等，其爲鳳毛麟角，亦與西晉之世無以異也。南方之豪，其貪縱鄙嗇者如周札等，亦與北方之士無異。《札傳》云：性貪財好色，惟以產業爲務。兵至之日，庫中有精仗，外白以配兵，札猶惜不與，以敝者給之。其鄙嗇如此。故士卒莫爲之用。此與新蔡王騰，可謂雙絕矣。《謝安傳》言：元帝始鎮建業，公私窘罄。每得一独，以爲珍膳。頂上一臠尤美，輒以薦帝，羣下未嘗敢食，於時呼爲禁臠。① 江東之窮困如此，而北來新人，溺於故習，南方舊族，率其弊俗如此，欲求振起得乎？

　　凡政治，每隨風俗爲轉移，而欲以政治之力，矯正風俗者，則往往僅能收效於一時，此事之無可如何者也。然使懲勸有方，亦尚能收一時之效。而晉、南北朝之世，則并此而無之。《晉書‧范甯傳》：甯上書曰："人性無涯，奢儉由勢。今并兼之士，亦多不贍。非力不足以厚身，非禄不足以富家，是得之有由，而用之無節。蒲博永日，馳騖卒年。一宴之饌，費過十金。麗服之美，不可貲算。盛狗馬之飾。營鄭、衞之音。南畝廢而不墾。講誦闕而無聞。凡庸競馳，敖誕成俗。"其弊可謂深矣。然不贍者豈不窮而思反，合第十二章第五節所引賀琛之言觀之，而知整飭之非遂無術也。乃謝石之死，范弘之議謚曰襄墨，此徒以虛名貶斥，而時尚不能用，況其進於此者乎？《王述傳》云：述家貧，求試宛陵令，頗受略遺，而脩家具。爲州司所檢，有一千三百條。王導使謂之曰："名父之子，不患無禄，屈臨小縣，甚不宜爾。"述答曰："足自當止。"時人未之達也。比後屢居州郡，清潔絶倫。禄賜皆散之親故。宅宇舊物，不革於昔。始爲當時所歎。犯法至千三百條，而猶爲當時所歎，可見時俗之波靡矣。而王導之徇私縱惡，其所犯，又奚啻千三百條而已哉？

　　縱侈之爲，固多出於貴勢，然紀綱既紊，則亦將延及平民。《宋書‧周朗傳》：世祖即位，普責百官讜言。朗上書曰："一體炫金，不及百兩；一歲美衣，不過數襲；而必收寶連櫝，集服累笥。逮至婢豎，皆無定科。一婢之身，重婢

━━━━━━━━━

① 飲食：禁臠，可見江東得食之難。

以使；一豎之家，列豎以役。① 瓦金、皮繡、漿酒、藿肉者，不可稱紀。至有列軿以遊敖，飾兵以驅叱，不亦重甚哉？且細作始并，以爲儉節，而市造華怪，即傳於民。② 如此，則遷也，非罷也。凡厥庶民，制度日侈。商販之室，飾等王侯；備賣之身，製均妃后。一袖之大，足斷爲兩；一裙之長，可分爲二。見車馬不辨貴賤，視冠服不知尊卑。尚方今造一物，小民明已睥睨；官中朝製一衣，庶家晚已裁學。侈麗之原，實先宮闈。”梁武帝中興二年下令曰：“自永元失德，國命朝權，盡移近習。販官粥爵，賄貨公行。并甲第康衢，漸臺廣室。長袖低昂，等和戎之賜。③ 珍羞百品，同伐冰之家。愚人因之，浸以成俗。驕豔競爽，夸麗相高。至乃市井之家，貂狐在御；工商之子，緹繡是襲。日入之次，夜分未反；昧爽之朝，期之清旦。”可見侈靡之風，漸染氓庶矣。武人不知禮義，所欲者不出於聲色貨利之間，故開創之後，不繼之以文教者，敝俗必不能革。劉穆之，宋開國元臣也，而自奉不免奢豪；參看第九章第七節。《宋書》本傳云：穆之性奢豪，食必方丈。嘗白高祖曰：“穆之家本貧賤，贍生多闕。自叨忝以來，雖每存約損，而朝夕所須，微爲過豐。自此以外，一豪不以負公。”王鎮惡，亦當時名將也，而入關衰斂無極。《鎮惡傳》云：是時關中豐全，倉庫殷積。鎮惡極意收斂。子女玉帛，不可勝計。高祖以其功大，不問也。此後貴戚、武人之倫，抑更不足論矣。宗室中如梁之諸王，已見第十二章第五節。此外如宋南郡王義宣、竟陵王誕、齊蕭景先之子毅、陳始興王叔陵；世族如謝靈運、虞悰；國戚、功臣之後，如宋之徐湛之、何勗、孟靈休、齊之到撝等；史皆言其縱侈。武人如沈攸之，見第九章第九節。張敬兒，見第十章第一節。魚弘、羊侃，見第十二章第五節。又沈慶之、夏侯夔、孫瑒等，其事迹皆見本傳。世族既驕淫矜夸，其人遂不足用，乃不得不任所謂佞幸者流。此輩出身雖微，而既小有才，能把握事權，則其勢焰熏灼，臧汙狼籍，又非世族之無能爲者比也。參看第九章第三節、第十章第四節。開創之君，大率多有儉德，然不一再傳，即復流於縱侈。參看第九章第七節，第十章第四節。甚至迫其臣以貢獻，④《宋書·后妃傳》云：大宗爲後廢帝立江皇后爲妃，諷朝士、州郡令獻物，多者將及百金。始興太守孫奉伯止獻琴書，其外無餘物。上大怒，封藥賜死，既而原之。《南史·齊武帝諸子傳》云：南康王子琳，以母寵故，最見愛。大尉王儉因請婚。武帝悅而許之。羣臣奉寶物、名好，盡直數百金。武帝爲之報答，亦如此。蓋幾成例舉矣。《崔慧景傳》云：每罷州，輒傾貲獻奉，動至數百萬，武帝以此嘉之。《垣閎傳》云：孝武帝即位，以爲交州刺史，時交土全實，閎罷州還，貲財巨萬。孝武末年�population欲，刺史二千石罷任還朝，必限使獻奉，又以樗蒲取之，要令罄盡乃止。《魏書·島夷傳》云：梁武所部刺史、郡守，初至官者，皆責其上禮。獻物多者，便云稱

---

① 奴婢：“一婢之身，重婢以使，一豎之家，列豎以役。”資裝婢隸作車後容儀（第七三〇頁）。
② 工業：細作始并，市造華怪，即傳於民。
③ 音樂：“長袖低昂，等和戎之賜”。
④ 財政：責臣以貢獻，或取之以樗蒲，劫奪，擁還貲三千萬。

職。所貢微少,言其弱惰。故其牧守在官,皆競事聚斂,劫剥細民,以自封殖。多伎妾、粱肉、金綺。百姓怨苦,咸不聊生。梁武未必貪取於下,然其政事既廢弛,則積習亦不易改也。或取之以樗蒱,①樗蒱永日,最爲惡習,然在當時,幾上下皆習之。《晉書·陶侃傳》言:諸參佐或以談戲廢事者。乃命取其酒器、蒱博之具,悉投之於江。吏將則加鞭朴。曰:"樗蒱者,牧豬奴戲耳。"可見東渡之初,此風已甚,後乃更借之以取財。《桓玄傳》云:性貪鄙,好奇異。尤愛寶物,珠玉不離於手。人士有法書、好畫及園、宅者,悉欲歸己。猶難逼奪之,皆蒱博而取。當時如是者必非玄一人。《南史·朱脩之傳》云:脩之立身清約。百城贶贈,一無所受。惟以蠻人宜存撫納,有餉皆受。輒與佐史賭之,未嘗入己。可見時俗漸靡,不以爲非。《顏師伯傳》云:孝武嘗與師伯樗蒱。帝擲得雉。大悦,謂必勝。師伯後得盧。帝失色。師伯遽斂子曰:"幾得盧。"爾日師伯一輪百萬,此與逼奪又何異邪? 且此風無間南北。《魏書·食貨志》:和平二年冬,詔出内庫綾、縣、布、帛二十萬匹,令内外百官分曹賭射,此已爲非禮。《北史·王思政傳》:周文帝曾在同州與羣公宴集,出錦、罽及雜綾、絹數千段,令諸將樗博取之。物盡,周文又解所服金帶,令諸人徧擲,曰:"先得盧者即與之。"則其惡風全與南朝無異矣。或逕出於劫奪。《齊書·到撝傳》:撝資藉豪富,厚自奉養。宅宇山池,京師第一。伎妾姿藝,皆窮上品。愛伎陳玉珠,明帝遣求不與,逼奪之。撝頗怨望。帝令有司誣奏撝罪,付廷尉,將殺之。撝入獄數宿,鬚鬢皆白。免死繫尚方。奪封與弟賈。撝由是屏斥聲玩,更以貶素自立。又《劉悛傳》:悛既藉舊恩,尤能悦附人主,承迎權貴。賓客閨房,供費奢廣。罷廣、司二州,傾資貢獻,家無留儲。在蜀作金浴盆,餘金物稱是。罷任,以本號還朝,欲獻之,而世祖宴駕。鬱林新立,悛奉獻減少。鬱林知之,諷有司收悛付廷尉,將加誅戮。高宗啓救之,見原,禁錮終身。又《張欣泰傳》:父興世,元徽中在家,擁雍州還資見錢三千萬。蒼梧王自領人劫之,一夜垂盡。興世憂懼,感病卒。羣下效之,相驅成俗。《南史·王僧達傳》:爲吳郡大守。吳郡西臺寺多富沙門,僧達求須不稱意,乃遣主簿顧曠率門義劫寺内沙門竺法瑶,得數百萬。《北齊書·文襄六王傳》:漁陽王紹信,行過漁陽,與大富人鍾長命同牀坐。大守鄭道蓋謁,長命欲起,紹信不聽,曰:"此何物小人,而主人公爲起?"乃與長命結爲義兄弟,妃與長命妻爲姊妹。責其闔家幼長,皆有贈賄。鍾氏因此遂貧。此亦與劫奪無以異也。觀於南北朝之弊風,而知岡不小大,草竊姦宄之非虛言也。京邑如此,邊方自更無忌憚。《宋書·劉秀之傳》言:梁、益二州,土境豐富,前後刺史,莫不大營聚畜,多者致萬金。所攜賓寮,并京邑貧士,出爲郡縣,皆以苟得自資。羅研言蜀中之民,百家爲村,不過數家有食,見第十一章第四節。蓋有由也。《南史·梁宗室傳》言:鄧元起在蜀,崇於聚斂,金玉珍物爲一室,名曰内藏,綺縠錦繡爲一室,號爲外府。此蓋蕭淵藻誣巘之辭。參看第十一章第四節。《梁書》無此語,蓋知其不足信而不之採也。然亦必宦蜀者貪取已甚,乃能爲是誣辭也。梁、益如斯,交、廣更不必論,其屢招外寇而激起土人之怨叛,亦宜矣。參看第十六章第二、第三節。

侈費甚則所入雖豐,仍苦不足,乃不得不厚自封殖。梁臨川王奪人田宅、

---

① 風俗:樗蒱。

727

邸店,已見第十二章第五節。石崇之敗也,有司簿閱崇水碓至三十餘區,[①]倉頭八百餘人,他珍寶、貨賄、財物稱是。其倉頭,蓋即使管治田宅、水碓等者,非以供使令也。參看第十八章第四節。田園之盛,觀前所述謝氏世業,即可見之。見第十七章第二節。而此曹又多封固山澤,詳見下節。《齊書‧虞悰傳》,言其治家富殖,奴婢無游手。《魏書‧畢眾敬傳》,言其善持家業,尤能督課田產,大致儲積。知當時豪富之徒,能持籌握算若王戎者,爲不少矣。沈慶之廣開田園之業,每指地示人曰:"錢盡在此中興。"鄭羲西門受羊酒,東門沽賣之。此蓋田舍翁所不忍言,商賈人所不屑爲,而當時士大夫,訟言之公行之而不以爲恥。"民之輕死,以其奉生之厚",蓋亦有迫於不得已者在邪? 梁之蕭琛,頻蒞大郡,不治產業,有闕則取,不以爲嫌,此所謂隨身用度,悉仰於官也,古人如此者多。此已爲賢者。周王思政不營貲產,嘗被賜園池,出征後家人種桑果,及還,命左右拔而棄之,亦尚不失武士之風。若乃徐勉,雖居顯貴,不營產業,家無蓄積。嘗爲書誡其子崧曰:"顯貴以來,將三十載。門人故舊,亟薦便宜:或使創闢田園,或勸興立邸店,又欲舳艫運致,亦令貨殖聚斂,若此衆事,皆距而不納,非謂拔葵、去織,且欲省息紛紜。"則一人而已矣。

既以不足爲患,自不得不流於吝嗇。[②] 案當時士夫,家口率多,參看第十七章第二節。江南士夫,又無田業,惟資俸祿以爲食,見《顏氏家訓‧涉務篇》。其患不足,理固宜然。治生纖悉,容或勢不得已,非盡可以爲譏議。《南史‧王琨傳》云:儉於財用。設酒不過兩盌,輒云此酒難得。鹽、豉、薑、蒜之屬,并挂屏風;酒、漿悉置牀下,內外有求,琨手自賦之。此非其性癖,即必有所不得已也。《陳書‧沈衆傳》云:衆性吝嗇。內治產業,財帛以億計。無所分遺。其自奉養甚薄。每於朝會之中,衣裳破裂,或躬提冠屨。永定二年,兼起部尚書,監起大極殿,恒服布袍、芒屩,以麻繩爲帶,又攜乾魚蔬菜飯獨噉之。朝士共誚其所爲。衆性猲急,於是忿恨。遂歷詆公卿,非毀朝廷。高祖大怒。以衆素有令望,不欲顯誅之,後因其休假還武康,遂於吳中賜死。衆之死,有他故否難考。假其不然,亦以猲急致禍。史所採者積毀之辭,不足信也。《魏書‧崔亮傳》:亮從父弟光韶,家足於財,而性儉吝,衣馬敝瘦,食味粗薄。始光韶在都,同里人王蔓,於夜遇盜,害其二子。孝莊詔黃門高道穆;令加檢捕。一坊之內,家別搜索。至光韶宅,綾、絹、錢、布,匱篋充積。議者誚其矯富。然又云:其家資產,皆光伯所營,光伯亡,悉焚其契。河間邢子才,曾貸錢數萬,後送還之。光韶曰:"此亡弟相貸,僕不知也。"竟不納。則光韶必非矯富之人也。又《張烈傳》云:弟僧晧,好營產業,孜孜不已。藏鏹巨萬,他資亦稱是。兄弟自供儉約,車馬瘦敝,身服布裳,而婢妾紈綺。僧晧尤好蒲弈,戲不擇人。是以獲譏於世。則其兄弟皆非不用財之人,特不好飾車服耳。清節易招嫉忌;欲沾潤澤而不得者,尤易造爲誣謗之辭;不可不分別觀之也。然如北方之崔和,埋錢數百斛,

---

母思董惜錢不買,而其子乃盜錢百萬亡走;又如《顏氏家訓》所云鄴下領軍,朝夕肴膳,以十五錢爲率者,見上節。後坐事伏法,籍其家產,麻鞋一屋,敝衣數庫,其餘財寶,不可勝言,則雖欲不謂之爲吝嗇而不可得矣。然真有儉德者,亦易見毀於人。朱脩之之去荊州,秋豪無犯。計在州然油及牛、馬、穀、草,以私錢十六萬償之,可不謂廉乎? 乃其《傳》又云:性儉刻,少恩情。姊在鄉里,飢寒不立,脩之未嘗供贍。嘗往視姊,姊欲激之,爲設菜羹粗飯。脩之曰:"此乃貧家好食。"致飽而去。先是新野庾彦達爲益州刺史,攜姊之鎮,分禄秩之半以供贍之,西土稱焉。耗公家之財以奉其姊,孰與躬履儉素,與九族同之之爲愛人以德? 史之所云,謂非惡直醜正得乎?《魏書·良吏傳》言:杜纂歷任好行小惠,疏食敝衣,多涉誣矯,而輕財潔己,終無受納,爲百姓所思。夫輕財潔己,終無受納,廉吏也,惟儉可以養廉,非疏食敝衣,安克致此? 而乃以爲誣矯,不亦難乎? 然則清德之士,若宋之孔覬、顧覬之;齊之劉善明;梁之周捨、徐勉、江革、到溉、顧憲之、孫謙、夏侯亶;周之蘇綽等;終不能謂非賢於人者也。

北方之俗,大體較南方爲儉。《顏氏家訓·治家篇》云:"生民之本,要稼穡而食,桑麻以衣。疏果之蓄,園場之所產。雞豚之善,塒圈之所生。爰及棟宇、器械、樵蘇、脂燭,莫非種植之物也。能守其業閉門而爲生之具以足,①但家無鹽井耳。今北土風俗,率能躬儉節用,以贍衣食。江南奢侈,多不逮焉。"其明徵矣。然此亦以大較言之,若居要勢者之侈汰,則北朝初末未減於南朝,且恐其縱恣尤甚。虜本不知禮義,惟以富厚相夸。觀其兼并他國,惟事略奪;有來朝貢,則肆誅求可知。《魏書·食貨志》云:自大祖定中原,世祖平方鎮,收獲珍寶,府藏盈積。又云:自魏德既廣,西域、東夷,貢其珍物,充於王府。《魏書·蠕蠕傳》云:大和元年,遣莫河去汾比拔等來獻良馬、貂裘。比拔等稱:"伏承天朝珍寶,華麗甚積,求一觀之。"乃勑有司:出御府珍玩、金玉、文繡、器物,御廐文馬、奇禽、異獸,及人間所宜用者,列之京肆,令其歷觀焉。比拔見之,自相謂曰:大國富麗,一生所未見也。觀此記載,而索虜之風尚可見矣。② 職是故,其人亦惟知貪取。元志晚年耽好聲伎,在揚州日,侍側將百人。③ 器服珍物,冠於一時。及在雍州,逾尚奢侈,聚斂無極。元暉在宣武世,深被親寵。遷吏部尚書。納貨用官,皆有定價。天下號曰市曹。出爲冀州刺史。下州之日,連車載物,發信都至湯陰閒,首尾相屬,道路不斷。其車少脂角,即於道上所逢之牛,生截取角,以充其用。公

---

① 生計:《顏氏家訓》言,北方閉門自足,南方不逮。

② 外交:索虜多積寶物。

③ 音樂:聲伎將百人。

孫軌之死也，大武謂崔浩曰："吾過上黨，父老皆曰：公孫軌爲將，受貨縱賊，使至今餘姦不除。其初來單馬執鞭，及去，從車百兩，載物而南。"劉潔既居勢要，擅作威福。拔城破國，聚斂財貨者，與潔分之。其敗也，籍其家產，財盈百萬。視俘掠所得爲利藪，而君臣上下，共朋分之，此眞鮮卑之文化也。其嬖倖閹宦之縱恣，實亦更甚於南朝，讀第十一章第一節、第十二章第二節可知。《周書·儒林傳》載樂遜陳時宜之言曰："頃者魏都洛陽，一時殷盛。貴勢之家，各營第宅。車服、器玩，皆尚奢靡。世逐浮競，人習澆薄。終使禍亂交興，天下喪失。"又言："其時富貴之家，爲意稍廣。無不資裝婢隸，作車後容儀。服飾華美，眩耀街衢。使行者輟足，路人傾蓋。"而《藝術傳》載黎季明上書，且謂"漢文帝後宮所幸，衣不曳地，方之今日富室之飾，曾不如婢隸之服"。是時關中實較東方爲貧瘠，而其侈靡猶如此，而東方之俗可想矣。

## 第三節　地權不均情形

晉、南北朝時，豪族貴人，可謂極其奢侈，問其財自何來，則地權之不均，其大端也。近人錢氏穆曰：漢世租額，係十五稅一，或三十稅一。魏、晉租額，則《晉書·傅玄傳》言：玄於泰始四年上便宜，云："舊兵持官牛者，官得六分，士得四分；自持私牛者，與官中分。施行來久，衆心安之。今一朝減持官牛者官得八分，士得二分；持私牛及無牛者，官得七分，士得三分。人失其所，必不懽樂。"又《慕容皝載記》：皝以牧牛給貧家田於苑中，公收其八，二分入私。有牛而無地者，公收其七，三分入私。皝記室參軍封裕諫，謂"魏、晉雖道消之世，猶削百姓不至於七八。持官牛田者，官得六分，百姓得四分；私牛而官田者，與官中分，百姓安之，人皆悅樂。"是魏、晉收租，以什六、什五爲常，什七、什八爲酷，蓋私家租額本如是，官乃從而效之也。至一人所種田數，及其所入租數，則可據屯田之制推之。《三國·魏志·鄧艾傳》，載艾策屯田之語曰："令淮北二萬人，淮南三萬人，十二分休，常有四萬人且田且守。計除衆費外，歲完五百萬斛，以爲軍資。六七年閒，可積三千萬斛於淮上。"四萬人歲完五百萬斛，是人歲輸百二十五斛，此蓋取其全數。《宋書·良吏·徐豁傳》：豁爲始興大守，上言郡大田武吏，年滿十六，便課米六十斛；十五以下至十三，皆課米三十斛。魏李彪請立農官，取州郡戶十分之一，以爲屯人，一夫之田，歲責六十斛；事在大和十二年，尋施行焉，見《魏書·食貨志》。則半取之也。王莽謂豪民侵陵，分田劫假，厥名三十，實十稅五，是時之政府，實自爲豪民也。蓋大亂之後，農民無所

託命,不得不依附豪彊,豪彊遂因而虐取之,田雖非其所有,而取之遂同於其所有。至於屯田,則政府將無主之田,收爲己有,分賦軍人耕種,土地之所有權,又移於政府手中,故其取之又同於私租也。晉武平吳,制户調之式。《晉書·食貨志》述其制云:“丁男之户,歲輸絹三匹,緜三斤。女及次丁男爲户者半輸。其諸邊郡,或三分之二,遠者三分之一。夷人輸賨布,户一匹,遠者或一丈。男子一人,占田七十畝,女子三十畝。其外:丁男課田五十畝,丁女二十畝;次丁男半之;女則不課。”男女占田合百畝,即古一夫百畝之制。其外二字,承上緜、絹之輸而言,乃百畝之内以七十畝爲課田,非百畝之外別給以七十畝,此仍是十七之税。其時又有官品占田之制:品第一者五十頃,第二品四十五頃,第三品四十頃,第四品三十五頃,第五品三十頃,第六品二十五頃,第七品二十頃,第八品十五頃,第九品十頃。又各以品之高卑,蔭其親族,多者及九族,少者三世。宗室、國賓、先賢之後及士人子孫亦如之。而又得蔭人以爲衣食客及佃客。見第十八章第四節。東渡後仍襲其制。《隋書·食貨志》謂都下人多爲諸王公、貴人左右、佃客、典計、衣食客之類,皆無課役。其佃穀,皆與大家量分。客皆注家籍。此非授彊宗豪族以私占之權,乃括其先已私占者以歸於公,而爲定一私占最多之數耳。此時租税:《晉書·食貨志》云:咸和五年,成帝始度百姓田,取十分之一,畝税米三升。哀帝即位,乃減田租,畝收二升。孝武大元二年,除度田收租之制,王公已下,口税三斛。八年,又增税米口五石。畝税三升,爲十分取一,則口税三斛,乃視爲有田百畝。然王公有田必不止此數,其取諸佃户者,亦必不止什一,則仍獲邀寬典也。

　　魏之所以救是失者,則爲孝文時所行均田之制。《魏書·食貨志》云:“諸男夫十五以上,受露田四十畝。婦人二十畝。奴、婢依良丁。牛一頭,受田三十畝。限四牛。所受之田率倍之,三易之田再倍之,以供耕作及還受之盈縮。諸民年及課則受田,老免及身没則還田。奴婢、牛隨有無以還受。諸桑田不在還受之限,但通入倍田分。於分雖盈,没則還田,不得以充露田之數。不足者以露田充倍。諸初受田者,男夫一人,給田二十畝,課蒔餘種:桑五十樹,棗五株,榆三根。非桑之土,夫給一畝,依法課蒔榆棗。奴各依良。限三年種畢。不畢,奪其不畢之地。於桑、榆地分雜蒔餘果及多種桑、榆者不禁。諸應還之田,不得種桑、榆、棗、果,種者以違令論,地入還分。諸桑田皆爲世業,身終不還。恒從見口,有盈者無受無還,不足者受種如法。盈者得賣其盈,不足者得買所不足。不得賣其分,亦不得買過所足。諸麻布之土,男夫及課,別給麻田十畝。婦人五畝。奴婢依良。皆從還受之法。諸有舉户老小、癃殘無授

田者,年十一已上及癃者,各授以半夫田。年踰七十者,不還所受。寡婦守志者,雖免課,亦授婦田。諸還受民田,恒以正月。若始受田而身亡,及賣買奴婢、牛者,皆至明年正月,乃得還受。諸土廣民希之處,隨力所及。官借民種蒔,役有土居者,依法封授。諸地狹之處,有進丁授田而不樂遷者,則以其家桑田爲正田分。又不足,不給倍田。又不足,家內人別減分。無桑之鄉,準此爲法。樂遷者聽逐空荒,不限異州他郡。惟不聽避勞就逸。其地足之處,不得無故而移。諸民有新居者,三口給地一畝,以爲居室。奴婢五口給一畝。男女十五以上,因其地分,口課種菜五分畝之一。諸一人之分,正從正,倍從倍,不得隔越他畔。進丁受田者,恒從所近。若同時俱受,先貧後富。再倍之田,放此爲法。諸遠流、配謫、無子孫及户絶者,墟宅、桑榆、盡爲公田,以供授受。授受之次,給其所親。未給之閒,亦借其所親。諸宰民之官,各隨地給公田:刺史十五頃,大守十頃,治中、别駕各八頃,縣令、郡丞六頃。更代相付,賣者坐如律。"此爲井田廢墜以後疆理土田之一大舉。其所由然,則與豪彊争民也。均田之制,與三長并行。三長之制,《食貨志》述之云:魏初不立三長,故民多蔭附。蔭附者皆無官役。豪彊徵斂,倍於公賦。大和十年,給事中李沖上言:"宜準古五家立一鄰長,五鄰立一里長,五里立一黨長。長取鄉人彊謹者。鄰長復一夫,里長二,黨長三。所復,復征戍,餘若民。三載亡愆,則陟之一等。其民調:一夫一婦帛一匹,粟二石。民年十五以上未娶者,四人出一夫一婦之調。案人帛四分之一匹,則一丈。粟五斗。奴任耕、婢任績者,八口當未娶者四。案人帛八分之一匹,則五尺。粟二斗五升。耕牛二十頭,當奴婢八。案耕牛一頭,所出當奴婢一口所出十之四,則爲帛二尺,粟一斗。《晉書·食貨志》:杜預上疏,請分典虞、右典牧種牛付兗、豫二州將吏、士庶,穀登之後,頭責三百斛。所分兼及士庶,必無全取之如前所言爲百二十五斛之理。以六十斛計,則牛力五倍於人矣。故魏之所取於耕牛者至薄也。其麻布之鄉,一夫一婦布一匹。下至牛,以此爲降。案未娶者四之一則一丈,奴婢八之一則五尺。牛二尺。大率十匹爲工調,二匹爲調外費,三匹爲内外百官俸,此外雜調。民年八十以上,聽一子不從役。孤獨、癃、老、篤疾、貧窮不能自存者,三長内迭養食之。"書奏,諸官通議,稱善者衆。高祖從之。於是遣使者行其事。乃詔曰:"自昔以來,諸州户口,籍貫不實。包藏隱漏,廢公罔私。富彊者并兼有餘,貧弱者觖口不足。賦稅齊等,無輕重之殊。力役同科,無衆寡之别。雖建九品之格,而豐埆之土未融。雖立均輸之楷,而蠶績之鄉無異。致使淳化未樹,民情偷薄。朕每思之,良懷深慨。今改舊從新,爲里黨之法。在所牧守,宜以喻民,使知去煩即簡之要。"初百姓咸以爲不若循常,豪富并兼者尤弗願也。事施行後,計

省昔十有餘倍。於是海內安之。《沖傳》云：舊無三長，惟立宗主督護，所以民多隱冒。五十、三十家，方爲一戶。沖以三正治民，所由來遠，於是創三長之制而上之。文明大后覽而稱善。引見公卿議之。中書令鄭羲、祕書令高祐等不以爲然。大尉元丕，則謂："此法若行，公私有益。"而衆又咸稱："方今有事之月，校比民戶，新舊未分，民必勞怨。請過今秋，至冬閑月，徐乃遣使，於事爲宜。"沖曰："若不因調時，百姓徒知立長校戶之勤，未見均徭省賦之益，心必生怨。宜及課調之月，令知賦稅之均。既識其事，又得其利，因民之欲，爲之易行。"著作郎傅思益又駁之。大后曰："立三長則課有常準，賦有恒分；苞蔭之戶可出，僥幸之人可止；何爲而不可？"羣議雖有乖異，然惟以變法爲難，更無異議。遂立三長。公私便之。案《食貨志》言：大和八年，始準古班百官之禄，以品第各有差。先是天下戶以九品混通，戶調帛二匹，絮二斤，絲一斤，粟二十石。又入帛一匹二丈，委之州庫，以供調外之費。至是，戶增帛三匹，粟二石九斗，以爲官司之禄。後增調外帛滿二匹。如所言，以依舊制而徵斂倍於公賦計之，苞蔭之家，可贏得帛七匹，絮四斤，絲二斤，粟四十石。若如新制所收，除完戶調外，盡入苞蔭之家，則苞蔭三十家者，可得帛二十六匹半，粟四十石；苞蔭五十家者，可得帛四十六匹，粟八十石，宜乎其富厚矣。此均田之制，所以爲與豪彊大爭其民也。《李安世傳》載安世疏曰："竊見州郡之民，或因年儉流移，棄賣田宅，漂居異鄉，事涉數世，三長既立，始返舊墟，廬井荒毀，桑榆改植，事已歷遠，易生假冒。彊宗豪族，肆其侵陵，遠認魏、晉之家，近引親舊之驗。又年載稍久，鄉老所惑；羣證雖多，莫可取據。各附親知，互有長短。兩證徒具，聽者猶疑。爭訟遷延，連紀不判。良疇委而不開，柔桑枯而不採。僥幸之徒興，繁多之獄作。欲令家豐歲儲，人給資用，其可得乎？愚謂今雖桑井難復，宜更均量。審其徑術。令分藝有準，力業相稱。細民獲資生之利，豪右靡餘地之盈。則無私之澤乃播均於兆庶；如阜如山，可有積於比戶矣。又所爭之田，宜限年斷。事久難明，悉屬今主。然後虛妄之民，絕望於覬覦；守分之士，永免於陵奪矣。"《傳》云："高祖深納之。後均田之制，起於此矣。"案均田之制①在大和九年，三長之立，在其十年二月，《疏》云三長既立，而《傳》云均田之制起此，似乎有誤。竊疑此《傳》所云均田，非指九年定制，乃三長既立，民返舊墟，豪彊不便而扞格之，猶欲肆其侵陵劫假之舊，安世乃復

--------

① 地權：均田在太和九年，三長立於十年二月，而《李安世傳》疏言，三長既立，傳云均田之制起此？

以爲言，魏朝從之，立爲年斷，使事久難明者，悉屬今主，俾貧民亦有田可耕，以是謂之均田也。世皆謂西晉户調之式，元魏均田之法，惟大亂之後，土田乏主，乃可行之。今觀魏之授田：一夫一婦，不及百畝，必土廣民希，乃許隨力所及；狹地則有以桑田爲正，不給倍田，人別減受之法；即未至此，而同時授田，亦必先貧後富；可見中原之地，閒土無多。① 蓋其所授者，本即其人之所耕，特其所屬，并不分明，豪彊獲倍賦之利，則聽其耕種，及其不獲苞蔭，則將遠認魏、晉之家，近引親舊之驗而爭之，以如是而獲直，則田復爲其所有，而可遂其侵陵劫假之私也。然則均田制之所爲，不過於細民所耕種者，確定二十畝爲其所有，此外又給之以四十畝，俾免其求乞於豪彊耳。此均田之制，所以爲與豪彊大爭其民也。然政府於豪貴之多田者，亦不奪之。錢氏又云：“丁牛有限，而奴婢無限，又授田率一倍再倍。以一夫一婦、十奴、四牛計，其田已在千畝外。又北齊河清三年，令奴婢受田者：親王止三百人，嗣王止二百人，第二品嗣王已下及庶姓王止一百五十人，正三品已上及王宗止一百人，七品已上，限止八十人，八品已下至庶人，限止六十人。案亦見《隋書·食貨志》。據此以推元魏，可見奴婢受田者之多；且北齊尚有限制，而元魏則無之。又《常爽傳》謂三長皆豪門多丁爲之，則政府之於豪彊，雖奪其隱蔽私斂之權，初未嘗使之屈居人下也。”雖與豪彊大爭其民，而其行之初不甚激，此其所以不至激成相抗之局歟？然舉數百年來私擅於豪彊之土地、人民而悉出之，終不可不謂之賢矣。以上引錢氏之論，見其所著《國史大綱》第十九、第二十兩章（商務印書館本）。惟皆係推衍其意，非録元文耳。

　　《顏氏家訓》謂北土風俗，率能恭儉節用，以贍衣食，鹽井而外，閉門而爲生之具已足，已見上節。又云：“江南朝士，因晉中興南渡江，至今八九世，未有力田，②悉資奉禄而食耳。假令有者，皆信僮僕爲之。未嘗目觀起一撥土，耘一株苗；不知幾月當種，幾月當收；安識世閒餘務乎？”《涉務篇》。然則江南士夫，其於田業，實遠在北方之下。《南史·江秉之傳》：人有勸其營田，秉之正色答曰：“食禄之家，豈可與農人競利？”即之推之説之證也。前節所引沈慶之、虞悰等善於經紀者，蓋不多覯矣。然雖不自經紀，而務廣其封略者仍不少。《梁書·后妃傳》：天監十一年，高祖於鍾山造大愛敬寺。大宗簡皇后王氏父騫，舊墅在寺側，有良田八十餘頃，即晉丞相王導賜田也。高祖遣主書宣

① 地權：均田并非因閒田多，所授蓋即所耕，然於豪貴多田者亦不奪之。
② 農業、地權：江南士夫無田業，惟資俸禄，見《顏氏家訓·涉務篇》。

旨,就騫求市,欲以施寺。騫答旨云:“此田不賣。若是敕取,所不敢言。”酬對又脫略。高祖怒,遂付市評田價,①以直逼還之。此其一事。此或出於保守先業之意,然亦有借以營利者。《晉書·李班載記》:班以“古者墾田均平,貧富獲所。今貴者廣占荒田,貧者種殖無地,富者以已所餘而賣之,此豈王者大均之義乎?”②雄納之。《梁書·武帝紀》:大同七年,詔謂:“頃者豪家富室,多占取公田,貴價僦稅,以與貧民。傷時害政,為蠹已甚。自今公田悉不得假與豪家。”詳見第十二章第五節。此即所謂豪彊侵陵,分田劫假者。故雖不能自行田作,而以貴勢逼奪民地者仍有之。如顏延之啓買人田,拒捍餘直,垂及周年,為尚書左丞荀赤松所奏是也。大抵膏腴之地,爭奪者多,貧瘠之區,則又皆棄而不顧。孔靈符以山陰土地褊狹,民多田少,表徙無貲之家,見第十七章第四節。而江夏王義恭謂緣湖居民,魚鴨為業,及有居肆,理無樂徙。義恭以是駁靈符,適足證山陰之田,盡為豪富所擅耳。《晉書·隱逸傳》:郭翻家於臨川,居貧無業,欲墾荒田,先立表題,經年無主,然後乃作,又可見荒瘠之區之無人過問也。

　　土田而外,豪富之於山澤,占據尤多。《晉書·職官志》言:“名山大澤不以封;鹽、鐵、金、銀、銅、錫,始平之竹園,別都宮室、園囿,皆不為屬國。”則山澤之不容封禁可知。此等禁令,歷代有之。如《元帝紀》:建武元年七月,弛山澤之禁;《安帝紀》:義熙九年四月,弛湖池之禁皆是。《宋書·武帝紀》:先是山湖川澤,皆為豪彊所專,小民薪採漁釣,皆責稅直,至是禁斷之,即義熙九年事也。先一年,武帝至江陵,下書曰:“州、郡、縣屯田、池塞,諸非軍國所資,利入守、宰者,今一切罷之。”③其整頓不為不力。然文帝元嘉十七年詔言:“山澤之利,猶或禁斷。”則禁令等於具文矣。《宋書·羊玄保傳》云:玄保兄子希,大明初為尚書左丞。時揚州刺史西陽王子尚上言:“山湖之禁,雖有舊科,民俗相因,替而不奉。燥山封水,保為家利。自頃以來,頹弛日甚。富彊者兼嶺而占,貧弱者薪蘇無託。漁采之地,亦又如茲。”有司檢壬辰詔書:“占山護澤,彊盜律論,臧一丈以上皆棄市。”希以“壬辰之制,其禁嚴刻,事既難遵,理與時弛。而占山封水,漸染復滋,更相因仍,便成先業,一朝頓去,易致嗟怨。今更刊革,立制五條。凡是山澤,先常燥爐,種養竹木、雜果為林;及陂湖江海,魚梁、鰌鮺場,常加功脩作者;聽不追奪。官品第一、第二聽占山三頃,第三、第四品二頃五十畝,第五、第六品二頃,第七、第八品一頃五十畝,第九品及百姓

---

①　地權:買田付市評價。

②　地權:占荒田賣其所餘,僦公田以與貧民。

③　財政:州郡縣屯田、池塞,利入守宰(第七三六頁)。

一頃。皆依定格，條上貲簿。若先已占山，不得更占；先占闕少，依限占足。若非前條舊業，一不得禁。犯者水、土一尺以上，并計贓依常盜律論。停除咸康二年壬辰之科。"從之。此制可謂極其遷就。然大明七年七月詔言："前詔江海、田池，與民共利，歷歲未久，浸以弛替，名山大川，往往占固，有司嚴加檢糾，申明舊制。"則猶之具文也。齊高帝初即位，崔祖思陳政事，即以"時罷山澤之威禁，深抑豪右之專擅"爲言。建元元年四月，詔："二宮諸王，悉不得營立屯邸，封略山湖，大官池籞，官停歲入，優量省置。"鬱林王之立，亦省御府及無用池、田、邸、冶。梁武帝天監七年，有"公家屯戍，封熂者悉開常禁"之詔。大同七年，又"禁公私傳屯邸冶，爰至僧尼，越界禁斷"。詳見第十二章第五節。然凡所禁止，實多成虛言。《晉書·劉弘傳》：舊制，峴、方二山澤中，不聽百姓捕魚。弘下教曰："《禮》名山大澤不封，今公私并兼，百姓無復厝手地，當何謂邪？速改此法。"《王湛傳》：子承，遷東海大守。小吏有盜池中魚，綱紀推之。承曰："文王之囿，與衆共之，池魚復何足惜邪？"承族子嶠，王敦請爲參軍。敦在石頭，欲禁私伐蔡洲荻，以問羣下。時王師新敗，士庶震懼，莫敢異議。嶠獨曰："中原有菽，庶人採之，百姓不足，君孰與足？若禁人樵採，未知其可。"敦不悅。《梁書·傅昭傳》：出爲臨海大守。郡有蜜巖，前後大守，皆自封固，專收其利。昭以周文之囿，與百姓共之，大可喻小，乃教勿封。《陳書·宗元饒傳》：遷御史中丞。時合州刺史陳裒，臟汙狼籍。遣使就渚斂魚，又於六郡乞米。元饒劾奏之。《南史·任昉傳》：出爲新安大守。郡有蜜嶺及楊梅，舊爲大守所採。昉以冒險多物故，即時停絕。吏人咸以百年未之有也。此官吏之固護者也。《晉書·刁協傳》：刁氏素殷富，奴客縱橫，固吝山澤，爲京口之蠹。《宋書·蔡興宗傳》：會稽多諸豪右，不遵王憲；又幸臣近習，封略山湖，妨民害治，興宗皆以法繩之。《孔靈符傳》：靈符家本豐，產業甚廣。又於永興立墅，周回三十三里，水陸地二百六十五頃，含帶二山。又有果園九處。爲有司所糾。詔原之。而靈符答對不實，坐免官。《謝靈運傳》：會稽東郭有迴踵湖，靈運求決以爲田。大祖令州郡履行。此湖去郭近，水物所出，百姓惜之。大守孟顗，堅執不與。靈運既不得迴踵，又求始興岯崲湖爲田。顗又固執。靈運謂顗非存利民，正慮決湖多害生命，顗信佛。言論毀傷之。與顗遂構讎隙。《梁書·顧憲之傳》：行婺州事。時齊司徒竟陵王，於宣城、臨城、定陵三縣界立屯，封山澤數百里，禁民樵採。憲之固陳不可，言甚切直。王答曰："非君無以聞此德音。"即命無禁。此貴豪之固護也。南方如是，北方亦然。《晉書·石季龍載》記言：季龍解西山之禁，蒲葦、魚、鹽，除歲供之外，皆無所固。公、

侯、卿、牧，不得規占山澤，奪百姓之利。又《慕容暐載記》言：慕容評性貪鄙，障固山泉，賣樵鬻水，積錢絹如丘陵。《苻堅載記》言：堅開山澤之利，公私共之。《姚興載記》言：興以國用不足，增關津之稅；鹽、竹、山木，皆有賦焉。羣臣咸諫。興曰：“能踰關梁、通利於山水者，皆豪富之家，吾損有餘以裨不足，有何不可？”乃遂行之。齊文襄秉政，亦禁貴豪之家，不得占護山澤。可見其情形與南方無異矣。

## 第四節　侈　靡　之　禁

　　侈靡之禁，歷代有之，惜行之不以其實。此固非政令所能為，然告朔餼羊，其意亦不可不知也。晉武帝即位之歲，即下詔大弘儉約；後又禁雕文綺組非法之物；已見第二章第一節。《李重傳》云：泰始八年己巳詔書，申明律令，諸士卒、百工已上，所服乘皆不得違制。若一縣一歲之中，有違犯者三家，洛陽縣十家已上，官長免。其法亦可謂嚴矣。其時名臣議論：如劉頌云①：“古者封國，大者不過土方百里，然人數殷眾，境內必盈其力，足以備充制度。今雖一國，周環將近千里，然力實寡，不足以奉國典。所遇不同，故當因時制宜，以盡事適。今宜令諸王：國容少而軍容多。於古典所應有者，悉立其制，然非急所須，漸而備之，不得頓設也；須車甲、器械既具，羣臣乃服采章；倉廩已實，乃營宮室；百姓已足，乃備官司；境內充實，乃作禮樂。”此言實得古人制禮之精義。又言：“今天下自有事所必須，不得止已，或用功甚少，而所濟至重，目下為之，雖少有費，而計終已大益；及有妨害，在始似如未急，終作大患，宜逆加功，以塞其漸。至夫脩飾官署，凡諸作役，恒傷過泰，不患不舉，此將來所不須於陛下而自能者也。”此防名為興利，實以自潤者，亦言督責之術者所不可廢也。傅玄言②：“先王分士、農、工、商，以經國制事。天下之大，兆庶之眾，無有一人游手。分數之法，周備如此。漢、魏不定其分。百官子弟，不脩經藝而務交遊，未知涖事而坐享天祿。農工之業多廢，或逐淫利而離其事。徒繫名於大學，然不聞先王之風。今聖明之政資始，而漢、魏之失未改。散官眾而學校未設，游手多而親農者少，工器不盡其宜。臣以為亟定其制；而通計天下，若干人為士，足以副在官之吏；若干人為農，三年足有一年之儲；若干人為工，

---

足其器用;若干人爲商賈,足以通貨而已。前皇甫陶上事,欲令賜拜散官,皆課使親耕。今文武之官既衆,而拜賜不在職者又多,加以服役爲兵,不得耕稼,當農者之半;南面食禄者,參倍於前。使冗散之官農,而收其租税,家得其實,而天下之穀,可以無乏矣。爲政之要,計人而置官,分人而授事。果能精其防制,計天下文武之官足爲副貳者使學,其餘皆歸之於農;若百工、商賈有長者,亦皆歸之於農;務農若此,何有不贍乎?"此言大偏重農業,自不脱古人見解。然其言分人授事,則仍得合全社會而通籌之意,與一任其遷流所屆,而不能加以控馭者不同。後世之人,知此義者鮮矣。抑計天下之人,他途皆取裁足,餘盡驅之歸農,似大不自由,而背於社會進化之理。然當大亂之後,四海困窮,生衆食寡,爲疾用舒,自爲當務之急。暫舉天下之人,迫使盡出於生利之一孔,固亦事勢應爾,未可訾其狹隘酷烈也。惟此等論議,必也小國寡民,可由人力控馭,乃能行之。衞文公等破敗之後,易於復振,即由於此。在後世,則往往徒託諸空言耳。然行之以文者仍不絶。

　　苻堅因其諸公引商人趙掇等爲國卿,而立非命士以上不得於都城百里内乘車馬,工商、皁隷婦女不得服金銀、錦繡之制,已見第十八章第一節。《劉曜載記》:曜禁無官者不得乘馬,禄八百石以上婦女乃得衣錦繡。季秋農功畢,乃聽飲酒。非宗廟、社稷之祭,不得殺牛。犯者皆死。《姚興載記》:興下書禁百姓造錦繡及淫祀。是雖夷狄之君,亦知制度之不可無也。南北朝諸主中,齊高帝最崇儉節。宋順帝昇明二年三月,帝上表禁民閒華僞,凡十七條。武帝雖不能自克,然於法令,亦能踵襲前規。永明七年四月,詔:"婚禮下達,人倫攸始。晚俗浮麗,歷兹永久。宜爲節文,頒之士庶。如故有違,繩之以法。"十月,又詔:"三季澆浮,舊章陵替,吉凶奢靡,動違矩則。可明爲條制,嚴勒所在,悉使畫一。如復違犯,依事糾奏。"海陵王延興元年,申明織成、金薄、採花、錦繡履之禁,則雖篡奪紛紜之際,此等禁令,亦不廢弛矣。梁武帝於中興二年下令述齊末之侈,已見上節。於是減損浮費,又命外詳爲條格。陳文帝天嘉元年八月,詔:"非兵器及國容所須,金銀、珠玉、衣服雜玩,悉皆禁斷。"宣帝大建十一年十二月,下詔非軍國資須,多所減省。并勅"内外文武,車馬宅舍,皆循儉約,勿尚奢華。違我嚴規,抑有刑憲。具爲條格,標榜宣示"。後主即位,亦詔鏤金銀薄及庶物化生、土木人,采華之屬,詳爲條制,并皆禁絶。是雖淫侈之主,亦能奉行故事也。虜朝亦多此等禁令。魏世祖太平真君九年十月,以婚姻奢靡,喪葬過度,詔有司更爲科限。高宗和平四年十二月,又詔有司爲之條格,使貴賤有章,上下咸序,著之於令。高祖大和二年五月,又詔:

"朕今憲章舊典,祇案先制,著之律令,永爲定準。犯者以違制論。"世宗延昌二年九月,以貴族豪門,崇習奢侈,詔尚書嚴立限級,節其流宕。《獻文六王傳》:高陽王雍領司州牧,表請王公以下賤妾,不聽用織成、錦繡、金玉、珠璣,違者以違旨論。奴婢悉不得衣綾綺纈,止於縵繒而已。奴則布服,并不得以金銀爲釵帶。犯則鞭一百。《周書・崔猷傳》:猷以大統時遷京兆尹。時婚姻禮廢,嫁娶之辰,多舉音樂;又廛里富室,衣服奢淫,乃有織成文繡者。猷請禁斷。周武帝建德二年九月,詔頃者婚嫁,競爲奢靡。有司宜加宣勒,使咸遵禮制。六年九月,初令民庶以上,惟聽衣綢、絁綢、絲布、圓綾、紗、絹、綃、葛布等九種,餘悉禁斷。朝祭之服,不拘此例。皆其事也。此等皆朝廷之政令,亦有以有司而行諸一地方者。如晉范粲爲武威大守,郡壤富實,珍玩充積,粲檢制之,息其華僞,北齊蘇瓊爲南清河大守,婚姻喪葬,皆教令儉而中禮是也。然其爲效彌微,則亦不待言而可知矣。

　　空言無施,雖切何補? 歷代禁奢之政,似皆有名無實矣。然此特在今日爲不可行,若一旦社會組織,渙然丕變,則其義仍有不可不知者。此固勢不能行,非謂義不當爾也。而歷代於違禮之物,不惜加以摧毀,①絶不顧惜物力,則其陳義尤高。《傳》曰:"君不君,臣不臣,父不父,子不子,雖有粟,吾得而食諸?"歷代奢麗之物,苟皆視作文明,其可珍者何限? 然今竟安在哉? 雖欲惜之,亦惡得而惜之? 況夫社會組織,苟極安和,此等物自將日出而不窮,其宏壯,其工巧,皆將十百千萬於古而未有已。故此等物,除以爲古蹟而保存之外,他無足取。而至其時,則人人共享其利,與前世及今日,徒足少數人之淫欲,而竭多數人之血汗,或且糜其頂踵以爲之,且因此而更引起少數人之淫欲者,大不同矣。不足非天下之公患,天産與人工所爲之物正同,又何恤而不摧毀之,以爲矯正風俗之助哉? 晉武帝焚雉頭裘,已見第二章第一節。此事讀史者以爲美談,其實若此之舉,歷代初不止一二。《晉書・陸雲傳》:雲拜吳王晏郎中,晏於西園,大營第室,雲上書言:"武帝訓世以儉,屢發明詔,厚戒豐奢,清河王毀壞成宅,以奉詔命。"《齊書・明帝紀》:建武二年十月,詔罷東田,毀興光樓。《皇后傳》謂大祖毀宋明之紫極。周武帝建德元年十二月,幸道會苑,以上善殿壯麗,遂焚之。六年正月,入鄴,詔曰:"僞齊叛渙,竊有漳濱。世縱淫風,事窮雕飾。朕菲食薄衣,以弘風教。追念生民之費,尚想力役之勞。方當易茲弊俗,率歸節儉。其東山、南園及三臺,可并毀撤。瓦、木諸物,凡入用者,盡賜下

---

① 生計:摧毀違禮之物。

民。山、園之田,各還本主。"六年五月,詔曰:"往者冢臣專任,制度有違。正殿別寢,事窮壯麗。非直雕牆峻宇,深戒前王,而締構弘敞,有踰清廟,不軌之物,何以示後? 兼東夏初平,民未見德。率先海内,宜自朕始。其露寢、會義、崇信、含仁、雲和、思齊諸殿等,農隙之時,悉可毀撤。雕斲之物,并賜貧民。繕造之宜,務從卑朴。"又詔:"京師宮殿,已從撤毀,并、鄴二所,華侈過度,誠復作之非我,豈容因而弗革? 諸堂殿壯麗,并宜除蕩。甍宇雜物,分賜窮民。三農之隙,別漸營構。止蔽風雨,務在卑狹。"《魏書·長孫道生傳》言:道生廉約,第宅卑陋。出鎮後,其子弟頗更脩繕,起堂廡。道生還,切責之,令毀宅。此皆毀壞宮室者。諸奢侈之物,宮室營造,工力實爲最多,而猶不惜毀壞,他更不足論矣。《宋書·周朗傳》:朗上書論革侈麗之俗曰:"自今以去,宜爲節目,若工人復造奇技淫器,則皆焚之而重其罪。"文惠大子薨後,齊武帝履行東宫,見大子服玩過制,大怒,勅有司隨事毀除。梁武帝受相國、梁公之命,亦焚東昏淫奢異服六十二種於都街。陳宣帝大建七年四月,監豫州陳桃根表上織成羅文錦被裘各二,詔於雲龍門外焚之。此皆與晉武帝之焚雉頭裘無異。梁武帝天監四年正月,有司奏吳令唐僪鑄盤龍火爐,翔鳳硯蓋,詔禁錮終身。《魏書·韓秀傳》:子務,爲郢州刺史,獻七寶牀、象牙席。詔曰:"晉武帝焚雉頭裘,朕常嘉之,今務所獻,亦此之類矣,可付其家人。此詔當出宣武。"此二者雖未毀其物,然其絶之之深,亦與毀其物者無以異也。

## 第五節　借貸振施

晉、南北朝之世,民間借貸,利率頗巨。《晉書·張駿傳》言:駿境内大飢,市長譚祥,請出倉穀與百姓,秋收三倍徵之,則其時民間利率,必尚不止三倍。《魏書》言駿以穀帛付民,歲收倍利,利不充者簿賣田宅。[1]《北齊書·盧叔武傳》言:叔武在鄉時,有粟千石,每至春夏,鄉人無食者令自載取,至秋任其償,都不計較,而歲歲常得倍餘。蓋平時借貸,自春及秋,償之以倍,饑饉之時,則有過於三倍者也。《魏書·高宗紀》:和平二年正月,詔曰:"刺史牧民,爲萬里之表。自頃每因發調,逼民假貸。[2] 大商富賈,要射時利。旬日之間,增贏十倍。上下通同,分以潤屋。爲政之弊,莫過於此。其一切禁絶。犯者十四以

---

　　[1]　生計:張駿以穀物付民,收倍利,利不充則簿賣田宅。

　　[2]　生計:刺史商賈通,逼民借貸。

上皆死。"《北史·齊本紀》言：後主特愛非時之物，取求火急，皆須朝徵夕辦，當勢者因之，貸一而責十。《周書·蘇綽傳》：綽爲六條詔書，見第十四章第五節。其六均賦役曰："財貨之生，其功不易。必須勸課，使豫營理。如其不豫勸戒，臨時迫切，復恐稽緩，以爲已過。棰朴交至，取辦目前，富商大賈，緣兹射利，有者從之貴買，無者與之舉息，輸稅之民，於是弊矣。"其所言，即魏和平二年詔旨之所誡也。此等乘人之急者，其利率，又不可以常理論矣。

貴豪借貸，有爲數頗巨者。①《晉書·庾敳傳》：劉輿見任於東海王越，人士多爲所搆，惟敳縱心事外，無迹可閒。後以其性儉家富，説越就換錢千萬，冀其有吝，因此可乘。越於衆坐中問敳。敳乃頹然已醉，幘墮枕上，以頭就穿取，徐答云："下官家有二千萬，隨公所取矣。"輿於是乃服。周奉叔就王敬則換米二百斛。敬則以百斛與之。不受。敬則大懼。乃更餉二百斛，并金鈴等物。梁武帝在戎多乏，就曹虎換借，未嘗不得，遂至十七萬。又帝爲荆州諮議時，劉之遴父虯，隱在百里洲，早相知聞。帝偶匱乏，遣就虯換穀百斛。之遴時在父側，曰："蕭諮議躓士，云何能得春？願與其米。"虯從之。及帝即位，常懷之。此等非以市恩，即由懾勢，與尋常借貸，實不盡同。至尋常借貸，則爲數仍微，且多以物爲質。② 褚淵以白貂坐褥質錢萬一千，已見第一節。淵從父弟炫，罷江夏郡還，得錢十七萬，於石頭并分與親族。病無以市藥，以冠劍爲質。謝弘微曾孫僑，嘗一朝無食，其子啓欲以《班史》質錢，答曰："寧餓死，豈可以此充食乎？"庾詵，鄰人有被誣爲盜者，被劾安款，詵矜之，乃以書質錢二萬，令門生詐爲其親，代之酬備。孫騰、司馬子如嘗詣李元忠，逢其方坐樹下，葛巾擁被，對壺獨酌，使婢卷兩褥以質酒肉。及卒，又以金蟬質絹，乃得斂焉。祖珽亦嘗以《華林徧略》數帙，質錢樗蒲。此等蓋皆謹守民閒借貸之法者。若其所負非一人，而爲數頗巨者：則有若宋蕭惠開爲益州，府録事參軍劉希微，負蜀人責將百萬，爲責主所制，不得俱還，惠開有馬六十匹，悉以乞希微償之，此恐其初亦不免恃勢乞取。褚淵之没，負責數十萬，則其位高而家本貧。庾丹父景休，罷巴東郡，頗有資產。丹負錢數百萬，責者填門，景休怒，不爲之償。既而朝賢之丹不之景休，景休悦，乃悉爲還之。《南史·梁宗室傳》。丹蓋好交結者。夏侯道遷子夬，沽賣飲噉，多所費用。父時田園，貨賣略盡，人閒債負，猶數千餘匹。則其人本無行之徒也。宋江夏王義恭賒市百姓物，無錢可

① 生計：豪貴借貸數巨，實以勢迫，非尋常借貸。
② 生計：借賒以物爲質，質者出券即當票權輿（第七四六—七四七頁）。

741

還,已見第九章第四節。《南史·劉秀之傳》:秀之徙丹陽尹。時賒買百姓物不還錢,秀之以爲非宜,陳之甚切。雖納其言,竟不用。當時所謂民間債負,蓋多兼賒市言之,[①]非必盡貸金錢也,然其倚勢取求則一矣。

其真民間借貸,則爲數甚微。[②]《南史·宋武帝紀》言:帝微時,嘗負刁逵社錢三萬,經時無以還,被執,王諡以己錢代償,乃得釋。《魏書》《刁雍》及《島夷傳》皆同。惟《北史·雍傳》作一萬。宋武雖貧窶,猶是豪傑之流,真閭閻細民,零星乞貸,必尚不及此數也。富人亦有能棄券已責者。《宋書·王弘傳》:弘父珣,頗好積聚,財物布在民間。珣薨,弘悉燔燒券書,一不收責。又《顧覬之傳》,言其子綽,私財甚豐,鄉里士庶,多負其責。覬之每禁之,不能止。及後爲吳郡,誘綽曰:“我嘗不許汝出責。定思貧薄亦不可居。民間與汝交關,有幾許不盡?及我在郡,爲汝督之。將來豈可得?凡諸券書皆何在?”綽大喜,悉出諸文券一大厨。覬之悉焚燒。宣語遠近:“負三郎責,皆不須還,凡券書悉燒之矣。”綽懊喪累日。《齊書·崔慰祖傳》:料得父時假貸文疏,謂族子紘曰:“彼有自當見還,彼無吾何言哉。”悉焚之。魏崔光伯亡,其兄光韶悉焚其契,已見第二節。《北齊書·李元忠傳》:家素富厚,其家人多有舉貸求利。元忠每焚契免責。此皆以錢物出貸者。《魏書·盧義僖傳》義僖少時,幽州頻遭水旱。先有穀數萬石貸民,義僖以年穀不熟,乃燔其契。《北史·李士謙傳》:士謙出粟萬石,以貸鄉人。屬年穀不登,責家無以償,皆來致謝。士謙曰:“吾家餘粟,本圖振贍,豈求利哉?”於是悉召責家,爲設酒食,對之燔契。明年大熟,責家爭來償,士謙拒之,一無所受。此則以穀物爲貸者也。此等人實不能多,而豪勢且有恃官力放責者。[③] 宋遊道劾咸陽王坦、孫騰、高隆之、侯景、元弼、司馬子如官貸金銀,催徵酬價,雖非指事臧賄,終是不避權豪,此借官之名以放責者也。陳元康放責交易,徧於州郡,爲清論所譏,此恃官之勢而放責者也。《北齊書·盧潛傳》云:諸商胡負官責息者,宦者陳德信縱其妄注淮南富家,令州縣徵責。又《循吏·蘇瓊傳》:遷南清河大守。道人道研,爲濟州沙門統,資產巨富。在郡多有出息,常得郡縣爲徵。及欲求謁,度知其意,每見則談問玄理,應對蕭敬。研雖爲責數來,無由啓口。此則自放責而倚官力爲之徵償者也。若民間豪右自行徵償者,則刁逵之執錄宋武,其一事矣。皆可見責主之暴橫也。

---

① 　生計:當時云借苟賒市。
② 　生計:民間借貸爲數甚微。
③ 　生計:恃官力放責索賞。

當時僧寺,實爲借貸之所。① 褚淵以白貂坐褥質錢於招提寺,已見第一節。《南史・循吏・甄法崇傳》:法崇孫彬,嘗以一束苧就長沙寺庫質錢。後贖苧還,於苧束中得五兩金,送還寺庫。道人驚云:"近有人以此金質錢,時有事不得舉而失,檀越乃能見還? 輒以金半仰酬。"往復十餘,彬堅不受。僧寺本以施濟爲事,施濟不能徧及,乃推而爲借貸,此亦便民之舉。然在財產私有之世,惟牟利之事,爲能徧行,能常行,此則事之無可如何者。故僧寺之借貸,亦漸變爲求利之舉焉。《魏書・釋老志》:永平二年冬,沙門統惠深上言:"比來僧尼,或因三寶,出貸私財。"是其事。如道研者,蓋即其人也。

借貸者既多有質物,受其質者,自亦必有券契與之,使得憑以取贖。《齊書・蕭坦之傳》:坦之死,遣收其從兄翼宗。檢家赤貧,惟有質錢帖子數百。《通鑑》胡三省《注》曰:"質錢帖者,以物質錢,錢主給帖與之,以爲照驗,他日出子本錢收贖。"齊東昏侯永元元年。此即後世當票之權輿矣。

公家借貸於民者②:宋元嘉二十七年,揚、南徐、兗、江四州富有之民及僧尼,并按貲財,四分換一,以充軍用,已見第八章第七節。蕭穎胄之起兵,史亦言其換借富貲,以助軍費。晉、南北朝時所云換者,即今所謂借,既以換爲名,自無不歸還之理,此頗類今之公債。魏宣武帝延昌元年五月,詔天下有粟之家,供年之外,悉貸飢人。又樊子鵠爲殷州刺史,會歲旱儉,子鵠恐民流亡,乃勒有粟之家,分貸貧者。此雖以官力迫人出貸,而公家不以債户自居,不得以公債爲比也。

振施之事,豪富之家,亦頗能行之。《晉書・裴楷傳》言:楷每遊榮貴,輒取其珍玩,雖車馬器物,宿昔之間,便以施諸窮乏。梁、趙二王,國之近屬,貴重當時,楷歲請二國租錢百萬,以散親族。人或譏之。楷曰:"損有餘,補不足,天之道也。"郗愔好聚斂,積錢數千萬。嘗開庫,任其子超所取。超性好施,一日中散與親故都盡。超又好聞人棲遁,有能辭榮拂衣者,爲起屋宇,作器服,畜僕豎,費百金而不吝。氾騰歎曰:"生於亂世,貴而能貧,乃可以免。"散家財五十萬,以施宗族。蕭惠開自蜀還,貲財二千餘萬,悉散施道路,一無所留。崔慰祖,父慶緒爲梁州,家財千萬,慰祖散與宗族。鄧元起,少時嘗至其西沮田舍,有沙門造之乞,元起有稻幾二千斛,悉以施之。此等皆徒爲豪舉,其所惠,實不出於宗族、故舊之間,不則所識窮乏者得我耳,真能爱及矜人

---

① 生計:沙門統放債,寺庫質錢。僧祇户粟(第七四四頁)。
② 生計:公家借貸於民。助官振貸(第七四四頁)。

743

者鮮矣。其所施較廣者：宋徐耕，元嘉二十一年大旱，民飢，詣縣陳辭，以千斛助官振貸。嚴成、王道蓋，大明八年，東土飢旱，各以穀五百斛，助官振卹。吳明徹，侯景寇京師，天下大亂，明徹有粟麥三千餘斛，而鄰里飢餒。乃白諸兄曰：“當今草竊，人不圖久，奈何有此而不與鄉家共之？”於是計口平分，同其豐儉。李士謙，躬處節儉，每以振施爲務。年飢，罄家財爲之糜粥，賴以全活者萬計。收埋骸骨，所見無遺。至春，又出田糧種子，分給貧乏。凶年散穀至萬餘石。合諸藥以救疾癘。如此積三十年。此則足當任卹之目者邪？然亦非有力者不能爲也。若乃崔懷慎，孤貧特立，宗黨哀之，日斂給其升米；沈約少孤貧，干宗黨，得米數百斛；此則合衆人之力以濟一人，真爲平民之互相救恤者矣。

　　振卹之政，古代本有恒典。爰及後世，事多廢墜。其新起者，則多溺於佛說，欲事布施。此固不失慈愛之意，然小惠不徧，執政權者，不能脩明舊典，而惟小惠是務，實不能無譏焉。《宋書·禮志》云：“漢安帝元初四年詔曰：月令：仲秋養衰老，授几杖，行糜粥。方今八月按比，方時郡縣，多不奉行。雖有糜粥，糒秕泥土相和，半不可飲食。按此詔，漢時猶依月令施政事也。”讀此文，而知宋時此等政事，無復存焉者矣。《魏書·釋老志》：曇曜奏平齊户及諸民，有能歲輸粟六十斛入僧曹者，即爲僧祇户，粟爲僧祇粟。至於儉歲，振給飢民。其意蓋欲以僧曹行振卹之政。然中國佛寺，權力之大，貲財之富，均非歐洲基督教會之比，故其所成就亦微。《齊書·文惠太子傳》云：太子與竟陵王子良，俱好釋氏，立六疾館以養窮民。《梁書·武帝紀》：普通二年正月，輿駕親祀南郊，詔曰：“凡民有單老孤稚，不能自存者，郡縣咸加收養。贍給衣食，每令周足，以終其身。又於京師置孤獨園，[①]孤幼有歸，華髮不匱。若終年命，厚加料理。尤窮之家，分收租賦。”《南平王偉傳》云：性多恩惠，尤愍窮乏。常遣腹心左右，歷訪閭里人士。其有貧困吉凶不舉者，即遣贍卹之。大原王曼穎卒，家貧無以殯斂。友人江革往哭之，其妻兒對革號訴。革曰：“建安王當知，必爲營理。”言未訖而偉使至。給其喪事，得周濟焉。每祁寒、積雪，則遣人載樵米，隨乏絶者，即賦給之。《南史·昭明太子傳》云：每霖雨、積雪，遣腹心左右，周行閭巷，視貧困家，及有流離道路，以米密加振賜，人十石。又出土衣絹帛，年常多作襦袴，各三千領，冬月以施寒者，不令人知。若死亡無可斂，則爲備棺槥。《梁宗室傳》：始興王憺子暎，爲北徐州刺史，嘗載粟帛遊於境

―――――――――――

① 生計：孤獨園、六疾館，見貧者則振施，此等小惠弗遍，非政事也。

内,遇貧者即以振焉。此皆以布施行小惠。《魏書·高祖紀》：大和二十一年九月,詔曰："可敕司州洛陽之民,年七十已上無子孫,六十已上無耆親,貧不自存者,給以衣食。及不滿六十,而有廢痼之疾,無大功之親,窮困無以自療者,皆於別坊遣醫救護。給醫師四人,豫請藥物以療之。"其意,亦與梁普通二年之詔同也。惠而不知爲政,天下之人,豈能耕而食之,績而衣之邪？然如北齊後主,武平七年正月,詔"去秋已來,水潦人饑。不自立者,所在付大寺及諸富户,濟其性命。"以操切之道行之,其無濟於事而易以滋弊,抑更不待言矣。

# 第二十章　晉南北朝實業

## 第一節　農　業

　　後漢之末，九州雲擾，農業大喪，一時較能自立者，皆恃屯田，已見《秦漢史》第十六章第一節。晉初開創，於農業仍甚留意，蓋時勢使然也。《石苞傳》：苞爲司徒，奏“州郡農桑，未有賞罰之制，宜遣掾屬巡行，均其土宜，舉其殿最，然後黜陟”。詔即使司徒督察州郡播殖。若宜有所循行者，其增置掾屬十人，聽取王官更練事業者。扶風王駿，代汝南王亮鎮關中，勸晉農桑與士卒分役。己及寮佐，并將帥兵士等，人限田十畝。具以表聞。詔遣普下州縣，使各務農事。此等舉措，具見一時君若臣之屬望於農。然其行之之效，終不能副其所期，何哉？官田收租大重，而民不勸，一也。見第十九章第三節。傅玄言：“耕夫務多種而耕暵不熟，徒喪功力而無收。”又言：“古以步百爲畝，今以二百四十步爲畝，①《齊民要術·雜說篇》言：齊地大畝爲一頃三十五畝，則當時北方畝制，亦不盡一。所寬過倍。近魏初課田，不務多其頃畝，但務脩其功力，故百田收至十餘斛，水田收十斛。自頃以來，日增頃畝之課，田兵益甚，功不能脩理，至畝數斛以還，或不能償種。”玄爲御史中丞時陳便宜之語。案武帝即位，段灼上疏追理鄧艾，言其爲區種之法，手執末耜，率先將士，而《食貨志》稱其屯田之效曰：東南有事，大軍出征，資食有儲。《鄧攸傳》言：攸母病，苦無車。及亡，家貧無以市馬。乃於所住堂北壁假葬。養雞種蒜，竭其方術。喪過三年，得馬八匹，輿柩至冢。《隱逸傳》言：郭文，河內軹人。洛陽陷，步擔入吳興餘杭大滌山中窮谷無人之地，倚木於樹，苫覆其上而居焉。② 區種菽麥，採竹葉、木實，貿鹽以自供。食有餘穀，輒恤窮匱。皆可見耕作精者收效之宏。然土曠人希之時，農民每

---

　　① 地權：古以步百爲畝，今二百四十步，所寬過倍，然畝或數斛，或不能償種，此見精耕重於廣地時，課至數十斛也（第七三〇—七三一頁）。

　　② 宮室：倚木於樹，苫覆其卜。

好多占頃畝，官家所課之田，又以頃畝多少爲黜陟，督課者遂務虛張其數以爲功；而甫田維莠之弊作矣，二也。又豪彊占奪，屯官亦各恤其私，疆理之道，遂至不得其宜。《束晳傳》：時欲廣農，晳上議，以爲"州司十郡，土狹人繁，三魏尤甚。晳又言："昔魏氏徙三郡人在陽平、頓丘界，今者繁盛，合五六千家。二郡田地逼狹，謂可遷徙西州，以充邊土。"則當時以大體言之，雖苦土滿，而土狹人繁之弊，仍在所不免，此皆調劑之未得其宜也。而豬、羊、馬牧，布其境內。宜悉破廢，以供無業。業少之人，雖頗割徙，在者猶多。田諸苑牧，不樂曠野，貪在人閒，故謂北土不宜畜牧。此誠不然。可悉徙諸牧，使馬、牛、豬、羊，齕草於空虛之田；遊食之人，受業於賦給之賜"。是當時曠良田以爲牧場也。又言："汲郡之吳澤，良田數千頃，泞水停洿，人不墾殖。聞其國人，皆謂通泄之功，不足爲難；舄鹵成原，其利甚重；而豪彊大族，惜其魚、蒲之饒，搆說官長，終於不破。謂宜復下郡縣，以詳當今之計。荆、揚、兗、豫，汙泥之土，渠塢之宜，必多此類。宜詔四州刺史，使謹按以聞。"《食貨志》載杜預咸寧三年疏，言："今者水災，東南特劇。下田所在停汙，高地皆多磽埆。宜大壞兗、豫州東界諸陂，隨其所歸而宣導之。"①又言："諸欲脩水田者，皆以火耕水耨爲便，此事施於新田草萊，與百姓居相絕離者耳。往者東南草創人希，故得火田之利。自頃戶口日增，而陂堨歲決。良田變生蒲葦，人居沮澤之際，水陸失宜。放牧絕種，樹木立枯，皆陂之害也。陂多則土薄水淺，潦不下潤。故每有水雨，輒復橫流，延及陸田。言者不思其故，因云此土不可陸種。臣計漢之戶口，以驗今之陂處，皆陸業也。其或有舊陂、舊堨，則堅完脩固，非今所謂當爲人害者也。臣前見尚書胡威啓宜壞陂，其言墾至。中者又見宋侯相應遵上便宜，求壞泗陂，徙運送。時下都督，度支共處。各據所見，不從遵言。遵縣領應佃二千六百口，可謂至少，而猶患地狹，不足肆力，此皆水之爲害也。當所共恤。而都督、度支，方復執異。人心所見既不同，利害之情又有異。軍家之與郡縣，士大夫之與百姓，其意莫有同者。皆偏其利以忘其害。此理之所以未盡，而事之所以多患也。臣又案豫州界二度支所領佃者，州郡大軍雜士，凡用水田七千五百餘頃耳。計三年之儲，不過二萬餘頃。以常理言之，無爲多積無用之水。況於今者，水潦瓮溢，大爲災害？宜發明詔，敕刺史、二千石：其漢氏舊陂、舊堨，及山谷私家小陂，皆當脩繕以積水。其諸魏氏以來所造立，及諸因雨決溢，蒲葦、馬腸陂之類，皆決瀝之。"觀此，而當時豪民、田官各恤其私，不顧大局之情形可見矣。利於此而害於彼，而害且

---

餘於其利，農業安得而興？三也。傅玄言："先帝統百揆，分河隄爲四部，并本凡五謁者，以水功至大，與農事并興，非一人所周故也。今謁者一人之力，行天下諸水，無時得徧。伏見河堤謁者車誼，不知水勢。宜轉爲他職，更選知水者代之。分爲五部，使各精其方宜。"此在當日，實爲當務之急，然未聞武帝能行之。而齊獻王言："今地有餘羨，而不農者衆；加附業之人，復有虛假。宜嚴勅州郡，檢諸虛詐害農之事，督實南畝。考績黜陟，畢使嚴明。"傅玄言："昔漢氏以墾田不實，徵殺二千石以十數。臣愚以爲宜申漢氏舊典，以警戒天下，郡縣皆以死刑督之。"束晳言："今天下千城，人多游食，廢業占空，無田課之實。較計九州，數過萬計。可申嚴此防，令監司精察。一人失課，負及郡縣。"徒欲以操切之政，責諸守令而已。而不知勸課之效，非徒守令所能爲也，亦何益哉？

東渡以後，荆、揚二州，農業大盛。此蓋社會生計自然之演進，而政府之南遷，或亦有以促之也。《宋書·孔靖傳論》曰："江南之爲國盛矣。雖南苞象浦，西括邛山，至於外奉貢賦，内充府實，止於荆、揚二州。自漢氏以來，民户彫耗。荆楚四戰之地，五達之郊，井邑殘亡，萬不餘一也。自元熙十一年馬休之外奔，至於元嘉末，三十有九載，兵車弗用，民不外勞，役寬務簡，氓庶繁息，至餘糧棲畝，户不夜扃，蓋東西之極盛也。既揚部分析，境極江南，考之漢域，惟丹陽、會稽而已。自晉氏遷流，迄於大元之世，百許年中，無風塵之警，區域之内晏如也。及孫恩寇亂，殲亡事極。自此以至大明之季，年踰六紀，民户繁育，將曩時一矣。地廣野豐，民勤本業。一歲或稔，則數郡忘飢。會土帶海傍湖，良疇亦數十萬頃，膏腴上地，畝直一金。鄠、杜之閒，不能比也。荆城跨南楚之富，揚部有全吳之沃，魚、鹽、杞梓之利，充牣八方，絲、緜、布帛之饒，覆衣天下。"據其説，農事之最盛者，實今兩湖閒沼澤之區，及江、浙閒之大湖流域也。《陳書·裴忌傳》：高祖誅王僧辯，僧辯弟僧智舉兵據吳郡。高祖遣黃他攻之，不能克。高祖謂忌曰："三吳奧壤，舊稱饒沃，雖凶荒之餘，猶爲殷盛，而今賊徒扇聚，天下搖心，非公無以定之，宜善思其策。"忌乃勒部下精兵，襲據吳郡。又《沈君理傳》：高祖受禪，出爲吳郡大守。是時兵革未寧，百姓荒弊，軍國之用，咸資東境。君理招集士卒，脩治器械，民下悅附，深以幹理見稱。韋載之策齊軍曰："若分兵先據三吳之路，略地東境，則時事去矣。可急於淮南築城，以通東道運輸。"詳見第十三章第五節。此策於高祖之成功，所關實大。凡此，皆可見當時之財富，惟東土是資也。侯景亂後尚如此，況於平時哉？而荆楚自東渡以來，即能以其獨力，捍禦北虜；庾翼、桓溫等，且能因乘時會，震撼北方；亦必非徒以其兵甲之精也。實業之有造於國，詎不大哉？

　　然荆、揚雖云殷盛，而淮南北之地，則極荒蕪，此於恢復之無成，所關亦大。《齊書·徐孝嗣傳》云：是時<sub>建武</sub>。連年虜動，軍國虛乏。孝嗣表立屯田，曰："竊見緣淮諸鎮，皆取給京師，費引既殷，漕運艱澀。聚糧待敵，每若不圖。利害之基，莫此爲甚。臣比訪之故老，及經彼宰、守。淮南舊田，觸處極目。陂遏不脩，咸成茂草。平原陸地，彌望尤多。今邊備既嚴，戍卒增衆，遠資餽運，近費良疇，士多飢色，可爲嗟歎。愚欲使刺史、二千石，躬自履行，隨地墾闢。精尋灌溉之源，善商肥确之異。州、郡、縣戍，主帥以下，悉分番附農。今水田既晚，方事菽、麥，菽、麥二種益是北土所宜，彼人便之，不減粳稻，①開創之利，宜在及時。所啓允合，請即使至徐、兗、司、豫，爰及荆、雍，各當境規度，勿有所遺。別立主曹，專司其事。田器、耕牛，臺詳所給。歲終殿最，明其刑賞。此功克舉，庶有弘益。若緣邊足食，則江南自豐，權其所饒，略不可計。"事御見納。時帝已寢疾，兵事未已，竟不施行。史臣論之曰："江左以來，不暇遠策。王旅外出，未嘗宿飽。四郊嬰守，懼等松菊。縣兵所救，經歲引日。凌風泝水，轉漕艱長。傾窖民之儲，盡倉敖之粟。流馬木牛，尚深前弊，田積之要，惟在江、淮。郡國同興，遠不周急。故吳氏列戍南濱，屯農水右；魏世淮北大佃，而石橫開漕，皆輔車相依，易以待敵。孝嗣此議，殆爲空陳，惜矣。"可見屯田之策，於恢復之圖，所關實大也。《魏書·薛虎子傳》：虎子以大和四年，爲彭城鎮將。上表言："在鎮之兵，不減數萬。資糧之絹，人十二匹。即自隨身，用度無準。未及代下，不免飢寒。徐州左右，水陸壤沃。清、汴通流，足盈激灌。其中良田，十餘萬頃。若以兵絹市牛，分減戍卒，計其牛數，足得萬頭。興力公田，必當大獲粟稻。一歲之中，且給官食。半兵賴植，餘兵尚衆，且耕且守，不妨捍邊。一年之收，過於十倍之絹。暫時之耕，足充數載之食。於後兵資，惟須內庫。五稔之後，穀、帛俱溢。"高祖納之。又《范紹傳》言：世宗時，有南討之計，發河北數州田兵二萬五千人，通緣淮戍兵，廣開屯田。八坐奏紹爲西道六州營田大使，加步兵校尉。紹勤於勸課，頻歲大獲。虜爲之能收其利，而謂我不能爲之哉？

　　北方諸胡，知留心農事者蓋寡。惟苻堅，《晉書·載記》言其曾以境内旱，課百姓區種。又慕容皝以牧牛給貧家田苑中，已見上章第三節。案封裕言："自永嘉喪亂，百姓流亡。中原蕭條，千里無煙。飢寒流隕，相繼溝壑。先王以神武聖略，保全一方。故九州之人，塞表殊類，襁負萬里，若赤子之歸慈父。

---

　　①　農業：菽麥北土所宜，彼人便之，不減粳稻。

流人之多舊土，十倍有餘。人殷地狹，故無田者十有四焉。"則當時流民之入遼西者甚衆。跣不能撫綏之，乃重征之以要利，亦可謂無遠略矣，然較之劉、石等之徒知虐取者，尚較愈也。《慕容寶載記》言：遼川先無桑，及庪通於晉，求種江南，①平州桑悉由吳來。《馮跋載記》云：跋勵意農桑，勤心政事。乃下書，省徭薄賦。惰農者戮之，力田者褒賞，命尚書紀達，爲之條制。又下書曰："今疆宇無虞，百姓寧業，而田畝荒穢，有司不隨時督察，欲令家給人足，不亦難乎？桑、柘之益，有生之本。此土少桑，人未見其利。可令百姓：人殖桑一百根，柘二十根。"此等皆較能留心民事者，然十六國中，殊不多見也。

魏起陘北，至道武之世，乃知留心農事。《魏書·食貨志》言：大祖經略之先，以食爲本。使東平公儀墾闢河北，自五原至於棝陽塞外爲屯田。初登國六年破衛辰，收其珍寶、畜産，名馬三十餘萬，牛、羊四百餘萬，漸增國用。既定中山，分徙吏民及徒河種人工技巧十萬餘家，以充京都。② 各給耕牛，計口授田。《紀》在天興元年。案明元永興五年，亦徙二萬餘家於大寧，計口授田。蓋北方土曠，故能如是也。天興初，制定京邑。東至代郡，西及善無，南極陰館，北盡參合，爲畿内之田。其外四方、四維，置八部帥以監之。勸課農耕，量校收入，以爲殿最。自後比歲大熟，匹中八十餘斛。是時戎車不息，雖頻有年，猶未足以久贍矣。大宗永興中，頻有水旱。神瑞二年，又不熟。京畿之内，路有行饉。帝以饑，將遷都於鄴。用博士崔浩計，乃止。於是簡尤貧者就食山東。敕有司勸課留農者。自是民皆力勤，故歲數豐穰，畜牧滋息。世祖屢親戎駕，而委政於恭宗。真君中，恭宗下令，脩農職之教。此後數年之中，軍國用足矣。《恭宗紀》言其制有司課畿内之民，使無牛家以人力相貿，墾殖鋤耨。其有牛家與無牛家一人種田二十二畝，償以私鋤功七畝，如是爲差。至與小、老無牛家種田七畝，小、老者償以鋤功二畝。皆以五口下貧家爲率，各列家別口數所勸種頃畝，明立簿目。所種者於地首標題姓名，以辨種殖之功。又禁飲酒、雜戲，棄本沽販者。此等煩碎之政令，安能及於閭閻而收實效？史云"墾田大爲增闢"，亦不過緣飾之辭耳。《高祖紀》：延興三年二月，詔："牧、守、令長，勤率百姓，無令失時。同部之内，貧富相通。家有兼牛，通借無者。若不從詔，一門之内，終身不仕。守、宰不督察，免所居官。"大和元年正月，詔："牧民者若輕有徵發，致奪民時，以侵擅論。民有不從長教，惰於農桑，加以罪刑。"三月，詔曰："去

---

① 農業：遼川無桑，慕容庪求種江南。馮跋令。

② 農業：魏墾闢其所謂京畿。

年牛疫,死傷大半,耕墾之利,當有虧損。今東作既興,人須肄業。其敕所在,督課田農。有牛者加勤於常歲,無牛者倍庸於餘年。一夫制治田四十畝,中男二十畝。無令人有餘力,地有遺利。"四年四月,詔:"今農時要月,百姓肄力之秋,而愚民陷罪者衆。宜隨輕重決遣,以赴耕耘。"五年五月,又詔:"農時要月,民須餘力。其敕天下,勿使留獄、久囚。"案魏本一小部落,後來雖藉兵力,竊據中原,然實不知治體,其政令亦不甚能行,故至恭宗勸農,所留意者,仍不過畿內,至高祖世,乃懇懇誥誡牧、守,然以魏吏治之壞,此等空言,又豈能有驗邪?《韓麒麟傳》:大和十一年,京都大飢。麒麟表陳時務曰:"今京師民庶,不田者多。遊食之口,三分居二。一夫不耕,或受其飢,況於今者,動以萬計?自承平日久,豐穰積年,競相矜夸,遂成侈俗。車服、第宅,奢僭無限。喪葬、婚娶,爲費日多。貴富之家,童妾袨服;工商之族,玉食錦衣。農夫餔糟糠,蠶婦乏短褐。故令耕者日少,田有荒蕪,穀帛罄於府庫,寶貨盈於市里,衣食匱於室,麗服溢於路。飢寒之本,實在於斯。"以魏所兢兢留意之畿內,而其情形至於如此,虜之所謂農政者可知矣。

　　畜牧之利,北方確較南土爲饒,此則地利爲之也。①《魏書·食貨志》所言道武破劉衛辰所收馬、牛、羊之數,蓋張侈之辭。然《尒朱榮傳》,言其家世富有,牛、羊、駝、馬,色別谷量;見第十二章第四節。《北齊書·神武帝紀》:神武初見榮,説曰:"聞公有馬十二谷,色別爲羣,將此竟何用也?"案此所記神武初見榮時事,皆飾説不足信,然緣飾之辭,亦必揣度當時情勢而爲之,謂榮多馬,則不誣也。又《廣陽王深傳》,言其刺恒州,多所受納,政以賄成,私家有馬千匹者,必取百匹;可見北方之馬實多。《北齊書·盧潛傳》言:時勑送突厥馬數千匹於揚州管內,令土豪貴買之。錢直始入,便出勑括江、淮閒馬,盡送官廄。由是百姓騷擾,切齒嗟怨。又可見南方之馬,多來自北方也。魏之服高車,徙諸漠南,此於魏之牧政,裨益甚大,詳見第八章第三節。《食貨志》云:泰常六年,詔六部民羊滿百口調戎馬一匹,亦可見北族牧利之饒。《志》又云:"世祖之平統萬,定秦、隴,以河西水草善,乃以爲牧地。畜產滋息,馬至二百餘萬匹,橐駝將半之,牛、羊則無數。高祖即位之後,復以河陽爲牧場,恒置戎馬十萬匹,以擬京師軍警之備。每歲自河西徙牧并州,以漸南轉,欲其習水土而無死傷也。而河西之牧彌滋矣。正光以後,天下喪亂,遂爲羣盜所盜掠焉。"案孝文南遷,主牧事者爲宇文福。《福傳》言:孝文"敕其檢行牧馬之所。福規石濟以西,河內以東,拒黃河南北千里爲牧地,事尋施

---

① 農業:魏北方牧利之饒。

行,今之馬場是也。及從代移雜畜於牧所,福善於將養,并無損耗"。以吾民衣食所資之地,曠爲異族之牧場,使得游牝其間,厚其力以猾夏,亦可哀矣。南北兵事之利鈍,步騎之不敵,實爲其大原因;南方欲圖恢復,必有精騎以與虜決勝於中原;説已見第八章第七節及第十一章第四節。《隋書・賀婁子幹傳》言:高祖以隴西頻被寇掠,甚患之。彼俗不設村塢,勑子幹勒民爲堡,營田積穀,以備不虞。子幹上書曰:"隴西、河右,土曠民希,邊境未寧,不可廣爲田種。比見屯田之所,獲少費多,虛役人功,卒逢踐暴。屯田疏遠者,請皆廢省。隴右之民,以畜牧爲事,若更屯聚,彌不獲安。祇可嚴謹斥堠,豈容集聚人畜?請要路之所,加其防守。但使鎮戍連接,堠堠相望,民雖散居,必謂無慮。"高祖從之。案游牧之民,所以難於制馭者,以其遷徙易,不易根剿,而其來犯又極飄忽故也。我之所業與彼同,則不足爲憚。淮上之地,既易爲虜所擾,耕鑿難安,曷不制其表爲牧地,養馬以備與虜馳驅乎? 此古人未發之策,然言國防者似可參證也。

　　山澤之利,雖已不可專恃,然亦有時而相需甚殷。杜預咸寧三年疏曰:"當今秋夏,疏食之時,而百姓已有不贍。前至冬春,野無青草,則必指仰官穀,以爲生命。此乃一方之大事,不可不豫爲思慮者也。臣愚謂既以水爲困,當恃魚、菜、螺蜯,而洪波氾濫,貧弱者終不能得。今者宜大壞兗、豫州東界諸陂,隨其所歸而宣導之。交令饑者,盡得水草之饒。百姓不出境界之内,旦暮野食。此目下日給之益也。"《石季龍載記》言:其時衆役繁興,軍旅不息;加以久旱;穀貴,金一斤直米二斗。使令長率丁,隨山澤採橡、捕魚,以濟老弱。《北齊書・盧潛傳》言:高元海執政,斷漁獵,而淮南人家,無以自資。可見疏食、漁、獵之利,亦與民生相關非淺矣。

　　喪亂之際,水利多不脩舉,此與農事,所關最大。《晉書・苻堅載記》言:堅以關中水旱不時,議依鄭、白故事。發其王侯已下及豪望富室僮隸三萬人,開涇水上源,鑿山起隄,通渠引瀆,以溉岡鹵之田。及春而成,百姓賴其利。《魏書・高祖紀》:大和十二年五月,詔六鎮、雲中、河西及關内六郡,各脩水田,通渠溉灌。十三年八月,詔諸州鎮有水田之處,各通溉灌,遣匠者所在指授。此等政令,其效如何不可知,然即以政令論,南北朝之世,亦不多見也。《周書・武帝紀》:保定二年正月,初於蒲州開河渠,同州開龍首渠,以廣灌溉,此事當較有實際。《魏書・崔楷傳》:楷因冀、定數州,頻遭水害,上疏曰:"自比定、冀水潦,無歲不飢;幽、瀛川河,頻年汎溢。豈是陽九厄會,百六鍾期,故以人事而然,非爲運極。"欲"量其逶迤,穿鑿洈澮,分立隄堨,所在疏通,豫決

其路,令無停蹩。隨其高下,必得地形。土木參功,務從便省。使地有金隄之堅,水有非常之備。鉤連相注,多置水口,從河入海,遠邇逕過,瀉其境潟,泄此陂澤。九月農罷,量役計功。十月昏正,立匠表度。縣遣能工,麾畫形勢。郡發明使,籌察可不。審地推岸,辨其脈流。樹板分崖,練厥從往。別使案檢,分部是非,睥睨川原,明審通塞。當境脩治,不勞役遠。終春自罷,未須久功。即以高下營田,因於水陸,水種秔稻,陸蓺桑麻。必使室有久儲,門豐餘積。其實上葉禦災之方,亦爲中古井田之利。即之近事,有可比倫。江、淮之南,地勢洿下。雲雨陰霖,動彌旬月。遥途遠運,惟有舟艫。南畝畬菑,微事未耜。而衆庶未爲饉色,黔首罕有飢顏。豈天德不均,致地偏罸? 故是地勢異圖,有兹豐餒”。後世論者,每謂興水利即所以除水害,故溝洫實爲治水要圖,楷之所論,已先發其義矣。河域水利,不如江域之饒,而文明啓發,轉在其先者? 溝洫之脩舉實爲之,溝洫廢而水災興,隋、唐以後,北方遂仰給於江、淮矣,此古今升降之一大端也。而其轉移,實在晉、南北朝之世,喪亂與民生之關繫,豈不大哉? 然南方水利,雖云得天獨厚,人工亦未嘗廢,觀會稽民丁,無士庶皆保塘役;揚、南徐二州橋、桁、塘、埭,亦有丁功可知。見第十九章第一節。世豈有專恃天惠之事乎! 又晉世水碓之利頗大。[①] 張方決千金堨,水碓皆涸,見第三章第三節。實爲常山覆敗之因,可見其與民生相關之切。然多爲豪彊所擅,石崇之敗,有司簿閱其訾產,水碓至三十餘區是也。見第十九章第二節。《晉書·魏舒傳》,言其遲鈍質朴,不爲鄉親所重。從叔父吏部郎衡,有名當世,亦不之知,使守水碓。可見豪貴之擅此者頗多,細民亦必不免受其剥削矣。南方則似無此利,故至祖沖之始創爲之,而後亦不聞其推行也,見下節。

　　礦業,當此時代,實極衰微。南北朝之世,所以迄欲鑄錢而終不能善者,銅之乏,實爲其大原,別見第四節。《齊書·劉悛傳》:悛於永明八年啓武帝,言“南廣郡界蒙山下,有城名蒙城,有燒鑪四所。從蒙城渡水南百許步,平地掘土深二尺得銅。又有古掘銅阬。其地即秦之嚴道,漢文帝賜鄧通鑄錢之處。近喚蒙山獠出,云甚可經略。此議若立,潤利無極”。上從之,遣使入蜀鑄錢,得千餘萬。功費多,乃止。南朝因鑄錢而開礦之事,惟此一見而已。《宋書·良吏傳》:徐豁,於元嘉初爲始興大守。三年,遣大使巡行四方,并使郡縣各言損益。豁因此表陳三事。其二曰:“郡領銀民三百餘户。鑿阬採砂,皆二三丈。功役既苦,不顧崩壓。一歲之中,每有死者。官司檢切,猶致逋

---

① 工業:晉世水碓之利。

違。老少相隨，永絕農業。千有餘口，皆資他食。尋臺邸用米，不異於銀，謂宜準銀課米，即事爲便。"其三曰："中宿縣俚民課銀，一子丁輸南銀半兩。尋此縣自不出銀。又俚民皆巢居鳥語，不閑貨易之宜，每至買銀，爲損已甚。又稱兩受入，易生姦巧，山俚愚弱，不辨自伸。官所課甚輕，民以所輸爲劇。今若聽計丁課米，公私兼利。"礦課之詒累於民，及其有名無實如此。北朝礦利，亦極微末。《魏書・食貨志》云：世宗延昌三年，春，有司奏長安驪山有銀礦，二石得銀七兩。其年秋，桓州又上言：白登山有銀礦，八石得銀七兩，錫三百餘斤。詔并置銀官，常令採鑄。又漢中舊有金户三千餘家，常於漢水沙淘金，年終總輸。後臨淮王彧爲梁州刺史，奏罷之。又云：熙平二年冬，尚書崔亮，奏恒農郡銅青谷有銅礦，計一斗得銅五兩四銖。葦池谷礦，計一斗得銅五兩。鸞帳山礦，計一斗得銅四兩。河内郡王屋山礦，計一斗得銅八兩。南青州苑燭山，齊州商山，并是往昔銅官，舊迹見在。謹案鑄錢方興，用銅處廣，既有冶利，并宜開鑄。詔從之。然亦徒因此而致私鑄繁興而已，見第四節。

　　此時農學，亦極衰微。《隋書・經籍志》載農家之書五種：《氾勝之書》二卷，《四民月令》一卷，後漢崔寔撰。尚皆漢人之作。《禁苑實録》一卷，不著撰人名字。惟《齊民要術》十卷，爲後魏賈思勰撰。《春秋濟世六常擬議》五卷，楊瑾撰。瑾始末不詳，或亦此時人也。《志》又云：梁有《陶朱公養魚法》、《卜式養羊法》、《養豬法》、《月政畜牧栽種法》各一卷，亡。《通志・藝文略・食貨粲養類》：卜式《月政畜牧栽種法》一卷。姚振宗《隋書經籍志考證》云：此蓋承上文亦以爲卜式書，未必真有依據也。案此三書及《氾勝之書》、《四民月令》，《齊民要術》皆引之，蓋其書採摭頗博。賈思勰固當時農學一大家也。前世農書傳於後世完好者，今亦以此書爲最古。

## 第二節　工　業

　　中國於工業，不甚重視，然巧思之士，亦歷代有之。在晉、南北朝之世，似當以祖沖之爲巨擘。《齊書・沖之傳》云：初宋武平關中，得姚興指南車，有外形而無機巧，每行，使人於内轉之。昇明中，大祖輔政，使沖之追脩古法。沖之改造銅機，圜轉不窮，而司方如一。馬鈞以來未有也。時有北人索馭驎者，亦云能造指南車。大祖使與沖之各造。使於樂游苑對共校試，而頗有差僻，乃毀焚之。案《劉休傳》云：宋末，上造指南車，以休有思理，使與王僧虔對共監試，則休亦必有巧思。索馭驎之智巧，未知視沖之如何。其所爲雖無成，然

若沖之因姚興成制,而馭驥無所因循,則其製作實較沖之爲難,不得以成敗爲優劣也。《沖之傳》又云:永明中,竟陵王子良好古,沖之造欹器獻之。《南史》同,而上多"晉時杜預有巧思,造欹器三改不成"十四字,下多"與周廟不異"五字。案《晉書·預傳》云:周廟欹器,至漢東京,猶在御坐。漢末喪亂不復存,形制遂絕。預創意造成,奏上之。帝甚嘉歎焉。預所作若無成,必無由奏上;又周器形制無存,沖之所作,後人安知其同異?《南史》蓋雜采衆説而失之也。① 《周書·薛憕傳》云:大統四年,宣光清徽殿初成,憕爲之頌。魏文帝又造二欹器:一爲二仙人共持一缽,同處一盤。缽蓋有山,山有香氣。一仙人又持金瓶,以臨器上。以水灌山,則出於瓶而注乎器。煙氣通發山中。謂之仙人欹器。一爲二荷,同處一盤,相去盈尺。中有蓮,下垂器上。以水注荷,則出於蓮而盈乎器。爲鳧雁、蟾蜍以飾之。謂之水芝欹器。二盤各處一牀。缽圓而牀方,中有人,言三才之象也。皆置清徽殿前。器形似觥而方,滿則平,溢則傾。憕各爲作頌。魏文欹器,必非古制。杜預所作,宋末蓋亦已無存,沖之乃又以意創爲之也。《沖之傳》又云:以諸葛亮有木牛流馬,乃造一器,不因風水,施機自運,不勞人力。又造千里船,於新亭江試之,日行百餘里。於樂游苑造水碓磨,世祖親自臨視。又特善算,注《九章》。造《綴述》數十篇。沖之之才,蓋誠能利物前民者。建武中,明帝使巡行四方,興造大業可以利百姓者,可謂用當其材,而會連有軍事,事竟不行,惜矣。《南史》云:沖之子暅之,少傳家業,究極精微。亦有巧思。入神之妙,般、倕無以過也。當其詣微之時,雷霆不能入。嘗行遇僕射徐勉,以頭觸之,勉呼乃悟。父所改何承天曆,時尚未行,梁天監初,暅之更脩之,始行焉。暅之子皓,少傳家業,善算曆。可謂世濟其美矣。《梁書·江革傳》:革爲鎮北豫章王長史。魏徐州刺史元法僧降附,革被敕隨府、王鎮彭城。城既失守,革素不便馬,乃泛舟而還。途經下邳,遂爲魏人所執。魏徐州刺史元延明,聞革才名,厚加接待。革稱患腳不拜。延明將加害焉,見革辭色嚴正,更相敬重。時祖暅同被拘執,延明使暅作欹器、漏刻銘。革罵暅曰:"卿荷國厚恩,已無報答,今乃爲虜立銘,孤負朝廷?"延明聞之,乃令革作丈八寺碑、并祭彭祖文。革辭以囚執既久,無復心思。延明逼之逾苦,將加箠撲。革厲色而言曰:"江革行年六十,不能殺身報主,今日得死爲幸,誓不爲人執筆。"延明知不可屈,乃止。日給脫粟三升,僅餘性命。值魏主討中山王元略反北,乃放革及祖暅還朝。祖暅巧矣,江革之

---

氣節，尤國之寶也。

北方有巧思者，當以蔣少游爲最。《魏書·術藝傳》云：少游樂安博昌人。慕容白曜之平東陽，見俘。入於平城，充平齊户。後配雲中爲兵。性機巧，頗能畫刻，有文思。遂留寄平城，以傭寫書爲業。而名猶在鎮。後被召爲中書寫書生。① 與高聰俱依高允。允愛其文用，遂并薦之。與聰俱補中書博士。驟被引命。屑屑禁闥，以規矩刻繢爲務。因此大蒙恩錫，超等備位，而亦不遷陟也。及詔尚書李沖與馮誕、游明根、高閭等議定衣冠於禁中，少游巧思，令主其事。亦訪於劉昶。二意相乖，時致諍競。積六載乃成。始班賜百官。冠服之成，少游有效焉。後於平城將營大廟、大極殿，遣少游乘傳詣洛，量準魏、晉基址。後爲散騎侍郎，副李彪使江南。《齊書·魏虜傳》，謂孝文議遷都洛京，於永明九年，遣李道固、蔣少游報使。少游有機巧，密令觀京師宫殿楷式。清河崔元祖啓世祖曰："少游臣之外甥，特有公輸之思。宋世陷虜，處以大匠之官。今爲副使，必欲模範宫闕。豈可令氈鄉之鄙，取象天宫？臣謂且留少游，令使主反命。"世祖以非通和意，不許。然則少游是行，乃專爲窺覘宫殿來也。《少游傳》又云：高祖脩船乘，以其多有思力，除都水使者。遷前將軍，兼將作大匠，仍領水池湖泛戲舟檝之具。及華林殿治，脩舊增新；改作金墉門樓；皆所措意，號爲妍美。又爲大極立模範，與董爾、王遇等參建之，皆未成而卒云。

此外巧思之士，如南朝之張永，已見第八章第七節。《晉書·石季龍載記》云：季龍游於戲馬觀，觀上安詔書，五色紙在木鳳之口，鹿盧囘轉，狀若飛翔焉。《南史·齊本紀》云：東昏侯始欲騎馬，未習其事，俞靈韻爲作木馬，人在其中，行動進退，隨意所適。其後遂爲善騎。《陳書·長沙王叔堅傳》，言其刻木爲偶人，衣以道士之服，施機關，能拜跪，晝夜於日月下醮之，呪詛於上。此皆能爲機捩者。又《孫瑒傳》，言其巧思過人，爲起部尚書，軍國器械，多所創立。《魏書·術藝傳》云：高宗時，郭善明甚機巧。北京宫殿，多其製作。高祖時，青州刺史侯文和，亦以巧聞。爲要舟，水中立射。世宗、肅宗時，豫州人柳儉，殿中將軍關文備、郭安興并機巧。洛中製永寧寺九層佛圖，安興爲匠也。《恩幸傳》云：王叡子椿，雅有巧思。凡所營製，可爲後法。正光中，元叉將營明堂、辟雍，欲徵椿爲將作大匠。椿聞而以疾固辭。椿僮僕千餘，園宅華廣，聲伎自適，無乏於時。或有勸椿仕者，椿笑而不答。蓋溺於宴安者，非欲遠元叉也。又云：茹皓性微

---

工巧，多所興立。爲山於天淵池西，世宗悅之。見第十二章第一節。此等亦皆有巧思之士。若乃赫連勃勃，以叱干阿利領將作大匠。蒸土作城，錐入一寸，即殺作者而并築之。又造五兵之器。射甲不入，即斬弓人，如其入也，便斬鎧匠。既成呈之，工匠必有死者。又造百鍊刀，爲龍雀大環，號曰大夏龍雀。復鑄銅爲大鼓、飛廉、銅仲、銅駝、龍、獸虎字避唐諱改。之屬，皆以黃金飾之，列於宮殿之前。凡殺工匠數千。此則徒爲虐殺而已。史謂阿利性尤工巧，然殘忍刻薄，殘忍刻薄誠有之，工巧或轉未必也。

　　爭戰之世，能造兵器者必多，蓋以趨時用也。[①]《宋書·武帝紀》云：大軍進廣固，即屠大城，慕容超退保小城。於是設長圍守之。公方治攻具。城上人曰：“汝不得張綱，何能爲也？”綱者，超僞尚書郎，有巧思。會超遣綱稱藩於姚興，乞師請救，綱從長安還，泰山大守申宣執送之。乃升綱於樓上，以示城內。城內莫不失色。於是使綱大治攻具。成，設諸奇巧。飛樓、木幔之屬，莫不畢備。城上火、石、弓矢，無所用之。此事或言之大過，然綱必機巧之士，則無疑也。《陳書·徐世譜傳》，言其領水軍，從陸法和與侯景戰，時景軍甚盛，世譜乃別造樓船、拍艦、火舫、水車，以益軍勢。高祖之拒王琳，水戰之具，悉委世譜。世譜性機巧，諳解舊法。所造器械，并隨機損益，妙思出人。其巧思，亦未必遜於張綱矣。《北齊書·方技傳》云：綦母懷文造宿鐵刀。其法：燒生鐵精，以重柔鋌，數宿則成剛。[②] 以柔鐵爲刀脊。浴以五牲之溺，淬以五牲之脂。斬甲過三十札。今襄國冶家所鑄宿柔鋌，乃其遺法。作刀猶甚快利，但不能截三十札也。此製，當尚勝於叱干阿利之百鍊刀也。《魏書·食貨志》云：鑄鐵爲農器、兵刃，在所有之，然以相州牽口冶爲工，故常鍊鍛爲刀，送於武庫。可見魏於兵器，亦甚留意矣。

　　此時公家銅、鐵甚乏，頗爲考工之累。銅之乏，別見第四節。《晉書·刑法志》云：“魏國建，定甲子科，犯鈇左右趾者，易以木械。是時乏鐵，故易以木焉。”《南陽王模傳》云：模代河閒王顒鎮關中。時關中飢荒，百姓相噉，加以疾癘，盜賊公行。模力不能制，乃鑄銅人、鐘鼎爲釜、器以易穀。議者非之。模之所爲，乃以銅代鐵，可見鐵之乏矣。然乏於官者必散之民，民閒之械器，正可因此而益脩也。《晉書·陶璜傳》：吳用璜爲交州刺史。滕脩數討南賊，不能制。璜曰：“南岸仰吾鹽鐵，斷勿與市，皆壞爲田器。如此二年，可一戰而滅

---

①　工業：晉南北朝造兵器者。

②　工業：燒鋼。

也。"脩從之,果破賊。《庾翼傳》言:時東土多賦役,百姓乃從海道入廣州。刺史鄧嶽,大開鼓鑄,諸夷因此知造兵器。冀表陳夷人常伺隙,若知造鑄之利,將不可禁。可見鐵之多少,關係於工業者大矣。

《宋書·禮志》云:"天子坐漆牀,居朱屋。史臣按:《左傳》丹桓宮之楹,何休注《公羊》,亦有朱屋以居,所從來久矣。漆牀亦當是漢代舊儀,而《漢儀》不載。尋所以必朱必漆者,其理有可言焉。夫珍木嘉樹,其品非一,莫不植根深阻,致之未易。藉地廣之資,因人多之力,則役苦費深,爲敝滋重。是以上古聖王,採椽不斲。斲之則懼刻桷彫楹,莫知其限也。哲人縣鑑微遠,杜漸防萌。知采椽不愜後代之心,不斲不爲將來之用。故加朱施漆,以傳厥後。散木凡材,皆可入用。遠探幽旨,將在斯乎?"案漢人言舜造漆器,諫者七人,其言雖不足信,可見其時尚以施漆爲侈靡之事,此則轉以爲儉矣。[1]《齊書·文學傳》:崔慰祖父慶緒,永明中爲梁州刺史,家財千萬。慰祖散與宗族。漆器題爲日字,日字之器,流乎遠近。則不獨宮禁用之,臣下之家,亦多有之矣。可見社會生計之逐漸進步也。

奇巧之製,來自西域者頗多。魏文欹器,疑亦西域巧工所製,仙人瓶鉢等固皆西域意匠也。然此等奇技,惟淫侈之家,用爲玩弄,故不久而即絶。何者?閑其事者少;且千金屠龍,成亦無益,故其傳不廣也。《北史·元韶傳》云:齊神武以孝武帝后配之,魏室奇寶,多隨后入韶家。有二玉鉢,相盛轉而不可出;馬腦榼容三升,玉縫之;皆稱西域鬼作也。此等物果何所用之邪?王濟以琉璃器貯饌享晉武帝,帝色爲不平,已見第二章第一節。《晉書·崔洪傳》云:洪口不言貨財,手不執珠玉。汝南王亮嘗燕公卿,以琉璃鍾行酒,酒及洪,洪不執。亮問其故。對曰:"慮有執玉不趨之義。"當時之重琉璃如此,以其來自外國,難得故也。《魏書·大月氏傳》云:世祖時,其國人商販京師,自云能鑄五色琉璃,於是採礦山中,於京師鑄之。既成,光澤乃美於西方來者。乃詔爲行殿。容百餘人。光色映徹。觀者見之,莫不驚駭,以爲神明所作。自此中國琉璃遂賤,人不復珍之。則其技曾傳入中國矣。然《北史·何稠傳》言:稠開皇中累遷大府丞。稠博覽古圖,多識舊物。波斯嘗獻金織錦袍,組織殊麗。上命稠爲之。稠錦成,踰所獻者。上甚悅。時中國久絶琉璃作,匠人無敢措意。稠以綠瓷爲之,與真不異。則琉璃之制,傳入未久而又絶矣。[2] 稠

———
① 工業:用漆反儉。
② 工業:琉璃之制,魏傳入隋又絶。用爲建築材料(第八一六頁)。

以博覽古圖,多識舊物而能作波斯錦,則異物之可放製者正多。然不特實物不能久存,即圖亦終歸覆瓿,則一技之傳,非成爲尋常之事,其物能供衆人之用,終必不久而旋絕耳。平心論之,其絕亦正不足惜也。

珍貴之物,果爲衆人所能用者,則始雖爲貴豪所專有,久必漸流於民間。《魏書·高祖紀》:大和十一年十月,詔罷起部無益之作。出宫人不執機杼者。魏初綾錦,皆由宫中婢使自造,見第十一章第二節。十一月,詔罷尚方錦繡綾羅之工。[①]四民欲造,任之無禁。其御府衣服、金銀、珠玉、綾羅錦繡,大官雜器,大僕乘具,内庫弓矢,出其大半,班賚百官及京師士庶,下至工商、皂隸,逮於六鎮戍士,各有差。此事與歷代以車服別貴賤之禁令正相反。可見其物果爲衆人所能用,雖以法令禁之亦無益,此生計之情勢使然也。《隋書·地理志》言:魏郡雕刻之工,特云精妙。又言梁州綾錦、雕鏤之妙,殆侔上國。知凡侈靡之地,富厚之邦,民間工作,亦無不精進矣。

## 第三節　商　　業

晉、南北朝之時,沿襲舊見,尚多賤視商業,發爲崇本抑末之論。如晉武帝泰始五年,申戒郡國計吏、守相、令長,務盡地利,禁游食商販;魏恭宗監國,欲課農功,亦禁棄本沽販是也。詳見第一節。然商業總祇有隨時而日盛。當海宇分崩,苛政亟行之際,往來既多艱阻,稅斂又苦煩苛,故惟有勢力者便於營商。王公大臣,外至方鎮,遂多乘時要利者。雖爲輿論所鄙,弗恤也。[②]晉義陽成王望之孫奇,嘗遣使到交、廣販貨,已見第十九章第二節。宋前廢帝即位,詔藩王貿貨,壹皆禁斷。《沈懷文傳》言:西陽王子尚等,皆置邸舍,逐什一之利,爲患徧天下,懷文言之,不聽,此詔蓋即爲此而發,然無益也。《孔覬傳》云:覬弟道存,從弟徽,頗營產業。二弟請假東還,覬出渚迎之。輜重十餘船,皆是縣、絹、紙、席之屬。覬見之,僞喜,謂曰:“我比困乏,得此甚要。”因命上置岸側。既而正色謂道存等曰:“汝輩忝與士流,何至還東作賈客邪?”命左右取火燒之。燒盡乃去。當時士大夫,鄙視商業之情形,可以想見。然《謝莊傳》言:孝武踐阼,欲弘宣風則,下節儉詔書。莊慮此制不行,言曰:“詔云:貴

---

① 工業:尚方工、四民許造御府物出賣,與以車服別貴賤之令正相反。

② 商業:貴人經商。魏頌禄罷商,然不能禁(第七六〇頁),故貴人好與商人往來(第七六一頁)。案或者貴人之經商,亦有賴於商人,而商人又借恃其勢,時士夫猶恥入市也(見第七六五頁),使臣求市(第七六二頁),要貴使人隨之(第七六二頁)。

戚競利，興貨廛市者，悉皆禁制，此實久愜民聽。其中若有犯違，則應依制裁
糾。若廢法申恩，便爲令有所闕。此處分伏願深思。無緣明詔既下，聲實乖
爽。臣愚謂大臣在禄位者，尤不宜與民爭利，不審可得在此詔不？”則當時朝
臣逐利之情形，亦與藩王無異矣。齊臨川王映爲雍州，嘗致錢還都買物。有
獻計於江陵買貨，至都還換，可以微有所增。映笑曰：“我是賈客邪？乃復求
利？”似賢矣。然《豫章王嶷傳》載嶷啓言：“伏見以諸王舉貨，屢降嚴旨。少拙
營生，已應上簡。府、州、郡邸舍，非臣私有。今巨細所資，皆是公潤。臣私累
不少，未知將來。罷州之後，或當不能不試營覓以自贍。”以嚴旨申禁之事，尚
敢明文求乞，況於陰行違犯？無怪謝莊以聲實乖爽爲慮矣。劉峻兄孝廣，爲
青州刺史，峻請假省之，坐私載禁物，爲有司所奏，免官。王瑩少子實，爲新安
大守。實從兄來郡就求告。實與銅錢五十萬，不聽於郡及道散用。從兄密於
郡市貨，還都求利。去郡數十里，實乃知。命追之。呼從兄上岸，盤頭，令卒
予杖。搏頰乞原，劣得免。張暢爲南蠻校尉，遣門生荀僧寶下都，因顏竣陳義
宣釁狀。僧寶有私貨，停巴陵不時下。會義宣起兵，津路斷絕，遂不得去。褚
淵，或餉之鰻魚，門生有獻計賣之，已見第十九章第一節。庾仲文在尚書中，
令奴沽酃酒。徐度恒使僮僕屠沽。鄧琬起兵，史言其父子并賣官粥爵，使婢
僕出市道販賣，其辭蓋誣，前已辯之，然其婢僕，安知不乘時要利邪？柳世隆
爲湘州，亦以在州立邸、興生，爲御史所奏。當時無上無下，無内無外，可謂無
不以販粥求利爲事者矣。向靖無園田商貨之業，徐勉拒興立邸店，舳艫運致，
見第十九章第二節。史安得不以爲美談邪？

　　南方如是，北方更甚。魏大和八年，始班官禄，已見第十九章第三節。
《魏書·本紀》載孝文詔書云：“置官班禄，行之尚矣。自中原喪亂，茲制中絕。
先朝因循，未遑釐改。朕永鑒四方，求民之瘼，夙興昧旦，至於憂勤。故憲章
舊典，始班俸禄。罷諸商人，以簡民事。户增調三匹，穀二斛九斗，以爲官司
之禄。均豫調爲二匹之賦，即兼商用。雖有一時之煩，終克永逸之益。禄行
之後，贓滿一匹者死。變法改度，宜爲更始，其大赦天下，與之惟新。”然則魏
當未班官禄之前，實有隸官商人。蓋名爲市買以供官用，實則有司藉以營利，
可謂作法於貪者矣。其制雖隨班禄而罷，然積習既成，自難一旦革絕。恭宗
禁民沽販，而高允即諍其販酤市廛，與民爭利，上行下效，貪風其安克戢？故
其北海王詳，公私營販，侵剥遠近。劉騰交通互市，歲入利息，以巨萬計。貴
近如是，外方自將效尤。邢巒，志欲平蜀者也，而至漢中歲餘，即商販聚斂。
李崇，南邊之大將也，而販肆聚斂，營求不息。其緣邊州郡，疆場統戍，惟有通

商聚斂之意，驅其羸弱，販貿往還，袁翻之言，詳見第十二章第三節。抑更無足爲怪矣。《封懿傳》言：鄭雲詔事劉騰，得爲安州刺史，謂懿族曾孫回曰：「彼土治生，何事爲便？」回答之曰：「封回不爲商賈，何以相示？」此等人蓋亦如鳳毛麟角矣。明帝正光三年十二月，以牧、守店肆、商販，詔中尉端衡，肅厲威風，以見事糾劾。七品、六品，禄足代耕，亦不聽錮帖店肆，爭利城市。可見大小官吏，競行販粥。陳元康放責交易，徧於州郡，已見第十九章第五節。周齊公憲出鎮劍南，以裴文舉爲益州總管府中郎。蜀土富饒，商販百倍，或以是勸文舉。又可見周、齊之朝，風氣無異於元魏也。

　　職是故，當時之達官貴人，多喜與商賈往來。苻堅諸公，引商人趙掇等爲國卿，已見第十八章第一節。《北史·齊宗室諸王傳》言：齊氏諸王，選國臣府佐，多取富商羣小；又段孝言掌選，富商大賈，多被銓擢，則此等事曾不足爲異矣。《和士開傳》言其富商大賈，朝夕填門。朝士不知廉恥者，多相附會，甚者爲其假子，與市道小人，同在昆季行列。《封隆之傳》言：士開母喪，託附者咸往奔哭。鄴中富商丁鄒、嚴興等，并爲義孝。而劉昉亦富商大賈，朝夕盈門。《楊愔傳》言：大保平原王隆之，與愔鄰宅，愔嘗見其門外有富胡數人，謂左右曰：「我門前幸無此物」，可見不爲此者之少矣。士夫之與此輩往來，不過利其貨賄，自不待言，而專制之世，富豪多以名器爲榮，故亦樂於攀附。觀王辨祖訓，以行商致富，而當魏世，以出粟助給軍糧，爲假清河大守可知。《隋書·辨傳》。故一至昏亂之朝，富商即夤緣并進，而官方爲之大壞也。

　　此等巨賈，亦頗有勢力。劉道濟之亂蜀，實以費謙等限止商利之故，已見第八章第七節。其規模較小者：如《梁書·賀琛傳》言其伯父瑒没後，家貧，嘗往還諸暨，販粟以自給。琛，山陰人。《南史·恩幸傳》言：陸驗少而貧苦，邑人郁吉卿，貸以錢米，驗借以商販，遂致千金。此等必躬逐微利，非如王公貴人，安坐持籌，而使門生、奴婢輩爲之營運者矣。《梁書·王僧孺傳》：僧孺幼貧，其母粥紗布以自業。嘗攜僧孺至市，道遇中丞鹵簿，驅迫溝中。《文學·劉勰傳》言：勰自重其文，欲取定於沈約。約時貴盛，無由自達。乃負其書，候約出，干之於車前，狀若貨粥者。此則販夫、販婦之倫也。《魏書·趙柔傳》：有人與柔鏵數百枚，柔與子善明粥之於市。有從柔買，索絹二十匹。有商人知其賤，與柔三十匹。善明欲取之。柔曰：「與人交易，一言便定，豈可以利動心也？」遂與之。《北史·寇儁傳》：家人曾賣物與人，剩得絹一匹，儁訪主還之。此等則偶然粥賣，并不得謂之商人也。

　　達官貴人經商，其事雖多見於史，然此特舊時史籍，祇有此等人之傳記，

故其事之可考者較多耳，非謂經商者皆此等人也。《隋書·地理志》言：洛陽俗尚商賈；丹陽小人，率多商販，市廛列肆，埒於二京；已見第十七章第五節。《北史·魏諸宗室傳》云：河東俗多商賈，罕事農桑，人有年三十不識耒耜者，可見小民從事貿易者之多矣。抑亦非僅限於都會。桓玄與晉朝搆釁，斷江路，商旅絕，公私匱乏，士卒惟給粺橡。陳寶應載米粟與會稽貿易，遂致富彊。《陶侃傳》言：侃遷武昌太守。時天下饑荒，山夷多斷江劫掠。[1] 侃令諸將作商舸以誘之。生獲數人，乃是西陽王羕之左右。《莫含傳》言其家世貨殖，貲累巨萬。含，雁門繁畤人。然則南暨江海，北鄰沙塞，商路罔不通利，雖遭喪亂，曾不足以阻之矣。

南北雖云分隔，商賈實無時而不通。石勒求交市於祖逖，逖不報書，而聽其互市，已見第四章第二節。索虜求互市於宋世祖，眾議不一，而時遂通之，亦見第九章第五節。《魏書·食貨志》言：魏於南垂立互市，以致南貨，羽毛齒革之屬，無遠不至，可見其貿易實爲經常之事矣。亦有無許通市之明文，而仍相交往者。《苻健載記》言：苻雄遣苻菁掠上洛郡，於豐陽立荊州，以引南金奇貨，弓、竿、漆、蠟，通關市，來遠商，於是國用充足，異賄盈積；《魏書·崔寬傳》：附《崔玄伯傳》。寬爲陝城鎮將，弘農出漆、蠟、竹、木之饒，路與南通，販貿來往，家產豐富是也。并有冒禁令而爲之者。《北齊書·高季式傳》，言其隨潘樂征討江、淮之間，私使樂人於邊境交易，還京坐被禁止；《崔季舒傳》言其出爲齊州刺史，坐遣人渡淮互市，亦有臧賄事，爲御史所劾是也。《循吏傳》：蘇瓊行徐州事。舊制以淮禁，不聽商販輒渡。瓊以淮南歲儉，啓聽淮北取糴。後淮北人饑，復請通糴淮南。遂得商估往還，彼此兼濟。水陸之利，通於河北。此則名爲利民，實則違禁圖利者矣。南北使節往返，亦爲交市之機。《北齊書·李繪傳》云：武定初，爲聘梁使主，前後行人，皆通啓求市，繪獨守清尚，梁人重其廉潔，可見其習爲故常。《崔暹傳》言：魏、梁通和，要貴皆遣人隨聘使交易，暹惟寄求佛經，則交市者尚不僅使臣也。惟其所市者，似以珍異之物爲多。《魏書·李安世傳》言：國家有江南使至，多出藏內珍物，令都下富室好容服者貨之，使任情交易。《北齊書·魏收傳》言：收託附陳使封孝琰，令其門客與行，遇崑崙舶至，得奇貨猓然褥表、美玉盈尺等數十件，罪當流，以贖論；又收之副王昕使梁還，高隆之求南貨於昕、收，不能如志，遂諷御史中尉高仲密禁止昕、收於其臺，久之乃得釋；皆其證。其尋常笨重之貨，當仍由民間販

_____

[1]　民族：山夷斷江劫掠，實乃西陽王左右。

粥耳。《周書·韋孝寬傳》言：齊人遣使至玉壁，求通互市，則當北方分裂時，彼此貿遷，亦不利於隔絕矣。

附塞部落，亦貿易多通。庫莫奚請市於馮跋；<sub>第七章第八節。</sub>又與魏交易於安、營二州；<sub>第十六章第十節。</sub>吐谷渾以商譯往來，故禮同北面；<sub>第十六章第七節。</sub>突厥以至塞上市繒絮，乃通西魏；<sub>第十六章第九節。</sub>皆已見前。慕容翰之奔宇文歸也，齪遣商人王車陰使察之。還言翰欲來。乃遣車遺翰弓矢。翰乃竊歸駿馬，攜其二子而還。劉顯之欲殺魏道武也，《魏書·本紀》言：商人王霸知之，履帝足於衆中，帝乃馳還。慕容永之納窟咄，道武奔賀蘭部，遣安同及長孫賀乞援於慕容垂。安同者，遼東胡人。其先祖曰世高，漢時以安息侍子入洛陽。歷魏至晉，避亂遼東，遂家焉。父屈，仕慕容暐。暐滅，屈友人公孫眷之妹没入苻氏宮，出賜劉庫仁爲妻，庫仁貴寵之，同因隨眷商販，亦商人也。長孫賀亡奔窟咄，同聞行達中山。垂遣賀驎步騎六千隨之。同與垂使人蘭紇俱，窟咄兄子意烈捍之。同隱藏於商賈囊中，至暮，乃入空井得免。仍奔賀驎。當時商賈在北夷中活動之情形可見。<sup>①</sup> 蓋惟此輩多往來於各部落中，熟習道路及各地之人情風俗，且多與其酋豪往還，故能知其機事，并可爲間諜，可銜使命也。阿那瓌之返國也，其人大饑，相率入塞。瓌表請振給。詔元孚爲北道行臺，詣彼振恤。孚陳便宜云："北人阻飢，命縣溝壑，公給之外，必求市易，彼若願求，宜見聽許。"可見通易相需之殷。《南史·河南王傳》言：其地與益州鄰，常通商賈。陶侃之守武昌，立夷市於郡東，大收其利。可見近塞部落，皆利交易，南北正無二致矣。

域外通商，所至亦遠。<sup>②</sup>《梁書·中天竺國傳》云：其國人行賈，往往至日南、交趾。又扶南王嘗遣商貨至廣州，訶羅陁，元嘉七年，表求市易往反，不爲禁閉；皆見第十六章第四節。可見自南方來者頗多。《北史·粟特國傳》云：其國商人，先多詣涼土販貨。及魏克姑臧，悉見虜。文成初，粟特王遣使請贖之，詔聽焉。又可見自西北來者之遠也。

諸外國中，西域與中國通商特盛，西域人在中國經商者亦頗多，實爲極可注意之事，此蓋由其文明程度特高使然，西胡與中國關係之密，正不待唐、元之世矣。《隋書·食貨志》言：南北朝時，河西諸郡，或用西域金銀之錢，<sub>參看第五節。</sub>即此一端，已可見西域貿易之盛。《魏書·景穆十二王傳》：京兆王子推

---

① 商業：北夷中商人之活動。

② 商業、民族：粟弋詣涼土販貨，河西用西域金銀錢，西域賈胡之盛，交、廣全以金銀爲貨（見第七六九頁），西域（又見第七七六、七七九頁）。

之子暹,除涼州刺史,貪暴無極。欲規府人及商胡富人財物,詐一臺符,誑諸豪云欲加賞,一時屠戮,所有資財、生口,悉没自入,可見涼州富賈之多。《周書・韓褒傳》:除西涼州刺史,羌、胡之俗,輕貧弱,尚豪富。豪富之家,侵漁小民,同於僕隸。褒乃悉募貧人,以充兵士。優復其家,蠲免徭賦。又調富人財物,以振給之。每西域商貨至,又先盡貧者市之。於是貧富漸均,户口殷實。可見通商爲利之厚。又《韋瑱傳》云:除瓜州刺史。州通西域,蕃夷往來。前後刺史,多受賂遺。胡寇犯邊,又莫能禦。瑱雅性清儉,兼有武略。蕃夷贈遺,一無所受。胡人畏威,不敢爲寇。公私安静,夷夏懷之。此又足徵西域來者之衆也。齊後主欲爲穆后造七寶車,遣商胡齎錦采市真珠於周,已見第十四章第四節。諸商胡負官責息者,宦者陳德信縱其妄注淮南富家,令州縣徵責,見第十九章第五節。此皆西域商人留居中國,仍以經商爲事者。《周書・異域傳》言:周承喪亂之後,屬戰争之日,定四表以武功,安三邊以權道。趙、魏尚梗,則結姻於北狄;廄、庫未實,則通好於西戎。由是卉服氈裘,輻湊於屬國;商胡販客,填委於旗亭。則其於國計,亦略有裨益。然《魏書・食貨志》言:正光後四方多事,加以水旱,國用不足,有司奏斷百官常給之酒,而遠蕃使客,不在斷限。爾後帑藏益以空竭,有司又奏内外百官及諸蕃客稟食及肉,悉二分減一。[①] 計終歲省肉百五十九萬九千八百五十六斤,米五萬三千九百三十二石。蕃客何人,詎非商賈? 則其耗費亦不少矣。其干亂政事者:北齊後主寵信胡户,已見第十四章第四節。《恩倖傳》言胡小兒眼鼻深險,蓋其人雖習華風,形貌則猶未變其深目高鼻之舊也。高思好與并州諸貴書,言後主昵近凶狡,商胡醜類,擅權帷幄。案和士開之先,爲西域商胡,姓素和氏,思好是言,蓋有所指。《魏書・李昕傳》:昕爲相州刺史,以受納民財及商胡珍寶得罪,商胡之亂政,又不獨宮禁之中,朝宁之上矣。然《隋書・儒林・何妥傳》言:其父細胡,通商入蜀,遂家郫縣,本梁武陵王紀,主知金帛,因致巨富,號爲西州大賈,則好任用賈胡者,又不獨北方爲然也。《魏書・崔浩傳》言:世祖攻蠕蠕,沿弱水西行,至涿邪山,諸大將疑深入有伏兵,勸世祖停止。後聞涼州賈胡言:"若復前行二日,則滅之矣。"世祖殊恨之。此説殊不足信。然北荒多有賈胡,則於此可見。阿伏至羅求擊蠕蠕商胡越者,實爲銜命,見第十九章第九節。此亦猶安同之爲道武使慕容垂。《宋書・芮芮傳》云:獻師子皮袴褶。皮如虎皮,色白,毛短。時有賈胡在蜀見之云:此非師子皮,乃扶拔皮也。

---

① 史事:魏稟蕃客肉,后乃斷之,人十一兩餘,案唐亦有此事。

此又細胡之倫也。商人之無遠弗屆，亦可驚異矣。

古者商業未盛，貿易皆有定時定地，①《易》稱神農氏日中爲市；《記》言四方年不順成，八蜡不通是也。晉、南北朝之世，久非其時，然人心仍習於舊，故其立市猶有定地，而貿易之盛，亦或尤在農隙之時焉。《晉書·樂志》：《拂舞歌詩》云："孟冬十月，北風徘徊。""耨鎛停置，農收積場，逆旅整設，以通賈商。"②此雖沿襲舊說之辭，亦或於當時情景，略有按合也。《晉書·地理志》：河南郡洛陽，置尉五，部三市，東西七里，南北九里。《齊王冏傳》，謂其大築一第館，北取五穀市。《隋書·食貨志》言：晉過江後，淮北有大市百餘，小市十餘所。此皆立市之可考者：然亦非謂市之外遂無貿易，故魏韓顯宗稱道武"分別士庶，使技作屠沽，各有攸處"，而又病其"不設科禁，買賣任情，販貴易賤，錯居混雜"也。無市之處，官爲置市，亦足以廣招徠。《晉書·良吏傳》言：魯芝轉天水大守，郡鄰於蜀，數被侵掠，戶口減削，寇盜充斥，芝傾心鎮衞，更造城市，數年間舊境悉復是矣。《宋書·自序》言：沈邵出爲鍾離大守，郡先無市，江夏王義恭爲南兗州置立焉，蓋爲此也。市皆設官管治，兼司收稅。《隋志》謂江東大市，備置官司，稅斂既重，時甚苦之。齊東昏於苑中立店肆，模大市，以潘妃爲市令，自爲市吏，見第十章第六節。然其善者，亦足收平亭之效。《晉書·陸雲傳》言：雲出補浚儀令，縣居都會之要，名爲難理，而雲到官肅然，下不能欺，亦無二價是其事。其不善者，乃借以牟利。《魏書·李崇傳》，言其子世哲爲相州刺史，無清白狀，鄴、洛市廛，收擅其利，爲時論所鄙是也。《齊書·竟陵王子良傳》：子良啓言："司市之職，自昔所難。頃來此役，不由才舉。并條其重貲，許以賈衒。前人增估求俠，後人加稅請代。如此輪回，終何紀極？兼復交關津要，共相脣齒。愚野未閑，必加陵詆。罪無大小，橫没貨載。凡求試穀帛，類非廉謹，未解在事，所以開容？"此陽慧朗所以爲人所疾惡歟？見第十五章第二節。《齊書·良政傳》言：少府管掌市易，與民交關，有吏能者，皆更此識，此其意原在以才舉，然其後不流於聚斂者，殆未之有也。此時商賈之事，尚爲士大夫所不齒，③故市亦爲其所罕到。呂僧珍姊適于氏，住在市西，小屋臨路，與列肆雜處，僧珍嘗道從鹵簿到其宅，不以爲恥，則史以爲美談；李輪好自入市肆，高價買物，則雖商賈，亦共嗤玩之矣。見《北齊書·魏收傳》。然又未嘗不歆其利，此好立邸店者之所以多也。《隋書·李德林傳》云：大象末，高祖以逆人王謙

① 商業：市有定地，農隙尤盛。官置市，市有稅有吏。
② 交通：逆旅整設，以通賈商。
③ 商業：士夫恥入市，然貧者似亦可躬入市買賣（第七六一頁）。

宅賜之，文書已出至地官府，忽復改賜崔謙。上語德林曰："夫人欲得將與其舅，於公無形迹，不須爭之。可自選一好宅。若不稱意，當爲營造。并覓莊店作替。"德林乃奏取高阿那肱衛國縣市店八十堰，爲王謙宅替。開皇九年，車駕幸晉陽，店人上表訴稱地是民物，高氏彊奪，於内造舍。上命有司料還價直。遇追蘇威自長安至，奏云："高阿那肱是亂世宰相，以諂媚得幸，枉取民地造店賃之，德林誣罔，奏以自入。"李圓通、馮世基等又進云："此店收利，如食千户，請計日追臧。"上因責德林。德林請勘逆人文簿及本換宅之意。上不聽。乃悉追店給所住者。後出德林爲湖州刺史，猶以罔冒取店爲罪狀焉。可見店舍爲利之厚矣。魏孝武給斛斯椿店數區，耕牛三十頭，椿以國難未平，不可與百姓爭利，辭店受牛，日烹一頭，以饗軍士，誠不媿武士之風也。

## 第四節　錢　幣　上

晉、南北朝，爲幣制紊亂之世，其所由然，則以錢不足用，官家乏銅，既不明於錢幣之理，政事又不整飭，鑄造多苟且之爲，有時或且借以圖利，私鑄因之而起，遂至不可收拾矣。此等情形，實歷隋、唐之世而未能大變，至宋世行用紙幣，乃又成一新景象焉。今述晉、南北朝幣制之略如左：

《晉書·食貨志》云：獻帝初平中，董卓鑄小錢，由是貨輕而物貴，穀一斛至錢數百萬。魏武爲相，罷之，還用五銖。是時不鑄錢既久，貨本不多，又更無增益，故穀賤無已。及黃初二年，魏文帝罷五銖錢，使百姓以穀帛爲市。至明帝世，錢廢穀用既久，人間巧偽漸多，競濕穀以要利，作薄絹以爲市，雖處以嚴刑而不能禁也。司馬芝等舉朝大議，以爲用錢非徒豐國，亦所以省刑。今若更鑄五銖錢，則國豐刑省，於事爲便。魏明帝乃更立五銖錢。至晉用之，不聞有所改創。案民間果其通行，豈魏武一令所能廢。當時錢之不用，實由兵亂積久使然，説已見第十九章第一節矣。自此至於江東，仍以錢少爲患。《志》又云：元帝過江，用孫氏舊錢。大者謂之比輪，中者謂之四文。吳興沈充，又鑄小錢，謂之沈郎錢。錢既不多，由是稍貴。安帝元興中，桓玄輔政，立議欲廢錢用穀帛。孔琳之駁之，朝議多同，玄議乃不行。案自南北朝以前，時有廢錢而用穀帛之議，固由其時錢幣之理，尚未大明，然錢法之敝，實亦有以致之。錢法之敝，錢少而不足於用，以致錢貴物賤，其大端也。當此之時，欲善幣制，實非鼓鑄不可。然鼓鑄迄不能善，幣制之壞，遂與南北朝相始終矣。

宋高祖時，言事者多以錢貨減少，國用不足，欲悉市民銅，更造五銖錢，未

果。見《宋書·范泰傳》。文帝元嘉七年十月，立錢署，鑄四銖錢，是爲南朝鑄錢之始。二十四年六月，以貨貴，制大錢一當兩。明年五月，罷之。見《南史·本紀》。《宋書·何尚之傳》云：先是患貨重，鑄四銖錢。民閒頗盜鑄，翦鑿古錢以取銅，上患之。二十四年，録尚書江夏王義恭建議，以一大錢當兩，以防翦鑿。尚之議曰："伏鑒明命，欲改錢制，不勞採鑄，其利自倍。若今制遂行，富人貨貨自倍，貧者彌增其困。又錢之形式，大小多品。直云大錢，未知其極。若止於四銖、五銖，則文皆古篆，既非下走所識，加或漫滅，尤難分明。公私交亂，爭訟必起。"中領軍沈演之，以爲"采鑄久廢，兼喪亂累承，糜散湮滅，何可勝計？晉遷江南，疆境未廓，或土習其風，錢不普用，其數本少，爲患尚輕。今王略開廣，聲教遐暨，金鏹所布，爰逮荒服。昔所不及，悉已流行之矣。案此說非盡實，說見第十九章第一節。用彌廣而貨愈狹；加復競竊翦鑿，銷毁滋繁，刑禁雖重，姦避方密；遂使歲月增貴，貧室日劇。若以大錢當兩，則國傳難朽之寶；家贏一倍之利；不俟加憲，巧源自絶。施一令而衆美兼；無兼造之費；莫盛於兹矣"。上從演之議，遂以一錢當兩。行之經時，公私非便，乃罷。孝武帝孝建元年正月，更鑄四銖錢。《前廢帝紀》：大明八年，去歲及是歲，東諸郡大旱，甚者米一升數百，升，當依《南史》作斗，說見第十九章第一節。京邑亦至百餘，餓死者十有六七。孝建以來，又立錢署鑄錢，百姓因此盜鑄，錢轉薄小，商貨不行。永光元年二月，鑄二銖錢。九月，開百姓鑄錢。明帝泰始元年即前廢帝永光元年。十二月，罷二銖錢。見《南史·本紀》。二年三月，斷新錢，專用古錢。《顔悛傳》云：元嘉中鑄四銖錢，輪廓形制，與五銖同，用費損無利，故百姓不盜鑄。案《何尚之傳》言民閒頗盜鑄，此云不盜鑄者，蓋雖有盜鑄而未甚也。及世祖即位，又鑄孝建四銖。三年，尚書右丞徐爰議："貨薄民貧，公私俱困，不有革造，將至大乏。謂宜式遵古典，收銅繕鑄。納贖刊刑，著在往策。今宜以銅贖刑，隨罰爲品。"詔可。所鑄錢形式薄小，輪郭不成。於是民閒盜鑄者雲起。雜以鉛錫，并不牢固。又翦鑿古錢，以取其銅。錢轉薄小，稍違官式。雖重制嚴刑，民、吏、官長坐免死者相係，《劉懷慎傳》：懷慎弟孫亮，大明中爲武康令，時境内多盜鑄錢，亮掩討無不禽，所殺以千數。《顧琛傳》：大明四年，爲吳興太守，坐郡民多翦錢及盜鑄免官。而盜鑄彌甚。百物踊貴，民人患苦之。乃立品格，薄小無輪郭者，悉加禁斷。沈慶之立議："宜聽民鑄錢。郡縣開置錢署。樂鑄之家，皆居署内。平其雜式，去其雜僞。官斂輪郭，藏之以爲永寶。去春所禁新品，一時施用，今鑄悉依此格。萬税三千。嚴檢盜鑄。并禁翦鑿。數年之閒，公私豐贍。銅盡事息，姦僞自止。"上下其事公卿。義恭及竣皆駁之。時議者又以銅轉難得，欲鑄二銖錢。竣又駁之。然及前廢帝即

位,卒鑄二銖錢。形式轉細,官錢每出,民間即模效之,而大小、厚薄,皆不及也。無輪郭,不磨鑢,如今之翦鑿者,謂之來子。景和元年,亦即永光元年。沈慶之啓通私鑄。由是錢貨亂敗。一千錢長不盈三寸,大小稱此,謂之鵝眼錢。劣於此者,謂之綖環錢。入水不沈,隨手破碎。市井不復料數,十萬錢不盈一掬。斗米一萬,商賈不行。大宗初,惟禁鵝眼、綖環,其餘皆通用。復禁民鑄。官署亦廢工。尋復并斷,惟用古錢云。案宋世圜法之敝,鑄造之不善,固其大端,而銅之乏所關亦巨。① 惟銅乏,故議鑄造者皆不免愛銅,既減五銖爲四,又減四銖爲二,甚至欲以一爲兩,名實涽淆,民聽眩惑,遂至不可收拾也。銅之乏,散入民間,以之制器,蓋爲其大原因。三國時,吳鑄當五百、當千大錢,劉備亦鑄當五百大錢,已見《秦漢史》第十六章第四節。《齊書·崔祖思傳》:祖思言劉備取帳鉤銅以鑄錢。吳爲產金之區,蜀爲富饒之地,銅之乏且如是,況於他邦?蓋自董卓毀壞五銖,所鑄小錢,本不得民信,又爲魏武所廢;至魏文則并五銖而廢之;其時民間用錢本少,又值喪亂,商賈不行;向爲錢幣之銅,遂多轉而爲械器矣。《齊書·高帝紀》言帝儉德云:後宮器物、欄檻,以銅爲飾者,皆改用鐵。宋孝武帝孝建三年,禁人車及酒器用銅。《北齊書·楊愔傳》言其一門四世同居,昆季就學者三十餘人。宅內有茂竹,其季父暐,爲愔於林邊別葺一室,命獨處其中。常以銅盤具盛饌以飯之。② 因以督屬諸子,曰:"汝輩但如遵彥謹慎,自得竹林別室,銅盤重肉之食。"何遠素器物無銅漆,則史以爲清操。可見上自宮禁,下至民間,以銅爲器物者之多。蓋每經喪亂,則公家之藏,流入民間,而民間生計,後裕於前,遂能用之以制器,亦與金、銀之散入民間,同一理也。參看《秦漢史》第十六章第四節。《晉書·食貨志》:孝武帝大元三年,詔曰:"錢國之重寶。小人貪利,銷壞無已。監司當以爲意。廣州夷人,寶貴銅鼓,而州境素不出銅。聞官私賈人,皆於此下,貪比輪錢斤兩差重,以入廣州,貨與夷人,鑄敗作鼓。其重爲禁制,得者科罪。"中國之銅已少,況又有流入異域者邪?梁武東下,用度不足,南平王偉時守襄陽,取寺銅佛,毀以爲錢。北齊王則爲洛州刺史,亦毀舊京諸像以鑄錢。此固軍旅倥偬之時,官方敗壞之際,然亦可見其時銅之難得也。

《齊書·劉悛傳》云:宋代大祖輔政,有意欲鑄錢,以禪讓之際,未及施行。建元四年,奉朝請孔顗上《鑄錢均貨議》,辭證甚博。其略以爲"三吳國之關

---

① 錢幣:南北朝時銅少。

② 器用:銅盤盛饌,案無瓷時然也。瓦盆盛飯(第七八二頁),素木盤盛菹(第七八六頁)。

闖,比歲被水潦而糴不貴,是天下錢少,非穀穰賤,不可不察也。鑄錢之弊,在
輕重屢變。重錢患難用,而難用爲累輕,輕錢患盜鑄,而盜鑄爲禍深。民所盜
鑄,嚴法不禁者,由上鑄錢惜銅、愛工也。惜銅、愛工者,謂錢無用之器,以通
交易,務欲令輕而數多,使省工而易成,不詳慮其爲患也。自漢鑄五銖,至宋
文帝,歷五百餘年,制度世有廢興,而不變五銖錢者,明其輕重可法,得貨之
宜。以爲宜開置泉府,方牧貢金,大興鎔鑄,錢重五銖,一依漢法"。不愛銅、
不惜工之論,實與今之言泉幣者,立説相符。泉幣通行之後,用之者固皆計其
數,不復論其重,當其未行之時,則民之信否,恒視其重輕之名實相符與否,此
四銖、二銖之所以不行。五銖行用最久,準其輕重,亦爲下令於流水之原。孔
覬誠明於錢法之利弊者也。時議者亦多以錢貨轉少,宜更廣鑄;重其銖兩,以
防民姦。大祖使諸郡大市銅、炭。會晏駕,事寢。永明八年,悛啓世祖:蒙山
有古銅阬,上使入蜀鑄錢,功費多,乃止,已見第一節。此時錢價之貴,十倍宋
初;好惡錢相貿,好錢一當惡錢二,或十當其十七,已見第十九章第一節。

　　梁、陳相繼,圜法之紊亂如故。《隋書・食貨志》云:梁初惟京師及三吳、
荆、郢、江、湘、梁、益用錢,其餘州郡,則雜以穀、帛交易。交、廣之域,全以金
銀爲貨。① 武帝乃鑄錢,肉好周郭,文曰五銖,重如其文。而又別鑄,除其肉
郭,謂之女錢。二品并行。百姓或私以古錢交易。有直百五銖、五銖女錢、大
平百錢、定平一百、五銖稚錢、五銖對文等號。輕重不一。天子頻下詔書,非
新鑄二種之錢,并不許用。而趣利之徒,私用轉甚。至普通中,乃議盡罷銅
錢,更鑄鐵錢。《本紀》事在四年十二月。《南史》云:用給事中王子雲議。人以鐵錢易得,并
皆私鑄。及大同已後,所在鐵錢,遂如丘山。物價騰貴。交易者以車載錢,不
復計數而惟論貫。商旅姦詐,因之以求利。自破嶺以東,②黃汝成《日知録・短陌條
集釋》云:破嶺無此地名,破或庾字之譌。案《志》言梁初惟京師及三吳、荆、郢、江、湘、梁、益用錢,乃指
其都會之地,非謂盡其轄境。庾嶺在當時,恐非用錢之所。破嶺疑即破岡,見第八章第一節。 八十
爲百,名曰東錢。江、郢以上,七十爲百,名曰西錢。京師以九十爲百,名曰長錢。
中大同元年,天子乃詔通用足陌。有犯,男子謫運,女子質作,并同三年,見《紀》。詔下而人
不從,錢陌愈少,至於末年,遂以三十五爲陌云。《南史・梁敬帝紀》云:武帝末年,都下用
錢,每百皆除其九,謂爲九陌。及江陵將覆,每百復除六文,稱爲六陌。案錢幣貴於畫一,梁武顧
不恤自亂其例,鑄女錢與五銖并行,蓋利於去其周郭? 其後又議鑄鐵錢,蓋亦以

---

① 錢幣:交、廣全以金銀爲貨,指商賈,人民自用鹽米布(第七七〇頁)。

② 地理:破嶺以東,八十爲百,疑即破岡。

銅少故也?《周書·藝術姚僧垣傳》:梁元帝嘗有心腹疾,以從僧垣進大黃得愈,元帝大喜,時初鑄錢,一當十,乃賜錢十萬,實百萬也,則元帝曾鑄當十錢。然此外更無所見,蓋其錢亦未行也。

《隋志》又云:陳初承梁喪亂之後,鐵錢不行。始梁末又有兩柱錢及鵝眼錢,於時人雜用,其價同,《梁書·敬帝紀》:大平元年三月,班下遠近,并雜用古今錢。二年四月,己卯,鑄四柱錢,一准二十。壬辰,改四柱錢一准十。丙申,復用細錢。但兩柱重而鵝眼輕,私家多鎔錢,又閒以錫、鐵,兼以粟、帛爲貨。至文帝天嘉五年,改鑄五銖。《紀》在三年閏二月。初出一當鵝眼之十。宣帝大建十一年,又鑄大貨六銖,以一當五銖之十,與五銖并行。《陳書·本紀》:大建十一年七月,辛卯,始用大貨六銖錢。後還當一。人皆不便,乃相與謞言曰:“六銖錢有不利縣官之象。”未幾而帝崩,遂廢六銖而行五銖,竟至陳亡。其嶺南諸州,多以鹽、米、布交易,俱不用錢。案《志》言交、廣之域全以金、銀爲貨,又云:嶺南諸州,多以鹽、米、布交易,蓋商賈用金、銀,人民自用鹽、米、布也。此亦足證當時錢幣之用,尚不周徧。

北朝圜法之壞,其情形亦與南朝略相似。《魏書·食貨志》云:魏初至於大和,錢貨無所周流,高祖始詔天下用錢焉。十九年,冶鑄粗備,文曰大和五銖。詔京師及諸州鎮皆通行之。內外百官禄,皆準絹給錢。在所遣錢工,備爐冶。民有欲鑄,聽就鑄之。銅必精練,無所和雜。世宗永平三年冬,又鑄五銖錢。肅宗初,京師及諸州鎮,或鑄或不。或止用古錢、不行新鑄。致商貨不通,貿遷頗隔。熙平初,尚書令任城王澄上言:“大和五銖,雖利於京邑之肆,而不入徐、揚之市。土貨既殊,貿粥亦異。便於荆、郢之邦者,則礙於兗、豫之域。致使貧民有重困之切,王道詒隔化之訟。去永平三年,都坐奏天下用錢不依準式者。時被敕云:不行之錢,雖有常禁,其先用之處,權可聽行,至年末悉令斷之。謹尋不行之錢,律有明式。指謂雞眼、環鑿,更無餘禁。計河南諸州,今所行者,悉非制限。昔來絕禁,愚竊惑焉。又河北州鎮,既無新造五銖,設有舊者,而復禁斷,并不得行,專以單絲之縑,①疏縷之布,狹幅促度,不中常式,裂匹爲尺,以濟有無。徒成杼軸之勞,不免飢寒之苦。良由分截布帛,壅塞錢貨,實非救恤凍餒,子育黎元。謹惟自古已來,錢品不一,前後累代,變易無常;且錢之爲名,欲泉流不已。愚意謂今之大和,與新鑄五銖,及諸古錢,方俗所便用者,雖有大小之異,并得通行。貴賤之差,自依鄉價。庶貨環海內,公私無壅。其不行之錢,及盜鑄毀大爲小,巧僞不如法者,據律罪之。”詔曰:“錢行已

---

① 錢幣:單絲之縑,疏縷之布,狹幅促度。剪裁(第七七四頁)。

久，今東尚有事，且依舊用。"澄又奏："大和五銖，乃大魏之通貨，不朽之恒模，寧可專貿於京師，不行於天下？但今戎馬在郊，江疆未一，東南之州，依舊爲便。至於京西、京北、域內州鎮未有錢處，行之則不足爲難，塞之則有乖通典。請并下諸方州鎮：其大和及新鑄五銖，并古錢內外全好者，不限大小，悉聽行之。雞眼、環鑿，依律而禁。河南州鎮，先用錢者，既聽依舊，不在斷限。惟大和、五銖二錢，得用公造新者。其餘雜種，一用古錢。生新之類，普同禁約。諸方之錢，通用京師。其聽依舊之處，與大和錢及新造五銖并行。若盜鑄者，罪重常憲。符旨一宣，仍不遵用者，刺史、守、令，依律治罪。"詔從之。而河北諸州，舊少錢貨，猶以他物交易，錢略不入市也。案魏大和、永平五銖，蓋所鑄甚少，不足周用，故河北竟無新錢，即京西、京北，亦有無錢之處也。在所遣錢工、備爐冶，民有欲鑄，聽就鑄之，頗近今世自由鑄造之制，此私鑄之所以不行。既用任城之議，則通行之地稍廣，所需愈多。明年，又從崔亮議，於有冶利處開鑄。見第一節。私鑄遂因之而興。《志》云：自後所行之錢，民多私鑄，稍就小薄，價用彌賤。《肅宗紀》：孝昌三年正月，詔峻鑄錢之制。建義初，重盜鑄之禁，開糾賞之格。至永安二年秋，詔更改鑄，文曰永安五銖。《魏書·楊侃傳》：時所用錢，人多私鑄，稍就薄小。乃至風飄、水浮，米斗幾直一千。侃奏曰："昔馬援至隴西，嘗上書求復五銖錢。事下三府，不許。後援徵入爲虎賁中郎，親對光武，申釋其趣，事始施行。臣頃在雍州，亦表陳其事。聽人與官并鑄五銖錢，使人樂爲而俗弊得改。旨下尚書，入坐不許。以今況昔，即理不殊。求取臣前表，經御披析。"侃乃隨事剖辨。孝莊從之。乃鑄五銖錢，如侃所奏。《高謙之傳》：朝議鑄錢以謙之爲鑄錢都將長史。乃上表求鑄三銖錢，曰："錢之輕重，世代不同。夫以西京之盛，錢猶屢改，并行小大，輕重相權。況今寇難未除，州郡淪敗，民物凋零，軍國用少；別鑄小錢，可以富益，何損於政，何妨於人也？臣今此鑄，以濟交乏。五銖之錢，任使并用。脫以爲疑，求下公卿博議，如謂爲允，即乞施行。"詔將從之，事未就，會卒。則初亦有鑄輕錢之議，而後未果行也。官自立爐，起自九月，至三年正月而止。利之所在，盜鑄彌衆。巧偽既多，輕重非一。四方州鎮，用各不同。遷鄴之後輕濫尤多。武定初，齊文襄奏革其弊。於是詔遣使人，詣諸州鎮，收銅及錢，悉更改鑄，其文仍舊。然姦儌之徒，越法趨利，未幾之間，漸復細薄。六年，文襄王以"錢文五銖，名須稱實，宜稱錢一文重五銖者，聽入市用，計百錢重一斤四兩二十銖，自餘皆準此爲數。其京邑二市，天下州鎮、郡、縣之市，各置二稱，懸於市門。私民所用之稱，皆準市稱，以定輕重。凡有私鑄，悉不禁斷，但重五銖然後聽用。雖重五銖，而多雜鉛鑞，并不聽用。若有輒以小薄雜錢入市，有人糾獲，其錢悉入告者。其小薄之錢，若即禁斷，恐人交乏絕，畿內五十日，外百日爲限"。羣官參議，咸以時穀頗貴，請待有年，上從之而止。此時之操切，可謂至極，然不能禁絕私鑄，而欲稱其輕重以爲用，亦祇可謂之無策耳。

《隋志》云：齊神武霸政之初，承魏猶用永安五銖。遷鄴已後，百姓私鑄，體制漸別，遂各以爲名：有雍州青赤、梁州生厚、緊錢、吉錢，河陽生澀、天柱、赤牽之稱。冀州之北，錢皆不行，交貿者皆絹布。神武帝乃收境内之銅及錢，仍依舊文更鑄，流之四境。未幾之閒，漸復細薄，姦僞競起。此即《魏志》所云文襄奏革其弊者，事雖繫之神武，謀實出自文襄也。《志》又云：文宣受禪，除永安之錢，改鑄常平五銖。《本紀》在天保四年正月。重如其文。其錢甚貴，且製造甚精。至乾明、皇建之閒，往往私鑄。鄴中用錢，有赤熟、青熟、細眉、赤生之異。河南所用，有青薄、鉛錫之別。青、齊、徐、兖、梁、豫州，輩類各殊。武平已後，私鑄轉甚。或以生鐵和銅。至於齊亡，卒不能禁。又云：後周之初，尚用魏錢。《北史·文帝紀》：大統六年二月，十二年三月，皆鑄五銖錢。及武帝保定元年七月，乃更鑄布泉之錢，以一當五，與五銖并行。亦見《周書·本紀》。時梁、益之境，又雜用古錢交易；河西諸郡，或用西域金銀之錢，而官不禁。建德三年六月，更鑄五行大布錢，以一當十，與布泉錢并行。四年七月，又以邊境之上，人多盜鑄，乃禁五行大布不得出入四關，布泉之錢聽入而不聽出。五年二月，以布泉漸賤而人不用，遂廢之。《本紀》事在正月。初令私鑄者絞，從者遠配爲户。亦見《本紀》。齊平已後，山東之人，猶雜用齊氏舊錢，至宣帝大象元年十一月，又鑄永通萬國錢，以一當十，與五行大布及五銖，凡三品并用。《本紀》但云與五行大布并行。北齊圜法之弊，全與魏同，蓋承魏之敝，欲變焉而未能者。後周則思鑄大錢以救錢荒，而卒亦扞格，其爲弊，又與三國時之吳、蜀及宋之文帝同也。

　　民閒苦銅錢不足，公家及豪富人，則有藏錢頗多者。[1]《晉書·蘇峻傳》，峻陷宮城，得官省之錢億萬。齊武帝聚錢上庫五億萬，齊庫亦出三億萬。見第十章第二節。白曜之破東陽，獲銅五千斤，錢十五萬。此公家之藏也。江禄爲武寧郡，積錢於壁，壁爲之倒。曹虎在雍州，致見錢七千萬。見第十九章第一節。梁臨川王宏性愛錢，百萬一聚，黄榜標之，千萬一庫，縣一紫標，如此者三十餘閒。見第十二章第五節。曹景宗弟義宗，富人向姓，以其爲方伯之弟，豪彊之門，出見錢百萬，以妹適之。魏崔和子軌，盜錢百萬，背和亡走。見第十九章第二節。梁南平王偉，於富僧藏鏹者，多加毒害。此豪富之所藏也。《晉書·王導傳》：子悦，先導卒。先是導夢人以百萬錢買悦，潛爲祈禱者數矣。尋掘地得錢百萬，意甚惡之，一皆藏閉。《齊書·祥瑞志》：永明七年，《南史·本紀》在六年七月。齊興大守劉元寶治郡城，於塹中獲錢百萬，《南史》作三十七萬。形極大，《南史》云：皆輪厚徑一寸半。以獻臺爲瑞。世祖班賜朝臣以下各有差。十年，齊安郡民王攝掘

---

地,得四文大錢一萬二千七百十枚,品製如一。古人本有埋錢之風,當惡錢盛行之日,必更有甚焉者,此亦錢乏之一因歟?

金屬爲幣,其弊在於私鑄、私銷之難禁。終南北朝之世,幣制之壞,可謂皆由於私鑄。《魏書‧辛子馥傳》:紹先孫。天平中,長白山連接三齊瑕丘,數州之界,多有盜賊。子馥受使檢覆。因辨山谷要害,宜立鎮戍之所。又諸州豪右,在山鼓鑄,姦黨多依之,又得密造兵仗,亦請破罷諸冶。朝廷善而從之。可見豪右銅冶,胥爲私鑄之媒。又崔悛嘗私鑄錢,見第十八章第一節。而南朝梁高祖從父弟昱,亦坐於宅內鑄錢,爲有司所奏,下廷尉,免死徙臨海郡。臨川王宏之子,亦嘗盜鑄錢。又可見冒利而爲之者之衆矣。不愛銅、不惜工之論,可以止私鑄,不能止私銷。若欲禁絕私銷,非如昔人之言,舉銅冶而盡禁之不可,此豈可行之事哉?此則以金屬爲幣,無可救正之弊也。

# 第五節　錢　幣　下

銅錢缺乏之世,所以代之者,北方多用絹布,南方則兼用穀,已見第十九章第一節。《晉書‧石勒載記》:勒鑄豐貨錢,人情不樂,乃出公絹市錢;《石季龍載記》:季龍下書,令刑贖之家,得以錢代財帛,無錢聽以穀麥;蓋所以省帛之用。則北方之用絹布,由來舊矣。《魏書‧辛紹先傳》:紹先子穆,初隨父在下邳,與彭城陳敬文友善。敬文弟敬武,少爲沙門,從師遠學,經久不返。敬文病臨卒,以雜綾二十匹,託穆與敬武。穆久訪不得。經二十餘年,始於洛陽見敬武,以物還之,封題如故。世稱其廉信。又《馮元興傳》:齊郡曹昂,有學識。舉秀才。永安中爲大學博士,兼尚書郎。常徒步上省,以示清貧。忽遇盜,大失綾縑。時人鄙其矯詐。是收藏者皆用絹布也。趙柔賣鏵,索絹二十匹,後有商人與之三十匹,而柔不肯背約;寇儁家人賣物,剩得絹五匹,訪主還之,已見第三節,是賣買者皆以絹布也。《趙柔傳》又云:柔嘗在路,得人所遺金珠一貫,價直數百縑,柔呼主還之,是估價者皆以絹布也。《鹿悆傳》言:悆嘗詣徐州,馬瘦,附船而至大梁。夜睡,從者上岸,竊禾四束,以飼其馬。船行數里,悆覺,問得禾之處。從者以告。悆大忿。即停船上岸,至取禾處,以縑三丈,置禾束下而還。則雖鄉僻之地,亦以絹爲交易之資矣。此行旅所以多齎絹布爲資,如《楊播傳》言:播弟津爲岐州刺史,有武功民齎絹三匹,去城十里,爲賊所劫也。播弟椿,又嘗受命馳驛詣并、肆,齎絹三萬匹,募召恒、朔流民,揀充軍士,後末行。可見絹布爲用之廣。若南方,則《晉書‧魏詠之傳》言:詠之生而

兔缺,聞殷仲堪帳下有名醫能療之,貧無行裝,遂齎數斛米西上,以投仲堪。是緣途皆可以穀爲用。此等事,北方記載絶罕見。河北交易,雖云雜用穀帛,蓋以穀濟帛之窮,免於尺寸分裂而已。握粟出卜,以粟易械器,實爲最古之俗,豈南方生計,演進較遲,故古俗之存者較多歟?孔琳之駁桓玄廢錢之議曰:"據今用錢之處,不以爲貧,用穀之處,不以爲富。"以錢穀對舉,可見用穀處之多。南方論議,不甚病布帛之翦截,蓋爲此也。若北方則此弊殊甚。《魏書·食貨志》云:舊制,民間所織絹布,皆幅廣二尺二寸,長四十尺爲一匹,六十尺爲一端,此由調外又入帛一匹二丈,參看第十九章第一節。令任服用。後乃漸至濫惡,不依尺度。高祖延興三年七月,更立嚴制,令一準前式,違者罪各有差,有司不檢察,與同罪。《蕭宗紀》:熙平二年正月,詔遣大使巡行四方,絹布繒采,長短合式,亦爲所奉詔條之一。任城王澄刺定州,禁造布絹不任衣者,此即其熙平初上表所云單絲之縑,疏縷之布,狹幅促度,不中常式者也。見上節。既以爲交易之資,勢必至此而後已,禁之又何益邪?然當時官司之虐民,所調絹布,務求長廣厚重,實較民間之單絲疏縷,狹幅促度者,其弊爲尤甚。張普惠表,已見第十九章第一節。《魏書·盧同傳》:同於熙平初轉尚書左丞。時相州刺史奚康生,徵民歲調,皆七八十尺,以邀奉公之譽,部内患之。同於歲禄,官給長絹。同乃舉按康生度外徵調。書奏,詔科康生之罪,兼褒同奉公之績。調絹加長,至倍定式,而反獲奉公之譽,可爲張普惠之言之證。辛穆轉汝陽大守,值水潦民饑,上表請輕租賦,從之,遂勅汝陽一郡,聽以小絹爲調;北齊蘇瓊,遷南清河大守,鹽月豫下縣、絹度樣於部内;此等循吏,蓋不易多覯矣。此亦以絹布代錢之一弊也。

金銀爲用亦稍廣。舊日史家,率言漢世黄金多,後世漸少,由於佛事之消耗,説不足信。黄金之漸少,[①]實由流入民間者之漸多,已見《秦漢史》第十六章第四節。《晉》、《宋書·禮志》言:漢高后制聘后,黄金二百斤,夫人金五十斤,魏氏聘后、王取妃、公主嫁之禮,用絹百九十匹。晉興,故事用絹三百匹。穆帝納何皇后,孝武納王皇后,納徵皆以絹三百匹。魏與東晉姑勿論,西晉初之侈靡何所不至,而必舍金而用絹,足見當時黄金實少。蘇峻之陷宮城,官有金銀五千斤,可謂其細已甚。梁武陵王之多金,爲史所豔稱,然實不過有金萬斤,銀五萬斤,見第十三章第四節。較之王莽亡時,省中黄金萬斤爲一匱者,尚有六

---

① 錢幣:魏晉後,民間金銀漸多,公家漸少。用金改以兩計(第七七五頁),零星使用(第七七七頁),金銀流衍民間,實化無用爲有用,借其不聚而不達(第七七八頁),中國金銀來自西南(第七七九頁)。

十匱,黄門、鈎盾、藏府、中尚方,各有數匱;董卓區區,猶有金二三萬斤,銀八九萬斤者;亦微末不足道矣。齊武帝,史稱其聚錢上庫五億萬,齋庫亦出三億萬,金銀、布帛,不可稱計,此乃約略之辭,未必其藏金之果多也。而民閒:則《南史・侯景傳》言其攻臺城時,援兵至北岸,百姓扶老攜幼,以候王師,纔過淮,便競剥略,徵責金銀;其後江南大飢,江、揚彌甚,百姓流亡,死者塗地,不出户牖者,莫不衣羅綺,懷金玉,交相枕藉,待命聽終;此固非下貧之家,然民閒多有金銀,則於此可見。《齊書・蕭穎胄傳》言:長沙寺僧業富,沃鑄黄金爲龍,數千兩,埋土中,歷相傳付,稱爲下方黄鐵,莫有見者,及穎胄起兵,乃取充軍資;《魏書・釋老志》言:世祖之廢佛法,恭宗言雖不用然猶緩宣詔書,遠近皆豫聞知,得各爲計,金銀寶物,及諸經論,大得祕藏。僧寺財自何來,寧非民閒所布施邪?《南史・東昏侯紀》,言其潘妃服御,極選珍寶,貴市人閒,金銀寶物,價皆數倍。都下酒租,皆折輸金,又令富室買金;詳見第十章第六節。《魏書・任城王傳》亦言:靈大后鋭於繕興,金銀之價,爲之踊上;可見民閒金銀交易,已極盛行矣。

　　前世用金,皆以斤計,此時則多以兩計,即可見藉以爲用者之多。晉、南北朝之世,用金以斤計者:晉購石季龍首金五十斤。《元帝紀》建武元年。祖逖遣參軍王愉使於石勒,贈以方物,勒遣董樹報聘,以馬百匹、金五十斤答之。王彌與劉曜,阻兵相攻,彌長史張嵩諫止之,彌與曜各賜嵩金百斤。劉聰欲納劉殷之女,李弘引王基爲子納王沈女,以見姓同源異,無礙婚姻,聰大悦,賜之黄金六十斤。詳見第十七章第一節。佛貍伐入寇,宋購斬其頭者賞金銀各百斤。《宋書・索虜傳》。鄧琬奉子勛起兵,傳檄京師,賜大宗金銀五百斤。梁陸杲子罩,爲大子中庶子,以母老求去,皇大子簡文。賜之黄金五十斤。元略自梁返魏,梁武帝賜之金銀百斤。魏豆代田,以戰功賜黄金百斤,銀百斤。趙郡王幹除冀州刺史,高祖密賜黄金十斤。抱睹生死,巍之父。賜黄金八十斤,以供喪用。齊文襄烝於馮翊大妃,見幽,司馬子如全之,神武賜子如黄金百三十斤。《北史・后妃傳》。陳元康進慕容紹宗,遂破侯景,世宗賞金五十斤。時段韶留守晉陽,世宗還,賜之金十斤。案漢世賞賜,即有雖言金而實與之錢者,見《秦漢史》第十六章第四節。《魏書・術藝傳》:徐謇以療高祖,賜錢一萬貫。又詔曰:錢府未充,須以雜物,乃以絹二千匹、雜物一百匹、穀二千斛、奴婢十口、馬十匹與之。則古來賞賜,原未嘗不可以他物充代。大和爲鑄錢之世,萬貫之賜,尚不能具,可見魏銅錢之乏。又《北史・高昂傳》:西魏賞斬昂首者布絹萬匹,歲歲稍與之,周亡猶未充,則又不必一時皆給。然則史所言賞賜、購募等,雖云金銀若干斤,恐未必

皆如數登與之矣。張茂以黃金三百八十斤、銀七百斤獻劉曜。吐谷渾辟奚以金銀五百斤獻苻堅。《晉書》本傳。《堅載記》亦記其事，而作碎奚，《宋書》、《魏書》亦作碎奚，見第十六章第七節。乞伏熾磐貢黃金二百斤於魏，請伐赫連昌。沮渠牧犍尚魏武威公主，獻黃金五百斤。車伊洛亦以金百斤爲獻。宋攻楊難當，難當奔上邽，魏假古弼節，督隴右諸軍，詔弼悉送難當子弟，楊玄少子文德，以黃金四十斤賂弼，弼乃留之。此等皆以地近西域，與往來，故多金，説見下。阿那瓌啓請還國，朝臣意有異同，瓌以金百斤貨元叉；周文使楊荐至蠕蠕，賜以黃金十斤，亦以蠕蠕稍徙西北，多與西域往來，故知以金銀爲用也。苻堅滅張天錫，税百姓金銀一萬三千斤，以賞軍士，則其數雖多，斂之固以錙銖。《周書·柳慶傳》言：有賈人持金二十斤詣京師交易，爲一沙彌所竊，其人蓋大賈，故持金較多。《晉書·藝術傳》言：隗炤臨終，書版授其妻曰：“吾亡後當大荒窮，雖爾，慎莫賣宅也。卻後五年春，當有詔使，來頓此亭，姓龔，此人負吾金，即以此版往責之，勿違言也。”炤亡後，其家大困乏。欲賣宅，憶夫言輒止。期日，有龔使止亭中，妻遂齎版往責之。使者執版悃然。良久而悟，謂曰：“賢夫何善？”妻曰：“夫善於易，而未曾爲人卜筮也。”使者曰：“噫！可知矣。”乃命取蓍筮之。卦成，告炤妻曰：“賢夫自有金耳。知亡後當暫窮，故藏金以待大平。所以不告兒婦者，恐金盡而困無已也。知吾善《易》，故書版以寄意耳。金有五百斤，盛以青甕，覆以銅柈，埋在堂屋東頭，去壁一丈，入地九尺。”妻遂掘之，皆如卜焉。其言誕謾不足信。《隋書·藝術傳》言：或有金數兩，夫妻共藏之，於後失金，夫意妻有異志，將逐之，其妻稱冤，以詣楊伯醜。伯醜爲筮之，曰：“金在矣。”悉呼其家人，指一人曰：“可取金來。”其人靦然，應聲而取之。其言之誕謾與隗炤事同，然言藏金不過數兩而已。梁元帝譎長孫儉，言埋金千斤於城內，見第十三章第四節。《周書·王思政傳》：思政爲荆州刺史，州境卑濕，城壍多壞，思政命都督藺小歡督工匠繕治，掘得黃金三十斤，亦必貴富者所埋矣。是時公家用金，亦多以兩計者：如宋明帝欲以金千兩贖晉熙王昶於魏；隋文帝踐極，遣賜蕭巋金五百兩，銀一千兩是也。杜弘奔臨賀，送金數千兩與王機，求討桂林賊自效；侯景餉朱异金二百兩；則貴富人相贈遺，亦以兩計矣。《晉書·食貨志》言愍皇時斗米二金，而《帝紀》云米斗金二兩，此爲當時用金，多以兩計之確證。《石季龍載記》言：其時金一斤直米二斗，則又四倍愍皇時，米貴似不應至此。頗疑《載記》之斤字，實當作兩，非傳寫之誤，則載筆者習熟舊史言金以斤計重之文，下筆時偶爾失檢也。此疑如確，則凡他言金若干斤者，又安知其不有爲兩字之誤者邪？史之言金，又有不著其爲斤抑爲兩者，如第十九章第二

節所引：范甯言并兼之士，一宴之饌，費過十金；《謝安傳》言其肴饌屢費百金是也。漢時黃金一斤直錢萬，晉、南北朝之世，或無甚變動，說見第十九章第一節。何曾食日萬錢，時人已視爲極侈，《范甯》、《謝安傳》所云，若以斤計則其所費，又將十百於曾，雖侈不容至是，其必以兩計可知。《北齊書·慕容儼傳》言：儼斬侯瑱驍將張白石首，瑱以千金贖之，《儼傳》之辭，全不足信，說已見前，即謂造作言語，亦當按切情勢，仍可考見事實，則以宋明帝贖晉熙王之事例之，亦必以兩計無疑。至如第一節所引會土膏腴上地畝直一金等，則係循行文之便，約略言之，不容鑿求其數也。黃金有常形制，或爲挺，或爲餅，已見《秦漢史》第十六章第四節。武陵王紀黃金以一斤爲餅，見第十三章第四節。楊運長等密以金餅賜沈攸之佐吏，見第九章第九節。《北齊書·陳元康傳》言，世宗以元康進計征潁城而克，賞以金百挺。《祖珽傳》言：文襄遇害，元康被傷，使珽作書屬家累事，并云：祖喜邊有少許物，宜早索取。珽乃不通此書，喚祖喜私問，得金二十五挺，惟與喜二挺，餘盡自入。《北史·李幼廉傳》：《北齊書》之李稚廉。出爲南青州刺史，主簿徐乾，富而暴橫，幼廉收繫之，乾密通疏，奉黃金百挺。則挺、餅二者，晉、南北朝之世，固猶通行。竊意此等沿襲舊形制之金，其重必以斤計。此等惟公家或豪富之家藏之，賞賜、購募、贈遺、貨賂，閒或藉以爲用。民閒所用，并是散碎，則皆以兩計。亦猶近世富家藏金薄、銀挺，人閒尋常用碎銀也。

　　金銀零星使用見於史者，以兵亂時賞賜將士者爲最多，即此可以推見民閒使用之情形矣。宋明帝泰始三年九月，戊午，以皇后六宮以下雜衣千領，金釵千枚，班賜北征將士。《宋書·本紀》。《天文志》事在八月癸卯。休範之叛，皇太后、太妃剔取宮內金銀器物以充用。侯景之難，羊侃副宣城王都督城內諸軍事，詔送金五千兩，銀萬兩，絹萬匹，以賜戰士。時有一小兒，請以飛鴟傳致消息。乃作數千丈繩，綴紙鴟於繩端，縛書其背，又題鴟口：若有得鴟送援軍者，賞銀百兩。《魏書·島夷傳》。陳高祖討王僧辯，密具袍數千領，及采帛、金銀，以爲賞賜之具。淳于量、吳明徹等討華皎，募軍中小艦，多賞金銀，令先出當賊大艦，受其拍。周羅睺平山賊，宣帝賜之金銀二千兩。叔陵作亂，呼其甲士，散金銀以賞賜。賀若弼進鍾山，後主多出金帛賦諸軍，以充賞賜。及戰，弼躬當魯廣達，窘而復振。而陳兵得人頭，皆走後主，求賞金銀。弼更趣孔範，範兵勢交，便敗走，陳軍遂潰。任忠馳入臺見後主。後主與之金兩縢，曰：“爲我南岸募人，猶可一戰。”周武帝伐齊，齊王憲上金寶一十六件，以助軍資。及入并州，出齊宮中金銀，班賜將士。皆戰時用金銀賞賜之事也。徐陵之遷吏部尚書也，冒進求官者，諠競不已，陵乃爲書宣示，曰：“永定之時，聖朝草創，白銀難得，黃札易營，權以官階，代於錢絹。”可見賞賜本以錢絹爲主，不得已乃代之以金銀，又不得已，乃代之以官階矣。此等賞賜，必不能用鋌餅，必皆用金釵

及器物等以充之，其物既小，分賦又多，其不能以斤計而以兩計，亦勢使然也。而民間之使用金銀視此矣。金銀本無用之物，貴族之寶之，大抵皆用爲裝飾。裝飾有爲禮制所許者，如晉之五路，皆飾以金；又漢自天子至百官，無不佩劍，其後惟朝帶劍，至晉乃代之以木，①貴者用玉首，賤者則以蚌、金、銀、玳瑁爲雕飾是也。見《晉書·輿服志》。《齊書·輿服志》云：袞衣，漢世出陳留、襄邑所織，宋末用繡及織成。明帝以織成重，乃采畫爲之，加飾金銀薄，蓋反以爲儉矣。然非禮之用實多。《齊書·蕭潁胄傳》：高宗墓役約，欲壞大官元日上壽銀酒鎗，尚書令王晏等咸稱盛德。潁胄曰：“朝廷盛禮，莫過三元，此一器既是舊物，未足爲侈。”帝不悦。後與曲宴，銀器滿席。潁胄曰：“陛下前欲壞銀酒鎗，恐宜移在此器也。”帝甚有慚色。曲宴銀器，固爲非禮，元日上壽，又何以必用銀酒鎗邪？宋明帝將殺吳喜，召入内殿，賜以名饌，并金銀御器，則金銀之器，又不徒宮禁中用之矣。然此尚非其至侈者。齊武帝至劉悛宅，晝臥，覺，悛自奉金澡罐受四升水以沃盥，因以與帝，則真駭人聽聞矣。然一時君若臣以金銀器物賞賜、貢獻、饋遺者殊多。如齊高帝送金釵二十枚與周盤龍愛妾杜氏，武帝以金鏤柄銀柱琵琶賜褚淵，王敬則以金鉿餉周奉叔是也。索虜不知禮義，故其奢侈尤甚。元嘉二十七年之役，劉泰之等襲汝陽虜營，營内食具，皆是金銀，事見《宋書·索虜傳》。戰時如此，平時可知。遼西公意烈之曾孫庫汗，嘗從大武北巡，有兔起乘輿前，命射之，應弦而斃，大武悦，賜一金兔，以旌其能，此似偶然之事。然孝武在洛，以銀酒厄容二升許，縣於百步外，命善射者十餘人共射，中者即以賜之；西魏文帝在天游園，亦以金厄置候上，命公卿射：事見《北史·魏諸宗室》、《周書·宇文貴傳》。造次顛沛之間，而猶如此，則其以金銀器充賞，亦習爲故常矣。臣下之藏金銀器飾者：黃權母吳，以金釧賂蔡樽妾，見第十八章第四節。梁廬陵王續臨終，上金銀器千餘件。徐君蒨侍妾數十，服玩悉以金銀。魚弘侍妾百餘人，不勝金翠。有眠牀一張，通用銀鏤金花壽福兩重爲飾。陶侃宴陽斐，賓客三百餘人，器皆金玉雜寶，見第十二章第五節。阮孝緒七歲，出繼從伯胤之，胤之母周氏卒，遺財百餘萬，孝緒一無所納，乳人輒竊玉羊、金獸與之，見第十七章第二節，皆可見其所藏器飾之多。其北方：則周大祖破侯莫陳悦，左右竊其銀鏤甕。周武帝克晉州，使招北齊行臺右僕射傅伏，以金、馬碯二酒鍾爲信，伏不受，後降，又以金酒厄賜之。可朱渾元歸齊，齊高祖使持金環一枚以賜。後主亦以金銀酒鍾各一賜慕容儼。其甚者：畢義雲私藏工匠，家有十餘機織錦，并造金銀物，因被禁止。楊鈞造銀食器十具，以餉元乂，見《北史·楊昱傳》。以孫騰、達奚武之功名，而騰盜府藏銀器爲家物，武爲大司寇，庫有萬釘金帶，因入庫取之以歸，幾於廉恥掃地矣。**此等事本有禁令，然大抵成爲具文**。《宋書·禮志》言：諸在官品令第二品以上者，其非禁物，皆得服之，而純金銀器，列爲禁物之一。第六品以下，加不得服金鏤綾錦，金釵、鐶、鉺，及以金校飾器物，張絳帳。士卒百工，加不得以銀飾器物，張帳。奴婢、衣食客，加不得服金黃銀釵、鐶、鈴、鐍、鉺。諸王皆不得私作禁物，及闒碧校鞍，珠玉、金銀，錯刻雕飾無用之物。宋武帝永初二年正月，斷金銀塗。齊東昏侯永泰元年十一月，尚書令徐孝嗣議：王侯貴人昏連卺以真銀厄，蓋出近俗。今除金銀連鎖。自餘新器，悉用埏陶。陳世祖天嘉元年八月，詔雕鏤淫飾，非兵器及國容所須，金銀、珠玉、衣服、雜玩，悉皆禁斷。後主大建十四年四月，詔禁鏤金銀薄。魏高陽王雍領司州牧，請王公以下賤妾，悉不聽用織成、錦繡，金玉、珠璣，奴婢并不得以金銀爲釵、帶。此等法令，幾於無代不有，然觀法令之陳陳相因，即可知其久成具

---

① 服飾、兵器：佩劍至晉易以木。

文矣。民間相與慕效，而金銀之流散者遂多。豪富之家，至緩急之際，乃亦藉之以爲用，而其用愈溥矣。穀帛爲幣，耗損殊多，且病滯重；銅錢不易周用，亦非把握可藏；以金銀濟其窮，以錢幣演進之理言之，自亦未爲非計。然則金銀之流衍民間，實化無用爲有用也。論者或反致慨於公家所藏之少，實爲不達此義矣。

《日知錄・黄金》條引宋大宗問杜鎬曰："兩漢賜與，多用黄金，後代遂爲難得之貨，何也？"答曰："當時佛事未興，故金價甚賤。"此本漫然之語，而亭林引《三國・吳志・劉繇傳》：笮融大起浮圖祠，以銅爲人，黄金塗身，衣以錦采；《魏書・釋老志》：天安中，於天宫寺造釋迦立像，高四十三尺，用赤金十萬斤，黄金六百斤。謂鎬之言頗爲不妄。《廿二史札記》承其説，謂後世黄金日少，金價亦日貴，蓋由中土産金之地，已發掘净盡，而自佛教入中國後，塑像塗金，大而通都大邑，小而窮鄉僻壤，無不有佛寺，即無不用金塗，以天下計之，無慮幾千萬萬；加以風俗侈靡，泥金寫金，帖金作榜，積少成多，日消月耗《漢多黄金條》。夫金銀爲貴重之物，用後仍可還元，亭林引《草木子》，謂金一爲箔，無復還元；甌北述故老言：謂塗金、泥金，不復還本；皆非是。不能遂目爲消失。抑且佞佛如魏獻文，可謂甚矣，而所耗亦不過六百斤，此於中國，奚啻九牛一毛？故謂黄金以佛入中國而耗損者，必非其實也。抑且中國之金，不徒不因與西域、南海通而有所耗損也，且必因此而增多。《晉書・大秦傳》云：以金銀爲錢，銀錢十，當金錢之一。《北史・波斯傳》，謂其賦税準地輸銀錢。《高昌傳》云：賦税計田輸銀錢，無者輸麻布。則銀錢自西海至高昌，皆極通用，故能流入河西。《周書・李賢傳》：賢爲瓜州刺史，高祖西巡，使往瓜州，賜以銀錢一萬，蓋即因其通用而賜之。《北齊書・王昕傳》言：魏汝南王悦辟爲騎兵參軍。悦數散錢於地，令諸佐爭拾之，昕獨不拾。悦又散銀錢以目昕，昕乃取其一。蓋亦自西域而來，可見其流衍之遠。然尚不止此。《晉書・地理志》日南郡象林縣云：自此南有四國，貢金爲税。所謂四國，蓋指日南所屬盧容、朱吾、西卷、比景而言。其俗至蠻野，何來黄金？而《扶南傳》亦言其以金銀、珠、香爲貢賦。此外海南諸國，史記其産金銀，以金銀爲器飾，來獻其金銀若金銀器物者甚多。其開化之程度，似未能至是。案《晉書・大秦傳》又言：其鄰國使到，輒虜以金錢，蓋凡商旅所通之地，皆可持金銀以通市易，故雖蠻野之國，亦知寶之，能用之，寖假且能取之於地矣。《南史・吕僧珍傳》言：僧珍生子，宋季雅往賀，署函曰錢一千。閽人少之，弗爲通。彊之乃進。僧珍疑其故，親自發，乃銀錢也。河西金銀之錢，流衍至南方非易，季雅曾爲南康郡，此銀錢儻自交、廣來歟？此説如不繆，

則《隋志》謂梁時交、廣之域，全以金銀爲貨，亦未必皆生金銀矣。李萬周之殺袁曇遠也，見第九章第四節。交州刺史檀逸被代，還至廣州，資貨巨萬。萬周誣以爲逆，襲而殺之。遂劫掠公私銀帛。籍袁、檀珍貨，悉以自入。《梁書・止足傳》：陶季直祖愍祖，宋廣州刺史。季直早慧，愍祖甚愛異之。嘗以四函銀列置於前，令諸孫各取。季直時甫四歲，獨不取。《陳書・歐陽頠傳》：交州刺史袁曇緩，密以金五百兩寄頠，令以百兩還合浦大守龔蔿，四百兩付兒智矩。此等皆交、廣金銀之入中國者。① 宋文帝之征林邑，史云因其所貢陋薄，見第十六章第三節。蓋未嘗無利之之心？故檀和之之克捷，所取金寶頗多。《齊書・東南夷傳論》，謂其商舶遠至，委輸南州，故交、廣富實，犓積王府，見第十六章第五節。則其自貢獻、市易而來者，又不少也。《陳書・周文育傳》：文育與王勱俱下，至大庾，宿逆旅，有賈人求與文育博，文育勝之，得銀二千兩，此交、廣以金銀爲貨之明徵。抑尚不止此。顏悛在蜀作金浴盆；鄧元起在蜀，亦致崇於聚斂，史有稱其以金玉珍帛爲内藏之誣辭。皆見第十九章第二節。蜀中財自何來？觀武陵王紀之富，由於南開寧州、越巂，西通資陵、吐谷渾，見第十三章第四節。而知其所由然矣。魏曹安表求擊拾寅曰：“拾寅今保白蘭，多金銀、牛馬，擊之可以大獲。”見第十六章第七節。吐渾安有金銀，而況白蘭？非來自西域而何自乎？蜀漢先主之入成都也，取城中金銀，以賜將士，其時賞諸葛亮、法正、關羽、張飛者，即各金五百斤，銀千斤。見《秦漢史》第十六章第四節。銅之乏，至於取帳鉤以鑄錢，而金銀之饒如是，何歟？《南史・齊高帝諸子傳》：始興簡王鑑爲益州刺史，於州園得古冢，無復棺，但有石椁，珍寶甚多，金銀爲蠶蛇形者數斗，則蜀之多金銀舊矣。果自何來哉？觀《秦漢史》言自蜀至印、緬之路之夙通，第九章第四、第六節。而其所由來，可以想見也。《魏書・食貨志》云：自魏德既廣，西域、東夷，貢其珍物，充於王府。又云：和平二年秋，詔中尚方作黃金合盤十二具。徑二尺二寸。鏤以白銀，鈿以玫瑰。其銘曰：九州致貢，殊域來賓，乃作兹器，錯用具珍。則魏之金銀，得自貢獻者不少。句麗貢金於虜，見第十六章第一節。又《邢巒傳》：巒於世宗初奏言：“先皇深觀古今，去諸奢侈。輕賤珠璣，示其無設。府藏之金，裁給而已。更不買積，以費國貨。逮景明之初，承升平之業。四疆清晏，遠邇來同。於是蕃貢繼路，商賈交入。諸所獻貿，倍多於前。雖加以節約，猶歲損萬計。珍貨常有餘，國用恒不足。若不裁其分限，便恐無以支歲。自今非爲要須者，請皆不受。”世宗從之。則其買自賈人者，又不少矣。阿伏

_____

① 外交：外夷貢金銀實買之。

至羅之立，魏以金銀寶器奉之。見《北史‧節義朱長生傳》。按朱長生，《高車傳》作可足渾長生。彌俄突之立，以金方一、銀方一、金杖二爲獻，後又遣使獻金銀。北夷之知寶金銀如此，謂非與西域交往致然，其誰信之？西域之金銀，尚能至北夷，豈況中國？故曰：中國與西域、南海通，不徒金銀不致耗損，且必有所增益也。

# 第二十一章　晉南北朝人民生活

## 第一節　飲　食

　　晉、南北朝之世，稍見南北食性之殊。大抵南多食稻，北多食菽麥等。然北方之人，亦未嘗不以稻米爲貴。①《晉書・惠帝紀》：王浚遣烏丸騎攻成都王穎於鄴，穎與帝單車走洛陽。服御分散，倉卒上下無齎。侍中黃門被囊中齎私錢三千，詔貸用。所在買飯，以供宮人。止食於道中官舍。宮人有持升餘粳米飯及燥蒜、鹽豉，以進帝，帝噉之。次獲嘉，市麄米飯，盛以瓦盆，帝噉兩盂。《宋書・孝義傳》：何子平，事母至孝。揚州辟從事史，月俸得白米，輒貨市粟麥。人或問曰：“所利無幾，何足爲煩？”子平曰：“尊老在東，子平世居會稽。不辦常得生米，何心獨享白粲？”《南史・徐孝克傳》：陳亡，隨例入長安。家道壁立。所生母患，欲粳米爲粥，不能常辦。母亡後，孝克遂常噉麥。有遺粳米者，孝克對而悲泣，終身不復食焉。《魏書・安同傳》：同長子屈，大宗時典大倉事，盜官粳米數石，欲以養親。同大怒，奏求戮屈。自劾不能訓子請罪。大宗嘉而恕之。遂詔長給同粳米。又《盧玄傳》：曾孫義僖，性清儉，不營財利。雖居顯位，每至困乏。麥飯、蔬食，忻然甘之。《周書・裴俠傳》：除河北郡守。躬履儉素，愛民如子，所食惟菽麥、鹽菜而已。又《劉璠傳》：左遷同和郡守。前後郡守，多經營以致貲産，惟璠秋豪無所取。妻子并隨羌俗，食麥、衣皮，始終不改。并當時南北皆貴稻米之徵。齊師之來寇，孔奐多營麥飯，以餉戰士，蓋以其時四方壅隔，糧運不繼，三軍取給，惟在都下故也。詳見第十三章第五節。然徐孝嗣論屯田，謂菽麥爲北土所宜，彼人便之，不減粳稻，詳見第二十章第一節。則其利民初無以異矣。北人食麥，率多以之作餅。《晉書・何曾傳》：蒸餅上不拆作十字不食。《周書・王羆傳》：羆性儉率，不事邊幅。嘗有臺使，羆爲其

---

　　①　飲食：晉南北朝南北人皆貴米於麪，倘由未能作教歟（第七八六頁）。

設食，使乃裂其薄餅緣。罷曰："耕種收穫，其功已深；舂簸造成，用力不少；乃爾選擇，當是未飢。"命左右撤去之。使者愕然，大慙。《北史·胡叟傳》：不事產業，常苦飢貧，然不以爲恥。養子字螟蛉，以自給養。每至貴勝門，恒乘一特車，敝韋袴褶而已。作布囊，容三四斛，飲噉醉飽，盛餘肉餅，以付螟蛉。皆其徵也。《南史·后妃傳》："永明九年，詔大廟四時祭，宣皇帝薦起麪餅、鴨臛，孝皇后薦笋、鴨卵、脯醬炙白肉，高皇帝薦肉膾、菹羹，昭皇后薦茗、粣、炙魚，并生平所嗜也。"《通鑑》胡三省《注》云："起麪餅，今北人能爲之。其麪浮軟。以卷肉噉之，亦謂之卷餅。案此即今山東薄餅。其實今江南人所爲，尤較山東爲薄而浮軟也。程大昌曰：起麪餅，入教麪中，令鬆鬆然也。教，俗書作酵。"蓋因多食麪，故發明此法。然觀胡氏之言，則其時南人猶未知作教也。

疏食之事，[1]空乏之時，偏僻之地，亦閒有之。《魏書·崔逞傳》云：大祖攻中山，未克，六軍乏糧，民多匿穀。問羣臣以取粟方略。逞曰："取椹可以助糧，故飛鴞食椹而改音，《詩》稱其事。"大祖雖嫌其侮慢，然兵既須食，乃聽以椹當租。逞又曰："可使軍人及時自取，過時則落盡。"大祖怒曰："内賊未平，兵人安可解甲仗入林野乎？"以中山未拔，故不加罪。後乃以答晉襄陽戍將書事殺之。事見第十一章第二節。案飛鴞食椹，道武知爲何語？逞安得引此以對？蓋其意，不欲虜斂穀以擾民，并不欲其勞民以取椹，道武以是憾之耳。然在當時，卒不得不聽民以椹當租，可見穀必乏，民必有以椹爲食者也。又《羊敦傳》言：敦雅性清儉。轉廣平大守，屬歲饑饉，家餒未至，使人外尋陂澤，采藕根而食之。遇有疾苦，家人解衣質米以供之。《周書·李遷哲傳》：大祖令遷哲留鎮白帝。信州先無倉儲，軍糧匱乏。遷哲乃收葛根造粉，兼米以給之。遷哲亦自取供食。此并空乏之時，仰給疏食者也。《齊民要術·非中國物篇》引《吳錄》云：交趾有櫰木，其皮中有如白米屑者，乾擣之，以水淋之，似麪，可作餅。又引《蜀志》云莎樹出麪，一樹出一石。正白而味似桄榔。出興古。又引劉欣期《交州記》曰：都句樹，似栟櫚，木中出屑如麪，可啖。賈氏此篇，自言聊存名目，記其怪異，其所引據，不皆可信，然可信者亦多。桄榔可食，[2]見《後漢書·夜郎傳》，說非虛誣。櫰、莎、都句，蓋亦其類。此啓闢較遲之地，本仰給於疏食者也。第二十章第一節，可以參觀。

---

① 飲食：南北朝時取給疏食。

② 飲食：桄榔可啖不誣。

　　古惟貴者、老者肉食,①晉、南北朝之世,猶有其遺風。《魏書·高宗紀》:
大安元年,遣尚書穆伏真等三十人巡行州郡,觀察風俗,詔云:"入其境,耆老
飯蔬食,少壯無衣褐,則聚斂煩數,匿於財也。"雖循舊文立說,然觀楊椿械子
孫謂:"我家入魏之始,即爲上客,給田宅,賜奴婢、馬、牛、羊,遂成富室。自爾
至今二十年,二千石、方伯不絕,禄恤甚多。親姻、知故,吉凶之際,必厚加贈
襚;來往賓寮,必以酒肉飲食;是故親、姻、朋友無憾焉。"則雖富厚之家,平時
亦不必皆肉食矣。魏末減百官及諸蕃客廩食及肉,已見第二十章第三節。據
所紀,終歲省肉百五十九萬九千八百五十六斤,米五萬三千九百三十二石。
則給米一石者,給肉三十斤弱,即升米得肉五兩弱。魏、齊斗、稱,於古二而爲
一,見第十九章第一節。假令人日食二升半,則得肉十一兩餘,此已非常人之食矣。
《晉書·陸曄傳》:曄弟子納,出爲吴興大守,將之郡,先至姑熟辭桓温。因問
温曰:"公至醉可飲幾酒? 食肉多少?"温曰:"年大來飲三升便醉,白肉不過十
臠。卿復云何?"納曰:"素不能飲,止可二升。肉亦不足言。"後伺温閒,謂之
曰:"外有微禮,方守遠郡,欲與公一醉,以展下情。"温欣然納之。時王坦之、
刁彝在坐。及受禮,惟酒一斗,鹿肉一柈。坐客愕然。納徐曰:"明公近云飲
酒三升,納止可二升。今有一斗,以備杯酌。餘瀝温及賓客。"并歎其率素。
更勑中厨設精饌,酣飲極懽而罷。案《北齊書·盧叔武傳》言:魏收曾來詣之,
訪以洛京舊事,不待食而起,云"難爲子費"。叔武留之。良久,食至,但有粟
飧、葵菜,木椀盛之,片脯而已。則陸納所餽,已不爲菲,桓温更勑中厨設精
饌,則已侈矣。肉食者北方多有牛羊,南方頗饒鵝鴨,而雞、彘及魚,仍爲常
食。何以知之?《北齊書·元暉業傳》云:暉業以時運漸謝,不復圖全,惟事飲
啗,一日一羊,三日一犢,此固信陵君醼酒、婦人之意,然亦可見北人之習食牛
羊。② 南方則食牛有禁。《南史·王僧孺傳》云:出爲南海大守。南海俗殺牛
曾無限忌,僧孺至便禁斷。《梁書·傅昭傳》:子婦嘗得家餉牛肉,以進昭,昭
召其子曰:"食之則犯法,告之則不可。"取而埋之。是其證。《晉書·虞預
傳》:咸和初,夏旱,詔衆官各陳致雨之意。預議曰:"老牛不犧,禮有常制,而
自頃衆官,拜授祖贈,轉相誇尚,屠殺牛犢,動有十數。"乃犯法之事也。食羊
亦罕見記載。晉惠帝之次獲嘉,有老父獻蒸雞。亦見《本紀》。郤詵母亡,無馬輿
柩,養雞、種蒜以致之,已見第二十章第一節。苻堅遁還淮北,或進壺飧、豚

────────

① 飲食:老者貴者乃食肉,晉南北朝猶然,常食鹽菜耳(第七八五—七八六頁),撤兼肉(第七八
六頁),居喪者并去鹽菜(第七八九頁)。
② 飲食:北人多食牛羊,南方食牛有禁,以雞豬爲常食,多水族。

(Providing transcription)

髀。《北史・良吏傳》：孟信爲趙平太守，山中老人，以犢酒餽之。并民閒以雞豚爲常食之證。閒取野味，如陸納以鹿肉餉桓温，蓋亦非常食。河北舊制，有漁獵夫三十人，以供郡守，裴俠曰："以口腹役人，吾不爲也，"乃悉罷之，蓋非之也。《隋書・地理志》言：梁州人多事佃漁，雖蓬室柴門，食必兼肉，見第十七章第一節。蓋特異之俗矣。劉毅在京口，與鄉曲士大夫往東堂共射，庾悦爲司徒左長史，暫至京，亦要府州僚佐，共出東堂。悦厨饌甚盛，不以及毅。毅遣與相聞曰："身今年未得子鵝，《齊民要術・養鵝鴨篇》云：供厨者鵝百日以外，子鴨六七十日佳，過此肉硬。豈能以殘炙見惠。"而齊大廟所薦，有鴨臛、鴨卵。陳武帝之禦齊寇，陳蒨遣送米三千石，鴨千頭。見第十三章第五節。并南人多食鵝鴨之證。《齊書・武陵王曄傳》云：尚書令王儉詣曄，曄留設食，柈中菘菜、鮑魚而已。《梁書・良吏・何遠傳》云：江、浙多水族，甚賤。遠每食，不過乾魚數片。《南史・孔休源傳》云：休源初到都，寓於宗人少府孔登。曾以祠事入廟，侍中范雲，一與相遇，深加褒賞。後雲命駕到少府，登便拂筵整帶，謂當詣之，備水陸之品。雲駐箸，命休源。及至，命取其常膳。止有赤倉米飯、蒸鮑魚。雲食休源食，不舉主人之饌。高談盡日，同載還家。登深以爲愧。沈衆監起大極殿，攜乾魚、菜飯獨噉之，已見第十九章第二節。《齊書・孝義樂頤傳》：吏部郎庾杲之常往候，頤爲設食，枯魚、菜菹而已。杲之曰："我不能食此。"母聞之，自出常膳魚羮數種。杲之曰："卿過於茅季偉，我非郭林宗。"蓋魚爲儉者之食，而乾魚則爲尤儉，以魚不勞飼養，乾魚又可於閒時取之，不費人力也。

　　常食以鹽菜爲主。《魏書・高允傳》言：高宗幸允第，厨中惟鹽菜；《周書・裴俠傳》言：俠所食惟菽麥、鹽菜是也。《晉書・皇甫謐傳》：城陽太守梁柳，謐之姑子也。當之官，人勸謐餞之。謐曰："柳爲布衣時過吾，吾送迎不出門，食不過鹽菜。貧者不以酒肉爲禮。今作郡而送之，是貴城陽太守而賤梁柳，豈中古人之道？是非吾心所安也。"是貧家飯客，亦不過鹽菜也。《宋書・孝義傳》：郭原平，傭賃以給供養。主人設食，原平自以家貧，父母不辦肴味，惟飱鹽飯而已。庫狄伏連家口百餘，盛夏人料倉米二升，不給鹽菜，已見第十九章第一節。則有并鹽菜而不能具者。案古人言疏食食之主，又言疏食、菜羮，蓋羮爲食之所必備，①餘肴則爲增設。《魏書・石虎傳》言：石宣殺石韜後，虎以鐵鐶穿宣頷而鑠之，作數斗木槽，和以羮飯，以豬、狗法食之，猶是以

———————————

　　①　飲食：羮飯爲常食。

785

羹飯爲食之主。常食鹽菜者,菜蓋以之作羹也。又有以之爲葅者,《齊書·虞
杲之傳》言:杲之清貧自業,食惟有韭葅、瀹韭、生韭、雜菜是也。趙平老人之
餉孟信也,信和顏接引,殷勤勞問。乃自出酒,以鐵鐺温之。素木盤盛蕪菁
葅,惟此而已。又以一鐺借老人。但執一杯,各自斟酌,申酬酢之意。謂老人
曰:“吾至郡來,無人以一物見遺,今卿獨有此餉;且食菜已久;欲爲卿受一狘
髀耳。酒既自有,不能相費。”老人大悦,再拜擘狘進之。酒盡方別。肉食者
鄙,與民并耕而食,饔飧而治,不亦清明在躬,不爲口腹所累乎?

　　葱韭等物,①仍爲時人所嗜,豉亦爲調和之資,故惠皇失御,宮人以燥蒜、
鹽豉進;郤詵亦事種蒜也。《梁書·吕僧珍傳》:爲南兖州刺史。平心率下,不
私親戚。從父兄子宏,以販葱爲業。僧珍至,乃棄業,欲求州官。僧珍曰:“吾
荷國厚恩,無以報效,汝等自有常分,豈可妄求叨越? 但當速反葱肆耳。”可見
嗜之者多,故能以販粥爲業也。

　　宴客之侈,讀第十九章第二節,可見其略。《北齊書·元孝友傳》:孝友當
魏末,上言:“夫婦之始,王化所先。共食合瓢,足以成禮。而今之富者彌奢。
同牢之設,甚於祭槃。累魚成山,山有林木,林木之上,鸞鳳斯存。徒有煩勞,
終成委棄。”觀是言,亦可想見祭槃之侈。孔琳之論宴會之侈曰:“所甘不過一
味,而陳必方丈。適口之外,皆爲悦目之資。”飾祭槃以悦生人之目,不亦厚誣
其祖乎? 又當時宴客者,必并其從者而亦宴之,②其所費亦不貲。如《晉書·
何曾傳》言:曾都督河北諸軍,將之鎮,文帝使武帝、齊王攸辭送數十里,曾盛
爲賓主,備大牢之饌,侍從吏騶,莫不醉飽是也。盧叔武以粟飧、菜、片脯食魏
收,所將僕從,亦盡設食,一與此同,斯爲美已。《宋書·武三王傳》云:高祖性
儉約,諸子食不過五醆盤。《齊書·宣孝陳皇后傳》言:后大祖之母。大祖雖從
宦,而家業本貧。爲建康令時,高宗等冬月猶無縑纊。而奉膳甚厚。后每撤
去兼肉,曰:“於我過足矣。”其實口腹之欲,亦不過如是而已。“積果如山岳,
列肴同綺繡,未及下堂,已同臭腐,”賀琛之言,見第十二章第五節。果何爲哉?

　　烹飪之法,貴家婦女,蓋頗習之。《魏書·崔浩傳》:浩著《食經》,叙曰:
“予自少及長,耳目聞見,諸母、諸姑,所脩婦功,無不蘊習酒食。朝夕養舅姑;
四時祭祀;雖有功力,不任僮使,嘗手自親焉。昔遭喪亂,饑饉薦臻,饘疏糲
口,不能具其物,十餘年閒,不復備設。先姑慮久廢忘,後生無知見,而少不習

————————————————

①　飲食:葱韭蒜豉爲常食。
②　飲食:宴客之侈,必及從者。

業書，乃占授爲九篇。"此蓋所以供賓、祭、奉養。至侈於飲食者，則別有其相傳之方。《晉書・何曾傳》，言其廚膳滋味，過於王者。每燕見，不食大官所設，帝輒命取其食。子劭，食必盡四方珍異，時論以爲大官御膳，無以加之。而《齊書・虞悰傳》云：悰善爲滋味，和齊皆有方法。豫章王嶷盛饌享賓，謂悰曰："今日肴羞，寧有所遺不？"悰曰："恨無黃頷臛，何曾《食疏》所載也。"足見曾之廚膳，爲大官所不及，非偶然矣。《北齊書・崔㥄傳》：子瞻，在御史臺，恒宅中送食，別室獨飧，蓋亦曾之類也。《虞悰傳》又云：世祖幸芳林園，就悰求扁米栅，悰獻栅及雜肴數十轝，大官鼎味不及也。上就悰求諸飲食方，悰祕不肯出。上醉後體不快，悰乃獻醒酒鯖酢一方而已。孟子曰："飲食之人，則人賤之矣，"食方是祕，不亦賤丈夫矣乎？賀琛諫書奏，高祖大怒，召主書於前，口授敕責琛，曰："若以此指朝廷，我無此事。昔之牲牢，久不宰殺。朝中會同，菜蔬而已。意粗得奢約之節。若復減此，必有蟋蟀之譏。若以爲功德事者，皆是園中之所產育。功德之事，亦無多費。變一瓜爲數十種，食一菜爲數十味。不變瓜菜，亦無多種。以變故多，何損於事？"夫能變一瓜爲數十種，食一菜爲數十味，其烹飪之方必極精。梁武欲自鳴其儉，而不知適以自暴其侈也。《魏書・胡叟傳》言：高閭曾造其家，值叟短褐曳柴，從田歸舍，爲閭設濁酒蔬食，皆手自辦集。其館宇卑陋，園疇褊局，而飯菜精潔，醯醬調美。叟亦飲食之人也。飲食之侈儉，豈繫乎肉食疏食哉？《齊書・劉瓛傳》：瓛弟璡，建元初，爲武陵王曅冠軍征虜參軍。曅與僚佐飲，自割鵝炙。[①] 璡曰："應刃落俎，膳夫之事，殿下親執鸞刀，下官未敢安席。"因起請退。《梁書・循吏傳》：孫謙從子廉，便辟巧宦。貴要每食，必日進滋旨。皆手自煎調，不辭勤劇。遂得爲列卿、御史中丞、晉陵、吳興大守。《魏書・毛脩之傳》：脩之能爲南人飲食。手自煎調，多所適意。世祖親待之。常在大官，主進御膳。此乃左右便嬖之職。朱脩之欲襲誅佛貍，以告脩之，而脩之不聽，佛貍遂得漏網。見第八章第六節。飲食之人，爲人所賤，又何怪乎？

　　外國食法，亦有流傳中國者。[②]《齊民要術・笨麴餅酒篇》載《博物志》胡椒酒法：以好春酒五升，乾薑一兩，胡椒七十枚，皆擣末，好美安石榴五枚，押取汁，内著酒中，云：此胡人所謂蓽撥酒也。其作和酒法，用蓽撥六枚，《蒸缹法篇》載胡炮法，亦用蓽撥，則蓽撥酒胡人必以蓽撥製之，中國乃改用薑、椒、

---

①　飲食：主人自割鵝炙客請退，然則西餐自割非也。

②　飲食：外國食法流傳中國者。

安石榴等耳。然胡椒、安石榴，亦異域物也。此外《作酢篇》有外國苦酒法，《飱飯篇》有胡飯法。《晉書·五行志》：泰始之後，中國相尚用胡牀、貊槃，及爲羌煑、貊炙。貴人富室，必蓄其器。吉享嘉會，皆以爲先。則外國食法，流傳中國者多矣。

《宋書·武三王傳》言：義恭愛寵異常。求須果食，日中無算。得未嘗噉，悉以乞與傍人。廬陵諸王，未嘗敢求，求亦不得。此《內則》所謂孺子食無時，俗語謂之雜食，亦曰零食，今又謂之閒食者也。此等物味甘者居多，其時中國似尚未有蔗餳，皆用米、麥所製之餳及蜜。[1] 故顏悛上言：謂禁楊一月，息米近萬斛。《武三王傳》又言：廢帝挑取義恭眼睛，以蜜漬之，爲鬼目精。見第九章第三節。精，《南史》作粽。《通鑑》從之。胡三省《注》曰：“宋人以蜜漬物曰粽。盧循以益智粽遺武帝，即蜜漬益智也。”此即今之蜜餞也。《齊民要術》有《餳餔篇》，所用亦皆穀類。其《非中國物篇》有甘蔗，云：“犛都縣土壤肥沃，偏宜甘蔗。味及采色，餘縣所無。”則犛都附近，頗有甘蔗。然不云可製餳。又引《異物志》云：“甘蔗遠近皆有。交阯所産特醇好。斬而食之既甘。笮取汁如飴餳，名之曰糖，益復珍也。又煎而曝之，既凝而冰破如塼，其食之入口消釋，時人謂之石蜜者也。”此即今之冰糖。然其物恐交、廣以外，未必有之。《通鑑》：陳文帝天嘉元年，周晉公護使李安眞毒於糖䭔，以弒世宗。《注》云：“䭔，丸餅也。江陵未敗時，梁將陸法和有道術，先具大䭔、薄餅，及江陵陷，梁人入魏，果見䭔、餅，蓋北食也。今城市間元宵所賣焦䭔即其物，但較小耳。糖出南方，煎蔗爲之，絶甘。”案齊明帝，大官進御食裹蒸，帝十字畫之，曰：“可四片破之，餘充晚食。”已見第十章第四節。《通鑑注》云：“今之裹蒸，以餹和糯米，入香藥、松子、胡桃仁等，以竹籜裹而蒸之，大纔二指許，不勞四破也。”建武三年。以糖和糯米粉入松子、胡桃仁蒸食，今所謂嘉、湖細點中猶有之，吾鄉呼爲玉帶糕，但無香藥，不以竹籜裹之耳，此古裹蒸之變也。蓋米麥餹所製之物，不宜冷食，故齊明帝時之裹蒸，於朝食時進之，今人改用蔗糖，則以爲無時之食矣。此說若不誤，則南方尚用米麥所製之餹，北方安得有蔗糖？胡《注》釋糖䭔之糖爲蔗糖，恐失之矣。又齊大廟薦茗柵，《通鑑注》曰：“柵，《類篇》云：色責翻，糝也；又側革翻，粽也。《南史》：虞悰作扁米柵，蓋即今之餪子是也，可以供茶。”側革翻，似即今蜜餞之餞字之音，但上入異耳。以之供茶，實今之稱點心爲茶食之本。女眞初興時，其所謂茶食者固尚以蜜塗也。

---

　　貴人飲食雖侈，然居喪則能守禮者尚多。《魏書·房法壽傳》：法壽族子景伯，母亡居喪，不食鹽菜。遂爲水病，積年不愈。《周書·孝義傳》：皇甫遐母喪，食粥枕塊。遠近聞其至孝，競以米、麴遺之。遐皆受而不食，以營佛齋。皆其事。并有能持之以久者，如何子平母喪去官，屬大明末東土飢荒，繼以師旅，八年不得營葬，日以數合米爲粥，不進鹽菜。楊愔遭離家難，常以喪禮自居，所食惟鹽菜是也。甚有如甄恬，數歲喪父，哀感有若成人，家人矜其小，以肉汁和飯飼之不肯食者，《梁書·孝行傳》。皆當時風氣使然也。

　　釀酒多用秫穀。《晉書·孔愉傳》：愉從弟羣，性嗜酒，嘗與親友書曰：“今年田得七百石秫米，不足了麴糵事。”又《隱逸傳》：陶潛爲彭澤令，在縣公田，悉令種秫穀，曰：“令吾常醉於酒足矣。”妻子固請種秔，乃使一頃五十畝種秫，五十畝種秔。是其事。釀酒耗穀頗多。魏正光後國用不足，有司奏斷百官常給之酒，計一歲所省，合米五萬三千五十四斛九升，糵穀六千九百六十斛，麴三十萬五百九十九斤。《魏書·食貨志》。官給之酒，所耗如此，私釀所費之廣，不言可知。故歷代皆有酒禁，其法且有頗酷者。《晉書·孝武帝紀》：大元八年十二月，開酒禁。《安帝紀》：隆安五年，是歲飢，禁酒。義熙三年三月，除酒禁。《劉曜載記》：曜制季秋農事畢，乃聽飲酒。《石勒載記》：勒以百姓始復業，資儲未豐，重制禁釀。郊祀宗廟，皆以醴酒。行之數年，無復釀者。《宋書·文帝紀》：元嘉二十一年正月，南徐、南豫州、揚州之浙江西并禁酒。二十二年九月，開酒禁。《齊書·武帝紀》：永明十一年五月，詔水旱成災，穀稼傷弊，京師二縣，朱方、姑熟，可權斷酒。《魏書·高宗紀》：大安四年正月，丙午朔，初設酒禁。《刑罰志》云：是時年穀屢登，士民多因酒致酗訟，或議主政，帝惡其若此，故一切禁之。釀、沽、飲皆斬之。吉凶、親賓，則開禁，有日程。《孝靜帝本紀》：天平四年閏九月，禁京酤酒。元象元年四月，齊獻武王請開酒禁。《北齊書·武成帝紀》：河清四年二月，以年穀不登，禁酤酒。《後主紀》：天統五年十一月，詔禁造酒。《上洛王思宗傳》：言其子元海爲右僕射，說後主禁屠宰，斷酤酒，當即此時事也。武平六年閏月，開酒禁。《周書·武帝紀》：保定二年二月，以久不雨，京城三十里内禁酒。① 案歷代酒禁，史之所載，未必能具也。然《抱朴子·酒戒篇》論當時禁酒情形云：“曩者飢年荒穀；貴人有醉者相殺；牧伯因此，輒有酒禁。嚴令重申，官司蒐索。收責榜徇者相續，制鞭而死者大半。防之彌峻，犯者至多。至乃穴地而釀，油囊懷酒。② 民之好此，可謂篤矣。又臨民者雖設其法，而不能自斷斯物。緩己急人，雖令不從。沽賣之室，廢棄則困。遂脩飾賂遺，依憑權右。所屬吏不敢問。無力者獨止，而有勢者擅市。張壚專利，乃更倍讎。從其酤買，公行靡憚。法輕利重，安能免乎哉？”以葛氏之言推之，歷

① 飲食：酒禁無效而滋弊。
② 服飾：油囊懷酒，禦雨者曰黄油（第八〇七頁）。

代酒禁,恐皆利少弊多矣。《魏書·列女傳》:樂部郎胡長命妻張氏,事姑王氏甚謹。大安中,京師禁酒。張以姑老且患,私爲醞之。爲有司所糾。王氏詣曹自告,曰:"老病須酒,在家私釀,王所爲也。"張氏曰:"姑老抱患,張主家事,姑不知釀,其罪在張。"有司疑其罪,不知所處。平原王陸麗以狀奏,高宗義而赦之。法過嚴者不能行,勢非至於屈法縱捨不止,立之復何益哉?要之風俗之所由成,其道恒隱曲多端,斷非一切之法所能政也。

造酒之法,《齊民要術》第六十三至六十七篇詳之。中有《祝麴文》,啓五方、五土之神,<small>東方青帝、土公、青帝威神,南方赤帝、土公、赤帝威神,西方白帝、土公、白帝威神,北方黑帝、土公、黑帝威神,中央黃帝、土公、黃帝威神。</small>求使"出類絕蹤,穴蟲潛影",則今釀酒者之迷信,由來舊矣。[1]《晉書·劉弘傳》:弘爲荆州刺史,下教曰:"酒室中云齋中酒、聽事酒、猥酒,同用麴米,而優劣三品。投醪當與三軍同其薄厚,自今不得分別。"酒之優者蓋較厚,故其性亦較烈。《齊民要術·笨麴餅酒篇》云:"秫米酎,先能飲好酒一斗者,惟禁得升半。飲三升大醉。三升不澆,大醉必死。凡人大醉,酩酊無知,身體壯熱如火者,作熱湯,以冷解,名曰生熟湯。湯令均,小熱得通人手,以澆醉人。湯淋處即冷。不過數斛湯,回轉翻覆,通頭面痛淋,須臾起坐。與人此酒,先問飲多少,裁量與之。若不語其法,口美不能自節,無不死矣。一斗酒醉二十人。得者無不傳餉親知以爲恭。"黍米酎,"悉同秫酎法,芬香美釀,皆亦相似。釀此二醞,常宜謹慎,多喜殺人。以飲少,不言醉死,正疑藥殺。尤須節量,勿輕飲之。"觀此二醞,當時名酒,蓋多味厚性烈者,[2]此亦酒禍之所由滋歟?

茗飲始見正史者,爲《三國·吳志·韋曜傳》,已見《秦漢史》第十七章第一節。《困學紀聞》言茶字有三義:誰謂荼苦,苦菜也。有女如荼,茅秀也。以薅荼蓼,陸草也。《日知錄》言:荼字中唐始變作茶。同聲異韻之字,減一畫而化爲兩字,中華造字,舊有此法,實即六書中之轉注也。《齊民要術》論茶,引《爾雅》"檟,苦荼。"郭璞《注》云:"樹小似梔子。冬生葉,可煮作羹飲。今呼早採者爲荼,晚取者爲茗。一名荈。蜀人名之苦荼。"蓋茶味亦苦,故藉苦菜之名以名之,久乃變其韻而析爲二語也。《日知錄》云:"王褒《僮約》云:武都買茶;張載《登成都白菟樓詩》云:芳茶冠六清;孫楚詩云:薑、桂、茶、荈出巴蜀;《本草衍義》:晉溫嶠上表貢茶千斤,茗三百斤:是知自秦人取蜀而後,始有茗

---

[1]　飲食:釀酒者之迷信,古即有之。
[2]　飲食:古酒之烈。

飲之事。"據其説，茗飲蓋始於蜀而浸淫於吳、楚。《齊民要術》列茶於《非中國物篇》中，①又引《荆州地記》曰：浮陵茶最好。蓋其所謂中國，限於北方，故云爾。然亦可見是時北方尚未有茶也。又引《博物志》云：飲真茶令人少眠，則其時已有僞物矣。

## 第二節　倉儲漕運糴糶

錢幣之用愈微，則實物之儲愈富，故古代倉廩，恒較後世爲充實。② 晉承喪亂之後，然趙王倫篡逆，三王起義，兵久屯不散，京師倉廩空虚，陳敏建議，謂南方米穀，皆積數十年，將欲腐敗，而不漕運以濟中州，非所以救患周急，朝廷從之，轉漕頗有成效，可見南方儲穀之多。北方雖云喪亂，而離石大飢，劉淵遷於黎亭，以就邸閣穀，留其大尉劉宏、護軍馬景守離石，又使其大司農卜豫運糧以給之，則亦未至全乏也。晉遷江東，《隋書·食貨志》云："其倉：京都有龍首倉，即石頭津倉也。臺城内倉，南塘倉，常平倉，東、西大倉，東宮所貯，總不過五十餘萬。在外有豫章倉，釣磯倉，錢唐倉，并是大貯備之處。自餘州郡、臺傳，亦各有倉。"《晉書·五行志》：海西公大和中，郗愔爲會稽大守。六月，大旱。災火燒數千家。延及山陰倉米數百萬斛。《虞潭傳》：潭轉吳國内史。徙會稽。未幾，復還吳郡。是時軍荒之後，蘇峻亂後。百姓饑饉，死亡塗地。潭乃表出倉米振救。《陶回傳》：回遷吳興大守。時人飢穀貴，三吳尤甚。詔欲聽相粥賣，以拯一時之急。回上疏，言不如開倉廩以振之。乃不待報，輒便開倉。及割府郡軍資數萬斛米，以救乏絶。由是一境獲全。既而下詔，并勅會稽、吳郡，依回振恤。二郡賴之。《王羲之傳》：羲之爲會稽内史。時東土飢荒，羲之輒開倉振貸。《良吏·鄧攸傳》：攸守吳郡，時郡中大飢。攸表振貸。未報，輒開倉救之。《外戚·王蘊傳》蘊補吳興大守。屬郡荒人飢，輒開倉贍恤。賴蘊全者十七八。此等事，具見地方貯備之豐。三吳固富庶之區，在輦轂之下，然桓玄乘殷仲堪振岬飢者，倉廩空竭而伐之；又《王長文傳》言：大康中，蜀土荒饉，開倉振貸，長文居貧貸多，後無以償，郡縣切責，送長文到州，刺史徐幹捨之，長文不謝而去；則偏遠之區，振貸亦未遂成爲具文也。拓跋燾之南侵也，江夏王義恭次彭城，衆力雖多，而軍食不足。沈慶之、何勖，咸欲棄城

---

① 飲食：茶，《齊民要術》列非中國物中，晉時已有僞茶。

② 食儲：交易微時，倉儲充實。民間存穀亦多（第七九三—七九四頁）。

逆奔。以張暢言而止。事見第八章第七節。《宋書・暢傳》載暢之言曰："今軍倉雖寡，朝夕猶未窘罄。量其欲盡，臨時更爲便宜。豈有捨萬安之術，而就危亡之道？"則其時倉穀實未大乏，慶之等自怯懦耳。《傳》又云：時大祖遣。徐爰乘驛至彭城，取米穀定最。爰既去，城内遣騎送之。燾聞知，即遣數百騎急追。爰已過淮，僅得免。初爰去，城内聞虜遣追，慮爰見禽，失米最，虜知城内食少。義恭憂懼無計，猶欲奔走。會虜大衆至，乃不果。則當時城内之人，視其糧儲，實已岌岌，然彭城初未奔潰。《梁書・庾域傳》：長沙宣武王爲梁州，以爲録事參軍，帶華陽大守。時魏軍攻圍南鄭。州有空倉數十所；域封題，指示將士云："此中粟皆滿，足支二年，但努力堅守。"衆心以安。是當時梁州，粟亦空乏。然蕭懿堅守六十餘日，未曾失陷。見第十一章第三節。則雖空乏，亦未至於絶無。故能以空言安衆心也。《宋書・沈慶之傳》：南新郡蠻帥田彦生反叛，攻圍郡城。慶之遣柳元景赴之。未至，郡已被破。焚燒城内倉儲及廨舍蕩盡。是凡有兵備之處，倉穀皆略有存儲。《隋書・食貨志》言：南朝自侯景之亂，國用常褊。京官文武，月別惟得廩食，多遥帶一郡縣官而取其禄秩。此與《晉書・會稽王道子傳》言其時軍旅洊興，國用虛竭，自司徒以下，日廩七升之事，可以參觀。見第十九章第一節。各種給賜皆絶，而米廩猶存，可見其倉儲實較後世爲充實。若在後世，則即財政寬裕之時，京官亦不能皆給米粟也。

《魏書・韓麒麟傳》：大和十一年，京都大飢，麒麟表陳時務曰："往年校比户貫，租賦輕少。臣所統齊州，租粟纔可給俸，略無入倉。雖於民爲利，而不可長久。脱有戎役，或遭天災，恐供給之方，無所取濟。可減絹布，增益穀租。年豐多積，歲儉出振。所謂私民之穀，寄積於官。官有宿積，則民無荒年矣。"又《李彪傳》：彪上封事七條，其三曰："頃年山東飢，去歲京師儉。内外人庶，出入就豐。既廢營産，疲而乃達。若先多積穀，安而給之，豈有驅督老弱，餬口千里之外？臣以爲宜析州郡常調九分之二，京都度支歲用之餘，各立官司，年豐糴積於倉，時儉則加私之二，糴之於人。如此，民必力田以買官絹，又務貯財以取官粟。年登則常積，歲凶則直給。又別立農官，取州郡户十分之一爲屯人。相水陸之宜，料頃畝之數。以臧贖雜物餘財，市牛科給，令其肆力。一夫之田，歲責六十斛。蠲其正課，并征戍雜役。行此二事，數年之中，則穀積而人足，雖災不爲害。"彪之封事，據《食貨志》，事在大和十二年。《志》謂孝文覽而善之，尋施行焉，自此公私豐贍，雖時有水旱不爲災。則魏當大和大飢以前，積貯之情形甚惡，自此以後，乃頗有更革。故至宣武延昌元、二、三年，

復遭饑饉,頗能有所振施也。見《紀》。

　　倉儲雖云有備無患,然死藏其穀,不能生利,亦非計之得者。得輕重斂散之意者,莫如常平。故歷代論者,多主行之也。《晉書·武帝紀》:咸寧三年九月,起大倉於城東,常平倉於東、西市。《杜預傳》謂預拜度支尚書,乃奏興常平倉,五十餘條,皆納焉,蓋即此時事。《劉頌傳》:頌上疏言:"倉廩欲實,實在利農,利農在平糴。平糴已有成制,其未備者,可就周足。"所謂成制,蓋亦常平之類也。《宋書·沈曇慶傳》云:時歲有水旱,曇慶議立常平倉,以救民急,大祖納其言而事不行。史臣謂"大明之末,積旱成災,口減過半,若常平之議,興於中年,或不至是"。可見其相需甚殷。然又謂"若籠以平價,則官苦民優,議屈當時,蓋由於此"。蓋主其事者,未能計及遠利也。魏立常平倉,事在大和二十年,見《紀》。常平之所患者,穀物之貿遷已盛,而公家之資本較微,不足以制其輕重。李彪之議,年豐糴積,時儉出糶,亦即常平之意,而析州郡常調,分京都度支以為之,資力較雄,此其所以能收公私豐贍之效歟?然則大和以後資儲之充實,所恃者轉不在常平之司矣。北齊河清定令:諸州郡皆別置富人倉。初立之日,准所領中下戶口數,得支一年之糧。逐當州穀價賤時,斟量割當年義租充入。穀貴下價糶之。賤則還用所糶之物,依價糴貯。周司倉,掌辨九穀之物,以量國用。國用足,即蓄其餘以待凶荒。不足則止餘。用足則以粟貸人,春頒之,秋斂之。皆見《隋書·食貨志》。亦皆常平之意也。

　　《魏書·釋老志》:沙門統曇曜奏平齊戶及諸民,有能歲輸穀六十斛入僧曹者,即為僧祇戶。粟為僧祇粟。[1] 至於儉歲,振給飢民。又請民犯重罪及官奴,以為佛圖戶,以供諸寺掃灑,歲兼營田輸粟。高宗并許之。於是僧祇戶粟及寺戶,徧於州鎮矣。又云:世宗永平四年夏,詔曰:"僧祇之粟,本欲濟施。儉年出貸,豐則收入。山林僧尼,隨以給施。民有窘敝,亦即振之。但主司冒利,規取贏息。及其徵責,不計水旱。或償利過本。或翻改券契。侵蠹貧下,莫知紀極。細民嗟毒,歲月滋深。自今已後,不得傳委維那都尉。可令刺史,共加監括。尚書檢諸有僧祇穀之處,州別列其元數,出入贏息,振給多少,并貸償歲月,見在未收,上臺錄記。若收利過本,及翻改初券,依律免之,勿復徵責。或有私債,轉施償僧,即以丐民,不聽收檢。後有出貸,先盡貧窮。徵責之科,一準舊格。富有之家,不聽輒貸。脫仍冒濫,依法治罪。"又

────────────────

　　① 食儲:僧祇粟之弊(第七九三—七九四頁)。

尚書令高肇奏言:"謹案故沙門統曇曜,昔於永明元年,奏涼州軍户趙苟子等二百家爲僧祇户。立課積粟,擬濟飢年。不限道俗,皆以振施。又依内律,僧祇户不得別屬一寺。而都維那僧暹、僧頻等,進違成旨,退乖内法。①肆意任情,奏求逼召。致使吁嗟之怨,盈於行道。棄子傷生,自縊溺死,五十餘人。遂令此等,行號巷哭,叫訴無所。至乃白羽貫耳,列訟宫闕。請聽苟子等還鄉課輸。儉乏之年,周給貧寡。若有不虞,以擬邊捍。其暹等違旨、背律、謬奏之愆,請付昭玄,依僧律推處。"詔曰:"暹等可特原之,餘如奏。"案《志》載曇曜元奏,本謂儉歲振給飢民;高肇奏辭,亦云不限道俗;而世宗詔謂山林僧尼,隨以給施,民有窘敝,亦即振之,則其振施似以僧尼爲主。竭民力以奉僧尼,已爲無理,況又彊取民户,規圖贏息,其弊至於不可究詰乎?而僧暹等猶見特原,亦可謂無政事矣。

世宗詔令出貸先盡貧窮,富有之家,不聽輒貸,是當時僧祇之粟,反有貸於富家者也。近世農民銀行之興,富家或以微息貸之於行,而加重之以貸於民。主行事者,利富家易於徵償;又總貸之於數富家,而聽其轉貸貧民則事簡;富家又或餌以微利;遂樂貸之於富家,今古之情弊正同也。詔又言或有私債,轉施償僧,此又民間放債,徵責不得,而藉僧祇之力,爲之索取者,參看第十九章第五節自明。僧人之舉動如此,可謂不法極矣。貨幣用微之世,實物之儲蓄恒多。凡物皆然,米穀尤甚。故在前世,不惟官家倉廪,較後世爲充實,即民間之存穀亦多。《宋書·孝義·徐耕傳》:元嘉二十一年,大旱,民飢,耕以千斛助官振貸。詣縣陳辭曰:"此郡雖弊,耕,晉陵延陵人。猶有富室。承陂之家,處處而是,并皆保熟,所失蓋微。陳積之穀,皆有巨萬。旱之所弊,實鍾貧民。温富之家,各有財寶。謂此并宜助官,得過儉月。所損至輕,所濟甚重。今敢自厲,爲勸造之端。"又《自序》言:沈亮轉西曹主簿。時三吳水潦,穀貴民飢。刺史彭城王義康,使立議以救民急。亮議以"東土災荒,民彫穀踊,富民蓄米,日成其價。宜班下所在,隱其虚實。令積蓄之家,聽留一年儲,餘皆勸使糶貨,②爲制平價。此所謂常道行於百世,權宜用於一時也"。此皆凡民雖飢,富家自有藏粟之證。齊竟陵王子良爲丹陽尹,開私倉以振屬縣貧人。劉懷珍族弟善明,元嘉末,青州飢荒,人相食,善明家有積粟,躬食餰粥,開倉以救鄉里,多獲全濟,百姓呼其家田爲贖命田。可見富貴之家,倉儲亦自充

---

① 刑法:僧暹等營僧祇粟有弊,高肇請付昭玄,依僧律推處。
② 荒政:自食所餘勒糶。

足。此等人若能如徐耕之助官振貸，盧叔武之聽民賒借，見第十九章第五節。自爲最善。然能如是者卒少，而剝削貧民者實多。《魏書‧世宗紀》：延昌元年五月，詔天下有粟之家，供年之外，悉貸飢民。《周書‧武帝紀》：建德三年正月，詔以往歲年穀不登，民多乏絕。令公私、道俗，凡有積貯粟麥者，皆准口聽留，以外盡糶。此即沈亮之議，以理論，雖無可訾，然行之恐不易也。《北齊書‧循吏傳》：蘇瓊爲南清河大守。天保中，郡界大水。瓊普集郡中有粟之家，自從貸粟，給付飢者。此亦賢智之過，不能常行、徧行。無已，則仍惟有乞靈於通糴。故飢荒之歲，商販最宜使之流通。宋孝武帝大明八年正月，詔東境去歲不稔，遠近販鬻米粟者，可停道中雜稅，其以仗自防者悉勿禁，即以此也。然遏糴者亦殊多。《南史‧崔祖思傳》：青州刺史張沖啓：淮北頻歲不熟，今秋始稔。此境鄰接戎寇，彌須沃實。乞權斷穀過淮南。南徐、兗、豫、司諸州，又各私斷穀米，不聽出境。自是江北荒儉，有流亡之弊。元祖祖思叔父景真之子。乃上書，謂宜豐儉均之。即其一事也。夫遏糴非徒有害於鄰境也，在本境亦爲穀賤傷農。平時行之猶不可，況頻歲不熟之後，飢疲之民，亟待振起之際乎？於此而遏其流通，亦可謂不達於政矣。

張沖言青州鄰接戎寇，彌須沃實，是也，然亦有宜慎者。兵戈之際，往往民食不足，而兵家之蓄有餘。[1]《晉書‧石勒載記》：勒將圖王浚，引其舍人王子春問之。子春曰："幽州自去歲大水，人不粒食，浚積粟百萬，不能贍恤，此亡期之至也。"《浚傳》：勒既執浚，責以百姓餒乏，積粟五十萬斛而不振給。則浚當時藏粟實多。然究何益哉？《劉聰載記》：劉曜攻郭默於懷城，收其米粟八十萬斛。《宋書‧索虜傳》：歷城建武府司馬申元吉破碻磝，獲虜地倉四十二所，粟五十餘萬斛。城內居民私儲，又二十萬斛。《梁書‧夏侯亶傳》：亶命韋放出兵，降城五十二，獲米二十萬石。弟夔出兵，凡獲粟六十萬斛。軍中奏報，固多誇大之辭，然必不能全虛，則緣邊要害之地，儲粟無不充實矣。梁武帝以雍州爲邊鎮，運數州之粟以實之。見《南史‧南平王偉傳》。後周之世，以澧州糧儲乏少，每令荊州遞送。《周書‧郭彥傳》。《周書‧王羆傳》：羆鎮華州，時關中大飢，徵稅民間穀食，以供軍費，或隱匿者，令遞相告，多被笞棰，以是人有逃散。蓋其取之之虐如此。然究何益哉？元嘉二十七年之役，《宋書‧臧質傳》謂虜初南出，後無資糧，惟以百姓爲命。及過淮，食平越、石鼈二屯穀。至是，鈔掠無所，人馬飢困，聞盱眙有積粟，欲以爲歸路之資，故悉力以攻之。《魏

---

[1]　食儲：兵戈之際，民食不足，軍有餘，然或以資敵。

書·盧玄傳》：玄孫淵，曹虎遣使請降，高祖使督前鋒諸軍，徑赴樊、鄧。及知虎降之詐，詔淵進取南陽。淵以兵少糧乏，赭陽近葉倉，表求先攻之。高祖許焉。《慕容白曜傳》言：白曜之陷肥城，獲粟三十萬斛；破垣苗，得粟十餘萬斛，由是軍糧充足。克東陽後，史又最其凡云：獲倉粟八十五萬斛，米三千斛。邢巒攻破宿豫、淮陽二戍，獲米四十餘萬石。侯景之圍臺城，亦食石頭常平倉。見第十三章第三節。凡此皆齎盜糧而已。即不爲敵所因，亦有不能自保者。《晉書·武帝紀》：咸寧四年十月，揚州刺史應綽伐吳皖城，焚穀米百八十萬斛。據《王渾傳》，所焚又有稻苗四千餘頃。稻苗固難刈穫，積穀亦未易遷移，然獨不能自焚之乎？使佛貍南犯之時，是處堅壁清野，其不能守又不能移者，悉行焚蕩；虜馬雖健，能以飢軍縱橫於無人之地乎？固知焦土爲禦敵之上策矣。[1]

《晉書·王羲之傳》：羲之爲會稽内史，遺謝安書曰："倉督監耗盜官米，動以萬計。吾謂誅剗一人，其後便斷，而時意不同。近檢校諸縣，無不皆爾。餘姚近十萬斛。重斂以資姦吏，令國用空乏，良可歎也。"《周書·裴俠傳》："俠遷民部中大夫。時有姦吏，主守倉儲，積年隱没至千萬者。及俠在官，屬精發摘。數旬之内，姦盜略盡。"倉儲之難於管理如此，故後世積穀，多改儲銀錢。其弊則在荒歉之際，無由易爲糧食。社倉之制，分穀諸社，令人民自行掌管，善矣，然民或不能自理，而至移之於縣，則其弊亦與官所設倉同。愚謂各地倉屋，宜悉由官造。商人之販易米穀者，皆不許自建倉屋，而責其必儂儲於官倉。[2] 官所造倉，易於合式，米穀存儲，難於變壞，其善一也。可度遠近適中，水陸利便之地造焉，平時既利轉輸，戰時亦易移徙，其善二也。商人之營米業者，儲穀於官倉若干，則官責其代管官穀若干，凡出陳易新，及嚴防耗壞之事悉屬焉。此係以國權責成米商，不許辭避。存穀可分定期、不定期二種，一如銀行存款。需用提取，悉按定章。寇至，責其運至後路，費由官給。不能運者，亦即責其焚毁。民閒亦可存穀與商人，一如存錢於銀行。如此，官民皆省管理之勞，而度年歲上下，外路來源多少，以定存穀之多少，悉由熟悉情形之商人爲之，其計畫必較徒事敷衍之官吏，不習其事之人民爲精。不須存留，即可運用。不虞空乏，又免死藏；寇至易於運走，否亦不至資敵；一舉而數善備焉。逮天之未陰雨，徹彼桑土，綢繆牖户，此在今後，允宜懲前而毖後者也。

耕九餘三之制，昔人侈爲美談，然此特小國寡民，一切悉恃自給之世爲

---

① 兵：焦土爲禦敵上策。

② 食儲：官造倉屋，令商管理策。齊神武遷鄴後，諸州緣河津濟官倉，儲積以擬漕運（第七九七頁）。

然耳,交通便則通工易事之範圍廣,與就一地方而調其豐歉,自不如合各地方而劑其盈虛矣。夫如是,則轉漕必不可免。其利害,亦有宜詳度者。魏顯祖因民貧富,爲輸租三等九品之制:千里內納粟,千里外納米。上三品户入京師,中三品入他州要倉,下三品入本州。《魏書·食貨志》。北齊河清三年定令:墾租送臺,義租納郡。墾租皆依貧富爲三梟:上梟輸遠處,中梟輸次遠,下梟輸當州。倉租入臺者,五百里內輸粟,五百里外輸米,入州鎮者輸粟。《隋書·食貨志》。此爲經常之制。魏孝文大和七年正月,詔青、齊、光、東徐四州之民,户運倉粟二十萬石,送瑕丘、琅邪,復租算一年,此則臨時之措置:凡所以均漕轉之勞也。然此究不易均平,且其間極易叢弊。《魏書·李訢傳》:訢爲大倉尚書,用范欐、陳端等計,令千里之外,户別轉運,詣倉輸之。使所在委滯,停延歲月。百姓競以貨賂,各求在前。遠近大爲困弊。此其顯而易見者矣。韓麒麟言絹布之輸,於民爲利,蓋以此也。欲救此弊,則宜多置倉及於緊要之地置倉。齊神武遷鄴之後,於諸州緣河津濟,皆官倉貯積,以擬漕運。廢帝乾明中,尚書左丞蘇珍芝議脩石鼈等屯,歲收數萬石,自是淮南軍防,糧廩充足。孝昭皇建中,平州刺史稽曄建議,開幽州督亢舊陂,長城左右營屯,歲收稻粟數十萬石,北境得以周贍。又於河內置懷義等屯,以給河南之費,自是稍止轉輸之勞。則其事也。《隋書·食貨志》。然終不易使各地方一皆豐足,而一有荒歉,則窮僻之地,仰轉輸以資接濟,爲尤難焉。《北齊書·李元忠傳》:天平四年,元忠除光州刺史。時州境災儉,人皆菜色。元忠表求振貸,俟秋徵收。被報聽用萬石。元忠以爲萬石給人,計一家不過升斗而已,徒有虛名,不救其弊。遂出十五萬石以振之。夫一光州,薄振即須如是,而論積貯,則東晉京都諸倉,總計不過五十餘萬,欲求振給之徧,豈不難哉? 故在北方,偏多移民就穀之舉。[1] 神瑞二年之困,從崔浩、周澹議,分民詣山東三州。大和十一年之旱,亦詔聽民就豐。行者十五六。道路給糧廩。至所在,三長贍養之。遣使者時省察焉。《魏書·食貨志》。此豈不重爲煩費? 延昌元年,詔河北民就穀燕、恒二州,又詔飢兵就穀六鎮,則其相違彌遠矣。相違愈遠,則其旋反愈難,宜乎李彪之病之也。故欲謀是處之豐足,仍賴商賈之流通。官家亦有自爲買賣者,是爲和糴。[2] 魏世韋朏爲荆、郢和糴大使,見《魏書·韋閬傳》。孫紹爲徐、兗和糴使,鹿悆爲河北五州和糴大

---

① 民食:漕轉難,故多移民就食,然不能無弊。

② 民食:和糴起南北朝已有弊。

使,特以使臣主其事,視之可謂頗重。齊神武謀遷鄴,運諸州和糴粟入鄴城,《北齊書·本紀》。蓋其所積者實不少也。遷鄴之後,常調外逐豐稔之處,折絹糴粟,以充國儲,《隋書·食貨志》。則行之亦有常典矣。《鹿悆傳》言:元子直出鎮梁州,悆隨之州,州有兵糧和糴,和糴者靡不潤屋,悆獨不取,子直彊之,終不從命,則其事亦不能無弊矣。漕運與第六節參看。

# 第三節　衣　服

服飾之變遷,大抵隨乎風尚。①《抱朴子·譏惑篇》云:“喪亂以來,事物屢變。冠履衣服,袖袂裁制,日月改易,無復一定。乍長乍短,一廣一狹,忽高忽卑,或粗或細,所飾無常,以同爲快。其好事者,朝夕放效,所謂京輦貴大眉,遠方皆半額也。”此等風尚,蓋今古皆然。《晉書·五行志》云:孫休後衣服之制,上長下短。元帝大興中又上短,帶纔至於腋。晉末皆冠小而衣裳博大,風流相放,輿臺成俗。并葛氏之言之證。然此特小小之變遷耳,通長期而觀之,則其變遷,仍有漸趨於美善者,此演進自然之勢也。

王后六服皆袍制,見於《周官·鄭注》,其説未知信否,然後漢婦人,必多衣袍,則可見矣。《釋名》云:“袍,丈夫著下至跗者也。袍,苞也,苞內衣也。”則著袍者初不必婦人。然外必加以衣裳,蓋舊習不易卒變也。深衣之制,連衣裳而一之,實足證外服以通長爲便。便於通長,而仍必備衣裳之式,此亦不過泥古而已,別無深意也。事物必日趨簡易,久之,去衣裳而逕以袍衫爲外服,即成後世之式矣。此等變遷,始於東漢,而成於魏、晉、南北朝之世。任大椿《深衣釋例》曰:“古以殊衣裳者爲禮服,祭服及朝朔之服是也;不殊衣裳者爲燕服,深衣是也。後世自冕服外,以不殊衣裳者爲禮服,以殊衣裳者爲燕服,此古今之異制也。《續漢志》云:若冠通天冠,服衣深衣制,有袍,隨五時色。梁劉昭《注》曰:今下至賤吏、小史,皆通制袍、襌衣、皁緣領袖中衣爲朝服云。蓋古者天子以白布衣、素裳爲朝服,諸侯以緇布衣、素裳爲朝服,皆衣裳殊。後漢始以袍爲朝服,不殊衣裳。故司馬彪謂袍爲古之深衣。晉、宋以後,以絳紗皁袍、五色紗袍、紗朱衣、絳襌衣、絳皁褠衣爲朝服。具服、從省服,《隋志》亦云制本深衣。然則不殊衣裳,古以爲便服,漢、晉以爲禮服矣。《隋志》:乘輿鹿皮弁服,緋大襦,白羅裙,在宮聽政則服之。《北史·柳世隆傳》:令王

---

① 服飾:時變而好相仿效。

著白紗高頂帽，儐從皆裙襦袴褶。《長孫儉傳》曰：晚著裙襦紗帽，引客宴於別齋。上襦而下裙，即殊衣裳之制也。然則六朝時轉以殊衣裳者爲便服矣。"又曰："婦人以深衣之制爲禮服，不殊衣裳。故内司服《注》：婦人尚專一，德無所兼，連衣裳不異其色。則《周禮》王后六服，制度皆本深衣。《通典》載宋制：大后、皇后入廟，服袿襦大衣，謂之褘衣。公、特進、列侯夫人，卿、校世婦，二千石命婦年長者，入廟佐祭，皁絹上下；助蠶則青絹上下。自皇后至命婦二千石，皆以蠶衣爲朝服。齊、梁以後并同。即《續漢志》所云深衣制，徐廣所云單衣也。其不殊衣裳，古今無異。然古樂府《陌上桑》曰：緗綺爲下裳，紫綺爲上襦，襦與裳不相連者也。繁欽《定情詩》曰：何以合歡欣？紈素三條裾。《西河記》：西河無蠶桑，婦女著碧纈裙，加細布裳。《東觀記》：鮑宣之妻，悉歸侍御，更著短布裳。又云：王良爲司徒，妻布裙徒跣。此皆別言裙裳，可知衣裳之殊矣。然則漢時婦人朝祭之服，制同深衣，燕閒之服，衣裳自殊，亦猶丈夫以袍、單衣爲禮服，而其便服雅尚裙襦。《通典》載後周命婦服制云：諸命秩之服曰公服，蓋即制本深衣，不殊衣裳者也。又云：其餘裳服曰私衣，蓋即衣裙異著者也。"然則以袍衫爲外服，婦人且較早於丈夫矣。

　　去衣裳而又短其袍，是爲袴褶之服，其實即與襦袴無異矣。《宋書·禮志》云："袴褶之制，未詳所起，近代車駕親戎，中外戒嚴之服。"《急就篇》注云："褶，謂重衣之最在上者也。其形若袍，短身而廣袖。一曰左衽之袍也。"案即戎行役若服勞者，必以短衣爲便，今古皆然。《曲禮》：童子不衣裘裳。《内則》：十年，衣不帛，襦袴。襦袴即不裳之謂。所以不裳者？鄭《注》云：爲其便易，此服勞役者之短衣也。《左氏》昭公二十五年，師己稱童謠曰："公在乾侯，徵塞與襦。"《説文》：塞，袴也。此行役者之短衣也。又成公十六年，有韎韋之跗注。杜《注》云："跗注，戎服，若袴而屬於跗。"云若袴，則亦有踦，此即戎者之短衣也。戴德《喪服變除》云："童子當室，謂十五至十九，爲父後，持宗廟之重。其服深衣不裳。"《内則》二十可以衣裘帛，與上十年衣不帛襦袴互相備。二十可以衣帛，則亦二十而後裳。所以二十而裳者？二十而冠，冠而責成人之禮焉。然則裳者禮服。禮不下庶人，故庶人即以深衣爲吉服，明其不裳，與當室者同。則其平時固皆襦袴矣。褶若袍而短，而於重衣最在上，與逕以襦爲外衣，其實何異？云左衽者，蓋胡人之服？疑褶之名實襲諸胡，中國易其左衽爲右衽，又改其制若中國之袍，而特襲其短身？胡人之褶蓋小袖，[1]中

---

[1]　服飾：褶，疑出北狄，中國易爲右衽而廣其袖。《隋志》惟褶服以靴（第八〇二頁）。

國則易爲廣袖也？必廣袖者，古以侈袂爲貴，且中國不如胡中之寒，無取乎小袖也。雖有此服，當時謂非禮容，惟供驅使及好狡獪者服之。故《宋書·後廢帝紀》：譏其常著小袴褶，未嘗服衣冠。《齊書·呂安國傳》云：安國被徵爲光祿大夫，加散騎常侍，欣有文授，謂其子曰："汝後勿作袴褶驅使，單衣猶恨不稱，當爲朱衣官也。"《魏書·胡叟傳》：叟於高元館見中書侍郎趙郡李璨，貧老衣褐，璨頗忽之。叟謂之曰："老子今若相許，脫體上袴褶衣帽，君欲作何計也？"又《禮志》：博士孫惠蔚上書，言："臣竊解童子不衣裳之記，是有聞之言。將謂童子時甫稚齡，未就外傅，出則不交族人，内則事殊長者，餕旨父母之前，往來慈乳之手，故許其無裳，以便易之。若在志學之後，將冠之初，年居二九，質并成人，受道成均之學，釋菜上庠之内，將命孔氏之門，執燭曾參之室，而惟有掩身之衣，無蔽下之裳，臣愚未之安矣。又女子未許嫁，二十則笄，觀祭祀，納酒漿，助奠廟堂之中，視禮至敬之處，其於婉容之服，寧無其備？以此推之，則男女雖幼，理應有裳。但男子未冠，禮謝三加，女子未出，衣殊狄褖，無名之服，禮文罕見。"此説顯與記意相背，將亦有激而云然歟？戎裝謂之急裝，皆縛其袴。[1]《通鑑》齊明帝永泰元年《注》。《齊書·虞悰傳》：鬱林廢，悰竊歎曰："王、徐遂縛袴廢天子，天下豈有此理邪？"《宋書·袁淑傳》：元凶劭左右引淑等袴褶。又就主衣取錦，裁三尺爲一段，又中破，分蕭斌、淑及左右，使以縛袴。此縛袴之法之可考者也。

凡戎裝者皆短衣，[2]《南史·梁宗室傳》謂見理性甚凶粗，長劍短衣，出入廛里，不爲宗室所齒是也。此自古短衣楚製之倫，與袴褶無涉。王國維《胡服考》以袴褶全爲胡服，有袴褶，中國乃有短衣，誤矣。胡人多衣皮。劉璠妻子隨羌俗衣皮是也。見第一節。然中國人亦自有衣皮者。《晉書·魏舒傳》，謂其性好騎射，著韋衣入山澤，以漁獵爲業；又《隱逸傳》：郭文，餘杭令顧颺與葛洪共造之，攜與俱歸，颺以文山行，或須皮衣，贈以韋袴褶一具是其事。此亦以其彊韌，不如繒絮之易裂弊，非關胡服也。諸服中確出自胡者惟鞾。《廣韻》八戈引《釋名》云："鞾本胡名也，趙武靈王所服。"《大平御覽》六百九十八引《釋名》云："鞾本胡名也，趙武靈王始服之。"案《説文》無鞾字。《革部》：鞮，革履也。《韻會》引下，有"胡人履連脛，謂之絡鞮"九字，不知爲元文以否？即謂爲元文，亦似中國名革履爲鞮，以胡人履連脛，乃加一絡字以別之，《説文·糸部》：

① 服飾：戎裝縛袴。
② 服飾：戎裝以短衣，山行者衣皮，不關胡服。

800

"絡,聚也。"不訓苞絡。苞絡字漢人多作落。則叔重時尚無鞾名。趙武靈王所服,不得
至後漢時尚無其字,則謂鞾爲趙武靈王所服者,必附會之辭。世皆以鞾字爲
古,靴字後起。然《北齊書·徐子才傳》謂武明后病,童謠有"惟得一量紫綖
靴"之語,之才弟之範,以問之才,之才曰:"靴者革旁化,寧是久物?"則南北朝
時,其字久作靴矣。疑鞾之名稍行於東漢之世,其字則鞾靴雜作也。《隋書·
禮儀志》云:"靴爲胡履,施於戎服。"今案《晉書·毛寶傳》,謂寶與祖煥戰,血
流滿靴。《北齊書·慕容儼傳》,謂儼爲侯瑱等所攻,煑靴、皮帶、觔、角等物而
食之。《周書·武帝紀》,謂帝平齊之役,見軍士有跣行者,親脫靴以賜之。并
靴爲戎服之證。然北俗非即戎亦多服之。《魏書·慕容永傳》:永徙於長安,
家貧,夫妻賣鞾於市。《北史·后妃傳》:司馬子如謂齊神武:"安妃是王結髮
婦,避葛賊同走并州,貧困,然馬矢自作靴,恩義何可忘?"《北齊書·樂陵王百
年傳》:後主時,改九院爲二十七院,掘得一小尸,緋袍,金帶,一髻一解,一足
有靴,諸内參竊言百年大子也,或言大原王紹德。《琅邪王儼傳》:儼死,不脫
靴,裹以席,埋於室内。《任城王湝傳》:天統三年,拜并州刺史。時有婦人,臨
汾水浣衣,有乘馬人,換其新靴,馳而去。婦人持故靴詣州言之。湝召城外諸
嫗,以靴示之。詐曰:"有乘馬人在路被賊劫害,遺此靴,得無親屬乎?"一嫗撫
膺哭曰:"兒昨著此靴向妻家。"如其語捕獲之。《北史·陳元康傳》:文襄之被
害,楊愔狼狽走出,遺一靴。并北人常著靴之證。若南方則著者較少。《齊
書·豫章王嶷傳》云:嶷性汎愛,不樂聞人過失,左右有投書相告,置鞾中,竟
不視,取火焚之。《梁書·蕭琛傳》:起家齊大學博士。時王儉當朝,琛年少,
未爲儉所識,負其才氣,欲候儉。時儉燕於樂游苑,乃著皮靴,策桃枝杖,直造
儉坐。儉與語,大悅。《南史·陳慶之傳》:子暄。陳大康中,徐陵爲吏部尚
書,精簡人物,縉紳之士,皆鄉慕焉。暄以玉帽簪插髻,紅絲布裹頭,袍拂踝,
靴至膝,不陳爵里,直上陵坐。陵不之識,命吏持下。暄徐步而去。舉止自
若,竟無怍容。作書謗陵,陵甚痛之。趙翼《陔餘叢考》,謂南朝著靴,見於史
者,止此數事。今案蕭琛之於王儉,陳暄之於徐陵,皆有意爲之,以自表見。
《晉書·儒林·劉兆傳》:嘗有人著鞾,騎驢至兆門外,曰:"吾欲見劉延世。"亦
視爲野哉之流。《南史·恩幸傳》:簡文之立,嚴宣學北人著靴上殿,無肅恭之
禮。有怪之者。宣曰:"吾豈畏劉禪乎?"《賊臣傳》言:侯景自篡立後,牀上常
設胡牀及筌蹄,著靴垂脚坐。則尤爲裂冠毀冕之行,負乘致寇之倫。信乎南
人著靴者之不多也。

　　《陔餘叢考》又云:"古人席地而坐,故登席必脱其屨,《禮記》所謂户外有

二履是也。然臣見君，則不惟脫履，兼脫其韈。《詩》：赤芾在股，邪幅在下，邪幅行縢，韈去，故行縢見也。《左傳》：衛出公輒爲靈臺，與諸大夫飲酒，褚師聲子韈而登席，公怒，對曰：臣有疾，若見之，君將殼之，是以不敢。公愈怒，欲斷其足。杜《注》云：古者臣見君解韈，然則古人以跣足爲至敬也。漢制脫韈雖無明文，宋緜初《釋服》云：“凡自外入内者，必解履然後升堂。既解履，則踐地者韈也，久立地或漬汗，故有解襪就席之禮。失之亦爲不敬。解韈見偪，《詩》曰：邪幅在下，正燕飲而跣以爲歡之時也。其儀制漢時已亡。”《日知録》曰：“古人之韈，大抵以皮爲之。今之村民，往往行縢而不韈，古人之遺制也。吳賀邵爲人美容止，常著韈，希見其足，則漢、魏之世，不韈而見足者多矣。”然優禮蕭何，特命劍履上殿，則羣臣上殿，猶皆脫履可知。衛宏《漢官舊儀》：掾吏見丞相脫履，丞相立席後答拜。《魏志》：曹操令曰：祠廟上殿當解履，吾受命劍履上殿，今有事於廟而解履，是尊先公而替王命也，故吾不敢解履。可見是時祭先祖，見長官，尚皆脫履。宋改諸王國制度，内有藩國官正冬不得跣登國殿一條。梁天監中，尚書議云：禮跣韈登席，事由燕坐，今則極敬之所，莫不皆跣。清廟崇嚴，既絶恒禮，凡履行者，應皆跣韈。曰極敬之所，莫不皆跣，則是時朝會、祭祀，猶皆跣韈，陳祥道《禮書》所謂漢、魏以後，朝祭皆跣也。《唐書》：劉知幾以釋奠皆衣冠乘馬，奏言冠履祇可配車，今韈而蹬，跣而鞍，實不合於古，是唐時祭祀，亦尚有跣韈之制。至尋常入朝，則已有著履者。《唐書》：棣王琰有二妾爭寵，求巫者密置符琰履中，或告琰厭魅，帝伺其朝，使人取其履驗之，果然，是也。蓋古者本以脫韈爲至敬，其次則脫履，至唐則祭祀外無脫履之制，然朝會亦尚著履，此唐初之制也。”案《宋書·孝義傳》：龔穎，益州刺史毛璩辟爲勸學從事。璩爲譙縱所殺，故佐吏盡逃亡，穎號哭奔赴，殯送以禮。縱後設宴，延穎，不獲已而至。樂奏，穎流涕起曰：“北面事人，亡不能死，何忍聞舉樂，蹈迹逆亂乎？”縱大將譙道福引出將斬之。道福母即穎姑，跣出救之，得免。《齊書·謝超宗傳》：司徒褚淵送湘州刺史王僧虔，閣道壞墜水；僕射王儉，嘗牛驚跣下車；超宗撫掌笑戲曰：“落水三公，墮車僕射。”又《徐孝嗣傳》：泰始二年，西討解嚴，車駕還宮，孝嗣登殿不著韎，爲治書侍御史蔡準所奏，罰金二兩。則是時跣者尚多。《隋書·禮儀志》云：“案圖云：複下曰舄，單下曰履，夏葛冬皮。近代或以重皮而不加木，失於乾腊之義。今取乾腊之理，以木重底。冕服者色赤，冕衣者色烏，履同烏色。諸非侍臣，皆脫而升殿。凡舄，惟冕服及具服著之，履則諸服皆用，惟褶服以靴。”案時人亦不皆著履。《晉書·隱逸·陶潛傳》：潛無履，王弘顧左右爲之造履是也。爲便於行走者恒著屩。《宋書·張暢傳》：暢於城上與魏尚書李孝伯語。孝伯曰：“君南土膏粱，何爲著

屬？君且如此,將士云何?"暢曰:"戎陳之閒,不得緩服。"《梁書·良吏傳》:沈
瑀爲餘姚令,富吏皆鮮衣美服,以自彰別。瑀怒,悉使著芒屬粗布。《陳書·
沈衆傳》:衆監起大極殿,恒服布袍芒屬是也。《梁書·處士傳》:張孝秀嘗冠
縠皮巾,躡蒲履,蓋亦芒屬之倫。儉者亦著屐。《齊書·虞玩之傳》:大祖鎮東
府,朝野致敬,玩之猶躡屐造席。大祖取屐視之,訛黑斜銳,蔑斷以芒接之。問
曰:"卿此屐已幾載?"玩之曰:"幼釋褐拜征北行佐買之,著已二十年,貧士竟不辦
易。"大祖善之。夫亦可謂久矣。屐有齒,然遇崎嶇之地,亦或去之。《晉書·宣
帝紀》:青龍二年,諸葛亮病卒,諸將燒營遁走,帝出兵追之。關中多蒺藜,帝使
軍士二千人著軟材平底木屐前行,[①]蒺藜悉著屐,然後馬步俱進是也。

　　《宋書·禮志》云:"漢承秦制,冠有十三種,魏、晉以來,不盡施用。"又云:
"《傅玄子》曰:漢末王公名士,多委王服,以幅巾爲雅,是以袁紹、崔鈞之徒,雖
爲將帥,皆著縑巾。"又云:"魏武以天下凶荒,貲財乏匱,擬古皮弁,裁縑帛以
爲帢,合乎簡易隨時之義。以色別其貴賤。本施軍飾,非爲國容也。通以爲
慶弔服。巾以葛爲之,形如帢而橫著之。古尊卑共服也。今國子、大學生冠
之,服單衣,以爲朝服。居士、野人,皆服巾焉。"又云:"徐爰曰:帽名猶冠也,
義取於蒙覆其首。其本縰也。古者有冠無幘,冠下有縰,以繒爲之。後世施
幘於冠,因裁縰爲帽。自乘輿宴居,下至庶人無冠者皆服之。"史臣案:"晉成
帝咸和九年,制聽尚書八坐丞郎,門下三省侍郎,乘車白帢低幘,出入掖門;又
二宮直宮著烏紗帢;然則士人宴居,皆著帢矣。而江左時野人已著帽,士人亦
往往而然,但其頂員耳。後乃高其屋云。"案《呂覽·上農》曰:"古者庶人不冠
弁。"《儀禮·喪服注》曰:"庶人不冠爵弁,則冠素委貌。"《詩·都人士正義》
曰:"庶人冠緇布冠或玄冠。"蓋惟行禮時或用之,平時則不。《釋名》曰:"二十
成人,士冠,庶人巾。"巾以覆髻則曰幘,《説文》"髮有巾曰幘",《廣雅》"幘,巾
覆結"是也。《獨斷》曰:"幘者,古之卑賤執事不冠者之所服也,或以巾。"《三
國·魏志·文帝紀注》引《魏書》,謂楊彪著布單衣皮弁以見,則雖單衣亦不用
巾。《後漢書·蔡義傳》:詔事逼切,不得已解巾之郡。《周書·崔彦穆傳》:
子君肅,解巾爲道王侍讀。《後漢書·逸民傳》:韓康遁入霸陵山中,博士、公
車連徵不至。桓帝乃備玄纁之禮,以安車聘之。使者奉詔造康,康不得已,乃
許諾。辭安車,自乘柴車,冒晨先使者發。至亭,亭長以韓徵君當過,方發人、
牛修道、橋。及見康,柴車幅巾,以爲田叟也,使奪其牛。并居士、野人服巾之

---

證。《後書・郭泰傳注》引周遷《輿服雜事》云："巾，以葛爲之，形如帕。"《玉篇》曰："帕，帽也，絹，幘也。"則巾近於帽。《説文》云："帽，小兒、蠻夷頭衣也。"《書大傳》曰："古之人，衣上有冒而句領者。"《注》曰："冒，覆也。"《淮南氾論》曰："古者有鍪而絥領。"《注》曰："鍪，頭著兜鍪帽，言未知制冠也。"蓋冠弁等皆後起之飾，帽則誠所以覆頭者。《宋書・輿服志》曰："幘者，古賤人不冠者之服。漢元帝額有壯髮，始引幘服之，王莽頂禿，又加其屋也。"説或附會，然《魏書・辛紹先傳》，謂其丁父憂三年，口不甘味，頭不櫛沐，髮遂落盡，故常著垂裙皁帽，則帽確可以覆髮。用無慊乎冠弁，而視冠弁爲簡易矣。去冠弁而著帽，抑可謂反古復始，變文從質者也。《釋名》："幘，蹟也，下齊眉蹟然也。"其制齊眉，故可掩額髮矣。《北史・蕭詧傳》，言其惡見人髮白，事之者必方便避之，擔輿者冬月必須裹頭，夏月則加蓮葉帽，亦帽可覆髮之證。然《隋書・崔賾傳》：大業四年，從駕汾陽宮，次河陽鎮，藍田令王曇，於藍田山得一玉人，長二尺四寸，著大領衣，冠幘，奏之。詔問羣臣，莫有識者。賾答曰："謹案漢文帝已前，示有冠幘，即是文帝已來所製作也。"然則幘自景帝而有，初不待元帝云。《通鑑》：齊明帝建武四年，魏主攻宛，宛城東南隅溝上有橋，魏主引兵過之，南陽太守房伯玉使勇士數人衣斑衣，戴虎頭帽，伏於竇下，突出擊之，魏主人馬俱驚。注："虎頭帽者，帽爲虎頭形。"此與蓮葉帽皆隨時所製，足見帽之通行，爲甚廣也。

　　古三屬之甲，此時亦稍變爲直垂，是爲兩當，遂爲後世所謂背子者之本，此亦猶衣裳之易而爲袍衫也。《深衣釋例》曰："裲襠甲，一名裲襠衫，《宋書》薛安都惟著絳衲兩當衫；案見《柳元景傳》。《隋書・輿服志》：正直絳衫，從則裲襠衫是也。案當作《禮儀志》，直閤將軍、諸殿主帥之服。考《宋史・輿服志》曰：大祖建隆四年，范質議云：《開元禮》：武官陪立大仗，加螣蛇裲襠，如袖，無身，以覆其膊胳。《釋文》、《玉篇》相傳曰：其一當胸，其一當背，謂之兩當。請兼存兩説，擇而用之。今劇演將帥所被金銀甲，即所謂其一當胸，其一當背者也。裲襠甲古既稱裲襠衫，安有無身之衫乎？劉孝標《樂府》：裲襠雙心共一抹，袙腹兩邊作一襊。蓋一當胸，一當背，故曰雙心。屬合兩邊，以固前後；又曰袙腹，則《廣雅》所謂裲襠謂之袙腹也。"又曰："《隋書・輿服志》：案亦當作《禮儀志》。諸將軍侍從之服，一曰紫衫金玳瑁裝裲襠甲，一曰紫衫金裝裲襠甲，一曰絳衫銀裝裲襠甲，蓋外著裲襠甲，内衷紫絳衫，衫制短小，爲裲襠之襯，尤便捷也。《南史・齊・崔慧景傳》：恭祖禿馬絳衫，手刺倒敬則，直以衫代裲襠矣。古之甲，自身至要，自要至脛，分而爲三，以組屬之，故曰三屬之甲。裲襠不殊上下，自肩直垂，此深衣之制，便於軍旅者也，故曰可以武也。"案《北史・陽休之傳》：武定二年，除中書侍郎。時魏收爲散騎常侍，領兼侍郎，與休之參掌詔命。齊受禪，除散騎常侍，監脩起居注。頃之，坐詔書脱誤，左遷驍騎將軍。文宣郊天，百寮咸從，休之衣裲襠甲，手持白檮。時魏收爲中書令，嘲之曰："義真服

未?"休之曰:"我昔爲常伯,首戴蟬冕,今處驍游,身被衫甲,允文允武,何必減卿?"可見是時裲襠南北皆爲武人之服。《石林燕語》曰:"余見大父時,家居及燕見賓客,率多頂帽而繫勒帛,猶未甚服背子。帽下戴小冠簪。以帛作橫幅約髮,號額子。處室中則去帽見冠簪,或用頭巾也。古者士皆有冠,帽乃冠之遺制,頭巾賤者不冠之服耳。勒帛亦垂紳之意,雖施之外不爲簡,背子本半臂,武士服,何取於禮乎? 或云:勒帛不便於搢笏,故稍用背子。然須用上襟,腋下與背子垂帶。余大觀閒見宰執接堂史,押文書,猶冠帽用背子,今亦廢矣。而背子又引爲長袖,與半臂制亦不同。裹賤者巾,衣武士服,而習俗之久,不以爲異,古禮之廢,大抵類此也。"則裲襠又變爲文人之服矣。今之裲襠,北人謂之坎肩,吳語則謂之馬甲,似猶溯其原而言之。然《説文》:無袂衣謂之裯,《三國·魏志·楊阜傳》:阜見明帝披縹綾半袖,則裲襠之制,似又不始於武人。蓋俗本有短袖或無袖之衣,武人乃放之制爲衫,又因衫而制爲甲耳。短袖無袖,動作最便,亦衣服變遷,趨於簡便適用之一端也。

　　此時衣料,絮爲最貴。齊大祖爲建康令時,高宗等冬月猶無縑纊,已見第一節。《宋書·孝義傳》:朱百年,家素貧。母以冬月亡,衣并無絮,自此不衣綿帛。嘗寒時就孔凱宿,衣悉裌布。飲酒醉眠,凱以臥具覆之,百年不覺也。既覺,引臥具去體。謂凱曰:"綿定奇溫。"因流涕悲慟。凱亦爲之傷感。《晉書·孝友傳》:王延,繼母卜氏,遇之無道,恒以蒲穰及敗麻頭與延貯衣。《梁書·良吏傳》:孫謙,居身儉素。牀施蓬蘧屏風。冬則布被、莞席。夏日無幬帳,而夜臥未嘗有蚊蚋,人多異焉。《魏書·高允傳》:高宗幸允第,惟布被縕袍。具見綿之難得。《宋書·孔琳之傳》:琳之建言曰:"昔事故飢荒,米穀、綿絹皆貴,其後米價登復,而絹於今一倍。綿絹既貴,蠶業者滋,勤屬兼倍,而貴猶不息。愚謂致此,良有其由。昔事故之前,軍器正用鎧而已,至於袍襖裲襠,必俟戰陳,實在庫藏,永無損毀。今儀從直衛,及邀羅使命,有防衛送迎,悉用袍襖之屬。非惟一府,衆軍皆然。綿帛易敗,勢不支久。又晝以禦寒,夜以寢臥;曾未周年,便自敗裂。每絲綿新登,易折租以市。又諸府競收,動有千萬。積貴不已,實由於斯。愚謂若侍衛所須,固不可廢。其餘則依舊用鎧。小小使命送迎之屬,止宜給仗,不煩鎧襖。用之既簡,則其價自降。"案木綿未興以前,欲以絮纊供舉國之用,其勢必不能給,此綿價之所以恒貴,況又有濫用之者乎?《魏書·焉耆傳》云:養蠶不以爲絲,惟充絮纊。① 西域諸國,酷愛

---

① 服飾:《齊書》"養蠶不以爲絲,惟充絮纊"。案絮纊之用急而多以爲絲,由其爲奢侈品也。

中國之繒帛，而焉耆養蠶顧不以爲絲，亦可見絮纊爲用之亟矣。

《陔餘叢考》曰："古時未有緜布，凡布皆麻爲之，《記》曰：治其麻絲，以爲布帛是也。木緜作布，邱文莊謂元時始入中國。而張七澤《潯梧雜佩》，引《通鑑》梁武帝送木緜皁帳事，據史炤《釋文》：木緜以二三月下種，至夏生黃花，結實，及熟時，其皮四裂，中綻出如緜，土人以鐵鋋碾去其核取緜，以小竹弓彈之，細卷爲筒，就車紡之，自然抽緒，織以爲布，謂即此物。按史炤《釋文》所云，正是今棉花所織之布，則梁武時已有此布矣。説者謂《漢書注》孟康曰：閩人以棉花爲吉貝，而《正字通》及《通雅》，俱云吉貝木緜樹也；《南史·林邑傳》亦云：吉貝者樹名也，其花如鵝毳，抽其緒，紡之作布，與紵布不殊；是六朝以前，木緜布乃吉貝樹之花所成，係木本而非草本。今粤中木緜樹，其花正紅，及落時則白如鵝毳，正《南史》所云吉貝樹也。但其花衹可絮茵褥，而不可織布。按《南史·林邑傳》，以吉貝爲樹，《舊唐書·南蠻傳》則云吉貝草緝花作布，名曰白氎，《新唐書·林邑傳》并不曰吉貝而曰古貝，謂古貝者草也，然則《南史》所謂吉貝之樹，即《唐書》所謂古貝之草。其初謂之木緜者，蓋以別於蠶繭之緜，而其時緜花未入中土，不知其爲木本草本，以南方有木緜樹，遂意其即此樹之花所織。逮宋子京脩《唐書》時，已知爲草本，故不曰木而曰草耳。史炤北宋人，元注：見《文彥博傳》。又在子京之後，并習知其碾彈、紡織之技，故注解益詳。以此推之，則梁武木緜皁帳，即是草本之緜所成，而非木緜樹也。更進而推之，《禹貢》厥篚織貝，蔡九峯《注》：今南夷木緜之精好者，謂之吉貝，則夏之織貝，亦即今草緜布，是三代時已有之矣。案此説之不確，自不待辯。其見於記傳者：《南史》姚察，有門生送南布一端，察曰：吾所衣者止是麻布，此物吾無所用。白樂天《布裘詩》云：桂布白似雪。又《以布裘贈蕭、殷二協律詩》云：吳緜細輭桂布白。曰桂布者，蓋桂管所出也。孫光憲《南越詩》：曉厨烹淡菜，春杼織橦花。元注：草緜亦名橦花。李琮詩：腥味魚吞墨，衣裁木上緜。東坡詩：東來賈客木緜裘。以及《五代史》：馬希範作地衣，春夏用角簟，秋冬用木緜。《宋史·崔與之傳》：瓊州以吉貝織爲衣衾，工作出自婦人。皆此物也。然則緜花布自古有之，何以邱文莊謂元初始入中國？蓋昔時緜花布惟交、廣有之，其種、其法，俱未入中土。觀姚察門生所送衹一端，白樂天以此送人，并形之歌詠，其爲罕而珍重可知。逮宋末元初，其種傳入江南，而布之利遂衣被天下耳。"案門生以南布送姚察，事見《陳書》察傳。云：嘗有私門生，不敢厚餉，止送南布一端，花練一匹。察謂之曰："吾所衣著，止是麻布、蒲練，此物於吾無用，既欲相款接，幸不煩爾。"此人遜請，猶冀受納。察屬色驅出。因此伏事者

莫敢餽遺。門生獻媚，固事所恒有，然既明言不敢厚餉，則其物必非甚貴可知。《梁書·武帝紀》，稱帝身衣布衣，木緜皁帳，一冠三載，一被二年，亦以爲儉德，非以爲侈而能致異物也。《海南諸國傳》云：林邑，男女皆以橫幅吉貝，繞要以下，謂之干漫，亦曰都縵。狼牙脩，男女皆以吉貝爲干縵。婆利，國人披吉貝如帔，及爲都縵。然則《扶南傳》言：范尋令國內男子著橫幅，橫幅今干縵也，大家乃截錦爲之，貧者乃用布，參看第十六章第四節。其所謂布，亦必吉貝所織矣。《渴槃陀傳》云：衣吉貝布，則其流傳已及西域。《晉書·王戎傳》：南郡大守劉肇，賂戎筒巾細布五十端。巾，元板作中。《十七史商榷》云："筒中布名，《後漢書·王符傳注》引揚雄《蜀都賦》曰：筒中黃潤，一端數金，作中是。"此亦緜布也。更證以《史記·貨殖列傳》：番禺爲果、布之湊，布亦疑是緜布，[1]則其入中國實已久。然越五嶺而北者卒少；即交、廣亦罕事種植、紡織；固知文明之傳播，自有其時，時未至不容彊也。

衣服材料最奢侈者，爲銷金及織成，時遭禁止，已見第十九章第四節。《通鑑》宋文帝元嘉三十年《注》云："炫金，今之銷金是也。"晉成帝咸康二年，石虎以女騎千人爲鹵簿，皆著五文織成鞾。案事見《晉書·載記》。《注》云："五文，五色成文也。《廣雅》曰：天竺國出細織成。《魏略》曰：大秦國用水羊毛、木皮、野繭絲作織成皆好。"則織成初來自西域，[2]而中國放爲之也。切於民生日用者，緜、麻之外爲氈，北人多用之。[3]《晉書·慕容熙載記》：熙將以慕容隆妻張氏爲苻氏之殉，欲以罪殺之，乃毀其襚，鞾中有敝氈，遂賜死。《北齊書·趙隱傳》：即趙彥深。初爲尚書令司馬子如賤客，供寫書。子如善其無誤，欲將入觀省舍。隱靴無氈，衣帽穿弊。子如給之。用爲尚書令史。可見作靴無不用之。即南人亦有以之禦寒者。《梁書·江革傳》：謝朓嘗宿衞還過候革，時大雪，見革弊絮單席，而耽學不倦，嗟歎久之，乃脫所著襦，并手割半氈與革充臥具而去是也。《北史·文苑傳》樊遜兄仲，以造氈爲業，可見其爲用之廣矣。卉服，野人亦閒有用之者。《晉書·隱逸傳》：孫登，夏則編草爲裳，冬則被髮自覆。《魏書·逸士傳》：鄭脩，少隱於岐南山谷中，耕食水飲，皮冠草服。是其事。禦雨之具，謂之黃油。張稷等弑齊東昏，以黃油裹其首，送詣石頭。《通鑑注》曰："黃絹施油，可以禦雨，謂之黃油。以黃油裹物，表可見裹，蓋欲蕭衍易於省視也。"《隋書·煬帝紀》：帝爲晉王時，尤自矯飾。嘗觀獵遇雨，

---

① 服飾：番禺爲果、布之湊，疑爲緜布。
② 服飾：織成來自西域，中國仿爲之。
③ 服飾：氈爲用頗廣。

左右進油衣。上曰："士卒皆霑濕,我獨衣此乎?"乃令持去。即此黄油所爲矣。《抱朴子》言其爲囊可以盛酒,見第一節。則其製頗工矣。

虜起北方,本皆編髮、左衽,故中國人號爲索虜。其稍事改革,則起於道武之朝,而成於孝文之世。《魏書·禮志》:"大祖天興六年,詔有司制冠服,隨品秩各有差。時事未暇,多失古禮。世祖經營四方,未能留意,仍世以武力爲事,取於便習而已。至高祖大和中,始考舊典,以制冠服。百寮、六宮,各有差次。早世升遐,猶未周洽,肅宗時,又詔侍中崔光、安豐王延明及在朝名學更議之,條章粗備焉。"孝文時議改服制,①蔣少游、劉昶等實與其事,已見第二十章第二節。《魏書·閹官·張宗之傳》云:始宗之納南來殷孝祖妻蕭氏,劉義隆儀同三司思話弟思度女也。多悉婦人儀飾、故事。大和中,初制六官服章,蕭被命在内,豫見訪采,數蒙賜賚。此又參虜製作之一人也。《獻文六王傳》:高祖引見王公卿士,責留京之官曰:"昨望見婦女之服,仍爲夾領小袖。我徂東山,雖不三年,既離寒暑。卿等何爲,而違前詔?"《任城王澄傳》云:高祖還洛,引見公卿曰:"朕昨入城,見車上婦人冠帽而著小襦襖者,若爲如此? 尚書何爲不察?"澄曰:"著猶少於不著者。"高祖曰:"深可怪也,任城意欲令全著乎? 一言可以喪邦,斯之謂歟? 可令史官書之。"其改革之心,可謂至切。然製衣冠與僞大子詢,詢即竊毀裂,解髮爲編,服左衽。《齊書·魏虜傳》。出帝大發士卒,狩於嵩、少之南,旬有六日,帝與從官,皆胡服而騎。《魏書·自序》。齊文宣末年,亦數爲胡服,微行市里。《隋書·五行志》。彼其習所便安,固未易以卒革也。《北齊書·王絃傳》云:絃性機敏,應對便捷。年十五,隨父在北豫州。行臺侯景與人論掩衣法爲當左爲當右。尚書敬顯儁曰:"孔子曰:微管仲,吾其被髮左衽矣,以此言之,右衽爲是。"絃進曰:"國家龍飛朔野,雄步中原,五帝異儀,三王殊制,掩衣左右,何足是非?"景奇其早慧,賜以名馬。可見左衽之習,至南北朝之末而未變也。褚緭之嘲魏人曰:"帽上著籠冠,袴上著朱衣。"見第十章第六節。則即其放效中國時,亦不免南北雜糅,非驢非馬也。周武帝保定四年,初令百官執笏,見《紀》。《齊王憲傳》:憲死時擲笏於地。似有志於放效中國。然建德三年正月,初服短衣,享二十四軍督將以下,試以軍旅之法,縱酒盡歡。見《紀》。《隋書·禮儀志》云:"後周之時,咸著突騎帽,如今胡帽,垂裙覆帶,蓋索髮之遺象也。"則其積習亦未能遽變。直至宣帝大象元年,受朝露門,乃用漢、魏衣冠焉。見第十五章第一節。亦有處腥羶之朝,守儒雅之俗者,《隋書·李禮成

---

① 服飾、民族:魏改服飾至周宣帝大象乃純,然人民惟婚葬漢服,虜忌誅之。

傳》言：周時貴公子皆競習弓馬，被服多爲軍容，禮成雖善騎射，而從容儒服，不失素望是也。被服本各從所便，彼此不足相非，然當兩民族相爭之時，亦或視爲民族性之所寄。一切改而從人，則寖忘其故。故雄猜之主，往往欲舉所征服之族之習尚而盡變之。清人以酷法迫漢族髠髮易服，蓋爲是也。齊王融言：“中原士庶，雖淪懾殊俗，至於婚、葬之日，猶巾褠爲禮。而禁令苛刻，動加誅輾。”夫不獲申其志於平日，而猶存其禮於婚喪之時，此亦清世明之遺民，所謂“男降女不降”，“生降死不降”之意歟？婚姻者人倫之始，喪葬者人事之終，於此而寄其微意焉，何其悲也？虜乃於此加以誅夷，其用心又何其刻也？誰謂淺演之族而不知猾夏哉？

　　晉世杜預創短喪之説，[1]爲禮家一重公案，今於此附論之。預之議，因武元楊皇后崩大子應否終服而發。謂天子諸侯，事異士庶，不得以服喪而廢事，當遵魏氏既葬而除之典，以心喪終三年，古諒陰即心喪之謂也。其説詳見《晉書·禮志》。議禮之家，多以預爲薄，甚且詆爲名教罪人。然行禮者不惟其名惟其實，三年之喪，或可行於邃古，而必不能行於後世。何者，生活異，則人情因之而異也。觀儒書言能行之者之少，而知其時之習俗，已不相容，況秦、漢而後乎？夫衰麻哭泣，喪之文也，不飲酒食肉居於内，喪之實也，後世之士大夫，執親之喪，孰不飲酒食肉居於内？亦曷嘗衰麻在身？較之杜氏謂天子猶當以心喪終三年者，爲過薄矣，而敢議杜氏乎？即不論此，亦可行乎平治之世，而不可行於喪亂之時；可行於貴富之家，而不可行於賤貧之子。“不言而事行者，扶而後能起；言而後事行者，杖而後能起；身自執事而後行者，面垢而已，”儒家固自言之矣。《宋書·禮志》引《尸子》云：“禹治水，爲喪法，曰：毀必杖，哀必三年，是則水不救也。故使死於陵者葬於陵，死於澤者葬於澤；桐棺三寸，制喪三日。”此即墨者薄葬之論。儒家力攻墨氏，然事勢所迫，卻有同於墨氏而不自知者。《記》曰：“久而不葬者，惟主祭者不除。”魏氏東關之役，失亡尸柩，葬禮無期，遂不得不制令釋服，使其子弟不廢婚宦，《晉書·禮志》。江左亦不得不申明其制矣。見《陳書·儒林·沈洙傳》。善夫！鄭鮮之之言之也，曰：“求禮當先遠大。滄海橫流，家國同其淪溺。若不仕也，則人有餘力，人有餘力，則國可至乎亡，家可至乎滅。當斯時也，匹婦猶忘其身，況大丈夫哉？”《宋書》本傳。夫亦安得因喪而廢事也？

---

① 喪服：非非短喪。

## 第四節　宮　　室

　　晉、南北朝之世，貴富之家，居室頗侈，而平民之居，則仍甚簡陋。斯時之奢侈者：一爲無道之主，及踰侈之貴族，競營宮室、苑囿，一則貴族及士大夫之較有雅致者，經營園圃，是爲後世園林之本。又佛教東來，寺塔亦大盛，別於論佛教時述之。

　　晉武帝泰始二年，始營大廟，其侈，已見第二章第一節。大康五年五月，宣帝廟地陷，梁折。八年正月，大廟又陷。改作廟，築基及泉。其年九月，遂更營新廟。遠致名材，雜以銅柱。陳勰爲匠，作者六萬人。十年四月乃成。十一月，梁又折。見《宋書‧五行志》。《晉書‧禮志》亦言其窮極壯麗。蓋其規制過於崇閎，而營造之技，不足以副之，故其基址不能堅實也。孝武帝大元十六年，改作大廟，堂集方石，庭以塼。見《宋書‧禮志》。此在當時，亦爲已侈，皆武帝之作法於貪，有以啓之也。偏方割據之國，如張茂、張駿、見第六章第二節。石虎、見第五章第二節。赫連勃勃、見第六章第九節。慕容熙；見第六章第八節。南北朝偏安之世，如宋孝武帝、明帝、見第九章第七節。《齊書‧王僧傳》云：宋明帝紫極殿，珠簾綺柱，飾以金玉，江左所未有。齊文惠大子、見第十章第一節。梁昭明大子以賢稱，然史亦言其性愛山水，於玄圃穿築，更立庭館。東昏侯、見第十章第六節。陳後主、見第十五章第二節。魏胡靈后、見第十二章第二節。齊文宣帝、見第十四章第二節。後主、見第十四章第四節。周宣帝；見第十五章第一節。亦皆盛營宮室、苑囿，其事已述於前，斯時之奢靡者，不獨人主，即人臣亦多侈麗其居，甚至人主反愛樂之，足見其土木之功爲已侈也。

　　士大夫尋常居宅，大抵爲屋數十間。《晉書‧山濤傳》：濤死，左長史范晷等上言：濤舊第屋十間，子孫不相容，武帝爲之立宅。《王沈傳》云：沈素清儉，不營產業，帝使所領兵爲作屋五十間。《良吏傳》：魯芝，素無居宅，武帝亦使軍兵爲作屋五十間。合第十九章第一節所述觀之，可見士大夫居室之大概。其時亦有儉素者，如李重死，宅宇狹小，無殯斂之地，詔於典客署營喪。裴佗宅不過三十步，又無田園。《魏書‧良吏傳》。孫謙每去官，輒無私宅，常藉官空車廄居焉。[1]《梁書‧良吏傳》。鹿悆雖任居通顯，而自無居宅，常假賃居止皆是。然此等人似不多，而務於侈靡者則不少。有專務壯麗，僭擬宮殿者：如晉齊王冏大築第館，使大匠營制，與西宮等。梁南平王偉，廣營第宅，重齋步櫩，

---

[1] 宮室：去官藉空車廄而居，案此猶今居汽車間也。

模寫宮殿。北齊清河王岳，於城南造宅，高歸彥奏其僭擬帝宮，制爲永巷，惟無闕是也。《周書・韋夐傳》：晉公護執政，廣營第宅。嘗召夐至宅，訪以政事。夐仰視其堂，徐而歎曰："酣酒嗜音，峻宇彫牆，有一於此，未或不亡。"其侈麗蓋亦此類矣。而好經營園圃者尤多。① 古苑囿率因山澤爲之，雖占地頗廣，而勞人力穿築之事則不多。其詒禍於人者，不過如齊宣王之囿，殺其麋鹿者，如殺人之罪，孟子譏其方四十里爲阱於國中。又謂堯、舜既殁，聖人之道衰，暴君代作，壞宮室以爲汙池，民無所安息，棄田以爲園圃，使民不得衣食耳。其弊在乎棄地，而不在乎勞人也。晉、宋以後，官私苑囿，占地多者亦有之。如石虎欲校獵，自靈昌津南至滎陽，東極陽都，使御史監察其中禽獸；見第五章第二節。慕容熙大築龍騰苑，廣袤十餘里；見第六章第八節。孔靈符於永興立墅，周圍三十三里，含帶二山皆是。見第十九章第三節。《北齊書・陽斐傳》：東郡大守陸士佩，以黎陽關河形勝，欲因山即壑，以爲公家苑囿，此猶是古制之遺。《齊書・高逸傳》：員外郎劉思效表陳讜言，謂貴勢之流，貨室之族，亭池第宅，競趣高華，至於山澤之人，不敢採飲其水草，其詒害亦不可謂不深。然私家之居，占地究不易甚廣，故就田廬之地，加以經營者尤多。其苟完苟美如徐勉者，原亦未足爲過。見第十九章第一節。然或踵事增華，則其所耗之人力物力，爲不少矣。《晉書・會稽王道子傳》云：嬖人趙牙，爲道子開東第。築山穿池，列樹竹木，功用鉅萬。帝嘗幸其宅，謂道子曰："府內有山，因得游矚，甚善也，然脩飾大過，非示天下以儉。"道子無以對，唯唯而已。左右侍臣，莫敢有言。帝還宮，道子謂牙曰："上若知山是板築所作，爾必死矣。"可見其勞人之甚。然貴戚若嬖幸，如是者實不少。如《宋書・徐湛之傳》：言其室宇園池，貴游莫及。《竟陵王誕傳》，言其造立第舍，窮極工巧。園池之美，冠於一時。《劉勔傳》，言其經始鍾嶺之南，以爲栖息。聚石蓄水，髣髴丘中。朝士愛素者，多往游之。《恩倖傳》言：阮佃夫宅舍園池，諸王邸第莫及。於宅內開瀆，東出十餘里，塘岸整潔，汎輕舟，奏女樂。《齊書・劉悛傳》，言其宅盛治山池，造甖牖。世祖著鹿皮冠，被悛莵皮衾，於牖中宴樂。《南史・謝弘微傳》，言其曾孫舉，宅內山齋，捨以爲寺。泉石之美，殆若自然。《孔珪傳》，言其居宅盛營山水。齊衡陽嗣王鈞往遊焉。見《齊宗室傳》。《武陵昭王曄傳》：豫章王於邸起土山，列種桐竹，號爲桐山。武帝幸之，置酒爲樂。顧臨川王映："王邸亦有嘉名否？"映曰："臣好栖静，因以爲稱。"又問曄。曄曰："臣山卑，不曾栖靈昭景，惟有薇

---

① 宮室：苑囿但棄地，園圃則勞人經營。園圃者（第八一一——八一三頁）。

蔽，且號首陽山。"可見諸王之邸，多有假山，道子之勞人，亦不足爲異矣。《朱異傳》言：異起宅東陂，窮乎美麗。晚朝來下，酣飲其中。又言異及諸子，自潮溝列宅至青溪。其中有臺池玩好。每暇日與賓客游焉。《陳書·孫瑒傳》，言其庭院穿築，極林泉之致。歌鍾舞女，當世罕儔。賓客填門，軒蓋不絕。此等皆慕爲雅致，而又極奢縱者。此外若梁南平王偉，見第十二章第六節。齊呂文度、茹法亮、呂文顯等，見第十章第四節。其宅第之侈，并已見前。即隱淪恬退之士，亦多以此爲務者。如戴顒，以桐廬僻遠，難以養疾，乃出居吳下。吳下士人，共爲築室。聚石引池，植林開澗。少時繁密，有若自然。《宋書·隱逸傳》。沈道虔，居縣北石山下。道虔，吳興武康人。孫恩亂後，飢荒。縣令庾肅之，迎出縣南，爲立小宅。臨溪有山水之玩。同上。劉慧斐，起家爲安成王法曹行參軍。嘗還都，途經尋陽，遊於匡山。過處士張孝秀，相得甚歡，遂有終焉之志。因不仕，居於東林寺。又於山北構園一所，號曰離垢園。《梁書·處士傳》。裴之平，陳世祖即位，除光祿大夫，慈訓宮衛尉，并不就。乃築山穿池，植以卉木。居處其中，有終焉之志。《陳書·裴忌傳》。張譏，所居宅營山池，植花果。《陳書·儒林傳》。阮卓，退居里舍，改構亭宇，脩山池卉木。招致賓友，以文酒自娛。《陳書·文學傳》。皆是。彫梁畫棟，自不如竹木山池之美，漸近自然。故雖帝王，亦顧而樂之。乃從而效之。如東昏侯芳樂苑，當暑種樹，又刘取細草，來植階庭；①見第十章第六節。陳後主臨春、結綺、望仙三閣，下亦積石爲山，引水爲池，植以奇樹，雜以花藥是也。北朝風氣，亦與南朝相似。北海王詳及趙脩、茹皓之事，已見第十二章第一節。又如王叡子椿，史言其園宅華廣。趙猛，史言其宅宇高華。薛謹之曾孫裔，史言其盛營園宅，賓客聲伎，以恣嬉游。鄭述祖，所在好爲山池，松竹交植。盛肴饌以待賓客，將迎不倦。《北史·鄭羲傳》。夏侯道遷，於京城西水次市地，大起園池，植列蔬果。延致秀彥，時往遊適。李元忠，園庭之内，羅種果藥。親朋尋詣，必留連宴賞。段孝言，時苑内須果木，科民閒及僧寺備輸，悉分向私宅種植。殿内及園中須石，差車從漳河運載，復分車迴取。皆可見其好尚所在。茹皓之所經構，爲魏世宗所悅。見第十二章第一節。齊文襄於鄴東起山池遊觀，時俗眩之。河南王孝瑜，遂於第作水堂龍舟，植幡稍於舟上，數集諸王，宴射爲樂。武成幸其第，見而悅之，故盛興後園之翫。其上下相師之情形，亦與南朝同也。《宋書·五行志》云：晉武帝大康後，天下爲家者，移婦人於東方，空萊北庭，以爲園圃，可見經營園圃，實爲當時普徧之好

---

① 宮室：刘細草，植階庭，此今西人之草地也。

尚。居宅與園圃相連，則空氣清新，且可略知稼穡，誠為有益之事，惜為之者多富厚之家，遂致踵事增華，重勞人力，有失初意也。

別業之本，既係園圃，故其地之廣者，仍可種植以獲利。《北史·獻文七王傳》：廣陵王羽之子欣，好營產業，多所樹藝，京師名果，皆出其園。又《庾岳傳》：置相州，拜岳為刺史。鄴舊有園池，時果初熟，承吏送之，岳不受，曰："果未進御，吾何得先嘗？"《周書·蕭大圜傳》：大圜嘗云："築蝸舍於叢林，構環堵於幽薄。果園在後，開窗以臨花卉。蔬圃居前，坐簷而看灌畦。"皆其證也。《王思政傳》：思政嘗被賜園地，出征後家人種桑果，及還，見而怒曰："匈奴未滅，去病辭家，況大賊未平，何事產業？"命左右拔而棄之。此固不失武士之風，然孳孳為利固不可，以暇從事於種植，亦未必遂為小人之事也。

因務廣居宅，遂有侵奪官私之地者。[①] 齊王冏大築第館，北取五穀市，南開諸署，毀壞廬舍以萬數。宋孝武帝使有司奏竟陵王誕云：以廣拓宅宇，地妨藝植，輒逼徐湛之遺孤，頓相驅徙。又緣谿兩道，積代通衢，誕拓宇開垣，擅斷其一，致使經途壅隔，川陸阻礙。又以臨川武烈王道規，廟居宅前，固請毀換，詔旨不許，怨懟彌極。孝武之殺竟陵，固非以其貪縱，然此等罪狀，則眾目昭彰，非可虛構也。《晉書·賀循傳》：廷尉張闓，住在小市。將奪左右近宅，以廣其居。乃私作都門，早閉晏開。人多患之，訟於州府，皆不見省。會循出至破岡，連名詣循質之。循曰："見張廷尉，當為言及之。"闓聞而遽毀其門，詣循致謝，其為世所敬服如此。此事可謂不法已極。賀循一耳，張闓正多，民之不得安其居、保其業者，蓋不少矣。《魏書·高道穆傳》：正光中出使，相州刺史季世哲，尚書令崇之子，貴盛一時，多有非法。逼買民宅，廣興屋宇，皆置鴟尾。又於馬埒堀上為木人，執節。道穆繩糾，悉毀之。然不聞其於所逼買之宅，迫使還民也。又梁臨川王宏、魏北海王詳及趙脩，咸有占奪民地之事，已見第十二章第一節、第五節。

民間屋宇，多為草舍。[②] 宋明帝陳貴妃，家有草屋，已見第十九章第一節。《晉書·桓沖傳》：沖子嗣，為江州刺史，脩所住齋，應作版檐，嗣命以茅代之，版付船官。《孔愉傳》：出為會稽內史。在郡三年，乃營山陰湖南候山下數畝地為宅，草屋數間，便棄官居之。《江逌傳》：蘇峻之亂，屏居臨海，絕棄人事。翦茅結宇，耽玩載籍，有終焉之志。《儒林傳》：范宣，家於豫章。大守殷羨，見

---

① 宮室：多占民地。

② 宮室：民間多茅屋，"江南……舍多竹茅……儲積皆非地窖。"（第八一四頁）蓋下濕使然，為窟室者多似由貫穿窖（第八一五頁）。

宣茅茨不完，欲爲改宅。宣固辭之。《文苑傳》：羅含，轉州別駕。以廨舍諠擾，於城西池小洲上立茅屋。伐木爲材，織葦爲席。布衣蔬食，宴如也。《宋書·臧燾傳》：雖外戚貴顯，而彌自沖約。茅屋蔬餐，不改其舊。《孝義傳》：何子平，所居屋敗，不蔽雨日。兄子伯興，採伐茅竹，欲爲葺治。子平不肯，曰：“我情事未申，天地一罪人耳，屋何宜覆？”以母未葬。《隱逸傳》：孔淳之，草屋蓬户。《梁書·陸倕傳》：於宅内起兩間茅屋。杜絶往來，晝夜讀書。如此者數載。《裴子野傳》：無宅。藉官地二畝，起茅屋數間。《陳書·馬樞傳》：鄱陽王爲南徐州刺史，卑辭厚意，令使者邀之。王別築室以處之。樞惡其崇麗，乃於竹林間自營茅茨而居焉。《南史·劉善明傳》：所居茅齋，斧木而已。《劉瓛傳》：兄弟三人共處。蓬室一間，爲風所倒，無以葺之。怡然自樂，習業不廢。《賀琛傳》：幼孤，伯父瑒授其經業。初瑒於鄉里聚徒教授，四方受業者三千餘人。瑒天監中亡，至是復集。琛乃築室郊郭之際，茅茨數間。年將三十，便事講授。《魏書·高允傳》：高宗幸允第，惟草屋數間。《胡叟傳》：叟家於密雲，蓬室草筵。此等皆士大夫之家，而猶如此，細民自不必論。《宋書·王玄謨傳》：玄謨之圍滑臺，城内多草屋，衆求以火箭燒之，玄謨恐損亡軍實，不從。城中即撤壞之，空地以爲窟室。《魏書·甄琛傳》：鮮于脩禮、毛普賢等率北鎮流民，反於定州西北之左人城。屠村掠野，引向州城。州城之内，先有燕、恒、雲三州避難之户，皆依傍市廛，草茅攢住。脩禮等聲云欲收此輩，共爲舉動。《隋書·高熲傳》：上嘗問熲取陳之策。熲曰：“江南土薄，舍多竹茅。所有儲積，皆非地窖。密遣行人，因風縱火。待彼脩立，復更燒之。”可見南北皆多草舍。《宋書·周朗傳》：朗上書言：“取税之法，宜計人爲輸，不應以貲。乃令桑長一尺，圍以爲價；田進一畝，度以爲錢；屋不得瓦，皆責貲實。① 民以此樹不敢種；土畏妄墾；棟焚榱露，不敢加泥。”是則公家苛政，亦有阻民脩築者。然以大體言之，則其時生活程度，固祇如此也。農家之屋，亦有必須草覆者，如《齊民要術·作豉篇》言：“屋必以草蓋，瓦則不佳。”是也。然右所引者，多爲人居。《南史·陸澄傳》：王儉嘗問澄曰：“崇禮門有鼓而未嘗鳴，其義安在？”答曰：“江左草創，崇禮門皆是茅茨，故設鼓，有火則扣以集衆，相傳至今。”可想見北人東渡時之情形矣。

　　營造之材，仍以土木爲主。觀道子山由版築，蕭嶷亦於邸起土山可知。

---

① 賦税：計貲之苛。

桓嗣以茅茨代版檐，而以版付船官，則時材木似頗難得。① 梁大宗幽繫之後，無復侍者及紙，②乃書壁及板障，③爲詩及文數百篇。《通鑑注》云："柱閒不爲壁，以板爲障，施以丹漆，因謂之板障。"大寶二年。此制恐不能多。觀《魏書・楊播傳》言：播兄弟旦則聚於廳堂，終日相對，未曾入內，廳堂閒往往幰幔隔障，爲寢息之所，見第十七章第二節。不言障之以板可知也。《周書・王羆傳》：授西河內史，辭不拜。時人謂之曰："西河大邦，俸禄殷厚，何爲致辭？"羆曰："京洛材木，盡出西河。朝貴營第宅者，皆有求假。如其私辦，力所不堪若科民閒，又違法憲，以此辭耳。"西河材木，不必甚多，其爲京洛所取資，蓋以其相去之近。真饒於材木者，必在偏僻之區。如《南史・隱逸傳》言：鄧郁隱居衡山，立小板屋兩閒；《齊書・氐傳》言：仇池無貴賤，皆爲板屋土牆是也。《北史・張燿傳》：天平初，遷鄴草創，右僕射高隆之，吏部尚書元世儁奏曰："南京宮殿，毀撤送都。連筏竟河，首尾大至。自非賢明一人，專委受納，則恐材木耗損，有關經構。燿清直素著，有稱一時，臣等輒舉爲大將。"詔從之。《周書・若干惠傳》：大祖嘗造射堂，新成，與諸將宴射。惠竊歎曰："親老矣！ 何時辦此乎？"大祖聞之，即日徙堂於惠宅。所以不恤勞人，屢事遷徙，似亦以材木難得故也。

　　當時能爲窟室者頗多。《晉書・隱逸傳》：孫登，於郡北山爲土窟居之。登汲郡共人。張忠，永嘉之亂，隱於泰山。服氣，餐芝，餌术，脩導養之法。其居依崇巖幽谷，鑿地爲窟室。弟子亦以窟居。立道壇於窟上，每旦朝拜之。郭瑀，隱於臨松薤谷，鑿石窟而居。瞿硎先生，大和末，常居宣城郡界文脊山中。桓溫嘗往造之。既至，見先生被鹿裘，坐於窟室。《宋書・武三王傳》：南郡王義宣反問至，其子愷，於尚書寺內著婦人衣、乘問訊車投臨汝公蓋詡。詡於妻室內爲地窟藏之。事覺，收付廷尉。詡伏誅。此等似因其時之人，遺穿地窖而然。虜大官有八十餘窖，已見第十一章第二節。高熲言江南儲積，多非地窖，則北方地窖正多。此滑臺之圍，所以能於造次之閒，撤草屋而爲窟室也。《魏書・奚斤傳》：父箪，有寵於昭成皇帝。時國有良馬，曰騊駼，一夜忽失，求之不得。後知南部大人劉庫仁所盜，養於窟室。箪聞而馳往取焉。則北方之人，并有爲窟室以養馬者。又《景穆十二王傳》：濟陰王小新成之孫弼，入嵩山，以穴爲室。此則自然洞穴，不待開鑿者。蓋當時人民，亦本有穴居者也。

---

① 宮室：材木似頗難得。

② 文具：梁太宗幽繫後無紙。

③ 宮室：板障、幰幔隔障。

其時民居，又有極簡陋者。《魏書·封回傳》：除安州刺史。山民愿朴，父子賓旅，同寢一室。① 回下車，勒令別處。其俗遂改。此必因屋少而然也。《北齊書·神武帝紀》言：帝從爾朱榮徙據并州，抵揚州邑人龐蒼鷹，止團焦中。蒼鷹母數見團焦赤氣赫然屬天。及得志，以其宅爲第，號爲南宅。雖門巷開廣，堂宇崇麗，其本所住團焦，以石堊塗之，留而不毀。至文宣時遂爲宮。團焦蓋極簡陋之室，其營造如何，何以名爲團焦，則不可知矣。北人多居氊帳，有極大者。《顏氏家訓·歸心篇》云："昔在江南，不信有千人氊帳，及來河北，不信有二萬斛船。"可見氊帳之大，能容千人也。②

民居雖甚簡陋，貴人所用營建材料，卻有極貴者。琉璃之貴，已見第二十章第二節，而東昏侯諧武帝興光樓何不純用琉璃，見第十章第六節。則南方室屋，亦有用琉璃者，即興光樓亦頗用之矣。《晉書·外戚傳》言：王愷用赤石脂泥壁。《宋書·百官志》言：明光殿以胡粉塗壁，③畫古賢烈士。以丹朱色地，謂之丹墀。東昏侯塗壁皆以麝香。亦見第十章第六節。王肅之歸虜，虜爲起宅舍，亦以香塗壁。此等皆妄爲奢侈，無益實際者也。

時所營構，有甚高者。魏明元帝起白臺，高二十餘丈，見第八章第二節。亦見《本紀》泰常二年。齊文宣營三臺，④構木高二十七丈，見第十四章第二節。《梁書·處士傳》：陶弘景止於句容之句曲山，中山立館。永元初，更築三層樓，弘景處其上，弟子居其中，賓客至其下。《北史·崔辯傳》：辯曾孫弘度，膂力絕人。年十七，周大冢宰宇文護引爲親信，累轉大都督。時護子中山公訓爲蒲州刺史，令弘度從焉。嘗與訓登樓，至上層，去地四五丈，⑤俯臨之。訓曰："可畏也。"弘度曰："此何足畏？"欲擲下至地，無所損。訓大奇之。此樓亦必不止一層也。

虜起朔方，本非居國，故昭成欲定都灅源川，築城郭，起宮室，而平文后尼之，事見第六章第三節。道武再興，始於平城附近築城郭，立市里，起宮廟。又營臺觀苑囿，穿池引渠。所至之處，又多建離宮。自此至孝文遷洛之前，仍世皆有增造。其事具見《本紀》。然平城規制，實尚簡陋，觀第十一章第二節所引《齊書·魏虜傳》可知。《魏書·莫含傳》：含孫題，大祖欲廣宮室，規度平

① 宮室：父子賓旅，同寢一室。
② 宮室：北人多居氊帳，大者能容千人。
③ 宮室：赤石脂泥壁，胡粉塗壁。
④ 宮室：三層樓，臺高二十餘丈。
⑤ 交通：自四五丈樓上擲下至地。

城四方數十里,將模鄴、洛、長安之制。運材數百萬根。以題機巧,徵令監之。召人與論興造之宜。題久侍頗怠,賜死。足見其規模離鄴、洛、長安猶遠也,而勞民則已頗甚。《高允傳》:給事中郭善明,性多機巧,欲逞其能,勸高宗大起宮室。允諫曰:"臣聞大祖既定天下,始建都邑。其所營立,非因農隙,不有所興。今建國已久,宮室已備。若廣脩壯麗爲異觀者,宜漸致之,不可倉卒。計斫材運工,及諸雜役,須二萬人。丁夫充作,老弱供餉,合四萬人,半年可訖。其所損廢,亦已多矣。"虜之濫用民力,可以見矣。孝文遷洛,用蔣少游等以司營造,已見第二十章第二節。然其事實未大成。《魏書·大武五王傳》:廣陽王建閭之子嘉,表請於京四面築坊三百二十,各周一千二百步。乞發三正復丁,以充茲役。雖有暫勞,姦盜永止。詔從之。《世宗紀》:景明二年九月,發畿內夫五萬五千人築京師三百二十坊,①四旬而罷,即此事。是至世宗之時,坊里之制,猶未備也。《景穆十二王傳》:任城王澄奏都城府寺,猶未周悉。② 請取諸職人及司州郡縣犯十杖已上,百鞭已下收贖之物,絹一匹輸磚二百,以漸脩造。《李崇傳》:崇於肅宗時上表曰:"竊惟皇遷中縣,垂二十祀。而明堂禮樂之本,乃鬱荆棘之林。膠序德義之基,空營牧豎之迹。城隍嚴固之重,闕塀石之工。墉堞顯望之要,少樓榭之飾。加以風雨稍侵,漸致虧墜。又府寺初營,頗亦壯美,然一造至今,更不脩膳,廳宇凋朽,牆垣頹壞,皆非所謂追隆堂構,儀刑萬國者也。以臣愚量,宜罷尚方雕靡之作,頗省永寧土木之功;并減瑤光材瓦之力,兼分石窟鐫琢之勞,及諸事役非急者,三時農隙,終此數條。"則洛邑工程,不徒未完,且寖有毀損矣。遷鄴之役,嘗發衆七萬六千人營新宮,又發畿內民夫十萬人城鄴城,四十日罷,見《魏書·孝静帝紀》。

度地居民之法,在營建新都時易,而因舊則難,以新都一切皆出新構,無毀舊之足惜;又地皆在官,易於措置也。晉、南北朝之世,在官廛里,似已不如漢代之多,故賜宅之事較少,③如裴子野之藉官地以造宅者,不多見也。亭傳亦已蕪廢,故行旅或一時無宅者,不復能如漢世之藉寓,而多以佛寺爲棲託之所,④如李燾,晚節貧無居宅,寄止佛寺;見《北史·李義深傳》。侯景平後,蕭大圜歸建康,寓居善覺佛寺是也。參看本章第六節,及《秦漢史》第十七章第四節。好興土木者

①　宮室:築坊以止奸盜。

②　宮室:都城府寺未周,請收贖絹一匹輸磚二百。

③　宮室:晉南北朝在官廛裏似不如漢之多,故賜宅之事較少。

④　交通、宮室:不如漢世藉寓亭傳而寄止佛寺。

雖多,然皆徒爲私計,罕能爲地方爲人民計者。《梁書·良吏傳》:何遠在官,好開途巷,脩葺牆屋。民居,市里,城隍,廄庫,所過若營家焉。此等人不易多覯矣。[①]

主營造之事者,歷代各有其職。《宋書·百官志》云:材官將軍一人,司馬一人,主工匠土木之事。漢左右校令其任也。魏右校又置材官校尉,主天下材木事。晉江左改材官校尉曰材官將軍。又罷左校令。令材官隸尚書起部及領軍。此南朝司空之職也。《北齊書·高隆之傳》:領營構大將軍,京邑製造,莫不由之。《周書·竇熾傳》:宣帝營建東京,以熾爲京洛營作大監,宮苑制度,皆取決焉。此皆隨事設職。受任之人,亦頗有克舉其職者。蔣少游事,已見第二十章第二節。《南史·崔祖思傳》言:少游之至,祖思從弟元祖欲留之,上不從,少游果圖畫而歸。《魏書·李業興傳》言:遷鄴之始,起部郎中辛術奏曰:"今皇居徙御,百度創始。營構一興,必宜中制。上則憲章前代,下則模寫洛京。今鄴都雖舊,基址毀滅;又圖記參差,事宜審定。臣雖曰職司,學不稽古。國家大事,非敢專之。通直散騎常侍李業興,碩學通儒,博聞多識。萬門千户,所宜訪詢。今就求之,披圖按記,考定是非。參古雜今,折中爲制。召畫工并所須調度,具造新圖,申奏取定。庶經始之日,執事無疑。"詔從之。則當時司營造者,已能先立圖樣,[②]按圖從事矣。高隆之之爲營構大將軍也,史稱其增築南城,周迴二十五里。以漳水近於帝城,起長堤以防汎溢之患。又鑿渠引漳水周流城郭,造治碾磑,并有利於時。可謂頗有締造之才。《魏書》言王遇性巧,彊於部分。世宗初,兼將作大匠。北都方山、靈泉道俗居宇,及文明大后墓園、大極殿及東西兩堂内外諸門制度,皆遇監作。雖年在耆老,朝夕不倦,跨鞍驅馳,與少壯者均其勞逸。此亦彊幹之材。然使此等人主持工事,往往易媚上而虐下,亦不可不知也。

公家功力,往往爲私人所占用。如《南史·恩幸·綦母珍之傳》言:帝給珍之宅,宅邊又有空宅,從取、并取,輒令材官營作,不關詔旨,其一事也。晉武帝爲王沈、魯芝立宅,皆使軍人;文惠大子起苑東田,亦役宮中將吏,見第十章第一節。似能以兵代民役,然勞民之時卒多。[③]《魏書·成淹傳》云:於時宮殿初搆,經始務廣。兵民運材,日有萬計。伊、洛流漸,苦於屬涉。淹遂啓求都水造浮航。高祖賞納之。合高允諫高宗之語觀之,而知運轉之弊已深,構造

---

① 宮室:爲公共交通建築盡力之良吏。
② 宮室:司營造者能先立圖樣。
③ 宮室:營造多役民。

之艱，可勿論矣。而於勞民逞志之外，又或爲嬖幸而役民，如《趙脩傳》言：脩以罪徙之後，“家宅作徒，即仰停罷”是也，其厲民亦可謂深矣。

室屋固多版築，即城郭之作，用甎石者亦少，[1]李崇謂洛都城隍闕塼石之工是也。然甎石之工，亦不必較版築爲固。《宋書·臧質傳》言：虜攻盱眙，以衝車攻城，城土堅密，每至，頹落不過數升。此阿利蒸土築城，所由自詡其固也。見第六章第九節。《齊書·州郡志》言：宋自淮北没虜，青州寄治鬱州。劉善明爲刺史，以海中易固，不峻城雉，累石爲之，可見石城轉不逮版築之堅已。其用力則當較版築爲省。《南史·梁宗室傳》：長沙王業，歷位南兗州刺史，運私米僦人作甓以砌城，武帝善之，蓋亦以其勞民者淺也。

中國長城之脩築，凡有數期。大抵北邊安静時，無事於此，如清代是也。有大敵時，亦無事於此，以其不能恃此以禦之也，如漢、唐之世，匈奴、突厥方張之時是也。惟有小小寇賊，釋之不可，防之不勝其勞，則長城之脩築急焉。五胡亂後，北方較大之部落，多已侵入中國，所遺皆零星小部。諸胡侵入中國後，浸失其輕悍之風，向之好侵擾人者，今轉慮人之侵擾，而脩築長城之事起矣。[2]《魏書·本紀》：明元帝泰常八年二月，築長城於長川之南，起自赤城，西至五原，延袤二千餘里，備置戍衛。《天象志》云：以備蠕蠕也。是爲魏脩長城之始。大武帝真君七年六月，發司、幽、定、冀四州十萬人築畿上塞圍，起上谷，西至於河，廣袤皆千里。九年二月乃罷。其時蓋吳聲勢方盛，蓋慮蠕蠕乘機入塞，故以是防之也。大武屢出塞擊敵，於長城相須尚不甚殷，至孝文遷洛以後，而情勢又異矣。其時高閭上表曰：“北狄悍愚，同於禽獸。所長者野戰，所短者攻城。若以狄之所短，奪其所長，則雖衆不能成患，雖來不能内逼。六鎮勢分，倍衆不鬥，互相圍逼，難以制之。昔周命南仲，城彼朔方，趙靈、秦始，長城是築，漢之孝武，躡其前事。此四代之君，皆帝王之雄傑，所以同此役者，非智術之不長，兵衆之不足，乃防狄之要事，其理宜然故也。今宜依故，於六鎮之北築長城，以禦北虜。雖有暫勞之勤，乃有永逸之益。如其一成，惠及百世。即於要害，往往開門。造小城於其側。因地卻敵，多置弓弩。狄來，有城可守，有兵可捍。既不攻城，野掠無獲，草盡則走，終必懲艾。宜發近州武勇四萬人，及京師二萬人，合六萬爲武士，於苑内立征北大將軍府。七月，發六部兵六萬人，各備戎作之具。敕臺北諸屯倉庫，隨近作米，俱送北鎮。至八

---

① 宮室：城郭用甎石者少，甎石不必固於版築但省工。
② 宮室：南北朝至隋之長城。

月，征北部率所領，與六鎮之兵，直至磧南，揚威漠北。狄若來拒，與之決戰。
若其不來，然後散分其地，以築長城。計六鎮之地，不過千里，若一夫一月之
功，當三步之地，三百人三里，三千人三十里，三萬人三百里，則千里之地，彊
弱相兼，計十萬人，一月必就。運糧一月，不足爲多。人懷永逸，勞而無怨。
計築長城，其利有五罷遊防之苦，一也。北部放牧，無抄掠之患，二也。登城
觀敵，以逸待勞，三也。省境防之虞，息無時之備，四也。歲常遊運，永得不
匱，五也。”宣武帝正始元年九月，有告蠕蠕率十二萬騎，六道并進，欲直趨沃
野、懷朔，南寇恒、代。詔源懷以本官加使持節、侍中，出據北蕃，指授規略。
隨須徵發。諸所處分，皆以便宜從事。懷至雲中，蠕蠕亡遁。懷旋至恒、代，
案視諸鎮左右要害之地，可以築城置戍之處，皆量其高下，揣其厚薄，及儲糧、
積仗之宜，犬牙相救之勢，凡表五十八條。《表》曰：“蠕蠕不羈，自古而爾。游
魂鳥集，水草爲家。中國患者，皆斯類耳。歷代驅逐，莫之能制。雖北拓榆
中，遠臨瀚海，而智臣勇將，力算俱竭，胡人遠遁，中國以疲。於時賢哲，思造
化之至理，推生民之習業，量夫中夏粒食邑居之民，纗衣儒步之士，荒表茹毛
飲血之類，鳥宿禽居之徒，親校短長，因宜防制，知城郭之固，暫勞永逸。代表
諸蕃，比因高車外叛，尋遭旱儉，戎馬甲兵，十分闕八。去歲復鎮陰山，庶事蕩
盡。遣尚書郎中韓貞、宋世量等檢行要險，防遏形便。謂準舊鎮，東西相望，
令形勢相接，築城置戍，分兵要害，觀農積粟，警急之日，隨便翦討。如此，則
威形增廣，兵勢亦盛。且北方沙漠，夏乏水草，時有小泉，不濟大衆。脫有非
意，要待秋冬，因雲而動。若至冬日，冰沙凝屬，遊騎之寇，終不敢攻城，亦不
敢越城南出。如此，北方無憂矣。”《懷傳》云：“世宗從之，今北鎮諸戍東西九
城是也。”案魏於六鎮，所集兵力甚厚，而仍不能無藉於長城，可見長城之於備
禦，爲用甚宏。故至南北朝之末，東西分爭，北戎是懼，而其功愈亟。孝靜帝
武定元年八月，齊神武命於肆州北山築城，西自馬陵戍，東至土隥，四十日罷。
明年十月，復上言：幽、安、定三州，北接奚、蠕蠕，請於險要脩立城戍以防之。
躬自臨履，莫不嚴固。皆見《北齊書·神武紀》。文宣天保三年、六年、八年脩築長
城，已見第十四章第二節。與其事者，有元景安、趙郡王叡、盧詢祖、張纂、陽
斐等，皆見《北齊書》本傳。後主天統中，斛律羨爲幽州刺史，以北虜屢犯邊，
須備不虞，自庫堆戍東拒於海，隨山屈曲，二千餘里，其閒二百里中，凡有險
要，或斬山作城，或斷谷起障，并置立戍邏五十餘所。周宣帝大象元年六月，
發山東諸州民脩長城。《于翼傳》云：大象初，詔翼巡長城，立亭障。西自雁門，東至碣石，創新
改舊，咸得其要。凡以防侵軼而省戍邏也。隋文帝開皇元年四月，發稽胡脩築長

城，二旬而罷。所發者爲南汾州胡，見《韋沖傳》。三年三月，城榆關。《長孫晟傳》云：開皇元年，攝圖曰："我周家親也，今隋公自立而不能制，復何面目見可賀敦乎？"因與高寶寧攻陷臨榆鎮，約諸面部落，謀共南侵。高祖新立，由是大懼。脩築長城，發兵屯北境。命陰壽鎮幽州，虞慶則鎮并州，屯兵數萬人，以爲之備。《突厥傳》云：高祖受禪，待之甚薄，北夷大怨。會營州刺史高寶寧作亂，沙鉢略與之合軍，攻陷臨渝鎮。上勑緣邊脩保障、峻長城以備之。仍命重將，出鎮幽、并。《崔仲方傳》云：高祖受禪，令發丁三萬，於朔方、靈武築長城，東至黃河，西拒綏州，南至勃出嶺，緜亘七百里。明年，上復令仲方發丁十五萬，於朔方已東緣邊險要築數十城，以遏胡寇。此時之情勢，尚與周、齊時無異。其後突厥因亂，爲中國所綏服，故六年二月，發丁男十一萬，七年二月，發丁男十萬餘脩築長城之後，皆二旬而罷。遂無復勞役焉。及煬帝世，乃復有脩築之舉。大業三年六月，帝幸榆林，朝啓民。七月，發丁男百餘萬築長城。西距榆林，東至紫河，一旬而罷，史言其死者十五六。四年三月，幸五原，因出塞巡長城。七月，發丁男二十餘萬築長城，自榆林谷而東。《五行志》言其時百姓失業，道殣相望焉。此時中國全盛，欲綏服突厥，自有其長駕遠馭之規，初不必勞民以事脩築。《宇文愷傳》言：長城之役，詔愷規度，愷固善爲侈大，以逢君之惡者。而賀若弼、宇文弨、高熲，皆於是時見殺，蘇威亦於是時免官。諸臣之獲罪，夫固別有其由。然《弼傳》云：弼以饗啓民大侈，與熲、弨等私議得失，爲人所奏伏誅。《弨傳》云：弨言長城之役，幸非急務，有人奏之，竟坐誅死。《熲傳》云：時帝遇啓民可汗恩禮過厚，熲謂大府卿何稠曰："此虜頗知中國虛實，恐爲後患。"復謂觀王雄曰："近來朝廷，殊無綱紀。"有人奏之。帝以爲謗訕朝政，於是下詔誅之。《威傳》云：熲、弼等之誅，威坐與相連免官。則諸人之獲罪亦不能謂與脩築長城，全無關係。蓋徒慕爲侈大之規，而於實際有無裨益，則初非所計也。

　　席地而坐之風，此時蓋幾絕，故義宣之敗，入南郡空廨，無牀，席地至旦，史記之，以爲罕有之事，見《宋書》本傳。而胡牀尤盛行。[1]《晉書·戴若思傳》言：若思少好遊俠，遇陸機赴洛，船裝甚盛，遂與其徒掠之。若思登岸據胡牀，指麾同旅。《張重華傳》言：謝艾與麻秋戰，下車據胡牀，指揮處分。《禿髮利鹿孤載記》：呂纂來伐，使傉檀拒之。纂士卒精銳，進度三堆，三軍擾懼。傉檀下馬據胡牀而坐，眾心乃安。《梁書·楊公則傳》：大軍至新林，公則自越城移屯

_____

① 器用：胡牀大行，席地而坐殆絕。

領軍府壘北樓,與南掖門相對。嘗登樓望戰,城中遥見麾蓋,縱神鋒弩射之,矢貫胡牀。《韋放傳》:高祖遣曹仲宗等攻渦陽,又以放爲明威將軍,帥師會之。魏大將費穆帥衆奄至。放軍營未立,麾下止有三百餘人。衆請放突去。放厲聲曰:"今日惟有死耳。"乃免胄下馬,據胡牀處分。於是士皆殊死戰。魏軍遂退。放逐北至渦陽。《王僧辯傳》:圍陸納於長沙。僧辯出坐壘上。賊黨吳藏、李賢明等率鋭卒千人奄出,蒙楯直進,徑趨僧辯。帶甲從者,止百餘人。僧辯尚據胡牀,不爲之動。《南史·梁本紀》:袁粲之據石頭,黄回與之通謀。皇考聞難作,率家兵據朱雀橋。回覘人還告曰:"朱雀橋南一長者,英威毅然,坐胡牀南向。"回曰:"蕭順之也。"遂不敢出。《柳世隆傳》:沈攸之先大軍下,住白螺州,坐胡牀以望其軍,有自驕色。是雖軍旅之際,亦恒攜胡牀也。是時衆人共處,胡牀蓋惟尊者據之。故齊武帝在東宮寵張景真,拜陵還,景真白服乘畫舴艋坐胡牀,觀者咸疑是大子。《南史·荀伯玉傳》。魏孝武帝與齊神武搆釁,使温子昇草勑,子昇逡巡未敢,帝據胡牀拔劍作色。《北齊書·神武紀》。然此特體制所限,苟其不然,則幾於無不用之者。張鏡與客談,顔延之取胡牀坐聽。《南史·張裕傳》。劉巘遊詣故人,惟一門生持胡牀隨後,主人未通,便坐問答,可謂造次不離矣。《魏書·裴叔業傳》:叔業兄子粲,爲膠州刺史,屬時亢旱,士民勸令禱於海神。粲憚違衆心,乃爲祈請。直據胡牀,舉杯而言曰:"僕白君。"左右曰:"前後例皆拜謁。"粲曰:"五嶽視三公,四瀆視諸侯,安有方伯而致禮海神也?"卒不肯拜。然則雖祀神,猶攜胡牀以行矣。《晉書·王猛傳》:猛少貧賤,以粥畚爲業。嘗貨畚於洛陽。乃有一人,貴買其畚,而云無直。自言家去此不遠,可隨我取直。猛利其貴而從之。行不覺遠,忽至深山。見一父老,鬚髮皓然,踞胡牀而坐。左右十許人。有一人引猛進拜之。父老曰:"王公何緣拜也?"乃十倍償畚直,遣人送之。猛既出,顧視,乃嵩高山也。《隋書·尒朱敞傳》:彦伯子。齊神武韓陵之捷,盡誅尒朱氏。敞小,隨母養於宮中。及年十二,自竇而走。至於大街,見童兒羣戲者。敞解所著綺羅金翠之服,易衣而遁。追騎尋至。初不識敞,便執綺衣兒。比究問知非,會日已暮,由是得免。遂入一村,見長孫氏踞胡牀而坐,敞再拜求哀。長孫氏愍之,藏於複壁三年,乃資而遣之。此二事均不足信,然可見時人之所想像,雖深山僻壤,亦有胡牀也。《晉書·五行志》謂泰始後中國相尚用胡牀,見第一節。信不誣矣。《通鑑》胡三省《注》曰:"胡牀,即今之交牀。隋惡胡字,改曰交牀,今之交倚是也。"梁武帝大通元年。今日舉國皆用卓椅之風,實成於是時,此亦中外文化交相融洽之一端也。

## 第五節　葬　埋

厚葬之弊,至秦、漢之世而大著,故自後漢以來,薄葬稍成爲輿論。至魏武、文二帝,乃大革其弊。[①] 晉世亦因仍之。《晉書·禮志》云:"魏武豫自制送終衣服四篋,題識其上,春、秋、冬、夏,日有不諱,隨時以斂。金、珥、珠、玉、銅、鐵之物,一不得送。文帝遵奉,無所增加。及受禪,刻金璽追加尊號,不敢開埏,乃爲石室,藏璽埏首,以示陵中無金銀諸物也。漢禮明器甚多,自是皆省之矣。魏文帝黃初三年,又自作終制,曰:壽陵因山爲體,無封樹,無立寢殿,造園邑,通神道。此詔藏之宗廟,副在尚書、祕書、三府。明帝亦遵奉之。明帝性雖崇奢,然未遽營陵墓之制也。宣帝豫自於首陽山爲土藏,不墳不樹。作顧命終制,斂以時服,不設明器。《本紀》又云:後終者不得合葬。景、文皆遵奉成命,無所加焉。景帝崩,喪事制度,又依宣帝故事。武帝泰始四年,文明王皇后崩,將合葬,開崇陽陵,使大尉司馬望奉祭進皇帝密璽綬於便房神坐。魏氏金璽,此又儉矣。江左元、明崇儉,且百度草創,山陵奉終,省約備矣。"案江左惟元帝葬其子琅邪悼王煥,頗失之侈,煥年僅二歲。事見《晉書》本傳。又《江逌傳》:穆帝崩,山陵將用寶器,逌諫曰:"宣皇顧命終制,山陵不設明器,以貽後則,景帝奉遵遺制。逮文明皇后崩,武皇帝亦承前制,無所施設,惟脯糒之奠,瓦器而已。昔康皇帝玄宮,始用寶劍、金舄。此蓋大妃罔己之情,實違先旨累世之法。今外欲以爲故事。臣請述先旨,停此二物。"書奏,從之。則康帝之葬,亦稍違禮,此外無以泰侈聞者。南朝淫侈之主雖多,亦未聞有厚葬之事。不可謂非經驗所積,自然之革進也。又《晉書·武帝紀》:泰始二年十月,詔曰:"昔舜葬蒼梧,農不易畝;禹葬成紀,《宋書·禮志》作會稽。市不改肆。上惟祖考清簡之旨,所徙陵十里內居人,動爲煩擾,一切停之。"其後宋宣大后陵,雖移徙禁內墳塋,然給其葬直,蠲復家丁,亦與前代之肆行擾累者異也。見《宋書·明帝紀》泰始二年。

北方僭僞諸國,其葬有頗侈者。如劉曜之葬其父妻,見第五章第一節。慕容熙之葬其妻是也。見第六章第八節。《呂纂載記》言:即序胡安據盜發張駿墓,得真珠簾、琉璃榼、白玉樽、赤玉簫、紫玉笛、珊瑚鞭、馬腦鍾,水陸奇珍,不可勝

---

① 葬埋:魏武爲薄葬之始,安有七十二疑塚事,蓋其時造言。虛葬,晉世胡人多(第八二四、一〇四〇頁)。

紀，則張氏之葬亦頗侈。蓋由地接西域，多寶物使然。後魏文明后以侈靡稱，然其葬尚未甚泰，《后傳》載孝文帝詔曰："山陵之節，亦有成命。内則方丈，外裁掘坎。脱於孝子之心，有所不盡者，室中可二丈，墳不得過三十餘步。今以山陵萬世所仰，復廣爲六十步。其幽房大小，棺樟質約，不設明器，至於素帳、縵、茵、瓷瓦之物，亦皆不置，此則遵先志，從册命"云云。而胡靈后葬其父母甚侈，則以其智識又不及文明后也。見《魏書·外戚傳》。魏、周、齊三朝，周人於中國之文化，最能瞭解，故其葬亦最儉，觀周明帝、武帝遺命可知。胡人處中國，多有自疑之心，乃爲虚葬之法。《晉書·石勒載記》言：勒母王氏死，潛窆山谷，莫詳其所。既而備九牢之禮，虚葬於襄國城南。勒死，亦夜瘞山谷，莫知其所。備文物虚葬，號高平陵。《慕容德載記》云：德死，夜爲十餘棺，分出四門，潛葬山谷，竟不知其尸之所在。《宋書·索虜傳》云：死則潛埋，無墳壟處所。至於葬送，皆虚設棺柩，立冢樟。然則虚葬實爲諸胡成法矣。齊神武之死，亦潛鑿成安鼓山石窟佛寺之旁爲穴，納其柩而塞之，殺其羣匠。及齊之亡也，一匠之子知之，發石取金而逃。《通鑑》梁武帝大清元年。欺人自欺，究何益哉？

　　《晉書·禮志》云："古無墓祭之禮。漢承秦，皆有園寢。魏武葬高陵，有司依漢立陵上祭殿。至文帝黄初三年，乃詔曰：先帝躬履節儉，遺詔省約。子以述父爲孝，臣以繼事爲忠。古不墓祭，皆設於廟。高陵上殿皆毁壞，車馬還厩，衣服藏府，以從先帝儉德之志。文帝自作終制，又曰：壽陵無立寢殿，造園邑。自後園邑、寢殿遂絶。齊王在位九年，始一謁高平陵，而曹爽誅，其後遂廢，終於魏世。及宣帝遺詔，子弟、羣官，皆不得謁陵。於是景、文遵旨。[1] 至武帝，猶再謁崇陽陵，文帝陵。一謁峻平陵，景帝陵。然遂不敢謁高原陵。宣帝陵。至惠帝復止也。逮於江左，元帝崩後，諸公始有謁陵辭告之事。蓋由眷同友執，率情而舉，非洛京之舊也。《王導傳》：自漢、魏以來，羣臣不拜山陵。導以元帝睠同布衣，匪惟君臣而已，每一崇進，皆就拜，不勝哀戚。由是詔百官拜陵，自導始也。案此可謂非禮之非禮，抑其僭亦甚矣。導之恣睢偃蹇，備見第四章第四節，其爲此，所以示小忠小信邪，抑仍率其恣睢偃蹇之舊也。成帝時，中宫亦年年拜陵。議者以爲非禮，於是遂止。以爲永制。穆帝時，褚大后臨朝，又拜陵，帝幼故也。至孝武崩，驃騎將軍司馬道子曰：今雖權制服，至於朔望諸節，自應展情陵所，以一周爲斷。於是至陵。變服單衣。煩黷無準，非禮意也。安帝元興元年，尚書左僕射桓謙奏：百僚拜陵，起於中興，非晉舊典。積習生常，遂爲近法。尋武皇帝詔，乃不使人主、諸王拜陵，豈惟

---

[1]　葬埋：拜陵魏文未絶，王導行之元帝。

百僚？謂宜遵奉。於是施行。及義熙初，又復江左之舊。"《宋書·禮志》曰：
"宋明帝又斷羣臣初拜謁陵，而辭如故。自元嘉以來，每歲正月，輿駕必謁初
寧陵，武帝陵。復漢儀也。世祖、大宗，亦每歲拜初寧、長寧陵。"文帝陵。案墓祭
最爲非禮，而自魏、晉至宋，終不能盡革，可見有其舉之，正之正不易矣。魏武
終令曰："《周禮》冢人葬公墓之地，凡諸侯居左右以前，卿大夫居後。漢制亦
謂之陪陵。其公卿、大臣、列將有功者，宜陪壽陵。其廣爲兆域，使足相容。"
《宋書·禮志》。此本於禮有據，然《晉書·劉毅傳》言：毅子暾妻前卒，先陪陵葬，
子更生初婚，家法婦當拜墓，攜賓客親屬數十乘，載酒食而行。則於禮有據之
事，轉以啓非禮之漸矣。皆過重塋墓之風，有以啓之也。

　　守墓之風，漢世極盛，魏、晉來亦稍衰，然猶有行之者。《魏書·王慧龍
傳》言：宋文帝遣刺客吕玄伯購慧龍首二百戶男，絹一千匹。玄伯僞爲反閒
來，求屏人有所論。慧龍疑，使人探其懷，有尺刀。玄伯叩頭請死。慧龍曰：
"各爲其主也。"舍之。及慧龍死，玄伯感全宥之恩，留守墓側，終身不去。此
或出於意氣感激之私，不可以常理論。《周書·孝義傳》：荆可葬母之後，遂廬
於墓側。可家舊墓，塋域極大，榛蕪至深，去家十餘里，而可獨宿其中，與禽獸
雜處。哀感遠近，邑里稱之。此則近於矯僞矣。又《柳霞傳》：《北史》作柳遐。蕭
詧湝雍州，選爲治中。尋遷別駕。及詧於襄陽承制，授霞吏部郎、員外散騎常
侍。俄遷車騎大將軍、儀同三司、大都督。賜爵聞喜縣公。尋進位持節、侍
中、驃騎大將軍，開府、儀同三司。及蕭詧踐帝位於江陵，以襄陽歸於我，霞乃
辭詧曰："自晉氏南遷，臣宗族蓋寡。從祖大尉，世父儀同，從父司空，并以位
望隆重，遂家於金陵。惟留先臣，獨守墳柏。常誡臣等，不違此志。今襄陽既
入北朝，臣若陪隨鑾蹕，進則無益塵霧，退則有虧先旨。伏願曲垂照鑒，亮臣
此心。"詧重違其志，遂許之。夫詧之於霞，恩顧不爲不厚，而竟違之於流離顛
沛之中，臣節豈云無缺？此亦重視墳墓大甚之弊也。①

　　因時直非常，遂有所謂招魂葬者。觀議禮之家，多以爲非，而知重視形
魄，不應過甚矣。《晉書·東海王越傳》言：裴妃欲招魂葬越，元帝詔有司詳
議。博士傅純曰："聖人制禮，以事緣情。設冢椁以藏形，而事之以凶，立廟祧
以安神，而奉之以吉；送形而往，迎精而還；此墓廟之大分，形神之異制也。至
於宗廟寢祊，祭非一處，所以廣求神之道，而獨不祭於墓，明非神之所處也。
今亂形神之別，錯廟墓之宜，違禮制義，莫大於此。"於是下詔不許。裴妃不奉

---

①　葬埋：因重視墳墓而歸虜朝，觀顏之推之言知其非(第八二六頁)。

詔,遂葬越於廣陵。<small>大興末墓毀,又改葬於丹徒。</small>案古人未嘗不重形魄,讀《秦漢史》第十七章第五節可見。謂形魄不足重者,蓋一二哲人之見。然法古者固當法哲人,不當法流俗也。《晉書·五行志》云:"孝武晏駕,而天下騷動,刑戮無數,多喪其元。① 至於大斂,皆刻木及蠟,或縛菰草爲頭。"夫非其形體,又何藏焉? 乃若所爲,則并亡其軀者,又可制芻偶以代之歟? 其惑亦甚矣。又代北之俗,兵死者不入墓域。隋文帝仁壽元年,爲之下詔,謂其"虧孝子之意,傷人臣之心。"又曰:"入廟祭祀,并不廢闕,何至墳塋,獨在其外? 自今已後,戰亡之徒,宜入墓域。"案禁兵死不入墓域,蓋謂先人之靈,恒棲丘隴,惡見子孫之傷殘,與漢人受刑者不上丘墓,張猛不欲其頭過華陰歷先人之墓同,<small>見《秦漢史》第十七章第五節。</small>亦重視形魄之見也。

　　以骨肉歸復於土,魂氣則無不之之義言之,客死者原不必歸葬。魏孝文詔遷洛之民,死葬河南,不得遷北,<small>見第十一章第二節。</small>未爲非義也。然世俗則多重歸葬。《魏書·孝感傳》:趙琰,天水人。初爲兗州司馬。轉團城副將。還京,爲淮南王他府長史。時禁制甚嚴,不聽越關葬於舊兆。琰積三十餘年,不得葬二親。及蒸嘗拜獻,未嘗不嬰慕卒事。每於時節,不受子孫慶賀。年餘耳順,而孝思彌篤。慨歲月推移,遷窆無期,乃絶鹽、粟,斷諸滋味,食麥而已。年八十卒。遷都洛陽,子應等乃還鄉葬焉。又齊州人崔承宗,其父於宋世仕漢中,母喪,因殯彼。後青、徐歸國,遂爲隔絶。承宗性至孝,萬里投險,偷路負喪還京師。張讜之死也,子敬伯,求致父喪,出葬冀州清河舊墓。久不被許。停柩在家,積五六年。後父喪得葬舊墓,乃還屬清河。<small>《北史》本傳。</small>《顏氏家訓·終制篇》云:"先君、先夫人,皆未還建業舊山,旅葬江陵東郭。承聖末,啓求揚都,欲營遷厝。蒙詔賜銀百兩。已於揚州小郊北地燒塼。便直本朝淪没。流離如此。數十年間,絶於還望。今雖混一,家道困窮,何由辦此奉營資費? 自咎自責,貫心刻髓。計吾兄弟,不當仕進。但以門衰,骨肉單弱,五服之内,旁無一人,播越他鄉,無復資蔭,使汝等沈淪厮役,以爲先世之恥,故靦冒人間,不敢墜失;兼以北方政教嚴切,全無隱退者故也。今年老疾侵,儻然奄忽,豈求備禮乎?"又曰:"孔子之葬親也,云古者墓而不墳,丘東西南北之人也,不可以弗識也,於是封之,崇四尺。然則君子應世行道,亦有不守墳墓之時,況爲事際所逼也? 吾今羈旅,自若浮雲,竟未知何鄉是吾葬地,惟當氣絶便埋之耳。汝曹宜以傳業揚名爲務,不可顧戀朽壤,以取湮没也。"其言未嘗

---

　　① 葬埋:喪元者以他物爲頭之謬。

不達，然因不得歸葬，創痛之情，終溢於言表焉。中國士大夫之見解如此，虜所由以必葬桑乾脅之歟？①《魏書·王慧龍傳》：臨没，謂功曹鄭曄曰："吾羈旅南人，恩非舊結，蒙聖朝殊特之慈，得在疆場效命。誓願鞭尸吳市，戮墳江陰。不謂嬰此重疾，有心莫遂。脩短命也，夫復何言？身没後乞葬河内州縣之東鄉，依古墓而不墳，足藏髮齒而已。庶魂而有知，猶希結草之報。"時制南人入國者，皆葬桑乾。曄等申遺意，詔許之。《韓延之傳》云：初延之曾來往柏谷塢，省魯宗之墓，有終焉之志。因謂子孫云："河、洛三代所都，必有治於此者，我死，不勞向代北葬也，即可就此。"及卒，子從其言，遂葬於宗之墓次。延之死後五十餘年而高祖徙都。延之固忠義之士。慧龍，史言其自以遭難流離，常懷憂悴，乃作祭伍子胥文以寄意。生一男一女，遂絶房室。布衣蔬食，不參吉事。其人亦尚非全無心肝者流。蓋以家難不得已而臣虜，尚未自絶於中國者。其乞葬河南之語，特其飾辭。延之之言，其為假託，尤顯而易見。蓋皆不欲葬北者也。虜豈易欺，度其必葬桑乾之法，本亦不能盡行耳。然為所牽制者必多矣。此法蓋所以脅中國之士夫不敢叛之，并不能捨之而去也。然後來孝文之所以脅其族人南遷者，亦正是法也。南遷而鮮卑之亡也忽焉矣。天道好還，詎不信歟？

　　合葬之法，亦為使人必求歸葬之一端。② 宣王終制，既云後終者不得合葬。皇甫謐作《篤終論》，亦云："亡有前後，不得移祔。祔葬自周公來，非古制也。"魏子建疾篤，顧勅二子曰："吾生平契闊，前後三娶。合葬之事，抑又非古。且汝二母，先在舊塋，墳地久固，已有定别，惟汝次母墓在外耳。可遷入兆域，依班而定行於吾墓之後。如此足矣，不須祔合。"《魏書·自序》。此已非流俗之見，然雖不祔合，而仍必同塋域，則仍無補於客死者之必求歸葬也。況流俗之見，尚有不以同域為已足者乎？《宋書·孝武帝紀》：大明六年十月，詔上林苑内民庶丘墓欲還合葬者勿禁。此所以順民心，即可見民間求合葬之切矣。周、齊之分隔也，裴文舉叔父季和為曲沃令，卒於聞喜川。而叔母韋氏卒於正平縣屬。東西分隔，韋氏墳隴，遂在齊境。及文舉在本州，保定三年，遷絳州刺史。每加賞募。齊人感其孝義，潛相要結，以韋柩西歸，竟得合葬。文舉私痛，齊人何與焉？蓋特貪其重募，而裴氏子孫，乃妄為之辭耳。

　　厚葬之事，既已靡財，又因貧者慕效，至使停喪不葬，其詒害實為甚巨，故

①　葬埋：虜以必葬桑乾，脅中國人，王慧龍、韓延之不從。

②　葬埋：求合葬者多切。

歷代多有禁令。齊永明七年十月，詔曰："三季澆浮，舊章陵替，吉凶奢靡，動
違矩則。至斑白不婚，露棺累葉。苟相誇衒，罔顧大典。可明爲條制，嚴勒所
在，悉使畫一。如復違犯，依事糾奏。"其一事也。《晉書・馮跋載記》：跋下書
曰："厚於送終，貴而改葬，皆無益亡者，有損於生。是以祖考，因舊立廟，皆不
改營陵寢。申下境內，自今皆令奉之。"則雖偏方之主，亦知之矣。一時士大
夫，能爲薄葬之論，若豫立終制，勅子弟遵奉者亦不少，并有生以侈聞，歿亦知
遵儉德者。如夏侯湛，史言其族爲盛門，性頗豪侈，侯服玉食，窮滋極珍，及將
歿，顧遺命小棺薄斂，不脩封樹是也。厚葬之無益於亡者，夫固中人知之矣。
然俗之既成，能自拔者卒少。《魏書・高允傳》：允條列時事，言："今國家營
葬，費捐巨億，一旦焚之，以爲灰燼。《宋書・索虜傳》云：生時車馬器用，皆燒之以送亡
者。① 上爲之不輟，而禁下民之必止，此三異也。"元孝友言："今人生爲卓隸，葬
擬王侯，存歿異途，無復節制。崇壯丘壠，盛飾祭儀，隣里相榮，稱爲至孝。"其
上下波靡之情形，可以想見。王濬，功名之士也，而其葬也，大營塋域，葬垣周
四十五里。劉昶，奔亡之餘也，而豫營墓於彭城西南，與三公主同塋而異穴，
發石累之，墳崩壓殺十餘人，後復移改，爲公私費害。張緬母劉氏，以緬父没
家貧，葬禮有闕，遂終身不居正室，不隨子入官府。河南辛普明，僑居會稽。
兄將葬，隣人賻助甚多。普明初受，後皆反之。贈者甚怪。普明曰："本以兄
墓不周，故不逆來意，今何忍以亡者餘物爲家財邪？"《齊書・孝義傳》。此即君子
不家於喪之義，其人實非流俗，然猶兢兢於營墓，況其下此者乎？《魏書・外
戚傳》，譏高肇父兄封贈雖久，竟不改瘞，此當時士大夫之興論，而史家采之者
也，其識乃出馮跋下矣。以厚葬爲孝，已爲識者所非，況又有如趙脩之徒，焜
燿道路，傷風敗俗者哉？見第十二章第一節。

附棺、附身之物，求其必誠必信，固爲禮之所許，然踵事增華，終必至於以
死傷生而後已，故其激者，乃欲并衣衾棺椁而去之。皇甫謐《篤終》之論曰：
"尸與土并，反真之理也。然則衣衾所以穢尸，棺椁所以隔真。故吾欲朝死夕
葬，夕死朝葬。不設棺椁。不加纏斂。不脩沐浴。不造新服。殯含之物，一
皆絕之。吾本欲露形入阬，以身親土。或恐人情，染俗來久，頓革理難。今故
觕爲之制。奢不石椁，儉不露形。氣絕之後，便即時服，幅巾故衣。以蘧蒢裏
尸，蘧蒢，蘆蓆。麻約二頭，置尸牀上。擇不毛之地，穿阬深十尺，長一丈五尺，廣
六尺。阬訖，舉牀就阬。去牀下尸。平生之物，皆無自隨。蘧蒢之外，便以親

---

① 葬埋：虜俗多燒物，以送亡者（第一〇四〇——〇四一頁）。

土。土與地平。還其故草，使生其上。無種樹木。削除使生迹無處，自求不知。"①《南史·劉歊傳》：大中大夫琅邪王敬胤，以天監八年卒，遺命"不得設復魄旌旐。一蘆虆藉下，一枚覆上。吾氣絶，便沐浴。籃輿載尸，還忠侯大夫壙中。若不行此，則戮吾尸於九泉。"敬胤外甥許慧詔因阮研以聞。詔曰："此達生之格言，賢夫玉匣、石椁遠矣。然子於父命，亦有所從有所不從。今從素若申遺意，土周淺薄，屬辟不施。一朝見侵狐鼠，戮尸已甚。父可以訓子，子亦不可行之。外內易棺，此自奉親之情；藉土而葬，亦通人之意；宜兩舍兩取，以達父子之志。棺周於身，土周於椁。去其牲奠。斂以時服。一可以申情，二可以稱家。禮教無違，生死無辱，此故當爲安也。"此子孫不能奉行遺制，而藉王命以斷之者也。然如是之制，能行之者已少矣，固知變俗之難也。

衣之與棺，所以防狐狸之食，蠅蚋姑之嘬，故曰毋使土親膚。形魄既終歸於地，則如是亦足矣，不必更厚爲之隔也。王祥遺令，謂西芒上土自堅貞，勿用甓石，實協於理。顏之推欲還葬其父母，豫於揚州燒塼，蓋亦以揚都下淫之故。亦《終制篇》中語。杜預自表營洛陽城東首陽之南小山，皆用洛水圓石，已非達者矣。然吳逵葬其家十三喪，夜燒甎甓，王彭營葬父母，鄉里亦出夫力助作塼；見第十九章第一節。則以甎甓葬者極多。②《周書·孝義傳》：皇甫遐遭母喪，廬於墓側，負土爲墳。後於墓南作一禪窟。陰雨則穿窟，晴明則營墓。曉夕勤力，未嘗暫停。積以歲年，墳高數丈，周回五十餘步。禪窟重臺兩匝，總成十有二室。中閒行道，可容百人。吳逵、王彭固貧士，遐亦累世寒微，而其所爲如是，當時營葬之厚，誠非今人所能想像已。

其更侈於此者，則爲石室、石獸、碑銘之屬。所費既廣，且易開虛美之風，長導諛之習，故歷代亦有禁令。③《宋書·禮志》曰："漢以後天下送死奢靡，多作石室、石獸、碑銘等物。建安十年，魏武帝以天下彫弊，下令不得厚葬，又禁立碑。魏高貴鄉公甘露二年，大將軍參軍大原王倫卒，倫兄俊作《表德論》，以述倫遺美，云祇畏王典，不得爲銘，乃撰錄行事，就刊於墓之陰云爾，此則碑禁尚嚴也。此後復弛替。晉武帝咸寧四年，又詔曰：石獸、碑、表，既私褒美，興長虛僞。傷財害人，莫大於此。一禁斷之。其犯者，雖會赦令，皆當毀壞。至元帝大興元年，有司奏故驃騎府主簿故恩營葬舊君顧榮，求立碑。詔特聽立。自是後禁又漸頹。大臣長吏，人皆私立。義熙中尚書祠部郎中裴松之又議禁斷，於是至

---

①　葬埋：皇甫謐篤終論，還故草使生其上，使自求不知。此得墓而不墳之意矣。

②　葬埋：以磚甓葬者多。

③　葬埋：立碑之禁。

今。"《隋書·禮志》曰："梁天監六年,申明葬制,凡墓不得造石人、獸、碑,惟聽作石柱記名位而已。"惟記名位,似無虛美之嫌,然事易寖離其本,爲防微杜漸計,似仍以一切斷之爲得也。

厚葬既終不能革,故發掘之事,亦終不能絶。《晉書·張方傳》言:方在洛既久,兵士暴掠,發哀獻皇女墓。《王機傳》言:杜弢所在發墓。《石季龍載記》言:勒及季龍,并貪而無禮。既王有十州之地,金帛珠玉及外國珍奇異貨,不可勝紀,而猶以爲不足。曩代帝王及先賢陵墓,靡不發掘而取其寶貨焉。《苻丕載記》:丕左丞相王永檄州郡,言姚萇殘虐,慕容垂凶暴,所過滅戶夷煙,毀發丘墓。陳宣帝罪狀薛安都之詔曰:"椎埋發掘,毒流泉壤。"《南史·劉杳傳》言:曹嶷於青州發齊景公冢。田益宗歸魏被代,表言代者毀發墳墓,露泄枯骸。此皆在兵亂之際者,然平時亦所不免。《晉書·何充傳》:充爲會稽内史,以墓被發,去都改葬。《齊書·周山圖傳》:山圖爲淮南大守,有盜發桓温冢,大獲寶物。《高祖十二王傳》,又言有盜發温女冢者。《陳書·世祖九王傳》言:征北軍人,於丹徒盜發晉郗曇墓。《北史·齊本紀》言:文宣帝死,先是霍州發楚夷王女冢,得珠襦玉匣,帝珍之,還以斂焉。《周書·賀蘭祥傳》言:荆州境多古墓,其俗好行發掘。① 此皆在平時者也。甚有以貴人而躬椎埋之行者。《宋書·前廢帝紀》,謂其以魏武帝有發丘中郎將、摸金校尉,乃置此二官,以建安王休祐領之,其説不知信否。《陳書·始興王叔陵傳》,言其好遊冢墓間,遇有塋表主名可知者,輒令左右發掘,取其石志、古器,并骸、肘、脛,持爲翫弄,藏之庫中、府内,則説必不誣矣。《南史·齊宗室傳》:梁州有古墓,名曰尖冢,或云張騫墳。有欲發者,輒聞鼓角與外相拒,椎埋者懼而退。蕭敷穎達第七子。謂無此理,求自監督。及開,惟有銀鏤銅鏡方尺。此亦叔陵之類也。《魏書·高宗紀》:大安四年十月,北巡,至陰山,有故冢毀廢,詔曰:"昔姬文葬骨,天下歸仁,自今有穿毀墳隴者斬之。"其刑可謂甚峻。《宋書·桓護之傳》:護之伯父之子闓,元嘉中爲員外散騎侍郎,母墓爲東阿寺道人曇洛等所發,闓與弟殿中將軍閦共殺曇洛等五人。《齊書·孝義傳》:朱謙之,年數歲,所生母亡,其父昭之假葬之於田側,爲族人朱幼方燎火所焚。同産姊密語之。謙之雖小,便哀戚如持喪。年長,不婚娶。永明中,手刃殺幼方。其相報亦可謂甚慘。然椎埋者踵相接也。故曰:"使其中有可欲,雖錮南山猶有隙也。"

以發掘報怨、肆毒者,亦時有之。《魏書·畢衆敬傳》言:衆敬爲申纂所

---

① 葬埋:帝王貴人達官將帥皆發塚,此等人塚亦見發。

恨。會有人發衆敬父墓，衆敬疑纂所爲。其弟衆愛，乃亦遣人密至齊陰掘纂父墓，以相報答。此已爲非理。魯爽與弟秀南奔，魏毀其墳墓；北齊文宣帝以祈雨不應，毀西門豹祠，掘其冢；此則更尸帝王之名，而同盜賊之行已。其尤堪髮指者，則爲隋文帝縱王頒掘陳武帝墓事。頒者，僧辯之子，其父固叛國當誅者也。頒仕周，後從韓擒虎滅陳。頒密召父時士卒，得千餘人，對之涕泣。或曰："郎君讎恥已雪，而悲哀不止，將爲霸先早死，不得手刃之邪？請發其丘隴，斲櫬焚骨，亦可申孝心矣。"頒頓顙陳謝，額盡流血。曰："某爲帝王，墳塋甚大，恐一宵發掘，不及其尸，更至明朝，事乃彰露，若之何？"諸人請具鍤鍤。一旦皆萃。於是夜發其陵。頒遂焚骨取灰，投水而飲之。既而自縛，歸罪於晉王。王表其狀。高祖曰："朕以義平陳，王頒所爲，亦孝義之道也，朕何可罪之？"舍而不問。天下有此義歟？武帝奮身以保中國，而國之人不能保其封樹，是則中國民族之恥也。

中國人素重埋葬，實則棄尸不葬者甚多。此與其日言上天好生，父殺子爲極惡，而生子實多不舉同理。生計所迫，固非空言所能挽也。《漢鼓吹鐃歌曲》曰："戰城南，死郭北，野死不葬烏可食。爲我謂烏：且爲客豪。野死諒不葬，腐肉安能去子逃？"《宋書·樂志》。可見戰死不葬者之多矣。梁武帝中興元年十二月，令曰："朱爵之捷，逆徒送死者，特許家人殯葬。若無親屬，或有貧苦，二縣長尉，即爲埋掩。建康城內，不達天命，亦同此科。"陳宣帝大建五年四月，詔北伐衆軍，所殺齊兵，并令埋掩。魏顯祖皇興二年十二月，詔勑郡縣：張永軍殘廢之士，聽還江南。露骸草莽者收瘞之。此等似極寬仁，然文誥不必其能行也。諸臣能收瘞戰骸，若圍城中積尸者，亦時有之，如梁之韋叡、《梁書》本傳云：初郢城之拒守也，男女口垂十萬。閉壘經年，疾疫死者十七八。皆積尸於牀下，而生者寢處其上。每屋輒盈滿。叡料簡隱卹，咸爲營埋。於是死者得埋藏，生者反居業，百姓賴之。安成康王秀，《梁書》本傳云：爲郢州刺史。先是夏口常爲兵衝，露骸積骨於黃鶴樓下。秀祭而埋之。一夜，夢數百人拜謝而去。魏之李神儁皆是。《魏書》本傳：爲荊州刺史。蕭衍遣將曹敬宗來寇，攻圍積時。又引水灌城，不没者數版。詔遣都督崔暹，別將王羆、裴衍等赴援。敬宗退走。時寇賊之後，城外多有露骸，神儁教令收葬之。然如侯景聚尸而焚之之事，終在所不免，《梁書》本傳：初城中積尸不暇埋瘞，又有已死而未斂，或將死而未絕，景悉聚而燒之，臭氣聞十餘里。尚書外兵郎鮑正疾篤，賊曳出焚之，宛轉火中，久而方絕。其勢固有所不給也。此外凶荒、《齊書·本紀》：東昏侯永元元年七月，京師大水，死者衆。詔賜死者材器，并振恤。《梁書·蕭景傳》：爲梁兗州刺史。會年荒，死者給棺具。《始興王憺傳》：爲荊州刺史。天監六年，州大水。分遣諸郡，遭水死者給棺槥。《魏書·高祖紀》：大和五年四月，詔時雨不霈，春苗萎悴，諸有骸骨之處，皆敕埋藏，勿令露見。《世宗紀》：景明三年二月，詔陽旱積時，農民廢殖，申下州郡：有骸骨暴露者，悉可埋瘞。正始三年五月，詔時澤未

降，春稼已旱，或有孤老餒疾，無人贍救，因以致死，暴露溝壑者，洛陽部尉依法棺埋。《肅宗紀》：神龜二年二月，詔農要之月，時澤弗應，可勅内外；掩骴埋骼。冀、瀛之境，往往寇暴，死者既多，白骨横道，可遣專令收葬。《孝静帝紀》：天平二年三月，以旱故，詔京邑及諸州郡縣收瘞骸骨。三年十一月，詔尚書：可遣使巡檢河北流移飢人。邢陘、滏口所經之處，若有死尸，即爲藏掩。案遇旱則勅瘞埋，蓋爲魏氏之故事，然此等循例之文誥，亦多成具文而已。疾疫之際，《宋書·文帝紀》：元嘉四年五月，京師疾疫。遣使存問，給醫藥。死者若無家屬，賜以棺器。《孝武帝紀》：大明元年四月，京邑疾疫。遣使按行，賜給醫藥。死而無收斂者，官爲斂埋。四年四月，詔都邑節氣未調，癘疫猶衆，其死亡者，隨宜卹贍。《梁書·止足傳》：顧憲之，齊高帝即位，除衡陽内史。先是郡境連歲疾疫，死者大半。棺木尤貴，悉裹以葦席，棄之路旁。憲之下車，分告屬縣，求其親黨，悉令殯葬。其家人絶滅者，憲之爲出公禄，使綱紀營護之。此良吏之真能從事掩埋者也。貧弱無依之徒，《宋書·孝武帝紀》：大明二年二月，詔曰：政道未著，俗弊尚深。豪侈兼并，貧弱困窘。存闕衣裳，殁無斂槥。朕甚傷之。其明勅守宰，勤加存卹。賵贈之科，速爲條品。以及犯法身陷牢獄者，《魏書·高祖紀》：延興三年九月，詔自今京師及天下之囚，罪未分判，在獄致死，無近親者，公給衣衾、棺櫝，葬埋之，不得暴露。或死而未葬，《齊書·高帝紀》：建元元年六月，詔曰：宋末頻年戎寇，兼災疾凋損，或枯骸不收，毁櫬莫掩，宜速宣下，埋藏營卹。若標題猶存，姓氏可識，可即運載，致還本鄉。有司奏遣外監典事四人周行，離門外三十里爲限。其餘班下州郡。無棺器標題者，屬所以臺錢供市。按此詔所該，可謂甚廣。或葬而見發者，《齊書·明帝紀》：建武二年正月，詔京師二縣，有毁發墳壠，隨宜脩理。咸蒙特下明詔，或則遣使分行，《周書·明帝紀》：二年六月，遣使分行州郡，理囚徒，察風俗，掩骼埋骴。按其時使，以此爲詔條者甚多。《北齊書·循吏傳》：宋世良爲殿中侍御史，詣河北括户，還見汲郡城旁多骸骨，移書州郡，令悉收瘞，則不奉詔條者，亦或以便宜行之矣。甚有人主親見，駐蹕掩埋者。《魏書·高祖紀》：大和十九年八月，幸西宫，路見壞冢露棺，駐輦殣之。其於士卒，尤多致恩意。《晉書·姚興載記》：興下令：士卒戰亡者，守宰所在埋藏之。求其所親，爲之立後。《南史·梁武帝紀》：中興二年正月，辛卯，令義師臨陳致命，疾病死亡，并加葬斂，收徇遺骸。《陳書·世祖紀》：天嘉五年十二月，討陳寶應將士死王事，并給棺槥，送還本鄉，并復其家。《宣帝紀》：大建二年三月，詔討周迪、華皎已來，兵交之所，有死亡者，并命收斂。并給棺槥，送還本鄉。《魏書·裴駿傳》：子宣，世宗時上言："自遷都已來，凡戰陳之處，及軍罷兵還之道，所有骸骼無人覆藏者，請悉令州郡、戍邏，檢行埋掩。并符出兵之鄉，其家有死於戎役者，使皆招魂復魄，祔察先靈。復其年租調。身被傷痍者，免其兵役。"朝廷從之。案此等政令，皆有要結之意，非盡出於仁心也。然暴骨榛莽之象，卒仍隨處可見，病源自别有在，夫豈小惠所能拯乎？

　　殉葬之風，中國久絶，而代北則猶有之。[1]《魏書·叔孫建傳》：子俊卒，大宗命其妻桓氏曰："夫生既共榮，殁宜同穴，能殉葬者可任意。"桓氏乃縊而死。遂合葬焉。《王洛兒傳》：洛兒卒，大宗鴆其妻周氏，與合葬。亦可謂野

————————
　　① 葬埋：代北有殉葬事。

832

蠻矣。

　　後世所謂堪輿之學者，晉以後漸盛。《廿二史劄記》云："古人但有望氣之法。如秦始皇時，望氣者謂東南有天子氣，乃南巡以厭之。又謂金陵有王氣，乃鑿淮水以泄之。光武未貴時，望氣者蘇伯阿過南陽，望春陵郭，喟曰：氣佳哉！鬱鬱葱葱然。孫皓時，臨平湖開，皓以問陳訓，訓曰：臣止能望氣，不知湖之開塞。陳敏反，或曰：陳家無王氣，不久當滅。此古來專以望氣占吉凶，未嘗有相墓之術也。相墓術相傳始於郭璞。然《后漢書·袁安傳》：安覓地葬父，有三書生指一處云：葬此當世爲上公，從之，故累世隆盛。《晉書·羊祜傳》：有相墓者言祜祖墓有帝王氣。① 祜乃鑿之。相者曰：猶當出折臂三公。後祜墮馬折臂，果位三公。則又在璞之前。即璞本傳載其卜筮靈驗之處甚多，謂先有郭公者，精於卜筮，璞從受業，公授以青囊書九卷，遂洞五行、天文、卜筮之術，亦未嘗及相墓也。又璞所著書，載其靈驗事迹者曰《洞林》，抄京、費諸家最要者曰《新林》，又《卜韻》一篇，注《爾雅》、《三蒼》、《方言》、《穆天子傳》、《山海經》、《楚辭》、《子虛》、《上林賦》，及所作詩、賦、誄、頌共數十萬言，亦未有所謂葬經也。惟《傳》內稱璞葬母暨陽，去水百步，或以近水言之，璞曰：當即爲陸矣，其後果沙漲數十里。又璞爲人葬墓，晉明帝微服觀之。問主人：何以葬龍角？主人曰郭璞云此葬龍耳，當致天子。帝曰：當出天子邪？主人曰：非出天子，能致天子至耳。此璞以相墓擅名，而後世皆以爲葬術之始也。而葬術之行，實即由是時而盛。陶侃將葬父，家中忽失牛，有老父謂曰：前岡見有一牛，眠山汙中，若葬之，位極人臣。又指一山曰：此亦其次，當出二千石。侃尋得牛，因葬其處。以所指別山與周訪葬其父。後侃果爲三公，訪爲刺史。宋武帝父墓在丹徒侯山，有孔恭者，善占墓，謂此非常地。後果爲天子。齊高帝舊塋在武進彭山，岡阜相屬，百里不絕，其上常有五色雲。宋明帝惡之，遣占墓者高靈文往相之。靈文先給事齊高，乃詭曰：不過方伯耳。私謂齊高曰：貴不可言。後果登極。齊高之母劉氏，與夫合葬，時墓工始下錨，有白兔跳起，及墳成，又止其上。荀伯玉家墓，有相之者，謂當出暴貴而不久，伯玉官果至散騎常侍，坐事誅。案《南史》：相墓者又云：當出失行女子。頃之，伯玉姊當嫁，明日應行，今夕隨人逃去。柳世隆曉術數。於倪塘創墓，與賓客往遊，十往五往，常坐一處。及卒，正葬其地。富陽人唐寓之，祖父皆以圖墓爲業。梁武丁貴嬪薨；昭明大子求得善墓地，被俞三副以己地奏帝買葬之。有道士，謂其地不利長

────────

① 葬埋：相墓者言：羊祜祖墓有帝王氣，則相墓者亦望氣。此非凡氣(第八三四頁)。

子,教以用蠟鵝諸物厭之。後事發,昭明以此慙懼而薨。案詳見第十二章第五節。杜嶷葬祖父,梁元帝忌之,命墓工惡爲之,逾年而嶷卒。吳明徹葬父,有伊氏者,善占墓,謂其兄曰:葬日必有乘白馬逐鹿者過此,此是最小子大貴之徵。明徹後果大貴。此皆見於各列傳者,可見六朝時此術已盛行。如《昭明傳》曰不利長子,《明徹傳》曰最小子大貴,則術家所云長房、小房之説,亦即起於是時矣。"案郭璞事見於史者,又有《南史·張裕傳》。云:初裕曾祖澄,嘗葬父,郭璞爲占墓地,曰:"葬某處,年過百歲,位至三司,而子孫不蕃。某處年幾減半,位裁卿校,而累世貴顯。"澄乃葬其劣處。年六十四而亡。其子孫遂昌。又《宋書·符瑞志》:孫堅之祖名鍾,家在吳郡富春。獨與母居。性至孝。遭歲荒,以種瓜爲業。忽有三少年,詣鍾乞瓜。鍾厚待之。三人謂鍾曰:"此山下善,可作冢葬之,當出天子。君可下山百許步顧,見我去,即可葬也。"鍾去三十步便反顧。見三人并乘白鶴飛去。鍾死,即葬其地。地在縣城東。冢上數有光怪。雲氣五色上屬天,衍數里。父老相謂:"此非凡氣,孫氏可興矣。"案此説亦與望氣相夾雜。《南史·毛喜傳》:言喜以母憂去職,陳宣帝遣員外散騎常侍杜緬圖其墓,上親與緬案圖指畫,其見重如此。此皆相墓之術見於史,而爲趙氏徵引所未及者也。又《晉書·羊祜傳》言:祜都督荊州諸軍事,時長吏喪官,後人惡之,多毀壞舊府。祜以死生有命,非由居室,書下征、鎮,普加禁斷。《魏舒傳》:少孤,爲外家甯氏所養。甯氏起宅,相宅者云:當出貴甥。外祖母以魏氏甥小而慧,意謂應之。舒曰:"當爲外氏,成此宅相。"《宋書·王僧綽傳》:初大社西空地一區,吳時丁奉宅,孫晧流徙其家。江左初爲周顗、蘇峻宅,其後爲袁悦宅,又爲章武王司馬秀宅,皆以凶終。後給臧燾,亦頗遇喪禍。故世稱爲凶地。僧綽嘗以正達自居,謂宅無吉凶,請以爲第。始就造築,未及居而敗。此後世所謂陽宅者,以是占吉凶,其術亦盛於晉、南北朝之世矣。①《晉書·藝術傳》:韓友能圖宅、相冢;《北史·藝術傳》:陸法和爲人置宅、圖墓,以避禍求福;皆兼是二術者。《隋書·經籍志》:五行家有《宅吉凶論》三卷,《相宅圖》八卷,《五姓墓圖》一卷。又云:梁有《冢書》、《黃帝葬山圖》各四卷,《五音相墓書》五卷,《五音圖墓書》九十一卷,《五姓圖山龍》及《科墓葬不傳》各一卷,《雜相墓》四十五卷,亡。觀其卷帙,南方遠多於北方,則知其術南盛於北。此最爲世所附會之郭璞,所以亦在南方歟? 又有庾季才《地形志》,一家之中,兩見著録,前作八十七卷,後作八十卷。蓋係重出,而卷帙之數,傳

---

① 風俗:相宅亦出晉南北朝。北方尚兼用蔔筮(第八三五頁)。

寫有譌。季才以術數名家,所論者或不止一人一家之事。以地運推國家興廢,古來本有是説。江陵洲滿百出天子,已見第十三章第四節。《晉書·索靖傳》:靖行見姑臧城南石地,曰:"此後當起宮殿。"至張駿,於其地立南城,起宗廟,建宮殿焉。《齊書·州郡志》:益州,晉世以處武臣,宋世亦以險遠,諸王不牧。泰始中,成都市橋忽生小洲。始康人邵碩有術數,見之曰:"洲生近市,當有貴王臨境。"永明二年,而始興王爲刺史。皆其説之可考者也。又《魏書·閹官傳》言:劉騰以正光四年三月死。騰之初治宅也,奉車都尉周特爲之筮,不吉,深諫止之。騰怒而不用。特告人曰:"必困於三月四月之交。"至是果死。聽事甫成,陳尸其下。則北方占宅之吉凶者,尚并用卜筮,不盡恃今所謂堪輿之術也。

今所謂堪輿之術之興,實緣廛里塋墓,皆無定地。去古寖遠,一切度制,皆稍廢墜,不徒冢人之職無存,如漢人之叢葬北邙者,亦不可復見矣。陪陵之制,兆域實有定地,然其所及者有限。當時又以墓地賜其臣,如晉武之於魯芝,所賜乃至百畝,則益風其下,使之侈於營葬耳。《魏書·肅宗紀》:神龜元年十二月,詔曰:"民生有終,下歸兆域。京邑隱賑,口盈億萬。貴賤攸憑,未有定所。爲民父母,尤宜存恤。今制乾脯以西,擬爲九原。"①此舉頗得古司空度地之意,惜乎後世知此義者甚少,而在當時亦未必能行也。

## 第六節　交　通

《廿二史考異》云:"古之貴者,不乘牛車,後稍見貴,自靈、獻以來,天子至士,遂以爲常乘。按古制:乘車、兵車、田車,皆曲轅駕駟馬,惟平地任載之車駕牛,乃有兩轅,《考工記》所謂大車之轅摯,其登又難者也。牛車本庶人所乘。《史記·平準書》:漢興,接秦之敝,自天子不能具鈞駟,而將相或乘牛車,則漢初貴者已乘之矣。晉時,御衣車、御書車、御輻車、御藥車、畫輪車皆駕牛,則并施於鹵簿。《隋書·閻毗傳》言:屬車八十一乘,以牛駕車,不足以益文物,是自晉至隋,屬車皆駕牛也。《石崇傳》:崇與王愷出游,爭入洛城,崇牛迅若飛禽,愷絶不能及。《王衍傳》:衍引王導共載,在車中,攬鏡自照,謂導曰:爾看吾,目光在牛背上矣。《王導傳》:導營別館以處衆妾,妻曹氏將往焉,導恐妾被辱,遽命駕,猶恐遲之,以所執塵尾驅牛而進。《世説》:劉尹臨

---

① 葬埋:魏制葬地以擬九原。

終，外請殺車中牛祭神，答曰：某之禱久矣。《南史·劉瑀傳》：與何偃同從郊祀，偃乘車在前，瑀蹋馬及之，謂偃曰：君豈何疾？偃曰：牛駿御精，所以疾耳。《徐湛之傳》：與弟淳之共車行，牛奔車壞。《朱脩之傳》：至建業，奔牛墜車折腳。《劉德願傳》：善御車。嘗立兩柱，使其中劣通車軸，乃於百餘步上，振轡長驅，來至數尺，打牛奔從柱前直過。《梁本紀》：嘗乘折角小牛車。《蕭琛傳》：郡有項羽廟，前後二千石皆於聽拜祠，以軛下牛充祭。《北史·高允傳》：特賜允蜀牛一頭，四望蜀車一乘。《彭城王勰傳》：登車入東掖門，度一小橋，牛傷，人挽而入。《北海王詳傳》：宣武之親政，詳與咸陽王禧、彭城王勰并召入，共乘犢車。《常景傳》：齊神武以景清貧，特給車牛四乘，妻孥方得達鄴。《元仲景傳》：兼御史中尉，每向臺，恒駕赤牛，時人號赤牛中尉。《尒朱世隆傳》：今旦爲令王藉車牛一乘，車入到省西門，王嫌牛小，繫於闕下槐樹，更將一青牛駕車。《畢義雲傳》：高元海遣犢車迎義雲入北宮。《琅邪王儼傳》：魏氏舊制，中丞出，千步清道，王公皆遙住車，去牛，頓軛於地，以待中丞過。其或遲違，則赤棒棒之。《和士開傳》：遣韓寶業以犢車迎士開入內。《牛宏傳》：弟弼，常醉射殺宏駕車牛。《藝術傳》：天興五年，牛大疫，輿駕所乘巨犗數百頭，同日斃於路側。此自晉至隋，王公、士大夫競乘牛車之證也。"[1]案晉、南北朝之世，牛車盛行之事，出於錢氏所徵引之外者尚多。《齊書·武陵王曅傳》，言冬節問訊，諸王皆出，曅獨後來。上已還便殿，世祖。聞曅至，引見問之。曅稱牛羸不能取路。上勅車府給副御牛一頭。是天子常駕牛也。《褚淵傳》：淵死後，其弟澄贖淵常所乘黃牛。《謝超宗傳》：僕射王儉，嘗牛驚跳下車，超宗撫掌笑戲曰：墮車僕射。詳見第三節。是三公、尚書皆駕牛也。《宋書·江湛傳》：家甚貧約，牛餓，馭人求草，湛良久曰："可與飲。"《顏延之傳》言：延之子竣貴重，權傾一時，凡所資供，一無所受，常乘羸牛笨車。《梁書·明山賓傳》：家中常乏用，貨所乘牛。《陳書·徐陵傳》：大建中，食建昌邑。[2] 邑户送米至於水次，陵親戚有貧匱者，皆令取之。數日便盡。陵家尋致乏絕，府僚怪問其故，陵云："我有車牛、衣裳可賣，餘家有可賣不？"《魏書·胡叟傳》言：叟每至貴勝之門，恒乘一悖牛。是士大夫之清貧者皆駕牛。然《南史·陳顯達傳》言：家既豪富，諸子與王敬則諸兒，并精車牛，麗服飾。當世快牛，稱陳世子青，王三郎烏，呂文顯折角，江瞿曇白鼻。《宋書·五行志》言：元嘉三年，徐羨

---

① 交通：牛車盛行，《廿二史考異》未及者尚多。徵發亦多及牛（第八三七頁）。北人乘馬較多（第八三八—八三九頁），兼有驢騾橐駝（第八三九頁）。

② 史事：食邑者邑户送米。

之大兒喬之行欲入廣莫門，牛徑將入廷尉寺，明日被收。合石崇、王愷爭迅之事觀之，是紈袴之子，豪富之徒，亦所精者在牛而不在馬也。《宋書·宗慤傳》言：慤有佳牛，堪進御，官買不肯賣，坐免官。《魏書·酷吏傳》：張赦提爲幽州刺史，頗縱妻段氏，多有受納。中散李真香出使幽州，採訪牧守政績，驗案其罪。其妻，姑爲大尉東陽王丕妻，詣丕申訴求助。陳列真香：昔因假過幽州，知赦提有好牛，從索不果，挾前事威逼部下，證成誣罪。説雖未知信否，然佳牛爲貪求者所垂涎，則當時必有其事矣。《南史·王筠傳》云：筠性儉嗇，所乘牛常飼以青草，則當時貴富之家，飼牛必有不止於草者，恐率獸食人之事，亦在所難免矣。其時惟有關體制之事，尚貴馬而賤他畜，以不用馬爲辱，如晉海西公、魏孝靜帝見廢，皆乘犢車而去；駕若弼令蔡徵爲陳叔寶作降牋，命乘騾車歸己皆是。《魏書·王肅傳》：蕭兄子衍，爲余朱仲遠所擒，以其名望，不害也，令騎牛從軍，久乃見釋。亦同。其餘殆無不乘牛者。《晉書·紀瞻傳》言：召拜尚書郎，與顧榮同赴洛。至徐州，聞亂日甚，將不行。會刺史裴盾得東海王越書：“若榮等顧望，以軍禮發遣。”乃與榮及陸玩等各解船，棄車牛，一日一夜行三百里，得還揚州。《魏書·崔玄伯傳》：大祖還京師，次於恒嶺，親登山頂，撫慰新民，適遇玄伯扶老母登嶺，大祖嘉之，賜以牛、米。因詔諸徙人不能自進者，給以車牛。見第十七章第四節。《外戚傳》言：高宗保大后之母宋氏，就食和龍，無車牛，疲不能進。是取長途者皆以牛也。《序紀》言：桓帝魁岸，馬不能勝，常乘安車，駕大牛。《北齊書·神武紀》言：神武與同志圖杜洛周，不果而逃。爲其騎所追。文襄及魏永熙后皆幼，武明后於牛上抱負。文襄屢落牛。神武彎弓，將射之以決去。后呼段榮求救。賴榮遽下取之以免。《北史·蠕蠕傳》：道武謂崔宏：“蠕蠕之人，昔來號爲頑囂，每來鈔掠，駕特牛奔遁，驅犍牛隨之，特牛伏不能前，異部人教以犍牛易之，終於不易，遂爲敵所虜。”詳見第八章第三節。是雖代北多馬，亦皆藉牛以爲用矣。職是故，當時徵發，亦遂多及於牛。《晉書·食貨志》：杜預上疏言：“今典農右典牧種産牛，有四萬五千餘頭，可分三萬五千頭，以付兗、豫二州將吏、士庶，使及春耕。穀登之後，得運水次成穀七百萬斛。其所留好種萬頭，可并佃牧地，歲當復入數千萬斛穀，牛又皆當調習，動可駕用。”《石季龍載記》：季龍發百姓牛二萬餘頭配朔州牧官。又制征士五人，車一乘，牛二頭，米各十五斛，絹十匹，調不辦者以斬論。《宋書·殷琰傳》：杜叔寶發車千五百乘載米餉劉順，呂安國等抄之，燒米車，驅牛二千餘頭而還。魏道武天興五年伐姚平，實以牛疫而還。見上引《北史·藝術傳》。《世祖紀》：始光二年五月，詔天下十家發大牛一頭，運粟塞上。《古弼傳》：車駕畋

於山北，大獲麋鹿千頭，詔尚書發車牛五百乘以運之。世祖尋謂從者曰："蕭公必不與我，汝輩不如馬運之速。"遂還。行百餘里而弼表至，曰："今秋穀縣黃，麻菽布野。豬鹿竊食，鳥雁侵費。風波所耗，朝夕參倍。乞賜矜緩，使得收載。"《呂洛拔傳》：張永遣將王茂向武原援其運車，尉元遣洛拔擊之，奪車二百餘乘，牛二百五十頭。《食貨志》：大和十一年，牛疫，時有以馬驢及橐駞供駕輓、耕載。《北齊書·神武帝紀》：韓陵之戰，連牛、驢以塞歸道，於是將士皆有死志。《隋書·盧愷傳》：周武帝在雲陽宮，勑諸屯簡老牛，欲以享士，愷進諫，帝美其言而止。趙脩葬父，石獸、石柱，皆發民車牛，傳致本縣，見第十二章第一節。北齊後主起大寶林寺，運石填泉，人牛死者，不可勝紀，見第十四章第四節。時殿内及園中須石，亦差車牛從漳河運載，見本章第四節。蓋戰陣及平時，無不恃牛運轉者，牛之爲交通所資，此時實非他時之比也。

　　然北方畜馬，究較南方爲多，故以馬爲賞賜者，屢見於列傳。若南方則幾無其事矣。宋孝武帝幸南山，乘馬至殷氏墓，見第九章第三節。此蓋以山行故爾。顏延之好騎馬，敖游里巷，則不得志於時者之所爲。齊豫章王嶷臨終，召子子廉、子恪，命將所乘牛馬送二宮及司徒。蕭景先遺言：私馬有二十餘匹，牛數頭，可簡好者十匹，牛二頭上臺。馬五匹、牛一頭奉東宮。大司馬、司徒，各奉二匹。驃騎、鎮軍，各奉一匹。則以豫章貴寵，景先久豫軍旅，故有馬也。《晉書·陳頵傳》：父訢立宅起門，頵曰："當使容馬車。"訢笑而從之。後頵仕爲郡督郵，太守劉享拔爲主簿，州辟部從事，果乘馬車還家。此尚爲體制起見。其乘馬之事見於史者：元謐與妃乘赤馬犯鹵簿，爲御史所彈。王慧龍孫瓊，道逢太保廣平王懷，據鞍抗禮，自言昌瘦。嘗詣尚書令李崇，騎馬至其黃閣。慕容恃德有疾，謂其子：持上騂馬與盧潛，見《北史·盧玄傳》。盧辯單馬從魏孝武入關。盧勇有馬五百匹，遺啓盡獻之。《北史·盧同傳》。祖珽所乘老馬，常稱騼駒。盧光爲京兆。郡舍數有妖怪，前後郡守，無敢居者，光入居之。未幾，光所乘馬，忽升聽事，登牀，南首而立，光不以介懷。《周書·儒林傳》。達奚武居重位，不持威儀，行常單馬，左右止一人而已。皆北人乘馬之事。《魏書·楊機傳》言：機家貧無馬，常乘小犢車。《北史·常爽傳》言：天平初，遷鄴，收百官馬，尚書丞、郎已下非陪從者，盡乘驢。足見北方士大夫以乘馬爲常也。是時南方頗獎勸畜馬，北方則每有竭澤而漁之事。周朗病當時用兵，令重車弱卒，與肥馬悍胡相逐，見第八章第七節。謂宜募天下使養馬。一匹者蠲一人役，三匹者除一人爲吏，自此以進，階賞有差。邊亭徼驛，一無發動。此即古馬復令之意。孝武帝孝建三年五月，制荆、徐、兗、豫、雍、青、冀七州統内，家有馬一匹者，蠲復

一丁，可謂行朗之議者。若北方，則石季龍志在窮兵，以其國內少馬，乃禁畜馬，匿者要斬。收百姓馬四萬餘匹，以入於公。魏世宗正始四年十一月，禁河南畜牝馬。延昌元年，乃通其禁。尒朱兆遣孫白鷂至冀州，託言普徵民馬，欲待高乾兄弟送馬，因收之。《北齊書·乾傳》。齊後主時，勅送突厥馬數千匹於揚州，令土豪貴買，錢直始入，便出勅括江淮閒馬。見第二十章第一節。其於徵發、括藉，蓋習以爲常矣。河清三年，突厥入境，代、忻二牧，悉是細馬，合數萬匹，在五臺山北柏谷中避賊。賊退後，勅白建就彼檢校。續使人詣建閒，領馬送定州，付民養飼。建以馬久不得食，瘦弱，遠送恐多死損，遂違勅，以便宜從事。隨近散付軍人。則其牧養之事，亦不免勞擾軍民也。孳殖之不蕃，不亦宜哉。是時牧業，似以西北爲盛，故魏之牧地在河西。見第二十章第一節。呂光之入西域，以駿馬萬餘匹還。《姚興載記》：禿髮傉檀獻興馬三千匹，羊三萬頭。興以爲忠於己，乃署傉檀爲涼州刺史，徵王尚還。涼州人申屠英等遣主簿胡威詣興請留。興弗許。威流涕曰：“苟以馬供國用，直煩尚書一符，三千餘家，户輸一匹，朝下夕辦，何故以一方委此姦胡？”此雖非由衷之言，然可見涼州畜馬之盛。《北齊書·慕容儼傳》：儼蒙賜胡馬一匹。《杜弼傳》：蕭明等入寇，高岳、慕容紹宗討之。詔弼爲軍司，攝臺左右。臨發，世宗賜胡馬一匹，語弼曰：“此廐中第二馬，孤恒自乘騎，今方遠別，聊以爲贈。”此胡馬皆西域所産，非來自北方，以其時之人，習稱西域人爲胡也。

　　《齊書·魏虜傳》言：虜駕部知牛、馬、驢、騾。鍾離之捷，收其牛、馬、驢、騾，不可勝計。見第十一章第四節。《魏書·景穆十二王傳》：元誕除齊州刺史，在州貪暴，大爲人患，牛、馬、騾、驢，無不逼奪。《北齊書·文宣帝紀》，言其時乘駁馳、牛、驢，不施鞍勒，盛暑隆冬，去衣馳騁。可見北方之畜，牛馬而外，兼有驢、騾、橐馳。而驢似尤多。《魏書·蕭寶夤傳》，言其北奔時遁匿山澗，賃驢乘之。《北齊書·楊愔傳》，言愔聰記彊識，半面不忘。有選人魯漫漢，自言猥賤，獨不見識。愔曰：“卿前在元子思坊，騎禿尾草驢，經見我不下，以方麹郚面，我何不識卿？”漫漢驚服。《儒林·權會傳》言：會初任助教之日，恒乘驢上下。《彭城王澨傳》言：澨出爲滄州刺史，爲政嚴察，部內肅然。有一人從幽州來，驢馱鹿脯。至滄州，脚痛行遲，偶會一人爲伴，遂盜驢及脯去。明旦告州。澨乃令左右及府僚吏分市鹿脯，不限其價。其主見脯識之，推獲盜者。可見官民無不乘驢。元嘉二十七年之役，柳元景督義租，并上驢、馬，以爲糧運之計。魏世祖將北征，發民驢以運糧，使公孫軌部詣雍州。軌令驢主皆加絹一匹，乃與受之，坐徵還。其伐蠕蠕，詔司馬楚之等督運以繼大軍。時鎮北將軍

封沓亡入蠕蠕，説令擊楚之等。蠕蠕乃遣奸覘入楚之軍，截驢耳而去。諸將莫能察。楚之曰：“必是覘賊截之以爲驗耳，賊將至矣。”即使軍伐柳爲城，水灌之令凍。城立而賊至。冰峻城固，不可攻逼，賊乃走散。吕苟兒、陳瞻等反，楊椿爲别將討之。賊入隴，守蹊自固。椿緩師不進。賊出掠，乃以軍中驢、馬餌之，不加討逐。如是多日，陰簡精卒，銜枚夜襲斬瞻。李弼之叛侯莫陳悦，勒其兵上驢、馳。見第十二章第九節。齊文宣之篡，宇文泰東伐，出長安，以諸軍馬、驢多死，引還。周武帝欲伐突厥，發關中公私驢、馬悉從軍。《本紀》宣政元年。則驢之於轉輸，亦亞於牛而不下於馬也。侯莫陳悦之敗，獨乘一騾。亦見第十二章第九節。齊人使宇文護之母作書報護，述其叔遣奴迎護，護與盛洛乘騾同去。眭夸，高尚不仕，寄情丘壑。少與崔浩爲莫逆之交。浩爲司徒，奏徵爲其中郎。辭疾不赴。州郡逼遣，不得已，入京都與浩相見。浩慮夸即還，時乘一騾，更無兼騎，浩乃以夸騾内之廐中。夸遂託鄉人輸租者，謬爲御車，乃得出關。騾之於服乘，蓋又驢之亞也。橐駞惟沙磧之地用之，故吕光自西域還，以駞二萬餘頭致外國珍寶，在中國，當較驢、騾爲少也。《宋書·禮志》：“《晉令》曰：乘傳出使，遭喪以上，即自表聞，聽得白服乘騾車到，副使攝事。徐廣《車服注》：傳聞騾車者，犢車裝而馬車轅也。”蓋時以驢爲小人所乘，見《秦漢史》第十七章第六節。故定制不得乘馬車者，則使乘騾車耳。賀若弼欲使陳叔寶乘騾車歸己，亦此意也。

　　各種車制，見於歷代輿服等志者，多備儀制，罕關實用。其最可貴者，爲指南車及記里車。《宋書·禮志》云：“指南車，其始周公所作。以送荒外遠使。地域平漫，迷於東西，造立此車，使常知南北。《鬼谷子》云：鄭人取玉，必載司南，爲其不惑也。至於秦、漢，其制無聞。後漢張衡，始復創造。漢末喪亂，其器不存。魏高堂隆、秦朗，皆博聞之士，爭論於朝，云無指南車，記者虛説。明帝青龍中，令博士馬鈞更造之而車成。晉亂復亡。石虎使解飛，姚興使令狐生又造焉。安帝義熙十三年，宋武帝平長安，始得此車。其制如鼓車，設木人於車上，手指南。車雖回轉，所指不移。大駕鹵簿，最先啓行。此車戎狄所制，機數不精。雖曰指南，多不審正。回曲步驟，猶須人功正之。范陽人祖沖之有巧思，常謂宜更構造。宋順帝升明末，齊王爲相，命造之焉。車成，使撫軍丹陽尹王僧虔、御史中丞劉休試之。其制甚精。百屈千回，未嘗移變。參看第二十章第二節。晉代又有指南舟。索虜拓跋燾使工人郭善明造指南車，彌年不就。扶風人馬岳又造。垂成，善明鴆殺之。”又云：“記里車，未詳所由來。亦高祖定三秦所獲。制如指南。其上有鼓。車行一里，木人輒擊一搥。大駕

鹵簿,以次指南。"案指南之用,海尤亟於陸。[1] 近世西人,藉此以徧航世界。吾國當晉世已能用之於舟,爲時不爲不早。又測量舊法,[2]共有三端:陸以人行、車行,水以舟行遲速爲準。三法之中,車之所量,最爲精審。記里車若能廣用,亦可知通行道里精確之數。惜乎二者皆僅用之鹵簿也。車之最速者爲追鋒車。《宋志》云:"如軺車而駕馬。"晉宣帝平遼東還,次白屋,有詔召之。三日之間,詔書五至。乃乘追鋒車,晝夜兼行。四百餘里,一宿而至焉。石季龍造獵車、格獸車,[3]已見第五章第二節。事雖侈虐,然其制之高大,亦足異也。民間挽載,多用小車,謂之鹿車。《北齊書・神武紀》:高乾死,其次弟慎在光州,弊衣推鹿車歸渤海是也。《魏書・世宗紀》:永平二年六月,詔曰:"江海方同,車書宜一。諸州軌轍,南北不等。今可申勑四方,使遠近無二。"此詔規模頗遠大,然其不能行,則亦不待論矣。

輦之變即成肩輿。《宋志》云:"輦車,《周禮》王后五路之卑者也。后宮中從容所乘,非王車也。漢制乘輿御之,或使人輓,或駕果下馬。漢成帝欲與班倢仔同輦是也。未知何代去其輪。"案《宋書・鄧琬傳》,謂琬取子勛所乘車除腳以爲輦,可見輦之與車,其制仍極相近。既去其輪,則祇得"以肩舉之而行,故曰肩輿。亦曰平肩輿"。[4]《通鑑》晉懷帝永嘉元年,梁武帝天監四年《注》。其輿捆施襻,則謂之襻輿。《通鑑》梁武帝大清元年《注》。案襻輿,見第十三章第一節。以八人舉之,則謂之八捆輿。《通鑑》齊東昏侯永元二年《注》。《齊書・明七王傳》:江夏王寶玄乘八捆輿,手執絳麾幡,隨崔慧景至京師是也。桓玄欲造大輦,使容三十人坐,以二百人輿之,《魏書・島夷傳》。則八捆又不足言矣。其仍有輪而以人輓之者,謂之步輦,亦曰步輦車。魏尉元,大和三年,進爵淮陽王,以舊老見禮,聽乘步挽杖於朝,後行養老之禮,以元爲三老,游明根爲五更,又各賜步挽一乘是也。其時乘肩輿者頗多。《晉書・王獻之傳》:獻之嘗經吳郡,聞顧辟疆有名園,先不相識,乘平肩輿而入。《隱逸・陶潛傳》:江州刺史王弘要之還州。問其所乘。答曰:"素有腳疾,向乘籃輿,亦足自反。"乃令一門生、二兒舉之至州。此皆士大夫之暮氣,不復知以桀乘人車爲恥矣。見《秦漢史》第十七章第六節。亦有以道險不可車行而乘籃輿者。《孝友傳》:孫晷,吳國富春人。富春車道

---

① 交通:指南,海急與陸,晉已有指南舟。

② 交通:測量舊法,車行最確,吾有計里、鼓車在漢前。

③ 交通:石季龍獵車、格獸車、高大。

④ 交通:輦去輪成肩輿,亦曰平肩輿、八捆輿。有輪人挽者曰步輦,亦曰步挽輦。駕馬較安者曰馬輦。

既少動徑山川，父難於風波，每行乘籃輿，暑躬自扶侍是也。後世肩輿之盛行，大抵以此矣。又有用之軍旅之際者。《晉書·列女傳》：謝道韞，遭孫恩之難，舉厝自若。既聞夫及諸子已爲賊所害，方命婢肩輿，抽刃出門。亂兵稍至，手殺數人，乃被虜。《梁書·韋叡傳》：叡素羸，每戰未嘗騎馬，以板輿自載，督厲衆軍。又蕭淵藻爲益州刺史，州民焦僧護作亂，淵藻乘平肩輿巡行賊壘。此則希有之事也。以人代馬，蓋取其可以即安，故梁武帝大同五年，賀琛奏南北二郊及籍田，往還并宜御輦，不復乘輅，蓋以帝年高故也。詔從之。祀宗廟仍乘玉輦。其雖駕馬而亦較安隱者，是爲馬轝。蕭摩訶勸吳明徹帥步軍乘馬轝徐行，已見第十四章第九節。《晉書·劉曜載記》：曜攻仇池，疾篤，馬轝而還。及被禽，創甚，石勒亦以馬轝載之。《周書·崔猷傳》：大軍東征，大祖賜以馬轝，命隨軍，與之籌議。皆用諸軍旅之間者也。

　　士大夫拘於體制，多以徒行爲恥。[1] 故《南史·顔協傳》，謂其家雖貧素，而脩飾邊幅，非車馬未嘗出游。江泌見老翁步行，下車載之，躬自步去，《齊書·孝義傳》。則史以爲美談矣。《齊書·王琨傳》：大祖崩，琨聞國諱，牛不在宅，去臺數里，遂步行入宮。朝士皆謂琨曰：“故宜待車，有損國望。”琨曰：“今日奔赴皆應爾。”此特於國諱之時行之而已。然貧賤者及恭儉者，亦或步行。《晉書·孝友傳》：夏方，吳時拜仁義都尉，累遷五官中郎將，朝會未嘗乘車，行必讓路，此恭儉者也。《梁書·文學傳》：周興嗣，嘗步自姑孰，投宿逆旅；王籍不得志，遂徒行市道，不擇交遊，此貧賤者也。

　　路惟馳道爲坦平，[2] 然其勞民特甚。故宋孝武帝立馳道，前廢帝即位亟罷之。乃未幾而又復之，蓋以其功已立，勞民事已在前故也。《宋書·孝武帝紀》：大明五年九月，初立馳道，自閶闔門至於朱雀門，又自承明門至於玄武湖。《前廢帝紀》：大明八年七月，罷南北二馳道。永光元年八月，復立南北二馳道。參看第九章第三節。吕僧珍常以私車輦水灑御路，則雖御路，亦不過較爲平坦，其塵沙飛揚，亦與他路無異。蓋昔人不能善脩路面也。路面不堅，故其路易壞。《宋書·張茂傳》：陸子真爲海陵大守，中書舍人秋當，爲大祖所信委，家在海陵，假還葬父，橋路毀壞，不通喪車，縣求發民脩治，子真不許，彭城王義康聞而善之。不爲權倖所脅而勞民善矣，然橋路固所宜脩，任其毀壞，亦非政理也。開通道路之事爲史所特載者，大抵非以行軍，即以游幸。如慕容儁聞石氏亂，鑿山除道，入自盧龍，克薊城而都

之。《魏書》本傳。魏道武之伐燕，于栗磾開井陘路，襲慕容寶於中山。及道武將
北還，又發卒治直道，自望都鑿恒嶺至代。見第六章第八節。後道武校獵河西，又
詔張黎發定州七郡卒萬二千通沙泉道。《本紀》大延二年。高宗和平二年三月，發
并、肆州五千人治河西獵道。高祖大和六年七月，發州郡五萬人治靈丘道。
世宗正始四年九月，開斜谷舊道。皆見《本紀》。封子繪以晉州北界霍山，舊號千
里徑者，山阪高峻，大軍往來，士馬勞苦，啓齊高祖，於舊徑東谷，別開一路。
皆其事。大抵虜之用民力，較中國爲多，以其本無所愛於中國人也。至民閒
因交通而脩路，或地方長官因便於人民往來而脩路者，則史幾無所見。記載
固不能無遺漏，然其事必極少可知。民政之廢弛極矣。

　　亭傳之制，漢末亂後，廢墜特甚。①《晉書・賀循傳》：江東草創，盜賊多
有，元帝思所以防之，以問於循。循答曰：“沿江諸縣，各有分界，分界之內，官
長所任，自可度土分力，多置亭候，恒使徼行。漢制十里一亭，當今縱不能爾，
要宜籌量，使力足相周。”可見晉時亭候，遠非漢世之比矣。《苻堅載記》：自長
安至諸州，皆夾路樹槐柳。二十里一亭，四十里一驛。旅行者取給於途，工商
貿販於道。百姓歌之曰：“長安大街，夾樹楊槐。下走朱輪，上有鸞栖。英彦
雲集，誨我萌黎。”此乃虛美之辭，當其時，度不過長安附近，或能脩飾表面耳。
《周書・韋孝寬傳》：孝寬以廢帝二年爲雍州刺史。先是路側一里置一土候經
雨頹毀，每須脩之。自孝寬臨州，乃勒部內，當候處植槐樹代之。既免脩復，
行旅又得芘蔭。周文後見，怪問知之。曰：“豈得一州獨爾？當令天下同之。”
於是令諸州夾道一里種一樹，十里種三樹，百里種五樹焉。此等政令，亦必不
能行也。《梁書・張齊傳》：巴西郡居益州之半，又當東道衝要，刺史經過，軍
府遠涉，多所窮匱。齊緣路聚糧食，種蔬菜，行者皆取給焉。《陳書・徐陵
傳》：梁元帝承制江陵，陵通使於齊，累求復命，終拘留不遣。陵乃致書於僕射
楊道彦曰：“本朝非隆平之時，遊客豈皇華之勢？輕裝獨宿，非勞聚�testa
微騎兼行，寧望輜軒之禮？歸人將送，私具驢騾。緣道亭郵，惟希蔬菜。若曰
留之無煩於執事，遣之有費於官司；或以顛沛爲言；或云資裝可懼；固非通論，
皆是外篇。”然則行旅所須於緣道者，不過糧食、蔬菜，而公家則并此而不能供
矣。斯時上官出行，郡縣或有盛爲供帳者，如《梁書・良吏・何遠傳》言：遠爲
武康令，大守王彬巡屬縣，諸縣盛供帳以待，遠獨設糗水而已是也。民閒往來

① 交通：亭傳大壞。使臣似仍由官給。舍於僧寺（第八四六—八四七頁），供給處煩民（第
八四四頁）。

者,蓋多要結伴侶,或互相依託而行。《梁書·孝行傳》:荀匠,父法超,仕齊,中興末爲安復令,卒於官,匠奔喪,每宿江渚,商侶皆不忍聞其哭聲,蓋附商人以行也。《宋書·王僧達傳》:元凶弑立,僧達自候道南奔。《通鑑注》云:"候道,伺候邊上警急之道也。① 今緣路列置燧臺者,即候道。"蓋亦取其爲候騎所常經,或有薪米可資耳。亭候既廢,行旅之困苦如此,顧仍有以罷遣亭候爲美談者。《梁書·范雲傳》:雲以齊明帝時,出爲始興內史。邊帶蠻俚,尤多盜賊。前內史皆以兵刀自衛。雲入境,撫以恩德。罷亭候,商賈露宿。郡中稱爲神明。《南史·王淮之傳》:淮之玄孫猛,徙晉陵大守。威惠兼舉,姦盜屏迹。富商野次,云以付王府君。郡人歌之,以比漢之趙廣漢。此又見設置亭候,亦有煩擾,或又徒有其名也。

　　驛道之當衝要者,供給或仍甚周備,此又不免於煩民。《周書·韋孝寬傳》:孝寬代尉遲迥爲相州總管,馳還,所經橋道,皆令毀撤,驛馬悉擁以自隨。又勒騎將曰:"蜀公將至,可多備餼酒及芻粟以待之。"迥果遣儀同梁子康將數百騎追孝寬。驛司供設豐厚,所經之處,皆輒停留,由是不及。此等餼酒及芻粟,果何自來邪?《梁書·鄱陽王恢傳》:恢遷益州刺史。成都去新城五百里,陸路悉訂私馬,百姓患焉。累政不能改。恢乃市馬千匹,以付所訂之家。資其騎乘,有用則以次發之。百姓賴焉。《北齊書·高季式傳》:季式豪率好酒,又恃舉家勳功,不拘檢節。與光州刺史李元忠生平遊款,在濟州夜飲,憶元忠,開城門,令左右乘驛,持一壺酒往光州勸元忠。皆可見其擾累之甚。故宋前廢帝省諸州臺傳,《本紀》永光元年正月。亦爲便民之舉也。大抵邊方之地,仍恃驛傳以通往來。故周靜帝初,豫、荊、襄三總管內諸蠻反,有焚燒村、驛之舉。《隋書·刑法志》載北齊律,盜及殺人而亡者,即懸名注籍,甄其一房配驛戶,可見驛戶之困矣。

　　譏察之政,多與稅斂并爲一談。宋孝武帝大明八年,以東境去歲不稔,詔停道中雜稅,并勅以仗自防者勿禁,見第二節。其一事也。《南史·循吏傳》:郭祖深,普通七年,改南州津爲南津校尉,以祖深爲之。由來王侯勢家,不忌憲綱,俠藏亡命。祖深蒐檢姦惡,不避彊禦,動致刑辟。此爲譏察之司,克舉其職者,然能如是者卒少,而多藉威權爲擾累之資。甚至本以便民之舉,亦變爲擾民之政焉。《齊書·顧憲之傳》:杜元懿請增牛埭稅,憲之議曰:"尋始立牛埭之意,非苟逼僦以納稅也。當以風濤迅險,人力不捷,屢致膠溺,濟急利物耳。既公私是樂,所以輸直無怨。京師航渡,即其例也。而後之監領者,不達

---

　　① 交通:伺候邊上警急之道曰候道。

其本,各務己功,互生理外。或禁遏別道,或空稅江行,或撲船倍價,或力周猶責。凡如此類,不經埭煩牛者,上詳被報,格外十條,并蒙停寢,從來誼訴,始得暫弭。"然則牛埭初設,本所以利交通,收直原有定格,後乃變爲婪索之資矣。①《梁書‧安成康王秀傳》:秀出爲江州刺史。時盛夏水汛長,津梁斷絕。外司請依舊僦度,收其價直。秀教曰:"刺史不德,水潦爲患,可利之乎?"給船而已。外司之請,亦顧憲之所云京師航渡之類,其事蓋亦易滋弊,故秀不之許也。過所之制,②北方仍有之。《晉書‧劉毅傳》:毅辟司隸都官從事,將彈河南尹,司隸不許,投傳而去。《魏書‧高祖紀》:延興二年五月,詔軍警給璽印傳符,次給馬印。大和七年三月,以冀、定二州民飢,弛關津之禁,任其去來。《前廢帝紀》:普泰元年,詔有司不得復稱僞梁,罷細作之條,無禁鄰國往還。《神元平文諸子孫傳》:高祖、文明大后引見公卿於皇信堂。大后曰:"今京師旱儉,欲聽飢貧之人,出關逐食,如欲給過所,恐稽延時日,不救災窘,若任其外出,復慮姦良難辨,卿等可議其所宜。"元丕議:"諸曹下大夫以上,人各將二吏,別掌給過所,州郡亦然,不過三日,給之便訖,有何難也?"高祖從之。四日而訖。皆其事之可考者也。

亭傳既廢,逆旅之業遂大盛。③《晉書‧潘岳傳》:時以逆旅逐末廢農,姦淫亡命,多所依湊,敗亂法度,勅宜除之。十里一官櫨,使老小、貧戶守之。又差吏掌主,依客舍收錢。岳議曰:"謹案逆旅久矣。其所由來,行者賴以頓止,居者薄收其直,交易貿遷,各得其所。官無役賦,因人成利,惠加百姓,而公無末費。《語》曰:許由辭帝堯之命,而舍於逆旅。《外傳》曰:晉陽處父過甯,舍於逆旅。魏武皇帝亦以爲宜,其詩曰:逆旅整設,以通賈商。然則自堯到今,未有不得客舍之法,惟商鞅尤之,固非聖世所言也。方今四海會同,九服納貢。八方翼翼,公私滿路。近畿輻湊,客舍亦稠。冬有溫廬,夏有涼蔭。芻秣成行,器用取給。疲牛必投,乘涼近進。發檻寫鞍,皆有所憩。又諸劫盜,皆起於迥絕,止乎人衆。十里蕭條,則姦宄生心,連陌接館,則寇情震懾。且聞聲有救,已發有追。不救有罪,不追有戮。禁暴捕亡,恒有司存。凡此皆客舍之益,而官櫨之所乏也。又行者貪路,告糴炊爨,皆以昏晨。盛夏晝熱,又兼星夜。既限早閉,不及櫨門,或避晚關,迸逐路隅,祇是慢藏誨盜之原。苟以客舍多敗法教,官守棘櫨,獨復何人?彼河橋、孟津,解券輸錢,高第督察,數

---

① 交通:便利交通之事變爲婪索。
② 交通:過所之制。
③ 交通:逆旅之盛。

入校出,品郎兩岸相檢,猶懼或失之,故懸以禄利,許以功報。今賤吏疲人,獨專攤稅,管開閉之權,藉不校之勢,此道路之蠹,奸利所殖也。率歷代之舊俗,獲行留之驩心,使客舍灑掃,以待征旅,擇家而息,豈非衆庶顒顒之望?"請曹列上,朝廷從之。岳之議,可謂深切著明矣,而至隋初,蘇威仍以臨道店舍,事業汙雜,非敦本之義,奏高祖欲遣歸農,見《隋書·李諤傳》。何其見解之陳舊也。①亭傳既廢,行旅蓋惟客舍是資,其事隨處可見。晉明帝因王敦將舉兵内向,乘巴、滇駿馬,微行至湖陵,熟察營壘而出。馳去,見逆旅賣食嫗,以七寶鞭與之,曰:"後有騎來,可以此示也。"追者至,傳玩,稽留遂久。桑虞嘗行寄逆旅,同宿客失脯,疑虞爲盜,虞默然無言,便解衣償之。《晉書·孝友傳》。梁武帝舉兵,至姑熟,柳憕與兄惲及諸友朋於小郊候接。時道路猶梗,憕與諸人同憩逆旅食,俱去,行里餘,憕曰:"寧我負人,不人負我。若復有追,堪憩此舍。"命左右燒逆旅舍,以絕後追。齊文宣追由吾道榮往晉陽,道榮恒野宿,不入逆旅。《北史·藝術傳》。周興嗣投宿逆旅,已見前。此并可見往來要道逆旅之徧布。《晉書·儒林傳》:徐苗,曾祖華,嘗宿亭舍,夜有神人告之:亭欲崩,遽出得免。苗祖邵爲魏尚書郎,華當係漢末人。又《劉卞傳》:少爲縣小吏。功曹夜醉如廁,使卞執燭,不從。功曹銜之,以他事補亭子。有祖秀才者,於亭中與刺史箋,久不成。卞教之數言,卓犖有大致。秀才謂縣令曰:"卞公府掾之精者,云何以爲亭子?"令即召爲門下史。卞亦晉初人也。《鄭袤傳》:子默,出爲東郡太守,直歲荒人飢,默輒開倉振給,乃舍都亭,自表待罪。《魏書·甄琛傳》:琛子侃,隨琛在京,以酒色夜宿洛水亭舍,毆擊主人,爲有司所劾。則以地近京邑,亭傳或較整飭耳。要之如兩漢之世,行旅之多止亭傳者,魏、晉以後,幾不可復睹矣。史所載是時逆旅之主,亦有非以營利爲事者。如《晉書·劉寔傳》言:寔少貧窶,杖策徒行,每所憩止,不累主人,薪水之事,皆自營給。《隱逸·劉驎之傳》言:驎之居於陽岐官道之側,人物來往,莫不投之,驎之躬自供給,士君子頗以勞累,更憚過焉。《魏書·崔光傳》:光弟敬友,精心佛道。自景明已降,頻歲不登,飢寒請丐者,皆取足而去。又置逆旅於肅然山南大路之北,設食以供行者。此等或有要結之心,或以利濟爲念,皆與以是爲業者絕殊。可見偏僻之區,逆旅尚多未立。然此即至今日,亦尚是如此也。

逆旅既爲牟利者所設,當時人之見,自未可以捨貴賓。國家賓館既不脩,士大夫家又無復館客之事,故使節往來,江南多以僧寺停客。見《北史·李靈傳》。

_____

①　學術:最與法家見解相左者,蓋隋之蘇威,可檢其傳。

即貴人亦有寓居僧寺者。李嵩、蕭大圜事,已見第四節。《北史·自序》,載李師上從駕晉陽,亦與友好同以僧寺爲寓也。

以運載爲業者,是時無之,蓋皆商賈所自營。《晉書·袁宏傳》言:宏少孤貧,以運租自業,蓋惟米穀滯重之物爲然,抑其自以此爲業,或受顧於人,而爲之奔走,尚未可知也。寄信亦無專業,故多託人攜帶。①《殷浩傳》:父羨,爲豫章大守,都下人士,因其致書者百餘函。行次石頭,皆投之水中,曰:"沈者自沈,浮者自浮,殷洪喬羨字。不爲致書郵。"豫章、建業,一水可通,而託其致書者如是之衆,可見當時通訊之不易矣。公家則仍恃驛傳。《北齊書·神武帝紀》:自隊主轉爲函使,嘗乘驛過建興,雲霧晝晦,雷聲隨之,半日乃絶,函使蓋乘驛以奉書函者也。貴人亦有自置驛使者。《高歸彦傳》:歸彦拜冀州刺史,謀逆,詔段韶襲之,歸彦舊於南境置私驛,聞軍將逼,報之,便嬰城自守是其事。《北史·斛律羨傳》:羨慮禍,使人騎快騾迎至鄴,無日不得音問,後二日,鄴使不至,家人乞養憂之,亦私驛之類也。

交通以水路爲便,自無疑義,而轉漕尤甚。《魏書·刁雍傳》:大延五年,雍爲薄骨律鎮將。七年,表曰:"奉詔:高平、安定、統萬及臣所守四鎮,出車五千乘,運屯穀五十萬斛付沃野鎮,以供軍糧。臣鎮去沃野八百里,道多深沙,輕車來往,猶以爲難。設令載穀,不過二十石。每涉深沙,必致滯陷。又穀在河西,轉至沃野,越渡大河,計車五千乘,運十萬斛,百餘日乃得一返。大廢生民耕墾之業。車牛艱阻,難可全至。一歲不過二運。五十萬斛,乃經三年。今求於牽屯山河水之次,造船二百艘。二船爲一舫。一船勝穀二千斛。一舫十人,計須千人。臣鎮内之兵,率皆習水。一運二十萬斛,方舟順流,五日而至,自沃野牽上,十日還到,合六十日得一返。從三月至九月三返,運送六十萬斛。計用人功,擬於車運,十倍有餘。不廢牛力。又不廢田。"詔曰:"非但一運,自可永以爲式。今別下統萬鎮,出兵以供運穀。卿鎮可出百兵爲船工。豈可專廢千人,須遣船匠。"《食貨志》云:自徐、揚内附之後,仍世經略江、淮,於是轉運中州,以實邊鎮。百姓疲於道路。乃令番戍之兵,營起屯田。又收内郡兵資,與民和糴,積爲邊備。有司又請於水運之次,隨便置倉。乃於小平、石門、白馬津、漳涯、黑水、濟州、陳郡、大梁凡八所,各立邸閣,每軍國有須,應機漕引。自此費役微省。三門都將薛欽上言:"計京西水次,汾、華二州,恒農、河北、河東、正平、平陽五郡,年常縣絹及貲麻,皆折公物,顧車牛送

---

① 交通:公家通信仍恃驛使,私家托人攜帶。

京。道險人嶮，費公損私。略計華州一車，官酬絹八匹三丈九尺，別有私民顧價布六十匹。河東一車，官酬絹五匹二丈，別有私民顧價布五十匹。自餘州郡，雖未練多少，推之遠近，應不減此。今求車取顧絹三匹，市材造船。不勞采斫。計船一艘舉十三車，車取三匹，合有三十九匹，顧作手并匠及船上雜具食直，足以成船，計一船剩絹七十八匹，布七百八十匹。又租車一乘，官格四十斛成載，私民顧價，遠者五斗布一匹，近者一石布一匹。準其私費，一車布遠者八十匹，近者四十匹。造船一艘，計舉七百石，準其顧價，應有一千四百匹。今取布三百匹，造船一艘，并船上覆治雜事，計一船有剩布一千一百匹。又其造船之處，皆須鋸材人功，并削船茹，依功多少，即給當州郡門兵，不假更召。汾州有租調之處，去汾不過百里，華州去河不滿六十，并令計程依舊酬價，車送船所。船之所運，惟達雷陂。其陸路從雷陂至倉庫，調一車顧絹一匹，租一車布五匹，則於公私爲便。"尚書崔休，以爲"舟楫所通，遠近必至。苟利公私，不宜止在前件。請諸通水運之處，皆宜率同前式。縱復五百三百里，車運水次，校計利饒，猶爲不少。其欽所列州郡，如請興造，東路諸州，皆先通水運，今年租調，悉用舟楫。若船數有闕，且賃假充事。其先未通流，宜遣檢行，閏月脩治"。錄尚書高陽王雍、尚書僕射李崇等奏曰："運漕之利，今古攸同。舟車息耗，實相殊絕。欽之所列，關西而已。若域內同行，足爲公私巨益。謹輒參量，備如前計。庶徵召有減，勞止小康。若此請蒙遂，必須溝洫通流。即求開興脩築。或先已開治，或古迹仍在，舊事可因，用功差易。此冬閒月，令疏通咸訖。比春水之時，使運漕無滯。"詔從之，而未能盡行也。案開通全國水路，談何容易？元雍、李崇之奏，言之大易，自然徒託空言。然觀刁雍、薛欽之所較計，則水陸勞佚息耗之差，可謂相去甚遠矣，此誠言漕運者所宜留意也。《李沖傳》：高祖自鄴還京，泛舟洪池，乃從容謂沖曰："朕欲從此通渠於洛。南伐之日，何容不從此入洛，從洛入河，從河入汴，從汴入清，以至於淮。下船而戰，猶開戶而鬥。此乃軍國之大計，今溝渠若須二萬以下，六十日有成者，宜以漸脩之。"《成淹傳》：高祖幸徐州，勅淹與閭龍駒等主舟楫。將汎泗入河，泝流還洛。軍次碻磝，淹以黃河峻急，慮有傾危，乃上疏陳諫。高祖勅淹曰："朕以恒、代無運漕之路，故京邑民貧，今移都伊、洛，欲通運四方，而黃河急峻，人皆難涉，我因有此行。必須乘流，所以開百姓之心。"然則高祖之遷都，意亦貪水漕之便也。

　　海道往來，當時亦頗通利。[1] 石季龍謀伐昌黎，欲自青州運兵糧，已見第

---

① 交通：海道。

五章第二節。桑虞,諸兄仕於石勒,咸登顯位,惟虞恥臣非類,陰欲避地海東。後勒以爲武城令,虞以密邇黃河,去海微近,將申前志,欣然就職。此自今山東泛海至遼東西之路也。《宋書·朱脩之傳》言:魏屢伐馮弘,或説弘遣脩之歸求救,遂遣之泛海,此自遼東西通建業之路也。其餘海道交通,可參看第十六章第五節。

　　造船之技頗精。①《晉書·王濬傳》:武帝謀伐吳,詔濬脩舟艦。濬乃作大船連舫,方百二十步,受二千餘人。以木爲城,起樓櫓,開四出門。其上皆得馳馬來往。盧循、徐道覆所以能肆擾,何無忌、劉毅所以敗,宋武帝所以勝,實緣兵力厚薄之殊,而兵力厚薄之分,實決之於船艦之大小,已見第七章第五節。《南史·王僧辯傳》:陸納造大艦一,名曰三王艦。又造二艦:一曰青龍艦,一曰白虎艦。皆衣以牛皮,并高十五丈。《隋書·楊素傳》:素欲平陳,造大艦,名曰五牙。上起樓五層,高百餘尺。左右前後置六拍竿并高五十尺。容戰士八百人。旗幟加於上次曰黃龍,置兵六百人。合諸事觀之,可見當時水戰,大艦實爲決勝之利器。然亦有小而輕捷者,《梁書·王僧辯傳》言:侯子鑒等以鸼舸千艘載士,兩邊悉八十棹,棹手皆越人,去來趣捷過風電是也。史惟載戰陳之事,故但見兵艦制作之精,然以此推之,則民閒運載之船,亦可想見矣。顏子推言河北不信有二萬斛船,見上節。則北方所用之船,不及南方之大。此自川流大小之殊,非關造船技有巧拙。石虎徙鍾虡、九龍、翁仲、銅馳、飛廉於鄴,鍾一没於河,募浮没三百人入河,繫以竹絚,牛百頭鹿櫨引之乃出,造萬斛舟以渡之,則北方所造之船,亦不小也。虎欲伐慕容氏,命青州造船千艘。亦見第五章第二節。魏世祖神𪊺三年,聞王師將北討,詔冀、定、相三州造船三千艘。可見濱河、緣海之地,造船之業靡不盛矣。《梁書·安成王秀傳》:秀出爲江州刺史。主者將求堅船,以爲齋舫。秀曰:"吾豈愛財而不愛士?"乃教所由:以牢者給參佐,下者載齋物。既而遭風,齋舫遂破。似當時江行,船多窳敗者。蓋官所用船,或役民爲之,技既不精,又出逼迫,故有此弊,觀上引刁雍之言可見。《晉書·藝術傳》:樊長賓爲建昌令,發百姓作官船於建城山中。而非其時造船之技,止於如此也。

　　造橋之功,河、渭爲大。《晉書·武帝紀》:泰始十年,立河橋於富平津。《杜預傳》:預以孟津渡險,有覆没之患,請建河橋於富平津。議者以爲殷、周所都,歷聖賢而不作者,必不可立故也。預曰:"造舟爲梁,則河橋之謂也。"及

　　① 交通:造船之技。

橋成，帝從百寮宴會，舉觴屬預曰："非君，此橋不立也。"《魏書·于栗磾傳》：大宗南幸孟津，謂栗磾曰："河可橋乎？"栗磾曰："杜預造橋，遺事可想。"乃編次大船，構橋于冶阪。六軍既濟，大宗深歎美之。又《崔亮傳》：除雍州刺史。城北渭水，淺不通船，行人艱阻。亮謂寮佐曰："昔杜預乃造河橋，況此有異長河？且魏、晉之日，亦自有橋。吾今決欲營之。"或曰"水淺不可爲浮橋，汎長無恒，又不可施柱，恐難成立。"亮曰："昔秦居咸陽，橫橋渡渭，以象閣道，此即以柱爲橋。今惟慮長柱不可得耳。"會天大雨，山水暴至，浮出長木數百根。藉此爲用，橋遂成立。百姓利之。至今猶號崔公橋。此等皆大工程，非官力不克舉，故獲見於史。此外小小津梁，爲人民所自營者，則其事不可盡考矣。

# 第二十二章 晉南北朝政治制度

## 第一節 政 體

漢世執政權者稱皇帝，皇則徒爲尊稱，已見《秦漢史》第十八章第一節。
晉、南北朝之世，此義仍存。石勒以大興二年僞稱趙王，咸和五年僭號趙天
王，行皇帝事，後乃僭即皇帝位。[①] 蓋稱王猶同於人臣，稱天王則已無所降屈，
然其號猶未及皇帝之尊。勒死後，子弘爲季龍所替，羣下勸稱尊號。季龍下
書曰："朕聞道合乾坤者稱皇，德協人神者稱帝，皇帝之號，非所敢聞。且可稱
居攝趙天王，以副天人之望。"其視天王之尊不如皇帝，較然可見。咸康三年，
史稱其僭稱大趙天王，蓋去居攝之號也。勒之僭號趙天王也，尊其祖曰宣王，
父曰元王，立其妻劉氏爲王后，世子弘爲大子。逮僭即皇帝位，乃追尊其高祖
曰順皇，曾祖曰威皇，祖宣皇，父曰世宗元皇帝，姓曰元昭皇大后，而立劉氏
爲皇后。謚父爲帝，已違漢人追謚定陶徒稱共皇之義；季龍僭稱大趙天王，乃
追尊祖爲武皇帝，父爲大宗孝皇帝，則去古彌遠；又立其妻鄭氏爲天王皇后，
以子邃爲天王皇大子，王皇并建，尤爲不辭。時又貶親王之封爲郡公，藩王爲
縣公，則尤不可解。《魏書》謂虎自立爲大趙王，年號建武；又云：初虎衣袞冕，
將祀南郊，照鏡無首，大恐怖，不敢稱皇帝，乃自貶爲王；又云：虎又改稱大趙
天王；則當其僭稱天王之前，實曾但自號爲王，故貶其親王、郡王之號，《晉
書·載記》記事不具，又有錯亂也。石鑒之死也，石祇僭稱尊號於襄國，逮爲冉
閔所攻，乃去皇帝之號，稱趙王，使詣慕容儁、姚弋仲乞師，蓋自同於人臣，故并不
敢稱天王。冉閔誅石鑒，便即皇帝位。後爲慕容儁所獲，立而問之曰："汝奴僕
下才，何自妄稱天子？"閔曰："天下大亂，爾曹夷狄，人面獸心，尚欲篡逆，我一時

---

① 封建：天、天王、居攝天王、皇、帝、庶人大王、尊兄爲無上王、私又爲帝、大后父母曰大上、大單
于爲統異族之稱（第八五一——八五三頁）。

851

英雄,何爲不可作帝王邪?"閔蓋以誅鉏逆胡自負,故一得志即稱尊,且始終無所降屈也。儶送閔龍城,斬於遏陘山,山左右七里草木悉枯,蝗蟲大起,五月不雨,至於十二月,乃復遣使祀之,謚曰武悼天王,猶不與以皇帝之號也。

劉淵之至左國城也,其下劉宣等上以大單于之號,見第三章第四節。蓋自謂恢復舊業。其後則以是爲統御夷人之稱,故石勒之稱趙王,以其子爲大單于,當時羣臣請者,謂以鎮撫百蠻也。是時以季龍爲單于元輔。及勒僭號,季龍謂大單于必在己,而勒更以授其子弘。季龍深恨之。私謂其子邃曰:"成大趙之業者我也,大單于之望,實在於我,而授黃吻婢兒,每一憶此,令人不復能寢食。待主上晏駕之後,不足復留種也。"蓋其時漢人不甚樂與夷狄之爭鬪,夷酋所恃以攘竊篡奪者,實以諸夷之衆爲主,故其爭之甚力,爭而不得,則怨毒形於辭色也。冉閔欲攘斥夷狄,而亦署其子爲大單于,以降胡一千配爲麾下,蓋亦爲此,已見第五章第三節。苻健之入長安,其下表爲侍中大都督關中諸軍事大單于秦王,健不樂,改稱天王大單于,蓋亦不欲爲人臣,然終不去單于之號者,蓋亦欲撫用諸夷也。赫連勃勃稱天王、大單于,意亦不過如此,彼非知民族之義者,未必有恢復舊業之意也。參看第六章第九節。

苻堅初亦稱大秦天王,蓋其人少知治體,故未敢遽自尊大,姚興,《晉書·載記》謂其以日月薄蝕,災眚屢見,降號稱王,下書令羣公、卿、士、將、牧、守、宰各降一等。姚緒、姚碩德以興降號,固讓王爵,興弗許。案興即欲自貶抑,無容與緒、碩德同號,《北史》云:興去皇帝之號,降稱天王,蓋是?然則緒、碩德之讓,即石虎時貶親王、藩王之封之故事也。吕光初亦稱天王。及病篤,立其大子紹爲天王,乃自號大上皇帝。案魏獻文之禪位也,羣公奏曰:"昔三皇之世,澹泊無爲,故稱皇,是以漢高祖既稱皇帝,尊其父爲大上皇,明不統天下。今皇帝幼沖,萬機大政,猶宜陛下統之,謹上尊號大上皇帝。"其言頗合古義。吕氏未必知此;光既病篤,亦必不能更知政事;蓋徒取皇帝、天王之稱爲尊卑之等差耳。觀吕纂、吕隆亦皆稱天王,而隆追謚其父寶爲文帝可見也。慕容雲、馮跋亦稱天王,蓋亦以國小民寡,不敢自尊。慕容盛去皇帝之號,稱庶人大王,庶人蓋謂無爵,以知政事,故曰大王,則彌自貶損矣。

索虜非知故事者,而獻文禪位時,羣公之奏,顧頗合古義,蓋臣虜士夫,知故事者尚多也。然虜終不免沐猴而冠。胡靈后之秉政也,追尊其母京兆郡君爲秦大上君。及其父國珍死,追號爲大上秦公,張普惠爲諫議大夫,陳其不可。左右畏懼,莫敢爲通。會聞胡家穿壙,下有磐石,乃密表言之。大后覽表,親至國珍宅,集王、公、八坐、卿、尹及五品已上,博議其事。遣使召普惠,

與相問答。然卒不用其言。孝莊之立，尊其考爲文穆皇帝，廟號肅祖。妣爲文穆皇后。將遷神主於大廟，以高祖爲伯考。臨淮王彧與吏部尚書李神儁表諫，不聽。時又尊其兄劭爲無上王，尋遇害河陰，又追諡爲孝宣皇帝。妻李氏爲文恭皇后。彧又面諫，謂："歷尋書籍，未有其事。"帝不從，及神主入廟，復勅百官悉陪從，一依乘輿之式。彧上表，以爲"爰自中古，迄於下葉，崇尚君親，襃明功德，乃有皇號，終無帝名。今若去帝留皇，求之古義，少有依準"。又不納。胡三省曰："自唐高宗以後，率多追諡其子弟爲皇帝，作俑者魏敬宗也。"虜不足責，中國人亦因其失，則誠不免野哉之誚矣。前廢帝之立，以魏爲大魏，詔曰："三皇稱皇，五帝云帝，三代稱王，迭沖挹也。自秦之末，競爲皇帝，忘負乘之深殃，垂貪鄙於萬葉，今稱帝已爲襃矣，可普告令知。"蓋亦以喪亂薦臻，故頗自貶損也。

周孝閔帝始篡魏，亦稱天王。時則追尊考文公爲王，妣爲文后，至明帝武成元年八月，乃改天王稱皇帝，追尊文王爲帝。《崔猷傳》云：時依周禮稱天王，又不建年號。猷以爲世有澆淳，運有治亂，故帝王以之沿革，聖哲因時制宜。今天子稱王，不足以威天下。請遵秦、漢稱皇帝，建年號，朝議從之。蓋時習以天王之稱爲卑於皇帝，後周制作，最爲泥古，然卒不能變易世人之耳目，終不得不隨之而變也。宣帝之立，尊皇后爲皇大后。阿史那氏，突厥木杆可汗女。又尊所生李氏爲帝大后。靜帝立，一稱爲大皇大后，一稱爲大帝大后。又稱天元大皇后楊氏爲皇大后，天大皇后朱氏靜帝所生。爲帝大后。蓋亦以在位者爲帝，帝之父爲皇，正后係其夫所生係其子名之邪。

《抱朴子》有《詰鮑》之篇，載時人鮑敬言無君之論，而已駁之，其言在今日，已不足論，然亦可見其時好老、莊之書者之見地也。敬言之言曰："儒者曰：天生蒸民而樹之君，豈其皇天諄諄言之，亦欲之者爲之辭哉？夫彊者陵弱，則弱者服之矣。知者詐愚，則愚者事之矣。服之故君臣之道起焉，事之故力寡之民制焉。然則隸屬由爭彊弱而校愚智，彼蒼天果無事也。"又曰："天地之位，二氣範物，樂陽則雲飛，好陰則川處，各附所安，本無尊卑也。"此闢君臣之位出乎自然之説也。又曰："曩古之世，無君無臣。穿井而飲，耕田而食，日出而作，日入而息，汎然不繫，恢爾自得。不競不營，無榮無辱。川谷不通，則不相并兼。士衆不聚，則不相攻伐。勢利不萌，禍亂不作，干戈不用，城池不設。"此言無君之世天下之晏然無患也。侈言君道之美者，每謂君之出令，乃所以使民獲遂其生。敬言則云："促轡銜鑣，非馬之性，荷軛運重，非牛之樂。穿本完之鼻，絆天放之脚，蓋非萬物并生之意？"治人者之所求，不過"役彼以養此"，"貴者禄厚，而民困矣"。"下疲怨則知巧生"，亂之既作，乃以"忠義孝

慈”救之，幸而有濟，亦所謂“死而得生，不如鄉無死”也，況乎“茅茨土階，棄織拔葵”，不過“盜跖分財，取少爲讓”；其恩之及下，亦不過“陸處之魚，相呴以沫”哉？“關梁所以禁非，而猾吏因之以爲非；衡量所以檢僞，而邪人因之以爲僞；大臣所以扶危，而姦臣恐主之不危；兵革所以靖難，而寇者盜之以爲難”。信乎“君臣既立，衆慝日滋，而欲攘臂乎桎梏之間，愁勞於塗炭之中，猶鬭滔天之源，激不測之流，而塞之以掊壞，郭之以指掌也”。“桀紂窮驕淫之惡，用炮烙之虐，若令斯人，并爲匹夫，性雖凶奢，安得施之？”且夫“細人之爭，不過小小，匹夫校力，亦何所至？無疆土之可貪；無城郭之可利；無金寶之可欲；無權柄之可競；勢不足以合徒衆；威不足以驅異人；孰與王赫斯怒，陳師鞠旅，僵尸則動以萬計，流血則漂鹵丹野”哉？此鮑生以世事之紛紜，舉歸咎於立君之大略也。其言善矣，然君臣之制，非孰欲立而立之也，其事亦出於自然。何策使之不作？既作矣，何道使之可替？於此無言，則論有君之弊，雖極深切著明，亦徒爲空談耳。葛生詰鮑之辭，頗多拘墟之論，然亦有其可採者。如曰：“遠古質樸，蓋其未變，譬彼嬰孩，知慧未萌，非知而不爲，欲而忍之。”“有欲之性，萌於受氣之初，厚己之情，著於成功之日，賊殺并兼，起於自然，必也不亂，其理何居？”“橡芋可以生鬭訟，藜藿足用致侵奪。”則“私鬭過於公戰，木石銳於干戈”矣，作始也簡，將畢也巨，亂源既伏，何計可止其遷流乎？且也“古者生無棟宇，死無殯葬，川無舟楫之器，陸無車馬之用；吞啖毒烈，以致殞斃；疾無醫術，枉死無限。後世聖人，改而垂之，民到於今，受其厚惠。機巧之利，未易敗矣”。“大極渾沌，兩儀無質”，固未若“玄黃剖判，七曜垂象，陰陽陶冶，萬物羣分”。由斯言之，社會之開化，勢固不可以已，昔賢心儀邃古之世人與人相處安和之美，疾後世之不仁，乃欲舉物質之文明而并去之，豈不悖哉？然物質之文明，雖不可去，社會之組織，固未嘗不可變，亦且不可不變，而昧者又欲并此而尼之，則其失，又二五之於一十也。

## 第二節　封　建

晉初封建之制，及其時之人論封建之語，已見第二章第二節。《晉書·地理志》云：“古者有分土，無分民。若乃大者跨州連郡，小則十有餘城，以户口爲差降，略封疆之遠近，所謂分民，自漢始也。”①案古之建國，本爲理民，其後此意無

---

①　封建：分民始漢，以户封也，晉亦然，然户亦不能多與。

存，而徒以封爵爲榮禄，則終必至於此而後已。此亦欲藉封建爲屏藩者，所以卒無所就也。斯時也，封君之朘取其民，誠不如古代之悉，然邑户粟米，盡歸私室，<sub>徐陵食建昌，邑户送米至水次，見第二十一章第六節。</sub>仍有損於國計。故度支窘促之時，所以分其下者，亦不能厚。《地理志》又云：“江左諸國并三分食一。大興元年，始制九分食一。”《陳書·世祖高宗後主諸子傳》云：“江左自西晉相承，諸王開國，并以户數相差，爲大小三品。武帝受命，自永定訖於禎明，惟衡陽王昌，特加殊寵，至五千户，其餘大國不過二千户，小國千户而已。”蓋爲物力所限也。

以無治民之實，故王侯多不居其國，而朝聘之典亦寖荒。①《晉書·禮志》云：“魏制藩王不得朝覲。明帝時有朝者，皆由特恩，不得以爲常。及泰始中，有司奏諸侯之國，其王公已下入朝者，四方各爲二番，三歲而周。周則更始。若臨時有故，卻在明年。明年來朝之後，更滿三歲乃復朝，不得違本數。不朝之歲，各遣卿奉聘。奏可。江左王侯不之國，其有受任居外，則同方伯、刺史、二千石之禮，亦無朝聘之制，故此禮遂廢。”是其事也。

王侯兼膺方面之寄，似足以舉屏藩之實，然西晉已事，徒成亂源；宋武欲以上流處諸子，亦開喪亂之端；其事皆已見前矣。齊世諸王，受禍尤酷，事見第十章第三節。《南史·齊武帝諸子傳》：明帝遣茹法亮殺巴陵王子倫，子倫時鎮琅邪城，有守兵，子倫英果，明帝恐不即罪，以問典籤華伯茂，伯茂曰：“公若遣兵取之，恐不即可辦，若委伯茂，一小吏力耳。”既而伯茂手自執鴆逼之，左右莫敢動者。子倫整衣冠出受詔，謂法亮曰：“積不善之家，必有餘殃。昔高皇帝殘滅劉氏，今日之事，理數固然。”舉酒謂亮曰：“君是身家舊人，今銜此命，當由事不獲已。此酒差非勸酬之爵。”因仰之而死。時年十六。法亮及左右皆流涕。此蓋當時之人，哀殺戮之甚，爲此慘楚之辭，非必實録。<sub>如所記，子倫慷慨如此，何待伯茂執鴆逼之？故知《南史》此處，亦兼採兩説也。</sub>然時制之極弊，則可想見矣。李延壽論之曰：“齊氏諸王，并幼踐方岳，故輔以上佐，簡自帝心。勞舊左右，用爲主帥。州國府第，先令後行。飲食游居，動應聞啓。端拱守禄，遵承法度，張弛之要，莫敢厝言。行事執其權，典籤掣其肘。處地雖重，行止莫由。威不在身，恩未接下。倉卒一朝，事難總集，望其釋位扶危，不可得矣。路温舒云：秦有十失，其一尚存，斯宋氏之餘風，及在齊而彌弊。”然使諸王皆長大能自專，則又成梁世之禍矣。秉私心以定制，固無一而可哉！是時行事、典籤，亦有因守正而爲諸王所害者。《南史·齊高帝諸子傳》：長沙威王晃，爲豫

州刺史，每陳政事，輒爲典籤所裁，晃殺之。晃乃粗人，典籤之裁之，未必不合於義。又《梁武帝諸子傳》：南康簡王績，子會理，爲湘州刺史。多信左右。行事劉納每禁之。會理心不平，證以臧貨，收送建業。納歎曰："我一見天子，使汝等知。"會理令心腹於青草湖殺之，百口俱盡。此則其曲必在會理矣。抑且不必會理所爲也。大抵行事尚有正人，典籤則多佞幸，故其弊更甚。《江革傳》：革爲晉安王長史尋陽大守，行江州府事。徙廬陵王長史，大守行事如故。時少王行事，多傾意於籤帥，革以正直自居，不與典籤趙道智坐，道智因還都啓事，面陳革惰事好酒，遂見代，可以見其一斑也。

　　《魏書·官氏志》云：皇始元年，始封五等。天賜元年，九月，減五等之爵，始分爲四：曰王、公、侯、子，除伯、男二號。皇子及異姓元功上勳者封王。《北史·陸俟傳》云：初尒朱榮欲循舊事庶姓封王，由是封子彰濮陽郡王，尋而詔寵，仍復先爵，則異姓封王之制久廢。宗室及始蕃王皆降爲公。諸公降爲侯。侯、子亦以是爲差。於是封王者十人，公者二十二人，侯者七十九人，子者一百三人。王封大郡，公封小郡，侯封大縣，子封小縣。王第一品，公第二品，侯第三品，子第四品。延興二年，五月，詔舊制諸鎮將、刺史假五等爵及有所貢獻而得假爵者，皆不得世襲。又云：舊制諸以勳賜官爵者，子孫世襲軍號，大和十六年，改降五等，始革之，止襲爵而已。《文獻通考》云："元魏時封爵所及尤衆。蓋自道武興於代北，凡部落大人與隣境降附者，皆封以五等，令其世襲，或賜以王封。中世以後，不緣功而封者愈多。《程駿傳》載獻文崩，初遷神主於大廟，有司奏舊事廟中執事官例皆賜爵，今宜依舊。詔百寮詳議，羣臣咸以宜依舊事。駿獨以爲不可。表曰：臣聞名器帝王所貴，山河區夏之重，是以漢祖有約，非功不侯，未聞與事於宗廟，而獲賞於疆土。雖復帝王制作，弗相沿襲，然一時恩澤，豈足爲長世之軌乎？書奏，從之，可見當時封爵之濫。然高允在大武時以平涼州勳封汶陽子，至文成時，史言其爲郎二十七年不徙官，時百官無禄，允第惟草屋，衣惟縕袍，食惟鹽菜，恒使諸子採樵自給，則雖有受封之名，而未嘗與之食邑。[①] 又道武以來，有建業公、丹陽侯、會稽侯、蒼梧伯之類，此皆江南土地，可見當時五等之爵，多爲虛封。前史雖言魏制侯、伯四分食一，子、男五分食一，案《魏書·高祖紀》：大和十八年，十二月，詔王、公、侯、伯、子、男開國食邑者，王食半，公三分食一，侯、伯四分食一，子、男五分食一。然若真食五分之一，則不至如高允之貧。且受封丹陽、會稽、等處者，雖五分之一，亦於何取之乎？"案《魏書·地形志》言："魏自明、莊，寇

---

　　① 封建：魏無食邑似徒漢人。

難紛糾，攻伐既廣，啓土逾衆，王公錫社，一地累封，不可備舉，故總以爲郡。”一地累封，食祿更於何取給？足證馬氏所云之弊，至叔世而愈甚。然《張普惠傳》言：普惠爲尚書右丞。時詔訪冤屈，普惠上書言：“故尚書令臣肇，未能遠稽古義，近究成旨，以初封之詔，有親王二千户，始蕃一千户，二蕃五百户，三蕃三百户，謂是親疏世減之法；又以開國五等有所減之言，以爲世減之趣；遂立格奏奪，稱是高祖遺意，仍被旨可。今諸王五等，各稱其冤，七廟之孫，并訟其切，陳訴之案，盈於省曹，朝言巷議，咸云其苦。”然則不給祿者乃漢人如高允之儔，彼其所謂親戚、勳臣者，固未嘗不胲我以生也，亦可見非我族類，其心必異矣。

　　周武帝保定二年，四月，詔曰：“比以寇難猶梗，九州未一。文武之官，立功效者，雖錫以茅土，而未及租賦。諸柱國等勳德隆重，宜有優崇。各准别制邑户，聽寄食他縣。”則初亦未能給祿也。三年，九月，初令世襲州、郡、縣者改爲五等爵。[①] 州封伯，郡封子，縣封男。此則以封建之名，去封建之實矣。閔帝元年，正月，詔封李弼爲趙國公，趙貴爲楚國公，獨孤信爲衛國公，于謹爲燕國公，侯莫陳崇爲梁國公，中山公護爲晉國公，邑各萬户。宣帝大象元年，五月，以洺州襄國郡爲趙國，齊州濟南郡爲陳國，豐州武當、安富二郡爲越國，潞州上黨郡爲代國，荊州新野郡爲滕國，邑各一萬户，令趙王招、陳王純、越王盛、代王達、滕王逌并之國。史論其事曰：“大祖之定關右，日不暇給，既以人臣禮終，未遑藩屏之事。晉蕩輔政，爰樹其黨。宗室長幼，并據勢位，握兵權。雖海内謝隆平之風，而國家有磐石之固矣。高祖克翦芒刺，思弘政術。懲專朝之爲患，忘維城之遠圖。外崇寵位，内結猜阻。自是配天之基，潛有朽壤之墟矣。宣皇嗣位，凶暴是聞。芟刈先其本枝，削黜徧於公族。雖復地惟叔父，親則同生，文能附衆，武能威敵，莫不謝卿士於當年，從侯服於下國。號爲千乘，勢侔匹夫。是以權臣乘其機，謀士因其隙，遷邑鼎速於俯拾，殲王侯烈於燎原。悠悠邃古，未聞斯酷。豈非摧枯拉朽易爲力乎？”《周書·文閔明武宣諸子傳論》。周勢之孤，誠如所論。然使武帝不能去其芒刺，周之亂，又寧俟静帝時乎？秉私心以定制，固無一而可哉？

## 第三節　官　　制

　　晉、南北朝之官制，蓋承漢、魏而漸變。漢初官制，皆沿自秦，秦則沿自列

----

① 封建：世襲州郡縣者改封爵。

國之世,不盡宜於統一之局,其後乃隨事勢而遷移,此自西京至南朝之末皆然。拓跋氏起北方,其爲部族時之規制,已見第十一章第二節。佛貍以降,模倣中國,稍有建置,實亦非驢非馬。王肅北走,孝文用之,以定衆職,則幾與南朝無異矣。北齊因之。後周大祖,以爲漢、魏官繁,思法周禮。大統中,命蘇綽掌其事。未成而綽卒,盧辯繼之。依《周禮》建六官,置公、卿、大夫、士。并撰次朝儀,車服、器用,多依古禮,革漢、魏之法。於魏恭帝三年行之。其後世有損益。此實不切於時務,故至宣帝嗣位,而内外衆職,又用秦、漢以來之制焉。見《周書・文帝紀》魏恭帝三年及《盧辯傳》。《辯傳》云:先是已置六卿官,爲撰次未成,衆務猶歸臺閣,至是年畢,乃命行之。又《崔猷傳》言:猷與盧辯創脩六官。薛寘、裴政,亦嘗參與其事,皆見本傳。《武帝紀》:保定元年,正月,己巳,祠大廟,班大祖所述六官,蓋至是而其制始大成也。

　　相國、丞相,自魏、晉以來,已非復尋常人臣之職。漢獻帝建武十三年,置丞相,以魏武帝爲之。文帝代漢,其官遂廢。此後爲之者,如晉之趙王倫、梁王肜成都王穎、元帝、南陽王保、王敦、王導、宋南郡王義宣等,皆非尋常人臣。其爲相國如晉景帝、宋武帝、齊高祖等,則簒奪之階而已,齊世相國,與大宰、大保、大將軍并爲贈官。陳丞相、大傅、大司馬,亦爲贈官。晉取《周官》之説,置大宰,以景帝諱,改大師爲大宰。大傅、大保,而漢世三公之官仍存。大尉、司徒、司空。其大司馬、大將軍,漢世與大尉不并置者,漢靈帝末,以劉虞爲大司馬,而大尉如故,非恒典。至魏亦各自爲官。晉武帝即位之初,嘗八公同時并置。而開府、儀同三司,驃騎、車騎、衛將軍,伏波、撫軍、都護、鎮軍、中軍、四征、征東、征南、征西、征北。四鎮、鎮東、鎮南、鎮西、鎮北。宋世又有安東、安南、安西、安北,謂之四安,平東、平南、平西、平北,謂之四平。龍驤、典軍、上軍、輔國等大將軍,左、右光禄、光禄三大夫,開府者皆爲位從公。諸公及開府位從公者,皆得置官屬,此實多費無謂,故自隋、唐以降,遂專以無官屬之三師爲榮寵也。後魏放南朝之制,亦有三師、大師、大傅、大保。二大、大司馬、大將軍。三公、大尉、司徒、司空。特進、儀同、開府、左、右光禄、金紫、銀青光禄及諸將軍之號,以褒賞勳庸,而北齊因之。孝莊初,拜尒朱榮爲柱國大將軍,位在丞相上。又拜大丞相、天柱大將軍,而以元天穆爲大宰,此亦非尋常人臣之職矣。北齊乾明中,置丞相,河清中分爲左、右。然趙彦深、元文遙、和士開同爲宰相,皆兼侍中,則實權初不在是也。後周初置大冢宰。後置左、右丞相。大象二年,又以隋文帝爲大丞相,而罷左、右丞相焉。

　　治理之權,實歸臺閣。尚書有令、僕。令職無不總,僕射副令,置二則爲左、右僕射。令闕則左爲省主。又與尚書分統諸曹。漢世尚書,雖有曹名,不以爲號。靈帝以梁鵠爲選部尚書,始見曹名。及魏,改選部爲吏部,又有左民、客曹、五兵、度支,凡五曹尚書、二僕、一令爲八坐。及晉,置吏部、三公、客曹、駕部、屯田、度支六曹。咸寧二年,省駕部。四年,又置。大康中,有吏部、殿中、五兵、田曹、度支、左民爲六曹。惠帝世又有右民,尚書止於六曹,不知此時省何曹也。渡江

有吏部、祠部、五兵、左民、度支五尚書。祠部尚書，常與右僕射通職，不恒置。宋高祖初增都官曹。其起部尚書，營宗廟宮室則置，事畢則省。又有左、右丞，佐令、僕知省事。郎主作文書，分曹數十。魏世凡二十三，後爲二十五。晉武帝時三十四，後爲三十五。置郎二十三人，更相統攝。江左初十七，後十八，最後十五。宋初十九，後二十。梁二十二。下有都令史、令史等，分曹如尚書。正始以降，俗尚玄虛，丞、郎以上，簿領文案，不復經懷，皆成於令史之手焉。姚察說。錄則尚書權重者爲之，不恒置也。尚書爲庶政總匯，然自魏、晉以後，又不敵中書、門下之親。中書者，魏武帝爲魏王，置祕書令、丞，以典尚書奏事。文帝代漢，改爲中書。置監、令，以劉放、孫資爲之。其後遂移魏祚，事已見《秦漢史》。晉因之，各置一人。魏文帝又置通事郎，次黄門郎。黄門郎已署事過，通事乃署名。已署，奏以入，爲帝省讀書可。晉改曰中書侍郎。晉初又置舍人及通事。江左令舍人通事，謂之通事舍人。掌呈奏案章。後省，以中書侍郎一人直西省，又掌詔命。宋初又置，而侍郎之任，遂寖輕焉。見第十章第四節。魏文之置中書令，祕書改令爲監，以掌藝文圖籍。明帝大和中，置著作郎，隸中書省。晉武帝并祕書於中書，而著作之局不廢。惠帝復置祕書監，著作改隸焉。後別自置省，而猶隸祕書。郎一人，謂之大著作郎，專掌史任。又有佐著作郎八人。侍中之與機要，自宋文帝時始。侍中世呼爲門下；給事黄門侍郎，與侍中俱管衆事，世呼爲小門下；遂以門下名其省。散騎常侍者，秦置散騎，又置中常侍，漢東京省散騎，中常侍用宦者，魏黄初置散騎，合之於中常侍，是爲散騎常侍。魏末又有在員外者，曰員外散騎常侍。晉武帝使二人與散騎常侍通員直，謂之通直散騎常侍。魏初又置散騎侍郎。晉武帝置員外散騎侍郎，元帝使二人與散騎侍郎通員直，謂之通直散騎侍郎。自魏至晉，散騎常侍、侍郎與侍中、黄門侍郎共平尚書奏事，江左乃罷。給事中，西漢置，掌顧問應對。東漢省。魏世復置。奉朝請，本不爲官。漢東京罷三公、外戚、宗室、諸侯，多奉朝請。晉武帝亦以宗室、外戚爲奉車、駙馬、騎三都尉而奉朝請焉。東晉罷奉車、騎二都尉，惟留駙馬，諸尚主者爲之，後遂沿爲故事。自散騎常侍以下，宋別爲集書省，散騎侍郎、員外散騎侍郎、通直散騎侍郎，齊謂之直書省，而散騎常侍、員外、通直稱東省官，其二衛、四軍、四校、稱西省官焉。魏、齊有中書、門下、集書、祕書諸省，設官略與南朝同。魏門下之官尤重，世呼侍中、黄門爲小宰相。見《魏書·王慧龍傳》。

尚書行臺之制，起自魏末，晉文帝討諸葛誕，散騎常侍裴秀、尚書僕射陳泰、黄門侍郎鍾會等以行臺從。晉永嘉四年，東海王越率衆許昌，亦以行臺自隨。後魏、北齊亦有之。《隋書·百官志》云："行臺在《令》無文。其官置令、

僕射。其尚書、丞、郎,皆隨權制而置員焉。其文未詳。"行臺兼統人事,自辛術始,見《北齊書》本傳。留臺之名,起自晉惠帝西遷時。置於洛陽,以總留事。

　　總衆職者丞相,居列職者,則九卿一類之官也。自丞相之權,移於三省,而九卿亦寖失其職矣。魏世裴秀議改官制,以尚書三十六曹統事,準例不明,宜使諸卿任職。見《晉書》本傳。晉初劉頌上疏,言:"秦、漢已來,九列執事,丞相都總,今尚書制斷,諸卿奉成,於古制爲重,事所不須。然今未能省并,可出衆事付外寺,使得專之,尚書爲其都統,若丞相之爲。惟立法創制、死生之斷、除名、流徙、退免大事,及速度支之事,臺乃奏處。其餘外官皆專斷之。歲終,臺閣課功校簿而已。於今親掌者動受成於上,上之所失,不得復以罪下,歲終事功不建,不知所責也。"荀勖議省官,亦謂九寺可并於尚書。皆可見九卿寖失其職:故其官亦時有省并。晉世,大常、光禄勳、晉哀帝興寧元年,并司徒,孝武帝寧康元年復置。尉衛、渡江省,宋孝建元年復置。大僕、渡江後或省或置,宋以來,郊祀權置執犠,事畢即省。廷尉、大鴻臚,江左有事權置,無事則省。宗正、晉哀帝省,并大常。大司農、晉哀帝省,并都水。孝武復置。少府、晉哀帝省,并丹陽尹。孝武復置。將作大匠、晉以來有事者置,無事則省。大后三卿、衛尉、少府、大僕,隨大后宮爲名,無大后則闕。大長秋,有后則置,無后則省。并爲列卿。宋、齊同。梁於諸名之下,皆加卿字。以大常、宗正、大司農爲春卿,大府、少府、大僕爲夏卿,衛尉、廷尉、大匠即將作大匠。爲秋卿,光禄、即光禄勳。鴻臚、即大鴻臚。大舟都水使者,漢水衡之職。漢又有都水長、丞。東京省都水,置河隄謁者。魏因之。晉武帝省水衡,置都水使者,以河隄謁者爲都水官屬。江左省河隄謁者,都水置謁者六人。梁初稱都水臺,後改。爲冬卿,北朝亦以大常、光禄、衛尉、宗正、大僕、廷尉、齊曰大理。鴻臚、司農、少府齊曰大府。爲九卿,稱爲九寺。又有國子、長秋、將作三寺。又有昭玄寺,以掌諸佛教,亦有都水臺之官。

　　自漢改御史大夫爲司空,而中丞出外爲臺主,東京以後皆因之。其屬官:有治書侍御史,漢宣帝所置也。見《秦漢史》第十八章第七節。魏又置治書執法,掌奏劾,而治書侍御史掌律令。晉惟置治書侍御史,與侍御史分掌諸曹。魏蘭臺遣二御史居殿中,伺察非法,晉遂置殿中侍御史,歷代沿之。魏、晉《官品令》,又有禁防御史;晉孝武大元中有檢校御史,則其後無聞焉。符節御史,秦符璽令之職,漢因之,至魏別爲一臺。晉武帝省并蘭臺,置符節御史。梁、陳惟有符節令史而已。謁者,亦秦官,漢、魏因之,魏又置僕射,掌大拜授及百官班次,統謁者十人。晉武帝省僕射,以謁者并蘭臺。漢世屬光禄勳。江左復置僕射。後又省。宋大明中又置。魏、齊御史臺,設官略同南朝,而謁者別爲一臺。

　　魏武帝爲相,以韓浩爲護軍,史奐爲領軍。建安十二年,改爲中領軍、中

護軍。文帝置領軍將軍，主五校，即漢世屯騎、步兵、越騎、長水、射聲五校尉。中壘、武衛三營。護軍將軍，主武官選。隸領軍，晉世不隸。晉武帝省領軍，使中軍將軍羊祜統二衛。晉文帝爲相國，相府置中衛軍，武帝受命，分爲左、右。前、後、左、右、魏明帝時有左軍將軍，右及前、後，皆晉武帝置。驍騎驍騎、游擊皆魏置，爲內軍。晉世以領、護、二衛、驍騎、游擊爲六軍。七軍，即領軍之任也。祜遷罷，置北軍中候。懷帝改曰中領軍。元帝永昌元年，省護軍，并領軍，改領軍曰北軍中候。尋復爲領軍。明帝大寧二年，復置護軍。成帝世，領軍又爲北軍中候。尋亦復焉。魏、晉領、護各領營兵，江左以來，領軍不復領營，但總統二衛、驍騎、游擊諸營而已。資重者爲領軍護軍將軍，資輕者爲中領軍中護軍。又有左、右中郎將，晉武帝省，宋大明中復置。虎賁中郎將，漢期門。尤從僕射，魏置。羽林監，漢有羽林中郎將，又有左右監，晉罷中郎將，又省一監。虎賁、尤從、羽林，是爲三將。晉哀帝省。宋高祖復置，江右領營兵，江左則無。積射將軍，彊弩將軍，晉大康十年，立射營、弩營，置積射、彊弩將軍主之。宋泰始後，多以軍功得此官，無員。殿中將軍，殿中司馬督，晉武帝時，殿內宿衛，號曰三部司馬，置此二官，分隸左右二衛。江右初員十人。孝武大元中改選，以門閥居之。宋高祖初，增爲二十人。其後過員者謂之殿中員外將軍、員外司馬督。又其後并無復員。武衛將軍，宋大明中置，代殿中將軍之任。武騎常侍，宋大明中置。皆以分司丹禁，侍衛左右。梁天監六年，置左右驍騎、左右游擊將軍。改舊驍騎曰雲騎，游擊曰游騎。又置朱衣直閤將軍，以經方牧者爲之。此外諸號將軍甚多，皆無復統馭，《晉書·王廙傳》：弟子彪之上議，謂無兵軍校，皆應罷廢。實即後世之武散官也。散官之名始於隋，古但不任事而已，非徒以爲號。宋、齊、梁、陳諸九品官，皆以將軍爲品秩，謂之加戎號。梁武帝以其高下舛雜，命加釐定。於是有司奏置百二十五號將軍，備其班品，叙於百司之外焉。魏、齊禁衛設官，略同南朝。亦有諸號將軍，無所統馭。柱國之職，見第十四章第五節，後亦爲散秩，如後世之勳官矣。

　　東宮官，漢世分屬二傅及詹事。後漢省詹事，悉屬少傅。晉武帝泰始三年，建大子大傅、少傅，事無大小皆屬焉。咸寧元年，以楊珧爲詹事，二傅不復領官屬。及珧爲衛將軍，領少傅，省詹事，惠帝元康元年復置，愍、懷建官，乃置六傅，通省尚書事。詹事文書，關由六傅。永康中，復不置詹事。大安已來，置詹事。終孝懷之世。渡江後有大傅、少傅，不立師、保。王國：晉世置師、友、文學。師即傅也，景帝諱，故改師爲傅。宋世復爲師。改大守爲內史。有中尉以領軍。此外設官尚多。公、侯已下遞損焉。北朝，東宮亦置六傅及詹事。王國置師一人。餘官亦略同南朝。

　　司隸校尉，歷東京、魏、晉不替，渡江乃罷。州置刺史；郡置大守，京師所

在則曰尹，王國以内史掌大守之任；縣大者曰令，小者置長，爲國者爲相；歷代皆同。魏、齊於司州，周於雍州，亦皆置牧。魏於代、河南，齊於清都，周於京兆皆置尹。魏州、郡、縣皆分上中下，齊則於上中下之中，又分上中下，凡九等。周以户數爲差。州分户三萬已上，二萬已上，一萬已上，五千已上。郡分一萬五千已上，一萬已上，五千已上，一千已上，一千已下。縣分七千已上，四千已上，二千已上，五百已上，五百已下。屬官、佐史，皆隨高下而異其員數。魏舊制緣邊皆置鎮都大將，統兵備禦，與刺史同。城隍、倉庫，皆鎮將主之。北齊亦有三等鎮、戍，各置鎮將、戍主。此則專以兵力控扼爲重者也。《魏書・韓茂傳》：子均。廣阿澤在定、相、冀三州之界，土廣民希，多有寇盜，乃置鎮以静之。以均在冀州，劫盜止息，除廣阿鎮大將，加都督三州諸軍事。

　　晉、南北朝官制之弊，莫如刺史之握兵。《宋書・百官志》云："持節都督，無定員。前漢遣使，始有持節。光武建武初，征伐四方，始權時置督軍御史，事竟罷。建安中，魏武帝爲相，始遣大將軍督軍，二十一年征孫權還夏侯惇督二十六軍是也。魏文帝黄初二年，始置都督諸州軍事，或領刺史。三年，上軍大將軍曹真都督中外諸軍事，假黄鉞，則總統内外諸軍矣。明帝大和四年，晉宣帝征蜀，加號大都督。高貴鄉公正元二年，文帝都督中外諸軍。尋加大都督。晉世則都督諸軍爲上，監諸軍次之，督諸軍爲下。使持節爲上，持節次之，假節爲下。使持節得殺二千石以下，持節殺無官位人，若軍事得與使持節同，假節惟軍事得殺犯軍令者。江左以來，都督中外尤重，惟王導居之。以上《晉志》同。此句作"惟王導等權重者居之。"宋氏人臣則無也。江夏王義恭假黄鉞，假黄鉞則專戮節將，非人臣常器矣。《齊書・百官志》云："魏、晉世州牧隆重，刺史任重者爲使持節都督，輕者爲持節督。起漢順帝時御史中丞馮赦討九江賊，督揚、徐二州軍事。而何、徐《宋志》云：起魏武遣諸州將督軍；王珪之《職儀》云：起光武；并非也。晉大康中，都督知軍事，刺史治民，各用人。惠帝末乃并任。非要州則單爲刺史。"案都督緣起，二說俱可通，不必深辯。晉初羊祜督荆州，別有刺史羊肇；王渾督揚州，別有刺史應綽；其後王浚督幽州，亦別有刺史石堪，皆都督刺史分職之證。然兼二職者究多，故刺史亦稱州將。《通鑑》齊東昏侯永元二年《注》。《晉書・温嶠傳》：嶠代應詹爲江州刺史，鎮武昌。陳"古鎮將多不領州，宜選單車刺史，別撫豫章，專理黎庶。"能言此者蓋寡矣。其時州郡之增置日廣，鎮將之所督，亦即隨之而增。然亦閒有都督不兼州，如紀瞻以鎮東將軍長史加揚威將軍都督京口以南至蕪湖諸軍事，非刺史。又有於某州但督其數郡者；而曰都督，曰監，曰督，曰使持節，曰持節，曰假節，權限亦各有不同。如檀道濟監南徐、兗之江北、淮南諸郡軍事，南兗州刺史，又都督江州之江夏，豫州之曲陽、新蔡、晉熙四郡諸軍事，江州

刺史。諸史皆各如其事書之。《南》、《北史》但曰某州刺史加都督，或曰都督某州刺史，而於所督不復詳書，則求簡而失其實矣。周明帝武成元年，初改都督諸州軍事爲總管。自此史文但云某州總管，不云刺史。然齊王憲除益州總管益、寧、巴、盧等二十四州諸軍事益州刺史，則但改都督之名爲總管，而其責任初未嘗異。《北史》亦閒有全書者，如《長孫儉傳》：授總管荆、襄等五十二州諸軍事，行荆州刺史，轉陝州總管七州諸軍事陝州刺史是也。以所任州冠於總管之上，但云某州總管，亦取文辭之簡，而非當日結銜本然也。隋有揚、幷、益、荆四大總管，又諸總管皆以某州爲名，如蜀王秀以益州刺史總管二十四州諸軍事，則其例仍與周同。《尉遲敬德碑》云：授襄、鄀、鄧、析、唐五州都督襄州刺史，貶使持節都督幷、蔚、嵐、代四州諸軍事幷州刺史，則唐制亦與隋同也。以上兼採《十七史商権》、《廿二史考異》。刺史握兵，易致疏於政事；本以武人爲之者，尤偎塞不易駕御；其弊不可勝窮。《北齊書·高隆之傳》云：魏自孝昌已後，天下多難，刺史大守，皆爲當部都督，雖無兵事，皆立佐寮，所在頗爲煩擾。隆之表請：自非實在邊要：見有兵馬者，悉皆斷之。則有握兵之名者，已足擾民，而有其實者無論矣。

　　《通鑑》：晉安帝義熙二年，正月，魏主珪如豺山宮。諸州置三刺史，郡置三大守，縣置三令長。刺史、令、長，各之州、縣，大守雖置而未臨民。功臣爲州者，皆徵還京師，以爵歸第。此事他處不見，蓋行之未久？《魏書·官氏志》云：自大祖至高祖初，內外百官，屢有減置，或事出當時，不爲恒日。淮北之亡，虜於東兗、東徐及冀州，皆幷置兩刺史，事見第九章第五節，蓋一以資鎮慴，一以事撫綏；大守幷不臨民，則徒資其榮祿；疑當時三人幷置，其意亦如此也。薛安都爲僞雍、秦二州都統，州各有刺史，都統總其事，見第八章第五節。以軍御政，亦猶南朝都督攘刺史之權也。

　　州、郡、縣之增置，晉、南北朝，可云最劇。其原因，蓋有由於控扼要重，戶口滋殖，蠻夷鄉化，政理殷繁者，如漢末及三國，多以諸部都尉爲郡是也。《宋書·百官志》。然其大端，則實由喪亂薦臻，人民蕩析離居之故。蓋斯時一統未久，屬人之治猶盛，屬地之義未昌，人民之轉徙異地者，不得不別設官司以撫綏之，招徠之，而僑置之事多矣。如康絢，本華山藍田人。祖穆，宋永初中，舉鄉族三千餘家入襄陽之峴南。宋爲置華山郡藍田縣，以穆爲秦、梁二州刺史。未拜卒。絢父元隆，父爲撫，幷爲流人所推。相繼爲華山大守。絢在齊世，亦除華山大守。此流人來歸，即用其酋豪設郡縣以之者也。寇讚上谷人，因難徙馮翊萬年。姚泓滅，秦、雍人千餘家推讚爲主，歸魏拜綏遠將軍魏郡大守。其後秦、雍之民，來奔河南、滎陽、河內，戶至數萬，拜讚安遠將軍南雍州刺史軹縣侯，治於洛陽，立雍州之郡縣以撫之。由是流民襁負，自遠而至，參倍於前。此撫其已至，兼以招其未來者也。可參看第十七章第三、第四兩節。《宋書·諸志總序》云："魏、晉已來，遷徙百計。一郡分爲四五，

一縣割成兩三。或昨屬荊、豫，今隸司、兗。朝爲零、桂之士，夕爲廬、九之民。去來紛擾，無暫止息。版籍爲之渾淆，職方所不能記。自戎狄內侮，有晉東遷，中土遺氓，播遷江外，莫不各樹邦邑，思復舊井。既而民單戶約，不可獨建。故魏邦而有韓邑，齊縣而有趙民。且省置交加，日回月徙。寄寓遷流，迄無定託。邦名邑號，難或詳書。"可見斯弊，由來已久。然終以錯雜爲憂，則仍鮮治理之便矣。此土斷之所以亟，參看第十七章第三節。張普惠省減郡縣，史稱宰守因此縮攝有方，姦盜不起，民以爲便，可見僑置之有害於治理也。南北分張，此弊彌甚。《魏書·韓麒麟傳》：子顯宗上言："自南僞相承，竊有淮北，欲擅中華之稱，且以招誘邊民，故僑置中州郡縣。皇風南被，仍而不改。凡有重名，其數甚衆。"《北齊書·文宣帝紀》：天保七年，十一月，詔曰："魏自孝昌已來，豪家大族，鳩率鄉部，託迹勤王，規自署置。或外家公主，女謁內成，昧利納財，啓立州郡。牧、守、令、長，虛增其數。求功錄實，諒足爲煩。損害公私，爲弊殊久。且五嶺內賓，三江迴化。要荒之所，舊多浮僞。百室之邑，便立州名，三戶之民，空張郡目。譬諸木犬，猶彼泥龍。今所并省，一依別制。"於是并省三州、一百五十三郡、五百八十九縣、三鎮、二十六戍云。《通鑑》：梁武帝大同五年，十一月，朱异奏："頃來置州稍廣，而小大不倫。請分爲五品。其位秩高卑，參僚多少，皆以是爲差。"詔從之。於是上品二十州，次品十州，次品八州，次品二十三州，下品二十一州。時上方事征伐，恢拓境宇。北踰淮、汝，東距彭城，西開祥牁，南平俚洞，紛綸甚衆，故朱請分之。其下品皆異國之人，徒有州名，而無土地。或因荒徼之民所居村落，置州及郡、縣。刺史、守、令，皆用彼人爲之。尚書不能悉領。山川險遠，職責罕通。五品之外，又有二十餘州，不知處所。凡一百七州。又以邊境鎮戍，雖領民不多。欲重其將帥，皆建爲郡。或一人領二三郡大守。州郡雖多，而戶口日耗矣。觀此文，知齊文宣之詔，非過甚之辭也。《晉書·傅玄傳》：玄子咸上言："舊都督有四，今并監軍，乃盈於十。夏禹敷土，分爲九州，今之刺史，幾向一倍。戶口比漢，十分之一，而置郡縣更多。"晉初以是爲病，況於南北朝之末？魏道武罷戶不滿百之縣，《本紀》天賜元年。而後周以戶數秩郡縣，縣下者亦不盈五百而已。奚翅十羊九牧哉？

外官僚屬：郡、縣各有舊俗，分曹往往不同。吏、卒皆有定員，視戶口多少爲差。晉初嘗議省州、郡、縣半吏，以赴農功。《晉書·荀勖傳》。蘇綽六條詔書曰："善官人者必先省其官。官省則善人易充，善人易充，則事無不理。官煩則必雜不善之人，雜不善之人，則政必有得失。故語曰：官省則事省，事省則民清，官煩則事煩，事煩則民濁。案今吏員，其數不少。昔民殷事廣，尚能克濟，況今戶口減耗，依員而置，猶以爲少？如聞在下州郡，尚有兼假。擾亂細民，甚爲無理。悉宜罷黜，無得習常。"觀此，知吏員雖云依戶口而定，實未必能遵行也。

《晉志》云：縣五百已上皆置鄉。三千已上置二鄉，五千已上置三鄉，萬已上置四鄉。鄉置嗇夫一人。縣率百戶置里吏一人。其土廣人希，聽隨宜置。里吏限不得減五十戶。①此等制度，宋、齊、梁、陳，度當沿之。《魏書·大武五王傳》：臨淮王譚曾孫孝友表言：“今制百家爲黨族，二十家爲閭，五家爲比隣。百家之內，有帥二十五，②徵發皆免，苦樂不均。羊少狼多，復有噬食。此之爲弊久矣。京邑諸坊，或七八百家，惟一里正二史，庶事無闕，而況外州？請百家爲四閭，閭二比。計族有十二丁，得十二疋賫絹。略計見管之戶，應二萬餘族，一歲出賫絹二十四萬疋，十五丁出一番兵，計得一萬六千兵。此富國安人之道也。”《隋書·食貨志》：北齊河清三年定令，命人居十家爲比隣，五十家爲閭里，百家爲族黨，較魏制實省十二丁，即孝友之志也。蘇綽六條之詔，謂“正長者治民之基，基不傾者上必安。黨族、閭里，皆當審擇，各得一鄉之選，以相監統。”然暴政亟行之世，在上者之誅求愈烈，則在下者之困辱愈增，而其自視卑而不得有所爲也亦愈甚。劉曜爲石勒所獲，北苑市三老孫機上書求見曜，見《晉書·曜載記》。尚有新城三老遮説漢王，壺關三老上書訟戾大子之遺風，後此則無聞矣。③《魏書·高祖紀》：大和十一年，十月，詔曰：“孟冬十月，民間歲隙，宜於此時，導以德義。可下諸州：黨里之內，推賢而長者，教其里人。”未嘗不欲復前代之遺規，然其效卒不可覩也。《北史·魏宗室傳》：河間公齊之孫志，爲洛陽令。員外郎馮俊，昭儀之弟，恃勢恣擾所部里正。志令主史收繫，處刑除官。由此忤旨，左遷大尉主簿。輦轂之下，里正之見陵如此，況其遠者乎？

都邑之地，豪猾所萃，則擊斷之治尚焉。《晉志》：縣皆置方略吏四人，而洛陽置六部尉。江左以後，建康亦置六部尉。餘大縣置二人，次縣、小縣各一人。此指方略吏言。《宋志》云：大祖元嘉十五年，縣小者又省之。鄴、長安置吏如三千戶以上之制。此等制度，歷代亦當略同也。北朝尚擊斷尤甚。《魏書·甄琛傳》：琛遷爲河南尹。表言：“國家居代，患多盜竊。世祖廣置主司、里宰，皆以下代令、長及五等散男有經略者爲之，④又多置吏士，爲其羽翼，崇而重之，始得禁止。遷都已來，天下轉廣。四遠赴會，事過代都。五方雜沓，難可備簡。寇盜

———

① 職官：《魏道武本紀》天賜元年“罷戶不滿百之縣”。《晉志》縣率百人戶，置里吏一人而已，然魏初百官無祿，何足怪也，祿……可勝祿？此戶口安可實？
② 職官：百家之內，有帥二十五。
③ 職官：三老等曰失其職。
④ 職官：下代令、長及五等散男爲主司里宰。後里正乃流外四品。

公行,劫害不絶。此由諸坊混雜,鼇比不精,主司闇弱,不堪檢察故也。里正乃流外四品,職輕任碎,多是下才,人懷苟且,不能督察。故使盜得容姦,百賦失理。邊外小縣,①所領不過百户,而令、長皆以將軍居之。京邑諸坊,大者或千户、五百户;其中皆王公、卿尹,貴勢、姻戚,豪猾僕隸,蔭養姦徒,高門遂宇,不可干問;又有州郡俠客,蔭結貴游,附黨連羣,陰爲市劫。比之邊縣,難易不同。請取武官中八品將軍已下,幹用貞濟者,以本官俸恤,領里尉之任,各食其禄。高者領六部尉,中者領經途尉,下者領里正。不爾,請少高里尉之品,選下品中應遷者爲之。"詔曰:"里正可進至勳品,經途從九品,六部尉正九品。諸職中簡取,何必須武人也?"琛又奏以羽林爲游軍,於諸坊巷司察盜賊。於是京邑清静,至今踵焉。《高崇傳》:子謙之,爲河陰令。舊制,二縣令得面陳得失。時佞幸之輩,惡其有所發聞,遂共奏罷。謙之乃上疏曰:"豪家支屬,戚里親媾,繚紲所及,舉目多是。皆有盜憎之色,咸起怨上之心。縣令輕弱,何能克濟? 先帝昔發明詔,得使面陳所懷。臣亡父先臣崇之爲洛陽令,常得入奏是非。所以朝貴斂手,無敢干政。乞新舊典,更明往制。"崇奏在胡靈后時。此皆可見都邑之難治也。北齊制:鄴令領右部、南部、西部三尉,又領十二行經途尉。凡一百三十五里,里置正。臨漳領左部、東部二尉。左部管九行經途尉。凡一百一十四里,里置正。成安領後部、北部二尉。後部管十一行經途尉。七十四里,里置正。

刺史之設,本所以資巡察,其後寖成疆吏,則司巡察者又別有其人,此亦猶明代於巡按之外,復遣巡撫也。《宋書·禮志》,謂古者巡守之禮,布在方策。秦、漢、曹魏,猶有巡幸之事,至晉世巡守遂廢。引武帝泰始四年詔,謂:"古之王者,以歲時巡守方嶽,其次則二伯述職,不然則行人巡省,撣人誦志。今使使持節侍中副給事黃門侍郎,銜命四出,周行天下。親見刺史、二千石長吏,申喻朕心懇誠至意。訪求得失損益諸宜。觀省政治,問人閒患苦。還具條奏,俾朕昭然,鑒於幽遠,若親行焉。"下叙宋武帝永初元年遣使,文帝元嘉四年、二十六年東巡之事,其視之猶甚重。然克舉其實者似鮮。其事亦僅閒有之。如宋元嘉三年、九年、三十年,明帝泰始元年,皆嘗遣使。北朝則高宗大安元年,高祖延興二年,大和八年、十四年,皆嘗遣使。孝静帝天平二年,齊獻武王以治民之官,多不奉法,請送朝士清正者,州別遣一人問疾苦。周武帝建德五年遣使,詔意亦頗重視,皆見《紀》。至齊孝武,徵求急速,以郡縣遲緩,始遣臺使,則擅作威福,其弊無窮,詳見《齊書·竟陵王子良傳》。後人所由訾

---

遣使縱橫,本非令典也。晉武帝訪王渾以元會問郡國計吏方俗之宜。渾言:
"舊侍中讀詔,詔文相承已久,非留心方國之意。請令中書,指宣明詔,不復因
循常辭。又先帝時正會後東堂見征、鎮長史、司馬,諸王國卿,諸州別駕。今
若不能別見,可前詣軒下,使侍中宣問,以審察方國。"其視之意亦甚重。然後
亦寖成具文。北齊尚有其禮,見《隋書·禮儀志》。晉武帝泰始三年,嘗詔郡、國守、相,
三載一巡行屬縣。然范甯爲豫章大守,欲遣十五議曹下屬城採求風政,并吏
假還訊問長吏得失,而徐邈與書,謂:"非徒不足致益,乃是蠹漁所資。""自古
已來,欲爲左右耳目者,無非小人。"則雖守、相,欲明目達聰,猶不易也,況天
朝乎?

　　晉武帝置南蠻校尉於襄陽,西戎校尉於長安,南夷校尉於寧州。元康中,
護羌校尉後漢官。爲涼州刺史,西戎校尉爲雍州刺史,南蠻校尉爲荆州刺史。
江左初,省南蠻校尉。尋又置於江陵。改南夷校尉曰鎮蠻校尉。及安帝時,
於襄陽置寧蠻校尉。以授魯宗之。宋世祖孝建中,省南蠻校尉。齊建元元年復
置。三年省。延興元年置。建武省。護三巴校尉,宋置。建元二年,改爲刺
史。平蠻校尉,永平三年置,隸益州。護匈奴、羌戎、蠻夷、越四中郎將,晉武
帝置,或領刺史,或持節爲之。武帝又置平越中郎將,居廣州,主護南越。

　　官品之制,①蓋始曹魏?故《通典》叙魏官,皆明列品第。《宋書·百官志》
備列九品之官,謂其定自晉世,晉殆亦沿之於魏也?晉初限田及衣食客、佃客,皆以官
品差多少。《隋書·經籍志》職官門,梁有徐宣瑜《晉官品》一卷。梁武帝天監初,命尚書郎蔡
法度定令爲九品。至七年革選,徐勉爲吏部尚書,又定爲十八班。以班多爲
貴。將軍叙於百司之外,分十品、二十四班。《南史·勉傳》云:天監初,官名互有省置。勉撰立選簿,
有詔施用。其制開九品爲十八班。自是貪冒苟進者,以財貨取通,守道淪退者,以貧寒見没。則班蓋
爲選舉而設。陳亦分十八班。皆見《隋志》。元魏九品,皆分正從,一品之中,復
析爲上中下,則一品而分爲六矣。大和二十三年,高祖次《職令》,世宗頒行
之。四品已下,正從各分上下階,一品猶析爲四。北齊因之。周盧辯依《周
禮》定官制,内外皆分九命,以多爲貴,實亦九品也。《周書·文帝紀》:魏廢帝三年,正
月,始作九命之典,以叙内外官爵。以第一品爲九命,第九品爲一命。改流外品爲九秩,亦以九爲上。
《宋志》所載,雜流技術,亦皆入品。至陳世則《隋志》云:官有清濁,又有流外
七班,寒微之人爲之。《魏書·劉昶傳》載高祖臨光極堂大選,亦言八族已上,
士人品第有九,九品之外,小人之官,復有七等云。

――――――――――――

　　①　職官:官品始魏。

官禄：《晉志》惟載諸開府位從公，食奉日五斛。大康二年，又給絹，春百匹，秋絹二百匹，緜二百斤。元康元年，給菜田十頃，騶十人。立夏後不及田者，食奉一年。特進、食奉日四斛。絹春五十匹，秋百五十匹，緜一百五十斤。菜田八頃，騶八人。光禄大夫、奉日三斛，絹春五十匹，秋百匹，緜百斤。菜田六頃，騶六人。尚書令、奉月五十斛，絹春三十匹，秋七十匹，緜七十斤。菜田六頃。騶六人。大子二傅同光禄大夫。五官。宋、齊、梁、陳，史皆不載。北齊之制，見於《隋志》。齊制多循後魏，蓋魏亦如是也。《通鑑》陳宣帝大建七年《注》，即以此爲魏、齊之制。其制：官一品，每歲禄八百匹，二百匹爲一秩。從一品，七百匹，一百七十五匹爲一秩。二品六百匹，一百五十匹爲一秩。從二品五百匹，一百二十五匹爲一秩。三品四百匹，一百匹爲一秩。從三品三百匹，七十五匹爲一秩。四品二百四十匹，六十匹爲一秩。從四品二百匹，五十匹爲一秩。五品一百六十匹，四十匹爲一秩。從五品一百二十匹，三十匹爲一秩。六品一百匹，二十五匹爲一秩。從六品八十匹，二十匹爲一秩。七品六十匹，十五匹爲一秩。從七品四十匹，十匹爲一秩。八品三十六匹，九匹爲一秩。從八品三十二匹，八匹爲一秩。九品二十八匹，七匹爲一秩。從九品二十四匹，六匹爲一秩。禄率一分以帛，一分以粟，一分以錢。事繁者優一秩，平者守本秩，閑者降一秩。長兼、試守者，亦降一秩。官非執事、不朝拜者，皆不給禄。又自一品已下，至於流外、勳品，各給事力。一品至三十人。下至流外、勳品，或以五人爲等，或以四人、三人、二人、一人爲等。繁者加一等，平者守本力，閑者降一等。州、郡、縣制禄之法：刺史、守、令下車，各前取一時之秩。上上州刺史，歲秩八百匹，與司州牧同，上中、上下，各以五十匹爲差。中上降上下一百匹。中中及中下，亦以五十匹爲差。下上降中下一百匹。下中、下下，亦各以五十匹爲差。上郡大守，歲秩五百匹，降清都尹五十匹。上中、上下，各以五十匹爲差。中上降上下四十匹。中中及中下，各以三十匹爲差。下上降中下四十匹。下中、下下，各以二十匹爲差。上上縣，歲秩一百五十匹，與鄴、臨漳、成安三縣同。上中、上下，各以十匹爲差。中上降上下三十匹。中中及中下，各以五匹爲差。下上降中下二十匹。下中、下下，各以十匹爲差。州自長史已下，逮於史吏，郡縣自丞已下，逮於掾佐，亦皆以帛爲秩。郡有尉者減丞之半。皆以其所出常調課之。其鎮將、戍主、軍主副、幢主副，逮於掾史，亦各有差。諸州刺史、守、令已下，幹及力皆聽敕乃給。其幹出所部之人，一幹輸絹十八匹，幹身放之。力則以其州、郡、縣白直充。盧辯之制：下士一命。一百二十五石。中士再命。已上，至於上大夫上士三命，下大夫四命，中大夫五命，上大夫六命。各倍之。上大夫是爲四千石。卿七命。二分，孤八命。三分，公九命。四分各益其一。公因

盈數爲萬石。其九秩一百二十石，八秩至於七秩，每二秩六分而下各去其一，二秩俱爲四十石。凡頒祿，視年之上下。① 畝至四釜爲上年，上年頒其正。三釜爲中年，中年頒其半。二釜爲下年，下年頒其一。無年爲凶荒，不頒祿。

魏初百官無祿，讀史者或以爲異聞。然周制凶荒便不頒祿，與魏初亦何以異？歷代喪亂之際，減祿或不頒祿者甚多，又不獨一周世。《晉書·武帝紀》：泰始三年，九月，議增吏奉，賜王公已下帛有差。咸寧元年，又以奉祿薄，賜公卿已下帛有差。可見前此奉祿甚薄，是時雖增，亦不爲厚。《簡文帝紀》：咸安二年，三月，詔曰："往事故之後，百度未充，羣僚常奉，并皆寡約。今資儲漸豐，可籌量增奉。"是東渡之初，又曾減於西都也。孝武帝大元四年，三月，詔以"年穀不登，百姓多匱，九親供給，衆官廩奉，權可減半。"據《簡文三子傳》，是時司徒已下，僅月禀七升，則又不止於減半已。宋文帝元嘉之治，見稱江左，而二十七年二月，以軍興減百官奉三分之一。三月，淮南大守諸葛闡求減奉祿，同内百官，於是州及郡、縣丞、尉，并悉同減。至孝武帝大明二年，正月，乃復郡縣田秩，并九親祿奉。《齊書·武帝紀》：永明元年，正月，詔曰："守宰祿奉，蓋有恒準。往以邊虞，沿時損益。今區宇寧宴，郡、縣丞、尉，可還田秩。"則齊初又嘗以兵事減外官奉。北魏班祿，始於大和八年，而及十九年，《紀》即言其減閑官祿以裨軍國之用。《于忠傳》云：大和中，軍國多事。高祖以用度不足，百官之祿，四分減一。忠既擅權，欲以自固，乃悉歸所減之祿。則又不僅閑官。《北史·齊本紀》，於文宣篡位後書：自魏孝莊已後，百官絶祿，至是復給焉，則其末造又嘗無祿也。蓋行政經費，本在祿奉之外；而服官者當任職之時，隨身衣食，悉仰於官，古人亦視爲成法；則無祿者亦不過無所得耳，原不至不能自給，此凶荒之所由可絶祿也。郡縣之官，取諸地方者，送迎之費爲大。② 《晉書·虞預傳》：大守庾琛，命爲主簿。預上記陳時政所失，曰："自頃長史，輕多去來。送故迎新，交錯道路。受迎者惟恐船馬之不多，見送者惟恨吏卒之常少。窮奢極費，謂之忠義，省煩從簡，呼爲薄俗。轉相放效，流而不反。雖有常防，莫肯遵脩。加以王途未夷，所在停滯，送者經年，永失播殖。一夫不耕，十夫無食，況轉百數，所妨不訾？愚謂宜勒屬縣：令、尉去官者，人船、吏侍，皆具條列，到當依法減省，使公私允當。"曰有常防而莫肯遵脩，欲使條列而爲之減省，則因之爲利，雖云貪黷，資以去來，原非違法，故《隋志》所載：梁世郡縣吏有迎新送故之員，各因其大小而置；陳世郡縣官之任、代下，有迎新送故之法，并以定令；可裁之以正而不能遽去也。漢世黃霸，即以長吏數易，送故迎新。公私費耗爲病，見《秦漢史》第十八章第四節。《南史·恩幸傳》云：晉、宋舊制，宰人之官，以六年爲限。近世以六年過久，又以三周爲期，謂之小滿。而遷換去來，又不依三周之制。送故迎新，吏人疲於道路。《魏書·高祖紀》：延興二年十二月詔，亦以"官以勞升，未久而代，送故迎新，相屬於路"爲病。然此自遷代大數，送迎所費大多爲之，於法、於理，

---

① 職官：周頒祿視年上下，歷代皆然不足實。

② 職官：送迎之費，居官時所資(即陋規)，乞丐(打抽豐)(第八七○頁)。

之任、代下者,原不能令其自籌川費也。居官時之所資,《齊書‧豫章王嶷傳》言之,曰:
宋氏已來,州郡秩奉及供給,多隨土所出,無有定准。嶷上表曰:“伏尋郡縣
長、尉,奉禄之制,雖有定科,其餘資給,復由風俗。東北異源,西南各緒,習以
爲常,因而弗變。緩之則莫非通規,證之則靡不入罪。臣謂宜使所在,各條公
用。公田秩石,迎送舊典之外,守、宰相承,有何供調,尚書精加洗覈,務令優
衷。事在可通,隨宜開許。損公侵民,一皆止卻。明立定格,班下四方,永爲
恒制。”從之。此所謂其餘資給,蓋即後世之陋規。取之者雖或損公侵民,循
其本原所以供公用,故亦可洗覈而不可禁絶也。《齊書‧王秀之傳》:出爲晉
平大守。至郡期年,謂人曰:“此邦豐壤,禄奉常充。吾山資已足,豈可久留,
以妨賢路?”遂上表請代。夫曰豐壤禄奉常充,則瘠土有不給者矣。此亦所謂
各由風俗者歟?《南史‧范雲傳》:遷零陵内史。舊政公田奉米之外,別雜調
四千石。及雲至郡,止其半。百姓悦之。此蓋本供公用而浮取之者,能去其
浮取之額,則爲賢者矣。《梁書‧良吏傳》:伏暅爲東陽大守。郡多麻苧,家人
乃至無以爲繩。《北齊書‧裴讓之傳》:弟讞之,爲許昌大守。客旅過郡,出私
財供給,民間無所豫。是則當時守、令,日用交際,悉出民間。此似爲非法,然
禄既薄矣,不於此取之,將安取之? 此亦未違隨身衣食,悉仰於官之義。朱脩
之爲荆州刺史,去鎮之日,計在州然油及私牛馬食官穀草,以私錢六十萬償
之。褚玠爲山陰令,在任歲餘,守奉禄而已,去官之日,不能自致,留縣境種菜
自給。儉不可遵,轉未免賢知之過也。特資用不由官給而由自籌,因之貪取
者必衆,故以立法論則究非良規。北魏崔寬,拜陝城鎮將,誘接豪右,宿盜魁
帥,得其忻心。時官無禄力,取給於民。寬善撫納,招致禮遺,大有受取,而與
之者無恨。此已爲非道。若《南史‧宗元饒傳》言:合州刺史遣使就渚斂魚,
又令人於六郡丐米;《梁書‧宗室傳》言:益州守、宰、丞、尉,歲時乞丐,躬歷村
里:則更不成事體矣。令長爲真親民之官,故其所取,皆在民間。若州郡則有
更取之於縣者。《朱脩之傳》言其刺荆州時,百城脱贈,一無所受,可見時以有
所受爲常。《南史‧傅昭傳》言:昭遷臨海大守,縣令嘗餉粟,置絹於簿下,昭
笑而遣之,此亦必非獨餉昭者也。侯景之亂,京官文武,月别惟得廩食,多遥
帶一郡縣官而取其禄,《隋書‧食貨志》。則京官取資於外前世又早啓其端矣。外
官禄奉供給,取諸地方,蓋隨土所出,無畫一之法。即内官亦或諸物雜給,[1]但
以錢論直。《梁書‧武帝紀》:大通元年,五月,詔曰:“百官奉禄,本有定數。

---

[1]　職官:禄諸物雜給,田禄斷以時,難得公平。

前代以來，皆多平准。頃者因循，未遑改革。自今已後，可長給見錢。依時即出，勿令遒緩。"蓋用實物者，平准或難優衷，故欲革其弊也。其給田者，亦病斂穫之時，不能與在任之日相應。《宋書·良吏阮長之傳》言：時郡縣田禄，以芒種爲斷，此前去官者，則一年秩禄，皆入前人，此後去官者，則一年秩禄，皆入後人。元嘉末始改此科，計月分禄。此皆沿用實物之弊也。《隋書·蘇孝慈傳》云：先以百寮供費，臺、省、府、寺，咸置廨錢，收息取給，孝慈以爲官民爭利，非興化之道，上表請罷之。請公卿已下，給職田各有差。廨錢之制，當亦沿自南北朝時。蓋許其回易，非如後世之存商取息，故以與民爭利爲病也。

## 第四節　選　舉

晉、南北朝選法，最受人詆諆者，九品中正之制也。《三國·魏志·陳羣傳》云：文帝即王位，徙爲尚書，制九品官人之法，羣所建也，則其制實始漢末。魏時，弊即大著，夏侯玄極言之。晉初，劉毅、衛瓘、段灼、李重等又以爲言。皆見《三國志》《晉書》本傳：然其制迄未能廢。北朝亦放之。至隋乃罷。《梁書·敬帝紀》：大平二年，正月，詔諸州各置中正，依舊訪舉，不得輒承單狀序官，皆須中正押上，然後量授，此遭亂曠絕，非法廢也。《魏書·官氏志》：正始元年，十一月，罷郡中正。正光元年，十二月，罷諸州中正，郡定姓族，後復。其制：於州置大中正，郡置小中正，大中正亦稱州都，①《廿二史考異》云：由避隋諱，《隋書·韋師傳》：以楊雄、高熲爲州都督，乃校者不達，妄加督字，《北史》亦同誤，其說是也。然劉毅疏中，即有州都之名，則似非始於隋。《晉書·傅玄傳》：子咸，遷司徒左長史。豫州大中正夏侯駿上言：魯國小中正司馬毓，四移病所，不能接賓，求以尚書郎曹馥代毓，旬日，復上毓爲中正。司徒三卻，駿故據正。咸以駿與奪惟意，乃奏免駿大中正。司徒魏舒，駿之姻屬，屢卻不署。咸據正甚苦。舒終不從。咸遂獨上。舒奏咸激訕不直，詔轉咸爲車騎司馬。《孝友傳》：盛彦本邑大中正，劉頌舉爲小中正。據此二事，小中正用舍，大中正似可參與。以他官或老於鄉里者爲之。說據《十七史商榷》。故其名不見於《職官志》。梁大平二年，詔選中正每求耆德該悉，以他官領之。北齊之制，州大中正以京官爲之，見《北齊書·許惇傳》。劉毅年七十告老，久之見許，司徒舉爲青州大中正，此則老於鄉里者也。平騭人物，分爲九品，而尚書據以選用。魏制三年一清定，晉世因之。《晉書·石季龍載紀》：季龍下書曰："魏始建九品之制，三年一清定。從尒以來，遵用無改。自不清定，三載於兹，主者其更銓論。"

九品中正之制，何自起乎？曰：古代用人，以德爲主。德行必本諸實事，而行實必徵之鄉里，故漢世風氣，最重鄉平。"魏氏承顛覆之運，起喪亂之後，

人士流移,考詳無地"。衛瓘語。"銓衡之寄,任當臺閣。由是仕馮借譽,學非爲己"。《宋書·臧燾徐廣傅隆傳論》。此實選法之大弊。又其時輿論所獎,率在虛名。負虛名者不必有才,即德行亦多出矯僞。參看《秦漢史》第十八章第四節。故魏武下令,欲求盜嫂受金之士。《三國·魏志·武帝紀》建安十五年春、十九年十二月、二十二年八月令。顧亭林極詆之,謂"經術之治,節義之防,光武、明、章數世爲之而未足,毀方敗常之俗,孟德一人變之而有餘。"見《日知録·風俗條》。不知漢世所謂經術之治,節義之防,舉矯僞而不足信也。參看《秦漢史》自明。然此乃一時矯枉之爲,未可用爲恒典。故何夔建議,謂自"軍興以來,用人未詳其本,各引其類,時忘道德。自今所用,必先核之鄉閭,使長幼順叙,無相踰越"。毛玠、崔琰典選,史稱其所舉用,皆清正之士。雖於時有盛名,而行不由本者,終莫得進。即欲覈其行實,以破借譽之局也。欲覈行實,必先使人有定居。人有定居,而中正之制可廢矣。故李重言"九品始於喪亂,軍中之政,非經國不刊之法"。病當時"人物播遷,仕無常朝,人無定處,郎吏蓄於軍府,豪右聚於都邑"。欲除九品而開移徙,"明貢舉之法,不濫於境外"。衛瓘亦欲"蕩除末法,一擬古制。以土斷定,自公卿已下,皆以所居爲正,無復懸客,遠屬異土,使舉善進才,各由鄉論"也。然人士流移,非一朝可復;而吳平未幾,五胡之亂復起,南北隔越,僑置之州郡縣遂多,土斷之法,蓋終晉、南北朝之世,未能盡行;此則九品中正之法,所以相沿而不廢也。

九品中正之弊,果何如乎? 論者皆曰:用人不容不論其才,才又各有攸宜,中正品平,皆不能具。若論考績,尤不應舍功實而採虛名。劉毅論九品曰:"人才異能,備體者寡。器有大小,達有早晚。前鄙後恪,宜受日新之報。抱正違時,宜有質直之稱。度遠闕小,宜得殊俗之狀。任直不飾,宜得清實之譽。行寡才優,宜獲器任之用。是以三仁殊塗而同歸,四子異行而均義。陳平、韓信,笑侮於邑里,而收功於帝王。屈原、伍胥不容於人主,而顯名於竹帛。是篤論之所明也。"案此等玄鑒,知人則哲,存乎其人,實非可責諸凡爲中正者。然毅又曰:"凡官不同事,人不同能。得其能則成,失其能則敗。今品不就才能之所宜,而以九等爲例。以品取人,或非才能之所長,以狀取人,則爲本品之所限。"又曰:"既已在官,職有大小,事有劇易,各有功分,此人才之實效,功分之所得也。今則反之,於限當報,雖職之高,還附卑品;無績於官,而獲高叙,是爲抑功實而隆虛名也。"此則確爲中正之所負矣。故中正之法,必不可用,似也。然中正之設,本所以覈行實;而鄉里清議,大都祇能見其德行,[1]論才任用,據功考課,本當別有專司;論九品之語甚多,其實夏侯玄之言,已盡之矣。玄謂"銓衡專於臺閣,上之分也。孝行存乎閭巷,優劣任之鄉人,下之叙也。夫欲清教審選,在明其分叙,不使相涉而已。"欲"令中正但考行倫輩,官長各以其屬能否,獻之臺閣,臺閣據之,參以鄉閭德行之次,擬其倫比。"即欲使中正惟論德行,餘事委之他司也。以是爲中正咎,中正不任受怨也。中正之設,據行實以登下其品第,以是

---

立名教之防,使知名勇功之士,不敢有裂冠毀冕之爲;中正所論,惟在德行,尤重當時所謂名教之防。陳壽遭父喪,有疾,使婢丸藥,客見之,鄉里以爲貶,坐是沈滯累年。閻纘父卒,繼母不慈。纘恭事惟謹,而母疾之愈甚。乃誣纘盜父時金寶,訟於有司。遂被清議十餘年。謝惠連愛幸郡吏杜德靈,居父憂,贈以五言詩十餘首,坐廢不豫榮伍。《文獻通考》引此三事,病其法之大拘。此等事若悉舉之,尚更僕難盡。然如《晉書·孔愉傳》:謂愉爲司徒長史,以溫嶠母亡,遭喪不葬,乃不過其品。及蘇峻平,嶠有重功,愉往石頭,詣嶠,嶠執愉手而流涕曰:“天下喪亂,忠孝遂廢,能持古人之節,歲寒不凋者,君一人耳。”時人咸稱嶠居公,而重愉之守正。愉之執持,曷嘗有妨於嶠之宣力,而使名教之防益峻,豈能謂爲無益? 若云其所謂名教者本不足存,此則别是一義,不能以責當時之士也。**抑且考論輩行,使登用雁行有序,則可以息奔競之風**;原不能謂爲無益。**所可惜者,其後并此而莫能舉。欲以息奔競之風,而奔競更甚。終至上品無寒門,下品無世族。**劉毅語。中正之弊,蓋以此爲最深。《宋書·恩倖傳》論其事曰:“漢末喪亂,魏武始基,軍中倉卒,權立九品,蓋以論人才優劣,非爲世族高卑。因此相沿,遂爲成法,自魏至晉,莫之能改。州都、郡正,以才品人,而舉世人才,升降蓋寡,徒以馮藉世資,用相陵駕。都、正俗士,斟酌時宜,品目少多,隨事俯仰。劉毅所謂下品無高門,上品無賤族者也。歲月遷訛,斯風漸篤。凡厥衣冠,莫非上品。自此以還,遂成卑庶。”可見其法立而弊即生,且降而彌甚矣。中正之設,原欲以息奔競,然劉毅譏其“隨世興衰,不顧才實,衰則削下,興則扶上”;段灼亦謂“據上品者非公侯之子孫,則當塗之昆弟”;是益其奔競也。《魏書·世宗紀》,載正始二年詔,謂“中正所銓,惟在門第”,可謂南北一轍。然《孫紹傳》:紹表言:“中正賣望於鄉里,主案舞筆於上臺,真僞渾殽,知而不糾。”則并辨别姓族而有所不能矣。晉武帝咸熙二年,嘗詔諸郡中正,以六條舉淹滯,可知立法之意,正與後來之所行相反也。**而其人又或快意恩仇,**《晉書·何曾傳》:曾子劭薨,子岐嗣。劭初亡,袁粲弔岐,岐辭以疾,粲獨哭而出,曰:“今年決下婢子品。”王銓謂之曰:“知死弔死,何必見生? 岐前多罪,爾時不下,何公新亡,便下岐品,人謂中正畏彊易弱”,粲乃止。使如粲意行之,則誠所謂衰則削下,興則扶上者矣。**受納貨賄,**李宣茂兼定州大中正,坐受鄉人財貨,爲御史所劾,除名爲民,見《魏書·李靈傳》。又陽尼,出爲幽州平北府長史,帶漁陽大守,未拜,坐爲中正時受鄉人財貨免官。**結交朋黨,**劉毅言:“前九品詔書,善惡必書,以爲褒貶。當時天下,少有所忌。今之九品,所下不彰其罪,所上不列其善,廢褒貶之義,任愛憎之斷,清濁同流,以植其私。故反違前品,大其形勢,以驅動衆人,使必歸己。天下安得不解德行而銳人事?”案衛瓘亦言:“魏立九品之制,其始造也,鄉邑清議,不拘爵位,褒貶所加,足爲勸厲,猶有鄉論餘風。① 中間漸染,遂計資定品。使天下觀望,惟以居位爲貴人。”是中正之初,嘗有激揚之效,而後乃至於敗壞也。然其敗壞亦可謂速矣。**而上之人選任之亦日輕。**《晉書·李含傳》:隴西狄道人,僑居始平。司徒選令領始平中正。據傅咸表,含自是隴西人,雖戶屬始平,非所綜悉,反覆言辭,是中正必以當地人爲之也。②《劉毅傳》:司徒舉毅爲青州大中正。尚書以毅縣車致仕,不宜勞以碎務。孫尹表言:“臣州茂德惟毅,裁毅不用,則清談倒錯矣。”《何充傳》:領州大中正。以州有先達宿德,固讓不拜。是中正

---

① 選舉:中正初善惡必書,蓋鄉論余風。
② 選舉:中正初必用本地人。

必以耆德爲之也。然《魏書·文苑傳》：聿脩年十八而領本州中正，則幾於乳臭矣。又恩幸，如王仲興、茹皓、趙邕、侯剛、剛子詳，奄官如平季、封津，皆爲中正，則正人君子，必羞與爲伍矣。仲興世居趙郡，自以寒微，云舊出京兆霸城縣，故爲雍州大中正。皓舊吳人，父家居淮陽上黨。既宦達，自云本出雁門。雁門人諂附者，因薦皓於司徒，請爲肆州大中正。則并籍貫而不能理矣。於是正論湮而怨訟敵讎之事且因之而起矣。《晉書·王戎傳》：孫秀爲琅邪郡吏，品於鄉議。戎從弟衍將不許，戎勸品之。及秀得志，朝士有宿怨者皆被誅，而戎、衍衍濟。劉毅論九品之弊曰：“自王公以至於庶人，無不加法，置中正委以一國之事，無賞罰之防。人心多故，清平者寡，故怨訟者衆。聽之則告訐無已，禁絕則侵枉無極。與其理訟之煩，猶愈侵枉之害。今禁訟訴，則杜一國之口，培一人之勢，使得縱橫，無所顧憚”。此已爲非體，然能禁其訟訴，而不能禁其私相讎。故毅又謂其“恨結於親親，猜生於骨肉，當身困於敵讎，子孫罹其殃咎也。”其爲禍可謂博矣。此亦行法者之弊，不能盡歸咎於立法也。

　　秀、孝爲州、郡常舉，晉、南北朝，亦沿漢法。後漢避光武諱，改秀才曰茂才。魏復曰秀才。晉江左，揚州歲舉二人；諸州舉一人，或三歲一人，隨州大小。并對策問。孝廉：魏初制口十萬以上歲一人，有秀異不拘戶口。江左以丹陽、吳、會稽、吳興并大郡，歲各舉二人。《宋書·百官志》。周宣帝詔制九條，宣下州郡。八曰州舉高才博學者爲秀才，郡舉經明行脩者爲孝廉。上州、上郡歲一人，下州、下郡三歲一人。《周書·本紀》。高齊亦下州三歲一舉秀才。見《北齊書·文苑樊遜傳》。

　　策試之法，時有興替。《晉書·孔坦傳》云：先是以兵亂之後，務存慰悅，遠方秀、孝，到不策試，普加除署。至是，帝元帝。申明舊制，皆令試經。有不中科，刺史、大守免官。大興三年，秀、孝多不敢行。其有到者并託疾。帝欲除署孝廉，而秀才如前制。坦奏議曰：“古者且耕且學，三年而通一經。以平康之世，猶假漸漬，積以日月。自喪亂已來，十有餘年，干戈載揚，俎豆禮戢，家廢講誦，國闕庠序，率爾責試，竊以爲疑，然宣下已來，涉歷三載。累遇慶會，遂未一試。揚州諸郡，接近京都，懼累及君父，多不敢行。遠州邊郡，掩誣朝廷，冀於不試，冒昧來赴。既到審試，遂不敢會。臣愚以爲不會與不行，其爲闕也同。若當偏加除署，是爲肅法奉憲者失分，徼幸投射者得官。王命無貳，憲制宜信。去年察舉，一皆策試。如不能試，可不拘到，遣歸不署。又秀才雖以事策，亦汎問經義。苟所未學，實難闇通。不足復曲碎乖例，違舊造異。謂宜因不會，徐更革制。可申明前下，崇脩學校，普延五年，以展講習。”帝納焉。聽孝廉申至七年，而秀才如故。據此，申明試經舊制，事在建武、大興之間。《抱朴子·審舉篇》曰：“江表雖遠，密邇海隅，然染道化，率禮教，亦既千餘載矣。往雖暫隔，不盈百年，而儒學之事，亦未偏廢。昔吳王初年，附

其貢士，見偃以不試。今大平已近四十年，猶復不試，所以使東南儒業，衰於在昔也。"自吳之亡，至大興三年，凡四十年，葛氏此篇，當即作於建武、大興之間。然則北方秀、孝之試，自八王搆亂而曠絕，南方則晉世本未嘗試也。爾後試法蓋復，然亦有名無實，《五行志》：成帝咸和七年，正月，丁巳，會州、郡秀、孝於樂賢堂。有麏見於前，獲之。自喪亂已後，風教陵夷，秀、孝策試，乏四科之實。麏興於前，或斯故乎？其徵也。《宋書‧武帝紀》：義熙七年，先是諸州、郡所遣秀才、孝廉，多非其人，公表天子，申明舊制，依舊策試，則晉末又嘗曠絕矣。豈以桓玄之亂故歟？此後清平時恒有策試之法，閒亦有親策之舉，如宋武帝永初二年，齊武帝永明四年，魏孝文帝大和十六年，北齊武成帝河清二年是也。胡靈后亦嘗親策秀、孝及州、郡計吏於朝堂，見《魏書》本傳。

　　馬貴與言："自孝文策鼂錯之後，賢良方正，皆承親策，上親覽而第其優劣。至孝昭，年幼未即政，故無親策之事。乃詔有司，問以民所疾苦。然所問者，鹽鐵、均輸、榷酤，皆當時大事。令建議之臣，與之反覆詰難，講究罷行之宜。其視上下相應以義理之浮文者，反爲勝之。國家以科目取士，士以科目進身者，必如此，然後爲有益人國耳。"又謂："漢武帝之於董仲舒也，意有未盡，則再策之，三策之，晉武帝之於摯虞、阮种也亦然。"此論雖指賢良，然《晉書‧王接傳》云：永寧初學秀才。友人遺接書勸無行，接報書曰："今世道交喪，將遂剝亂，而識智之士，鉗口韜筆。非榮斯行，欲極陳所見，冀有覺悟耳。"是歲三王義舉，惠帝復阼，以國有大慶，天下秀才，一皆不試。[1] 接以爲恨。是凡對策者皆可極陳所見也。然觀孔坦之言，則知秀才策試，亦已兼用經義，[2]而孝廉無論矣。《晉書‧魏舒傳》：年四十餘，察孝廉。宗黨以舒無學業，勸令不就，可以爲高。舒不聽。自課百日習一經，對策升第。其所試者，蓋全爲經生之業矣。《石勒載記》言勒立秀孝試經之制，必有所受之也。其後秀才對策，又兼重文辭。南北皆然。此弊北朝尤甚。《北齊書‧儒林傳》：劉晝，河清初舉秀才，考策不第，乃恨不學屬文，方復緝綴辭藻，馬敬德，河間郡王將舉其孝廉，固辭。乃詣州求舉秀才。舉秀才例取文士，州將以其純儒，無意推薦。敬德請試方略。乃策問之。所答五條，皆有文理。乃欣然舉選。至京，依秀才策問。惟得中第。乃請試經業。問十條并通。擢授國子助教。蓋儒生之於文辭，究非專長也。南朝似尚不至此。然《梁書‧文學傳》謂何遜舉秀才，范雲見其策，大相稱賞。謂所親曰："頃觀文人，質則過儒，麗則傷俗，合清濁，中古今，得之何生矣。"則考策者雖非徒重文辭，亦非不重文辭矣。《江淹傳論》載姚察之辭曰："二漢求

_____

① 選舉：國有大慶而秀孝不試。

② 選舉：秀孝亦試經。

士,率先經術,近世取人,多由文史。"可以見其所偏矣。遂寖成考試之法,無復諮訪之意矣。惟魏孝文大和七年詔言:"朕每思知百姓之所疾苦,故具問守宰苛虐之狀於州郡使者、秀孝、計掾。而對文不實,甚乖朕虛求之意。宜案以大辟,明罔上必誅。然情猶未忍。可恕罪聽歸。申下天下:使知後犯無恕。"所答雖不副所求,而其問之,則實得漢世策問賢良之意。蓋以魏起代北,風氣究較質樸故也。

言有發於千百年之前,而於千百年後之事若燭照而數計者,葛洪《選舉》之篇是也。洪謂秀、孝皆宜如舊試經答策,而"防其所對之姦"。欲"使儒官才士,豫作諸策,禁其留草,殿中封閉,臨試之時亟賦之。當答策者,皆會著一處。高選臺省之官,親監察之。又嚴禁之。其交關出入,畢事乃遣"。又設難曰:"能言不必能行,今試經對策雖過,豈必有政事之才乎?"而答之曰:"如其舍旃,則未見餘法之賢乎此也。假令不能盡得賢才,要必愈於了不試也。自有學不爲禄,味道忘貧,若法高卿、周生烈者,萬之一耳。至於甯越、兒寬、黃霸之徒,所以彊自篤屬,非天性也,皆由患苦困瘁,欲以經術自拔耳。使非漢武之世,朱買臣、嚴助之屬,亦未必讀書也。今若遒邁一例,明課考試,必多負笈千里,以尋師友;轉其禮賂之費,以買記籍者。"故"試經法立,則天下可不立學官而人自勤學"。案後世科舉之利,在於官不立學,雖立亦徒有其名,而民自鄉學,文教由是覃敷也。其制不足以必得才,而究愈於不試,而其試之則關防不得不嚴。唐、宋、明、清之事,可以爲證。而葛氏發之於千百年之前,亦可謂聖矣。何以克聖?理有必至,勢有固然,察之者精,故言之者審也。漢世丞相,四科取士:一曰德行高妙,志節清白,二曰經中博士,三曰文中御史,四曰才任三輔令。一者德,四者才,二者儒學,三者文法之學也。① 德與才皆不可以言試,故左雄選孝廉之法,諸生試家法,文吏課牋奏,實即四科之二三。黃瓊以雄所上專於儒學、文吏,於取士之義,猶有所遺,奏增孝弟及能從政者,則欲補之以四科之一四耳。參看《秦漢史》第十八章第四節。秀、孝試經,皆即儒學,文法之學,實切於用,而魏、晉以後,選士之制闕焉,故葛氏又欲取明律令者試之如試經。當時試孝廉之法,實即後世明經之科,秀才之科,唐以後雖廢絕,然南北朝末,人重文辭,唐進士科之所試,實即前此之所以試秀才者也。明法之科,則即漢世丞相取士四科之三,左雄之所以試文吏,而亦即葛氏所欲舉者。惜其視之大輕,故葛氏所病弄法之吏,失理之獄,

---

① 選舉:舉人不過才德,學之又分儒法。

仍不絕於後世也。漢時射策之法，亦見《秦漢史》第十八章第四節，此即後世帖經、墨義之法所本，秀才試經，或異乎此，然亦即後世試大義之法也。

孝廉之舉，本重行實，魏、晉而後，仍有此意。《宋書・孝義傳》，吳興大守王韶之發教：謂"孝廉之選，必審其人。雖四科難該，文質寡備，必能孝義邁俗，拔萃著聞者"。乃察潘綜、吳逵爲孝廉，并列上州臺，陳其行迹，則其事矣：韶之初擢逵補功曹史，逵以門寒，固辭不受，乃舉爲孝廉。又郭世通，會稽永興人。大守孟顗察孝廉，其子原平，大守王僧朗察孝廉，皆不就，大守蔡興宗，又欲舉原平次息爲望孝，與會土高門相敵。詳見第十八章第一節。則孝廉之選，頗有不拘門第者。故史臣謂"漢世士務治身，忠孝成俗，至於乘軒服冕，非此莫由，晉、宋以來，風衰義缺，刻身屬行，事薄膏腴，孝立閨庭，忠被史策，多發溝畎之中，非出衣簪之下"也。然此言實因果倒錯。覈其實，蓋由斯時膏腴之士，別有出身，不藉行譽，故孝義獲舉，偏在窮檐耳。《自序》言：沈邵爲安成相，郡民王孚，有學業志行，見稱州里，邵蒞任未幾而孚卒。邵贈以孝廉。其所以風屬之者，可謂至矣。然《袁粲傳》言：粲坐納山陰民丁彖文貨，舉爲會稽郡孝廉免官。《梁書・文學傳》：高爽，齊永明中贈王儉詩，爲所賞，及領丹陽尹，舉爽孝廉，則藉賄賂、交游而得之者，亦在所不免矣。魏韓麒麟嘗以州郡貢察，但檢門望爲病，見第十八章第一節。則拔忠孝於溝畎之中，究亦罕有之事也。

特詔選舉，晉初爲盛。《武帝紀》：泰始四年，十一月，詔王公卿尹及郡、國守、相舉賢良方正直言之士。五年，十二月，詔州、郡舉勇猛秀異之才。七年，六月，詔公、卿以下舉將帥各一人。八年，二月，詔內外羣官舉任邊郡者各三人。大康九年，五月，詔內外羣官舉守、令之才。後世雖閒有特詔，而希矣。《成帝紀》：咸和六年，三月，詔舉賢良直言之士。十一月，詔舉賢良。八年，正月，令諸郡舉力人能舉千五百斤以上者。《馬隆傳》云：泰始中，將興伐吳之役，下詔曰："吳會未平，宜得猛士，以濟武功。雖舊有薦舉之法，未足以盡殊才。其普告州郡：有壯勇秀異，才力傑出者，皆以名聞。將簡其尤異，擢而用之。苟有其人，勿限所取。"兗州舉隆才堪良將。此即《紀》所載五年十二月之詔也。觀於涼州之役，見第二章第二節。隆誠不媿壯勇秀異之目矣。《王衍傳》：泰始八年，詔舉奇材可以安邊者。衍初好論縱橫之術，故尚書盧欽舉爲遼東大守，不就。則非徒舉其所知，亦且指所宜任，誠得舉才之道矣。惜乎後世，此等舉措不恒有也。以至孝等實行獲舉者，多見《孝義》等傳中，此風屬之意多，求才之意少。北朝斯舉亦罕。惟魏孝文大和十九年，十月，嘗詔州郡："諸有士庶，經行脩敏，文思逸逸，才長吏治，堪幹政事者，以時發遣。"出於常舉之外。

馬貴與云："任子法始於漢，尤備於唐。漢、唐史列傳，凡以門蔭入仕者，皆備言之。獨魏、晉、南北史，不言門蔭之法，列傳中亦不言以門蔭入仕之人。蓋兩漢入仕，或從辟召，或舉孝廉，至隋、唐則專以科目。以門蔭入仕者，皆不由科目與辟召者也。魏、晉以九品中正取人，所取多以世家爲主。南北分裂，凡三百年，用人亦多取世族。南之王、謝，北之崔、盧，雖朝代推移，猶印然以門地自負，上之人亦緣其門地而用之。其時仕者，或從辟召，或舉孝廉，雖與兩漢無異，而從辟召舉孝廉之人，則皆貴冑也。史傳不言以蔭叙入官，蓋以見當時雖以他途登仕版，居清要，亦皆世家也。"案《魏書·房亮傳》言：其時邊州刺史，例得一子出身。蔭叙之法可考者，惟此而已。

劉毅病晉武賣官，錢入私門，見第二章第一節。北齊後主賜佞幸賣官，見第十四章第四節。皆弊政非弊法。惟宋明帝泰始二年，三月，令人入米七百石者除郡，減此各有差。《南史·本紀》。魏明帝孝昌三年，二月，詔凡能輸粟入瀛、定、岐、雍四州者，官斗二百斛賞一階。入二華州者，五百石賞一階。不限多少，粟畢授官。《魏書·本紀》。莊帝班入粟之制：輸粟八千石賞散侯，六千石散伯，四千石散子，三千石散男。職人輸七百石，賞一大階，授以實官。白民輸五百石，聽依第出身，一千石加一大階。無第者輸五百石，聽正九品出身，一千石加一大階。諸沙門有輸粟四千石入京倉者，授本州統。若無本州者，授大州都。若不入京倉，入外州郡倉者，三千石畿郡都、統，依資格。若輸五百石入京倉者，授本郡維那。其無本郡者，授以外郡。粟入外州郡倉七百石，京倉三百石者，授縣維那。《魏書·食貨志》。則皆賣官之法也。

回避之法，此時仍有之。《晉書·華表傳》：子廙，妻父盧毓典選，難舉姻親，年三十五不得調。此猶曰人自避嫌，法無明禁也。劉弘之受敕選補荆部守宰也，見下。以襄陽授皮初，而朝廷用弘壻夏侯陟，弘乃表陟姻親，舊制不得相監，卒以授初，則其制仍存矣。《周書·柳敏傳》：河東解縣人，起家員外散騎侍郎，累遷河東郡丞。朝議以敏之本邑，故有此授。敏雖統御鄉里，而處物平允，甚得時譽。然則統御鄉里，處事易於不平，尋常選用，亦或有回避之科矣。

禁錮之科，清議特重。《隋書·刑法志》：謂梁士人有禁錮之科，亦以輕重爲差。其犯清議，則終身不齒。陳重清議禁錮之科。若縉紳之族，犯虧名教，不孝及內亂者，發詔棄之，終身不齒。先與士人爲婚者，許妻家奪之。南朝惟革易之初，每加蕩滌。見諸本紀詔。魏胡靈后之立釗，亦詔清議禁錮，悉與蠲除焉。叛逆之家，亦待詔書而免。《晉書·忠義傳》：沈勁，年三十餘，以刑家子，

不得仕進。郡將王胡之深異之，及遷司州，將鎮洛陽，上疏言："其門戶累蒙曠蕩，不審可得特垂沛然，許臣所上不？"詔聽之。此特免一人者也。《宋書·孝武帝紀》：孝建二年，九月，詔曰："在朕受命以前，犯釁之門，尚有存者，子弟可隨才署吏。"則普與蠲除矣。蓋所以安反側也。

選授之權，實在吏尚。《宋書·蔡廓傳》：徵爲吏部尚書。因傅隆問中書令傅亮："選事若悉以見付不論，不然，不能拜也。"亮以語録尚書徐羡之。羡之曰："黄門郎已下，悉以委蔡，吾徒不復厝懷。自此以上，故宜共參同異。"廓曰："我不能爲徐干木署紙尾也。"干木羡之小字。選案黄紙，録尚書與吏部尚書連名，故廓云紙尾。遂不拜。可見吏部尚書，雖"由來與録共選"，謝莊傳孝武詔語。實權皆在尚書矣。遇猜忌之主，或近習專朝，則令、録、尚書，有共失其權者。宋孝武慮權移臣下，分吏部尚書置二人。見《宋書·謝莊、孔覬傳》。前廢帝時，蔡廓子興宗掌吏部，義恭録尚書，興宗每陳選事，戴法興、巢尚之等輒點定回換，已見第九章第三節。《梁書·王亮傳》，言其建武末爲吏部尚書，右僕射江祏管朝政，多所進拔，爲士子所歸。亮自以身居選部，每持異議。及祏遇誅，羣小放命，凡所除拜，悉由内寵，亮更弗能止。皆其事也。山濤典選，史所稱美，然又言其再居選職，十有餘年，每一官缺，輒啓擬數人，詔旨有所問，然後顯奏，隨帝意所欲爲先，則逢迎人主，不任受德，亦不任受怨者耳。《外戚傳》：王蕴，遷吏部尚書郎。每一官缺，求者十輩。蕴無所是非。時簡文帝爲會稽王，輔政，蕴輒連狀白之，曰：某人有地，某人有才。此亦山濤之類，而皆獲美譽，足見毀譽多操諸庸夫之口也。北朝亦重吏部。《魏書·任城王澄傳》：從孝文幸鄴宫，除吏部尚書。及幸代，車駕北巡，留鄴銓簡舊臣。初魏自公侯已下，迄於選臣，動有萬數，冗散無事。澄品爲三等，量其優劣，盡其能不之用，咸無怨者，其真允當與否不可知，其權則可謂大矣。《晉書·劉弘傳》：弘爲荆州時，荆部守宰多闕，弘請補選，帝從之。其表文言被中詔，勅臣隨資品選補諸缺吏。此則喪亂時事，不可視爲常法者也。魏初嘗置護軍主武官選，《宋書·百官志》。可參看上節。晉景帝爲中護軍，爲選用之法，見《本紀》。

漢世人才，萃於郎署。魏、晉以來，光禄勳無復三署郎，[①]猶舉四行，《宋書·百官志》。則徒有其名而已。吏部尚書，以一人之鑒，照察天下，魏崔亮語。夫安得盡其才？故當時論者，多欲使羣官并舉。衛瓘論九品之疏曰："今除九品，則宜準古制，使朝臣共相舉任。於出才之路既博，且可以屬進賢之公心，覈在位之明闇。"劉寔作《崇讓論》，欲使"人臣

---

① 選舉：無郎署，吏尚以一人照察天下，案當助之者中正。

初除，各推賢能而讓之，讓之文，付主者掌之，有缺，擇所讓最多者而用之”。此名爲讓，其實薦也。宋孔寧子陳損益，欲使天朝四品官，外及守牧，各舉一人堪爲二千石長吏者，以付選官，隨缺叙用，得賢受賞，失舉任罰。見《宋書·王華傳》。殷景仁亦建議：宜令百官舉才，以所薦能否爲黜陟。謝莊亦上表曰：“九服之曠，九流之艱，提鉤縣衡，委之選部。一人之鑒易限，天下之才難原，以易限之鑒，鏡難原之才，使國罔遺授，野無滯器，其可得乎？宜普命大臣，各舉所知，以付尚書，依分銓用。若任得其才，舉主延賞，有不稱職，宜及其坐，重者免黜，輕者左遷。被舉之身，加以禁錮。年數多少，隨愆議制。若犯大辟，則任者刑論。”凡此建白。皆欲救以一人之鑒，照察天下之弊也。保任連坐，似失之酷，然郤詵言：“自頃長吏，有亡命而購縣，有縛束而絞戮。貪鄙竊位，不知誰升之者，獸兒出檻，不知誰可咎者，網漏吞舟，何以過此？”則其時官方，敗壞日甚，亦有所不得已也。**然其事迄不能行也。選法既弊，奔競之風大盛。**《晉書》所載，郤詵一對，劉頌、熊遠二疏，陳頵與王導書，及劉寔《崇讓》，王沈《釋時》之論，沈見《文苑傳》。《傳》云：元康初，松滋令吳郡蔡洪作《孤奮論》，與《釋時》意同，而不載其文。**言之最爲痛切。**綜其弊，則掌選者不守定法而馮人事，士不務學行而立虛譽，實仍季漢之餘風耳。欲救其弊，范甯“驗其鄉黨，考其業尚，試其能不”三言盡之。然終莫能行者，可見破除私黨之難也。

　　**選法之壞。齊末爲最**，《梁書·武帝紀》載帝中興二年表曰：“譜牒謟誤，詐僞多緒；人物雅俗，莫肯留心；是以冒襲良家，即成冠族；妄脩邊幅，便爲雅士；負俗深累，遂遭寵擢，墓木已拱，方被徽榮。故前代選官，皆立選簿。應在貫魚，自有銓次。冑籍升降，行能臧否，或素定懷抱，或得之餘論。此可見當日論才，雖馮衡鑒，平時亦有記注，不能臨時馮億進退也。① 臨時馮億進退，必爲姦弊之原。故得簡通賓客，無事掃門。頃代陵夷，九流乖失。其有勇退忘進，懷質抱真者，選部或以未經朝謁，難於進用。或有晦善藏聲，自埋衡蓽，又以名不素著，絕其階緒。必須畫刺投狀，然後彈冠。則是驅迫廉撝，獎成澆競。愚謂自今選曹，宜精隱括，依舊立簿。使冠履無爽，名實不違。庶人識涯涘，造請自息。”此可見選曹守法之要，而贪緣奔競之風，悉由掌選者先自毀法啓之矣。梁世徐勉在選曹，亦撰《選品》五卷。《魏書·景穆十二王傳》：御史中尉東平王匡，奏請取景明元年以來，内外考簿，吏部除書，中兵勳案，并諸殿最，欲以案校竊階盜官之人。靈大后許之，任城王澄不同而止。《孝靜帝紀》：武定六年，四月，吏部令史張永和，青州人崔闊等僞假人官，事覺糾檢，首者六萬餘人。選司姦利，真足驚駭。喪亂之際，尤不可問。徐陵述陳初情形曰：“員外常侍，路上比肩，諮議參軍，市中無數。”《魏書·後廢帝紀》：中興元年，十一月，詔無識之徒，繆增軍級，虛名顯位，皆言前朝所授，則其事。高隆之奏請檢括，卒以羣小喧囂，懼

────────

① 選舉：馮衡鑒者，平時亦有記注，次序則有選簿，不能全憑憶。

而中止，見第十四章第一節。可見整頓之難矣。

　　刺史官屬：《宋書·百官志》云：今有別駕、西曹，主吏及選舉事。西曹，即漢之功曹書佐也。又云：宋大祖元嘉四年，復置郡官屬，略如公府。無東西曹。《晉書·蔡謨傳》：父克，成都王穎爲丞相，擢爲東曹掾。苟進之徒，望風畏憚。有功曹史主選舉。《晉書·劉毅傳》云：少屬清節。然好臧否人物。王公貴人，望風憚之。僑居平陽，大守杜恕請爲功曹，沙汰郡吏百餘人，三魏稱焉。爲之語曰："但聞劉功曹，不聞杜府君。"王韶之擢吳逯爲功曹史，逯以門寒，固辭不受，已見前。《晉書·虞預傳》：餘姚風俗，各有朋黨。宗人共薦預爲縣功曹，欲使沙汰穢濁。預書與其從叔父曰："邪黨互瞻，異同蠭至。一旦差跌，衆鼓交鳴。豪氂之失，差以千里。此古人之炯戒，而預所大恐也。"卒如其言，未半年，遂見斥退。可見功曹所繫之重，而亦可見其不易爲矣。州郡用人，多不詳審，觀蘇綽所爲六條詔書可知。見第十八章第一節。楊公則爲湘州，所辟引皆州郡著姓，而梁武帝班下諸州以爲法，亦見第十八章第一節。是則明目張膽，惟論門資也。《梁書·張稷傳》：出爲吳興大守。下車存問遺老，引其子孫，置之右職。又《大祖五王傳》：安成康王秀，出爲江州刺史。聞前刺史取陶潛曾孫爲里司，歎曰："陶潛之德，豈可不及後世？"即日辟爲西曹。此名爲養老尊賢，實亦以門閥用人也。其有如隋文帝年十四而爲功曹者。見《隋書·本紀》。尚可託以選用乎？門閥而外，勢家干謁尤多。陶侃以范逵之言，廬江召爲督郵，已見第四章第三節。《晉書·劉卞傳》：本兵家子。少爲縣小吏。功曹夜醉如廁，使卞執燭，不從。銜之，以他事補亭子。有祖秀才者謂縣令，令即召爲門下史。卞兄爲大子長兵，既死，兵例須代，功曹請以卞代兄役。令曰：祖秀才有言。遂不聽。《束晳傳》：與兄璆俱知名。璆娶石鑒從女，棄之，鑒以爲憾，諷州郡，公府不得辟，故晳等久不得調。《李含傳》：隴西狄道人也。僑居始平。兩郡并舉孝廉。安定皇甫商，州里年少，恃豪族，以含門寒微，欲與結交。含距而不納。商恨焉。遂諷州，以短檄召含爲門亭長。① 參看第三章第三節。《周書·柳慶傳》：父僧習，爲潁川郡。地接都畿，民多豪右，將選鄉官，皆依倚貴勢，競來請託。② 可見其門如市之概矣。《魏書·顯祖紀》：和平六年，九月，詔曰："先朝以州牧親民，宜置良佐，故勅有司，班九條之制，使前政選吏，以待俊乂。然牧司寬惰，不祇憲旨，舉非其人，愆於典度。今制刺史、守、宰，到官之日，自舉民望忠信，

---

① 文具：短檄。

② 職官：鄉官鄉選，其弊。案此隋之所以不得不革。

以爲選官。不聽前政，共相干冒。若簡任失所，以罔上論。"立法初意，蓋以新任之官，不習當地情形，故委前政與之相參，而不意其遂爲姦弊之藪也。州郡之職，本非志士所樂爲，《魏書·李孝伯傳》：父曾，郡三辟功曹不就。門人勸之。曾曰："功曹之職，雖云鄉選高第，猶是郡吏耳。北面事人，亦何容易？"州辟主簿。到官月餘，乃歎曰："梁敬叔有云：州郡之職，徒勞人意耳。"遂還家講授。故延高賢者或不屈以吏職。唐彬爲雍州，延致處士皇甫申叔等四人，不屈以吏職，見《晉書》本傳。而其輕之如此，尚安望得人乎？

門第用人，斯時爲盛。大抵職閒稟重，則貴勢交争，煩縟之職，皆非所樂處。參看第十八章第一節。至於吏姓寒人，僑雜傖楚，則其官位，皆有所極。《梁書·文學傳》：鍾嶸於天監初上言，謂："永元軍官，是素族士人，自有清望；因斯受爵，一宜削除。若吏姓寒人，聽極其門品，不當因軍，遂濫清級。若僑雜傖楚，應在綏撫，正宜嚴斷禄力，絶其妨正，直乞虛號而已。"敕付尚書行之。《周書·薛憕傳》：河東汾陰人。曾祖弘敏，直赫連之亂，率宗人避地襄陽。江表取人，多以世族。憕既羈旅，不被擢用。又貴族入仕極早。梁武雖欲革其弊，天監四年詔，見第十八章第一節。亦卒不能除也。《梁書·朱异傳》：舊制，年二十五，方得釋褐。异適二十一，特敕擢爲揚州議曹從事史。此雖出特敕，然如張緬、張纘等起家之早，則仍沿舊習也。見第十八章第一節。《南史·顧協傳》：張率嘗薦之於梁武，帝問協年，率言三十有五。帝曰："北方高涼，四十彊仕，南方卑溼，三十已衰，如協便爲已老。但其事親孝，與友信，亦不可遺於草澤，卿可稱敕唤出。"三十爲老，①前古未聞，特緣當時貴胄入仕，皆習於早，乃以三十爲已老耳。魏孝文謂劉昶：小人之官，別有七等，見上節。實爲後世流内外分銓之原。《通鑑》齊明帝建武三年《注》。《隋書·盧愷傳》云：開皇初，拜禮部尚書，攝吏部尚書事。會國子博士何妥與右僕射蘇威不平，奏威陰事，愷坐與相連，除名。自周氏以降，選無清濁。愷攝吏部，與薛道衡、陸彦師等甄別士流，故涉黨固之譖。《彦師傳》云：轉吏部侍郎。隋承周制，官無清濁。彦師在職，凡所任人，頗甄別於士庶，時論美之。則選法雖平，人心初不因之而變矣。《魏書·肅宗紀》：熙平元年，八月，詔庶族子弟，年未十五，不聽入仕。則北方入仕，雖庶族亦習於早。而貴胄尤甚，楊愔年十八，拜通直散騎侍郎。裴寬年十三，以選爲魏孝明帝挽郎，吕思禮年十九舉秀才。袁聿脩九歲，崔瞻㥄子。年十五，封孝琬孝琬弟。年十六，皆州辟主簿。白建諸子幼稚，俱爲州郡主簿。新君選補，必先召辟，皆其尤較然者矣。

選法之敝，外任必輕。史臣言："漢氏官人，尚書郎出宰百里，晉朝設法，不宰縣不得爲郎。"《北史·元文遙傳論》。則晉初尚視之甚重。然傅咸言："中間選用，惟内是隆，外舉既頹，復多節目，競内薄外，遂成風俗。"則其實已漸輕矣。《晉書·袁甫傳》：甫詣中領軍何勖，自言能爲劇縣。勖曰："惟欲宰縣，不爲臺閣，何也？"葛洪言：

---

① 年壽：三十爲老。

"三台九列,坐而論道,州牧郡守,操綱舉領,煩劇所重,其惟百里。牧守雖賢,而令長不堪,則國事不舉,萬機有闕。"病其時"或父兄貴重,而子弟以聞望見遷;或高人屬託,而凡品以無能見叙;或是所宿念;或親戚匪他。庸猥之徒,器小志近,冒於貨賄,惟富是圖。在所司官,知其有足賴主人,舉劾彈糾,終於當解,慮其結怨,反見中傷,不敢犯觸,恣其貪殘。黎庶安得不困毒而離叛?離叛者衆,則不得不屯聚而爲羣盜矣"。《抱朴子·外篇·百里》。其爲禍可謂博矣。梁武帝嘗著令:小縣有能,遷爲大縣,大縣有能,遷爲三輔令,《梁書·良吏傳》。已見第十二章第五節。《傳》又云:何遠爲武康令,高祖聞其能,擢爲宣城太守。自縣爲近畿大郡,近代未之有也。又《南史·循吏傳》:傅琰,昇明中自山陰令遷益州刺史。自縣遷州,近世罕有。雖設是令,行之蓋寡。《梁書·蕭昱傳》:因求邊州不遂,表解黄門侍郎職。高祖手詔答曰:"昔漢光武兄子章、興二人,并有名宗室。就欲習吏事,不過章爲平陰令,興爲緱氏宰。政事有能,乃遷郡守。"昱高祖從父弟。其言善矣。然諸子弟,皆爲大州,則亦徒能言之而已。北朝此弊,尤甚於南。《魏書·辛雄傳》:上疏言:"郡縣選舉,由來共輕,貴游儁才,莫肯居此,宜改其弊,以定官方。請上等郡縣爲第一清,中等爲第二清,下等爲第三清。"而《北齊書·元文遙傳》言:齊因魏朝,宰縣多用廝濫。至於士流,恥居百里。① 文遥以縣令爲字人之切,遂請革選。於是密令蒐揚貴游子弟,發敕用之。猶恐其披訴,總召集神武門,令趙郡王叡宣旨唱名,厚加慰喻。士人爲縣,自此始也。則其弊實至齊世,始克一革。然其末流,粥爵賣官,郡縣之亂,更爲前世所未有。見第十四章第四節。《顏氏家訓·省事篇》曰:"齊之季世,多以財貨,託附外家,諠動女謁,拜爲守宰。印組光華,車騎輝赫,榮兼九族,聯貴一時。而爲執政所患,隨而司察,既以得利,必以利治。縱得免死,莫不破家。然後噬臍,亦復何及?"則此曹雖出以詭遇,旋亦受禍。然朝政濁亂既甚,此亦不足以過之也。周大祖任蘇綽,爲六條詔書,牧守令長,非通六條及計帳者,不得居官;見第十四章第五節。又盛選賢良,授以守令;見《周書·樂遜傳》。可謂得爲治之要。然周世功臣多爲刺史,未免闇於政務,亦仍是亂世之餘習也。《周書·令狐整傳》:晉公護謂整曰:"以公勳望,應得本州。但朝廷藉公委任,無容遠出。然公門之內,須有衣錦之榮。"乃以其弟休爲敦煌郡守。《隋書·柳彧傳》:遷治書侍御史。於時刺史多任武將,類不稱職。彧上表曰:"伏見詔書,以上柱國和平子爲杞州刺史。其人年垂八十,鐘鳴漏盡。前任趙州,闇於職務。政由羣小,賄賂公行。百姓吁嗟,歌謡滿道。古人有云:耕當問奴,織當問婢。平子弓馬武用,是其所長,治民蒞政,非其所解。如謂優老尚年,自可厚賜金帛。若令刺舉,所損殊大。"上善之,平子竟免。則雖勤民如隋文,猶未能遽革其弊也。

郡縣之不能善其政,與任期久暫,關係殊大。《晉書·王戎傳》:遷尚書左

---

僕射，領吏部。戎始爲《甲午制》，凡選舉皆先治百姓，然後授用。而司隸校尉
傅咸奏戎曰：“《書》稱三載考績，三考黜陟幽明。今內外羣臣，在職未期，而戎
奏還。既未定其優劣，且送故迎新，相望道路，巧詐由生，傷農害政。戎不仰
依堯舜典謨，而驅動浮華，虧敗風俗，非徒無益，乃有大損。”蓋奔競之俗，必不
容有久處之官也。《南史・謝莊傳》：莊於孝建時表陳求賢之義，謂政平訟理，
莫先親人，親人之要，是歸守宰，蒞人之職，官遵六年之限。《傳》言初文帝世
限三十而仕，郡縣六周乃遷代，刺史或十年餘。至是皆易之，仕者不拘長少，
蒞人以三周爲限。宋之善政，於是乎衰。然齊武帝永明元年詔言：“宋德將
季，風軌陵遲。列宰庶邦，彌失其序。遷謝遄速，公私凋弊。蒞民之職，一以
小滿爲限。”《良政傳》：永明郡縣居職，以三周爲小滿。則其末造，并三周之制而亦不能
守矣。明帝建武三年，正月，詔申明守長六周之制。其法後亦破壞，見第十章
第四節。魏守令以六年爲限，見《魏書・房法壽傳》。考課亦以六載爲程。見《魏書・
蕭寶夤傳》。高祖延興二年，十二月，詔曰：“頃者已來，官以勞升，未久而代。牧
守無恤民之心，競爲聚斂。送故迎新，相屬於路。非所以固民志，隆治道也。
自今牧守溫仁清儉，克己奉公者，可久於其任。歲積有成，遷位一級。其有貪
殘非道，侵削黎庶者，雖在官甫爾，必加黜罰。著之於令，永爲彝准。”可見定
法，亦徒空文也。

海宇分崩之際，用人者多特注意於撫綏，此雖不過爲招徠新附，傾動敵人
之計，然使僻陋之區，亦得有人與聞政事，則匪徒爲治，抑亦敷化之良謨矣。
《晉書・儒林傳》：文立，巴郡臨江人。蜀時游大學，師事譙周。仕至尚書。入爲大子中庶
子。表請諸葛亮、蔣琬、費禕等子孫，流徙中畿，宜見叙用。一以慰巴蜀之心，
其次傾吳人之望。事皆施行。并以立爲散騎常侍。及吳平，劉頌欲得壯王以
鎮撫之，使之隨才授任，求富貴者取之國內，已見第三章第九節。然《賀循
傳》：循以無援於朝，久不進叙。陸機上疏薦之，有云：“臺郎所以使州州有人，
非以均分顯路，誠以庶士殊風，四方異俗，雍隔之害，遠國益甚。荆、揚二州，
戶各數十萬。今揚州無郎，而荆州江南，乃無一人爲京城職者。誠非聖朝待
四方之本心。”《陶侃傳》：侃察孝廉。至洛陽，數詣張華，華初以遠人，不甚接
遇。後與語，乃異之。除郎中。伏波將軍孫秀，以三國支庶，府望不顯，中華
人士，恥爲掾屬，以侃寒宦，召爲舍人。觀此，知殊方人士，其受岐視尚頗甚。
然此特仕途黨援奔競之私，朝廷立法，固未嘗如此。且如元帝，渡江而東，亦
卒不得不用王導之策，撫用其人也。明帝大寧三年，八月，詔曰：“吳時將相名
賢之冑，有能纂脩家訓；又忠孝仁義，務己守真，不聞於時者；州郡中正，亟以

名聞，勿有所遺。"其汲引之，固猶未嘗敢怠矣。梁武帝天監五年，正月，詔曰："在昔周、漢，取士方國。頃代凋謁，幽仄罕被。人地孤絕，用隔聽覽。士操淪胥，因茲靡勸。凡諸郡國舊族，邦内無在朝位者，選官蒐括，使郡有一人。"此蓋所以使登庸徧逮於僻陋之區。七年，二月，詔於州郡縣置州望、郡宗、鄉豪各一人，專掌蒐薦，其意亦猶是也。邢巒之寇巴西也，言其民望，族落雖在山居，而多有豪右，文學箋啓，往往可觀。去州既遠，不能仕進，是以鬱怏，多生動靜。欲立州以鎮撫之。事見第十一章第四節。是則不徒天朝，即州郡，亦宜明揚側陋，以舒其意氣矣。抑僻陋如巴西，山居族落，猶有長於文學者，又足見文教之久已覃敷，登庸之不可不急也。韓麒麟以孝文時爲齊州刺史，以新附之人，未階臺宦，州郡局任又少，請守宰有闕，推用豪望，并增置吏員。李彪上封事，亦請擢河表七州門才，引令赴闕，依中州官比，隨能序之，以懷江、漢，傾敵人，撫新附。可見疆場之間，一彼一此，皆不得不以招懷爲務矣。惟勞人武夫，不知政術者，用爲長吏，亦不免詒害於民，元嘉時淮西有此情形，長沙王道憐曾言之，見《宋書》本傳。則又不可不慎也。

　　資格用人，世皆以爲始於魏之崔亮，其實非也。① 劉寔作《崇讓論》，言"能不渾雜，優劣不分，士無素定之價，官職有缺，主選之吏，不知所用，但案官次而舉之。同才之人先用者，非勢家之子，則必有勢者之所念也。因其先用之資而復遷之，遷之無已，不勝其任之病發矣。觀在官之人，政績無聞，自非勢家之子，率多因資次而進也"。是當時用人，勢家而外，仍重資格；即同爲勢家，進用之後，亦惟論其資格；此固勢之所不能免也。王亮以江祏專朝，多所進拔，每持異議，已見前。及祏遇誅，羣小放命。凡所除拜，悉由内寵。亮更弗能止。其所選用，拘資次而已。《梁書‧王泰傳》：敕掌吏部郎事，俄即真。自過江，吏部郎不復典大選。令史以下，小人求競者輻湊。前後少能稱職。泰爲之，不通關求。吏先至者即補，不爲貴賤請屬易意。天下稱平。《陳書‧王瑒傳》：除吏部尚書。務在清静，謹守文案，無所抑揚。皆資格用人之法：蹈常習故，夫人所能，原無待於異才，藉口求才，轉足便黨援而開奔競，此固古今一轍；而嬖幸競進之世，尤非此無以拒之；此資格之所以不能不用也，夫崔亮則亦若是而已矣。

　　《魏書‧張彝傳》：彝第二子仲瑀上封事，求銓別選格，排抑武人，不使與在清品。由是衆口喧喧，謗讟盈路。立榜大巷，克期會集，屠害其家。《崔亮

----

① 選舉：資格用人，勢不能無，不始崔亮。

傳》：亮遷吏部尚書。時羽林新害張彝，靈太后令武官得依資入選。官員既少，應選者多。尚書李韶，循常擢人，百姓大爲嗟怨。亮乃奏爲格制，不問士之賢愚，專以停辟日月爲斷。雖復官須此人，停日後者，終於不得。庸材下品，年月久者，灼然先用。沈滯者皆稱其能。亮外甥司空諮議劉景安以書規亮。亮答書曰："昔有中正，品其才第，上之尚書，尚書據狀，量人授職，此乃與天下羣賢共爵人也，而汝猶云十收六七，況今日之選，專歸尚書，以一人之鑒，照察天下，劉毅所云一吏部、兩郎中而欲究竟人物，何異以管闚天而求其博哉？今勳人甚多，又羽林入選，武夫崛起，不解書計，忽令垂組乘軒，求其烹鮮之效。又武人至多，官員至少。設令十人共一官，猶無官可授，況一人望一官，何由可不怨哉？吾近面執，不宜使武人入選，既不見從，是以權立此格，限以停年耳。後甄琛、元脩義、城陽王徽相繼爲吏部尚書，利其便已，踵而行之。自是賢愚同貫，涇渭無別。魏之失才，從亮始也。"案觀亮答劉景安書，即微武人入選，吏部亦易得才？然則以失才歸咎於亮，不過當時議論如此，未必得實也。諍是法者，有辛雄及薛琡，琡謂"執簿呼名，一吏足矣"，然如亮之所言，以一人之鑒，照察天下，果何以求其所爲之有異於吏哉？雄病"委斗筲以共治，託碩鼠以百里"，致使"夷夏之民，相將爲亂"，此亦入選者多勳人武夫之失，非資格之咎也。齊文襄始革是制，已見第十四章第一節。《北齊書·高乾傳》：乾弟慎，徵爲御史中尉，選用御史，多其親戚、鄉閭，不稱朝望，世宗奏令改選焉。事權在手，則其志易行，此亦非可望諸亮也。

　　整飭官方，莫亟於嚴明考課。魏世嘗使劉劭等爲之，已見《秦漢史》第十八章第四節。晉初杜預受詔爲黜陟之課。《晉書》本傳曰："其略曰：昔漢之刺史，亦歲終奏事，不制算課，而清濁粗舉。魏氏考課，即京房之遺意。其文可謂至密。然由於累細，以違其體，故歷代不能通。豈若去密就簡，則簡而易從也？今科舉優劣，莫若委任達官。各考所統。在官一年以後，每歲言優者一人爲上第，劣者一人爲下第，因計偕以名聞。如此六載，主者總集採案。其六載處優舉者超用之，六歲處劣舉者奏免之，優多劣少者叙用之，劣多優少者左遷之。今考課之品，所對不鈞，誠有難易。若以難取優，以易而否，主者固當準量輕重，微加降殺，不足復曲以法盡也。六年頓薦，黜陟無漸。今每歲一考，則積優以成陟，累劣以取黜。以士君子之心相處，未有無故六年六黜清能，六進否劣者也。監司亦將而彈之。若令上下公相容過，此爲清議大頹，亦無取於黜陟也。"此文似預上其所爲之奏牘，其詳則不可得聞矣。劉頌病晉武每精事始而略於考終，監司大綱不振而微過必舉，已見第二章第一節。頌之

言曰:"今閭閻少名士,官司無高能,其故何也? 清議不肅,人不立德,行在取容,故無名士。下不專局,又無考課,吏不竭節,故無高能。無高能則有疾世事,少名士則後進無準,故臣思立吏課而肅清議。"頌轉吏部尚書,建九班之制。欲令百官居職希遷,考課能不,明其賞罰,賈、郭專朝,仕者欲速,竟不施行。

宋、齊、梁、陳四朝,考課之法不著。北魏則傳者頗詳。《魏書‧高祖紀》:大和十八年,九月,壬申朔,詔曰:"三考然後黜陟,可黜者不足爲遲,可進者大成賒緩。是以朕今三載一考,考即黜陟。各令當曹,考其優劣爲三等。六品已下,尚書重問,五品已上,朕將親與公卿論其善惡。上上者遷之,下下者黜之,中中者守其本任。"壬午,帝臨朝堂,親加黜陟。明年,十月,壬戌,又詔諸州牧:"精品屬官,考其得失,爲三等之科以聞,將親覽而升降焉。"《世宗紀》:永平四年,十二月,詔三載考察,政之明典。正始二年以來,於今未考。功過難易,寧無升降? 從景明二年至永明四年,通考以聞。自景明二年至永明四年凡九年,似又復三考黜陟之舊,然其後又係三歲一考,則高祖之法固在,特時怠慢不舉耳。《崔鴻傳》:延昌二年,將大考百僚,鴻建議曰:"二漢以降,大和以前,苟必官須此人,人稱此職,或超騰升陟,數歲而至公卿,或長兼、試守,稱允遷進。景明以來考格,三年成一考,三考轉一階。貴賤內外,萬有餘人,自非犯罪,不問賢愚,莫不上中。才與不肖,比肩同轉。琴瑟不調,改而更張,雖明制已行,猶宜消息。"世宗不從。然《紀》言延昌三年八月甲申,帝臨朝堂,考百司而加黜陟,則似又復孝文之法矣。《蕭寶夤傳》:寶夤以正光四年上表曰:"自比已來,官罔高卑,人無貴賤,皆飾辭假説,用相褒舉。謂之考功,事同汎陟。又在京之官,積年一考。其中或所事之主,遷移數四;或所奉之君,身亡廢絕;或具寮離索;或同事凋零;雖當時文簿,記其殿最,日久月深,駁落殆盡,人有去留,誰復掌其勤惰? 或停休積稔,或分隔數千,累年之後,方求追訪聲迹,立其考第,無不苟相悅附,飾垢掩疵,妄加丹素,趣令得階而已。又守令考課,悉以六載爲程,既而限滿代還,復經六年而叙,是則歲周十二,始得一階。而東西兩省,文武閒職,公府散佐,無事宂官,及其考日,皆得四年爲限,是則一紀之中,便登三級。何內外之相縣,令厚薄之如是? 或充單介之使,始無汗馬之勞;或説興利之規,終愬什一之潤;皆虛張無功,妄指贏益,坐獲數階之官,藉成通顯之貴。"此非杜預所謂公相容過,清議大頹者邪? 益以立法之詖,而是時之選政,不可問矣。寶夤欲使"見居官者,每歲終,本曹皆明辨在官日月,具覈才行能不,審其實用,而注其上下。列上尚書,覆其合不,庸短下

第,黜凡以明法,幹務忠清,甄能以記賞,總而奏之。經奏之後,考功曹別書於黃紙油帛。一通則本曹尚書與令、僕印署,留於門下,一通則以侍中、黃門印署,掌在尚書,嚴加緘密,不得開視。考績之日,然後對共裁量。其内外考格,乞求博議,以爲畫一。若殊謀異策,事關廢興,遐邇所談,物無異議者,自可臨時斟酌,匪拘恒例。至如援流引比之訴,貪榮求級之請,謂宜明加禁斷,以全至治。"詔付外博議,以爲永式。竟無所定。《蕭宗紀》孝昌二年二月,詔每歲一終,郡守列令、長,刺史列守、相,以定考課,辨其能不。若有濫謬,以考功失衷論。是時朝綱方紊,亦非徒法所能濟也。

## 第五節　賦　　稅

漢世田租取粟,賦諸地;口税取錢,斂諸人。魏武平河北,下令收田租畝一升,户出絹二匹,緜二斤,而口錢始變爲户調,[1]已見《秦漢史》第十八章第五節。此時未有授田之制,户調田租,猶析爲二,至晉武帝平吳,而二者又合爲一矣。事見第十九章第三節。東晉之制,見於《隋書·食貨志》,云:"晉自中原喪亂,元帝寓居江左,百姓之自拔南奔者,并謂之僑人。皆取舊壤之名,僑立郡縣,往往散居,無有土著。而江南之俗,火耕水耨,土地卑溼,無有蓄積之資。諸蠻陬俚洞,霑沐王化者,各隨輕重,收其賧物,以裨國用。又嶺外酋帥,因生口、翡翠、明珠、犀、象之饒,雄於鄉曲,[2]朝廷多因而署之,以收其利。歷宋、齊、梁、陳,皆因而不改。其軍國所須雜物,隨土所出,臨時折課、市取,乃無恒法定令。列州、郡、縣,制其任土所出,以爲徵賦。其無貫之人,不樂州縣編户者,謂之浮浪人,樂輸亦無定數任量,准《通典》,《通考》皆作惟。所輸,終優於正課焉。"蠻夷收其賧物,蓋各隨其土之所出。嶺外酋帥,則徵其貢而非税其民。浮浪人所出,蓋亦無定物,惟僑民雖云散居無土著,猶當與江南之民,同循户調之法耳。《隋志》述其制云:"其課:丁男調布絹各二丈,絲三兩,緜八兩,禄絹八尺,禄綿三兩二分,租米五石,禄米二石。丁女并半之。男女年十六已上至六十爲丁。男年十六亦半課,年十八正課,六十六免課。女以嫁者爲丁,若在室,年二十乃爲丁。其田畝税米二斗。蓋大率如此。"二斗,一本作二升,蓋據哀帝時之制言之,[3]見第十九章第三節。《宋書·孝武帝紀》:大明

---

① 賦税:口錢變户調,晉武户調田租又合一。
② 史事:嶺外酋帥,生口、翡翠、明珠、犀、象之饒,雄於鄉曲。
③ 賦税:隋制言晉田畝税米二斗,一本作二升。

五年,十二月,制天下民户,歲輸布四疋,《通考》作尺。蓋就舊法而增之。《晉書·李雄載記》云：其賦：男子歲穀三斛,女丁半之。户調絹不過數丈,綿數兩。亦略循晉法也。

北魏孝文之制,亦已見第十九章第三節。《魏書·食貨志》：肅宗孝昌二年,稅京師田畝五升,借賃公田者畝一斗。齊、周之制,亦見《隋志》。齊河清三年定令：男子十八已上,六十五以下爲丁。十六已上,十七已下爲中,六十六已上爲老,十五已下爲小。率以十八受田,輸租調,二十充兵,六十免力役,六十六退田,免租調。京城四面,諸坊之外,三十里内爲公田,受公田者三縣代遷户,執事官一品已下,逮於羽林、武賁各有差。其外畿郡,華人官第一品已下羽林、武賁已上各有差。職事及百姓請墾田者,名爲受田。《通典》作永業田。奴婢受田者,親王止三百人,嗣王止二百人,第二品嗣王已下及庶姓王止一百五十人,正三品已上及王宗止一百人,七品已上,限止八十人,八品已下至庶人,限止六十人。奴婢限外不給田者皆不輸。其方百里外及州人：一夫受露田八十畝,婦人四十畝。奴婢依良人。限數與在京百官同。丁牛一頭,受田六十畝。限止四牛。又每丁給永業田二十畝爲桑田。其中種桑五十根,榆三根,棗五根,不在還受之限。非此田者,悉入還受之分。土不宜桑者,給麻田如桑田法。率人一牀調絹一疋,綿八兩。凡十斤綿中,折一斤作絲。墾租二石,義租五斗。奴婢各准良人之半,牛調二尺,《通典》作丈。墾租一斗,義租五升。墾租送臺,義租納郡,以備水旱。諸州郡皆別置富人倉。① 初立之日,准所領中下户口數,得支一年之糧,逐當州穀價賤時,斟量割當年義租充入。穀賤下價糴之,賤則選用所糴之物,依價糴貯。墾租皆依貧富爲三梟。其賦稅常調,則少者直出上户,中者及中户,多者及下户。上梟輸遠處,中梟輸次遠,下梟輸當州倉。三年一校焉。租入臺五百里内輸粟,五百里外輸米,入州鎮者輸粟。人欲輸錢者,准上絹收錢。案户調之式,及魏、齊之制,②皆人人受田,而晉成、哀及魏肅宗之時,又別有田稅者？晉成、哀時制,見第十九章第三節。蓋皆指公田言之,觀北齊之制可明。此田蓋王公貴人受者爲多,故晉孝武改成、哀之制,史言自王公已下,口稅若干。亦見第十九章第三節。魏虜則又以此惠其所謂代來户也。後周大祖作相,創制六官。司均掌田里之政令。凡人口十已上宅五畝,口九《通典》作七。已上宅四畝,口五已下宅三畝,有室者田百四十畝,丁者田百畝,司賦掌功賦《通典》作賦均。之政令。

① 民食：常平之法在北齊爲富人倉。

② 賦稅、地權：户調及魏齊,皆人人受田,而晉成、哀及魏肅宗時,別有田稅,蓋指公田。惠帝永興元詔户調田租(第八九一頁)。

凡人自十八以至六十有四與輕癃《通典》作疾。者皆賦之。其賦之法：有室者歲不過絹一疋，緜八兩，粟五斛。丁者半之。其非桑土，有室者布一疋，麻十斤，丁者又半之。豐年則全賦，中年半之，下年三之，《通典》作一之。皆以時徵焉。若艱凶札，則不徵其賦。

　　租調所取，以粟帛爲大宗，此外更有所取，則謂之雜調。《齊書·鬱林王紀》，即位後詔曰："凡逋三調及衆債，在今年七月三十日前，悉同蠲除。"《通鑑》胡三省《注》曰："三調，謂調粟、調帛及雜調也。"①《魏書·任城王澄傳》：澄奏利國濟民所宜振舉者十條，四曰五調之外，一不煩民，五調疑三調之誤。軍國所須，不能以粟帛爲限。除列州、郡、縣制爲徵賦外，南朝此項徵賦，頗於國用有關。當時淫縱之君，或迫臣下以貢獻，事見第十九章第二節，未必不由此而馴致。然貪取雖爲非法，任土自是彝典。觀第十章第四節所引齊明帝建武元年十月詔可知。是歲十一月，又詔"邑宰禄薄俸微，雖任土恒貢，自今悉斷。"胡三省《通鑑注》曰："觀此，則江左之政，縣邑不由郡、州，亦得入貢天臺矣。"此《隋志》所由以列州郡縣并舉也。《宋書·明帝紀》：泰始二年，十一月，"詔方物職貢，各順土宜，出獻納貢，敬依時令"。即當折課、市取，當時徵斂，折易頗多。《晉書·王廙傳》：弟子彪之，爲會稽内史，桓温以山陰折布米不時畢，郡不彈糾，上免之。《宋書·孝武帝紀》：大明七年，以浙東諸郡大旱，聽受雜物當租。《齊書·武帝紀》：永明四年，五月，詔"揚、南徐二州今年户租，三分二取見布，一分取錢。來歲以後，遠近諸州輸錢處，并減布直，匹准四百，依舊折半，以爲永制。"《竟陵王子良傳》言：時詔折租布，二分取錢。《王敬則傳》載子良啓，謂："民有雜物，是軍國所須者，可聽隨價准直，不必一應送錢，於公不虧其用，在私實荷其渥。"此即所謂折課。《宋書·武帝紀》：永初元年，七月，詔："臺府所須，皆別遣主帥，與民和市，即時裨直，不復責租民求辦。"《齊書·武帝紀》：永明五年，九月，詔曰："自水德將謝，喪亂彌多，師旅歲興，饑饉代有。軍國器用，動資四表。不因厥産，咸用九賦。雖有交貿之名，而無潤私之實。民咨塗炭，職此之由。京師及四方，出錢億萬，糴米、穀、絲、緜之屬，其和價以優黔首。遠邦嘗市雜物，非土俗所産者，皆悉停之。必是歲賦攸宜，都邑所乏，可見直和市，勿使逋刻。"皆欲變賦斂爲市取者也。《豫章王嶷傳》：其爲荆州，禁二千石官長，不得與人爲市，蓋有借官市爲名，行私市之實者。北朝亦有折徵之制。《魏書·前廢帝紀》：僭位後詔天下調絹，四百一匹，此折絹爲錢也。《韓麒麟傳》：在齊州，欲減絹布，增益穀租，見第二十一章第三節，此亦猶折帛爲穀也。《食貨志》云：正光後四方多事，加以水旱，國用不足，預折天下六年租調而徵之，其屬民，蓋不徒在豫徵而已。然其實并不能然。《宋書·武帝紀》：義熙八年，十一月，公至江陵，下書"臺調癸卯梓材，庚子皮毛，可悉停省"，即所謂雜調也。《魏書·食貨志》曰：顯祖即位，親行儉素，率先公卿，思所以振益黎庶。先是大安中，高宗以常賦之外，雜調十五，頗爲煩重，將欲除之。尚書毛法仁曰："此是軍國資用，今頓罷之，臣愚以爲不可。"帝曰："使

---

　　① 賦税：三調謂粟帛雜。雜調外，當折課、市取，然實不能然（第八九〇—八九一頁）。粟帛亦有增取（第八九一頁）。

地利無窮,民力不竭,百姓有餘,吾孰與不足?"遂免之。未幾,復調如前。《高宗紀》:興安二年,正月,詔與民雜調十五,蓋至大安中復免其十五也。然《紀》不載其事,大安四年五月壬戌詔,亦僅言"比年以來,雜調減省"而已。蓋其免之甚暫,故《紀》漏書。《北史·魏諸宗室傳》,以百姓不足君孰與足之言,出於常山王遵之子素,亦與《志》異。至是乃終罷焉。於是賦斂稍輕,民復贍矣。《顯祖紀》:和平六年,六月,詔諸有雜調,一以與民。此朝廷所取於民。《世祖紀》:真君四年,六月,詔:"復民貲賦三年。其田租歲輸如常。"貲賦蓋謂按其貲產多少爲賦,亦雜調也。《任城王澄傳》:轉定州刺史。初民中每有橫調,百姓煩苦。澄多所省減,民以忻賴。此地方之所取也。賦稅所取非一,故如有蠲免,亦隨時而各不同。當時賦稅減免,史所言者,名目不一。有曰戶課者,《晉書·武帝紀》:大康五年,減天下戶課三分之一是也。有曰戶調縣絹者,《晉書·惠帝紀》:永平元年,五月,除天下戶調縣絹是也。有曰戶調田租者,《惠帝紀》:永興元年,十二月,詔戶調田租,三分減一是也。有曰租稅者,《宋書·孝武帝紀》:元嘉三十年,五月,曲赦京邑二百里內,并蠲今年租稅;大明五年,二月,伐蠻之家,蠲租稅之半是也。有曰稅調者,《宋書·文帝紀》:元嘉二十八年,二月,詔凡遭寇賊郡縣,流寓江淮者,并聽即屬,并蠲復稅調;《順帝紀》:昇明元年,雝州大水,八月,遣使賑卹,蠲除稅調是也。有但言調者,《宋書·後廢帝紀》:元徽四年,平建平王景素之亂,原京邑二縣元年以前逋調;《順帝紀》:昇明元年八月,原除元年以前逋調是也。有曰衆調者,《宋書·明帝紀》:泰始二年,十一月,制使東土經荒流散,并各還本,蠲衆調二年是也。有曰田租者,《宋書·文帝紀》:元嘉二十四年,正月,蠲建康、秣陵二縣田租之半;二十六年,車駕陸道幸丹徒,行所經蠲田租之半;《孝武帝紀》:大明七年,十二月,行幸歷陽,蠲郡租十年;《前廢帝紀》:永光元年二月,《明帝紀》:泰始四年四月,皆減郡縣田租之半;《梁書·侯景傳》:景既據壽春,屬城居民,悉召募爲將士,輒停責市估及田租是也。減免租布之事最多。有以災荒免者,《晉書·孝武帝紀》:寧康二年,四月,皇大后詔:三吳、義興、晉陵及會稽遭水之縣,尤甚者全除一年租布,其次聽除半年;《宋書·孝武帝紀》:元嘉三十年,閏月,蠲尋陽、西陽租布三年是也。有以流亡免者,《宋書·武帝紀》:永初元年,八月,開亡叛,赦限內首出,蠲租布二年是也。有以京邑或興王之地免者,是月,詔彭城桑梓本鄉,優復之制,宜同豐、沛,沛郡,下邳,可復租布三十年;《文帝紀》:元嘉四年,二月,行幸丹徒,三月,詔丹徒桑梓綢繆,大業攸始,其蠲今年租布;二十六年,二月,幸丹徒,三月,復丹徒僑舊今歲租布之半是也。有以行幸免者,《孝武帝紀》:大明七年,二月,大赦天下,行幸所經,無出今歲租布是也。有以行義免者,《宋書·孝義傳》:賈恩、潘綜、王彭,皆蠲租布三世是也。《劉道産傳》:弟道錫,爲巴西、梓潼二郡大守。元嘉十八年,爲氐寇所攻,募吏民守城,復租布二十年。及賊退,朝議賊雖攻城,一戰便走,聽依本要,於事爲優。右衛將軍沈演之等謂宜隨功勞裁量,不可全用本誓,多者不得過十年。從之。案《齊書·高帝紀》:建元四年,正月,詔:"建元以來戰賞,蠲租布二十年,雜役十年。其不得收尸,主軍保押,亦同此例。"則似蠲租布二十年,軍中故有此例,道錫特援用大優耳。

雜物而外,粟帛似應皆取諸租調之中,然亦有別立名目多取之者。《晉書·成帝紀》:咸康二年,二月,算軍用稅米,空縣五十餘萬石,尚書謝褒以下免官。此尚可云即在常賦之中,特度支別立一目。《陳書·世祖紀》:天嘉元年,三月,詔今歲軍糧,通減三分之一。《宣帝紀》:大建三年,三月,大赦天下。自大康元年訖大建元年逋餘軍糧、禄秩、夏調未入者悉原之。則其取諸民,亦

別列一目矣。《魏書‧高祖紀》：延興三年，十月，大上皇帝親將南討，詔州郡之民，十丁取一，以充行戶，收租五十石，以備軍糧，亦臨時增取於民者也。《韓麒麟傳》：慕容白曜表麒麟與房法壽對爲冀州刺史。白曜攻東陽，麒麟上義租六十萬斛。《周書‧王羆傳》，羆鎮華州。時關中大飢，徵稅民間穀食，以供軍費。或隱匿者，令遞相告。多被筹棰。以是人有逃散。惟羆信著於人，莫有隱者。得粟不少諸州，而無怨讟。亦皆增取於民，以供軍食者也。

戶調所徵，悉係著籍之戶，故所最慮者爲漏籍。宋武帝至江陵，下書曰："江、荊二州，凡租稅調役，悉宜以見戶爲正。"則稅役有與戶籍不符者。然如是者究少。《魏書‧食貨志》云：先是禁網疏闊，民多逃隱。天興中，詔采諸漏戶，令輸綸縣。自後諸逃戶占爲細繭羅穀者甚衆。於是雜營戶帥，徧於天下。[1] 不隸守宰。賦役不周，戶口錯亂。始光三年，詔一切罷之，以屬郡縣。議出閹官仇洛齊，見第十七章第三節。《隋書‧食貨志》云：元象、興和之中，百姓多離舊居，闕於徭賦。神武乃命孫騰、高隆之分括無籍之戶，得六十餘萬。於是僑居者各勒還本屬。租調之入有加焉。武定二年事，亦見第十七章第三節。皆可見漏籍者多，賦稅必闕也。

耕桑之民而外，北朝亦有他法以取之，如魏泰常六年，六部民羊滿百口，調戎馬一匹是也。見第二十章第一節。此猶南朝於蠻俚則取其賧物矣。

田租有不入公家者。宋武帝江陵之令又曰："州縣屯田，利入守宰者，[2]一切除之。"《晉書‧安帝紀》：義熙九年，四月，罷臨沂、湖熟皇后脂澤田四十頃，以賜貧人。皆其事也。《魏書‧高允傳》：時多禁封良田，京師遊食者衆。允言："古人云：方一里，爲田三頃七十畝，百里則三萬七千頃，勤之則畝益三升，不勤則畝損三升，損益之率，爲粟二百二十二萬斛，況天下之廣乎？"世祖善之，遂除田禁，悉以授民。禁封良田，夫何爲哉？《傳》又言恭宗季年，頗親近左右，營立田園，以取其利。《任城王澄傳》云：在定州，減公園之地，以給無業貧口。《北齊書‧段韶傳》：平高歸彥，賜歸彥果園千畝。非棄田以爲園囿，則變官稅爲私租而已。

人民所苦，力役尤甚於租調。《晉書‧食貨志》：武帝制戶調之式，男女年十六已上至六十爲正丁，十五已下至十三，六十一已上至六十五爲次丁，十二已下，六十六已上爲老、小，不事。《范甯傳》：甯陳時政曰："禮：十九爲長殤，以其未成人也。十五爲中殤，以爲尚童幼也。今以十六爲全丁，則備成人之役矣，以十三爲半丁，所任者非復童幼之事。豈可傷天理，違經典，困苦萬姓，

---

[1] 戶口：雜營戶不隸守宰。
[2] 地權：州縣屯田，利入守宰。皇后脂澤田，禁封良田，公園地，此等悉皆私租。

乃至此乎？宜脩禮文，以二十爲全丁，十六至十九爲半丁，則人無夭折，生長滋繁矣。”此法令所定成丁之年大早，詒害於民者也。《宋書·王弘傳》：弘上言：“舊制民年十三半役，十六全役。體有彊弱，不皆稱年。且在家自隨力所能堪，不容過苦，移之公役，動有定科。庸宰守常，已有勤劇，況直苛政，豈可稱言？乃有務在豐役，增進年齒。孤遠貧弱，其弊尤深。致令依寄無所，生死靡告。一身之功，逃竄求免。家人遠計，胎孕不育。請以十五至十六爲半丁，十七爲全丁。”從之。然《文帝紀》元嘉十七年詔，猶有“役召之品，遂及稚弱”之語，則苛政亟行，并有非法令所能限者矣。役法與戶籍，關係最大，參看第十七章第三節。

《隋書·食貨志》言：東晉之制，男丁歲役不過二十日，又率十八人出一運丁。其實役之遠過於此。其取丁之法，通常三丁取二，五丁取三。《南史·孝義傳》：孫棘謂宋大明五年發三五丁；《郭祖深傳》：祖深上封事，謂自“梁興以來，發人征役，號爲三五”是也。《康絢傳》：魏降人王足陳計，求堰淮水，以灌壽陽，發徐、揚人，率二十戶取五丁以築之。其取之之法，較三五少寬，蓋以其役實重難故也。《齊書·周顒傳》：顒言：“山陰邦治，事倍餘城，然略聞諸縣，亦處處皆躓：惟上虞以百戶一滂，大爲優足。”則各地方之役法，亦有善惡之不同。然能善者蓋甚鮮。酷者乃至役及女丁。[1]《宋書·元凶劭傳》：劭拒義軍時，男丁既盡，召婦女親役，猶曰非常時事也。《梁書·武帝紀》：大同七年，十一月，詔停在所役使女丁；《安成王秀傳》：郢州當塗爲劇地，至以婦人供役；則并習爲恒事矣。

有恒役，有雜役。《魏書·高祖紀》：延興三年，十一月，詔河南七州之民，有鰥寡孤獨，貧不自存者，復其雜徭，大和二十年，七月，詔輕徭薄賦，君人常理，歲中恒役，具以狀聞。《劉昶傳》：正光三年，大保崔光奏乞敕尚書推檢昶後，所屬甄免碎役。四年，六月，詔其孫等三家，特可聽免。碎役即雜役也。雜役厲民，遠較恒役爲甚。《齊書·周顒傳》：建元初爲山陰令。縣舊訂滂民，以供雜使。顒言於大守聞喜公子良曰：“竊見滂民之困，困實極矣。役命有常，祇應轉竭。戁迫驅催，莫安其所。險者竄避山湖，困者自經溝瀆。亦有摧臂斮手，苟自殘落，販傭貼子，權赴急難。每至滂使發動，遵赴常促。輒有桓杖被錄，稽顙階垂，泣涕告哀，不知所振。”此云役命有常，乃謂有常程限，非謂所課者爲常事也。《晉書·庾亮傳》言：亮爲丹陽尹，除重役六十餘事。可見雜役重難者甚多。

――――――――――

[1]　賦稅：役女丁。

　　隨意役民，本有禁令。如《魏書·高宗紀》：和平四年，三月，詔“内外諸司，州鎮守宰，侵使兵民，勞役非一。自今擅有召役，逼雇不程，皆論同枉法。”《高祖紀》：大和元年，詔“牧民者輕有徵發，致奪民時，以侵擅論”是也。然其事卒非法令所能禁。《梁書·武帝紀》：大同七年，十二月詔，謂：“或供厨帳，或供厩庫，或遣使命，或待賓客，皆無自費，取給於民。”①其侵漁可謂甚矣。河北郡有漁獵夫三十人，以供郡守，又有丁三十人，供郡守役使，見《周書·裴政傳》。《魏書·安同傳》：大宗詔與肥如侯賀護持節循察并、定二州，糾舉守宰不法。同至并州，表刺史擅用御府鍼工，請案律治罪。善矣，然其東出井陘至鉅鹿，乃發衆四户一人，欲治大嶺山，通天門關。又築塢於宋子。大宗以同擅徵發於外，檻車徵還。召羣官議其罪。皆曰：“同擅興事役，勞擾百姓，宜應窮治，以肅來犯。”而大宗仍以同雖專命，本在爲公，意無不善釋之，則又何也？世祖將北征，發民驢以轉運，使公孫軌詣雍州，軌令驢主皆加絹一匹，乃與受之。《魏書·公孫表傳》。軌表第二子。亦不過坐徵還而已。

　　役之事，征戍爲大，而漕轉次之。古人於役，最苦其遠，説見《秦漢史》第十八章第五節。晉、南北朝，亦未免斯弊。《晉書·劉頌傳》：頌上疏言：“昔魏武帝分離天下，使人役居户，各在一方，既事勢所須，且意有曲爲，權假一時，以赴所務，非正典也。然遂巡至今，積年未改。吴平之日，天下懷静，而東南二方，六州郡兵，將士、武吏，戍守江表，或給京城運漕。父南子北，室家分離，咸更不寧，又不習水土，運役勤瘁，咸有死亡之患。”欲使“受百役者不出其國，兵備待事其鄉；更不能，則静三分之二，吏役不出千里之外”，參看第二章第一節。此誠當時靖民之急務也。王羲之遺謝安書，論軍興以來征役及充運之弊，已見第十七章第三節。《魏書·食貨志》言轉運中州以實邊鎮之弊，見第二十一章第六節。又《楊椿傳》：除定州刺史。州有宗子稻田，屯兵八百户。年常發夫三千，草三百車，脩補畦堰。椿以屯兵惟輸此田課，更無徭役，及至閑月，即應脩治，不容復勞百姓，表罷之。有屯兵而轉致勞民，尤見征戍之詒毒也。

　　興築之事，亦爲勞民之一大端。高齊之築長城，事見第二十一章第四節。《北齊書·趙郡王叡傳》云：先是役徒罷作，任其自返。丁壯之輩，各自先歸。羸弱之徒，棄在山北。②加以飢病，多致僵殖。叡於是親率所部，與之俱還。配合州鄉，部分營伍，督率監領，彊弱相持。遇善水草，即爲停頓。分有餘，贍

────────

①　職官：厨帳、厩庫、使命、賓客，皆取給於民，此亦隨身用度，吏役疾，則役之者多取矣（第八九五頁）。

②　賦役：遠役屬民，如築長城，不照料弱者之歸，亦其一事。

不足。賴以全者十三四焉。肯留意撫綏者,不過十全三四,況視之如草芥者乎?韋孝寬於汾州、離石間置城,事見第十六章第六節。是役也,徵徒至十萬。可見營建勞民之甚矣。

補吏亦爲民所深苦。宋武帝平江陵,下書:"荆、雍二州西局蠻府吏,及軍人年十二以還,六十以上,及撫養孤幼,單丁大艱,悉仰遣之。窮獨不能存者,給其長振。府州久勳將吏,依勞銓序。"《南史·張纘傳》:爲湘州刺史,解放老疾吏役,及關市、戍邏先所防人,一皆省并。此兩事,可見與於役者,老稚,疾病,窮獨,皆不得免焉。《梁書·良吏傳》:沈瑀爲餘姚令。縣南有豪族數百家,百姓甚患之。瑀召其老者爲石頭倉監,少者補縣僮。皆號泣道路。自是權右屏跡。此可見爲吏之困辱,故法令於其召補,每加制限。如宋武帝平江陵,命州、郡、縣吏皆依尚書定制實戶置是也。《孝武帝紀》:元嘉三十年,八月,武皇帝舊役軍身,嘗在齋內,人身猶存者,普賜解戶。《梁書·安成王秀傳》:爲郢州,主者或求召吏。秀曰:"此州彫殘不可擾。"此等皆見稱爲寬政。《謝方明傳》:轉會稽太守。前後征伐,每兵運不充,悉倩發士庶。事既寧息,皆使還本,而屬所割害,或即以補吏,守宰不明,與奪乖舛,人事不至,必被抑塞。方明簡汰精當,各慎所宜。雖服役十載,亦一朝從理。東土至今稱詠之。此又可見補吏之事,其中弊竇孔多也。

事有必待專技,然後能爲之者,古人以此設工官。後世乃亦召民爲之。逮其身亡而役不免,而其業又未必能守之以世也,則遂變爲雜役。王羲之與謝安書曰:"百工、醫寺,死亡絕後,家戶空盡,差代無所,上命不絕。事起或十年十五年,彈舉獲罪無懈息,而無益實事。何以堪之?謂自今諸死罪原輕者及五歲刑,可以充此。其減死者可長充兵役,五歲者可充雜工醫寺。皆令移其家,以實都邑。都邑既實,是政之本;又可絕其亡叛。不移其家,逃亡之患,復如初耳。今除罪而充雜役,盡移其家,小人愚迷,或以爲重於殺戮,可以絕姦。此又可見當時雜役之重。刑名雖輕,懲肅實重,豈非適時之宜邪?"百工醫寺而可以五歲刑者充之,其徒爲雜役審矣。然有待專技之事,究非夫人所能爲也,乃又別召民爲之。如《南史·齊本紀》言:東昏侯大起諸殿,繁役工匠。《陳書·高祖紀》:永定二年,十月,大極殿成,匠各給復。《宋書·劉敬宣傳》,言守宣城者,多調發工巧,造作器物。《梁書·賀琛傳》:琛啓陳事條,高祖大怒,召主書於前,口授敕責之。有曰:"凡所營造,不關材官,及以國匠,皆資雇借,以成其事。"《陳書·宣帝紀》:大建二年,八月,詔巧手於役死亡,不勞訂補。《魏書·高祖紀》:延興二年,四月,詔工商、雜技,盡聽赴農。《任城王澄傳》:

澄奏利國濟民所宜振舉者十條，六曰逃亡代輸，去來年久者，若非伎作，任聽即住。皆有專技之民，見役於官之事也。

王羲之欲以死罪原輕者充兵役，五歲刑充雜工醫寺，蓋謂永充大役。亦有事出一時者，齊武帝欲脩白下城，難於動役，劉係宗啓謫役東人隨唐㝢之作亂者，從之，其事也。

復除之事，有爲經制者，如魏鄰長復一夫，里長二，黨長三是也。見第十九章第三節。此制百二十五家之内，凡復三十八人。其後元孝友言：《令》制百家爲黨族，二十家爲閭，五家爲比鄰，百家之内，有帥二十五，徵發皆免，則其制已小異。見第三節。其出臨時措置者：或以丁多，如晉武帝咸寧元年，二月，以將士應已娶者多，家有五女者給復是也。大康元年，十月，除五女復。或以産乳及新昏，如齊明帝建武四年，正月，詔民産子蠲其父母調役一年，又賜米十斛，新昏者蠲夫役一年是也。或以劫後移徙，如晉武帝大康元年，孫氏大將戰亡之家，徙於壽陽，將吏渡江復十年，百姓及百工復二十年是也。或以劫後撫綏，如陳宣帝大建十一年，三月，詔淮北義人，率户口歸國者，建其本屬舊名，置立郡縣，即隸近州，賦給田宅，唤訂一無所豫是也。或以舊恩，如晉元帝大興三年，七年，詔琅邪國人在此者，近有千户，今立爲懷德縣，統丹陽郡。昔漢高祖以沛爲湯沐邑；光武亦復南頓，優復之科，一依漢氏故事是也。或以行義，如《宋書‧孝義傳》：嚴世期復身徭役，張進之詔在所蠲其徭役是也。或以舊勞，如陳大極殿成，匠各給復，見上。世祖天嘉元年，二月，以討王琳，舟艦輸積，權倩民丁，蠲復丁身夫妻三年，於役不幸者，復其妻子是也。《魏書‧高祖紀》：大和十一年，五月，詔復七廟子孫及外戚緦服以上，賦、役無所與，三長復征戍，餘若民，見第十九章第三節。《孝感傳》：閭元明復租、調、兵役，令終母年，此則所謂賦役無所與者也。《文明后傳》：后制内屬五廟之孫，外戚六親緦麻，皆受復除，當即大和十一年事。此宗戚之特恩也。《恩倖傳》：王叡與東陽王丕同入八議，永受復除，此爲臣下之異典。《世祖紀》神䴥四年，自破赫連定還，戰士賜復十年，此所以優戰士。《高宗紀》：和平二年，三月，詔民年八十已上，一子不從政。《高祖紀》：延興三年，十一月，詔河南七州年八十已上，一子不從政。承明元年，十月，詔七十已上，一子不從政。大和四年，七月，詔會京師耆老，賜錦采、衣服、几杖、稻米、蜜、麪，復家人不徭役。此則所以優老也。三長之制，民年八十已上，聽一子不從役，見第十九章第三節。《前廢帝紀》：僭位後詔：百雜之户，貸賜民名，官任仍舊。此則口惠而實不至矣。

凡士姓皆蠲役，已見第十七章第三節，第十八章第一節。《晉書‧石季龍載記》：鎮遠王擢，表雍、秦二州望族，自東徙已來，遂在戍役之例。既衣冠華

胄,宜蒙優免。從之。自是皇甫、胡、梁、韋、杜、牛、辛等十有七姓,蠲其兵貫。
《苻堅載記》:復魏、晉士籍,使役有常。則雖五胡,亦能守茲成法也。宋孝武
帝壞諸郡士族,以充將吏。并不服役,至悉逃亡。加以嚴制不能禁。乃改用
軍法,得便斬之。莫不奔竄山湖,聚爲盜賊。《宋書·沈懷文傳》。梁鄱陽王恢之子
泰,爲譙州刺史。徧發人丁,使擔要輿、扇、纖等物,不限士庶。恥爲之者,重
加杖責。多輸財者,即放免之。人皆思亂。及侯景至,人無戰心,乃先覆敗。
《南史》本傳。其爲禍之烈如此。隸屬於人者亦無役,如佃客、衣食客是也。見第十
八章第四節。張方決千金堨,水碓皆涸,乃發王公奴婢手春給兵廩。詳見第三章第三
節。時又發奴助兵。成帝咸和六年,正月,以運漕不繼,發王公已下千餘丁,各
運米六斛。穆帝升平三年,三月,詔以比年出軍,糧運不繼,王公已下,十三戶
借一人一年助運。此皆罕有之事。《刁協傳》言:“以奴爲兵,取將吏客使轉
運,皆協所建也,衆庶怨望之。”可見積習之不易破矣。參看第十八章第四節。《南
史·齊東昏侯紀》言:諸郡役人,多依人士爲附隸,謂之屬名,見第十章第六節。亦
有所不得已也。出家及疾病者,於法亦免,故范甯言人或殘形翦髮,要求復
除,《東昏侯紀》亦謂東境役苦,百姓多注籍詐病焉。

　　賦與役,皆當視貲產之厚薄,以爲重輕。蘇綽《六條詔書》曰:“租稅之時,雖有大式,
至於斟酌貧富,差次先後,皆事起於正長,而繫之於守令。若斟酌得所,則政和而民悦,若檢理無方,則
吏姦而民怨。又差發徭役,多不存意。致令貧弱者或重徭而遠戍,富彊者或輕使而近防。守令用懷如
此,不存恤民之心,皆王政之罪人也。”故平定物力之事,①由之而起。《晉書·劉超傳》:
超補句容令。常年賦稅,主者常自四出,詰評百姓家貲。至超,但作大函,村
別付之,使各自書家產投函中,訖送還縣。百姓依實投上,課輸所出,有餘常
年。此即宋世之手實法也。《魏書·世祖紀》:延和三年,二月,詔令州、郡、縣
隱括貧富,以爲三級。其富者租賦如常,中者復二年,下窮者復三年。大延元
年,十二月,詔“州、郡、縣不得妄遣吏卒,煩擾民庶。若有發調,縣宰集鄉邑三
老,計貲定課。哀多益寡,九品混通,不得縱富督貧,避彊侵弱。”蓋始分爲三
級,繼又曲分爲九。《隋書·食貨志》言:齊文襄始立九等之戶,②富者稅其
錢,貧者役其力。實則九等定戶,乃魏世之成法,文襄所創者,或稅役之別耳。
貲與力之相貿,蓋事勢不得不然。齊永元後,遠郡之役,悉令上米准行,已見
第十章第六節。史以是爲東昏秕政,然《宋書·順帝紀》:昇明三年,正月,齊

----

① 賦役:平定貲產。
② 賦役:九等定户,不始文襄。

王表諸負官物質役者悉原除，所謂質役，蓋負物不能償，而出力以爲代，①事與上米准行相反，理則一也。顧憲之言：山陰有貲者，多是士人復除。參看第十九章第一節。此等人本未必能出力。税其錢，實開明世别銀差於力差之先聲，亦得宋王安石令無役者出助役錢之意。《宋書·周朗傳》：朗言："取税之法，宜計人爲輸，不應以貲，云何使富者不盡，貧者不蠲？"蓋病户等平定之不實。朗又云："桑長一尺，圍以爲價，田進一畝，度以爲錢，屋不得瓦，皆責貲實，民以此樹不敢種，土畏妄墾，棟焚榱露，不敢加泥。"齊竟陵王子良言："三吴守宰，務在裒克，圍桑品屋，以准資課。致令斬樹發瓦，以充重賦。破民財産，要利一時。"其弊，亦與後世無異矣。户調法行之後，本已無所謂丁税。② 然《齊書·豫章王嶷傳》：言其爲荆、湘時，以穀過賤，聽民以米當口錢；《王敬則傳》載竟陵王子良啓云："建元初狡虜游魂，軍用殷廣，浙東五郡，丁税一千"；《梁書·良吏傳》云：高祖元年，始去人貲，計丁爲布；《陳書·宣帝紀》：大建九年，五月，原五年訖七年逋貲絹，蓋亦計貲爲絹。一似又有丁税者；蓋亦或以之代役，或出臨時調斂，後遂相沿不廢也。

地方公共之事，人民往往能自立法而自治之，然亦往往爲官府所破壞，會稽士庶，皆保塘役，而王敬則悉評斂爲錢送臺；東昏侯下揚、南徐二州，橋、桁、塘、埭丁，計功爲直，斂取見錢；皆見第十九章第一節。其事矣。《晉書·劉頌傳》：除淮南相。舊脩芍陂，年用數萬人。豪彊兼并，孤貧失業。頌使大小戮力，計功受分，百姓歌其平。此等良吏，蓋不可多得矣。

後周之法：司役掌力役之政令。凡人自十八以至五十有九，皆任於役。豐年不過三旬，中年二旬，下年一旬。凡起徒役，無過家一人。八十者一子不從役，百年者家不從役，廢疾非人不養者，一人不從役。若凶札則無力征。見《隋書·食貨志》：其立法可謂甚平，然其行之如何，則不可知也。

山澤之利，兩晉及宋、齊、梁、陳，多爲官吏貴豪所固護，已見第十九章第三節。此等皆非法之所許，然亦有不然者。《梁書·蕭穎達傳》：御史中丞任昉奏曰："風聞穎達啓乞魚税，輒攝穎達宅督彭難當到臺辨問。列稱尋生魚典税，先本是鄧僧琰啓乞，限訖今年五月十四日。主人穎達，於時謂非新立，仍啓乞接代僧琰。即蒙降許。登税與史法論一年，收直五十萬。"③雖實爲私奉養，而必啓乞待許，即不羜官收其税矣。北朝情形，與南朝略同。魏顯祖皇興

---

① 賦役：質役，蓋負物不能賞，出力爲代。

② 賦役：南朝丁税。

③ 地權、賦税：山澤之税出啓乞，此與以特權封建無異。

四年,高祖大和六年,周靜帝大象二年,皆嘗弛山澤之禁。即北齊,亦僅後主武平六年,稅關市、舟車、山澤、鹽鐵、店肆,開酒禁而已。然《魏書‧酷吏傳》:崔暹坐障斉陂葦,爲王顯所彈;《閹官傳》言:劉騰於山澤之饒,所在固護;則其利爲私家所擅者亦多。《北齊書‧盧潛傳》,言其爲揚州行臺時,高元海執政,斷漁獵,人家無以自資,政令豈能真行? 民家無以自資,豪勢保無轉因之以爲利者邪?

　　郭鋼山澤,惡其奪民利而已,棄田以爲園囿,[1]其弊亦與之同,故晉法明列其不爲屬國焉。見第十九章第三節。然其事亦卒不能免。北朝尤甚,以其君好田獵也。《魏書古弼傳》云:上谷民上書言苑囿過度,民無田業,乞減大半,以賜貧人,可見其占地之廣。《高祖紀》:延興三年,詔關外苑囿,聽民樵採。大和十一年,又罷山北苑,以其地賜貧民。《司馬楚之傳》:子躍,爲雲中鎮將,朔州刺史。表罷河西苑封,與民墾殖。有司執奏:"此麋鹿所聚,大官取給。今若與民,至於奉獻時禽,懼有所闕。"詔曰:"此地若任稼穡,雖有獸利,事須廢封。若是山澗,虞禁何損? 尋先朝置此,豈苟藉斯禽,亮亦以俟軍行薪蒸之用。其更論之。"躍固請宜以與民。高祖從之。此可見苑囿之立,實妨田業,又不徒郭鋼山澤而已。又魏於内地置牧場,占地甚廣,見第二十章第一節。世宗正始元年,延昌二年,皆嘗以其地賜代遷之民。可謂封豕長蛇,荐食上國已。

　　冶鑄之利,作兵爲亟,民用後焉。《晉書‧宣帝紀》:大和四年,興京兆、天水、南安監冶。《刑法志》云:"魏武帝時,定甲子科,犯鈇左右趾者,易以木械。是時乏鐵,故易以木焉。"蓋斯時之鐵,多以作兵,故乏於他用也。《宋書‧百官志》:衛尉一人,丞二人晉江右掌冶鑄。領冶令三十九,户五千三百五十。冶皆在江北,而江南惟有梅根及冶塘二冶,皆屬揚州,不屬衛尉。衛尉,江左不置。宋世祖孝建元年復置。又云:東冶令一人,丞一人。南冶令一人,丞一人。漢有鐵官。晉置令,掌工徒鼓鑄,屬衛尉。江左已來,省衛尉,度隸少府。宋世雖置衛尉,冶隸少府如故。江南諸郡縣有者,或置冶令,或置丞,多是吳所置。《王弘傳》:弘建屯田之議曰:"伏見南局諸冶,募吏數百。雖資以廩贍,收入甚微。愚謂若回以配農,必功利百倍矣。然軍器所須,不可都廢。今欲留銅官大冶及都邑小冶各一所。重其功課,一準揚州。州之求取,亦當無乏。餘者罷之,以充東作之要。"弘建此議,在其爲晉會稽王道子驃騎參軍主簿時,可見江左冶政,專

_____

① 地權:苑囿多占耕地。

攻兵器,罕資民用,①此其獲利所以甚微。宋世劉道濟刺益州,立冶斷私民鼓鑄,而貴賣鐵器,事見第八章第七節。又可見民用本不資官也。《陳書·世祖紀》:天嘉二年,十二月,大子中庶子虞荔、御史中丞孔奐以國用不足,奏立煮海鹽賦及榷酤之科。詔并施行。南朝言鹽利者,亦惟此而已。

北方僭僞諸國:慕容德嘗立冶於商山,置鹽官於烏常澤,事見《晉書·載記》。拓跋氏於鹽利頗詳。②《魏書·食貨志》云:河東郡有鹽池,舊立官司,以收稅利。是時罷之。而民有富彊者,專擅其用,貧弱者不得資益。延興末,復立監司,量其貴賤,節其賦入。於是公私兼利。世宗即位,政存寬簡,復罷其禁,與百姓共之。其國用所資,別爲條制,取足而已。自後豪貴之家,復乘勢占奪;近池之民,又輒龏奇;彊弱相陵,聞於遠近。神龜初,大師高陽王雍、大傅清河王懌等奏:“先朝置司,公私兩宜,儲益不少。後中尉甄琛,啓求罷禁。被敕付議。尚書執奏,稱琛啓坐談則理高,行之則事闕,請依常禁爲允。詔依琛計。乃爲繞池之民尉保光等,擅自固護。語其鄣禁,倍於官司。取與自由,貴賤任口。若無大宥,罪合推斷。請依先朝之詔,禁之爲便。”於是復置監官,以監檢焉。其後更罷更立,以至於永熙。自遷鄴後,於滄、瀛、幽、青四州之境,傍海煮鹽。滄州置竈一千四百八十四,瀛州置竈四百五十二,幽州置竈一百八十,青州置竈五百四十六。又於邯鄲置竈四。計終歲合收鹽二十萬九千七百二斛四升。軍國所資,得以周贍矣。據《本紀》,高祖大和二十年,十二月,嘗開鹽池之禁,與民共之。世宗景明四年,七月,詔還收鹽池利以入公。至正始三年四月,又詔罷鹽池之禁。此事由甄琛之奏,具見《琛傳》:其時尚書執奏之辭,亦謂“典司多怠,出入之間,事不如法,遂令細民怨嗟,商賈輕議”,則置監亦未必無弊也。《長孫道生傳》:曾孫稚,蕭寶夤反,爲行臺討之。時薛鳳賢反於正平,薛脩義屯聚河東,分據鹽池,攻圍蒲坂。東西連結,以應寶夤。稚乃據河東。時有詔廢鹽池稅。稚表言:“今四境多虞,府藏罄竭。冀、定二州,且亡且亂,常調之絹,不復可收。略論鹽稅,一年之中,準絹而言,猶不應減三十萬匹。便是移冀、定二州,置於畿甸。今若廢之,事同再失。臣前仰違嚴旨,不先討關賊而解河東者,非是閑長安而急蒲阪,蒲阪一陷,没失鹽池,三軍口命,濟贍理絶。天助大魏,兹計不爽。臣輒符司監、將尉,還率所部,依常收稅,更聽後勅。”觀此,知河東鹽利之厚。《周書·寇儁傳》云:孝昌中,朝議

---

① 工業:冶專治兵,不關民用。北朝(第九〇一頁)。
② 賦稅:南北朝時,鹽稅公私弊皆甚深。

以國用不足,乃置鹽池都將,秩比上郡,前後居職者,多有侵漁,乃以僧爲之。是其時於此,資賴正深,而忽有廢之之詔。雖爲長孫稚所格,至前廢帝即位,仍詔稅市、稅鹽,可悉廢之,可見稅弊之深矣。《柳崇傳》言:高祖時,河東、河北爭境。其間有鹽池之饒,虞阪之便,守宰及民,皆恐外割,公私朋競,紛紜臺府,可見官吏豪彊,同以爲利。《辛慶之傳》:大祖東討,爲行臺左丞。時初復河東,以本官兼鹽池都將。大統四年,魏攻正平郡,陷之,遂欲經略鹽池,慶之守禦有備,乃引軍退。河橋之役,大軍不利,河北守令棄城走,慶之獨因鹽池,抗拒彊敵,時論稱其仁勇。守令棄城,而監將猶能守土,豈亦以其利入厚,故能用其衆歟?《北史·崔昂傳》:右僕射崔暹奏請海、沂煑鹽,有利軍國。文襄以問昂。昂曰:"官煑須斷人竈。官力雖多,不及人廣。請準關市,薄爲竈稅。私館官給,彼此有宜。"朝廷從之。則遷鄴後四州官煑之外,他處仍有鹽稅也。周有掌鹽,掌四鹽之政令。一曰散鹽,煑海以成之。二曰監鹽,引池以化之。三曰形鹽,物地以取之。四曰飴鹽,於戎以取之。凡監鹽、形鹽,每地爲之禁,百姓取之皆稅焉。見《隋書·食貨志》。

北朝冶鑄,亦以作兵爲急。《魏書·大祖紀》:天賜元年,五月,置山東諸冶,發州郡徒讁造兵甲。《周書·薛善傳》:西魏於夏陽諸山置鐵冶,令善爲冶監,月役八千人,營造軍器,皆其事也。供民用者,亦間有之。如《魏書·崔挺傳》,言其爲光州刺史,州內少鐵器,用皆求之他境,挺表復鐵官,公私有賴是已。冶鑄之業,蓋以民營爲多,故《食貨志》言鑄鐵爲農器兵刃,在所有之;見第二十章第二節。咸陽王禧,史言其田業鹽鐵,偏於遠近;見第十二章第一節。而長白山亦爲豪右鼓鑄之地也。見第二十章第四節。礦利,已見第二十章第一節。《肅宗紀》:神龜元年,閏月,開恒州銀山之禁,與民共之,則亦有弛禁之時。

酒稅,除禁釀外,大都有之。參看第二十一章第一節。東昏時,都下酒酤,皆折輸金,見第十章第六節。陳時虞荔、孔奐請立榷酤,見前。北齊文宣帝天保八年,八月,制榷酤,見《北史·本紀》。《北齊書》不載。後主立酒禁,亦見前。《宋書·文九王傳》:世祖普責百官讜言,建平王宏上書稱其弛榷酤,則似曾一時無稅。

關市之征,歷代皆有。《晉書·武帝紀》:受禪後復天下租賦及關市之稅一年,可見魏時征稅,偏於全境,晉亦因之。渡江已後,《隋書·食貨志》云:凡貨賣奴婢、馬牛、田宅,有文券,率錢一萬,輸估四百入官,賣者三百,買者一百。無文券者,隨物所堪,亦百分收四,名爲散估。《晉書·王濬傳》:濬上書自理云:"臣將軍素嚴,兵人不得妄離部陳。間在秣陵,諸軍凡二十萬衆。臣軍先至,爲土地之主。百姓之心,皆歸仰臣。臣切勅所領,秋豪不犯,諸有市易,皆有伍任證左,明從券契。有違犯者,凡斬十三人,皆吳

人所知也。"《北史・孟信傳》：信去官，居貧無食惟有一老牛。其兄子賣之，擬供薪米。券契已訖。市法應知牛主住在所。信適從外來，見買牛人，方知其賣也。因告之曰："此牛先來有病，小用便發，君不須也。"杖其兄子二十。觀此二事，知當時貨賣，多有文券也。歷宋、齊、梁、陳如此，此後世之契稅也。又云：都西有石頭津，東有方山津，各置津主一人，賊曹一人，直水五人，以檢察禁物及亡叛者。其荻、炭、魚、薪之類過津者，并十分稅一以入官。其東路無禁，故方山津檢察甚簡。此後世之過稅也。又云：淮水北有大市百餘，小市十餘所。大市備置官司，稅斂既重，時甚苦之。此後世之住稅也。《晉書・孝武帝紀》：寧康元年，三月，詔除丹陽竹格等四桁稅。《宋書・武帝紀》：永初元年，以市稅繁苦，優量減降。《文帝紀》：元嘉十七年，十一月，詔州郡估稅，所在市調，多有煩刻，自今咸依法令，務盡優允。《孝武帝紀》：大明八年，正月，詔東境去歲不稔，宜廣商貨，遠近販糴米者，可停道中雜稅。又《前廢帝紀》：是年，六月詔，有"關市僦稅，事施一時，而姦吏舞文，妄興威福"之語。《齊書・鬱林王紀》：即位後，詔關市征賦，務從優減。《明帝紀》：建武元年，十月，詔商旅稅石頭、後渚，及夫鹵借倩，一皆停息。《竟陵王子良傳》：啓論司市之職，謂"前人增估求俠，後人加稅請代"。參看第二十章第三節。《顧憲之傳》：永明六年，行會稽郡事。時西陵戍主杜元懿啓："吳興無秋，會稽豐登，商旅往來，倍多常歲。西陵牛埭稅，官格日三千五百。元懿如即所見，日可一倍。盈縮相兼，略記年長百萬。浦陽南北津及柳浦四埭，乞爲官領攝，一年格外長四百許萬。西陵戍前檢稅，無妨戍事。餘三埭自舉腹心。"世祖敕示會稽郡："此詎是事宜？可訪察即啓。"憲之議曰："吳興頻歲失稔，今茲尤饉。去乏從豐，良田飢棘。或徵貨貿粒，還拯親累，或提攜老弱，陳力餬口。埭司責稅，依格弗降。舊格新減，尚未議登，格外加倍，將以何術？比見加格置市者，前後相屬，非惟新加無贏，并皆舊格猶闕，愚恐元懿今啓，亦當不殊。若事不副旨，懼詒遣詰，便百方侵苦，爲公賈怨。元懿秉性苛刻，已彰往效，任以物土，譬以狼將羊。其所欲舉腹心，亦當虎而冠耳。"參看第二十一章第四節。《梁書・武帝紀》：天監十五年，正月，詔關市之賦，或有未允。外時參量，優減定格。大同十一年，三月，詔四方所立市、埭、桁、渡、津稅，有不便於民者，尚書、州郡，各速條上。其時陸驗、徐驎遞爲少府丞、大市令，并以苛刻爲務，已見第十二章第五節。《陳書・宣帝紀》：大建四年，閏月，詔姑熟自梁末兵災，彫殘略盡。自今有罷任之徒，許分留部下。其已在江外，亦令迎還。悉住南州，津裏安置。有無交貿，不責市估。十一年詔有"旗亭關市，稅斂繁多，不廣都內之錢，非供水衡之費，逼遏商賈，營謀私蓄"之語。《南史・陳本紀》，謂後主稅江、稅

市,徵取百端。其用沈客卿、陽慧朗,已見第十五章第二節。此皆關市政令,發自中樞,散見紀傳者也:亦有由地方爲之者:《晉書·甘卓傳》言:卓遷梁州刺史,估稅悉除。又《儒林·杜夷傳》言:刺史劉陶,告廬江郡,常以市租,供給其家人糧廩。《齊書·豫章王嶷傳》:徙荆州刺史,以市稅重濫,更定楬格,以稅還民。侯景據壽春,停賣市估,已見前。景後抗表,有云"關市征稅,咸悉停原,壽陽之民,頗懷優復"焉。《梁書·陸法和傳》:刺郢州,列肆之内,不立市丞,但以空檻籖在道間,上開一孔以受錢。賈客店人,隨貨多少,計其估限,自委檻中。行掌之司,夕方開取條其孔目,輸之於庫。此等興替、增減,及其支用,悉由地方主之。可見當時關市之征,中樞所取,實有限也。

北方諸國:張重華嘗除關稅,見《晉書·載記》。姚興增關津之稅,已見第十九章第三節。《魏書·沮渠蒙遜傳》:世祖詔公卿爲書讓牧犍,有"切稅商胡,以斷行旅"之語。《甄琛傳》:琛論鹽池表有云:"今僞弊相承,仍崇關廛之稅,大魏恢博,惟受穀帛之輸",則魏初似無商稅。肅宗時,稅市人出入者各一錢,店舍爲五等,已見第十二章第二節。前廢帝即位,市稅與鹽稅并除,已見前。齊末,顏之推奏請立關市、邸店之稅。開府鄧長顒贊成之。後主大悦,以其所入供御府聲色之費,軍國之用不豫焉。未幾而亡。見《隋書·食貨志》。周閔帝元年,初除市門稅。宣帝即位,復興入市之稅,亦見《志》及《周書·本紀》。宣帝稅入市者人一錢。静帝立,罷入市稅錢,見《紀》。

## 第六節　兵　　制

晉、南北朝,爲中國兵力衰微之世,其所由然,蓋以取之、教之者,皆不得其宜也。民兵之制,雖自東漢來已廢,然調發之制仍存。故《晉書·段灼傳》:灼言晉人可差簡丁彊,如法調取,羌、胡非恩意告諭不可。然調發人民時甚少,自三國至南北朝,皆別有所謂軍戶者,已見第十七章第三節矣。軍戶放免,其事甚難,《宋書·孝武帝紀》:大明二年,正月,詔先帝龍飛荆楚,奉迎文武、吏身,可賜爵一級,軍戶免爲平民,此乃特典。帛氏奴之亂,劉道濟免吳兵三十六營爲平民;竟陵王誕之叛,孝武帝使垣閬襲之,誕焚兵籍,使壯士率之出擊:亦危迫之際,非常之措施也。而其困辱殊甚。《晉書·趙至傳》:緱氏令初到官,至年十三,與母同觀。母曰:"汝先世本非微賤,世亂流離,遂爲士伍耳。爾後能如此不?"至感母言,詣師受業。蓋軍戶之困辱久矣。服役率取長上。[1] 長上之名,不始唐代。

---

[1]　兵:長上之名,不始唐代。

《通鑑》：晉安帝隆安二年，慕容寶長上段速骨、宋赤眉等作亂。《注》云："凡衛兵皆更番迭上，長上者，不番代也。唐官制，懷化執戟長上，歸德執戟長上，皆武散階，長上之官尚矣。"案《宋書·張茂度傳》：子永，以世祖孝建二年，入爲尚書左丞。時將士休假，年開三番，紛紜道路。永建議：交代之限，以一年爲制。則番代之期，有甚短者。遵行者蓋漸少也。**老稚亦不得免。**《晉書·宣帝紀》：帝平公孫淵，奏軍人年六十已上者罷遣千餘人；《武帝紀》：平吳後，詔諸士卒年六十已上，罷歸於家；此已爲甚晚。《宋書·自序》載沈亮啓大祖，謂西府兵士，或見年八十而猶伏隸，或年始七歲而已從役，尤可見其使之之酷。晉明帝之討王敦，詔敦之將士，單丁在軍，無有兼重者，皆遣歸家，終身不調，其餘皆與假三年，亦危急時曠典也。**身死又須補代。**劉卞兄爲大子長兵，死，兵例須代，功曹欲以卞代兄役是也。見第四節。**於是人民規免者多，乃有以亡命、謫戶或蠻夷充之者。逃叛、死亡，追代或及親屬，甚者及於鄰伍。其虐，與明代之句軍無異矣。**《晉書·庾冰傳》：冰隱實戶口，料出無名萬餘人，以充軍實，此以漏籍者爲兵也。《毛璩傳》：璩遷淮南大守，尋補鎮北將軍譙王恬司馬。海陵縣界，地名青蒲，四面湖澤，皆是菰葑，逃亡所聚。璩建議率千人討之。時大旱，璩因放火，菰葑盡然。亡戶窘迫，悉出自首。近有萬戶，皆以補兵。此以逃亡者爲兵也。《宋書·沈慶之傳》：慶之前後獲蠻，并移京邑，以爲營戶，此以夷隸爲兵也。《晉書·范甯傳》：甯上疏言："官制謫兵，不相襲代。頃者小事，便以補役。一愆之違，辱及累世。親戚旁支，罹其禍毒。"《宋書·武帝紀》：永初二年，十月，詔曰："兵制峻重，務在得宜。役身死叛，輒考傍親。流遷彌廣，未見其極。遂令冠帶之倫，淪陷非所。宜革以弘泰，去其密科。自今犯罪充兵，合舉戶從役者，便付營押領。其有戶統及謫止一身者，不得復侵濫服親，以相連染。"《何承天傳》：餘杭民薄道舉爲劫。制同籍期親補兵。其從弟代公、道生等，并爲大功親，而法以其母存爲期親，子宜隨母補兵。皆可見其句補之酷。然據《南史·郭祖深傳》，則當時追討，并有濫及鄰伍者，見第十七章第三節，又不限於親屬矣。**徵發之法，多用三五，亦有更密於此者。**三五取丁，釋見第五章第二節。此據《通鑑》晉成帝咸康八年《注》。然宋文帝元嘉二十七年《注》又云："三丁發其一，五丁發其二。"①不知果有此兩法邪？抑胡氏偶誤也？《晉書·石季龍載記》，言其將討慕容皝，令司、冀、青、徐、幽、并、雍兼復之家，五丁取三，四丁取二，則前說似是。《慕容儁載記》：儁圖入寇，兼欲經略關西，乃令州郡校閱見丁，精覆隱漏。率戶留一丁，餘悉發之。封邑劉貴上書極諫，乃改爲三五占兵。則三五取丁，殆爲當時通制。苻堅入寇，諸州之民，十一遣一，蓋以所發者廣，故所取者少。佛狸臨江，丹陽統內，盡戶發丁。胡三省曰："凡人戶見丁，無論多少盡發之。"此則危急時偶行之法也。**率先貧弱，轉後殷彊，其流弊滋大。**《晉書·慕容暐載記》：其尚書左丞申紹上疏曰："比赴敵後機，兵不速濟。皆由賦法靡恒，役之非道。郡縣守宰，每於差調之際，舍越殷彊，首先貧弱。行留俱窘，資贍無所。人懷嗟怨，遂致奔亡。"案《宋書·王弘傳》：弘與八坐丞郎疏言："主守偷五匹，常偷四十匹，并加大辟，議者咸以爲重。宜進主守偷十匹，常偷五十匹死，四十匹降以補兵。"左丞江奧議："官及二千石，及失節士大夫，時有犯者，罪乃可戮，恐不可以補兵也。謂此制可施小人，士人自還用舊律。"《梁書·處士沈顗傳》：天監四年，大舉北伐，訂民丁。吳興大守柳惲以顗從役。揚州別駕陸任以書責之。惲大慚，厚禮而遣之。則其時兵役，士人率遭優免，此亦舍越殷彊之一端也。《慕容暐載記》又云：悅綰言於暐曰：百姓多有隱附，宜悉罷軍封。暐

_____

① 役：三五取丁，《通鑑》胡《注》自歧。

納之。出户二十餘萬。慕容評大不平,尋賊縮殺之。尤可見僥倖免役者之衆。**且斯時之民,久闕訓練,發之無益於事**,《宋書·武帝紀》:隆安五年,孫恩向滬瀆。高祖棄城追之。海鹽令鮑陋遣子嗣之,以吳兵一千,請爲前驅。高祖曰:"賊兵甚精,吳人不習戰,若前驅失利,必敗我軍,可在後爲聲援。"不從。果爲賊所敗。又《自序》:元凶弑逆,分江東爲會州,以隋王誕爲刺史。沈正説誕司馬顧琛,以江東義鋭之衆,爲天下唱始。琛曰:"江東忘戰日久,士不習兵,當須四方有義舉,然後應之。"皆江東之民,久闕訓練之證。《齊書·沈文季傳》:唐寓之叛,富陽但發男丁防縣。文季時爲會稽大守,發吳、嘉興、海鹽、鹽官民丁救之,亦敗。齊武帝遣禁兵數千人,馬數百匹東討。賊衆烏合,一戰便散,禽斬寓之。王敬則之叛,百姓從之者十餘萬,胡松以馬軍突其後,即驚散,見第十章第三節。皆民兵不可用之證。齊初虜動,高帝欲發王公已下無官者爲軍,褚淵諫:以爲無益實用,空致擾動,良有以也。然此等苟經訓練,亦可成精兵。伐秦之役,宋武據上河北岸距魏兵者,爲白直隊主丁旿,事見第七章第七節。白直者,白丁之入直左右者也。亦可見兵之彊弱,惟在訓練矣。**而或致激變,如張昌之亂是矣**。《晉書·山濤傳》云:吳平之後,帝詔天下罷軍役,示海内大安。州郡悉去兵,大郡置武吏百人,小郡五十人。帝嘗講武於宣武場。濤時有疾,詔乘步輦從。因與盧欽論用兵之本。以爲不宜去州郡武備。其論甚精。帝稱之曰:"天下名言也。"而不能用。及永寧之後,屢有變難,寇賊焱起,郡國皆以無兵備不能制,天下遂以大亂,如濤言焉。濤之論今不可聞,然其時州郡握兵,實爲天下之亂源。劉昭論之,最爲痛切,見《續漢書·百官志注》。晉之患,始於宗室諸王,而成於夷狄。當時州郡置兵,誠較王國爲少,然八王之亂,非以其國之兵起也。五胡亂後,州郡曷嘗無兵?果能戡亂定難歟?綜觀當時諸家議論,亦多以人民闕於訓練爲言,如何承天《安邊論》曰:"漢魏以來,蒐田非復先王之禮,治兵徒逞耳目之欲。有急之日,民不知戰。至乃廣延賞募,奉以厚秩。發遣奔救,天下騷然。方伯、刺史,自無經略,惟望朝廷遣軍,此皆忘戰之害,不教之失也。"而非以無經制之兵爲患。《濤傳》所云,非篤論也。

召募之制,意在選取精勇。馬隆討樹機能,募要引弩三十六鈞、弓四鈞者,已見第二章第二節。元嘉二十七年之役,募天下弩手,不問所從;有馬步衆藝、武力之士應科者,皆加厚賞;見第八章第七節。《宋書·萠恩傳》:高祖征孫恩,縣差爲征民。充乙士。使負馬芻。恩常負大束,兼倍餘人。每捨芻於地,歎曰:"丈夫彎弓三石,奈何充馬士?"高祖聞之,即給兵仗。恩大喜。可見軍中武力之重矣。劉敬宣之伐蜀,國子博士周祗書諫高祖,謂官所遣皆烏合召募之人,師果無功。《宋書·沈演之傳》:子勃,泰始中欲北討,使還鄉里募人。勃多受貨賄。上怒,下詔數之曰:"自恃吳興土豪,比門義故,脅説士庶,告索無已。又輒聽義將,委役還私。託注病叛,遂有數百。周旋門生,競受財貨。少者至萬,多者千金。考計贓物,二百餘萬。"則召募之弊,亦甚大

矣。《晉書·劉超傳》：出爲義興大守，徵拜中書侍郎，會帝崩，穆后臨朝，遷射聲校尉。時軍校無兵，義興人多義隨，超因統其衆以宿衛，號爲君子營。此亦召募之類。設其終屬於超，即成私家之部曲矣。

部曲之制，[①]已見第十八章第四節。《晉書·范甯傳》：甯上疏言："方鎮去官，皆割精兵器仗，以爲送故。米布之屬，不可勝計，監司相容，初無彈糾。其中或有清白，亦復不見甄異。送兵多者，至於千餘家，少者數十户。既力入私門，復資官廩布。兵役既竭，枉服良人，牽引無端，以相充補。若是功勳之臣，則已享裂土之祚，豈應封外，復置吏兵？送故之格，宜爲節制，以三年爲斷。"此等送故之兵，久假不歸，即成私家之部曲矣。廩布既資官給，何必聽屬私家？然而部曲之制，卒不能革者？《陳書·蔡徵傳》言：後主遣徵收募兵士，自爲部曲。徵善撫卹，得物情，旬月之間，衆近一萬。徵之撫卹，或不必專施於部曲，然部曲既屬私家，其撫卹容有更周者。《南史·郭祖深傳》：梁武帝以祖深爲南津校尉，使募部曲二千。所領皆精兵，令行禁止。有所討逐，越境追禽。江中嘗有賊，祖深自率討之。大破賊。威振遠近，長江蕭清。或亦以其專屬於己，故簡擇者精也。《陳書·樊毅傳》言：毅累葉將門。侯景之亂，率部曲隨叔父文皎援臺。文皎戰歿，毅將宗族子弟赴江陵。高祖受禪，毅與弟猛舉兵應王琳。琳敗，奔齊，侯瑱遣使招毅，毅乃率子弟部曲還朝。《魯廣達傳》言：時江表將帥，各領部曲，動以千數，而魯氏尤多。此等私家部曲，公家征戰，亦多用之，幾如遼人之有頭下軍州矣。范甯言送故多割器杖，則有部曲者即家有藏甲。《宋書·范曄傳》所以言周靈甫有家兵部曲，孔熙先欲奉義康，乃與以錢六十萬，使於廣州合兵，其徵也。兵革藏於私家，非禮也，是謂脅君，此亦南北朝之世，篡亂之所由不絶歟？

爲免擾累平民起見，時亦發奴客爲兵。東晉時事，亦見第十八章第四節。元帝所免僮客，以配劉隗、戴淵。又發投刺王官千人爲軍吏。見《戴若思傳》。王敦率衆内向，抗疏曰："當陛下踐阼之初，投刺王官，本以非常之慶，使豫蒙榮分，而更充征役，復依舊名。普取出客，從來久遠，經涉年載。或死亡滅絶，或自贖得免，或見放遣，或父兄時事，身所不及。有所不得，輒罪本主。百姓哀憤，怨聲盈路。"敦攻劉隗，自難免於過當。然庾翼欲北伐，并發所統六州江、荆、司、雍、梁、益。奴及車、牛、驢、馬，史亦云百姓嗟怨，則敦言亦不能盡誣。宋武帝永初元年，八月，詔先因軍事所發奴僮，各還本主。若死亡及勳勞破免，亦依

---

① 兵：南北朝有部曲者多。案此事悉出之汰弱留彊可也。北朝部曲（第九一一頁）。

限還直。蓋奴婢亦爲財産之一，不宜使其主人蒙損過大，故有此舉。《晉書·隱逸傳》：翟湯、庾翼大發僮客，勑有司讁湯所調。湯悉推僕使，委之鄉吏。吏奉旨一無所受。湯依所調限，放免其僕，使編户爲百姓，則調發亦不能無優免也。《梁書·武帝紀》：普通五年，七月，賜北討義客位階。是梁世亦有奴客從軍者。帛氏奴之亂，劉道濟免道俗奴僮以充兵。《晉書·列女傳》：蘇峻作亂，虞潭時守吳興，又假節征峻。潭母孫氏，盡發家僮，隨潭助戰。則危急之際，地方亦有用之者也。

當時風氣，稱習戰者必曰傖楚。子勛之叛，殷孝祖率二千人還朝，并傖楚壯士，人情大安；詳見第九章第四節。始安王遥光欲叛，召諸傖楚是也。見第十章第五節。吳人謂中州人曰傖。見第三章第九節。楚者，江西之地，皆楚之舊壤也。王融欲輔子良，招集江西傖楚，見第十章第二節。祖逖率親黨避地淮泗，後居京口，史言其賓客義徒，皆暴桀勇士。詳見第四章第二節。郗鑒寢疾，疏言所統錯雜，率多北人。詳見第五章第四節。此皆其時之所謂傖：《梁書·陳伯之傳》：幼有膂力，年十三四，好著獺皮冠，帶刺刀，候伺隣里稻熟，輒偷刈之。嘗爲田主所見，呵之曰："楚子莫動。"伯之因杖刀而進，將刺之，曰："楚子定何如？"此則時人習稱剽悍者爲楚也。淮南勁悍，自昔著聞。淮南王允之攻趙王倫，史言其所將皆淮南奇材劍客，倫兵死者千餘人。吕安國襲破杜叔寶餉劉順軍車，實爲勝負所由判。詳見第九章第四節。是役決勝，實由黄回。史稱其所領并淮南楚子，天下精兵。見《宋書·殷琰傳》。劉牢之距苻堅之師，陳慶之送元顥之衆，其中此曹，蓋不少矣。然宋武之征南燕，公孫五樓策之曰："吳兵輕果，初鋒勇鋭不可當。"見《晉書·慕容超載記》。伐秦之役，沈田子實奏青泥之烈，而史稱其所領江東勇士，便習短兵。《宋書·自序》。則江東之士，亦未必遂弱。民風恒隨處境而轉移。當時江東以稼穡爲重，而江西則爲戰地，此其風氣之所以漸殊也。

士大夫之風氣，南方亦較北方爲弱，觀第十八章第二節所引《顔氏家訓·涉務篇》可知。其《雜藝篇》又曰："江南以常射爲兵射，冠冕儒生，多不習此。別有博射，弱弓長箭，施於準的。揖讓升降，以行禮焉。防禦寇難，了無所益。亂離之後，此術遂亡。河北人士，率曉兵射。"士大夫者，民之率將，士大夫日趨文弱，無怪細民之稍益不振矣。顔氏之言則善矣，然而射不主皮，左射貍首，右射騶虞之意，則益微矣。可勝慨哉！

元魏丁男，亦有兵役。大宗永興五年，正月，大閲，畿内男子十二以上悉集；高祖延興三年，十月，大上皇帝親將南討，詔州郡之民，十丁取一是也。末

造,常景病差丁不盡彊壯,三長皆豪門多丁,求權發爲兵。孝靜帝興和元年,六月,以司馬子如爲山東黜陟大使,尋爲東北道大行臺,差選勇士。奚思業爲河南大使,簡發勇士,蓋亦取諸人民。惟此等在平時亦罕用,尋常充補,率於軍戶取之。軍戶:有以俘虜爲之者,如高聰徙入平城,與蔣少游爲雲中兵戶是也。或以雜戶充役,如《崔挺傳》言河東郡有鹽戶,掌供州郡爲兵是也。然要以罪謫者爲多。征戍皆有之。《魏書·高祖紀》:大和二十一年,十二月,詔流徙之囚,皆勿決遣,登城之際,令其先鋒自效。《周書·宣帝紀》:宣政元年,二月,滕王逌伐陳,免京師見徒,并令從軍。此皆用於征戰者也。用諸戍守者尤多。《魏書·高祖紀》:延興四年,十二月,詔西征吐谷渾兵在匈律城初叛軍者斬,次分配柔玄、武川二鎮。《源賀傳》:賀上書曰:“自非大逆、赤手殺人之罪,其坐臧及盜與過誤之愆。應入死者,皆可原命,謫守邊境。”高宗納之。六鎮戍兵,本皆高門子弟,其後非得罪當世者,莫肯與之爲伍,即由戍兵中此等人多故也。見第十二章第三節。其遇之頗酷,欲免除甚難,逃亡之格又峻,終至激成六鎮之叛焉。《魏書·任城王澄傳》:澄以流人初至遠鎮,衣食無資,多有死者,奏并其妻子給糧一歲,從之。是當時謫戍,率并其家屬徙之也。《高祖紀》:大和十二年,正月,詔曰:“鎮戍流徙之人,年滿七十,孤單窮獨,雖有妻妾,而無子孫,諸如此等,聽解名還本。”可見其獲免之難。《崔挺傳》云:時以犯罪配邊者,多有逃越,遂立重制,一人犯罪逋亡,合門充役。挺上書,辭甚雅切,高祖納之。《郭祚傳》:世宗詔以姦吏逃刑,縣配遠戍。若永避不出,兄弟代之。祚奏:“若以姦吏逃竄,徙其兄弟,罪人妻子,復應徙之,此則一人之罪,禍傾二室。愚謂罪人在逃,止徙妻子。走者之身,縣名永配。於眚不免,姦途自塞。”詔從之。此等皆可見其牽連之廣。《李崇傳》:定州流人解慶賓兄弟坐事俱徙揚州。弟思安,背役亡歸。慶賓懼後役追責,規絶名貫。乃認城外死尸,詐稱其弟爲人所殺,迎歸殯葬。又誣疑同軍兵蘇顯甫、李蓋等所殺,經州訟之。幾成冤獄。其禍,亦原於追逃之酷也。末造六鎮須改爲州,事極明白,然正光五年所免者,猶是元非犯配之人也。見第十二章第三節。召募之法,亦間行之。如孔太恒等領募騎一千,南討淮陽是。見《魏書·孔伯恭傳》。末年亂事遝起,賞募之格尤重。然賞格雖優,奉行不善,亦不能收其效也。見第十二章第三節引高謙之語。

宿衛之士,多出朔方。《魏書·高祖紀》:大和十九年,八月,詔選天下武勇之士十五萬人爲羽林、虎賁,以充宿衛,似不限其區域。然其明年十月,又詔以代遷之士,皆爲羽林、虎賁矣。《地形志》言:恒、朔、雲、蔚、顯、廓、武、西夏、寧、靈十州,爲永安以後禁旅所出,亦仍以北方之民爲主也。禁兵間亦出征,并有從事戍守者,《魏書·和其奴傳》:東平王道符反,詔其奴率殿中精甲萬騎討之。任城王澄言:羽林、虎賁,有事暫可赴戰,常戍宜遣番代。然其末年,驕悍殊甚,致有賊殺張彝之事,而京城附近,形勢且甚岌岌,乃欲使四中郎將帶郡守以爲衛。亦見《任城王澄傳》。固知兵愈驕則愈不可用矣。

調發人民,除大舉時蓋甚罕。《魏書·世祖紀》:真君六年,八月,車駕幸陰山之北。詔發天下兵,三分取一,各當戒嚴,以須後命。《高祖紀》:大和二十二年,四月,發州郡兵二十萬人,限八

月中旬集縣瓠。《世宗紀》：景明四年，六月，發冀、定、瀛、相、并、濟六州二萬人，馬千疋，增配壽春。正始三年，七月，發定、冀、瀛、相、并、肆六州十萬人，以濟南軍。《獻文六王傳》：高祖將南討，遣廣陵王羽持節安撫六鎮，發其突騎。周宇文護伐齊，徵二十四軍及左右廂散隸，暨秦、隴、蜀之兵，諸蕃國之衆，凡二十萬，見第十四章第六節。此等徵發，所及較廣，尚多故有兵籍者，不皆比戶之民也。征戍之士，更代本有定期，《魏書·高祖紀》：大和二十年，十月，司州之民，十二夫調一吏，爲四年更卒。歲開番假。以供公私力役。《周書·武帝紀》：保定元年，三月，改八丁兵爲十二丁兵。率歲一月役。事亦見《隋書·食貨志》。胡三省《通鑑注》曰："八丁兵者，凡境内民丁，分爲八番，遞上就役。十二丁兵者，分爲十二番，月上就役，周而復始。"《魏書·薛虎子傳》：爲徐州。在州戍兵，每歲交代，必親勞送，喪者給其斂帛。《北史·房謨傳》：轉徐州刺史。先是當州兵皆寮佐驅使。飢寒死病，動至千數。謨至，皆加檢勒，不令煩擾。以休假番代。洗沐、督察，主司親自檢視。又使傭賃，令作衣服。終歲還家，無不温飽。全濟甚多。傷夷亦許還本。《魏書·高祖紀》：大和十九年，八月，詔從征被傷者，皆許還本。然役之每過其時，《魏書·皮豹子傳》：爲仇池鎮將。興安二年，表曰："臣所領之衆，本自不多。惟仰民兵，專恃防固。其統萬、安定二鎮之衆，從戎已來，經三四歲；長安之兵，役過期月；未有代期。衣糧俱盡，形顏枯瘁。窀切戀家，逃亡不已。既臨寇難，不任攻戰。"甚有死於道路者。《魏書·裴駿傳》：駿子宣，於世宗時上言曰："自遷都已來，凡戰陳之處，及軍罷兵還之道，所有骸骼，無人覆藏者，請悉令州郡戍邏，檢行埋掩。并符出兵之鄉，其家有死於戎役者，使皆招魂復魄，衹祭先靈。復其年租調。身被傷夷者，免其兵役。"朝廷從之。以是兵無鬭志，或轉恃民兵以爲固焉。民兵蓋本不在兵籍者，然當風塵澒洞之際，資其用者頗多，而據地自專，反側於兩國之間者，亦此曹也。鄉兵之用，至東西魏分立而廣。《周書·蘇綽傳》：弟椿，大統十四年，置當州鄉帥，自非鄉望允當衆心，不得與焉。乃令驛追椿領鄉兵。《韋瑱傳》：徵拜鴻臚卿，以望族兼領鄉兵，加帥都督。《北史·李彦傳》：遷虞部郎中。大統十二年，初選當州首望，統領鄉兵，除帥都督，此統領之重其人也。又《魏玄傳》：其先，任城人也，後徙於新安。每率鄉兵，抗拒東魏。《泉企傳》：子仲遵，率鄉兵從楊忠討柳仲禮，皆鄉兵之與於戰守者：雖高昂兄弟，所用亦鄉兵也，見下。《顏氏家訓·誡兵篇》曰："頃世亂離，衣冠之士，雖無身手，或聚徒衆，違棄素業，徼幸戰功。"又云："每見文士，頗讀兵書，微有經略。若承平之世，睥睨宮閫，幸災樂禍，首爲逆亂，誑誤善良。如在兵革之時，構扇反覆，縱衡説誘，不識存亡，彊相扶戴。此皆陷身滅族之本也"：文士如此，武夫可知，衣冠之族且然，武斷鄉曲者更不必論矣。

　　北齊兵制，與後魏略同。《唐邕傳》言：邕於九州軍士，四方勇募，彊弱多少，番代往還，莫不諳知。見第十四章第八節。九州軍士，蓋以軍戶爲之，四方勇募，則籍外之士也。《孫騫傳》言：高祖大括燕、恒、雲、朔、顯、蔚、二夏州、高平、平涼之民，以爲軍士。逃隱者身及主人，三長、守、令，罪以大辟，没入其家。所獲甚衆。騫之計也。此則比戶取之矣。東魏徙鄴之後，置京畿府，專典兵馬，齊文襄爲大都督，見《周書·王士良傳》：高祖作相，丞相府外兵曹、騎兵曹，分掌兵馬。及天保受禪，諸司監咸歸尚書，惟此二曹不廢，令唐邕、白建主治，謂之外兵省。其後邕、建位望轉隆，各爲省主，令中書舍人分判二省事。

亦見《北齊書·邕傳》。北齊流罪,投於邊裔,以爲兵卒,見下節。

　　後周兵制,爲五胡亂華以來一大變。五胡用兵,率以其本族若他異族人爲主。高歡語鮮卑:謂漢人是汝奴,語漢人:謂鮮卑人是汝作客,已見第十六章第六節。《魏書·劉潔傳》:南州大水,百姓阻飢。潔奏曰:"郡國之民,雖不征討,服勤農桑,以供軍國,實經世之本,府庫所資。應加哀矜,以鴻覆育。"皆可見漢人雖或充兵,并不以爲勁旅。故韓陵之戰,高歡謂高昂純將漢兒,恐不濟事,欲以鮮卑參之也。[1] 見第一章。是役也,歡之所將,實爲葛榮餘黨,必不能盡是鮮卑,而薛孝通語賀拔岳,謂其以數千鮮卑,破尒朱百萬之衆。見《北史·薛辯傳》。蓋凡樂於戰鬭者,其人雖非鮮卑,亦必已漸染鮮卑之習矣。既染鮮卑之習,必不復知民族之義。北方累經喪亂,可乘之機甚多,而漢人卒不能崛起光復舊地,蓋以此也。自府兵之制興,而兵權乃漸移於漢人矣。府兵之制,起自宇文泰。以六柱國督十二大將軍,分掌禁旅。已見第十四章第五節。六軍之置,事在大統八年三月,見《北史·本紀》。《周書》又云:十二大將軍,各統開府二人。每一開府領一軍兵,是爲二十四軍。《北史》則云:每大將軍督二開府,凡爲二十四員,分團統領,是爲二十四軍。每一團儀同二人。自相督率,不編户貫。都十二大將軍。十五日上,則門欄陛戟,警晝巡夜。十五日下,則教旗習戰。無他賦役。每兵惟辦弓刀一具,月簡閲之。甲槊戈弩,并資官給。案魏世軍人,多并家屬屯聚一處,稱之爲府。六鎮之兵,即見稱爲府户,見第十二章第三節。《魏書·楊椿傳》言:自大祖平中山,多置軍府,以相統攝。《北史·唐邕傳》:邕奏河陽、晉州,與周連境,請於河陽、懷州、永橋、義寧、烏籍,各徙六州軍人,并家立軍府安置,以備機急之用。《周書·武帝紀》:天和元年,七月,築武功、郿、斜谷、武都、留谷、津陽諸城,以置軍人。五年,三月,初令宿衛官住關外者,將家累入京,不樂者解宿衛。建德六年,十二月,行幸并州宮,移并州軍人四萬户於關中,皆足見當時軍人,多并家屯聚一處也。其軍人,有專務教練者,亦有兼事耕屯者。《北齊書·唐邕傳》:邕以軍民教習田獵,依令十二月月別三圍,人馬疲敝,奏請每月兩圍。世祖從之。此軍民與後來軍人二字同義,謂有兵籍屬軍府之人,非兼兵與尋常人民言之也。唐避大宗諱,改民爲人,後遂相沿,而軍人軍民,其意各異矣。田獵月別三圍,自無暇更及農事。然亦有兼事耕屯者。薛虎子欲以州鎮戍兵資絹,市牛令耕,已見第二十章第一節。《世宗紀》:正始元年,九月,詔緣淮南北,所在鎮戍,皆令及秋播麥,春種粟稻。《源賀傳》:詔都督三道諸軍,屯於漠南,以備北寇,至春仲乃班師。賀以勞役京都,又非禦邊長計。請募諸州鎮武健者三百人,復其徭賦,厚加振卹。分爲三部。二鎮之間築城,城置萬人,給彊弩十二牀,武衝三百乘。弩一牀給牛六頭,武衝一乘給牛二頭。多造馬槍及諸器械。使武略大將二人鎮撫之。冬則講武,春則種植。史言事寢不報,然觀第十二章第三節所引《源懷傳》,則北邊鎮戍,固未嘗不事種植也。魏世禁旅,以半月上番,半月教習,

--------

① 鮮卑:善戰好戰者,即稱爲鮮卑。郡國之民不征討。

自無暇更事種植。然自周武帝以軍士爲侍官，募百姓充之，除其縣籍。見第十七章第三節。《隋志》言"是後夏人半爲兵矣"，而其制一變矣。《新唐書·兵志》云："禮之謂之侍官，言侍衛天子也。"蓋更其名以欷動夏人也。宇文泰所立府兵之制，《通鑑》繫梁簡文帝大寶元年，云：泰始籍民之才力者爲府兵。身租、庸、調一切蠲之。以農隙講閱戰陳。馬畜、糧糒，六家供之。合爲百府。每府一郎將主之。分爲二十四軍。《文獻通考·兵考》則云：周大祖輔西魏時，用蘇綽言，始放周典置六軍。籍六等之民。擇魁健才力之士，以爲之首。盡蠲租、調，而刺史以農隙教之。合爲百府。又云：凡柱國六員，衆不滿五萬人。二書之說，蓋同本於唐李泌之《鄴侯家傳》。農隙教練，與《北史》半月上番、半月教習之說不符。蓋誤以後來之制爲初制。近人陳寅恪《隋唐制度淵源略論稿·兵制》。然云衆不滿五萬，則似係初創時事。其時西方貧困，必無力能養多兵。周武募夏人爲侍官，蓋正以如是則可徒蠲其租調，而不必別出兵費也。斯固物力所限，然其時異族之民，必更同化於漢族，欲募以爲兵，亦不可多得矣。此誠世局之一大轉捩也。

部曲之兵，北朝亦有。尒朱榮死，魏莊帝引見高昂，勞勉之。昂請還本鄉，招集部曲，其後韓陵之役，昂自領鄉人部曲三千人。其弟季式，亦自領部曲千餘人，馬八百匹，戈甲器杖皆備。昂兄慎，遷光州刺史，亦聽以本鄉部曲數千人自隨。封隆之子子繪，高祖崩，世宗以爲渤海大守，亦聽收集部曲一千人。此皆擾攘之際，聽以腹心自衛也：清河王岳，與高祖經綸天下，家有私兵，并畜戎器，世宗未及文宣之世，頻請納之，皆未見許。及葬畢，乃納焉。然岳之死實非良死也。斛律光之死也，何洪珍讚其家藏弩甲，奴僮千數，則私甲究非善制也。

行軍所用牛馬，魏制亦出自民間。《魏書·大宗紀》：永興五年，正月，詔諸州六十戶出戎馬一匹。泰常六年，二月，調民二十戶輸戎馬一匹，大牛一頭。三月，制六部民羊滿百口，輸戎馬一匹。《世祖紀》：始光二年，五月，詔天下十家發大牛一頭，運粟塞上，是其事：此等雖徧及境内，然馬之產，究以北邊爲多。尒朱榮家世豪彊，牛馬谷量，散畜牧招義勇，遂以起事，其興，正拓跋氏之所由興也。魏道武之追柔然也，柔然遁去，諸將請還。道武問："若殺副馬爲三日食，足乎？"《通鑑》胡三省《注》曰："凡北人用騎兵，各乘一馬，又有一馬爲副馬。"[①]晉孝武帝大元十六年，魏登國六年。宋文帝元嘉六年，魏主捨輜重，帥輕騎

---

① 兵：副馬。

兼馬，襲擊柔然。大武神䴥二年。《注》曰：“兼馬者，每一騎兼有副馬也。”副馬之制，蒙古亦有之，故胡氏言凡北人，以通古今。此胡騎之所以迅捷。《宋書·劉敬宣傳》：劉牢之與孫恩之衆戰於虎瞭。賊皆死戰。敬宣請以騎并南山趣其後。吳賊畏馬，又懼首尾受敵，遂大敗。此南人不習騎戰之徵。皮豹子自言所領之衆，不任攻戰，見上。士民姦通，知臣兵弱，南引文德，共爲脣齒。文德去年八月，與義隆梁州刺史同征長安。聞臺遣大軍，勢援雲集，長安地平，用馬爲便，畏國騎軍，不敢北出。騎步不敵，尤可概見。周朗所以言之痛也。見第八章第七節。南北彊弱之機，實判於元嘉二十七年之役。此役南朝受創之深，實以六州殘破之甚，魏人之能肆意摧殘，則以其騎兵疾速，宋人不能阻禦也。當時欲圖恢復，非決一二大戰不可，決戰求勝，終不能無騎兵，梁武不知務此，是以卒無所成，説見第十一章第四節。車亦間有用者，不過以將糧重、防衝突而已，不能恃以制勝也。[①] 宋武帝之討南燕，以車四千乘爲兩翼，方軌徐行，而以輕騎爲遊軍，見第七章第四節。魏大武之迫彭城，沈慶之欲以車營爲函箱，陳精兵爲外翼，奉武陵、江夏二王趨歷城，見第八章第七節。檀道濟之援青州也，刁雍言其畏官軍突騎，以鎖連車爲函陳，見《魏書·雍傳》。此皆以車爲翼護：即丁昕之距魏軍，亦僅藉車以自固，不能以之逐利也。呂梁之役，吳明徹成禽，而蕭摩訶卒免，尤可見車騎之利鈍。

　　兵器似多由官造，觀上節所述可見。當時刑徒有配甲坊者，甲坊，謂造甲之所也。石季龍建豐國、澠池二冶，嘗徙刑徒配之，見《晉書·載記》。《魏書·司馬悦傳》：世宗初，除豫州刺史。汝南上蔡董毛奴，齎錢五千，死於道路。郡、縣疑民張堤爲劫。又於堤家得錢五千。堤懼考掠，自誣言殺。獄既至州，悦觀色察言，疑其不實。引見毛奴兄靈之，謂曰：“殺人取錢，當時狼狽，應有所遺，此賊竟遺何物？”靈之云：“惟得一刀鞘而已。”悦取鞘視之，曰：“此非里巷所爲也。”乃召州城刀匠示之。有郭門者，前曰：“此刀鞘門手所作，去歲與郭民董及祖。”悦收及祖詰之，及祖款引。觀此，知當時里巷作兵，不逮城市，此官立監冶，所由不可廢歟？祖逖北征，屯淮陰，起冶鑄兵而後進，見第四章第二節。何承天《安邊論》曰：“四曰課丁仗，勿使有闕。千家之邑，戰士二千，隨其便能，各自有仗。素所服習，銘刻由己。還保輸之於庫，出行請以自衛。弓幹利鐵，民不辦得者，官以漸充之。”則當時作兵之材，民間亦有不能盡備者也。

　　攻戰所施，彊弩最稱利器。盧循遣十餘艦攻石頭柵，宋武帝命神弩射之，發輒摧陷，循乃止。其後水戰，又以軍中多萬鈞神弩獲勝。已見第七章第二

―――――

① 兵：車以爲衛，不能遂利。

節。楊公則攻東昏侯，登樓望戰，城中遙見麾蓋，縱神鋒弩射之，矢貫胡牀。神鋒弩，蓋即神弩也。周文育攻韋載，以載收得陳武舊兵善用弩不能克，見第十三章第五節。弩之難禦如此，故庸、蜀之衆，惟便刀稍，則邢巒輕之矣。見第十一章第四節。水戰，舟艦利於高大，說見第七章第二節。又有所謂拍者，水戰多用之，間亦施之於車，用以攻城。《陳書·侯安都傳》：留異奔桃枝嶺，於巖口豎柵，以距王師。因其山隴之勢，迮而爲堰。夏潦水漲，安都引船入堰，起樓艦與異城等，放拍碎其樓雉。《侯瑱傳》：與王琳戰於蕪湖，衆軍施拍縱火。章昭達乘平虜大艦，中江而進，發拍中於賊艦。《黃法𣿰傳》：大建五年北伐，爲拍車及步艦，豎拍以逼歷陽。親率士卒攻城，施拍加其樓堞，時又大雨，城崩，克之。《章昭達傳》：討歐陽紇，裝艫造拍，以臨賊柵。《徐世譜傳》：與侯景戰於赤亭湖。景軍甚盛。世譜乃別造樓船、拍艦、火舫、水軍，以益軍勢。《吳明徹傳》：討華皎。募軍中小艦，多賞金銀，令先出當賊大艦，受其拍。賊艦發拍皆盡，然後官軍以大艦拍之，賊艦皆碎，没於中流。《周書·裴寬傳》：爲汾州刺史，陳將程靈洗，以大艦臨逼，拍竿打樓，應即摧碎。皆當時攻戰，資拍爲利器之事也。《隋書·楊素傳》：素居永安，造艦名曰五牙。上起樓五層，高百餘尺。左右前後，置六拍竿，并高五十尺。容戰士八百人。拍之用不可詳知，其制猶有可考，《讀史兵略》以爲即礮，則誤矣。[1]

## 第七節　刑　　法

古代法律，李悝《法經》，實集其大成，商君以之相秦，漢初猶沿用之。其時情僞滋繁，而法文大少，苦其不周於用，遞有增益，更加之以令及比，既病蕪穢，又傷錯亂，姦吏遂得上下其手。漢世論者，多以删定爲亟，然其事迄未能成。至魏世，乃命陳羣等爲之，制新律十八篇，晉文帝秉政，又命賈充等改定，爲二十篇，至武帝泰始四年班行之。其事已見《秦漢史》第十八章第七節矣。律既定，明法掾張裴《齊書》、《隋志》皆作斐。爲注表上之。其要，見於《晉書·刑法志》。其說絕精。後杜預又爲注。泰始以來，斟酌參用。江左亦相承用之。齊武帝詔獄官詳正舊注。永明七年，尚書删定郎王植撰定表奏之。取張注七百三十一條，杜注七百九十一條，二家兩釋，於義乃備者，一百七條。其注相同者一百三條。於是公卿八坐，參議考正。朝議不能斷者，制旨平決。至九年，廷尉孔稚珪表上，請付

---

① 兵：以拍爲礮，誤。

外施行。《齊書·稚珪傳》。東昏即位，又詔删省科律。《本紀》：永泰元年十月。

　　《隋書·刑法志》云：梁武帝承齊昏虐之餘，刑政多辟。既即位，乃制權典，依周、漢舊事，有罪者贖。時欲議定律令。得齊時舊郎濟陽蔡法度，家傳律學。云王植之集注張、杜舊律，事未施行，其文殆滅，法度能言之。於是以爲兼尚書删定郎，使損益植之舊本，以爲梁律。事在天監元年八月，《梁書·本紀》云：詔中書監王瑩等八人參定律令。《隋志》云：咸使百司議其可否。法度請：“皆咨列位，恐緩而無決。”於是以尚書令王亮、侍中王瑩、尚書僕射沈約、吏部尚書范雲、長兼侍中柳惲、給事黃門侍郎傅昭、通直散騎郎孔藹、御史中丞樂藹、大常丞許懋等參議斷定，凡得九人。二年，四月，法度表上新律。《梁紀》二十卷。又上令三十卷，科三十卷。《梁紀》作四十卷。帝以法度守廷尉卿，詔班新律於天下。又云：陳氏承梁季喪亂，刑典疏闊。武帝即位，思革其弊。求得梁時明法吏，令與尚書删定郎范泉參定律令。《陳書·本紀》：永定元年，十月，立删定郎，治定律令。又勅尚書僕射沈欽、吏部尚書徐陵、兼尚書左丞宗元饒、兼尚書右丞賀朗參知其事。制律三十卷，令律四十卷。《通典》作制律三十卷，科三十卷。《通考》作制律三十卷，科四十卷。

　　北方僭僞諸國，雖刑政無章，然以大體言之，亦當承用《晉律》。《晉書·石勒載記》：勒下書曰：“今大亂之後，律令滋煩。其採集律令之要，爲施行條制。”於是命法曹令史貫志造《辛亥制度》五千文。施行十餘歲，乃用律令。可見時局稍定，即不能不率由舊章也。

　　《魏書·刑罰志》云：“魏初禮俗純朴，刑禁疏簡。宣帝南遷，復置四部大人，坐王庭決辭訟。以言語約束，刻契紀事，無囹圄考訊之法。諸犯罪者，皆臨時決遣。神元因循，亡所革易。穆帝時，劉聰、石勒，傾覆晉室，帝將平其亂，乃峻刑法。每以軍令從事。民乘寬政，多以違命得罪，死者以萬計。於是國落騷駭。平文承業，綏集離散。昭成建國二年，當死者聽其家獻金、馬以贖。犯大逆者，親族男女無少長皆斬。男女不以禮交皆死。民相殺者，聽與死家馬、牛四十九頭及送葬器物以平之。無繫訊連逮之坐。盜官物一備五，私則備十。法令明白，百姓晏然。”此皆率其部族之舊。又云：“大祖既定中原，患前代刑網峻密，乃命三公郎王德，除其法之酷切於民者，約定科令，大崇簡易。”《本紀》事在天興元年。則始用中國之法矣。世祖即位，以刑禁重，神麚中，《紀》在四年十月。詔司徒崔浩定律令。真君六年春，《紀》在三月。以有司斷法不平，詔諸疑獄皆付中書，依古經義論決之。《紀》云：以經義量決。《高允傳》：真君中，以獄訟留滯，始令中書以經義斷諸疑事。允據律評刑，三十餘載，內外稱平。自獄付中書覆案後，頗上下法。延興四年，罷之，獄有大疑，乃平議焉。正平元年，詔曰：“刑網大密，

犯者更眾,朕甚愍之。其詳案律令,務求厥中,有不便於民者增損之。"於是游雅與中書侍郎胡方回等改定律制。《本紀》在六月。高宗又增律七十九章。以上亦據《刑罰志》。《高祖本紀》,大和元年,九月,詔羣臣定律令於大華殿。《刑罰志》云:"先是以律令不具,姦吏用法,致有輕重,詔中書令高閭集中祕官等脩改舊文,隨例增減。又勅羣官參議厥衷。經御刊定。五年冬訖。凡三百八十二章。"然據《本紀》:則十五年,五月,議改律令。八月,又議律令事。十六年,四月,頒新律令。而五月,即詔羣臣於皇信堂更定律條流徒限制,帝親臨決之。《孫紹傳》:延昌中,紹表言:"先帝時律令并議,律尋施行,令獨不出。"則脩改律令之事,孝文世實未大成也。《志》又云:"世宗即位,意在寬政。正始元年,冬,《紀》在十二月。詔曰:先朝垂心典憲,刊革令軌。但時屬征役,未之詳究。施於時用,猶致疑舛。尚書、門下,可於中書外省論律令。諸有疑事,斟酌新舊,更加思理。增減上下,必令周備,隨有所立,別以申聞。是時與議者十餘人,劉芳爲之主,見《北史·袁翻》及《芳傳》。孝昌以後,天下淆亂,法令不恒,或寬或猛,及尒朱擅權,輕重肆意。在官者多以深酷爲能。至遷鄴,京畿羣盜頗起,有司奏立嚴制。侍中孫騰,請悉准律令,以明恒憲。詔從之。"然據《本紀》:出帝大昌元年,詔曰:"前主爲律,後主爲令,歷世永久,實用滋章。可令執事之官,四品已上,集於都省。取諸條格,議定一途。其不可施用者,當局停記。新定之格,勿與舊制相連。務在約通,無致尤滯。"則其時之律令,仍甚紊亂。《孝靜帝紀》:興和三年,十月,癸卯,齊文襄王自晉陽來朝。先是,詔文襄王與羣臣於麟趾閣議定新制,甲寅,班於天下。《北史·封述傳》:天平中,爲三公郎中。時增損舊事爲《麟趾新格》,其名法、科條,皆述所刪定。《李渾傳》:文宣以魏《麟趾格》未精,詔渾與邢邵、崔㥄、魏收、王昕、李伯倫等脩撰。蓋至此又一清定。案前世雖有法律,遵守初不甚嚴。《晉書·刑法志》云:"惠帝之世,政出羣下,每有疑獄,各立私意。刑法不定,獄訟繁滋。及於江左,元帝爲丞相。時朝廷草創,議斷不循法律,人立異議,高下無狀。"其時裴頠、劉頌、熊遠等皆以是爲言,其論絕精。[1] 平世如此,無怪亂離時之競興新制,弁髦舊法矣。石勒之別造條制,施行十餘歲,乃用律令,正不得訾爲沐猴而冠也。

　　《隋書·刑法志》云:"文宣天保元年,令羣臣刊定魏朝《麟趾格》。既而司徒功曹張老上書,稱大齊受命已來,律令未改,非所以創制垂法,革人視聽。於是始命羣官,議造齊律。積年不成,武成即位,頻加催督。河清三年,

---

[1]　刑法:惠帝時,刑法不定,江左初不循法律,論者絕精,見《晉書·刑法志》。

尚書令趙郡王叡等奏上齊律十二篇。又上新令四十卷。其不可爲定法者，別制權令二卷，與之并行。《北齊書·本紀》：是年三月，以律令頒下大赦。《北史·封述傳》：河清三年，敕與錄尚書趙彦深、僕射魏收、尚書陽休之、國子祭酒馬敬德等議定律令。《齊律序》爲陸俟玄孫仁崇之辭，見《北史·俟傳》。後平秦王高歸彦謀反，律無正條，遂有別條權格，與律并行。"

《志》又云："周文帝之有關中也，典章多闕。大統元年，命有司斟酌今古通變，可以益時者，爲二十四條之制奏之。《周書·本紀》在三月。云奏魏帝行之。七年，又下十二條制《紀》云十一月奏行。十年，魏帝命尚書蘇綽總三十六條，更損益爲五卷，班於天下。《紀》在七月。其後以河南趙肅爲廷尉卿，撰定法律。肅積思累年，遂感心疾而死。乃命司憲大夫拓跋迪掌之。至保定三年三月，《紀》作二月。庚子乃就，謂之《大律》，凡二十五篇。班之天下。其大略滋章，條流苛密。比於齊法，煩而不要。武帝用法嚴止。齊平後，以舊俗未改，又爲《刑書要制》以督之。《紀》在建德六年十一月。宣帝大象元年，以其用法深重，除之。後又廣之，而更峻其法，謂之《刑經聖制》。"《紀》在大象元年八月，參看第十五章第一節。

晉、南北朝定律之事，大致如此。章大炎有《五朝法律索隱》篇，見《大炎文錄》卷一。盛稱魏、晉、宋、齊、梁律之美。謂漢法賊深，唐律承襲齊、隋，有所謂十惡者，《隋志》：齊律刊重罪十條：一曰反逆。二曰大逆。三曰叛。四曰降。五曰惡逆。六曰不道。七曰不敬。八曰不孝。九曰不義。十曰內亂。犯者不在八議、論贖之限。皆刻深不可施行。惟此五朝之法，寬平無害。其説有偏激者，亦有卓然不同流俗者。章氏美五朝法者：曰重生命：一父母殺子同凡論。二走馬城市殺人者，不得以過失殺人論。曰恤無告：諸子姓仇復者勿論。曰平吏民：一部民殺長吏者同凡論。二官吏犯杖刑者論如律。曰抑富人：一商賈皆殊其服。二常人有罪不得贖。其説商賈皆殊其服曰："《廣韻》引《晉令》曰：儈賣者皆當著巾白帖額，言所儈賣及姓名：一足白履，一足黑履。殊其章服，以爲表旗，令并兼者不得出位而干政，在官者亦羞與商人伍，則今世行之便。或曰：其形譎怪，將爲文明之辱。余以爲求治者尚其實不尚其華，縱辱文明，則姦政、役貧之漸自此塞豈憚辱之？且商人工人，慮非有高下也。今觀日本。諸庸作者，織布爲袒，大書題號其上，背負雕文，若神龜、毒冒焉。工人如是，未有以爲譎怪者，顧獨不可施諸商人邪？貴均平，惡專利，重道蓺，輕貪冒者，漢人之國性也。滿洲始稍稍崇商賈。非直因以爲市，彼商人固嗜利，而帝王與官吏亦嗜利，商人猶不以無道取，帝王官吏乃悉以無道取，若則帝王官吏，又不商人若也。既不若，又抑挫之，則不恕矣。其尊獎商人也則宜。易世而後，莫如行晉令便。"此説於社會、政治情勢，幾於茫無所知，而徒任情爲説，所謂偏激不可行者。其論走馬城市曰："張斐《晉律序》曰：都城人衆中走馬殺人當爲賊，賊之似也。余尋李悝《法經》，本有《輕狡》之篇，秦、漢因之。蓋上世少單騎，車行有節，野外之馳，曰不過五十里，國中不馳。六國以降，單騎鬱興，馳驟往來，易傷行者，由是有輕狡律，《晉律》：衆中走馬者二歲刑，見《御覽》六百四十二。都會股脈，行人股腳肩背相摩，走馬者亦自知易傷人。然

猶傅俠自喜，不少陵謹，此明當附賊殺之律，與過失戲殺殊矣。藉令車騎在中，人行左右，橫度者猶時不絕。若無走馬殺人之誅，則是以都市阬阱人也。自電車之作，往來凡軼，速於飛矢。倉卒相逢，不及回顧，有受車轢之刑而已。觀日本一歲死電車道上者幾二三千人，將車者財罰金，不大訶譴。漢土租界，主自白人，欲科以罰金且不得。夫電車祗爲商人增利，於民事無益豪毛。以爲利賊殺人，視以輕狡賊殺人，其情罪當倍蓰。如何長國家者，惟欲交歡富人，詭稱公益，弛其刑誅？余以造用電車者，當比走馬衆中與二歲刑；因而殺人者，比走馬衆中殺人，商主及御夫皆殊死。秉《晉律》以全橫目，漢土舊法，賢於拜金之國遠矣。"論子姓仇復云："治吏斷獄，必依左證，左證不具，雖衆口所欲殺不得施。如是，狡詐者愈以得志，而死者無可申之地。前代聽子姓復仇者，審法令有壹跌，不足以盡得罪人，故任其自得捕戮；且不以國家之名分制一人也。"説雖亦有偏蔽，要自有其顛撲不破之理，非夫人之所能言、所敢言也。要之，當時南北法律之不同，自爲法家一重公案也。

　　刑法：陳羣等定魏律，依古義制爲五刑。① 其死刑有三，髡刑有四，完刑、作刑各三，贖刑十一，罰金六，雜抵罪七。凡三十七名，以爲律首。又改《賊律》，但以言語及犯宗廟、園陵謂之大逆無道要斬，家屬從坐，不及祖父母孫。至於謀反大逆，臨時捕之，或汙瀦，或梟菹，夷其三族，不在律令。梁制，刑爲十五等。棄市已上爲死罪。大罪梟其首，其次棄市。刑二歲已上爲耐罪，言各隨技能而任使之也。有髡鉗五歲刑，笞二百，收贖絹男子六十疋。又有四歲刑，男子四十八疋。又有三歲刑，男子三十六疋。又有二歲刑，男子二十四疋。罰金一兩已上爲贖罪。贖死者金二斤，男子十六疋。贖髡鉗五歲刑笞二百者金一斤十二兩，男子十四疋。贖四歲刑者金一斤八兩，男子十二疋。贖三歲刑者金一斤四兩，男子十疋。贖二歲刑者金一斤，男子八疋。罰金十二兩者男子六疋，罰金八兩者男子四疋，罰金四兩者男子二疋。罰金二兩者男子一疋。罰金一兩者男子二丈。女子各半之。五刑不簡，正於五罰，五罰不服，正於五過，以贖論，故爲此十五等之差。又制九等之差：有一歲刑，半歲刑，百日刑，鞭杖二百，鞭杖一百，鞭杖五十，鞭杖三十，鞭杖二十，鞭杖一十。有八等之差：一曰免官加杖督一百，二曰免官，三曰奪勞百日、杖督一百，四曰杖督一百，五曰杖督五十，六曰杖督三十，七曰杖督二十，八曰杖督一十。天監三年，八月，建康女子任提女坐誘口當死，其子景慈對鞫，辭云母實行此。法官虞僧虬啓稱：景慈陷親極刑，傷和損俗，宜加罪辟。詔流於交州。至是復有流徒之罪。其年十月，除贖罪之科。十一年十月復開。北齊刑名五：一曰死，重者轘之，其次梟首，并陳尸三日。無市者列於鄉亭顯處。其次斬刑，殊身首。其次絞刑，死而不殊。凡四等。二曰流刑。謂論犯可死，原情可降。

―――――――――――

① 民族、史事：魏初之虐，魏之酷刑（第九二一――九二二頁）。

鞭笞各一百,髡之,投於邊裔,以爲兵卒。未有道里之差。其不合遠配者,男子長途,女子配春,并六年。三曰刑罪,即耐罪也。有五歲、四歲、三歲、二歲、一歲之差,凡五等。各加鞭一百。其五歲者又加笞八十,四歲者六十,三歲者四十,二歲者二十。一歲者無笞。并鎖輸左校而不髡。無保者鉗之。婦人配春及掖庭織。四曰鞭。有一百、八十、六十、五十、四十之差,凡五等。五曰杖,有三十、二十、十之差,凡三等。大凡爲十五等。《通鑑》繫陳文帝天嘉五年。《注》曰:“死四等,流一等,刑五等,鞭五等,杖三等,通十八等。今曰凡十五等,《通鑑》依《五代志》大凡爲十五等之文也。”當加者上就次,當減者下就次。贖罪舊以金,皆代以中絹。死一百疋,流九十二匹,刑五歲七十八匹,四歲六十四匹,三歲五十四匹,二歲三十六匹。各通鞭笞論。一歲無笞,則通鞭二十四匹。鞭杖每十贖絹一疋,至鞭百則絹十疋。無絹之鄉,皆准絹收錢。自贖笞十已上至死,又爲十五等之差。當加減次如正決。周制:一曰杖刑五,自十至五十。二曰鞭刑五,自六十至於百。三曰徒刑五,徒一年者鞭六十,笞十。徒二年者鞭七十,笞二十。徒三年者鞭八十,笞三十。徒四年者鞭九十,笞四十。徒五年者鞭一百,笞五十。四曰流刑五。流衞服去皇畿二千五百里者,鞭一百,笞六十。流要服去皇畿三千里者,鞭一百,笞七十。流荒服去皇畿三千五百里者,鞭一百,笞八十。流鎮服去皇畿四千里者,鞭一百,笞九十。流蕃服去皇畿四千五百里者,鞭一百,笞一百。五曰死刑五,一曰磬,二曰絞,三曰斬,四曰梟,五曰裂。五刑之屬各有五,合二十五等。其贖:杖刑五,金一兩至五兩。贖鞭刑五,金六兩至十兩。贖徒刑五,一年金十二兩,二年十五兩,三年一斤二兩,四年一斤五兩,五年一斤八兩。贖流刑一斤十二兩。俱役六年,不以遠近爲差等。贖死罪金二斤。仲長統言肉刑之廢,輕重無品,已見《秦漢史》第十八章第七節。晉世葛洪論此,意亦相同。見《抱朴子·周刑》篇。刑法之得衷,實由以徒流備五刑,其制大成於隋,啓之實自南北朝之世也。

復肉刑之論,魏晉之世,尚多有之。《晉書·刑法志》言:晉初劉頌爲廷尉,頻表宜復肉刑,不見省。及元帝時,衞展爲廷尉,又上言之。詔內外通議。王導、賀循、紀瞻、庾亮、梅陶、張嶷等是之。周顗、桓彝等非之。帝欲從展所上。王敦以爲習俗日久,必驗遠近。且逆寇未殄,不宜有慘酷之聲,以聞天下。乃止。桓玄輔政,又欲復斬左右趾以輕死,命百官議之。孔琳之用王朗、夏侯玄之旨,時論多與之同,故遂不行。琳之之議,《晉志》不載,《宋書》本傳載之,亦贊以斬右趾代死,非全不同也。慕容超亦嘗議復肉刑,以羣下多不同而止。超所下書,言光壽、建興中,二祖已議復之,未及而晏駕。光壽者,慕容

僞年號，偽號烈祖。建興者，慕容垂年號也。偽號世祖。可見欲復肉刑者之多。此實以髡鉗不足懲姦，鞭笞大多致死之故。欲救此弊，自以王朗倍其居作之説爲至當。晉後議者，惟劉頌針對此説立論。① 其言曰："今爲徒者，類性元惡、不軌之族也。去家縣遠，作役山谷，飢寒切身，志不聊生。雖有廉士介者，苟慮不首死，則皆爲盜賊，豈況本性姦凶、無賴之徒乎？又今徒：富者輸財，計日歸家，乃無役之人也。貧者起爲姦盜，又不制之虜也。徒亡日屬，賊盜日煩。諸重犯亡者，髮過三寸，輒重髡之，此以刑生刑；加作一歲，此以徒生徒也。亡者積多，繫囚猥畜，後從而赦之，此謂刑不制罪，法不勝姦。"其説誠當。然此自用刑者之不詳，非以徒刑代肉刑之咎也。餘人之論，如謂肉刑乃去其爲惡之具，或謂人見其痛，將畏而不犯，皆言之不能成理。乃如王導等之議，既欲復肉刑，又慮人習所見，或未能服，欲於行刑之時，明申法令，任樂刑者刑，甘死者殺，則更減裂不可行矣。宜其卒不能復也。

　　然肉刑之名，雖未嘗復，其實則未嘗不偏復。②《宋書·明帝紀》：泰始四年，九月，詔曰："降辟差網，便暨鉗撻，求之法科，差品滋遠。自今凡竊執官仗，拒戰邏司，或攻剽亭寺及害吏民者，悉依舊制。斬刑。五人已下相逼奪者，可特賜黥、刖，投畀四遠。仍用代殺，方古爲優。"此即魏晉來之論議，欲以放流、黥刖，補死刑髡笞之不足者也。《梁書·武帝紀》：天監十四年，正月，詔曰："前以劓、墨，用代重辟，猶念改悔，其途已雍，并可省除。"《隋書·刑法志》云："梁律劫身皆斬，遇赦降死者，黥面爲劫字，詳見下。天監十四年，除黥面之刑。"與《紀》所載當即一事，則梁亦以劓、墨代死刑也。宮刑亦間用之。③《南史·杜崱傳》：岳陽王詧誅諸杜，幼者下蠶室是也。北魏用之尤多，北齊亦然。據《魏書·閹官傳》所載，見閹者似以俘虜爲多。段霸、趙黑、孫小，敵國之俘也。張宗之、抱嶷、平季、劉思逸，反者之俘也。楊範坐宗人劫賊。餘皆但言因事。王溫父冀爲高邑令坐事被誅，溫與兄繼叔俱充宦者，則雖官吏亦不得免矣。其見於《閹官傳》之外者：宋隱叔父洽之子順訓，亦敵俘。封懿之孫磨奴，常珍奇小子沙磨，亦皆以謀叛。《崔玄伯傳》：崔模入北，其子沖智等聚貨物，間託開境，規贖之。而魏賜謨妻金氏，生子幼度。行人以財賄至都，當竊模歸。模顧念幼度，指謂行人曰："吾何忍舍此輩，令坐致刑辱？當爲爾取一人，使名位不減於我。"乃授以申謨。謨亦得賜妻，生子靈度。及此，棄妻子走還。靈度遂刑爲閹人。是亡歸敵國者，魏法皆刑其子也。周文帝定秦隴，兄子什肥，爲齊神武所害，子胄，以年幼下蠶室，見《周書》本傳。崔季舒、封隆之弟子孝琰之死，小男皆下蠶室，見《北齊書》本傳。《北史·魏本紀》：文帝大統十三年，二月，詔自今應宮刑者直沒官，勿刑。亡奴婢應黥者，止科亡罪。

---

① 刑法：劉頌非以徒代肉刑。
② 刑法：肉刑未嘗不偏復。
③ 刑法：魏宮刑多施俘虜及叛走者。

《齊本紀》：後主大統五年二月，詔應宮刑者普免刑爲官口。蓋宮刑至是始除。然則五刑之不用者腓耳，而又代之以刖，然則肉刑何嘗廢？而刑亦何嘗平哉？

陳羣制法，梟菹夷三族者，①皆不在律令，是律已廢此刑也。然卒不能禁其不復用，則勝殘去殺，非徒法之所能爲也。刑之殘者：如轘，魏轘盧溥及其子焕，見《魏書·大祖紀》天興二年。轘趙準，見《長孫肥傳》。此皆以反叛。蕭寶夤少子凱，以害母南陽公主，見《寶夤傳》。雁門人有害母者，八坐亦奏轘之，而瀦其室，見《邢巒傳》。如烹，杜岸之誅，蕭詧拔其舌，臠殺而烹之，見《南史·杜崱傳》。魏靜帝與華山王大器、元瑾謀攻齊文襄，大器等皆見烹，見第十四章第一節。妖賊鄭子饒，烹於都市，見《北齊書·後主紀》武平六年及《皮景和傳》。南安王思好以王尚之爲長史，思好敗，尚之烹於鄴市，見《北史·齊宗室諸王傳》。如焚，思好之敗，投火死。焚其尸，并其妻李氏。見《北齊書·後主紀》武平五年及《北史·后妃齊武成弘德夫人李氏傳》。《北齊書·思好傳》云：暴思好尸七日，然後屠剥焚之。如支解，崔㥄妾馮氏，以厭蠱㥄、受納狼籍，斬於都市，支解爲九段，見《北史·崔逞傳》。厙狄伏連與琅邪王儼殺和士開，亦受支解之刑。如大刃剉殺，魏道武平中山，收議害秦愍王觚者，皆夷五族，以大刃剉殺之，見《魏書·昭成子孫傳》。如具五刑，魏宗愛夷三族，具五刑，見《魏書·閹官傳》。中國之暴主，亦閒行之，而要以出於異族者爲多。慕容超議復肉刑，又欲立烹、轘之法，附之律條，夷狄誠不知治體哉！三族之法，晉創業時用之最多。曹爽、《晉書·宣帝紀》嘉平元年。王淩、嘉平三年。夏侯玄、張緝、《景帝紀》正元元年。諸葛誕《文帝紀》甘露三年。及其支黨，皆受此誅。雖附己者如成濟，亦不得免焉。《文帝紀》景元元年。《荀勖傳》：高貴鄉公欲爲變，時大將軍掾孫佑等守閶闔門。文帝弟安陽侯幹聞難欲入。佑謂曰：“未有入者，可從東掖門。”幹以狀白。帝欲族誅佑。勖諫曰：“成倅刑止其身，佑乃族誅，恐義士私議。”乃免佑爲庶人，可見當時族誅之濫。而楊、賈亂後，誅戮之酷由之矣。《楊駿傳》：孟觀等受賈后密旨，誅駿親黨，皆夷三族，死者數千人。據《惠帝紀》：是時夷三族者，有駿弟衛將軍珧，大子大保濟，中護軍張劭，散騎常侍段廣、楊邈，左將軍劉預，河南尹李斌，中書令符俊，東夷校尉文淑，尚書武茂。《駿傳》言：武帝初聘武悼后，珧表曰：“歷觀古今，一族二后，未嘗以全，而受覆宗之禍。乞以表事，藏之宗廟。若如臣之言，得以免禍。”從之。珧臨刑稱冤。云事在石函，可問張華。當時皆謂宜爲申理。而賈氏族黨，待諸楊如讎，促行刑者遂斬之。處亂朝者，誠無以自全矣。《趙王倫傳》：倫矯勅三部司馬曰：“今使車騎入廢中宮，汝等皆當從命，賜爵關內侯。不從誅三族。”孫秀勸倫殺張林，誣殺潘岳、石崇、歐陽建，皆夷三族，見《倫》及《岳傳》。齊王冏殺王輿，夷三族，見《惠帝紀》永寧元年。孟觀爲倫守，亦夷三族，見本傳。《孫旂傳》：旂子弼及弟子髦、輔、琰，與孫秀合族。及趙王倫起事，旂以弼等受署僞朝，遣小息責讓。齊王冏起義，四子皆伏誅，襄陽大守宗岱承冏檄斬旂，夷三族。其濫亦可謂甚矣。冏之死，諸黨屬皆夷三族，見本傳。成都王穎殺陸機，夷三族，見《穎傳》。陳敏夷三族，見《周處傳》。張昌同黨并夷三族，見《昌傳》。又《武帝紀》：泰始八年，六月，益州牙門張弘誣其刺史皇甫晏反，殺之，傳首京師，弘坐伏誅，夷三族。其夷狄之君：

───────────

① 刑法：晉初三族之誅。女子出適者亦殺（第九二一頁）。

則石勒殺曹平樂,夷其三族。見第五章第一節。乞伏暮末尚書辛進,隨熾盤遊後園,彈鳥誤傷暮末母面,暮末立,誅進五族二十七人。《北史》本傳。魏道武平中山,收議害秦愍王觚者,皆夷五族。見上。崔浩之敗,大武欲夷浩已下僅吏已上百二十八人五族,以高允持之而止。見第八章第六節。其後游雅且以論議長短,陷陳奇至族焉。《魏書・雅傳》,參看下文。亦云酷矣。《晉書・懷帝紀》:永嘉元年,正月,癸丑朔,大赦改元,除三族刑。蓋陳羣定法,雖蠲此刑,其後又嘗著之也。《愍帝紀》:建興三年,六月,盜發漢霸、杜二陵及薄大后陵。勑雍州掩骼埋胔,有犯者誅及三族,此或僅指一事言之。然《明帝紀》:大寧三年,二月,又復三族刑。惟不及婦人,見下。《溫嶠傳》:嶠奏軍國要務,其七曰:"罪不相及,古之制也。近者大逆,誠由凶戾。凶戾之甚,一時權用,今遂施行,非聖朝之令典。宜如先朝除三族之制。"則又竟復之矣。《魏書・高祖紀》:延興四年,六月,詔:"自今以後,非謀反大逆,干紀外奔,罪止其身。"《刑罰志》:大和十一年,詔:"前命公卿,論定刑典,而門房之誅,猶在律策,可更議之。"蓋至是始從寬典。然《北齊書・韋子粲傳》:孝武入關,以爲南汾州刺史。神武命將出討,城陷,子弟俱被獲,送晉陽。蒙放免,以粲爲并州刺史。初子粲兄弟十三人,子姪親屬闔門百口,悉在西魏。以子粲陷城不能死難,多致誅滅。歸國獲存,惟子粲與弟道諧二人而已。則門房之誅,西魏猶行之也。

　　《魏書・源賀傳》:賀上書曰:"案律,謀反之家,其子孫雖養他族,追還就戮。其爲劫賊應誅者,兄弟子姪在遠道、隔關津皆不坐。竊惟先朝制律之意,以不同謀非絕類之罪,故特垂不死之詔。若年三十已下,家人首惡,計謀所不及,愚以爲可原其命,没入縣官。"高宗納之。出養猶追還就戮,可見親族連坐之酷。然中國之法,女子出適者,亦不能免於連坐,其酷亦殊不減此也。曹爽支黨之誅,姊妹女子子適人者皆殺,見《晉書・宣帝紀》。毌丘儉之誅,其子旬妻荀氏應坐死。其族兄顗,與景帝姻通,表魏帝以匄其命。詔聽離昏。荀氏所生女芝,爲潁川大守劉子元妻,亦坐死。以懷姙繫獄。荀氏辭詣司隸校尉何曾乞恩,求没爲官婢,以贖芝命。曾哀之,使主簿程咸上議。言:"父母有罪,追刑已出之女,夫黨見誅,又有隨姓之戮,一人之身,內外受辟。""宜改舊科","在室之女,從父母之誅,既醮之婦,從夫家之罰"。朝廷僉以爲當。於是有詔改定律令。據《晉書・刑法志》及《何曾傳》。潘岳之死,已出之女,亦一時被害,見《岳傳》。《解系傳》云:弟結。孫秀亂關中,結在都坐,議秀罪應誅,秀由是致憾。及系被害,結亦同戮。女適裴氏,明日當嫁,而禍起。裴氏欲認活之。女曰:"家既若此,我何活爲?"亦坐死。朝廷遂議革舊制。女不從坐,由結女始也,則其時

既醮之婦，已不從戮，後又并免在室之女矣。明帝復三族刑，《紀》亦云不及
婦人。

　　游雅之賊陳奇，事見《魏書·儒林傳》。云：有人爲謗書，多怨時之言，頗
稱奇不得志。雅乃諷在事，云此書言奇不遂，當是奇假人爲之。如依律文，造
謗書皆及孥戮。遂抵奇罪。以口語而致斯禍，尤前世所未聞矣。然魏法之
酷，實尚不止此。《魏書·刑罰志》云：“高宗大安四年，始設酒禁。是時年穀
屢登，士民多因酒致酗訟，或議主政。帝惡其若此，故一切禁之。釀、酤、飲皆
斬之。增置内外候官，伺察諸曹，外部州鎮。至有微服雜亂於府寺間，以求百
官疵失。其所窮治，有司苦加訊測。而多相誣逮。輒劾以不敬。諸司官臧二
丈皆斬。”當時蓋酒禁其名，監謗其實，故下文云“顯祖即位，除口誤，開酒禁”，
以二者并言。見劾爲不敬者，蓋亦口過而非酒失也。候官者？《官氏志》言：
“道武欲法古純質，制定官號，多不依周、漢舊名。或取諸身，或取諸物，或以
民事，皆擬遠古雲鳥之義。諸曹走使，謂之鳧鴨，取飛之迅疾。以伺察者爲候
官，謂之白鷺，取其延頸遠望。自餘之官，義皆類此。”法古純質，不依周、漢，猶
云彼自創爲，不用中國之法耳。候官之職，頗類魏、吳之校事，然亦以口語誣陷
人，則又魏、吳之所未有矣。《刑罰志》又云：高祖大和三年，下詔曰：“治因政寬，
弊由網密。今候職千數，姦巧弄威。重罪受賕不列，細過吹毛而舉。其一切罷
之。”於是更置謹直者數百人，以防諠鬭於街衢。此則如今警察之職矣。

　　敵國相争，士民各爲其主，實與本國之叛逆者殊科，故降下之際，未有加
以誅戮者。乃魏晉之際不然。[1]　晉宣帝之平公孫淵也，男子年十五已上七千
餘人皆殺之，以爲京觀。僞公卿已下皆伏誅。戮其將軍畢盛等二千餘人。《本
紀》景初二年。其酷，亦前古所未有也。晉宣帝不足責，杜預粗知書傳，而其傳
言：預初攻江陵，吳人知其病瘻，以瓠繫狗頸示之。每大樹似瘻，輒斫使白，
題曰杜預頸。及城平，盡捕殺之。此何刑法乎？俗既成則莫知其非，事習焉
則不以爲怪，故武人之專橫，實人心世道之大憂也。譙縱之在晉世，固與公
孫淵之在魏世不同。然其民則亦脅從耳。朱齡石入成都，所誅者止於縱同
祖之親，善矣。然其後蜀人侯産德作亂，又窮加誅翦，死者甚衆，則又何也？
宋孝武廣陵之戮，不下於晉宣帝之於襄平，則更慘無人理矣。見第九章第二節。
《宋書·沈懷文傳》，謂其聚所殺人首於石頭南岸，謂之髑髏山，即京觀之俗稱也。

　　逆亂而外，刑法峻重者，莫如劫及亡叛。此皆窮而無告者之所爲，而又以

--------------------------------------------------------------------------------

　　① 刑法：慘殺敵國降衆。

嚴刑劫之,亦可哀矣。《宋書・武帝紀》:永初元年,七月,詔曰:"往者軍國務殷,事有權制,劫科峻重,施之一時。今王道維新,政和法簡,可一除之,還遵舊條。反叛、淫、盜三犯補冶士,本謂一事三犯,終無悛革。主者頃多并數衆事,合而爲三,甚違立制之旨。普更申明。"八月,又以"制有無故自殘傷者補冶士,實由政刑煩苛,民不堪命,可除此條"。無故自殘傷者,意亦欲以避役,實與亡叛同也。梁律:謀反、降、叛,大逆已上皆斬。父子、同產男,無少長皆棄市。母、妻、姊妹及應從坐棄市者,妻、子女、妾,同補奚官爲奴婢。貲財没官。劫身皆斬,妻子補兵。遇赦降死者,黥面爲劫字,髠鉗補冶鎖士終身。其下又謫運、謫配材官冶士、尚方鎖士,皆以輕重差其年數。其重者或終身。《隋書・刑法志》。劫科峻重,於此可見。此尚爲朝廷法令,并有州郡自立嚴制,以劫其民者,如沈攸之在荆州,一人逃亡,闔宗捕逮是也。見《齊書・柳世隆傳》。比伍保受,本爲軍刑,亦以劫及亡叛,蔓延滋廣。《宋書・謝莊傳》:大明元年,起爲都官尚書,奏改定刑獄,曰:"頃年軍旅餘弊,劫掠猶繁。監司計獲,多非其實。或規免咎,不慮國患。楚對之下,鮮不誣濫。身遭鈇鑕之誅,家嬰孥戮之痛。比伍同閈,莫不及罪。"甚有如《宋書・自序》所載,以盜發家罪近村民不赴救而同坐者。沈亮知其非理,亦不過欲使相去百步内赴告不時者一歲刑,自此以外,差不及罰而已,民尚何所措手足哉?

　　章大炎謂五朝之法,官吏犯杖刑者論如律,此特法令如是,論其實,則鞭杖之刑,及於士流者甚罕。顏之推謂梁武父子,好用小人,由可鞭杖蕭督,已見第十八章第二節。《宋書・武帝紀》:永初二年,六月,詔曰:"杖罰雖有舊科,然職務煩碎,推坐相尋。若皆有其實,則體所不堪;文行而已。又非設罰之意;可籌量愷爲中否之格。"《齊書・陸澄傳》云:宋泰始初爲尚書殿中郎。郎官舊有坐杖,有名無實。澄在官,積前後罰,一日并受千杖。《南史・蕭琛傳》:遷尚書左丞,時齊明帝用法嚴峻,尚書郎坐杖罰者,皆即科行。琛乃密啓曰:"郎有杖起自後漢。介時郎官位卑,親主文案,與令史不異,故郎三十五人,令史十五人。是以古人多恥爲此職。自魏、晉以來,郎官稍重。今方參用高華,吏部又近於通貴。不應官高昔品,而罰遵曩科。所以從來彈舉,雖在空文,而許以推遷,或逢赦恩,或入春令,便得息停。宋元嘉、大明中,雖有被罰者,別由犯忤主心,非關常準。自泰始建元已來,未經施行。事廢已久,人情未習。自奉敕之後,已行倉部郎江重欣杖督五十。人懷慚懼。兼有子弟成長,彌復難爲儀適。其應行罰,可特賜輸贖。使與令史有異,以彰優緩之澤。"帝納之。自是應受罰者,依舊不行。此皆南朝杖罰,久以文行之證。《梁書・武

帝紀》：天監元年，詔："翫法惰官，動成遘弛。罰以常科，終未懲革。榜楚申威，蓋代斷趾。笞棰有令，如或可從。外詳共評議，務盡厥理。"似有意於實行杖罰。然觀顏之推之言，則亦未嘗行諸士大夫也。北朝則不然。魏初朝士，多見杖罰，①見《魏書·高允傳》。高陽王雍爲司州牧，考殺奉朝請韓元昭，前門下録事姚敬豪，爲任城王澄所奏，見《澄傳》。北齊崔季舒，文宣時爲司馬子如所列，與崔暹各鞭二百，徙北邊。武成時，又以詣廣寧王宅，決馬鞭數十。及諫後主適晉陽獲罪，韓長鸞又將加其同署者以鞭撻，以趙彥深執諫獲免，事見第十四章第四節。甚至唐邕爲宰相，司空從事中郎封長業、大尉記室參軍平濤爲徵官錢違限，邕各杖背二十。史言齊時宰相，未有撾撻朝士者，至是甚駭物聽。庫狄伏連，開府參軍，多是衣冠士族，皆加捶撻，逼遣築牆焉。伏連，《北齊書》附《慕容儼傳》。無怪沈攸之"鞭箠國士"，史謂其"全用虜法"也。《齊書·柳世隆傳》。魏自大和以降，陷大辟者多得歸第自盡，此蓋孝文浮慕中華，偶有是舉。李彪乃因此上書，謂漢文納賈誼之言，大臣有罪，皆自殺不受刑，至孝武時稍復入獄，良由行之當時，不爲永制，欲使其著爲長久之制。《魏書·彪傳》。以是望虜，不亦遠乎？《齊書·張融傳》：融請假奔叔父喪，道中罰幹錢敬道鞭杖五十，寄繫延陵獄。大明五年制：二品清官行僮幹杖不得出十，爲左丞孫緬所奏，免官。則中國之法，鞭杖施諸僮幹，亦有定限，斷不得如唐邕、庫狄伏連之所爲也。

鞭用革，杖用荊，長廣皆有定法。枷鎖杻械，亦有恒制。皆見《魏書·刑罰志》、《隋書·刑法志》。又有測立之法，以施"臧驗顯然而不款"之人。其法：以土爲垛，高一尺。上圓，劣容兩足。鞭笞訖，著械杻上測，隔若干日一上，上測若干刻，皆有定法。梁、陳之制，見《隋書·刑法志》及《陳書·儒林·沈洙傳》。《洙傳》載周弘正之説，謂"測人時節，本非古制"，疑其緣起頗晚，故漢、魏史籍，未及其事也。《南史·循吏傳》：何遠爲人所訟，徵下廷尉。被劾十數條。當時士大夫坐法，皆不受測。測，《梁書》作立。遠度已無臧，就測。測，《梁書》亦作立。三七日不款。猶以私臧禁杖除名。又《陳宗室諸王傳》：南康愍王曇朗之子方泰，與亡命楊鍾期等二十人微行往人間，淫淳于岑妻。爲州長流所録，又率人仗抗拒，傷損禁司。爲有司所奏。上大怒，下方泰獄。方泰初承行淫，不承拒格禁司。上曰："不承則上測。"《陳書》作刑，疑淺人所改。方泰乃投列承引。則士大夫不受測，亦特相沿如是，而非法不得施也。《梁書·孝行傳》：吉翂，天監初，父爲吳興原鄉令，爲姦吏所誣，逮詣廷尉。理雖清白，恥爲吏訊，乃虛自引咎，罪當大辟。翂乃撾登聞鼓，乞代父命。高祖異之。敕廷尉

①　刑法：虜多用鞭杖。

卿蔡法度："幼童未必自能造意，卿可嚴加脅誘，取其款實。"法度盛陳徽纆，備列官司，屬色問盼，更和顏誘語。盼初見囚，獄掾依法備加桎梏。法度矜之，命脫其二械，更令著一小者。盼弗聽。法度具以奏聞。高祖乃宥其父。世固有畫地爲牢議不入，削木爲吏計不對者；畏慘酷而自誣服，亦非無其人，乃更以威嚴，脅其請代之子，且加桎梏以苦之，以是而得獄情，無失出，與失入者孰多？高宗錄尚書，議改測立之法，周弘正請先責取獄所測人，有幾人款幾人不款，廷尉監所列，款者初不較不款者爲多。而盛權謂："舊制深峻，百中不款者一，新制寬優，十中不款者九。"則舊制之所得，必不免如弘正所云"無愆妄款"者矣。弘正云：人有彊弱，斷獄宜依準五聽，不應全恣考掠，誠哉是言也。皆見《陳書‧沈洙傳》。

　　中國歷代，皆以矜慎爲恤獄之道；而昔時法學，非甚專門，恒以爲審理之事，凡官吏皆能爲之；故審理之級數易增，參與審理之官司，亦隨之而日多。謝莊之奏改定刑獄也，謂"舊官長竟囚畢，郡遣督郵案驗，仍就施刑。督郵賤吏，非能異於官長，有案驗之名，而無研究之實。愚謂此制宜革。自今入重之囚，縣考正畢，以事言郡，并送囚身，委二千石親臨覈辨。必收聲吞舋，然後就戮。若二千石不能決，乃度廷尉。神州統外，移之刺史。刺史有疑，亦歸臺獄。"《齊書‧武帝紀》：永明三年，七月，詔："丹陽所領及餘二百里內見囚，同集京師。自此以外，委州郡決斷。"此慮令長之不詳而重州郡之責，又慮州郡之不詳而重廷尉之權者也。非官司所能理者，得擊登聞鼓上聞，如吉盼是。《齊書‧謝瀹傳》：出爲吳興大守。長城縣民盧道優家遭劫，誣同縣殷孝悌等四人。瀹收付縣獄考正。考悌母駱詣登聞訴，稱："孝悌爲道優所誹謗，橫劾爲劫。一百七十三人連名保徵，在所不爲申理。"瀹聞孝悌母訴，乃啓建康獄覆。道優理窮款首，依法斬刑。有司奏免瀹官。是其法，確亦有時能申理冤枉也。人君親覽獄訟，歷代皆時有之。如宋文帝、孝武帝，皆每歲三臨訊，見《南史‧本紀》元嘉三年、大明元年。《魏書‧孝莊帝紀》：建義元年，詔"自孝昌之季，法令昏泯。有訴人經公車注不合者，悉集華林東門，朕當親理冤獄，以申積滯。"《出帝紀》：永熙二年，五月，詔"諸幽枉未申，事經一周已上，悉集華林，將親覽察。脫事已經年，有司不到者，聽其人名自陳訴。若事連州郡，由緣淹歲者，亦仰尚書總集以聞。"雖當造次顛沛之際，仍不忘申理冤滯，即無實效，亦足見告朔餼羊之意也。梁武帝天監元年，詔於公車府謗木、肺石旁各置一函。"理有曖然，受困包匭，大政侵小，豪門陵賤，四民已窮，九重莫達，若欲自申，并可投肺石函。"三年，六月，詔曰："哲王宰世，每歲卜征。末代風彫，久曠茲典。可分將命，巡行州郡。其有深冤鉅害，抑鬱無歸，聽詣使者，依源自列。"五年，四月，詔"凡犴獄之所，可

遺法官、近侍，遞録囚徒。如有枉滯，以時奏聞。"皆見《本紀》。陳制：常以三月，侍中、吏部尚書、尚書三公郎部都令史、三公録冤局。令御史中丞、侍御史、蘭臺令史親行京師諸獄及冶署，理察囚徒冤枉。《隋書·刑法志》。高祖永定三年，正月，詔臨川王蒨省揚、徐二州辭訟。《本紀》。此等皆多開審理之途，期盡矜慎之意者也。此自有合於"一成而不可變故君子盡心焉"之義。然審級大多，歲月或致淹久；又錯出干與之官，不必皆明法令，甚或生事護前；則亦不免有弊。《魏書·高崇傳》：子道穆，以莊帝時爲御史中尉。上疏曰："高祖大和之初，置廷尉司直，論刑辟是非。雖事非古始，交濟時要。竊見御史出使，悉受風聞，雖時獲罪人，亦不無枉濫。何者？守令爲政，容有愛憎。姦猾之徒，恒思報惡。多有妄造無名，共相誣謗。御史一經檢究，恥於不成。杖木之下，以虛爲實，無罪不能雪者，豈可勝道哉？如臣鄙見：請依大和故事，還置司直十人。名隸廷尉，秩以五品，選歷官有稱，心平性正者爲之。御史若出糾劾，即移廷尉，令知人數。廷尉遣司直與御史俱發。所到州郡，分居別館。御史檢了，移付司直覆問。事訖與御史俱還。中尉彈聞，廷尉科按，一如舊式。若御史司直，糾劾失實，悉依所斷獄罪之。聽以所檢，迭相糾發。如二使阿曲，有不盡理，聽罪家詣門下通訴，別加按檢。"詔從之，復置司直。觀此，即足知錯出干與之弊矣。

特異之人，治以特異之法鞫以特設之官者，前代亦間有之。石勒使中壘支雄、游擊王陽并領門臣祭酒，專明胡人辭訟。[1]《晉書·載記》。魏世宗永平元年，詔："緇素既殊，法律亦異。自今已後，衆僧犯殺人以上罪者，仍依俗斷。餘犯悉付昭玄，以内律僧制之。"[2]《魏書·釋老志》。是其事也。此自各率其俗之意，與近世之領事裁判用意不同也。

葛洪欲立明法之科，已見第四節。齊建元元年，崔祖思啓陳政事曰："漢末習律有家，子孫并世其業，聚徒講授，至數百人。故張、于二氏，絜譽文、宣之世，陳、郭兩族，流稱武、明之朝。今廷尉律生，乃令史門户。族非咸、弘，庭缺於訓。刑之不措，抑此之由。如詳擇篤厚之士，使習律令，試簡有徵，擢爲廷尉僚屬。苟官世其家，而不美其職者鮮矣，廢其職而欲善其事，未之有也。"永明九年，孔稚珪上所校律文，表言："古之名流，多有法學。今之士子，莫肯爲業。縱有習者，世議所輕。將恐此書，永墜下走之手矣。今若弘其爵賞，開

---

① 刑法、民族：石勒使專明胡人辭訟。
② 刑法、宗教：魏昭玄内律。

其勸募。課業宦流,班習胄子。拔其精究,使處內局;簡其才良,以居外任;方岳咸選其能,邑長并擢其術;然後姦邪無所逃其刑,惡吏不能藏其詐。宜寫律上國學,置律學助教。依五經例,國子生有欲讀者,策試上過高第,即便擢用,使處法職,以勸士流。"詔報從納。事竟不施行。皆見《齊書》本傳。至梁武帝天監四年,三月,乃置胄子律博士焉。《南史·本紀》。《晉書·姚興載記》:興立律學於長安,召郡縣散史以授之。其通明者,還之郡縣,論決刑獄。其重視法學,①轉非中國之主所能逮也。《魏書·常景傳》言:廷尉公孫良舉爲律博士,則魏律生亦屬廷尉。《隋書·刑法志》言:北齊定律之後,又敕仕門子弟,常講習之,齊人多曉法律,蓋由此也。此皆官學。其私家傳業者:《晉書·高光傳》言:光少習家業,明練刑理。光,魏大尉柔之子。武帝置黃沙獄,以典詔囚,以光歷世明法,用爲黃沙御史,秩與中丞同。遷廷尉。元康中,拜尚書,典三公曹。齊王冏輔政,復以光爲廷尉。於時朝廷咸推光明於用法,故頻典理官。又《儒林傳》:續咸,脩陳、杜律,明達刑書。永嘉中,歷廷尉平。後没石勒,以爲理曹參軍。《周書·趙肅傳》言:肅久在理官,執心平允。凡所處斷,咸得其情,廉慎自居,不營產業。時人以此稱之。大祖命肅撰定法律,已見前。又云:時有高平徐招,少好法律。發言措筆,嘗欲辨析秋豪。歷職內外,有當官之譽。從魏孝武入關,爲給事黃門侍郎、尚書右丞。時朝廷播遷,典章有闕,至於臺閣軌儀,多招所參定。論者稱之。皆明法之士,見稱於時,獲用於世者也。《晉書·忠義傳》:易雄,少爲縣吏。自念卑淺,無由自達,乃脱幘挂縣門而去。因習律令及施行故事,交結豪右,州里稍稱之。此等雖習律令,而不必明於其理,則爲令史之儔矣。《晉書·刑法志》:張華表抄新律諸死罪條目,懸之亭傳,以示兆庶。有詔從之。此乃古者縣法象魏之意,意在使民畏法,非欲使民明法也。

　　復仇之風,仍極慘烈。法令於此,本加禁斷,《魏律》:賊鬥殺人者,以劾而亡,許依古義,子弟得追殺之。會赦及過誤相殺者,不得報讎,見《晉書·刑法志》。姚萇下書,有復私仇者皆誅之,見《載記》。《魏書·世祖紀》:大延元年,十二月,詔曰:"盡力三時,黔首之所克濟。自今已後,亡匿避難,羈旅他鄉,皆當歸還舊居,不問前罪。民相殺害,牧守依法平決,不聽私輒報者,誅及宗族。鄰伍相助,與同罪。蓋以避仇失職者多,故爲此一切之法也。《隋書·刑法志》云:周武帝除復讎之法,犯者以殺論。案其事見《周書·本紀》保定三年四月。然興論率稱道之,執法者爲其所動,遂亦多加原宥焉。刁協子彝,王敦誅後,斬讎人黨,以首祭父墓。詣廷尉請罪,朝廷特宥之。見《晉書》本傳。又《良吏傳》:喬智明,爲隆慮、共二縣令。部人張兌,爲父報讎。母老單身,有妻無子。智明愍之。停其獄歲餘。令兌將妻入獄,兼陰縱之。於獄產一男,會赦得免。《南史·孝義傳》:張景

---

① 刑法:法學。

仁,廣平人。父爲同縣韋法所殺。景仁時年八歲,及長,志在復讎。普通七年,遇法於公田渚,手斬其首,以祭父墓,詣郡乞依刑法。大守蔡天起上言於州。時簡文在鎮,乃下教褒美之。原其罪。下屬長蠲其一户租調,以旌孝行。又成景儁。父安樂,仕魏爲淮陽大守。天監六年,常邕和殺安樂,以城内附。景儁謀復讎,因殺魏宿預城主,以地南入。普通六年,邕和爲鄱陽内史。景儁購人刺殺之,未久,重購邕和家人殺其子弟,噍類俱盡。武帝義之,亦爲屈法。又李慶緒。父爲人所害。慶緒九歲而孤,爲兄所養。日夜號泣,志在復讎。投州將陳顯達。仍於部伍,白日手刃其仇。自縛歸罪。州將義而釋之。《魏書·景穆十二王傳》:任城王雲之孫順,仐朱榮害衣冠,出走,爲陵户鮮于康奴所害。長子朗,時年十七,沈戈潛伏。積年,乃手刃康奴,以首祭於順墓。然後詣闕請罪。朝廷嘉而不問。《周書·柳慶傳》:慶兄檜,爲魏興郡守,爲賊黄寶所害。檜子三人,皆幼弱。慶撫養甚篤。後寶率衆歸朝,朝廷待以優禮。居數年,檜次子雄亮,白日手刃寶於長安城中。晉王護聞而大怒,執慶及諸子姪皆囚之。然武帝卒特原雄亮,事又見《隋書·柳機傳》。**當時之復仇者,往往蓄志積年**,如張景仁、成景儁、李慶緒、元朗、柳雄亮皆是。**不遠千里。**《宋書·孝義傳》:長城奚慶思,殺同縣錢仲期。仲期子延慶,屬役在都,聞父死,馳還。於庚埔埭逢慶思,手刃殺之。白繫烏程縣獄。吴興大守郗超表不加罪,許之。奚慶思,《南史》作慶恩。**雖在蠻夷,身不能至,亦且伺隙而行其誅焉。**《宋書·宗越傳》:越爲役門,出身補郡吏。父爲蠻所殺。殺其父者嘗出於郡,越於市中刺殺之。大守夏侯穆嘉其意,擢爲隊主。**其酷者或及後嗣。**譙閔王承爲王廣所害,子烈王無忌,與丹陽尹桓景等餞江州刺史於板橋,廣子丹陽丞者之在坐,無忌拔刀欲手刃之,救捍獲免。御史中丞奏無忌欲專殺人,付廷尉科罪。成帝詔主者申明法令,自今已往,有犯必誅,而許無忌以贖論,此亦失刑也。桓彝爲韓晃所害,涇令江播與焉。彝子温,時年十五,志在復讎。至年十八,會播已終,子彪兄弟三人居喪,置刃杖中,以爲温備。温詭稱弔賓,得進刃彪於廬中。并追二弟殺之。時人稱焉。沈慶之之死,攸之求行。及攸之反,文季督吴興、錢唐軍事。收攸之弟新安太守登之,誅其宗,親黨無吹火焉。史稱君子以文季能報先恥。龔壯父叔爲李特所害,壯説李壽以討期;蕭順之爲齊武帝所賊,梁武帝助明帝以傾其嗣,亦皆報諸後人者也。**即敵國相爭,**《晉書·陶璜傳》:孫晧時,交阯内附。將軍毛炅破吴軍,斬其都督脩則。則子允,隨璜南征。城既降,允求復讎,璜不許。《宋書·徐湛之傳》:父達之,高祖討司馬休之,使統軍爲前鋒。休之遣魯軌擊破之,於陳見害。元嘉二十八年,軌子爽兄弟歸順。湛之以爲廟算遠圖,特所獎納,不敢苟申私怨,乞屏居田里。不許。此皆有合於義。梁武帝之宥成景儁,則實失刑也。《周書·杜叔毗傳》:仕梁,爲宜豐侯蕭循府中直兵參軍。達奚武圍循於南鄭。循令叔毗詣闕請和。使未反,循中直兵參軍曹策,參軍劉曉謀以城降。時叔毗兄君錫爲循中記室參軍,從子映録事參軍,映弟晰中直兵參軍,并有文武材略,各領部曲數百人,策等忌之,懼不同己,誣以謀叛,擅加害焉。循尋討策等,擒之,斬曉而免策。及循降,策至長安。叔毗朝夕號泣,具申冤狀。朝議以事在歸附之前,不可追罪。叔毗志在復讎,恐違朝憲,坐及其母,沈吟積時。母知其意,謂曰:"若曹策朝死,吾以夕歿,亦所甘心。汝何疑焉?"叔毗感厲。後遂白日手刃策於京城。斷首刳腹,解其支體。然後面縛就戮。大祖嘉其志氣,特命赦之。夫自北朝言之,則策爲首謀歸降之人,雖天下之惡一,而叔毗報讎亦過當,周文亦失刑也。若黄瑶起見獲,而魏孝文以付王肅,聽其私報,則更不俟論矣。徐達之,《南史》作逵之。**伏法受誅者,亦不能免。**《晉書·忠義傳》:沈勁父充,與王敦搆逆,衆敗而逃,爲部曲將吴儒所殺。勁當坐誅,鄉人錢舉匿之得免。其後竟殺讎人。《充傳》云:勁竟滅吴氏。勁後雖立忠義,此事則犯法

之大者，晉人宥之，失刑甚矣。沈林子祖父警，累世事道。敬事杜子恭。其父穆夫，孫恩作亂，以爲餘姚令。恩爲劉牢之所破，逃藏得免矣，宗人沈預，與警不協，以告官。警及穆夫，穆夫弟仲夫、任夫、預夫、佩夫并遇害。林子與兄淵子、雲子、田子、弟虔子，逃伏草澤。沈預家甚彊富，志相陷滅。林子乃自歸宋高祖。從克京城，進平都邑。時年十八。沈預慮林子爲害，常被甲持戈。至是，林子與田子還東報讎。五月，夏節日至，預正大集會，子弟盈堂。林子兄弟，挺身直入。斬預首。男女無長幼悉屠之。以預首祭祖父墓。事見《宋書·自序》及《南史·沈約傳》。林子兄弟，才或可用，亦誠有功，然宋武縱其報讎，亦非法也。**其或仇視官長**，《梁書·劉季連傳》：季連既降，出建陽門，爲蜀人藺道恭所殺。季連在蜀殺道恭父，道恭出亡，至是而報復焉。道恭，《南史》作相如。云季連殺其父，變名走建業。既殺道恭，乃面縛歸罪。武帝壯而赦之。此猶在去官後，且季連本曾叛逆也。若《南史·孝義傳》云：趙拔扈，新城人也。兄震動，富於財。大守樊文茂求之不已。震動怒曰：無厭將及我。文茂聞其語，聚其族誅之。拔扈走免。聚黨至社樹，呪曰："文茂殺拔扈兄，今欲報之。若事克，斫處樹更生，不克即死。"三宿三枒，生十丈餘。人間傳以爲神，附者十餘萬。既殺文茂，轉攻旁邑。將至成都十餘日，戰敗，退保新城求降。此直是犯上作亂。恐其兄亦本係亂黨，乃至族誅，不盡由於文茂之貪求也。此更不足廁於報讎之列矣。**并及大君**，《晉書·孝友傳》：王裒父儀，爲文帝司馬，斬之。裒未嘗西鄉而坐，示不臣朝廷也。鄉人管彥，少有才而未知名。裒獨以爲必當自達，拔而官之。男女各始生，便共許爲婚。彥爲西夷校尉，卒，葬洛陽。裒更嫁其女。彥弟馥問裒。裒曰："吾薄志畢願山藪，昔嫁姊妹皆遠，吉凶斷絕，每以此自誓，今賢兄子葬父於洛陽，此則京邑之人也。豈吾結好之本意哉？"此雖力不能報，仍守不共戴天之義也。諸葛誕之死，子靚奔吳，爲大司馬。吳平，逃竄不出。武帝與靚有舊，靚姊又爲琅邪王妃。帝知靚在姊間，因就見焉。靚逃於廁。帝又逼見之。謂曰："不謂今日，復得相見。"靚流涕曰："不能漆身皮面，復覩聖顏。"詔以爲侍中。固辭不拜。歸於鄉里。終身不鄉朝廷而坐。此雖不如王裒之姊妹斷絕，亦猶裒之志也。符堅兄法子東海公陽，與王猛子散騎侍郎皮謀反。事洩，堅問反狀。陽曰："禮云：父母之仇，不同天地。臣父哀公，死不以罪。齊襄復九世之讎，而況臣也？"則竟公然欲報復矣。**行於親族之間**。宋時，剡縣民黄初妻趙，打息載妻王死。遇赦。王有父母及息男稱。息女葉。依法，應徙趙二千里外。臨川王義慶及傅隆并謂律無讎祖之文，趙當避王期、功千里外耳。從之，然可見當時法家，有謂爲母可以報王母者也。① 傅竪眼父靈越，有兄靈慶、靈根。蕭斌、王玄謨攻碻磝，引靈慶爲軍主。靈慶遁還。而其從叔乾愛，爲斌法曹參軍，斌遣誘呼靈慶，密令壯健者隨之。乾愛不知斌之欲圖靈慶也。既至，對坐未久，斌所遣壯士執靈慶殺之。後靈越以母在南南走，卒毒殺乾愛，爲兄復讎。事見《魏書·竪眼傳》。王敬則爲謝朓所告而死。敬則女爲朓妻，常懷刃欲報朓，朓不敢相見。北齊崔遄子達拏，顯祖以亡兄女樂安公主降之。嘗問公主："達拏於汝何似？"答曰："甚相敬重，惟阿家憎兒。"顯祖召達拏母入內，殺之，投尸漳水。齊滅，達拏殺主以復讎。皆可見當時報讎，不以親族而釋也。**且有因此而投敵國者**。如王慧龍、王肅、王頒等是。朱齡石伯父憲及斌，并爲袁真將佐。桓溫伐真於壽陽，憲兄弟與溫潛通，真殺之。齡石父綽，逃走歸溫，攻戰常居先，不避矢石。壽陽平，真已死，綽輒發棺戮尸。**報復之際，或必求制刃於其身**，《魏書·列女傳》：平原鄔縣女子孫男玉。夫爲靈縣民所殺。追執讎人。男玉欲自殺之。其弟止而不聽。男玉曰："女人

---

① 刑法：爲母可報王母，案此亦合父殺其當誅義。

出適，以夫爲天。當親自殺之，云何假人之手？”遂以杖殿殺之。有司處死以聞。顯祖特恕之。**或則食其所讎者之肉。**孫恩入寇，謝琰敗績。帳下督張猛於後斫琰馬，墮地。二子俱被害。後劉裕生禽猛，送琰小子混。混剖肝生食之。見《晉書·謝安傳》。殷仲堪子簡之，隨義軍躡桓玄。玄敗，簡之食其肉。王廞將朱軌、趙誘爲杜曾所殺。王敦遣周訪討之。其將執曾詣訪降，訪欲生致武昌。軌息昌，誘息胤皆乞曾以復冤。於是斬曾。昌胤臠其肉而噉之。梁邵陵王綸遣馬容、戴子高、戴瓜、李撤、趙智英等殺何智通。救遣舍人諸曇粲領齋仗圍綸第，禽瓜、撤、智英。智通了敵之割炙食之。即載出新亭。四面火炙之焦熟。敞車載錢，設鹽、蒜，願百姓食，一臠賞錢一千。張弘策爲東昏餘黨孫文明等所害。官軍捕文明，斬於東市。張氏親屬臠食之。魏道武見弒，其先犯乘輿者，羣臣於城南都街生臠割而食。王肅得黃瑶起，亦臠食之。李彦刺秦州，爲城民所殺。蕭寶寅西討，彦子充爲行臺郎，募衆而征。戰捷，乃手刃仇人，噉其肝肺。見《北史·自序》。**其不能報，則以變禮終其身。**《南史·循吏傳》：沈瑀爲蕭穎達長史。瑀性屈彊，每忤穎達，穎達銜之。天監八年，因人諸事，辭又激屬。是日於路爲人所殺。多以穎達害之。子續累訟之。遇穎達尋卒，事不窮竟。續乃布衣蔬食終其身。**怨仇之門，累世不通。**《晉書·元四王傳》：武陵威王晞，爲桓溫奏徙新安，卒。子忠敬王遵。桓伊嘗詣遵。遵曰：“門何爲通桓氏？”左右曰：“伊與桓溫疏宗，相見無嫌。”遵曰：“我聞人姓木邊，便欲殺之，況諸桓乎？”由是少稱聰慧。《顏氏家訓·風操篇》曰：“江南諸憲司彈人，雖罪不坐，而以教義見辱者，或被輕繫而身死獄户者，皆爲怨讎，子孫三世不交通矣。”**能和解者殊鮮。**《魏書·李沖傳》：沖兄佐，與河南大守來崇，同自涼州入國。素有微嫌。佐因緣成崇罪，餓死獄中。後崇子護，又糾佐臧罪。佐及沖等悉坐幽繫，會赦乃免。佐甚銜之。至沖寵貴，綜攝內外。護爲南部郎，深慮爲沖所陷，常求退避。而沖每慰撫之。護後坐臧罪，懼必不濟。沖乃具奏與護本末嫌隙，乞原恕之。遂得不坐。又《術藝傳》：王早。大宗時，有東莞鄭氏，爲同縣趙氏所殺。後鄭氏執得讎人趙氏，又剋明晨會宗族就墓所刑之。趙氏求救於早。早爲占候，并授以一符，曰：“君今且還。選壯士十人，令一人爲主者，佩此符。於雞鳴時，伏在仇家宅東南二里許平旦，當有十人跟隨向西北行。中有二人乘黑牛。一黑牛最在前，一黑牛應第七。但捉取第七者還，事必無他。”趙氏從之。果如其言，乃是鄭氏五男父也。諸子并爲其族所宗敬，故和解兩家，趙氏竟免。此皆怨讎之克和解者，然能如是者恐甚少也。**甚者毀壞墳墓，亦視同相殺之讎，而報復者亦毒及枯骨。**桓闓殺曇落道人，朱謙之殺朱幼方，已見第二十一章第五節。世祖慮相報復，遣謙之隨曹虎西行。將發，幼方子惲，於津陽門伺殺謙之。謙之兄選之，又刺殺惲。有司以聞，世祖曰：“此皆是義事，不可問。”悉赦之。寬縱如此，宜乎相報者之無已也。乃如李充，父墓中柏樹，爲盜賊所斫，充手刃之，由是知名，則并未傷及其墳墓也。羊鴉仁爲荀晷所害，鴉仁兄子海珍知之，掘咎父、伯并祖及所生母合五喪。各分其半骨，共棺焚之，半骨雜他骨，作五袋盛之，銘袋上曰荀晷祖、父、母某之骨。報怨如此，信野番之所不爲也。**風氣所趨，雖婦人、**《晉書·列女傳》：王廣女。廣仕劉聰，爲西揚州刺史。蠻帥梅芳攻陷揚州，廣被殺。王時年十五，芳納之。俄於閨室擊芳，不中。芳驚起曰：“何故反邪？”王罵，辭氣猛屬。言終乃自殺。芳止之不可。此與第七章第八節所述禿髮傉檀之女同烈矣。王敬則女欲報謝朓，杜叔毗母激屬其子，亦斯志也。《宋書·樂志》：魏陳思王《鼙舞歌精微篇》曰：“關東有賢女，自字蘇來卿。壯年報父仇，身没垂功名。女休逢赦書，白刃幾在頸，俱上列仙籍，去死獨就生。”亦必有其本事也。**孺子，**

《晉書·孝友傳》、王談，年十歲，父爲鄰人竇度所殺。談日夜伺度。至年十八，乃殺之。歸罪有司。大守孔嚴嘉其義勇，列上宥之。《梁書·孝行傳》：荀匠祖瓊，年十五，復父仇於成都市。《南史·孝義傳》：聞人敻，年十七，結客報父仇。爲齊高帝所賞。《魏書·淳于誕傳》：父興宗，蕭賾南安大守。誕生十二，隨父向揚州。父於路爲羣盜所害。誕傾資結客。旬朔之内，遂得復讎。由是州里歎異之。《孝感傳》：孫益德，母爲人所害。益德童幼，爲母復仇。還家哭於殯，以待縣官。高祖、文明大后特免之。亦能自奮。司憲者不必皆平，輿論亦不必能抑彊扶弱，不以名分制一人，其説誠有深意。然行之大過，得毋有借復仇之名，以報他怨，要稱譽者乎？失仁後義，是非已極難言，況乎失義與禮，而徒矜懻以爲信？風俗之弊，隨舉一端，病原皆極深遠，固非就事論事，所能期其無憾也。

# 第二十三章　晉南北朝學術

## 第一節　學　　校

中國爲崇尚文教之國，兩漢而降，此風尤甚。晉、南北朝，雖爲喪亂之世，然朝廷苟獲小安，即思興學；地方官吏，亦頗能措意於此；私家仍以教授爲業；雖偏隅割據之區，戎狄薦居之地，亦莫不然。較之羅馬喪亂之後，晦盲否塞之情形，大異其趣矣。此亦中西史事不同之一端歟？

晉初大學，沿自魏世。泰始八年，有司奏大學生七千餘人，才任四品聽留。詔已試經者留之，其餘遣還。郡國大臣子弟堪受教者令入學。《宋書·禮志》。蓋以魏世，來學者率爲避役，高門子弟，恥非其倫，見《秦漢史》第十九章第一節。故有此舉也。《晉書·武帝紀》：咸寧二年，五月，立國子學。[1]《宋書·禮志》作起國子學。《晉書·職官志》云：咸寧四年，武帝初立國子學，定置國子祭酒博士各一人，助教十五人，以教生徒。《齊書·禮志》：東昏侯立，領國子助教曹思文上表曰：“今之國學，即古之大學。晉初大學生三千人，既多猥雜，惠帝時，欲辨其涇渭，故元康三年始立國子學，官品第五以上，得入國學。”蓋屋宇起於咸寧二年，教官定於四年，生徒入學之法，實至元康三年而後定也。《晉書·裴頠傳》：時天下初定，頠奏修國學，刻石寫經。皇大子既講，釋奠，祀孔子，飲饗射侯，甚有儀序。此事在武帝時，皇大子即惠帝也。其時蓋徒行禮，未有教學之事。經説本祇有大學，自王大子以下皆入焉，與士齒，殊有平夷之美。《周官》有師氏，保氏，乃小學之職，據此別立國子學，以“殊士庶，異貴賤”，曹思文表語。誤矣。大康五年，修作明堂、辟雍、靈臺。《宋書·禮志》。元帝初，王導請興學。戴邈亦以爲言。見《晉書》本傳及《宋書·禮志》。建武元年十一月立大學，《本紀》。蓋用其説。《宋書·百官志》云：大常博士，東京凡十四人。《易》施、孟、梁丘、京氏，《尚書》歐陽、大、小夏侯，

---

① 學校：晉始立國子學，蓋據師、保氏。

《詩》齊、魯、韓，《禮》大、小戴，《春秋》嚴、顏，各一博士。而聰明有威重者一人
爲祭酒。魏及晉兩朝置十九人，江左初減爲九人，皆不知掌何經。元帝末，增
《儀禮》、《春秋公羊》博士各一人，合爲十一人。後又增爲十六人，不復分掌五
經，而謂之大學博士也。又云：國子祭酒一人。國子博士一人。國子助教十
人，《周易》、《尚書》、《毛詩》、《禮記》、《周官》、《儀禮》、《春秋左氏傳》、《公羊》、
《穀梁》，各爲一經，《論語》、《孝經》爲一經，合十經，助教分掌。晉初置國子學
以教生徒，而隸屬大學焉。晉初助教十五人。江左以來損其員，自宋世，若不
置學，則助教惟置一人，而祭酒、博士常置也。《晉書·荀崧傳》云：時簡省博
士，置《周易》王氏，《尚書》鄭氏，《古文尚書》孔氏，《毛詩》鄭氏，《周官》、《禮
記》鄭氏，《春秋左傳》杜氏、服氏，《論語》、《孝經》鄭氏博士各一人，凡九人。
<sub>《宋書·禮志》云：《周易》王氏，《尚書》鄭氏，古文孔氏，《毛詩》，《周官》、《禮記》、《論語》、《孝經》鄭氏，</sub>
<sub>《春秋左傳》杜氏、服氏，各置博士一人。</sub>其《儀禮》、《公羊》、《穀梁》及鄭《易》，皆省不
置。崧以爲不可，乃上疏言：“宜爲鄭《易》，鄭《儀禮》、《春秋》、《公羊》、《穀梁》
各置博士一人。”詔共博議者詳之。議者多請從崧所奏。詔曰：“《穀梁》膚淺，
不足置博士，餘如奏。”會王敦之難不行。《宋書·禮志》略同。以《百官志》之
文參之，則所謂九人者：《周易》王氏一，《尚書》鄭氏二，孔氏三，《毛詩》鄭氏
四，《周官》鄭氏五，《禮記》鄭氏六，《春秋左傳》杜氏七，服氏八，《論語》、《孝
經》鄭氏九，所增者《儀禮》、《公羊》各一，合十一人也。《本紀》：大興二年，六
月，置博士員五人，則所謂後又增爲十六人者也。不復分掌五經，蓋不復事教
授？《儒林傳》言：“元帝雖尊儒勸學，亟降綸音，而東序西膠，未聞絃誦。”其明
徵矣。《成帝紀》：咸康三年，正月，立大學。《袁瓌傳》云：瓌時爲國子祭酒，
上疏請給宅地，備學徒，疏奏，成帝從之。國學之興自瓌始。《宋書·禮志》以
此疏爲瓌與大常馮懷共上，云：疏奏，帝有感焉。由是議立國學，徵集生徒。
而世尚老、莊，莫肯用心儒訓。穆帝八年，殷浩西征，以軍興罷遣。則未有實
效，旋又廢墜。《孝武帝紀》：大元九年，四月，增置大學生百人。<sub>《車胤傳》：大元</sub>
<sub>中，增置大學生百人，以胤領國子博士。</sub>十年，二月，立國學。蓋至是二學并置。《晉
書·職官志》云：孝武大元十年，損國子助教員爲十人。《宋志》云：十經由十
助教分掌，蓋在是時。<sub>《宋書·臧燾傳》：晉孝武大元中，衛將軍謝安始立國學，徐、兗二州刺史</sub>
<sub>謝玄舉燾爲助教。</sub>據《齊書·陸澄傳》澄與王儉書，則是時《易》立王肅，《左氏》取
服虔，而兼取賈逵《經》，《穀梁》有麋信《注》。至宋元嘉建學，《易》乃玄、弼兩
立。逮顏延之爲祭酒，則黜鄭置王，《左氏》則留服而去賈，《穀梁》益以范甯，
而麋猶如故。澄謂《易》王、鄭宜并存，《左氏》宜立杜，《穀梁》善范便當除麋。

又云："世有一《孝經》,題爲鄭玄注。觀其用辭,不與注書相類。案玄自序所注衆書,亦無《孝經》。"儉答云："《易》依舊存鄭,高同來說。元凱注傳,超邁前儒。《穀梁》小書,無俟兩注。存麋略范,率由舊式。凡此諸議,并同雅論。惟《鄭注》虛實,前代不嫌,意謂可安,仍舊立置。"大元立學,議由謝石,①事見《晉書》本傳及《宋書·禮志》。《宋書》載其疏辭,謂上於大元元年,元疑九形近而誤,故有"皇威遐震,戎車方静"之語。淝水之戰在八年。石之死,范弘之議謚,深致貶損,而卒援是爲恕辭,則晉人頗重其事。然《宋書·禮志》謂其品課無章,士君子恥與其列,則其實效,亦未可覩也。晉人立學,專欲以化貴胄。② 故晉初傅玄上疏,病"漢、魏百官子弟,不修經藝而務交游。今聖明之政資始,而漢、魏之失未改"。王導言:"人知士之貴由道存,則退而修其身,敦樸之業著,浮僞之競息。"戴邈言:"貴游之子,未必有斬將搴旗之才,亦未有從軍征戎之役,不以盛年,講肄道義,不亦可惜?"然糞牆朽木,素質已非,彫墁之功,云胡可就? 其時特選公卿、二千石子弟爲生,而祭酒殷茂言:"學建彌年,而功無可名。憚業避役,存者無幾。或假託親疾,真僞難知。聲實渾亂,莫此之甚。臣聞舊制,國子生皆冠族華胄,比列皇儲,而中者混雜蘭艾,遂令人情恥之。"則猶是來者皆爲避役,高門子弟,恥非其倫之舊也。《宋書·禮志》。《宋書·禮志》言:孝武立學,增造廟屋一百五十五間,而《五行志》言:大元十年正月,立國子學,學生多頑嚚,因風放火,焚房百餘間。《晉志》略同。則立學未幾,而所毀之屋,已侔於所造者三分之二矣。風紀敗壞至此,其人尚可教乎?

《宋書·禮志》云:宋高祖受命,詔有司立學,未就而崩,大祖元嘉二十年,復立國學,二十七年廢。案高祖詔立國學,事在永初三年正月,③見《本紀》。其時學制已定,范泰嘗上書論之,見本傳。大祖詔建國學,事在元嘉十九年正月,是年十二月,詔言胄子始集,學業方興,亦見《紀》;《何承天傳》亦云,是年立國子學,以本官領國子博士;而《禮志》謂立學在二十年,蓋師生集於十九年末,禮成於其翼年也。二十七年之罷,《紀》在三月,蓋以軍興之故。《孝武帝紀》:大明五年,八月,詔來歲可脩葺庠序,旌延國胄,而《禮志》不言其事,疑其實未有成。然則宋世國學脩立,不及十年,可謂衰替。然其時於私家之能講學者,爲置生徒,隆其禮貌,加以資助,則其效或轉在官學之上也。④《隱逸

---

① 學校:謝石請立學,《宋書》謂其疏上於大元元年,乃九年之誤。
② 學校:晉人立學,專以化貴胄而無效。
③ 學校:宋立學之年。
④ 學校:宋爲私人立學,兼玄、文、史,地方私家爲人立館(第九三六、九四二頁)。

傳》：周續之,遁跡廬山。高祖踐阼,召之,乃盡室俱下。上爲開館東郭外,招集生徒。乘輿降幸,并見諸生。續之素患風痺,不復堪講,乃移病鍾山。又《雷次宗傳》：元嘉十五年,徵至京師。開館於雞籠山,聚徒教授,置生百餘人。會稽朱膺之,潁川庚蔚之,并以儒學監總諸生。時國子學未立,上留心藝術,使丹陽尹何尚之立玄學,大子率更令何承天立史學,司徒參軍謝元立文學。凡四學并建。車駕數幸次宗學館,資給甚厚。此事《南史》入《本紀》,繫元嘉十六年。《宋書・何尚之傳》云：元嘉十三年,彭城王義康欲以司徒左長史劉斌爲丹陽尹,上不許。乃以尚之爲尹。立宅南郭外,置玄學,聚生徒。東海徐秀、廬江何曇、黄回、潁川荀子華、大原孫宗昌、王延秀、魯郡孔惠宣,并慕道來游。謂之南學。《南史》同。其立學不知究在何年也。其後國子學建,尚之遂領祭酒焉,亦見《傳》。《明帝紀》：泰始六年,九月,立總明觀,徵學士以充之,置東觀祭酒。《南史》云：置東觀祭酒、訪舉各一人,舉士二十人,分爲儒、道、文、史、陰陽五部學,言陰陽者遂無其人,則其分部仍與元嘉同。《齊書・百官志》：泰始六年,以國學廢,初置總明觀玄、儒、文、史四科,科置學士各十人,永明三年國學建省,尤可見孝武之興國學,實未有成也。

　　《齊書・禮志》云：建元四年,正月,詔立國學。亦見《本紀》。《王逡之傳》云：國學久廢,建元二年,逡之先上表立學,轉國子博士。《張緒傳》：建元四年,立國子學,以緒爲大常卿,領國子祭酒。置學生百五十人。其有位樂入者五十人。生年十五以上,二十以還。取王公已下至三將、著作郎、廷尉正、大子舍人、領、護諸府司馬、諮議經除敕者、諸州別駕、治中等見居官及罷散者子孫。① 悉取家去都二千里爲限。大祖崩乃止。《武帝紀》：建元四年,九月,丁巳,以國哀故罷國子學。《百官志》云：其夏國諱廢學。永明三年,正月,詔立學。亦見《紀》。創立堂宇。召公卿子弟及員外之胤。凡置生二百人。建武四年,正月,詔立學。永泰元年,東昏侯即位,尚書符依永明舊事廢學。領國子助教曹思文表言：“先代不以國諱廢學,永明以無大子故廢,非古典。”②案建武四年詔言：“往因時康,崇建庠序,屯虞薦有,權從省廢,謳誦寂寥,倏移年稔。”則其廢,似不以無大子也。總明觀以永明三年省,然是歲又於王儉宅開學士館。悉以四部充儉家。又詔儉以家爲府。四年,以本官領吏部,猶十日一還學,監視諸生焉。《儉傳》。又竟陵王子良,嘗表世祖,爲劉瓛立館。以揚烈橋故主第給之。未及徙居,遇病卒。《瓛傳》。此亦宋世待周續之、

---

① 學校：立學取見居官人。
② 學校：國諱廢學。

雷次宗之意也。孔稚圭欲於國學置律學助教，詔報從納，而事不果行，已見第二十二章第七節。

《梁書·處士傳》：梁武踐阼，徵何胤不至，乃敕胤曰：“卿門徒中，經明行修，厥數有幾？且欲瞻彼堂堂，實此周行，便可具以名聞，副其勞望。”又曰：“比歲學者，殊爲寡少。良由無復聚徒，故明經斯廢。每一念此，爲之慨然。卿居儒宗，加以德素。當敕後進有意向者，就卿受業。想深思誨誘，使斯文載興。”於是遣何朗、孔壽等六人於東山受學。設館而外，復徵及其舊日生徒，較之宋、齊，尤爲異數矣。《本紀》：天監四年，置五經博士各一人。《儒林傳》云：以平原明山賓、吳興沈峻、建平嚴植之、會稽賀瑒補博士。各主一館，《南史》又有吳郡陸璉。館有數百生，給其餼廩，其射策通明者，即除爲吏。十數月間，懷經負笈者，雲會京師。此亦猶宋之立五學，特專於儒耳。七年，正月，詔大啓庠序，博延胄子。國學蓋自此建立。九年，三月，詔皇大子及王侯之子，年在從師者，可令入學。《儒林傳》言：於是皇大子、皇子、宗室王侯始就業焉。大同七年，十二月，於宮城西立士林館，延集學者。領軍朱异、大府卿賀琛、舍人孔子袪等遞相講述。《本紀》。亦見《張綰》、《周弘正傳》。此蓋與國學并立，非如宋之五館、總明觀等補國學之缺也。《陳書·儒林·陸詡傳》言：梁世百濟國表求講禮博士，詔令詡行，①聲教東漸，南朝教學之規模，蓋以此時爲最盛矣。

《陳書·儒林傳》云：高祖承前代離亂，日不暇給，弗遑勸課。世祖以降，稍置學官。雖博延生徒，成業蓋寡。案《沈不害傳》言：天嘉初，除衡陽王府記室參軍，兼嘉德殿學士。自梁季喪亂，至是國學未立。不害上書，言宜建立庠序，選公卿門子，皆入於學。詔付外詳議，依事施行。陳世興學，不害蓋有力焉。其後宣帝大建三年，後主至德三年，皇大子皆釋奠大學。

私家亦有爲學人立館者，齊始安王遙光、右衛江祏於蔣山南爲吳苞立館是也。事見《齊書·高逸傳》。

《晉書·張軌傳》：軌徵九郡胄子五百人，立學校。始置崇文祭酒，位視別駕。春秋行鄉射之禮。《隱逸傳》：祈嘉，博通經傳。西游海渚，教授門生百餘人。張重華徵爲儒林祭酒。在朝卿士，郡縣守令彭和正等受業獨拜牀下者二千餘人。《李玄盛傳》：立泮宮，增高門學生五百人。《劉曜載記》：曜立大學於長樂宮東，小學於未央宮西。簡百姓年二十五已下，十三已上，神志可教者千五百人。選朝賢、宿儒明經篤學以教之。以中書監劉均領國子祭酒。置崇

---

① 學校：百濟求講禮博士，梁詔陸詡行。

文祭酒,秩次國子。散騎侍郎董景道,以明經擢爲崇文祭酒。曜臨大學,引試
學生之上第者,拜郎中。《石勒載記》云:司、冀漸寧,人始租賦。立大學。簡
明經善書吏,署爲文學掾,選將佐子弟三百人教之。增置宣文、宣教、崇儒、崇
訓十餘小學於襄國四門,簡將佐豪右子弟百餘人教之。大興二年,勒僭稱趙
王。從事中郎裴憲,參軍傅暢、杜嘏,并領經學祭酒。參軍續咸、庾景爲律學
祭酒。任播、崔濬爲史學祭酒。中壘支雄、游擊王陽,并領門臣祭酒。勒親臨
大小學,考諸學生。經義尤高者,賞帛有差。命郡國立學官。每郡置博士、祭
酒二人,弟子百五十人。三考修成,顯升五府。於是擢拜大學生五人爲佐著
作郎,錄述時事。《石季龍載記》:季龍下書,令諸郡國立五經博士。初勒置大
小學博士,至是復置國子博士、助教。遣國子博士詣洛陽寫石經,校中經於祕
書。國子祭酒聶熊注《穀梁春秋》,列於學宮。《隱逸傳》:楊軻養徒數百,石季龍嗣僞位
徵之。迫之乃發。後上疏陳鄉思求還。其在僞朝,蓋未嘗受官職,與於教授之事。《慕容廆載記》
云:平原劉讚,儒學該通,引爲東庠祭酒。其世子皝,率國胄束脩受業焉。廆
覽政之暇,親臨聽之。《慕容皝載記》:皝記室參軍封裕諫曰:"習戰、務農,本
也。百工、商賈,末耳。宜量軍國所須,置其員數。學者三年無成,亦宜還之
於農。"①皝乃命學生不任訓教者,亦除員錄。《慕容儁載記》:儁立小學於顯
賢里,以教胄子。《苻健載記》:健敗桓溫後,修尚儒學。《苻堅載記》言:堅立
學校。又云:堅廣修學宮,召郡國學生通一經已上充之。公卿已下子孫,并遣
受業。堅親臨大學,考學生經義優劣,品而第之。問難五經,博士多不能對。
堅謂博士王寔曰:"朕一月三臨大學,黜陟幽明,躬親獎厲,罔敢倦違,庶幾周、
孔微言,不由朕而墜。漢之二武,其可追乎?"自是每月一臨大學,諸生競勸
焉。又云:堅行禮於辟雍,祀先師孔子。其大子及公侯、卿、大夫、元士之元
子,皆束脩釋奠焉。又云:堅臨大學,考學生經義,上第者擢敍八十三人。自
永嘉之亂,庠序無聞,及堅之僭,頗留心儒學,王猛整齊風俗,政理稱舉,學校
漸興。又云:禁老莊、圖讖之學。② 中外四禁、二衛、四軍長上將士,皆令修學
課。後宮置典學,立內司,以授於掖庭。選閹人及女隸有聰識者,置博士以授
經。又云:堅以翼犍荒俗,未參仁義,令入大學習禮。③《姚萇載記》云:萇立
大學。下書令留臺、諸鎮,各置學官,勿有所廢。考試優劣,隨才擢敍。《姚興
載記》云:興立律學於長安。詳見第二十二章第七節。《慕容德載記》云:建立學官,

① 學校:不通經者還農(第九四一頁)。
② 學術:苻堅禁老、莊、圖讖之學。宋立玄儒文史陰陽。
③ 學校:什翼犍入學,此見俘部長也。

簡公卿已下子弟及二品士門二百人爲大學生。德大集諸生,親臨策試。《馮跋載記》云:營建大學,以長樂劉軒、營丘張熾、成周翟崇爲博士郎中。簡二千石已下子弟年十三已上教之。《李雄載記》云:雄興學校,置史官。聽覽之暇,手不釋卷。《李壽載記》云:廣大學,起燕殿,百姓疲於役使,呼嗟滿道,思亂者十室而九矣。皆當時偏隅割據之國,五胡僭竊之主興學之事也。亦不徒官立也。《晉書·列女傳》云:韋逞母宋氏,不知何郡人也。家世以儒學稱。幼喪母,其父躬自養之。及長,授以《周官》音義。謂之曰:"吾家世學《周官》,傳業相繼。吾今無男可傳,汝可受之,勿令絶世。"屬天下喪亂,宋氏諷誦不輟。其後爲石季龍徙之於山東。宋氏與夫在徙中推鹿車,背負父所授書到冀州。依膠東富人程安壽。壽養護之。逞時年少,宋氏晝則樵采,夜則教逞。逞遂學成名立,仕苻堅爲大常。堅嘗幸其大學,問博士經典。乃閔禮樂遺闕。時博士盧壼對曰:"廢學既久,書傳零落。比年綴撰,正經粗集。惟《周官禮》注,未有其師。竊見大常韋逞母宋氏,世學家女,傳其父業。得《周官》音義。今年八十,視聽無闕。自非此母,無可以傳授後生。"於是就宋氏家立講堂。置生員百二十人。隔絳紗縵而受業。號宋氏爲宣文君。《周官》學復行於世。時稱韋母宋氏焉。《姚興載記》云:天水姜龕、東平淳于岐、馮翊郭高等,皆者儒碩德,經明行修。各門徒數百,教授長安。諸生自遠而至者,萬數千人。興每於聽政之暇,引龕等於東堂,講論道藝,錯綜名理。涼州胡辯,苻堅之末,東徙洛陽講授。弟子千有餘人。關中後進,多赴之請業。興勅關尉曰:諸生往來出入,勿拘常限。於是學者咸勸,儒風盛焉。其厚待師儒,弘獎後學,亦視中國無愧色也。

　　《魏書·儒林傳》云:大祖初定中原,雖日不暇給,始建都邑,便以經術爲先。立大學,置五經博士,生員千有餘人。天興二年,增國子大學生員至三千。《本紀》:天興二年,三月,初令五經、羣書,各置博士。增國子大學生員三千人。《官氏志》亦云:初令五經、羣書,各置博士。大宗世,改國子爲中書學,立教授博士。世祖始光三年,春,別起大學於城東。《紀》在二月。《本紀》:大平真君五年正月,制自王公已下,至於卿士,其子息皆詣大學。其百工、伎巧、騶卒子息,當習其父兄所業,不聽私立學校。① 違者師身死,主人門誅。亦見第十八章第一節。自漢除挾書之禁已來,獎民鄉學,則有之矣,禁人立學,未之前聞,大武此詔,果何爲哉?案大武又有私養師巫、挾藏讖記之禁。見第二十四章第二節。其後孝文延興二年,二月,

----

① 學校:魏百工、技巧、騶卒子息,不聽私立學校。

詔謂當時祭孔子者，"女巫妖覡，淫進非禮，殺生鼓舞，倡優媟狎"。"自今已後，有祭孔子廟，制用酒脯而已。不聽婦女合雜，以祈非望之福。犯者以違制論"。亦見《本紀》。竊疑鮮卑竊據，人民圖覆之者甚多，結合之資，不能無藉於宗教，孔教亦爲所借用，虜乃從而禁之也。① 《儒林傳》又云：大和中，改中書學爲國子學。建明堂、辟雍，尊三老、五更。《本紀》：大和十年，九月，詔起明堂、辟雍。十五年，十月，明堂、大廟成。十六年，正月，宗祀顯祖於明堂，以配上帝。遂升靈臺，以觀雲物。降居青陽左个布政事。每朔依以爲常。又開皇子之學。及遷都洛邑，詔立國子大學，四門小學。據《劉芳傳》：發敕立四門博士，事在大和二十年。世宗時，復詔營國學。樹小學於四門。大選儒生，以爲小學博士，員四十人。《本紀》：正始元年，十一月，詔可勅有司，營繕國學。四年，六月，詔勅有司，準訪前式，置國子，立大學，樹小學於四門。《任城王澄傳》：澄表言："自鳳舉中京，方隆禮教。先皇升遐，未遑修述。學宮虛荷四門之名，宗人有闕四時之業。可勅有司，修復皇宗之學，開闡四門之教。"詔尚書可更量宜修立。《鄭道昭傳》：遷國子祭酒。表言："國子學堂房粗置，絃誦闕爾。城南大學，漢、魏五經，丘墟殘毀，藜藿蕪穢。求重勅尚書、門下，考論營制之模。"不從。道昭又表："先帝命故御史中尉臣李彪，與吏部尚書任城王澄等，妙選英儒，以宗文教。澄等依旨，置四門博士四十人。其國子博士、大學博士、及國子助教，宿已簡置。伏尋先旨，意在速就。但軍國多事，未遑建立。自爾迄今，垂將一紀。學官彫落，四術寢廢。陛下屢發中旨，敦營學館。房宇既修，生徒未立。臣往年刪定律令，繆與議筵。謹依准前修，尋訪舊事，參定《學令》，事訖書呈。自爾迄今，未蒙報判。請《學令》并制，早勅施行。使選授有依，生徒可准。"詔曰："新令尋頒，施行無遠。"道昭又表曰："臣自往年以來，頻請《學令》，并置生員。前後累上，未蒙一報。館宇既修，生房粗構。博士見員，足可講習。雖新令未頒，請依舊權置國子學生，漸開訓業。"不報。其事皆在世宗時也。雖黌宇未立，而經術彌顯。《本紀》：延昌元年，四月，詔曰："遷京嵩縣，年將二紀。虎闈闕唱演之音，四門絕講誦之業。博士端然，虛祿歲祀。貴游之胄，欲同子衿。靖言念之，有兼愧慨。可嚴勅有司，國子學孟冬使成，大學、四門，明年孟春令就。"然《李崇傳》：崇在肅宗時表言："永平之中，大興版築。續以水旱，戎馬生郊，雖逮爲山，還停一簣。今國子雖有學官之名，而無教授之實。何異兎絲燕麥，南箕北斗哉？"則其事仍未有成也。《郭祚傳》：時詔營明堂、國學。祚奏："不可於師旅之際，興版築之功，宜待豐靖之年，因子來之力。"從之。此即李崇所謂因水旱戎馬而停者也。崇此疏，《北齊書‧邢邵傳》以爲邵之言，《北史》同。神龜中，將立國學。詔以三品已上及五品清官之子充生選。未及簡置，仍復停寢。正光二年，乃釋奠於國學。始置國子生三十六人。《本紀》：正光元年，正月，詔："來歲仲陽，節和氣潤，釋奠孔、顏，乃其時也。有司可豫繕國學，圖飾聖賢，置官、簡牲，擇吉備禮。"二年，三月，庚午，帝幸國子學，祠孔子，以顏淵配。《源賀傳》：賀孫子恭，正光元年，轉爲起部郎。明堂、辟雍，并未建就。子恭上書言："今諸寺大作，稍以粗舉，并可徹減，專事經綜。嚴勅工匠，務令克成。"從之。魏營學宮，閱時甚久，蓋至此以一切之法勒之，乃克有成也。永熙中，復釋奠於國學。置生七十二人。及遷都於鄴，國子置生三十六人。此魏立學之

---

①　民族：拓跋時人民借宗教反之，疑孔教亦爲所借。

大略也。

北齊國子寺，祭酒一人，領博士五人，助教十人，學生七十二人。大學，博士十人，助教二十人，大學生二百人。四門學，博士二十人，助教二十人，學生三百人。見《隋書·百官志》。然據《北齊書·本紀》：文宣帝天保元年，八月，詔郡國修立黌序，國子學生，亦仰依舊銓補。孝昭帝皇建元年，八月，詔國子寺可備立官屬，依舊置生講習經典，歲時考試。外州大學，亦仰典司，勤加督課。則法令多成具文。《儒林傳》亦云："師、保、疑、丞，皆賞勳舊，國學博士，徒有虛名，惟國子一學，生徒數十人耳。"

後周頗重大學。《周書·李昶傳》云：昶初謁大祖，大祖深奇之。厚加資給，令入大學。大祖每見學生，必問才行於昶。足見其於此途，已頗留意。武帝保定二年，幸學，以于謹爲三老而問道焉。大和二年，七月，立露門學。置生七十二人。宣帝大象二年，亦幸學釋奠。皆見《本紀》：《隋書·辛公義傳》云：周天和中，選良家子任大學生，以勤苦著稱。武帝時召入露門學。每月集御前，令與大儒講論。時輩慕之。《豆盧勣傳》：勣在明帝時，爲左武伯中大夫。自以經業未通，請解職游露門學。帝嘉之。勅以本官就學。皆足見其重視學業也。世宗雅愛文士。立麟趾學。在朝有藝業者，不限貴賤，皆聽預焉。見《周書·千翼傳》。則後漢鴻都門學之類耳。

郡縣之學，留意者寡。以昔時興學，多有粉飾升平之意，地方爲物力所限，勢不能如中央之修舉也。南朝惟梁武帝嘗分遣博士、祭酒到州郡立學，事在天監四年，見《梁書·儒林傳》。外此無聞焉。北朝則規制頗詳。然亦徒文具而已。《魏書·顯祖紀》：天安元年，九月，初立鄉學。郡置博士二人，助教二人，學生六十人。《儒林傳》云：後詔大郡立博士二人，助教四人，學生一百人。次郡立博士二人，助教二人，學生八十人。中郡立博士一人，助教二人，學生六十人。下郡立博士一人，助教一人，學生四十人。其議蓋發自李訢，成於高允，皆見本傳。《允傳》言"郡國立學自此始"焉。此云鄉學，兼郡縣之學言之。州郡之學，對縣以下之學言，亦曰大學。①《李平傳》言平在相州，修飾大學。《高祐傳》言祐爲兗州刺史，鎮滑臺，以郡國雖有大學，縣黨宜有黌序，乃縣立講學，黨立教學，村立小學。《崔挺傳》：挺族子纂之從祖弟遊，轉熙平大守，大學舊在城內，遊移置城南閑敞之處，親自説經。《北史·酈道元傳》：道元試守魯陽，表立黌序。詔曰："魯陽本以蠻人，不立大學，今可聽之，以成良守文翁之

———————

① 學校：北齊魏州郡之學，亦曰大學。

化"是也。成人之教，對童稚之教言之，亦曰大學。《景穆十二王傳》：南安王楨之子英奏言"大學之館，久置於下國，四門之教，方構於京洛"是也。"齊制，諸郡竝立學，置博士、助教授經。學生俱差逼充員。① 士流及豪富之家，皆不從調。備員既非所好，墳籍固不關懷。又多被州郡官人驅使，縱有遊惰，亦不檢治。"《北齊書·儒林傳》。可見規制徒詳，并無益於實際也。

《魏書·景穆十二王傳》：南安王楨之子英，奏言："謹案學令：諸州郡學生，三年一校。所通經數，因正使列之。然後遣使就郡練考。僑造之流，應問於魏闕，不革之輩，宜反於齊民。頃以皇都遷構，江、揚未一，鄉校之訓，弗遑正試。致使薰蕕之質，均誨學廷，蕭艾之體，等教文肆。今外宰京官，銓考向訖，求遣四門博士，明通五經者，道別校練，依令黜陟。"詔曰："學業墮廢，爲日已久，非一使能勸。比當別勑。"《北齊書·杜弼傳》：弼幼聰敏。家貧無書，年十二，寄郡學受業。同郡甄琛，爲定州長史，簡試諸生。見而策問。義解閑明，應答如響。大爲甄所歎異。是魏、齊學制，學生不徒當地，并當由中央遣使校練也。此等考試，蓋非徒校其學業，《北齊書·儒林傳》言"諸郡俱得察孝廉，其博士、助教及游學之徒通經者，推擇充舉。射策十條，通八已上，聽九品出身。其尤異者，亦蒙抽擢"是也。魏世李訢在相州，奏請立學。言"臣自到已來，訪諸文學，舊德已老，後生未進。歲首所貢，雖依制遣，對問之日，懼不克堪。欲仰依先典，於州郡治所，各立學官。使士望之流，冠冕之胄，就而受業。經藝通明者，貢之王府"。此即元英所云：僑造之流，應問於魏闕。則其制，又不始自北齊矣。高允表論立學，言"學生當取郡中清望，先盡高門，次及中第"，亦以當時選舉，首重閥閱也。然亦有徒爲視化行禮之計者。如庾亮在荆州，繕造禮器俎豆之屬，欲行大射之禮。《宋書·禮志》。蔡興宗守會稽。三吳舊有鄉射禮，元嘉中羊玄保爲吳郡行之，久不修，興宗復行之是也。《周書·孝義傳》：張元有孝行，縣博士等二百餘人，上其狀。有詔表其門閭，則學校中人，又兼有旌別淑慝之責矣。

《學令》所列，地方雖多不克舉，然閒遇賢吏，則亦有極留意於是者。《宋書·禮志》言：庾亮在武昌，開置學官。下教極言恢復之謨，有資教學。"令參佐大將子弟悉入學。吾家子弟，亦令受業。建儒林祭酒，使班同三署。厚其供給。皆妙選邦彥，必有其宜，以充此舉。近臨川、臨賀二郡，并求修復學校，可下聽之。"事以亮薨而廢，然其規模，則可謂弘遠矣。《晉書·范汪傳》：汪爲

---

① 學校：學生差別充員。

東陽大守，在郡大興學校。子甯爲餘杭令，在縣興學校，養生徒。補豫章大守，在郡又大設庠序。遣人往交州採磬，以供學用。改革舊制，不拘常憲。遠近至者千餘人。資給衆費，一出私祿。并取郡四姓子弟，皆充學生。課讀五經。又起學臺。功用彌廣。江州刺史王凝之言其奢濁，抵罪。孝武帝以甯所務惟學，事久不判。會赦免。古者食節事時，民咸安其居，樂事勸功，尊君親上，然後興學，蓋不先富則教無所施，況以興學而致勞擾？然但就興學論，則汪與甯，可謂世濟其美矣。唐彬監幽州軍，領護烏桓校尉，兼修學校，誨誘無倦。范粲遷武威大守，到郡則立學校。杜慧度在交州，崇修學校。此興學於邊疆之地者也。魏初張恂爲常山大守，開建學校，優顯儒士。薛謹爲秦州刺史，兵荒之後，儒雅道息。謹命立庠序，教以詩書，三農之暇，悉令受業。躬巡邑里，親加考試。河、汾之地，儒道興焉。崔挺子孝暐孝莊初除趙郡大守。郡經葛榮離亂之後，民戶喪亡，六畜無遺，斗粟數縑。孝暐招撫遺散。一周之後，流民大至。興立學校，親加勸篤。此興學於兵荒之後者也。酈道元立學魯陽，以教蠻人。見上。賈彝孫儁爲洛州，在重山中，民不知學。儁乃表置學官，選聰悟者以教之。此興學於僻陋之區者也。蕭寶寅刺徐州，起學館於清東。寇儁爲梁州，令郡縣立庠序。則南北接界之地，亦多有學。《魏書·酈範傳》：弟子惲，正光中，刺史裴延儁用爲主簿，令其修起學校。亦見《延儁傳》。則僚佐之賢者，亦能佐長官以興學矣。

《宋書·隱逸傳》：沈道虔，鄉里年少，相率受學。道虔常無食，無以立學徒。武康令孔欣之，厚相資給，受業者咸得有成。《梁書·處士傳》：諸葛璩，性勤於誨誘，後生就學者日至。居宅狹陋，無以容之。大守張友，爲起講舍。《魏書·崔休傳》：爲渤海。大儒張吾貴，有盛名於山東。西方學士，咸相宗慕。弟子自遠而至者，恒千餘人。生徒既衆，所在多不見容。休乃爲設俎豆，招延禮接，使肄業而還。儒者稱爲口實。此私家教學，地方官加以資助者也。

鄉黨之地，庠序蓋寡，亦間有相沿不替者。《陳書·儒林傳》：顧越，吳郡鹽官人。① 所居新坡黃岡，世有鄉校，由是顧氏多儒學。《齊書·高逸傳》：顧歡，鄉中有學舍，歡貧無以受業，於舍壁後倚聽，無遺忘者。歡亦鹽官人也。

《宋書·周朗傳》：世祖即位，普責百官讜言。朗上書，②言："宜二十五家選一長，百家置一師。男子十三至十七，皆令受經，十八至二十，盡使修武。

---

① 學校：鹽官世有鄉校。
② 學校：宋周朗言有普及教育意。

官長皆月至學所，以課其能。習經者五年有立，則言之司徒，用武者三年善藝，亦升之司馬。若七年而經不明，五年而勇不達，則更求其言政置謀，迹其心術行履。復不足取者，雖公卿子孫，長歸農畝，終身不得爲史。"此言教育普及最早者也。傳授往往偏於學術、技藝，然人之可用與否，實尤在其德與才。世固有不能讀書，亦無膂力，而踐履惇篤，足受命於危難之間，智計縱橫，可與謀於倉卒之際者。偏於學藝，寧免棄才？今更求其言政置謀，迹其心術行履，立意可謂周至。且不專於文而兼及於武，①尤智德而外，不廢體育之義也。自來言教育者，多偏於文，南北朝之世，頗有兼重武者。《齊書·崔祖思傳》：祖思啓陳政事，謂宜於大廟之南，引修文序，司農以北，廣開武校。《魏書·韋閬傳》：閬族子或，爲東豫州刺史。以蠻俗荒梗，不識禮儀，表立大學，選諸郡生徒，於州總教。又於城北置崇武館以習武焉。皆其事也；亦兵爭之亟使然歟？朗又言"國學宜詳考古數，部定子史，令書不煩行，習無糜力"，尤足救支離破碎之弊。必如此，乃可施諸人人，而非復經生之業也。

《梁書·儒林傳》言："漢氏承秦燔書，大弘儒訓。大學生徒，動以萬數。郡國橫舍，悉皆充滿。學於山澤者，至或就爲列肆。其盛也如是。漢末喪亂，其道遂衰。正始以後，仍尚玄虛，爲儒者蓋寡。中原橫潰，衣冠殄盡。江左草創，日不暇給。迄於宋、齊，國學時或開置，而勸課未博。建之不及十年，蓋取文具，廢之多歷世祀，棄也忽諸。鄉里莫或開館。公卿罕通經術。朝廷大儒，獨學而弗肯養衆。後生孤陋，擁經而無所講習。"《陳書·儒林傳》謂："所采綴，亦梁之遺儒。"證以梁武帝敕何胤之語，南朝儒學，較漢世爲衰落，蓋非虛辭。而《魏書·儒林傳》云："世宗時天下承平，學業大盛。燕、齊、趙、魏之間，橫經著錄，不可勝數。大者千餘人，小者猶數百。"《北齊書·儒林傳》云："橫經受業之侶，偏於鄉邑。負笈從宦之徒，不遠千里。入閭里之內，乞食爲資。憩桑梓之陰，動逾千數。"《周書·儒林傳》云："開黌舍延學徒者比肩，辭親戚甘勤苦者成市。"豈北人之好學，能遠踰於南人哉？其非實錄，蓋可知矣。合各種記載通觀之，大抵南北學業，皆以平安時爲盛，②而北方最盛仍在山東，則近於實也。《隋書·儒林傳》，謂其時京邑達於四方，皆有黌校，齊、魯、趙、魏，學者尤多，猶北朝時之情形也。斯時大儒，從學者之數，見於《儒林傳》者，大者千餘，小者數百，最多者或至萬人。散見他處者，亦大致如是，如《晉書·唐彬傳》：謂其晚乃敦悅經史，尤明《易經》。隨師受業，還家教授，恒數百人。《隱逸傳》：霍原，山居積年，門徒百數。宋纖，弟子受業三千餘人。郭瑀，弟子著錄千餘人。《齊書·劉巘傳》：聚徒教授，常有數十人。《高逸傳》：顧歡，於剡天台山

———————————

① 學校：南北朝之教有兼重武者。

② 學校：據史，南北朝學校，南衰北盛，非實錄。

開館聚徒,受業者常近百人。沈驎士,隱居餘干吳差山,講經教授,從學者數十百人。徐伯珍,受業生凡千餘人。《梁書·臧盾傳》:幼從徵士琅邪諸葛璩受五經,璩學徒常有數十百人,盾處其間,無所狎比。《南史·賀瑒傳》:瑒於鄉里聚徒教授,四方受業者三千餘人。《魏書·高允傳》:還家教授,受業者千餘人。《劉昞傳》:就博士郭瑀學。瑀弟子五百餘人,通經業者八十餘人。昞受業者五百餘人。《馮元興傳》:教授常數百人。**惟此特就其盛者言之,統觀其全,設教者及從學者,皆當不逮漢世之多也。**

　　**爲學之序**,初入學者,皆讀《孝經》、《論語》。若求深造,則更讀他經,亦有誦習文辭者。《顏氏家訓·勉學篇》云:“士大夫子弟,數歲已上,莫不被教。多者或至《禮》、《傳》,少者不失《詩》、《論》。”又云:“自荒亂已來,諸見俘虜,雖百世小人,知讀《論語》、《孝經》者,尚爲人師。”又云:“吾七歲時誦《靈光殿賦》,至於今日,十年一理,猶不遺忘。二十之外,所誦經書,一月廢置,便至荒蕪矣。”《魏書·外戚傳》:馮熙,生於長安,爲姚氏魏母所養。以叔父樂陵公邈因戰入蠕蠕,魏母攜熙逃避,至氏羌中撫育。年十二,好弓馬,有勇幹,氏羌皆歸附之。魏母見其如此,將還長安。始就博士學問。從帥受《孝經》、《論語》。《周書·文閔明武宣諸子傳》:宋獻公整,年十歲,誦《孝經》、《論語》、《毛詩》,後與世宗俱受《禮記》、《尚書》於盧誕。《隋書·蔡王智積傳》:父王整,高祖龍潛時與不睦。大妃尉氏,又與獨孤皇后不相諧。以是智積常懷危懼。有五男,止教讀《孝經》、《論語》而已。亦不令交通賓客。或問其故。智積答曰:“卿非知我者。”其意恐兒子有才能以致禍也。《韋師傳》:初就學,始讀《孝經》,捨書而歎曰:“名教之極,其在茲乎?”《文學傳》:王頍,少好游俠。年二十,尚不知書。爲兄顒所責怒。於是感激,始讀《孝經》、《論語》。皆時人爲學,始於《孝經》、《論語》,次及《詩》、《禮》之徵也。讀《易》者多爲玄言之資,治《尚書》、《春秋》者,則較少矣。**初學之師,僅求其能管束生徒,使就軌範。**《北齊書·高昂傳》:其父爲求嚴師,令加捶撻。《周書·晉蕩公護傳》:其母與之書,言其小時與元寶、菩提及姑兒賀蘭盛洛四人同學。博士姓成,爲人嚴惡,四人謀欲加害。可想見當時爲童子師者之風氣也。**求深造者,自宜學有淵源。又弟子或欲依附其師,或又欲與同學者相交結。**《梁書》言臧盾處同學間無所狎比。《隋書·高祖紀》云:初入大學,雖至親昵不敢狎,則當時同學相狎比者多矣。《崔仲方傳》:年十五,周大祖令與諸子同就學,高祖亦在其中,由是與高祖少相款密。元諧、王誼雖不終,初亦以同學相親密,誼賜死時,詔猶以是爲言也。《魏書·張普惠傳》云:普惠敦於故舊,冀州人侯堅固,少時與其游學,早終。其子長瑜,普惠每於四時請祿,無不減贍,給其衣食。及爲豫州,啓長瑜解褐,攜其合門拯給之。少同硯席,情自易親,仕途攀援,何所不至?其欲相交結,固無足怪。不獨同學,即師弟子間,亦何嘗不如是。達官如唐彬,充隱如霍原,皆以教授爲務,豈真欲守先待後哉?從之游者,又皆爲傳道授業計乎?《晉書·儒林傳》言:青土隱逸之士劉兆、徐苗等,皆務教授,惟氾毓不蓄門人,清静自守。[1] 然則廣蓄門人者,多非清静之士矣。**則必取有名之士,求諸通都大邑之中,有不遠千里者。**爭名者必於朝,爭利者必於市,讀《秦漢史》第十九章第一節所述邴原之事,已可見之矣。勢利之途,古今一轍。索靖與鄉人氾衷、張甝。索紒、索永,俱詣大學,馳名海內,號稱敦煌五龍。索統亦少游京師,受業大學。即所謂爭名者必於朝。魏世宋

----
　　① 學校:不蓄門人爲清静自守,則蓄者可知。可自求(第九四六頁)。

繇,亦敦煌人,隨其妹夫至酒泉,追師就學,亦欲多歷都邑,易於有聞也。高允負笈擔書,千里就業。竇瑗年十七,便荷帙從師,游學十載。魏質年十四,啓母求就徐遵明受業,母以其年幼,不許。質遂密將一奴,遠赴徐學。見《北史·魏收傳》。楊尚希韶亂而孤,年十一,辭母受業長安,見《隋書》本傳。此等豈盡爲學問計哉?**此等大師,罕親講授。**《晉書·隱逸傳》:楊軻,養徒數百。雖受業門徒,非入室弟子,莫得親言。欲論授,須旁無雜人,授入室弟子,令遞相宣授。受業門徒如此,徒著錄者可知。《魏書·李孝伯傳》:兄孫郁,稍遷國子博士。自國學之建,諸博士率不講說,朝夕教授,惟郁而已。**弟子亦多務虛名,鮮能辨其師之優劣,而譁世取寵之士,遂得以自欺欺人焉。**《魏書·儒林傳》:張吾貴,年十八,本郡舉爲大學博士。吾貴先未多學。乃從酈詮受《禮》,牛天祐受《易》。詮、祐粗爲開發。吾貴覽讀一徧,便即別構戶牖。世人競歸之。曾在夏學,聚徒千數,而不講《傳》。生徒竊云:“張生之於《左氏》,似不能説。”吾貴聞之,謂其徒曰:“我今夏講暫罷,後當説《傳》。君等來日,皆當持本。”生徒怪之而已。吾貴謂劉蘭云:“君曾讀《左氏》,爲我一説。”蘭遂爲講。三旬之中,吾貴兼讀杜、服。隱括兩家,異同悉舉。諸生後集,便爲講之。義例無窮,皆多新異。蘭乃伏聽。① 學者以此益奇之。而以辯能飾非,好爲詭説,由是業不久傳。此等人可以爲人師乎? 然以詭辭動衆,亦能取寵一時,而鏗鏗説經者,或反爲人所譏評焉。《周書·儒林傳》:樊深,經學通贍。每解書,嘗多引漢、魏以來諸家義而説之。故後生聽其言者,不能曉悟。皆背而譏之曰:“樊生講書多門户;不可解。”然儒者推其博物。**學問之道,尚有是非可言乎? 當時傳經,最重講説。講説之間,惟音辭風采是尚,**《樊深傳》又云:學雖博贍,訥於辭辯,故不爲當時所稱。《梁書·儒林傳》:盧廣,兼國子博士,徧講五經。時北來人儒學者,有崔靈恩、孫詳、蔣顯,并聚徒講説,而音辭鄙拙。惟廣言論清雅,不類北人。又陸倕、徐勉書薦沈峻曰:“《周官》不傳,多歷年世。北人孫詳、蔣顯,亦經聽習,而音革楚夏,故學徒不至。”《北齊書·儒林傳》:權會,性甚儒愞,似不能言。及臨機答難,酬報如響。動必稽古,辭不虛發。由是爲儒者所推。貴游子弟,或就其宅,或寄宿隣家,晝夜承問,受其學業。《隋書·儒林傳》:元善,通博在何妥之下。然以風流蘊藉,俯仰可觀。音韻清朗,聽者忘倦。由是爲後進所歸。**或取辨於口給以禦人,能平心覃討者蓋寡。**《周書·儒林傳》:熊安生。天和三年,齊請通好,兵部尹公正使焉。與齊人語及《周禮》,齊人不能對。乃令安生至賓館,與公正言。公正有口辯。安生語所未至者,便最機要而驟問之。安生曰:“禮義弘深,自有條貫。必欲升堂觀奧,寧可汩其先後? 但能留意,當爲次第陳之。”公正於是具問所疑。安生皆爲一一演説,咸究其根本。公正深所嗟服。以口給禦人始,而以請益從善終,可謂爲學之架範,然如此者不多觀也。**乃有軒眉攘腕,致失儒者之風。**《陳書·儒林張譏傳》:天嘉中,遷國子助教。是時周弘正在國學發《周易》題。弘正第四弟弘直亦在講席。譏與弘正論議,弘正乃屈。弘直危坐厲聲,助其申理,譏乃正色謂弘直曰:“今日義集,辯正名理,雖兄弟急難,四公不得有助。”弘直曰:“僕助君師,何爲不可?”舉坐

---

① 學校、外交:以辯難始受業終。

以爲笑樂。弘正嘗謂人曰："吾每登坐,見張譏在席,使人懷然。"《魏書·儒林傳》:李業興,至於論難之際,高聲攘振,無儒者之風。《北史·儒林傳》曰:文襄集朝士,命盧景裕講《易》。業興子崇祖,時年十一,論難往復,景裕憚之。業興助成其子,至於忿鬩。文襄色甚不平。此等論難,真令人齒冷矣。《隋書·辛彦之傳》:吳興沈重,名爲碩學。高祖嘗令彦之與重論難。重不能抗。於是避席而謝曰:"辛君所謂金城湯池,無可攻之勢。"高祖大悦。重豈不能抗彦之,抑亦窺高祖意旨,不欲盡言邪? 此等論難,又足辨正名理乎? 甚至植黨相争,《魏書·儒林傳》:李業興,師事徐遵明於趙、魏之間。時有鮮于靈馥,亦聚徒教授。遵明聲譽未高,著錄尚寡。業興乃詣靈馥黌舍,類受業者。靈馥謂曰:"李生久逐羌博士,何所得也?"業興默爾不言。及靈馥説《左傳》。業興問其大義數條,靈馥不能對。於是振衣而起曰:"羌弟子正如此耳。"遂便逕還。自此靈馥生徒,傾學以就遵明,遵明學徒大盛,業興爲之也,何必徒取諸彼以與此邪? 枉道相傾,《隋書·儒林傳》:元善爲後進所歸,何妥每懷不平,心欲屈善。因善講《春秋》初發題,諸儒畢集。善私謂妥曰:"名望已定,幸無相苦。"妥然之。及就講肆,妥遂引古今滯義以難善,多不能對。善深銜之。二人由是有隙。終至相戕相賊者,《魏書·儒林傳》:陳奇與游雅以議論不合。時勅以奇付雅,令銓補祕書。奇既惡之,遂不復敍用。高允微勸雅。雅謂允有私於奇。乃取奇所注《論語》、《孝經》,焚於阬内。告京師後生,不聽傳授。後竟陷奇於族。已見第二十二章第七節。無怪真能爲學者,欲自師其心也。《魏書·儒林傳》:徐遵明,年十七,隨鄉人毛靈和等詣山東求學。至上黨,乃師屯留王聰,受《毛詩》、《尚書》、《禮記》。一年,便辭聰詣燕、趙,師事張吾貴。吾貴門徒甚盛。遵明服膺數日,乃私謂其友人曰:"張生名高,而義無檢格,凡所講説,不愜吾心。請更從師。"遂與平原田猛略就范陽孫買德受業。一年,復欲去之。猛略謂曰:"君年少從師,每不終業,如此用意,終恐無成。"遵明曰:"吾今始知真師所在。"猛略曰:"何在?"遵明乃指心曰:"正在於此。"《北齊書·儒林傳》:孫靈暉。魏大儒祕書監惠蔚,靈暉之族曾王父也。惠蔚一子早卒,其家書籍多在焉。靈暉惟尋討惠蔚手錄章疏,不求師友。可見當時經生之業,原可自求也,學問既可自求,從師復有何義? 而乃贏糧負笈,千里追尋,謂非馳騖聲氣得乎?

當時就學之徒,實以貴游爲衆。不獨國子、大學,即私家之門,亦復如是。如《周書·盧辯傳》言:魏大子及諸王等,皆行束脩之禮,受業於辯。而教學之風,亦即爲此輩所壞。《北齊書·儒林傳》言:"世胄之門,罕聞彊學。胄子以通經仕者,惟博陵崔子發、廣平宋遊卿而已。"《周書·薛端傳》亦言:"大學多是貴游,好學者少。"《陳書·新安王伯固傳》,言其爲政嚴苛。爲國子祭酒,有惰游不習者,重加檟楚。生徒懼焉,學業頗進。國學而至煩檟楚,其風紀可知矣。《梁書·百官志》言:舊國子學生,限以貴賤。梁武帝欲招來後進,五館生皆引寒門儁才,不限人數。今觀學生,或由薦召,便知寒畯與此之難。如張纘以尚主召補國子生。賀瑒爲國子生,乃由劉瓛之薦。魏高宗引見侍郎、博士之子,簡其俊秀者,欲以爲中書學生。張安世年十一,陳説祖父,甚有次第。即以爲學生。索敞爲中書博士,京師大族貴游之子,多所成益。前後顯達,位至尚書、牧守者數十人。惰游習爲固然。《晉書·呂纂載記》:苻堅時入大學,不好讀書,惟以交結聲樂爲務。此乃當時風氣,正不獨纂爲然也。詔諛不知可恥。《南史·王曇首傳》:玄孫訓。

初補國子生，問説師袁昂。昂曰："久藉高名，有勞虛想。及觀容止，若披雲霧。"俄而諸袁子弟來。昂謂諸生助教曰："我兒出十數。若有一子如此，實無所恨。"詔諛之態，令人作嘔。**雖有考試，悉成具文。**《陳書·袁憲傳》：武帝撰《孔子正言章句》，詔下國學宣制旨義。憲時年十四，被召爲國子正言生。謁祭酒到溉。溉目而送之，愛其神采。在學一歲，國子博士周弘正謂憲父君正曰："賢子今兹欲策試？"君正曰："經義猶淺，未敢令試。"居數日，君正遣門下客岑文豪與憲候弘正。會弘正將登講坐，弟子畢集。乃延憲入室，授以塵尾。令憲樹義。時謝岐、何妥在坐，弘正謂曰："二賢雖窮奧賾，得無憚此後生邪？"何、謝於是遞起義端，深極理致。憲與往復，酬對閑敏。弘正謂妥曰："恣卿所問，勿以童稚相期。"時學衆滿堂，觀者重沓，而憲神色自若，辯論有餘。弘正請起數難。終不能屈。因告文豪曰："卿還咨袁吳郡此郎已堪見代爲博士矣。"時生徒對策，多行賄賂。文豪請具束脩。君正曰："我豈能用錢爲兒買第邪？"學司銜之。及憲試，爭起劇難。憲隨問抗答，剖析如流。到溉顧憲曰："袁君正其有後矣。"及君正將之吳郡，溉祖道於征虜亭。謂君正曰："昨策生，蕭敏孫、徐孝克非不解義，至於風神器局，去賢子遠矣。"尋舉高第。此等考試，豈徒有名無實邪？又《文學傳》：岑之敬，年十六，策《春秋左氏·制旨孝經義》，擢爲高第。御史奏曰："皇朝多士，例止明經。若顔、閔之流，乃應高第。"梁武帝省其策，曰："何妨我復有顔、閔邪？"因召入面試。令之敬升講坐，勅中書舍人朱異執《孝經》唱《士孝章》、武帝親自論難。之敬剖釋縱橫，應對如響。左右莫不嗟服。乃除童子奉車郎，賞賜優厚。亦一時興到壞法之舉也。**不務大成，惟求早達。**齊世國學，限年十五。①已見前。《宋書·范泰傳》：高祖議建國學，以泰領國子祭酒。泰上表，言："十五志學，誠有其文，若年降無幾，而深有志尚者，何必限以一格？"是宋世學制，亦以十五爲入學之年也。然史傳所載，入學之年，多視此爲早。如梁王份之孫錫，十二爲國學生；許懋十四入大學；王承七歲通《周易》，選補國子生，年十五對策高第；陳蕭乾，年九歲，召補國子《周易》生，十五舉明經；周弘正年十五，召補國子生，皆是。徐勉年十八，召爲國子生，猶其晚者矣。學於私家者亦然，如魏范紹年十二，父命就學，師事崔光是也。又不徒弟子也，即博士亦然。高允議置郡國學官，請博士年限四十已上，助教限三十已上，《南史·賀琛傳》云："年將三十，便事講授。"意亦以爲已早。然有十八而舉爲博士之張吾貴矣。**論興學者，多欲以此息華競，而所爲若此，不將轉揚其波乎？諸生中自有孤貧好學者。**《晉書·隱逸傳》：祈嘉，酒泉人也，西至敦煌，依學官誦書。貧無衣食，爲書生都養以自給。《梁書·儒林傳》：范縝在劉瓛門下積年，去來歸家，恒芒屩布衣，徒行於路，瓛門多車馬貴游，縝在其門，聊無恥愧。《陳書·儒林傳》：駕德基，少游學於京邑，積年不歸。衣資罄乏，又恥服故敝，盛冬止衣裌襦袴。《魏書·刁沖傳》：雖家世貴達，及從師於外，自同諸生。於時學制，諸生悉自直監廚，沖雖有僕隸，不令代己，身自炊爨。《周書·柳虯傳》：年十三，便專精好學。時貴游子弟就學者，并車服華盛，惟虯不事容飾。皆可見當時學者，貧富不同，奢儉亦異。**此輩除愛好墳籍，出自天性外，自不免有志於寵榮。次亦欲求免苦。**參看第二十二章第四節所引葛洪論貢舉之語。《魏書·儒林傳》：董徵，除安州刺史。因述職路次過家，置酒高會，大享邑老。乃言曰："要驄反國，昔人稱榮，杖節還家，云胡不樂？"因戒二三子弟曰："此之富貴，匪自天降，乃勤學所致耳。"時人榮之。此與《秦漢史》第十九章第一節所引桓榮之事，可以參觀。皆爲學積年，而未能化其梯榮之志者也。趙至感母言，詣師受業，已見第二十二章第六節。至聞父耕

────────────

① 學校：南北朝時，入國學年十五，然多早，舉博士亦提早，張吾貴且十八爲博士。

叱牛聲,投書而泣。師怪問之。至曰:"我小,未能榮養,使老父不免勤苦。"師甚異之。年十四,詣洛陽游大學。遇稽康於學寫石經,徘徊視之不能去。而請問姓名。康曰:"年少何以問邪?"曰:"觀君風器非常,所以問耳。"康異而告之。後乃亡到山陽求康,不得而還。又將遠學。母禁之。至遂陽狂走。三五里,輒追得之。年十六,游鄰,復與康相遇,隨康還山陽。改名浚,字允元。及康卒,至詣魏興,見大守張嗣宗,甚被優遇。嗣宗遷江夏相,隨到湞川,欲因入吳。而嗣宗卒。乃向遼西而占戶焉。遼西舉郡計吏,到洛陽,與父相遇。時母已亡,父欲令其宦立,弗之告,仍戒以不歸。至乃還遼西。幽州三辟部從事。斷九獄,見稱精審。大康中,以良吏赴洛,方知母亡。初至自恥學士伍,欲以宦學立名,①期於榮養。既而其志不就,號憤慟哭,歐血而卒。時年三十七。樹欲靜而風不寧,有志不遂,卒殞其身,亦可哀矣。然亦可見求名者必違鄉里,學校與貢舉,如一轍也。而朝廷所以遇之者極薄。《宋書·臧燾徐廣傅隆傳論》曰:"漢世登士,閭黨為先,崇本務學,不尚浮詭。於是人厲從師之志,家競專門之術。自魏氏膺命,主愛雕蟲,家棄章句,人重異術。又選賢進士,不本鄉閭,銓衡之寄,任歸臺閣。由是仕憑借譽,學非為己。士自此委笥植經,各從所務,早往晏退,以取世資。自黃初至於晉末,百餘年中,儒教盡矣。"《魏書·儒林傳》言:"州舉茂異,郡貢孝廉,對揚王庭,每年逾衆。"然廢帝時羊深請修國學,謂"進必吏能,升非學藝。是使刀筆小用,計日而期榮,專經大才,甘心於陋巷。"又云:"當世通儒,冠時盛德,見徵不過四門,登庸不越九品。"可見南北兩朝,其待儒生皆薄。庾亮在武昌,下教曰:"人情重交而輕財,好逸而惡勞。學業致苦,而祿答未厚。由捷徑者多,故莫肯用心。"可見自他途進者,較學校為多也。來者所期,仍不過免役而已。庾亮興學,可謂情殷,然下教亦云:"若非束脩之流,禮教所不及,而欲階緣免役者,不得為生。"②殷茂謂國學混雜蘭艾,亦云憚業避役。博士之選亦日輕,務進取者皆不樂為。《晉書·儒林傳》:孝武帝以徐邈為前衛率,領本郡大中正,授大子經。帝謂邈曰:"雖未勑以師禮相待,然不以博士相遇也。"古之帝王,受經必敬,自魏、晉已來,多使微人教授,號為博士,不復尊以為師,③故帝有云。《梁書·張充傳》:徵拜國子祭酒。登堂講說。皇大子以下皆至。時王侯多在學,執經以拜。充朝服以立,不敢當也。《周書·儒林傳》:梁武帝欲高置學官,以崇儒教,中大通四年,乃革選,以沈重補國子助教。《魏書·穆崇傳》:玄孫弼,高祖初定氏族,欲以為國子助教。弼辭曰:"先臣以來,蒙ရ累世。比較徒流,實用慚屈。"高祖曰:"朕欲敦厲冑子,故屈卿先之。白玉投泥,豈能相汗?"弼曰:"既遇明時,恥沈泥滓。"《周書·呂思禮傳》:司馬子如薦為尚書二千戶郎中,尋以地寒被出,而得兼國子博士。可見其禮與選之輕。《宋書·謝方明傳》言:其伯父邈為吳興大守,舅子馮嗣之及北方學士馮翊仇玄達往投。邈并舍之郡學,禮待甚簡。二人并忿恨,遂與孫恩通謀,亦可見當時禮遇儒者之薄也。以視漢世,博士、博士弟子,皆為通顯之階者,迥不侔矣。宜乎論者皆有不承權輿之歎也。

《晉書·苻堅載記》:堅八歲,請師就家學。《北齊書·儒林傳》:魏天平中,范陽盧景裕,同從兄禮即仲禮。於本郡起逆。高祖免其罪,置之賓館,以經教授大原公已下。及景裕卒,又以趙郡李同軌繼之。二賢并大蒙恩遇,待以

---

① 學校:欲以宦學之名者趙至。
② 學校:庾亮興學,云欲階緣免役者,不得為生。
③ 學校:晉後使微人教授,不尊為師。

殊禮。同軌之亡，復徵中山張雕，即張雕虎。渤海李鉉、刁柔，中山石曜等，遞爲
諸子師友。及天保、大寧、武平之朝，亦引進名儒，授皇大子、諸王經術。《神武
紀》：始范陽盧景裕以明經稱，魯郡韓毅以工書顯，咸以謀逆見禽，而蒙恩置之第館，教授諸子。《李鉉
傳》：武定中，李同軌卒後，高祖令世宗在京，抄簡碩學，以教諸子。世宗以鉉應旨。徵詣晉陽。時中山
石曜、北平陽絢、北海王晞、清河崔瞻、廣平宋欽道，及工書人韓毅，同在京館，師友諸王。又云：鮑
季祥從弟長暄，武平末，爲任城王湝丞相掾。恒在京教授貴游子弟。《楊愔
傳》云：一門四世同居，家甚隆盛。昆季就學者十餘人。學庭前有柰樹，實落
地，羣兒咸爭之，愔頹然獨坐。其季父暐，適入學館，見之，大用嗟異。《周
書·儒林傳》：樊深，于謹引爲其府參軍，令在館教授子孫。樂遜，大尉李弼請
其教授諸子。魏廢帝二年，大祖召遜教授諸子。在館六年，與諸儒分經授業。
《賀蘭祥傳》：父初真，尚大祖姊建安長公主。祥年十一而孤，長於舅氏。特爲
大祖所愛。雖在戎旅，常博延儒士，教以書傳。《北史·儒林傳》：劉晝，恨下
里少墳籍，便杖策入都。知鄴令宋世良家有書五千卷，乃求爲其子博士，恣意
披覽，晝夜不息。《景穆十二王傳》：陽平王新成之子欽，託青州人高僧壽爲子
求師。師至未幾，逃去。欽以讓僧壽。僧壽性滑稽，反謂欽曰："凡人絕粒，七
日乃死。始經五朝，便尒逃遁。去食就信，實有所闕。"欽乃大慙。於是待客
稍厚。欽子子孝，置學館於私第，集羣從子弟，晝夜講讀。并給衣食，與諸子
同。此皆富貴之家，延師於家，以教其子弟者也。貴游入學，誠未必能學問，
然如此，則益與平民隔絕矣。當時貴人，并有使儒生教其奴隸者，《魏書·溫子昇傳》：爲廣陽
王淵賤客，在馬坊教諸奴子書是也。儒業亦可謂輕賤矣。

## 第二節　文　字

　　文字變遷，秦、漢爲劇，過此則漸趨安定矣。說見《秦漢史》第十九章第二節。安
定之世，貴統一而賤紛岐，故晉、南北朝，稍從事於釐正字體。

　　當時譌繆之字，亦有仍行於今者，如《顏氏家訓·書證篇》所云"亂旁爲
舌"是也。然其時之錯亂，恐遠甚於今日。《雜藝篇》云："晉、宋已來，多能書
者。故其時俗，遞相染尚，所有部帙，楷正可觀，不無俗字，非爲大損。至梁天
監之間，斯風未變。大同之末，譌替滋生。蕭子雲改易字體，邵陵王頗行僞
字，前上爲草，能旁作才之類是也。朝野翕然，以爲楷式。畫虎不成，多所傷
敗。至爲一字，惟見數點。或妄斟酌，遂便轉移。尒後墳籍，略不可看。北朝
喪亂之餘，書迹鄙陋，加以專輒造字，猥拙甚於江南。乃以百念爲憂，言反爲

變,不用爲罷,追來爲歸,更生爲蘇,先人爲老。如此非一,徧滿經傳。"如所言,書幾不可讀矣。《梁書·曹景宗傳》云:爲人自恃尚勝。每作書,字有不解,不以問人,皆以意造。[1] 觀顏氏之説,乃知當時自有此風,正不獨武人寡學者然也。

　　紛岐至此,自不能不加釐正,乃有名爲釐正,而實揚其波者。《魏書·世祖紀》:始光二年,初造新字千餘。詔曰:"昔在帝軒,剏制造物,乃命倉頡,因鳥獸之跡,以立文字。自兹以降,隨時改作。故篆、隸、草、楷,并行於世。然經歷久遠,傳習多失其真。故令文體錯繆,會義不愜。非所以示軌則於來世也。孔子曰:名不正則事不成,此之謂矣。今制定文字,世所用者,頒下遠近,永爲楷式。"觀其言,意亦在於釐正字體。然千餘文中,當時俗字,爲所沿用者必多。更益之以新造,新者既興,舊者仍不能廢,是治絲而棼之也。況文字本不由官府制定頒布,故其所造,卒不能行。

　　欲救文字之亂,必當釐正字書,當時官家,亦有爲之者。《梁書·蕭子顯傳》:子愷。先是大學博士顧野王奉令撰《玉篇》。大宗嫌其詳略未當。以愷博學,於文字尤善,使更與學士删改。《魏書·大祖紀》:天興四年,集博士儒生,比衆經文字,義類相從,凡四萬餘字,號曰《衆文經》。《周書·藝術傳》:大祖命趙文深與黎季明、沈遐等依《説文》及《字林》,刊正六體。成一萬餘言,行於世。皆其事也。《劉仁之傳》,言其性好文字,吏書失體,便加鞭撻。《北史·樂遜傳》:遜興槻詣朝堂,陳周宣帝八失。其七曰:詔上書字誤者,即科其罪。蓋亦苦其紛亂,故以嚴法繩之也。

　　當時人士,於小學多疏,觀其識古文字之少,[2]便可知之。《齊書·五行志》:建元二年,夏,廬陵石陽縣長溪水衝激山麓崩,長六七丈,下得柱千餘,疑當作十餘。皆十圍,長者一丈,短者八九尺。頭題有古文字,不可識。江淹以問王儉。儉云:"江東不閑隸書,此秦、漢時柱也。"秦、漢時字,尚謂難識,況其上爲者乎? 然此等事正多。《梁書·劉顯傳》:任昉嘗得一篇缺簡書,文字零落,歷示諸人,莫能識者。顯云:"是《古文尚書》所删逸篇。"昉檢《周書》,果如其説。《南史·范雲傳》:齊建元初,竟陵王子良爲會稽大守,雲爲府主簿。王未之知。後刻日登秦望山,乃命雲。雲以山上有秦始皇刻石,此文三句一讀,人多作兩句讀之,并不得均;又皆大篆,人多不識;乃夜取《史記》讀之,令上口。

----

① 文字:曹景宗作書,不解不問人而意造,此即史事不闗文。
② 文字:晉南北朝時,識古字者少(第一〇二一頁)。

明日登山。子良令賓僚讀之，皆茫然不識。末問雲。雲曰："下官嘗讀《史記》，見此刻石文。"進乃讀之如流。子良大悦，因以爲上賓。又《江淹傳》：永明三年，兼尚書左丞。時襄陽人開古冢，得玉鏡及竹簡古書，字不可識。王僧虔善識字體，亦不能諳，直云似科斗書。淹以科斗字推之，則周宣王之簡也。《僧虔傳》則云：文惠大子鎮雍州，有盗發古冢者，此事《齊書》見《文惠大子傳》，云時襄陽有盗發古冢者，時雍州治襄陽也。相傳云是楚王冢。大獲寶物。玉履、《齊書》作屐。玉屏風、竹簡書青絲綸。《齊書》作編。簡廣數分，長二尺，皮節如新。有得十餘簡，以示僧虔。《齊書》云：盗以把火自照。後人有得十餘簡，以示撫軍王僧虔。僧虔云："是科斗書《考工記》，《周官》所闕文也。"《齊書》下又云：是時州遺按驗，頗得遺物，故有同異之論。二説互異，即可知當時莫能真識者。《北史·高允傳》：文成末，有人於靈丘得玉印一以獻，詔以示高祐。祐曰："印上有籕書二字，文曰宋壽。"此等亦不過秦、漢間字耳。《陳書·文學傳》：庾持善字書。每屬辭，好爲奇字，文士以此譏之。未必非所謂文士者，見橐駝言馬瘇背也。

　　通知古字者，有兩種人：一爲文學之士留心古訓者，一則書法之家也。[1]顏之推非重書藝之人，《家訓·雜藝篇》言："真、草書迹，微須留意。吾幼承門業，加性愛重，所見法書，亦多觀習，功夫頗至，遂不能佳，良由無分故也。此藝不須過精，巧者勞而智者憂，常爲人所役使，更覺爲累。"然於字體、訓詁、音讀，皆頗審諦。蓋由載籍極博，且能留意於是。《魏書·江式傳》：延昌三年上表，求撰集古來文字。其書以許慎《説文》爲主，兼采孔氏《尚書》、《五經》音注、《籕篇》、《爾雅》、《三倉》、《凡將》、《方言》、《通俗文祖》、《文宗》、《埤蒼》、《廣雅》、《古今字詁》、《三字石經》、《字林》、《韻集》，諸賦文字有六書之誼者。皆以次類編聯，文無復重，糾爲一部。其古、籕、奇惑、俗隸，咸使班於篆下，各有區別。詁訓假借，隨文而解。音讀楚夏，逐字而注。其體例蓋頗完備。其所由來，則其六世祖瓊，與從父兄應元，俱受學於衛覬。其後避地河西，數世傳習。其祖威，嘗上書三十餘法。式篆體尤工，洛京宮殿諸門版題，皆其所書。實世傳書藝者耳。《北史·儒林傳》：樊深，讀《倉》、《雅》篆籕之書。《文苑傳》：諸葛穎習《倉》、《雅》頗得其要。此文學之士留心小學者。又《劉芳傳》：芳從子懋，善草隸書，識奇字，則兼文學書藝兩途矣。此等人之著述，略見《隋書·經籍志》。然亦有撰而未成者，如江式之《古今文字》即是。式又表作《字釋》，亦未就也。又有成而《隋志》未著錄者，如《梁書·孝行傳》載劉霽著《釋俗語》八卷。《北齊書·儒林傳》謂趙鉉覽《説

①　文字：書法之家識古字，有古體足周事（第九五三頁）。

文》及《倉》、《雅》,删正六藝經注中謬字,名曰《字辨》是也。字書亦有誤繆者。顏之推云:"江南閭里間有《書賦》,乃陶隱居弟子杜道士所爲。其人未甚識字,輕爲軌則,託名貴師。世俗傳信,後生頗爲所誤。"亦見《家訓·雜藝篇》。江式亦云:"篆形繆錯,隸體失真。俗學鄙習,復加虛巧。談辯之士,又以意説。炫惑於時,難以釐改。"此其弊,皆在未究本原。故顏之推病"世之學徒,多不曉字。讀《五經》者,是徐邈而非許慎,習賦誦者,信褚詮而忽吕忱,明《史記》者,專皮、鄒而廢篆籀,學《漢書》者,悦應、蘇而略《蒼》、《雅》"也。《家訓·勉學篇》。字書以《説文》爲最早。所説雖不盡信,要易推見本原。故顏氏篤信是書,謂:"不信其説,則冥冥不知一點一畫有何意。"《書證篇》。江式作古今文字,亦以是書爲主也。

　　尋常傳習,仍係前世編成韻語之書。其中以《急就篇》爲最通行。[①] 故見於史傳者,人多童而習之。如《魏書·儒林傳》:劉蘭,年三十餘,始入小學,書《急就篇》。李鉉,九歲入學,書《急就篇》。《北史·李靈傳》:李繪,六歲便求入學,家人以偶年俗忌不許,遂竊其姊筆牘用之,未逾晦朔,遂通《急就章》是也。然其書不必皆史游所撰。故《隋書·經籍志》,史游《急就章》一卷外,又有崔浩撰《急就章》二卷,豆盧氏撰《急就章》三卷焉。當時識字、學書,所用者尚係一本。《北史·景穆十二王傳》:任城王雲之孫順,年九歲,師事樂安陳豐。初與王羲之《小學篇》數千言,晝夜誦之,旬有五日,一皆通徹。《小學篇》必取羲之之書,蓋正以用爲楷則。崔浩多爲人寫《急就章》,見第八章第六節。蓋亦以此。浩亦以是有重撰之本也。《北齊書·楊愔傳》言其六歲學史書,蓋亦識字與學書并行矣。

　　音讀之殊,古稱楚、夏。[②] 此本一種言語,隨風土而稍譌。晉、南北朝之世,開拓之地愈廣,雜處之族益多,故其錯亂,有更甚於昔者。然以大較言之,則亦不過南北之異耳。《宋書·顧琛傳》:謂宋世江東貴達者,會稽孔季恭,季恭子靈符,吴興丘淵之及琛,吴音不變。《齊書·王敬則傳》:謂其名位雖達,不以富貴自遇。接士庶皆吴語,而殷勤周至。此長江下游之語也。《南史·胡諧之傳》言:齊武帝欲獎以貴族盛姻,以諧之家人語俗,音不正,乃遣宮内四五人往諧之家教子女語。二年後,帝問曰:"卿家人語音已正未?"諧之答曰:"宮人少,臣家人多。非惟不能正音,遂使宮人,頓成俗語。"帝大笑,徧向朝臣説之。此長江中游之語也。諧之豫章南昌人。觀此,知當時貴人,皆以北語爲尚。

---

① 文字:晉南北朝時,識字多用《急就章》,《急就章》非一本。
② 言語:晉南北朝時,大別亦楚夏。讀音(第九五二—九五四頁)。

《顏氏家訓·音辭篇》謂當時語言，“南染吳、越，北雜夷、虜”，此則相處既習，自然之勢，非有意爲之也。言語雖以一統爲貴，人恒不免戀舊之情，故顏氏又謂其“各有土風，遞相非笑”。觀於史傳：《宋書·宗室傳》，譏長沙景王道憐，素無才能，言音甚楚。《魏書·田益宗傳》，美董巒雖長自江外，言語風氣，猶同華夏，此習於北者之笑南。《陳書·周鐵虎傳》，謂其梁世南渡，語音傖重。而崔靈恩等，亦以音辭鄙拙，不見重於南人。見第一節。此習於南者之笑北也。《抱朴子·譏惑篇》云：“吳之善書，則有皇象、劉纂、岑伯然、朱季平，皆一代之絕手。如中州有鍾元常、胡孔明、張芝、索靖，各一邦之妙。并有古體，俱足周事。廢已習之法，學中國之書，尚可不須也，況於轉易其聲音，以效北語？此猶其小者耳，乃有遭喪而學中國哭者。”《隋書·五行志》，謂煬帝言習吳音，後竟終於江都，亦魯襄公終於楚宫之類。觀其惡變古之深，即知其篤土風之甚。然從同之勢，卒不可免。故楊愔稱歎裴讓之，謂：“河東士族，京官不少，惟此家兄弟，全無鄉音。”李業興家世農夫，雖學殖而舊音不改，則史家笑之矣。好同惡異，貴通賤塞，錯亂之語言，實於此情勢中漸趨一統也。

今世語言、誦讀，久已分道揚鑣，語言之異，實非誦讀所能矯正，故教育部頒布音符，欲藉讀音以正語音，收效殊鮮。前世語多單音，則二者關係較密，故其謬繆，亦有互相牽率者。《顏氏家訓·音辭篇》，謂：“南人以錢爲涎，以石爲射，以賤爲羨，以是爲舐，北人以庶爲戍，以如爲儒，以紫爲姊，以洽爲狎。”此等謬變，即足誤事。劉仁之之馭史，言韻微謬，亦見捶楚，蓋亦有所不得已邪？欲救斯弊，必藉正音。故顏氏美葛洪《字苑》，分焉字訓若、訓何者音於愆反，送句及助詞音矣愆反，而訾北人“呼邪爲也”也。注音難確，反語斯興。顏氏云：“鄭玄注六經，高誘解《吕覽》、《淮南》，許慎造《説文》，劉熹製《釋名》，始有譬況假借，以證音字，而古語與今殊别，其間輕重清濁，猶未可曉。加以外言、内言、急言、徐言、讀若之類，益使人疑。孫叔言創《爾雅音義》，是漢末人獨知反語。至於魏世，此事大行。高貴鄉公不解反語，以爲怪異。”《北齊書·廢帝紀》云：天保元年，立爲皇大子。時年六歲。性敏慧。初學反語，於跡字下注云自反。時侍者未達其故。大子曰：“足旁亦爲跡，豈非自反邪？”高貴鄉公所怪，而廢帝童而習之，可見反語通行之廣矣。反語之用，不外雙聲、疊韻，故時人多明於是。《南史·謝莊傳》：王玄謨問莊：何者爲雙聲？何者爲疊韻？答曰：“玄護爲雙聲，磝碻爲疊韻。”其捷速如此。又《羊玄保傳》：謂其子戎語好爲雙聲，皆是也。顏之推云：“至鄴已來，惟見崔子豹、崔瞻叔姪，李祖仁、李蔚兄弟，頗事言辭，少爲切正。”又自言：“兒女雖在孩稚，便漸督正。一

言謳替,以爲己罪。"其重之如此。然其遷流,卒不可免。至後世,言語多用複音,文字仍係單音,①則讀音之正不正,不復足以誤事,而致謹於此者少矣。

顏之推又云:"江南學士讀《左傳》,口相傳述,自爲凡例。軍自敗曰敗,打破人軍曰敗。"《注》云:"補敗反。"此所重者仍字音也。《隋書·經籍志》有《楚辭音》五種:一徐邈撰,一宋處士諸葛氏撰,一孟奥撰,一釋道騫撰,一不著撰人名氏。云:"隋時有釋道騫善讀之,能爲楚聲,音韻清切。至今傳《楚辭》者,皆祖騫公之音。"此當不徒字音,亦兼及其聲調也。

因音讀之見重,而四聲之説興焉。②《南史·周顒傳》云:顒始著《四聲切韻》,行於時。《陸厥傳》云:齊永明時,盛爲文章。吳興沈約,陳郡謝朓,琅邪王融,以氣類相推轂。汝南周顒,善識聲韻。約等文皆用宮商。將平、上、去、入四聲,以此制韻。五字之中,音韻悉異,兩句之内,宮徵不同,不可增減。世呼爲永明體。《庾肩吾傳》云:齊永明中,王融、謝朓、沈約,文章始用四聲,以爲新變。至是梁武帝時。轉拘聲韻,彌爲麗靡,復踰往時。案四聲之别,不過語音高下、長短之不同。配合得宜,則誦之成響,不則蹇澀不可讀,此不過作文字者講求聲調之一端耳。文之如口語書之者,是爲散文,駢文則相去較遠,誦讀之聲調,與口語之遠近,亦因之而殊。駢文誦之既别有其聲,爲之自别有其法,於是所謂律體者生焉。《梁書·王筠傳》:沈約製《郊居賦》,構思積時,猶未都畢。乃要筠示其草。筠讀至雌霓連蜷,約撫掌欣抃曰:"僕嘗恐人呼爲霓。"上霓字下注云五激反,下霓字下注云五雞反。此注語不知爲《梁書》元文,抑後人所增。然即爲後人所增,亦不失作者之意。蓋謂其字當讀入聲,不當讀平聲耳。四聲之用,不過如此。散文誦讀之聲,既與口語相近,能語言者,自能使其疾徐、高下,皆合節度。駢文則不然,故其聲調不得不别學。聲調既别有其律,字音之高下、長短,自不得不加别擇。齊、梁時駢文盛行,四聲之説,所以生於此時也。不爲此等文字者,原不必留意於此。即爲之者,其技苟工,亦自能闇合。故《南史·沈約傳》,謂約撰《四聲譜》,以爲在昔詞人,累千載而不悟,而梁武帝雅不好焉。嘗問周捨曰:"何謂四聲?"捨曰:"天子聖哲是也。"帝竟不甚遵用。此非武帝有作,不協四聲,乃不待留意而自合,猶工於文者不必皆知文法也。陸厥與約書,謂其"謂歷代衆賢未睹此祕"爲近誣。約答書雖不承此語,亦謂:"宮商之聲有五,文字之别累萬,以累萬之聲,配五聲

之約，高下低昂，非思力所學。"蓋爲此也。

中國文字，亦頗行於外國。然不能變其語言者，其文字之行，亦不能久。①
《周書·異域傳》云：高昌，文字亦同華夏，兼用胡書。蓋其國用華文，與胡往復，則用
胡書。有《毛詩》、《論語》、《孝經》，置學官弟子，以相教授。雖習讀之，而皆爲胡
語。其後華文卒不能行於西域，則其驗也。北族薦居，政權既爲所攘竊，其語
言亦隨之流行，然亦卒不能久。《隋書·經籍志》，著錄鮮卑語之書，凡十三
種。《國語》十五卷。《國語》十卷。《鮮卑語》五卷。《國語物名》四卷。《國語真歌》十卷。《國語雜物
名》三卷。《國語十八傳》一卷。《國語御歌》十一卷。《鮮卑語》十卷。《國語號令》四卷。《國語雜文》
十五卷。《鮮卑號令》一卷。《雜號令》一卷。云："後魏初定中原，軍容號令，皆以夷語。
後染華俗，多不能通。故錄其本言，傳相教習，謂之國語。"此蓋以華文書夷
語，②如明四譯館之所爲。《魏書·呂洛拔傳》：謂其長子文祖，以舊語譯注
《皇誥》，此以鮮卑語譯華言，其所用者，當亦係華文也。《術藝傳》：晁崇弟懿，
以善北人語，内侍左右，爲黄門侍郎。此尚在大祖時。其後，蓋亦如近世之滿
洲人，自忘其語。故有待於教習。《北齊書·高昂傳》：謂鮮卑共經中華朝士，
惟憚服於昂。高祖每申令三軍，常鮮卑語，昂若在列，則爲華言。足見鮮卑語
已可不用。《顏氏家訓·教子篇》云："齊朝有一士大夫，嘗謂吾曰：我有一兒，
年已十七。頗曉書疏。教其鮮卑語及彈琵琶，稍欲通解。以此伏事公卿，無
不寵愛。"此亦其種類之間，舊語尚未盡忘，我能通之，則彼引爲同類，非其語
之尚有用也。《魏書·昭成子孫傳》，謂元禎能通解諸方之語，此指鮮卑而外
北方諸族言之，蓋無著諸簡牘者。《隋志》又有《婆羅門書》一卷，《外國書》四
卷。《注》云：梁有扶南胡書一卷。此則當爲元文。《志》云："自後漢佛法行於
中國，又得西域胡書，以十四字貫一切音，文省而義廣。謂之婆羅門書。與八
體、六文之義殊別。"此衍聲之法，傳入中國之始也。

文具：紙漸盛行，而簡牘亦未遽廢。③ 故李繪嘗竊用其姊之牘，而皇甫商
亦諷州郡以短檄召李含爲門亭長焉。見第三章第三節。《北史·藝術傳》言：盧士
翼目盲，以手摸書而知其字，④其書，疑亦簡牘之刻畫者也。是時紙價尚貴，故
王隱撰《晉書》，須庾亮供其紙筆乃得成；崔鴻撰《十六國春秋》，妄載進呈之
表，亦謂家貧禄薄，至於紙盡，書寫所資，每不周接也。詳見第五節。左思賦三

---

①　文字：不能變其語言者，文字亦不能行。

②　文字：《隋志》鮮卑語蓋以華文書之，卒廢，亦見華文不宜書他語。

③　文具：晉南北朝時簡牘未盡廢。紙貴（第九五六頁）。

④　文具：簡牘可以手摸而知其字。

都，豪貴之家，競相傳寫，洛陽爲之紙貴。謝莊作殷淑儀哀策，都下傳寫，紙墨爲之貴。《南史·后妃傳》。邢邵，每一文初出，京師爲之紙貴。齊高帝雖爲方伯，而居處甚貧。諸子學書無紙筆。武陵昭王曄，嘗以指畫空中及畫掌學字。江夏王鋒，母張氏，有容德。宋蒼梧王逼取之。又欲害鋒。高帝甚懼，不敢使居舊宅，匿於張氏。時年四歲。好學書。張家無紙札。乃倚井欄爲書，書滿則洗之，已復更書。又晨興不肯拂臅塵，而先畫塵上，學爲書字。王育少孤貧，爲人傭，牧羊。每過小學，必歔欷流涕。時有暇，即折蒲學書。《晉書·忠義傳》。徐伯珍，少孤貧，無紙，常以箭若葉及地上學書。《南史·隱逸傳》。《齊書·高逸傳》云：書竹葉及地學書。陶弘景，年四五歲，恒以荻爲筆，畫灰中學書。《南史·隱逸傳》。鄭灼，家貧，抄義疏，以日繼夜，筆豪盡，每削用之。《陳書·儒林傳》；《北齊書·徐之才傳》云：以小史好嚼筆，嘗執管就元文遙曰：借君齒。其不遜如此。此與鄭灼所用，皆爲毛筆。臧逢世，欲讀《漢書》，苦假借不久，乃就姊夫劉緩乞丐客刺、書翰紙末，手寫一本。《顏氏家訓·勉學篇》。凡此皆可見當時紙筆之貴。故裴子野薦阮孝緒，稱其年十餘歲，隨父爲湘州行事，不書官紙，以成親之清白。何曾，人以小紙爲書者，勅記室勿報，則史著之以爲驕奢矣。《南史·齊武帝諸子傳》：晉安王子懋之子昭基，以方二寸絹爲書，遺其故吏董僧慧。蓋由紙貴，故人習細書，猶漢光武之一札十行。見《秦漢史》第十九章第四節。《宋書·劉穆之傳》云：高祖舉止施爲，穆之皆下節度。高祖書素拙。穆之曰：“此雖小事，然宣彼四遠，願公小復留意。”①高祖既不能厝意，又稟分有在。穆之乃曰：“但縱筆爲大字，一字徑尺無嫌。大既足有所苞，且其名亦美。”高祖從之，一紙不過六七字便滿。不亦浪費物力乎？作筆墨之法，見於《齊民要術》。卷九。《南史·張永傳》云：永有巧思，紙墨皆自營造。宋文帝每得永表啟，輒執玩咨嗟，自歎供御者了不及也。此則玩物喪志，與民用無關矣。

《隋書·經籍志》小學門有《秦皇東巡會稽刻石文》一卷。②《一字石經周易》一卷。《注》云：梁有三卷。《一字石經尚書》六卷。《注》云：梁有《今字石經鄭氏尚書》八卷，亡。《一字石經魯詩》六卷。《注》云：梁有《毛詩》二卷，亡。《一字石經儀禮》九卷。《一字石經春秋》一卷。《注》云：梁有一卷。《一字石經公羊傳》九卷。《一字石經論語》一卷。《注》云：梁有二卷。《一字石經典論》一卷。《三字石經尚書》九卷。《注》云：梁有十三卷。《三字石經尚書》五卷。《三字石經春秋》三卷。《注》云：梁

---

① 史事：劉穆之勉高祖寫字，則字有非親筆不可者（第九九四頁）。
② 文具：《隋志》石經會稽刻石已有拓本。

有十二卷。云："後漢鐫刻七經，著於石碑，皆蔡邕所書；魏正始中，又立一字石經，相承以爲七經正字。後魏之末，齊神武執政，自洛陽徙於鄴都。行至河陽，直岸崩，遂没於水。其得至鄴者，不盈大半。至隋開皇六年，又自鄴京載入長安，置於祕書内省。議欲補緝，立於國學。尋屬隋亂，事遂寢廢。營造之司，因用爲柱礎。貞觀初，祕書監臣魏徵始收聚之。十不存一。其相承傳拓之本，猶在祕府。并秦帝刻石，附於此篇，以備小學。"然則響拓之由來舊矣。然刻版之術未行，經籍終恃手寫。劉芳爲諸僧傭寫經論，見第十九章第一節。蔣少游以傭書爲業是也。見第二十章第二節。《梁書·孝行傳》：沈崇傃，傭書以養母。《文學傳》：袁峻家貧無書，每從人假借，必皆抄寫。自課日五十紙。紙數不登，則不休息。《南史·孝義傳》：庾震，喪父母，居貧無以葬，賃書以營事，至手掌穿，然後葬事獲濟，亦其事矣。

鈔字之義，今古不同。今云鈔者，意謂謄寫，古則意謂摘取。故鈔書之時，删節字句，習爲固然。① 其説，已見《秦漢史》第十九章第六節矣。晉、南北朝，此習未改。《顏氏家訓·書證篇》云："也是語已及助句之詞。河北經傳，悉略此字。其間有不可得無者。至如伯也執殳，於旅也語，囘也屢空，風風也教也，及《詩傳》云不戢戢也，不儺儺也，不多多也，如斯之類，儻削此文，頗成廢闕。《詩》言青青子衿，《傳》曰：青衿，青領也，學子之服。按古者斜領，下連於衿，故謂領爲衿。孫炎、郭璞注《爾雅》，曹大家注《列女傳》，并云衿交領也。鄴下《詩》本無也字，羣儒因繆説云：青衿、青領，是衣兩處之名，皆以青爲飾，用釋青青二字。其失大矣。又有俗學，聞經傳中時須也字，輒以意加之，每不得所，益誠可笑。"此删節過甚之弊也。書寫之際，每用多種顏色，②此則殊爲清醒。《隋書·經籍志》，有《春秋左氏經傳朱墨列》一卷，賈逵撰。《晉書·儒林傳》：劉兆爲《春秋左氏》解，名曰《全綜》。《公羊》、《穀梁》解詁，皆納經、傳中，朱書以别之。《顏氏家訓·書證篇》又曰："《漢書》田肯賀上，江南本皆作宵字。沛國劉顯，博覽經籍，偏精班《漢》，梁代謂之《漢》聖。顯子臻，不墜家業。讀《班史》，呼爲田肯。梁元帝嘗問之。答曰：此無義可求。但臣家舊本，以雌黄改宵字爲肯。元帝無以難之。吾至江北，見本爲肯。"《晉書·音義序》云："仍依陸氏《經典釋文》，注字并以朱暎。"是古於經籍，并用斯例。《周書·蘇綽傳》：綽始制文案程式，朱出墨入，及計帳户籍之法，則官家文簿，亦用之矣。此即後世套版所

---

① 史籍：鈔書者節字。

② 文具：古書用多色。

本。惟刻書者格於物力，不必皆精；賈人尤僅爲牟利；去此區別者甚多。代以黑白文者，亦不多見。而書之爲所亂者多矣。然其弊亦不必與刻版并興。《顏氏家訓》又云："或問《山海經》夏禹及益所記，而有長沙、零陵、桂陽、諸暨，如此郡縣不少，何也？答曰：史之闕文，爲日久矣。加復秦人滅學，董卓焚書，典籍錯亂，非止於此。譬猶《本草》，神農所述，而有豫章、朱崖、趙國、常山、奉高、真定、臨淄、馮翊等郡縣名，出諸藥物。《爾雅》周公所作，而云張仲孝友。仲尼修《春秋》，而《經》書孔丘卒。《世本》左丘明所書，而有燕王喜、漢高祖。《汲冢瑣語》，乃載《秦望碑》。《蒼頡篇》李斯所造，而云漢兼天下，海内并廁，豨黥韓覆，畔討滅殘。《列仙傳》劉向所造，而贊云七十四人出佛經。《列女傳》亦向所造，其子歆又作《頌》，終於趙悍后，而《傳》有更始夫人、明德馬后及梁夫人嫕。皆由後人所羼，非本文也。"此等初亦或有以爲別，傳錄者不皆精審，則失之矣。

## 第三節　儒玄諸子之學上

世皆稱晉、南北朝，爲佛、老盛行，儒學衰微之世，其實不然。是時之言玄學者，率以《易》、《老》立稱，梁時，《莊》、《老》、《周易》，總謂三玄，見《顏氏家訓·勉學篇》。即可知其兼通於儒，匪專於道。少後，佛家之説寖盛，儒、道二家，多兼治之，佛家亦多兼通儒、道之學。三家之學，實已漸趨混同。中國向來，宗教、哲學，與人倫日用之軌範，并不分張，儒、釋、道稱爲三教，并行不悖，正以其名雖異，其實則無大不同耳。然斯時史籍所載，仍有所謂儒家之學者，與釋道鼎足而立，其故何歟？曰：此由儒家之中，自分兩派：一派好講原理，寖與釋、道同流，又一派則仍守其漢末以來，支離破碎之舊習耳。先秦諸子，本皆志在經世。漢武以後，儒家獨盛，思自效於世者，自無不兼通其説。即儒家，亦或兼采異家以自益。漢昭帝時，賢良文學與御史大夫論議，猶各執所見不相中，逮新莽變法，王田而外，兼行五均、六筦，則儒、法二家，寖合爲一，即其明證。然學士大夫之吾欲云云者，無不與社會組織不相容，説雖不同，其爲不可行則一，故新莽變法，卒至敗績。自斯以後，學士大夫，乃覺皇惑無主，不敢復言經世；有言之者，則皆昧於情實，泥於古人之迹，謂踐之即足以爲治。加以積古相傳之迷信，至漢末而大張。新莽既以之圖篆，光武亦借以惑民，圖讖之説，遂爲一世所宗尚。明哲之士，自將褰裳去之。此玄學之所由興。然人心不同，各如其面，①自有

① 學術：玄乃反動所謂儒者仍舊。

守舊而不變者，此則當時之所謂儒學也。故覈其實，當時之所謂儒學，實祇前此儒學中之一派，而不足以攬其全也。

此派之錮蔽，果何如乎？《隋書·經籍志》引《漢書·藝文志》"古之學者耕且養，三年而成一藝"之說，而訾當世之學者曰："學不心解，專以浮華相尚。豫造雜難，擬爲讎對。馳騁煩言，以紊彝敘。"此與漢世碎義逃難，徒爭勝於口舌間者，又何以異？《顏氏家訓·勉學篇》云："漢時賢俊，皆以一經弘聖人之道。[1] 上明天時，下該人事。用此致卿相者多矣。末俗空守章句，但誦師言。施之世務，殆無一可。故士大夫子弟，皆以博涉爲貴，不肯專儒。梁朝皇孫已下，總丱之年，必先入學，觀其志尚。出身已後，便從文史，略無卒業者。《周書·儒林傳論》云：前世通六藝之士，莫不兼達政術，故云拾青紫如地芥。近代守一經之儒，多暗於時務，故有貧且賤之恥。雖通塞有命，而大抵皆然。兩漢之朝，重經術而輕律令。其聰明特達者，咸勵精於專門。以通賢之質，挾麟藻之美。大則必至公卿，小則不失守令。近代之政先法令而後經術。其沈默孤微者，亦篤志於章句。以先王之道，飾腐儒之姿，達則不過侍講、訓胄，窮則終於弊衣簞食。蓋好尚之道殊，遭遇之時異也。其言，與顏氏此論相發明。冠冕爲此者，則有何胤、劉瓛、明山賓、周捨、朱异、周弘正、賀琛、賀革、蕭子政、劉綯等，兼通文史，不徒講說也。洛陽亦聞崔浩、張偉、劉芳，鄴下又見邢子才。四儒者，雖好經術，亦以才博擅名。如此諸賢，故爲上品。以外率多田里間人，音辭鄙陋，風操蚩拙，相與專固，無所堪能。問一言輒酬數百。責其指歸，或無要會。鄴下諺云：博士買驢，書券三紙，未有驢字。使汝以此爲師，令人氣塞。孔子曰：學也祿在其中矣。今勤無益之事，恐非業也。夫聖人之書，所以設教。但明練經文，粗通注義，常使言行有得，亦足爲人。何必仲尼居即須兩紙疏義？燕寢、講堂，亦復何在？以此得勝，寧有益乎？光陰可惜，譬諸逝水，當博覽機要，以濟功業。必能兼美，吾無間焉。俗間儒士，不涉羣書，經緯之外，義疏而已。吾初入鄴，與博陵崔文彥交游。嘗說王粲集中難鄭玄《尚書》事。崔轉爲諸儒道之。始將發口，懸見排蹙。云文集止有詩、賦、銘、誄，豈當論經書事乎？且先儒之中，未聞有王粲也。崔笑而退，竟不以粲集示之。魏收之在議曹，與諸博士議宗廟事，引據《漢書》。博士笑曰：未聞《漢書》，得證經術。魏便忿怒，都不復言，取《韋玄成傳》擲之而起。博士一夜共披尋之，達明，乃來謝曰：不謂玄成如此學也。"當時經生錮蔽之狀，可以想見。蓋世自有不知體要，妄矜博洽，實極固陋之人，此時皆歸於儒，遂致其術一蹶而不復振耳。《舊唐書·儒林·徐

---

文遠傳》云：時有大儒沈重，講於大學，聽者常千餘人。文遠就質問，數日便去。或問曰："何辭去之速？"答曰："觀其所説，悉是紙上語耳，僕皆已先誦得之。至於奥賾之境，翻似未見。"所知悉是紙上語，此其所以施之世務，無一而可也。不特此也。《隋書·儒林·房暉遠傳》云：暉遠以隋高祖時，擢爲國子博士。會上令國子生通一經者并悉薦舉，將擢用之。既策問訖，博士不能時定臧否。①祭酒元善怪問之。暉遠曰："江南、河北，義例不同。博士不能偏涉。學生皆持其所短，稱已所長，博士各各自疑，所以久而不決也。"祭酒因令暉遠考定之。暉遠覽筆便下，初無疑滯。有不服者，暉遠問其所傳義疏，輒爲誦之，然後出其所短。自是無敢飾非者。所試四五百人，數日便決。諸儒莫不推其通博，皆自以爲不能測也。江南、河北之説，暉遠果能皆通乎？得毋其所謂通者，亦如張吾貴之於《左氏》邪？見上節。《北史·儒林·徐遵明傳》云：與劉獻之、張吾貴皆河北聚徒教授。遵明見鄭玄《論語序》云書以八寸策誤作八十宗，因曲爲之説，其僻皆如此。獻之、吾貴又甚焉。古之愚也直，今之愚也詐而已矣。以此爲師，不誠令人氣塞乎？即誠通明者，於世事復何所益？南北朝儒家，最爲後人所推服者，曰勤於三禮之學，議郊廟典禮，辨喪服精粗，果有益於生民乎？曷怪才智之士，望望然去之也？

　　試就當時經學之傳授觀之，亦可見其專固衰敝焉。據《隋書·經籍志》：詩家之學，《齊詩》魏代已亡，《魯詩》亡於西晉，《韓詩》雖存，無傳之者，惟《毛詩》、《鄭箋》獨立。《書》則歐陽、大、小夏侯，并亡於永嘉之亂。杜林所傳《古文尚書》，賈逵爲之作訓，馬融作傳，鄭玄亦爲之注者獨行。又有所謂孔安國《古文尚書》者。云："魯恭王壞孔子舊宅，得其末孫惠所藏之書，字皆古文，安國以隸古字寫之，合成五十八篇，爲之作《傳》。會巫蠱事起，不得奏上。私傳其業於都尉朝，朝授膠東庸生，謂之《尚書》古文之學。而未得立。至東晉，豫章内史梅賾，始得安國之《傳》奏之。時又闕《舜典》一篇。齊建武中，吳姚興方於大桁市得其書，奏上。比馬、鄭所注，多二十八字。於是始列國學。"此即近世累加考證，斷言其僞之《僞古文尚書》也。梁、陳所講，有孔、鄭二家，齊代惟傳鄭義，至隋，孔、鄭并行，而鄭氏甚微。禮：漢世《禮經》，惟指今之《儀禮》，魏、晉已降乃與《禮記》、《周官》并列，稱爲三禮。《隋志》云："鄭玄傳小戴之學。後以古經校之，取其於義長者作注，爲鄭氏學。"此鄭於《禮經》，糅合今古二家也。又云："漢時有李氏，得《周官》，上於河間獻王。獨闕《冬官》一篇。

---

獻王購以千金，不得。遂取《考工記》以補其處，合成六篇，奏之。至王莽時，劉歆始置博士，以行於世。河南緱氏杜子春，受業於歆，因以教授。是後馬融作《周官傳》，以授鄭玄。玄作《周官注》。"案《周官》本非《禮經》之類。劉歆所欲立者爲《逸禮》，據《禮記鄭注》，《投壺》、《奔喪》，皆同《逸禮》，亦非《周官》之倫。《考工記》與《周官》，又不同物，安可相補？其説之牴牾不讎如此，則知出自河間獻王之説，亦係子虛烏有之談。《隋志》又云："河間獻王又得仲尼弟子及後學者所記一百三十一篇，獻之。時亦無傳之者。劉向考校經籍檢得，因第而敍之。而又得《明堂陰陽記》三十三篇，《孔子三朝記》七篇，《王氏、史氏記》二十一篇，《樂記》二十三篇。凡五種，合二百十四篇。戴德删其煩重，合而記之，爲八十五篇，謂之《大戴記》。而戴聖又删大戴之書爲四十六篇，謂之《小戴記》。① 漢末，馬融遂傳小戴之學。融又足《月令》一篇，《明堂位》一篇，《樂記》一篇，合四十九篇。而鄭玄受業於融，又爲之注。"百三十一篇，出於河間獻王，説亦無據。《漢志》禮家：《記》百三十一篇。自注云："七十子後學者所記也。"蓋本今學。《志》又有《明堂陰陽》三十三篇，《王史氏記》二十一篇，合《記》百三十一篇，凡百八十五。此外《曲臺后蒼記》，后蒼爲二戴之學所自出，其記蓋與二戴之書相同。《中庸説》、《明堂陰陽説》皆説。《周官經》、《周官傳》，別爲一家。《軍禮司馬法》，乃班氏所入。《封禪議》、《封禪羣祀議奏》皆漢時物。惟《古封禪羣祀》，亦記之倫。其書凡十九篇，合百八十五得二百有四，與《釋文敍錄》引劉向《別錄》云古文記二百四篇者相當。《敍錄》又引陳邵《周禮敍》云："戴德删古禮二百四篇爲八十五篇，謂之《大戴禮》。戴聖删《大戴禮》爲四十九篇，是爲《小戴禮》。後漢馬融、盧植，考諸家同異附戴聖篇章，去其繁重，及所敍略，而行於世，即今之《禮記》是也。鄭玄亦依盧、馬之本而注焉。"今《禮記》四十九篇，《曲禮》、《檀弓》、《雜記》皆分上下，合爲一篇計之則四十六，分爲二篇計之則四十九，故《隋志》云小戴之書四十六，陳邵云四十九。四十六加八十五，適百三十一。蓋七十子後學所記，大戴取其八十五，小戴取其四十六耳。小戴書本今學，然至馬、鄭爲之，則亦雜糅今古矣。《隋志》云："今《周官》六篇，《古經》十七篇，《小戴記》四十九篇，凡三種，惟鄭注立於國學，其餘并多散亡，又無師説。"則禮家之學，惟鄭氏專行也。《易》：《隋志》云："後漢施、孟、梁丘、京氏，凡四家并立。漢初，又有東萊費直傳《易》。其本皆古字，號曰《古文易》。以授琅邪王璜，璜授沛人高相，相以授子康及蘭

---

① 經籍：二戴記。

陵毋將永，故有費氏之學，行於人間。而未得立。後漢陳元、鄭衆，皆傳費氏之學。馬融又爲其《傳》，以授鄭玄。玄作《易注》。荀爽又作《易傳》。魏代王肅、王弼，并爲之注。自是費氏大興，高氏遂衰。梁丘、施氏、高氏，亡於西晉。孟氏、京氏，有書無師。梁、陳鄭玄、王弼二注，列於國學。齊代惟傳鄭義。至隋，王注盛行，鄭學寖微，今殆絕矣。"案高氏之學，亦出費氏，不可云費氏興而高氏衰。蓋出於費氏之高氏衰，而其後起之鄭氏，與之代興，至最後，則又爲王弼所奪耳。《春秋》：《隋志》云："後漢《公羊》有嚴氏、顏氏之學，與《穀梁》三家并立。《左氏》：建武中，尚書令韓歆請立而未行。陳元又上書訟之。乃以魏郡李封爲《左氏》博士。封卒，遂罷。然諸儒傳《左氏》者甚衆。其後賈逵、服虔，并爲訓解。至魏，遂行於世。晉時，杜預又爲《經傳集解》。《穀梁》范甯注，《公羊》何休注，《左氏》服虔、杜預注，俱立國學。然《公羊》、《穀梁》，但試讀文而不能通其義。後學三傳通講，而《左氏》惟傳服義。至隋，杜氏盛行，服義及《公羊》、《穀梁》寖微，今殆無師說。"蓋《左氏》行而《公》、《穀》微，《左氏》之中，杜又代賈、服而起也。《五經》而外，誦習所先，厥惟《孝經》、《論語》已見上節。《孝經》：《隋志》云："遭秦焚書，爲河間人顏芝所藏，漢初，芝子貞出之，凡十八章。而長孫氏，博士江翁，少府后倉，諫議大夫翼奉，安昌侯張禹，皆名其學。又有《古文孝經》，與《古文尚書》同出。而長孫有《閨門》一章。其餘經文，大較相似。篇簡缺解，又有衍出三章，并前合爲二十二章。孔安國爲之《傳》。至劉向典校經籍，以顏本比古文，除其繁惑，以十八章爲定。鄭衆、馬融，并爲之注。又有《鄭氏注》，相傳或云鄭玄。其立義與玄所注餘書不同，故疑之。梁代，安國及鄭氏二家，并立國學，而安國之本，亡於梁亂。陳及周、齊，惟傳鄭氏。至隋，祕書監王劭，於京師訪得《孔傳》，送至河間劉炫，炫因序其得喪，述其議疏，講於人間。漸聞朝廷。後遂著令，與鄭氏并立。儒者諠諠，皆云炫自作之，非孔舊本，而祕府又先無其書。"案鄭玄晚主古學，早歲則治今文。《御覽》引其《孝經注敍》，謂作於避難南城山時，嚴鐵橋云：玄蓋嘗避黨錮之難，時尚未治古文，故立說與後來不同，其注初不必僞。據皮鹿門說，見所撰《孝經鄭注疏》。若孔安國傳之僞，則不俟論矣。《論語》：《隋志》云："漢初有齊、魯之說，其齊人傳者二十二篇，魯人傳者二十篇。張禹本授《魯論》，晚講《齊論》，後遂合而考之，刪其煩惑，除去《齊論》《問王》、《知道》二篇，從《魯論》二十篇爲定，號《張侯論》。周氏、包氏，爲之章句。馬融又爲之訓。又有《古論語》，與《古文尚書》同出。章句煩省，與《魯論》不異。惟分《子張》爲二篇，故有二十一篇。孔安國爲之《傳》。漢末，鄭玄以《張侯論》爲本，參考《齊論》、

《古論》而爲之注。魏司空陳羣，大常王肅，博士周生烈，皆爲義説。吏部尚書何晏又爲《集解》。是後諸儒多爲之注。《齊論》遂亡。《古論》先無師説。梁、陳之時，惟鄭玄、何晏，立於國學，而鄭氏甚微。周、齊鄭學獨立。至隋，何、鄭并行，鄭氏盛於人間。"亦漢末今古雜糅之學，與魏、晉後雜有玄談之説并行者也。《齊書·劉瓛陸澄傳論》云："西京儒士，莫有獨擅。東都學術，鄭、賈先行。康成生炎漢之季，訓義優洽。一世孔門，褒成并軌。故老以爲前修，後生未之敢異。而王肅依經辨理，與碩相非。爰興《聖證》，據用《家語》。外戚之尊，多行晉代。"今案《隋志》：肅於《詩》、《書》、《三禮》、《易》、《左氏》、《孝經》、《論語》，皆有注解。又有《孔子家語》二十一卷，《隋志》云王肅解，而後人以爲肅所私定。《孔叢子》七卷，亦肅所僞爲。《聖證論》十二卷，則肅所造以難鄭者。蓋肅當漢、魏之際，亦爲徧注羣經之人，其才力實與鄭玄相亞。晉世《詩》家或申王難鄭，或右鄭排王。言《禮》者亦各有左右。《尚書僞孔安國傳》，雖不能定爲何人，其説與肅同流，則無疑義。《魏書·儒林傳》云："漢世鄭玄并爲衆經注解，服虔、何休，各有所説。玄《易》、《書》、《詩》、《禮》、《論語》、《孝經》，虔《左氏春秋》，休《公羊傳》，大行於河北。王肅《易》亦間行焉。晉世杜預注《左氏》，預玄孫坦，坦弟驥，於劉義隆世，并爲青州刺史，傳其家業，故齊地多習之。"《北齊書·儒林傳》云："經學諸生，多出魏末大儒徐遵明門下。"遵明於《易》、《書》、《三禮》，皆傳鄭氏，《春秋》則服氏。其《毛詩》則出魏朝博陵劉獻之。王弼之《易》，河南及青、齊之間多講之，然師訓甚寡。孔氏《古文尚書》，武平末，河間劉光伯、信都劉士元得費甝《義疏》，乃留意焉。《左傳》，河外諸生，俱伏膺杜氏。河北有姚文安、秦道静，初學伏氏，後兼講杜。以上所説，《北史》皆同，而又總括之曰："江右：《周易》則王輔嗣，《尚書》則孔安國，《左傳》則杜元凱。河洛：《左傳》則服子慎，《尚書》、《周易》則鄭康成。《詩》則并主於毛公，《禮》則同遵於鄭氏。"合諸説而觀之，則今文之學，除《公羊》一經外皆亡；魏、晉新起之學，與漢世舊有之學，分庭抗禮，而南偏於新，北偏於舊；至隋世統一之後，則北又入於南也。然不論何派，皆係經生之業，支離破碎，無益世務。較有思理之士，皆折而入於他途矣。《魏書·儒林傳》：陳奇，常非馬融、鄭玄，解經失旨，志在著述《五經》。始著《孝經》、《論語》，頗傳於世，爲縉紳所稱。奇後爲游雅所陷，見第二十二章第七節。即由雅"贊扶馬、鄭"而奇非之也。《隋志》云：《詩》惟毛、鄭獨立。又云：又有《業詩》，奉朝請業遵所注，立義多異，世所不行。又梁有《禮記》十二卷，業遵注，亡。此等無論其説善否，要爲別有所見，或唐世啖助、趙匡之先驅。張雕虎之爲人，頗有抱負，已見第

十四章第四節。《北齊書·儒林傳》：劉晝，撰《高才不遇傳》三篇。皇建、大寧之朝，又頻上書，言亦切直。多非世要，終不見收采。自謂博物奇才，言好矜大。每云："使我數十卷書行於世，不易齊景之千駟也。"《隋書·儒林傳》：馬光，開皇初，高祖徵山東義學之士，與張仲讓、孔籠、竇士榮、張黑奴、劉祖仁等俱至，并授大學博士，時人號爲六儒。然皆鄙野無儀範，朝廷不之貴也。士榮尋病死。仲讓未幾告歸鄉里。著書十卷。自云："此書若奏，我必爲宰相。"又數言玄象事。州縣列上其狀，竟坐誅。孔籠、張黑奴、劉祖仁未幾亦被譴去，惟光獨存。此等人或亦王通之流，[1]然當時皆不之重也。

儒生兼通道、釋之學者，此時實不勝枚舉。《晉書·儒林傳》：徐苗，嘗作《五經同異評》，又依道家著《玄微論》，前後所造數萬言。卒，遺命濯巾澣衣，榆棺雜甎，露車載尸，葦席瓦器而已。此楊王孫之志也。又《范宣傳》：庾爰之問宣曰："君博學通綜，何以大儒？"宣云："正始以來，世尚老、莊，逮晉之初，競以裸袒爲高，僕誠大儒，然丘不與易。"宣言談未嘗及老、莊。客有問："人生與憂俱生，不知此語何出。"宣云："出《莊子·至樂篇》。"客曰："君言不讀《老》、《莊》，何由識此？"宣笑曰："小時嘗一覽。"時人莫之測也。不治其學，而亦知其說，可見其學之盛行矣。《梁書·儒林傳》：伏曼容，善《老》、《易》。嘗云："何晏疑《易》中九事，以吾觀之，晏了不學也。故知平叔有所短。"曼容子暅，幼傳父業，能言玄理，見《良吏傳》。嚴植之，少善《莊》、《老》，能玄言。賀瑒子革，嘗恨祿不及養。在荆州，歷爲郡縣，所得俸秩，不及妻孥，專擬還鄉造寺，以申感思。大史叔明，少善《莊》、《老》。三玄尤精解，當世冠絕。皇侃，性至孝。嘗日限誦《孝經》二十徧，以擬《觀世音經》。《陳書·儒林傳》：沈德威，每自學還私室，即講授，道、俗受業者，數十百人。全緩，治《周易》、《老》、《莊》。時人言玄者咸推之。張譏，篤好玄言。侯景寇逆，圍城之中，猶侍哀大子於武德殿講《老》、《莊》。陳後主在東宮，亦令於溫文殿講《莊》、《老》。所居宅營山池，植花果，講《周易》、《老》、《莊》而教授焉。一乘寺沙門法才，法雲寺沙門慧休，至真觀道士姚綏，皆傳其業。撰《老子義》十一卷，《莊子内篇義》十二卷，《外篇義》二十卷，《雜篇義》十卷，《玄部通義》十二卷。又撰《遊玄桂林》二十四卷。龔孟舒，善談名理。陸慶，值梁季喪亂，乃覃心釋典，經論靡不該究。築室屏居，以禪誦爲事。由是傳經受業者鮮焉。《南史·儒林傳》：顧越，微言玄旨，咸盡其精微。特善《莊》、《老》。著《老子義疏》。《魏書·儒林傳》：劉獻之，注

---

① 學術：南北朝隋注經異及言經世者，或唉、趙、王通之流。

《涅槃經》，未就而卒。孫慧蔚。先單名蔚。正始中，侍講禁内，夜論佛經，有
愜帝旨，詔使加號惠蔚法師。盧景裕，好釋氏，通其大義。天竺胡沙門道悕，
每譯諸經論，輒託景裕爲之序。《北齊書·儒林傳》：孫靈暉，爲南陽王綽師。
綽死後，每至七日，及百日終，恒爲請僧設齋，傳經行道。《周書·儒林傳》：盧
光，好玄言，崇佛道。撰《道德經章句》，行於世。《儒林傳》中人如此，可見釋、
老之震撼一世，儒家非極專固者，皆不容故步自封矣。

## 第四節　儒玄諸子之學下

　　清談之風，世皆以爲起於魏之正始，亦非其實也。① 秦、漢之世，黄老、老
莊之學，傳授迄未嘗絶，已見《秦漢史》第十九章第四節。其中如楊厚、范升、
馬融、虞翻，皆儒家，而或修黄老教授，或爲《老子》訓注；升與向長所習，亦以
《易》、《老》并稱；此已道魏、晉玄談之先河。升爭立《費氏易》、《左氏春秋》，引《老子》曰：
"學道日損。"又曰："絶學無憂。"嚴君平、周勰皆肥遯自甘，而史述其事，或云慕老聃清
静，或云依老子、嚴周之指而著書，則又魏、晉以後，清談不事事之先聲矣。《後
書·耿弇傳注》引嵇康《聖賢高士傳》曰：安丘望之，字仲都，京兆長陵人。少持《老子經》，恬静不求進
宦。號曰安丘丈人。成帝聞，欲見之，望之辭不肯見；爲巫醫於人間。亦嚴君平之流也。不特此
也，郎顗，治術數之學者也，而其詣闕拜章，言"天地之道，其猶鼓籥，以虚爲
德，自近及遠。"書奏，順帝復使對尚書。顗條便宜七事。其三引《老子》曰：
"人之飢也，以其上食税之多。"又上書薦黄瓊、李固，并陳消災之術，引《老
子》曰："大音希聲，大器晚成。"劉陶著書數十萬言，又作《七曜論》，匡老子，
反韓非，復孟軻。數術之家，率多明於天文，陶之學，蓋亦與顗相出入者也。
李固對詔問，引《老子》曰："其進鋭者其退速。"②《後書注》曰："案《孟子》有
此文，謝承書亦云《孟子》，而《續漢書》復云《老子》。"今案古人引書，經傳不
别，儒家如是，諸子亦然，進鋭退速，固類道家之言，未必非《老子》傳中語
也。固遷將作大匠，又上疏陳事曰："臣聞氣之清者爲神，人之清者爲賢，養
身者以鍊神爲寶，安國者以積賢爲道。"又與朱穆作《崇厚論》，謂道以天下爲
一，在彼猶在已者同符。廖扶，父爲北地大守，永初中，坐羌没郡下獄死。扶
感父以法喪身，憚爲吏。服終，歎曰："老子有言：名與身孰親？吾豈爲名

---

① 學術：玄談後漢已道先河。
② 學術：進鋭退速，李固以爲老子語，然則儒及老者不獨以德報怨矣。

乎?"遂絕志世外,專精經典。處亂世而貴自全,又魏、晉以來治《老》、《莊》之學者數見不鮮之事矣。此外《後書》所載,尚有任隗光子。少好《黄》《老》,鄭均少好《黄》《老》書,淳于恭善説《老子》。可知《老》《莊》之學,東京業已盛行,正始諸賢,實承其流風遺俗。特以居高明之地,譬諸登高一呼,故其所及者愈遠耳。

正始諸賢,居高明之地者,莫如夏侯玄、何晏及司馬景王。《三國·魏志·晏傳》云:少以才秀知名。好《老》《莊》言。作《道德論》及諸文賦,著述凡數十篇。《注》引《魏氏春秋》曰:玄、晏等名盛於時,司馬景王亦預焉。晏嘗曰:"惟深也,故能通天下之志,夏侯泰初是也。惟幾也,故能成天下之務,司馬子元是也。惟神也,不疾而速,不行而至,吾聞其語,未見其人。"蓋欲以況諸己也。《荀彧傳注》引《零陵先賢傳》曰:彧第三兄衍之孫融,與王弼、鍾會俱知名。爲洛陽令,參大將軍軍事。與弼、會論《易》、《老》義,傳於世。第四兄諶之子闓,爲大子文學掾。時有甲乙疑論。闓與鍾繇、王朗、袁涣,議各不同。文帝與繇書曰:"袁、王國士,更爲脣齒,荀闓勁悍,往來鋭師,真君侯之勁敵,左右之深憂也。"彧長子惲,亦知名。作《易集解》。又引《晉陽秋》,謂彧子顗,嘗難鍾會《易》無互體,見稱於世。顗弟粲,何劭爲之傳曰:粲諸兄并以儒術論議,而粲獨好言道。常以爲"子貢稱夫子之言性與天道,不可得聞,然則六籍雖存,固聖人之糠粃"。當時能言者不能屈也。大和初,到京邑,與傅嘏談。嘏善名理,而粲尚玄遠,宗致雖同,倉卒時或格不相得。裴徽通彼我之懷,爲二家騎驛。頃之,粲與嘏善,夏侯玄亦親。管寧儒者也,而《魏志》本傳載陶丘一等薦之之辭,謂其娛心黄老。《王粲傳》云:稽康好言《老》《莊》。《注》引康兄喜所爲《康傳》,言其著《養生篇》,知自厚者喪其所生,求益者必失其性。《傅嘏傳》云:嘏常論才性同異,鍾會集而論之。《常林傳注》引《魏略》,以林及吉茂、沐并、時苗四人爲《清介傳》。云:并豫作終制,戒其子以儉葬,曰:"夫禮者,生民之始教,而百世之中庸也。故力行則爲君子,不務者終爲小人。然撥亂反正,鳴鼓矯俗之大義,未是窮理盡性,陶冶變化之實論。若乃原始要終,以天地爲一區,萬物爲芻狗,該覽玄通,求形景之宗,同禍福之素,一死生之命,吾有慕於道矣。"《裴潛傳注》:潛少弟徽,善言玄妙。子康、楷、綽,皆爲名士而楷才望最重。少與琅邪王戎并爲掾發名。鍾會致之大將軍司馬文王,曰:"裴楷清通,王戎簡要。"文王即辟爲掾。《鍾會傳》云:會嘗論《易》無互體,才性同異。及會死後,於會家得書二十篇,名曰道論,而實刑名家也,其文似會。初會弱冠與山陽王弼并知名。弼好論儒道,辭才逸辯。注《易》及《老

子》。爲尚書郎。年二十餘卒。《注》引何劭《弼傳》曰：弼幼而察惠，年十餘，好《老氏》。通辨能言。父業爲尚書郎。時裴徽爲吏部郎，弼未弱冠，往造焉。徽一見異之。問弼曰："夫無者，誠萬物之所資也，然聖人莫肯致言，而老子申之無已者何？"弼曰："聖人體無，無又不可以訓，故不説也。老子是有者也，故恒言無所不足。"尋亦爲傅嘏所知。於時何晏爲吏部尚書，甚奇弼，歎之曰："仲尼稱後生可畏，若斯人者，可與言天人之際乎？"弼與鍾會善。會論議以校練爲家，然每服弼之高致。弼注《老子》，爲之指略，致有理統。注《道略論》，注《易》，往往有高麗言。大原王濟，好談病《老》《莊》。嘗云：見弼《易注》，所悟者多。《晉書·王衍傳》云：魏正始中，何晏、王弼等祖述《老》、《莊》立論，以爲天地萬物，皆以無爲爲本，無也者，開物成務，無往不存者也。衍甚重之。惟裴頠以爲非，著論以譏之。而衍處之自若。衍既有盛才美貌，明悟若神，常自比子貢。兼聲名藉甚，傾動當世。妙善玄言，惟談《老》、《莊》爲事。每捉玉柄麈尾，與手同色。義理有所不安，隨即改更，世號口中雌黄。朝野翕然，謂之一世龍門矣。《樂廣傳》云：廣尤善談論。每以約言析理，厭人之心。王戎爲荆州刺史，聞廣爲夏侯玄所賞，乃舉爲秀才。衛瓘朝之耆宿，逮與魏正始中諸名士談論，見廣而奇之，曰："自昔諸賢既殁，常恐微言將絶，今乃復聞於君矣。"廣與王衍，俱宅心事外，名重於時。天下言風流者，謂王、樂爲稱首焉。《衛玠傳》云：好言玄理。其後病多體羸，母恒禁其語。遇有勝日，親友時請一言，無不咨嗟，以爲入微。琅邪王澄有高名，少所推服，每聞玠言，輒歎息絶倒。天下大亂，移家南行。時王敦鎮豫章，長史謝鯤雅重玠。相見欣然，言語彌日。敦謂鯤曰："昔王輔嗣吐金聲於中朝，此子復玉振於江表，微言之緒，絶而復續。不意永嘉之末，復聞正始之音。何平叔若在，當復絶倒。"阮籍，籍兄子咸，山濤、向秀、劉伶、王戎，嘗與嵇康爲竹林之游，世稱爲竹林七賢。《三國·魏志·王粲傳注》引《魏氏春秋》。又有謝鯤、胡母輔之、畢卓、王尼、羊曼、光逸等，多善清言，遺世事，放蕩不拘禮法，《晉書》皆有傳。此皆魏晉世洛中人物。東渡已後，流風未沫。江表之能玄言，初不自東渡後始，特東渡後此風愈盛耳。《晉書·陸雲傳》云：雲嘗行，逗宿故人家。夜暗迷路，莫知所從。忽望草中有火光，於是趣之。至一家，便寄宿。見一年少，美風姿，共談《老子》，辭致深遠。向曉辭去。行十數里，至故人家，云此數十里中無人居。雲意始悟。卻尋昨宿處，乃王弼冢。雲本無玄學，自此談《老》殊進。可見雲初入洛，即學爲玄談矣。《顧榮傳》云：榮素好琴。及卒，家人常置琴於靈坐。吳郡張翰哭之慟。既而上牀，鼓琴數曲。撫琴而歎曰："顧彦先，復能賞此不？"因又慟哭，不弔喪主而去。此等舉動，亦何異竹林諸賢邪？帝王，帝王之好玄言者，以梁武帝、簡文帝、元帝爲最。《顏氏家訓·勉學篇》言：元帝召置學生，親爲教授，廢寢忘食，以夜繼朝。至乃倦劇愁憤，輒以講自釋。證以《南史》所載，魏師既起，帝猶於龍光殿述《老子》義，而知其

說之不誣也。宋明帝答王景文詔,至有理致,已見第十九章第六節。晉明帝亦善玄言。嘗論聖人真假之意,王導等不能屈,見《晉書·本紀》。在東宫時,阮放爲大子中舍人庶子,雖戎車屢駕,而侍大子,常說《老》《莊》,不及軍國,帝甚友愛之,見《放》本傳。《簡文帝紀》,稱其清虚寡欲,尤善玄言,重桓石秀、劉恢、張憑、韓伯、謝萬、王濛,皆見本傳。《魏書·高祖紀》,言其善談《莊》《老》,尤精釋義。《世宗紀》亦云:每至講論,連夜忘疲。**貴戚**,如晉范陽王虓,史稱其清辯能言論。康獻皇后父褚裒,史稱其與京兆杜乂,俱有盛名,冠於中興。**大臣**,《晉書·王祥傳》:祥族孫戎,稱祥在正始,不在能言之流,及與之言,理致清達。此一時風氣使然也。**文吏**,《晉書·良吏傳》:潘京,舉秀才到洛。尚書令樂廣,京州人也,共談累日,深歎其才。謂京曰:"君天才過人,恨不學耳。"京感其言,遂勤學不倦。時武陵大守戴昌,亦善談論。與京共談,京假借之。昌自以爲不如己,笑而遣之。令過其子若思。京方極其言論。昌竊聽之,乃歎服曰:"才不可假。"遂父子俱屈焉。**武夫**,《齊書·柳世隆傳》:世隆少立功名,晚專以談義自業。常自云:"馬矟第一,清談第二,彈琴第三。"在朝不干世務,垂簾鼓琴,風韻清遠,甚獲世譽,此武夫之附庸風雅也。《陳顯達傳》:自以人微位重,每遷官,常有愧懼之色。有子十餘人,誡之曰:"我本志不及此汝等勿以富貴陵人。"謂其子曰:"塵尾、扇是王、謝家物,汝不須捉此自隨。"此武夫之弟,謬託風雅者也。**儒生**,見上節。**文人**,《晉書·文苑傳》:應貞,魏侍中璩之子也。自漢至魏,世以文章顯。貞善談論,以才學稱。夏侯玄有盛名,貞詣玄,玄甚重之。《陳書·徐陵傳》:年十二,通《老》、《莊》義。**藝士**,《晉書·藝術傳》:郭黁,少明《老》《易》。《易》家本有言數一派,此最術士所易兼明也。**婦女**,《晉書·列女傳》:王凝之妻謝氏,字道韞,安西將軍奕之女也。聰識有才辯。凝之弟獻之,嘗與賓客談議,詞理將屈。道韞遣婢白獻之曰:"欲爲小郎解圍。"① 乃施青綾步鄣自蔽,申獻之前議,客不能屈。《北史·盧玄傳》:玄孫道虔妻元氏,甚聰悟。常升高坐講《老子》。道虔從弟明,隔紗幍以聽焉。**無不能之。餘風又流衍於北。**符堅禁《老》、《莊》、圖讖之學,已見第一節。《符融傳》云:談玄論道,雖道安無以尚之。《符朗傳》云:每談虚語玄,不覺日之將夕。可見其時清談之風甚盛,堅欲崇儒,所以不得不禁之也。《姚興載記》言:京兆韋高,慕阮籍之爲人,居母喪,彈琴飲酒。可見洛下遺風,北方迄未嘗絶。《魏書·程駿傳》:六世祖良,晉都水使者,坐事流於涼州,駿師事劉昞。謂昞曰:"今世名教之儒,咸謂老、莊,其言虚誕,不切實要,弗可以經世,駿意以爲不然。夫老子著抱一之言,莊生申性本之旨,若斯者,可謂至順矣。"沮渠牧犍擢爲東宫侍講。世祖平涼,遷於京師,爲司徒崔浩所知。顯祖屢引與論《易》、《老》之義。是清談之風,傳播河西,又還歸洛下也。**入隋乃息。**《北齊書·盧潛傳》:潛從祖兄懷仁,懷仁從父弟昌衡。武平末,尚書郎沈靖有才識,風儀蘊藉,容止可觀。天保中,尚書王昕以雅談獲罪,諸弟尚守而不墜。自兹以後,此道頓微。昌衡與頓丘李若,彭城劉泰珉,河南陸彦師,隴西辛德源,大原王脩,并爲後進風流之士。案其見於史者,又有羊烈,能言名理,以玄學知名。杜弼,性好名理,探味玄宗。嘗注《老子》及《莊子·惠施篇》。《隋書·張煚傳》:父羨,少好學,多所通涉。周代公卿,類多武將,惟羨以素業自通,甚爲當時所重。撰《老子》、《莊子》義,名曰《道言》,五十二篇。煚好學有父風。《長孫覽傳》:從子熾,建德初,武帝尚道法,尤好玄言。求學兼經史、善於談論者爲通道館學士,熾應其選。則周初粗獷之風,至此亦稍變矣。《北史》:盧辯弟光,好玄言,

———————————————

① 器用:道韞爲小郎解圍,盧道虔妻元氏,皆僅隔紗緯,與韋母宋氏同。

崇佛道，注《道德經章句》行於世。武帝少嘗受業，無怪其有此雅尚也。要之北方談玄之風，至周、齊而少衰，然迄未嘗絕也。自正始至禎明之末，歷時凡三百五十年，通東漢之世計之，亦可云天道五百年而一變矣。

　　玄學之大功，在於破除拘執。其說之最要者，爲貴道而賤迹。道者今所謂原理，迹則今所謂事實也。前此之言治者，率欲模放古人之形迹，自經玄學家之摧破，而此弊除矣。然人之善惡，實因其所處之境而不同。日與人相蕩相劘者，人事固較天行爲尤切。前此經世之家，欲舉社會組織，解絃而更張之，其所操之術或疏，而謂非解而更張，無以爲治，其說固未嘗誤。而承新莽敗績之後，人莫敢言治本之計，徒欲移易人性，以求臻於上理。玄學之家，已有此蔽。繼以佛學，其蔽愈深。宋世理學，力闢二氏，此見亦未能改，遂至冥冥千載，視社會一時之組織爲天經地義而不可變焉，屢變無成，實由於此。此則深可歎惋者矣。

　　然玄學之家，所見究非恒人所逮。故有世俗拘守，視爲天經地義，而實則拂逆人性者，惟玄學家爲能衝決其網羅。《晉書·阮籍傳》：文帝引爲大將軍從事中郎。有司言有子殺母者。籍曰："嘻！殺父乃可，至殺母乎？"[1]坐者怪其失言。帝曰："殺父天下之極惡，而以爲可乎？"籍曰："禽獸知母而不知父，殺父禽獸之類也，殺母禽獸之不若。"衆乃悅服。前言由衷之辭，後語則隨順世俗耳。此與孔融"父之於子，當有何親"之說，皆疾世俗拘執，所謂道者悉非其道而然。名士之踰越禮法，蓋亦有所激，不忍隨俗而出此也。時人所重，莫如居喪，而諸名士居喪，率多違禮。《晉書·王戎傳》：以母憂去職，不拘禮制，飲酒食肉，或觀弈棋，而容貌毀悴，杖然後起。裴頠往弔之，謂人曰："若使一慟能傷人，濬沖不免滅性之譏也。"時和嶠亦居父喪，以禮法自持，量米而食。哀毀不踰於戎。(武)帝謂劉毅曰："和嶠毀頓過禮，使人憂之。"毅曰："嶠雖寢苫食粥，乃生孝耳。至於王戎，所謂死孝，陛下當先憂之。"此等說，乃愛好諸名士者，造作之以自解免於流俗耳，非其實也。《謝鯤傳》：鄰家高氏女有美色，鯤嘗挑之，女投梭折其兩齒。時人爲之語曰："任達不已，幼輿折齒。"鯤聞之，傲然長嘯，曰："猶不廢我嘯歌。"畢卓爲吏部郎，常飲酒廢職。比舍郎釀熟，卓因醉，夜至其甕間盜飲之。爲掌酒者所縛。明旦視之，乃畢吏部也。遽釋其縛。卓遂引主人宴於甕側，致醉而去。《王忱傳》：婦父嘗有慘，忱乘醉弔之。婦父慟哭。忱與賓客十許人連臂被髮裸身而入，繞之三匝而出。此等驚世駭俗之舉，皆人所難行，而諸人忍而爲之，必有大不得已於其中者矣。《隱逸傳》：戴逵，常以禮法自處，深以放達爲非道。著論曰："儒家尚譽者，本以興賢也。既失其本，則有色取之行，其弊必至於末僞。道家去名者，欲以篤實也。苟失其本，又有越檢之行，其弊必至於本薄。"諸家之憤激，則亦疾其時之爲僞而已。然方内之士，則以爲傷化敗俗，疾之若讎矣。《晉書·何曾傳》：阮籍負才放誕，居喪無禮。曾面質籍於文帝坐曰："卿乃背禮敗俗之人，今忠賢執政，綜核名實，若卿之曹，不可長也。"因言於帝曰：

---

　　① 倫理：殺父猶可而殺母乎？

“公方以孝治天下，而聽阮籍以重哀飲酒食肉於公坐？宜屏四裔，無令汙染華夏。”帝曰：“此子羸病若此，君不能爲吾忍邪？”曾重引據，辭理甚切。帝雖不從，時人敬憚之。

　　遺落世務，最爲尚論者之所訾，此本非學之咎，抑其事更不可以一概論也。① 正始諸賢，本皆有意於當世，觀夏侯玄論治之語可知。鍾會區區，志復魏室，已見《秦漢史》第十二章第八節。嵇康之死，②説者謂爲會所陷，殆不其然。康之死，《世語》謂由其欲助毌丘儉，其説蓋信。會或不能救，或則不欲苚之，以求自信於司馬氏而爲後圖耳。果如是，則其用心愈苦矣。山濤嘗欲援康出仕，蓋欲使其屈節以自免，濤與阮籍，所爲正是如此，亦足見其曲相維護之苦衷也。《晉書·嵇康傳》云：性絶巧而好鍛。東平吕安，服康高致，每一相思，輒千里命駕。康友而善之。後安爲兄所枉訴，以事繫獄，辭相證引，遂復收康。初康居貧，嘗與向秀共鍛於大樹之下，以自贍給。潁川鍾會，貴公子也，精練有才辯，故往造焉。康不爲之禮，而鍛不輟。良久，會去，康謂曰：“何所聞而來？何所見而去？”會曰：“聞所聞而來，見所見而去。”會以此憾之。及是，言於文帝曰：“嵇康卧龍也，不可起。公無憂天下，顧以康爲慮耳。”因譖康欲助毌丘儉，賴山濤不聽。昔齊戮華士，魯誅少正卯，誠以害時亂教，故聖賢去之。康、安等言論放蕩，非毀典謨，帝王者所不宜容，宜因釁除之，以淳風俗。帝既昵聽信會，遂并害之。案謂會之怨康，由往造康不之禮，説出《魏氏春秋》，見《三國志·會傳注》。《注》又引《世語》曰：毌丘儉反，康有力焉，且欲起兵應之。以問山濤。濤曰：不可。儉亦已敗。裴松之云：“本傳云：康以景元中坐事誅，而干寶、孫盛、習鑿齒諸書，皆云正元二年，司馬文王反自樂嘉，殺嵇康、吕安。蓋録《世語》云康欲舉兵應毌丘儉，故謂破儉便應殺康也。其實不然。山濤爲選官，欲舉康自代，康書告絶，事之明審者也，案《濤行狀》，濤始以景元二年除吏部郎耳。又《鍾會傳》亦云：會作司隸校尉時誅康，會作司隸，景元中也。”干寶等之誤，誠如松之之説，然仍足見康之死，與毌丘儉之叛有關。《三國志·會傳》云：還司隸校尉雖在外司，時政損益，當世與奪，無不綜典。嵇康等見誅，皆會謀也。亦可見康之誅爲極有關係之事。豈得如《魏氏春秋》所云：由安兄巽淫安之妻，誣安不孝，而安引康爲證哉？《魏氏春秋》又云：康義不負心，保明其事。安亦至烈，有濟世志力。鍾會勸大將軍因此除之，亦可見其死，非以其兄之誣告也。信史之不傳久矣。安兄誣安不孝，蓋欲加之罪之辭，方康於華士、少正卯亦然：二人之所以獲罪，則祕不得聞矣。康與魏宗室昏，又爲志節之士，其欲傾晉，自在意中。《晉書·向秀傳》言：康善鍛，秀爲之佐，相對欣然，又共吕安灌園於山陽，足見三人志同道合。康既被誅，秀應本郡計入洛，作《思舊賦》，以哀康、安。有云：“歎黍離之愍周，悲麥秀於殷墟。”其所志者，自可想見。《山濤傳》云：與嵇康、吕安善。後遇阮籍，便爲竹林之游，著忘言之契。康後坐事，臨誅，謂子紹曰：“巨源在，汝不孤矣。”康與濤之交情，亦可想見。欲助毌丘儉而問於濤，事所可有。然而濤卒獲全者？蓋以其與宣穆后有中表親，又知其不可而不爲，故非司馬氏之所深忌也。抑當時思傾司馬氏之人蓋多，誅之不可勝誅，司馬氏亦未嘗不思籠落之，故如向秀者，雖亦康、安之黨，後既應計入洛，則亦釋之不復問矣。《阮籍傳》云：籍本有濟世志，屬魏、晉之際，天下多故，名士少有全者，由是不與世事，酣飲爲常，亦山濤之知其不可而不爲也。文帝欲爲武帝求婚於籍，籍醉六十日，不得言而

───────────────

① 學術：玄談者非不事事，貽害在身家念重，縱弛不自振，且進爲求利（第九七○—九七二頁）。

② 史事：嵇康之死。

止,此不如山濤猶有葭莩之親矣。鍾曾數以時事問之,欲因其可否而致之罪,皆以酣醉獲免,可謂不爲
君用。嘗登廣武,觀楚、漢戰處,歎曰:"時無英雄,使孺子成名。"登武牢山,望京邑而歎。其鬱勃之情,
亦何減嵇康、呂安?然文帝輔政,求爲東平,後又求爲步兵校尉,則司馬氏亦釋之矣。此山濤去選官,
所由欲舉康以自代歟?委蛇於朝,可以免禍,康、安寧不知之,而卒不肯,以與禍會,可不謂之烈歟?康
既被繫,作《幽憤詩》,有"昔慚柳惠,今媿孫登"之語,而《籍傳》亦記籍遇登於蘇門山之事,登蓋亦非隱
淪之流?然則一時名士,欲傾司馬氏者多矣。非遭屠戮則皆隱遁,司馬氏之威力,可謂重矣。然其運
祚卒以不長。威力豈足恃哉?可以爲鑑矣。劉伶,沈湎於酒者也,而泰始初對策,盛言
無爲之化。胡母輔之爲樂安守,與郡人光逸,晝夜酣飲,不視郡事,然其始爲
繁昌令,亦曾節酒自屬,甚有能名。阮孚爲元帝丞相從事中郎,終日酣縱,則
帝本不以事任處之。其後明帝大漸,温嶠入受顧命,要與同行,升車乃告之,
孚卒求下,徒步還家,則彼以爲事不可爲故爾。温嶠能臣,而欲與共託孤寄命
之重,亦可見孚之爲人矣。阮放以清談侍明帝,而遷吏部郎,甚有稱績。成帝
時爲交州,又能伏兵襲殺陶侃將高寶,終以力薄而敗耳。庾敳在東海王越府,
常自袖手,此與謝鯤爲王敦長史,徒從容諷議同,猶能時進正論以匡敦,則所
謂殺父與君亦不從也。從之者若郭象,則以任職當權稱矣。可見玄談之家,
非皆不能事事者也。下特此也,庾亮,外戚之雋也,而史稱其好《莊》、《老》,善
談論。殷浩、謝安,皆江左之望也,而皆爲風流所宗。殷仲堪,亦一時之傑也,
而能清言,善屬文,每云三日不讀《道德論》,便覺舌本間强,其談理與韓康伯
齊名。王敦、桓温,皆奸雄之尤也。而敦務自矯厲,雅尚清談,口不言財色。
温自江陵北伐,行經金城,見少爲琅邪時所種柳,皆已十圍,慨然曰:"木猶如
此,人何以堪?"攀枝執條,泫然流涕。其襟懷,亦何以異於遺世之士乎?諸名
士之詒害於世者,乃在其身家之念太重。《王衍傳》言其居宰輔之重,不以經
國爲念,而思自全之計。乃説東海王越,以弟澄爲荆州,族弟敦爲青州,謂曰:
"荆州有江、漢之固,青州有負海之險,卿二人在外,而吾留此,足以爲三窟
矣。"及其將死,乃顧而言曰:"吾曹雖不如古人,向若不祖尚浮虛,戮力以匡天
下,猶可不至今日。"此蓋其由衷之言,所謂人之將死,其言也善,然其詒害於
世者,祖尚浮虛爲之乎?欲營三窟爲之乎?恐其雖有悔於厥心,而終未能喻
其故也。次則其人少居華膴,酖毒晏安,不能自振。周顗爲王導所賊,事見第
四章第四節。當時之不誅王氏,蓋事勢使然,顗之救導,決無背君黨友之嫌,
縱不能訟言於朝,何難以私語慰藉?而乃默無一言,卒招殺身之禍。此無他,
縱弛既甚,則慮患自疏耳。《莊子·盜跖篇》,設爲盜跖告仲尼之辭曰:"今吾
告子以人之情:目欲視色,耳欲聽聲,口欲察味,志氣欲盈。人上壽百歲,中壽
八十,下壽六十。除病瘦、當爲庾,字之誤。死喪、憂患,其中開口而笑者,一月之

中，不過四五日而已矣。天與地無窮，人死者有時，操有時之具，而託於無窮之間，忽然無異騏驥之馳過隙也。不能説其志意，養其壽命者，皆非通道者也。"《列子·楊朱篇》曰："萬物所異者生也，所同者死也。生則有賢愚、貴賤，是所異也，死則有臭腐、消滅，是所同也。賢愚、貴賤，非所能也，臭腐、消滅，亦非所能也。十年亦死，百年亦死，仁聖亦死，凶愚亦死。生則堯、舜，死則腐骨，生則桀、紂，死則腐骨。腐骨一矣，孰知其異？且趣當生，奚遑死後。"《列子》固張湛所爲，《莊子》亦郭象所定，託於養生之論，爲是恣睢之辭，此當時自暴自棄者之供狀也。縱弛既甚，則不徒廢事以自安，必且競進以求利。庾翼譏王衍曰："若以道非虞、夏，自當超然獨往。而不能謀始，大合聲譽，極致名位。"既如是，則"當抑揚名教，以静亂原，而乃高談《莊》、《老》，説空終日。雖云談道，實長華競"，翼與殷浩書，見《浩傳》。所惡者華競而非談道，然則衍之惡不如是之甚也，特惡其爲華競主，萃淵藪，使天下之惡皆歸焉耳。羊祜訾衍"以盛名處大位，敗俗傷化"，亦此意也。王坦之著《廢莊論》，曰："君子遊方之外，衆人藉爲弊薄之資。天下之善人少，不善人多，故莊生之利天下也少，害天下也多。"識解愈高，則其視世之所謂綱常名教者，不足嚴畏也愈甚，固不能謂其與學術無關，然魯酒薄而邯鄲圍，究爲充類至義之盡之語。必如范甯，謂王弼、何晏，罪深桀、紂，亦少過矣。旨趣異於諸名士者，其人亦分數科：卞壼、陶侃，蓋由性勤吏職；壼事見第十八章第二節。《侃傳》云：侃性聰敏，勤於吏職。閫外多事，千緒萬端，罔有遺漏。常謂人曰："大禹聖者，乃惜寸陰，至於衆人，當惜分陰。"諸參佐或以談戲廢事者，乃命取其酒器、蒱博之具，悉投之於江。吏將則加鞭朴。曰："樗蒱者，牧豬奴戲耳。老、莊浮華，非先王之法言，不可行也。君子當正其衣冠，攝其威儀，何有亂頭養望，自謂弘達邪？"樂廣、庾亮，則由習於禮法，廣笑王澄、胡母輔之等，謂："名教内自有樂地，何必乃爾？"庾亮風格峻整，動由禮節，皆見本傳。《江統傳》：子惇，性好學，儒玄竝綜。每以爲君子立行，應依禮而動。放達不羈，以肆縱爲貴，亦道之所棄也。乃著《通道崇檢論》，世咸稱之。亦廣、亮之儔也。皆與識解無關。若應詹病元康以來，賤經尚道，而欲修辟雍，崇明教義；虞預憎疾玄虚，其論阮籍，比之伊川被髮；則所謂遊於方之内者耳。惟裴頠著《崇有》之論，謂："以無爲辭，旨在全有。生必體有，有遺而生虧。故養既化之有，非無用之所能全；理既有之衆，非無爲之所能循。"其言深有理致。李充著《學箴》，謂："聖教救其末，老、莊明其本，本末之塗殊，而爲教一也。"阮孝緒著論，謂："至道之本，貴在無爲，聖人之跡，存乎拯弊。不垂其跡，則世無以平，不究其本，則道實交喪。丘、旦將存其跡，故宜權晦其本，老、莊但明其本，亦宜深抑其跡。跡須拯世，非聖不能，本實明理，在賢可照。"其説亦極通達持平也。

　　清談之始,蓋誠欲以闡明真理,然及後來,則亦變爲沽名釣譽之具,漸染口給禦人之習矣。①《齊書·王僧虔傳》:僧虔書誡其子曰:"曼倩有云:談何容易?見諸玄,志爲之逸,腸爲之抽;專一書,轉通數十家注;自少至老,手不釋卷;尚未敢輕言。汝開《老子》卷頭五尺許,未知輔嗣何所道,平叔何所説,馬、鄭何所異,指例何所明,而便自呼談士,此最險事。設令袁令命汝言《易》,謝中書挑汝言《莊》,張吳興叩汝言《老》,端可復言未嘗看邪?談故如射,前人得破,後人應解,不解即輸賭矣。且論注百氏,荆州八袠,又才性四本,聲無哀樂,皆言家口實,如客至之有設也。汝皆未經拂耳瞥目,豈有庖廚不修,而欲延大賓者哉?就如張衡,思侔造化,郭象言類懸河,不自勞苦,何由至此?汝曾未窺其題目,未辨其指歸,六十四卦,未知何名,《莊子》衆篇,何者内外,八袠所載,凡有幾家,四本之稱,以何爲長,而終日欺人,人亦不受汝欺也。"案《三國志·鍾會傳注》引孫盛論王弼《易注》,謂其"敍浮義則麗辭溢目,造陰陽則妙賾無間。至於六爻變化,羣象所效,日時歲月,五氣相推,弼皆擯落,多所不關。雖有可觀者焉,恐將泥夫大道"。又《管輅傳注》引《輅別傳》曰:輅爲何晏所請,共論《易》九事,九事皆明。晏曰:"君論陰陽,此世無雙。"時鄧颺與晏共坐,颺言"君見謂善《易》,而語初不及《易》中辭義,何也?"輅尋聲答之曰:"夫善《易》者不論《易》也。"傳載孔曜薦輅於裴徽曰:"俯覽《周易》,則齊思季主。"又曰:輅過鍾毓,共論《易》。輅因言卜可知君生死之日。毓使筮其生日月,如言無蹉跌。毓大愕然,曰:"君可畏也。死以付天,不以付君。"遂不復筮。然則輅之於《易》,實無所知,所曉者只是卜筮之術。其與何晏、鍾毓共談,亦恃明悟之資,初非經生之業也。然則玄學初興,重在明悟,不在多聞。及其抗辭求勝,則不得不炫博矜奇,如經生之專務應敵,破碎大道矣。不特此也,衛玠以玉人見稱。後劉琰、謝尚共論中朝人士,或問杜乂可方衛洗馬不?尚曰:"安得相比?其間可容數人。"恢又云:"杜乂膚清,叔寶神清。"王羲之目乂:"膚若凝脂,眼如點漆。"齊世風流,莫如張緒。袁粲謂其有正始遺風。每朝見,齊武帝恒目送之。劉悛之爲益州,獻蜀柳數株,武帝以植於大昌靈和殿前,賞玩咨嗟,曰:"此楊柳風流可愛,似張緒當年。"此等直是以貌取人耳,尚何學問之可言哉?故凡學皆貴本原,惡流失,而尤惡其爲諓世取寵之資也。

　　道家而外,諸子之學,稍以式微。數術與《易》相出入,又言哲理固有本於物理者,治之者尚較多。《後漢書·張衡傳》云:衡好玄經,謂崔瑗曰:"吾觀大

_____

　① 學術:玄學取口給,亦流破碎。

玄,方知子雲妙極道數。乃與《五經》相擬,非徒傳記之屬。"《三國·吳志·陸績傳》言:績博學多識。星曆,算數,無不該覽。作《渾天圖》,注《易》,釋《玄》,皆傳於世。陳壽稱其於揚《玄》,是仲尼之丘明,老聃之嚴周。《陸凱傳》云:好《大玄》,論演其意,以筮輒驗。王肅亦嘗注《玄經》,見《隋書·經籍志》。子部儒家。《晉書·忠義傳》:劉敏元,好星曆、陰陽、術數,潛心《易》、《大玄》,不好讀史。常謂同志曰:"誦書當昧義根,何爲費功於浮辭之文?《易》者義之源,《大玄》理之門,能明此者,即吾師也。"又《王長文傳》:著書四卷擬《易》,名曰《通玄經》。有文言、卦象,可用卜筮。時人比之《大玄》。同郡馬秀曰:"楊雄作《大玄》,惟桓譚以爲必傳後世。晚遭陸績,玄道遂明。長文《通玄經》,未遭陸績、君山耳。"此等皆可見魏、晉間人於《玄》鄉往之深。①《干寶傳》:性好陰陽、術數,留思《京房夏侯勝》等《傳》。《隱逸傳》:郭琦,善五行,作《天文志》、《五行傳》、注《穀梁》、《京氏易》,百卷。索襲,游思於陰陽之術。著天文、地理十餘篇,多所啓發。《魏書·屈遵傳》:曾孫拔,少好陰陽學。蓋其學尚較他家爲盛。然宋立五學,言陰陽者已無其人。見第一節。《南史·劉瓛傳》:瓛講《月令》畢,謂學生嚴植之曰:"江左已來,陰陽律數之學廢矣。吾今講此,曾不能得其方佛。"吳明徹就周弘正學天文、孤虛、遁甲,略通其術,遂以英雄自許,陳武帝亦深奇之。蓋尚玄談者多,能究心於數理者,亦已微矣。與道家相近者,莫如法術之學。②鍾會道論,實乃刑名,已見前。清談其名,華競其實,督責之術,相須實亟,故亦有留意其說者。王坦之頗尚刑名學,著《廢莊論》;李充幼好刑名之學,深抑浮虛之士是也。然亦能通其說而已,不能有所發明羽翼,觀《隋志》名法之書,率皆三國以前物可知也。名家之學,與法家相輔車,然寡實用,故其道尤微。《晉書·隱逸傳》:魯勝,著述爲世所稱,遭亂遺失,惟注《墨辯》存。其敍曰:"自鄧析至秦時,名家世有篇籍,率頗難知,後學莫復傳習。於今五百餘歲,遂亡絶。《墨辯》有《上》、《下經》,《經》各有《說》,凡四篇。與其書衆篇連第,故獨存。"然則名家之書單行者,已皆亡佚,此可證今之《鄧析》、《公孫龍子》,皆爲僞物也。③《三國·魏志·鍾會傳注》云:淮南人劉陶,善論縱橫,爲當時所稱。每與王弼語,嘗屈弼。王衍以好論縱橫之術,盧欽舉爲遼東大守,已見第二十二章第四節。《晉書·袁悦之傳》云:能長短說,甚有精理。始爲謝玄參

---

①　學術:魏晉後人重《大玄》。
②　學術:魏晉南北朝法學。
③　學術:《鄧析》、《公孫龍子》皆僞物。

軍，爲玄所遇。丁憂去職，服闋還都，止齎《戰國策》，言天下要惟此書。此皆好尚縱橫家言者，然亦無所發明羽翼。《隋志》有《鬼谷子》三卷，①皇甫謐注，蓋即謐之所緝。謐之言多不可信，此書不必即今《鬼谷子》，然謐之書即存，亦未必可觀也。

## 第五節　史　　學

漢世述作，多在東觀；魏世始置著作郎，或隸中書，或隸祕書；已見《秦漢史》第十九章第五節，及本編第二十二章第三節。《史通·史官建置篇》曰："舊事，佐郎職知博采，正郎資以草傳，如正佐有失，則祕監職思其憂。其有才堪撰述，學綜文史，雖居他官，或兼領著作。亦有雖爲祕書監，而仍領著作郎者。齊、梁二代，又置脩史學士。陳氏因循，無所變革。"案《隋書·經籍志》曰："史官廢絕久矣。魏、晉已來，其道逾替。南、董之位，以禄貴游。政、駿之司，罕因才授。故梁世諺曰：上車不落則著作，體中何如則祕書。"此其所以不得不別取他官，增設新職歟？《隋書·百官志》謂梁有撰史學士，《陳書·文學傳》：張正見、阮卓，皆嘗爲撰史著士，蓋即劉知幾所云脩史學士。史官不必能舉其職，喪亂時亦或暫缺其官，然載筆之司，究爲執政所重，故少獲安定，即復設立。元帝渡江，祖納勸設史官，當時未用其議，未幾，王導復以爲言，即於建武元年十一月設立，是其事矣。見紀。祖納，逖兄。元帝作相，引爲軍諮祭酒。納好弈棋。王隱以其少長五都，游宦四方，華夷成敗，皆所聞見，勸以記述。納因薦隱於元帝。元帝以問記室參軍鍾雅。雅曰："納所舉雖有史才，而今未能立也。"事遂停。然史云："史官之立自納始，"蓋納實首發其議者也。見《晉書·逖傳》。割據僭僞諸國，亦多設置。《史通》言之頗詳。亦有散見諸載記者。《史通》云："僞漢嘉平初，公師彧以大中大夫領左國史，撰其國君臣紀傳。前涼張駿時，劉慶遷儒林郎中常侍，在東苑撰其國書。蜀李與西涼二朝，記事委之門下。南涼主烏孤，初定霸基，欲造國紀，以其參軍郎韶爲國紀祭酒，始撰録時事。自餘僞主，多置著作官，若前趙之和苞，後燕之董統是也。"嘉平，劉聰僞號。和苞撰《漢趙紀》十卷，見《隋書·經籍志》，此外皆無可徵。諸國置史官之事，見於載記者：《晉書·石勒載記》：勒僭稱趙王，命記室佐明楷、程機撰《上黨國記》，中大夫傅彪、賈蒲、江軌撰《大將軍起居注》，參軍石泰、石同、石謙、孔隆撰《大單于志》。及僭號，又擢拜大學生五人爲佐著作郎，録述時事。《李雄載記》言雄興學校，置史官，已見第一節。《苻堅載記》言：堅母少寡，將軍李威，有辟陽之寵，史官載之。堅收起居注及著作所録而觀之。見其事，慚怒。乃焚其書，而大檢史官，將加其罪。著作郎趙泉、車敬等已死，乃止。《魏書·臨渭氏傳》亦載其事。又《北史·序傳》：涼武昭

---

① 經籍：《隋志》《鬼谷子》不必即今《鬼谷子》。

王時，有白狼、白兔、白雀、白雉、白鳩等集於園間。羣下以爲白祥金精所誕，皆應時邕而至，氏有神光、甘露、連理、嘉禾衆瑞，請史官記其事。昭王從之。此史官，當即知幾所謂門下也。知幾又云："元魏初稱制，即有史臣。雜取他官，不恒厥職。其後始於祕書置著作局。正郎二人，佐郎二人。其佐參史者，不過一二而已。普泰已來，參史稍替。別置脩史局。其職有六人。當代都之時，史臣每上奉王言，下詢國俗，兼取工於翻譯者，來直史曹。及洛京之末，朝議又以爲國史當專任代人，不宜歸之漢士。於是以谷纂、山偉，更主文籍。凡經二十餘年。其事闕而不載。"案《魏書·高宗紀》：和平元年，六月，崔浩之誅也，史官遂廢，至是復置。著作之設，當在此時。別置脩史局，則史無可考。《序紀》言魏之初，世事遠近，人相傳授，如史官之紀錄。見第三章第八節。《序紀》固不足信，然書契前事，十口相傳，則理所可有。《奚斤傳》云：斤聰明彊識，善於談論。遠說先朝故事，雖未皆是，時有所得。聽者歎美之。《北史·魏諸宗室傳》云：元丕，聲氣高朗，博記國事。饗燕之際，恒居坐端，必抗音大言，叙列既往成敗。代都所詢，蓋即此輩。《魏書·王慧龍傳》：曾孫遵業，位著作佐郎，與司徒左長史崔鴻同撰起居注。遷右軍將軍，兼散騎常侍，慰勞蠕蠕。乃詣代京，採拾遺文，以補起居所闕。則遷洛以後，仍未嘗不以是爲重。末葉專任代人，事見《山偉傳》。《傳》云：綦儁及偉等，諮說上黨王天穆及尒朱世隆，以爲國書正應代人脩緝，不宜委之餘人。是以儁、偉等更主大籍。守舊而已，初無述著。故自崔鴻死後，迄終偉身，二十許載，時事蕩然，萬不記一。後人執筆，無所馮藉。史之遺闕，偉之由也。未及谷纂。《劉仁之傳》云：深爲尒朱世隆所信用。出帝初，爲著作郎，兼中書令。既非其才，在史末嘗執筆。則其時之失職者，尚不僅纂、偉二人也。蓋由尒朱擅權，多行不義，[1]且曾戕賊朝士，慮中原士大夫直筆書之，故如是也。知幾又云："高齊及周，迄於隋代，其史官以大臣統領者，謂之監脩國史，齊世如高隆之、趙彦深、崔季舒、張雕虎，周世如柳敏等，皆嘗居此職。自領則近循魏代，遠效江南。惟周建六官，改著作之正郎爲上士，佐郎爲下士。名字雖易，而班秩不殊。"又云："又案《晉令》：著作郎掌起居集注，撰錄諸言行、勳伐，舊載史籍者。元魏置起居令史，每行幸燕會，則在御左右，記錄帝言及賓客酬對。後別置脩起居注二人，多以餘官兼掌。"案《魏書·高祖紀》：大和十四年，二月，初詔定起居注制。十五年，正月，初分置左右史官。蓋即所謂別置二人者？然《鄧淵傳》言：大祖詔淵撰國記，淵撰十餘卷，惟次年月起居行事而已，未有體例，蓋即起居注之倫？足見其有紀錄，由來已久。後來劉芳從駕南巡，撰述行事，亦起居注之類也。起居注直書

---

[1]　民族：魏末葉，史事專歸代人，蓋由尒朱多行不義。

其事，別無裁斷，《陳書·文學傳》：何之元作《梁典》，其《序》曰：“臧榮緒稱史無裁斷，猶起居注耳。”起居注亦有病其繁蕪，加以删削者，如徐勉删起居注爲六百卷是也。然此等删削，亦不足語於裁斷。然實爲撰述之本，故歷代皆重視其事，廢絶之時甚少，如魏建義初辛紹先曾孫貴，天平中陳元康、盧玄曾孫元明，西魏大統四年申徽，皆嘗從事於此，皆流離顛沛之際也。而其書之傳者亦頗多。《隋志》著録，凡四十四部，一千一百八十九卷。《隋書·經籍志》：雜史類有《梁皇帝實録》，一三卷，周興嗣撰，記武帝事。一五卷，謝吳撰，記元帝事。霸史類有《敦煌實録》，劉景撰。景，唐人避諱之字，即劉昞也。蓋就此略加删削者。此爲官家史料大宗。間有别行記録者，如《宋書·蕭思話傳》言：大祖使思話上平定漢中本末，下之史官；《梁書·蕭子恪傳》言：子恪啓撰高祖集，并《普通北伐記》；其書凡五卷，亦見本傳。則似清世之方略矣。史事雖設官記録，然斷不能備，故仍或求諸私家。《北齊書·文宣帝紀》：天保元年，八月，詔曰：“朕以虚寡，嗣弘王業。思所以贊揚盛績，播之萬古。雖史官執筆，有聞無墜，猶恐緒言遺美，時或未書。在位王公，文武大小，降及民庶，爰至僧徒，或親奉音旨，或承傳旁説，凡可載之文籍，悉宜條録封上。”其詢訪所及，亦可謂廣矣。官書固難信據，私家撰述，亦或苟阿所好，不必皆實。南朝之普斷立碑，[①]《南史·裴松之傳》：松之以世立私碑，有乖事實，上表陳之。以爲“諸欲立碑者，宜悉令言上，爲朝議所許，然後聽之。庶可以防遏無徵，顯彰茂實。”由是普斷。北朝之不受行狀，《魏書·甄琛傳》：琛死，大臣議謚文穆。吏部郎袁翻以爲不實，奏請改謚孝穆。且言“今之行狀，皆出自其家，任其臣子，自言君父之行，是以極辭肆意，無復限量。請自今已後，明勒大常、司徒：有如此者，悉請裁量，不聽爲受。”蓋以此也。

撰述之體，當時史家所習用者，爲紀傳及編年。《隋書·經籍志》：史部分目十三：曰正史，曰古史，曰雜史，曰霸史，曰起居注，曰舊事，曰職官，曰儀注，曰刑法，曰雜傳，曰地理，曰譜系，曰簿録。自起居注已下，皆祇可謂之史材，非編纂已成之史籍也。雜史者，其書出於私家，《志》所謂“靈、獻之世，天下大亂，史官失其常守，博達之士，愍其廢絶，各紀聞見，以備遺亡，是後羣才景慕，作者甚衆”者也。霸史則以其爲偏方割據，别立一門耳。其實二者之體例，皆與正史、古史同。古史即編年也，《隋志》以其體放自《春秋》，謂之古史。劉知幾作《史通》，其《古今正史篇》，亦以紀傳、編年，二體并列。而紀傳之體，尤爲見重。可看《魏書·高祐傳》。一以作者率循遷、固，一亦以紀傳之體，兼有書志，可詳典章經制，於史實之網羅，尤爲該備也。分史事爲理亂興衰、典章經制二類，説見馬貴與《文獻通考序》。此非貴與一人之私言，乃自來史家之公意也。高祐脩魏史奏云：“紀傳區别，表志殊貫，如此脩綴，事可備盡，”亦是此意。自《漢書》而降，所謂正史，悉係斷代爲書，頗爲主通史者所非議。然自唐以前，脩史之家，實未嘗謂史當

---

斷代。① 特往史所重，偏在政事，而其記載多出史官，一姓之興亡，自爲政局一大變，新朝繼起，必命史臣，蒐集前朝之事，編纂成書，而斷代之體，遂成於無意之間耳。東京以降，紀傳之體，作者多家，而通行者率不過一種。《後漢書》爲范曄。謝承《後漢書》，成於三國之世，已見《秦漢史》第十九章第五節。此外《隋志》所著録者，又有薛瑩《後漢記》，司馬彪《續漢書》，華嶠《後漢書》，謝沈《後漢書》張瑩《後漢南記》，袁山松《後漢書》。《梁書·蕭子恪傳》，言其弟子顯，嘗採衆家《後漢》，考正同異，爲一家之書，傳末叙所著書，有《後漢書》一百卷，則又《隋志》所未著録也。編年之體，《隋志》所著録者，有袁彦伯《後漢記》，張璠《後漢記》，袁曄《獻帝春秋》三家。案范曄書十志未成，今《後漢書》中之志，乃後人以司馬彪書補之者也。華嶠書十典亦未成，其子徹、暢，相繼成之，見《晉書》本傳。《三國志》爲陳壽。三國史記，王化有《蜀書》，韋曜有《吳書》，已見《秦漢史》第十九章第五節。《魏書》，正元中成於王沈。《晉書》本傳云：與荀顗、阮籍同撰，多爲時諱，未若陳壽之實録。據《史通·古今正史篇》，同撰者又有韋誕、應璩、孫該、傅玄，《晉書·玄傳》又有繆施。《隋志》著録：正史類有環濟《吳紀》，編年類有孫盛《魏氏春秋》，陰澹《魏紀》，孔舒元《魏氏春秋》，據《史通》，又有魚豢《魏略》，事止明帝。王隱《蜀記》，張勃《吳録》。《魏書·張彝傳》：彝子始均，嘗改陳壽《魏志》爲編年之體，廣益異聞，爲三十卷。又《儒林·梁祚傳》：祚撰并陳壽《三國志》，名曰《國統》。《晉書》則唐代官纂之本。晉史撰述，始於陸機。《史通·古今正史篇》云："機爲著作郎，撰三祖紀，束皙爲佐郎，撰十志，會中朝喪亂，其書不存。"而《隋志》古史類有機《晉紀》四卷。案《晉書·干寶傳》載王導請立國史疏，謂："宣皇帝廓定四海，武皇帝受禪於魏，而紀傳不存於王府。"則似王室無其書，而民間猶有傳本也。王隱爲著作郎，撰《晉書》。後爲虞預所毀，免官。依庾亮於武昌，書乃得成。而虞預竊隱之作，亦成《晉書》四十餘卷，事見《晉書》本傳。隱之書，《隋志》正史類著録八十六卷，《注》云：本九十三卷，《史通》云八十九卷，未知孰是。要其書於西都舊事，最爲該備，則無疑也。干寶爲著作郎，著《晉紀》，自宣帝迄愍帝，凡二十卷，亦見《晉書》本傳。《隋志》在古史類，云二十三卷。過江而後，《史通》云："自鄧粲、孫盛、王韶之、檀道鸞已下，相次繼作。遠則偏紀兩帝，近則惟叙六朝。至宋，湘東大守何法盛，始撰《晉中興書》，勒成一家，首尾該備。齊隱士東莞臧榮緒，又集東西二史，合成一書。皇家貞觀中，有詔以前後史十有八家，制作雖多，未能盡善，乃勒史官，更加纂録。採正典與舊説數十餘部，兼引魏史、十六國書。爲《紀》十，《志》二十，《列傳》七十，《載記》三十，并《叙例》、《目録》，合爲百三十二卷。自是言晉史者，皆棄其舊本，競從新撰者焉。"此即今之《晉書》，而唐人稱爲《新晉書》者也。鄧粲、孫盛，《晉書》皆有傳。王韶之，《宋史》有傳。盛之書，本傳云：有兩本，其説殊不足信，韶之書，有荀伯子同撰，見《宋書·伯子傳》。法盛書，《南史·徐廣傳》謂其竊諸郗紹，説亦似不足信。十八家，浦起龍《史通通釋》云："隋唐二志，正史部凡八家，其撰人則王隱、虞預、朱鳳、何法盛、謝靈運、臧榮緒、蕭子雲、蕭子顯也。編年部凡十一家，其撰人則陸機、干寶、曹嘉之、習鑿齒、鄧粲、孫盛、劉謙之、王韶之、徐廣、檀道鸞、郭季産也。蓋十九家，豈緣習氏獨主漢斥魏，以爲異議，遂廢并不用歟？"説近臆測，疑事毋質，不必盡求其人以實之可也。《隋志》著録，又有梁時有其書，而作《志》時已亡之者：鄭忠《晉書》七卷，虞鉶《東晉新書》七卷其不著録而見於史傳者：晉荀綽有《晉後書》十五篇，謝沈有《晉書》三十餘卷，沈約有《晉書》百一十卷。未成而頗傳於世者：崔浩有《晉後

---

書》五十餘卷。有志而未成者：齊有袁炳，魏有宋世景、裴伯茂、魏長賢。沈約之書，據《宋書·自序》，凡成百二十卷，遇盜失其第五帙。以《梁書》所載卷數覈之，所失者凡十卷。《序》云：“源流雖舉，而採綴未周。”以被勑撰國史，後又撰起居注，遂無暇搜撰，則其書實未成。《宋書·謝靈運傳》云：大祖令撰《晉書》，粗立條流，竟不能就。其書實亦未卒業也。《宋書》成於沈約。《宋書》，何承天草立紀傳，止於武帝功臣。其所撰書，惟天文、律曆。此外悉委山謙之。謙之病亡，蘇寶生續造諸傳。元嘉名臣，皆其所撰。寶生被誅，徐爰踵成前作。起自義熙之初，迄於大明之末。其臧質、魯爽、王僧達諸傳，則係孝武自造。自永元至於禪讓，十餘年間，闕而不續。永明五年，沈約被勑撰著。六年，十月，表上之，云：“所撰諸志，須成續上。”事見《宋書》約《自序》。其書實多因徐爰之舊，故於革易之際，爲宋諱者，反甚於爲齊。説見《廿二史劄記》。《齊書·文學·王智深傳》言：世祖使沈約撰《宋書》，又勑智深撰《宋紀》，成三十卷。世祖後召見於璿明殿，令拜表奏上。表未奏而世祖崩。隆昌元年，敕索其書。《梁書·裴子野傳》，謂其曾祖松之，宋元嘉中，受詔續脩何承天《宋史》，未及成而卒。子野嘗欲繼成先業。及齊永明末，沈約所撰《宋書》既行，子野更刪撰爲《宋略》二十卷。《史通·古今正史篇》云：松之之卒，史佐孫沖之表求別自創立，爲一家之言。沖之，盛曾孫，事見《臧質》、《鄧琬傳》。其書蓋未及成。《齊書·劉祥傳》云：祥撰《宋書》，譏斥禪代。尚書令王儉密以啓聞。武帝銜而不問。《陸澄傳》云：欲撰《宋書》，竟不成。《隋志》著録，沈約、裴子野而外，紀傳類有徐爰、孫嚴《宋書》各六十五卷，古史類有王琰《宋春秋》二十卷。《齊書》成於蕭子顯。子顯之書，《梁書》本傳作六十卷，《隋志》同。今本止五十九卷，蓋佚《自序》一篇？其略，猶存於《南史》本傳中也。《齊書》撰述，始於檀超、江淹。建元二年，初置史官，以超、淹掌其職。超史功未就而死。淹所撰凡十三篇，見《南史》本傳。《隋志》正史類，亦著録淹《齊史》十三卷。《梁書·淹傳》云：淹所著《齊史》十志，行於世。十志，《南史》作傳志。按《史通》云：“淹始受詔著述，以爲史之所難，無出於志，故先著十志，以見其才。”云先著，後必更有所述，則《南史》是也。此外《隋志》又有沈約《齊紀》二十卷，劉陟《齊紀》十卷。約著《齊紀》，亦見《梁書》本傳。以上皆紀傳體。其編年體，則《隋志》有吳均《齊春秋》三十卷。均作是書，求借齊起居注及羣臣行狀。梁武帝不許。均遂私撰。書成，奏之。書稱帝爲齊明帝佐命。帝惡其實録，使詰其事之不實者，焚之。均坐免職。然其私本仍行。事見《梁書》、《南史》本傳及《史通》。《齊書·檀超傳》云：豫章熊襄著《齊典》，上起十代。其《序》云：“《尚書·堯典》謂之《虞書》，故通謂之齊。”《南史》同。其書所述，蓋不僅齊事。《隋志》不著録，而有王逸《齊典》五卷，蕭萬《齊典》十卷，皆在古史類。《梁書·裴子野傳》，言其欲撰《齊梁春秋》，始草創，未就而卒。《梁》、《陳書》成於姚思廉。梁史《史通》云：武帝時，沈約、周興嗣、鮑行卿、謝昊相承撰録，已有百篇。承聖淪没，并從焚蕩。《梁書·沈約傳》言：所著有《高帝紀》十四卷。《隋志》著録謝昊《梁書》四十九卷。《注》云：本一百卷。蓋相承至昊，乃得百篇，非昊一人所撰也。陳初，杜之偉、許亨，大建時顧野王，并知梁史，亨書成者五十八卷，皆見《陳書》本傳。亨子善心，《隋書》有傳，云：其父嘗撰《齊書》五十卷。《梁書》紀傳，隨事勒成，及闕而未就者，目録注爲一百八卷。梁室交喪，一時亡散。陳初爲史官，依舊目録，更加脩撰，且成百卷。已有六帙五十八卷上祕閣訖。善心禎明二年聘隋而陳亡。其書存者六十八卷，又并缺落失次。善心隨他補葺，成七十卷。《陳書》所著，蓋其上祕閣之本？《隋志》著録許亨《梁史》五十三卷，則又有所闕也。以上皆紀傳體。其編年體：《隋志》著録，有劉璠《梁典》三十卷，何之元《梁典》三十卷，陰僧仁《梁撮要》三十卷，姚勗《梁後略》十卷，蕭韶《梁大清紀》十卷，蕭世怡《淮海亂離志》四卷。劉璠之書，實成於其子祥之手，事見《周書》本傳。何之元之書，起齊永元二年，迄王琳遇獲，見《陳書》本傳。《史通》謂之元與璠合撰《梁典》三

十篇,合字蓋各字之誤？姚勖,僧垣子,事見《周書·僧垣傳》。蕭韶,見《南史·梁宗室傳》。云其書承湘東之旨,多非實錄。陳史:《史通》云:初有顧野王、傅縡,各爲撰史學士。《武文二帝紀》,即其所脩。《唐志》有野王、縡《陳書》各三卷,而《隋志》有陸瓊《陳書》四十二卷,《注》云訖宣帝,疑野王、縡之書,亦苞括其中矣。姚察在梁、陳二代,皆知史職。隋開皇九年,勑其撰成二史。事見《陳書》本傳。然其書仍未能成,至唐貞觀中,乃成於其子思廉之手焉。**晉世北方諸國,總集於崔鴻之《十六國春秋》。其書雖成於魏世,而專詳僭僞,不著晉朝,民族大義,可謂較然彰著。贏秦以後,吾國久成統一之局,偏隅割據者,原不能視之爲國,故至唐世,遂將其行事,編爲載記,入之《晉書》,視如漢末之羣雄矣。**十六國史,《史通》述之較詳,今錄其説如下。《古今正史篇》曰:"前趙劉聰時,領左國史公師彧撰《高祖本紀》及《功臣傳》二十人,甚得良史之體。凌脩譖其訕謗先帝,聰怒而誅之。劉曜時,和苞撰《漢趙記》十篇,事止當年,不終曜滅。後趙石勒,命其臣徐光、宗歷、傅暢、鄭愔等撰《上黨國記》、《起居注》、《趙書》。其後又令王蘭、陳宴、程陰、徐機等相次撰述。至石虎,并令刊削,使勒功業不傳。其後燕大傅長史田融,宋尚書庫部郎郭仲産,北中郎將王度,追撰石事,集爲《鄴都記》、《趙記》等書。前燕有《起居注》,杜輔全錄,以爲《燕記》。後燕建興元年,董統受詔草創後書。著《本紀》并《佐命功臣》、《王公列傳》,合三十卷。其後申秀、范亨,各取前後二燕,合成一史。南燕有趙郡王景暉,嘗事德、超,撰二主《起居注》。趙亡,仕於馮氏,仍撰《南燕錄》六卷。蜀李勢散騎常侍常璩撰《漢書》十卷。後入晉祕閣,改爲《蜀李書》。璩又撰《華陽國志》,其載李氏興滅。前涼張駿十五年,命其西曹邊浏集內外事,以付秀才索綏,作《涼國春秋》五十卷。又張重華護軍參軍劉慶,在東苑專脩國史二十餘年,著《涼記》十二卷。建康大守索暉,從事中郎劉昞,又各著《涼書》。前秦史官,初有趙淵、車敬、梁熙、韋譚,相繼著述。苻堅嘗取而觀之。見苟大后幸李威事,怒而焚滅其本。後著作郎董誼,追錄舊語,十不一存。及宋武帝入關,曾訪秦國事。又命梁州刺史吉翰問諸仇池,并無所獲。先是秦祕書郎趙整,參撰國史。值秦滅,隱於商洛山,著書不輟。有馮翊車頻,助其經費。整卒,翰乃啓頻纂成其書。以元嘉九年起,至二十八年方罷。定爲三卷。而年月失次,首尾不倫。河東裴景仁,又正其謬辟,删爲《秦紀》十一篇。後秦扶風馬僧虔、河東衛隆景、并著秦史,及姚氏之滅,殘闕者多。泓從弟都仕魏,又追撰《秦記》十卷。夏天水趙思羣,北地張淵,於真興、承光之世,并受命著其國書。及統萬之亡,多見焚燒。西涼與西秦、北燕,其史或當代所書,或他邦所錄。段龜龍記呂氏,宗欽記禿髮氏,韓顯宗記呂、馮氏。惟此三者可知,自餘不詳誰作。魏世,黃門侍郎崔鴻,乃考覈衆家,辨其同異。除煩補闕,錯綜綱紀。易其國書曰錄,主紀曰傳。都謂之《十六國春秋》。鴻始以景明之初,求諸國逸史。逮正始元年,鳩集稽備,而猶闕蜀事,不果成書。推求十五年,始於江東購獲。乃增其篇目,勒成十卷。鴻歿後,永安中,其子繕寫奏上,請藏諸祕閣。由是僞史宣布,大行於時。"案高祖,劉淵僞號。《隋志》有田融《趙書》十卷,王度《二石傳》二卷,《二石僞治時事》二卷,范亨《燕書》二十卷。《注》云:記慕容儁事。張詮《南燕錄》五卷,王景暉《南燕錄》六卷,皆《注》云:記慕容德事。又有遊覽先生《南燕錄》七卷。《魏書·酈範傳》:範弟子惲,撰慕容氏書不成。《崔逞傳》:慕容暐時舉上計掾,補著作郎,撰《燕記》;《封懿傳》:懿撰《燕書》,頗行於世,則《隋志》皆不著錄。常璩之書,《隋志》名《漢之書》,十卷。《華陽國志》亦著錄,十二卷。又云:梁有《蜀平記》十卷,《蜀漢僞官故事》一卷,亡。劉景《涼書》十卷,《注》云:記張軌事。又有《敦煌實錄》十卷。景爲昞避諱字,已見前。《魏書·昞傳》云:《涼書》十卷,《敦煌實錄》二十卷。《隋志》又有張諮《涼記》八卷,《注》亦云記張軌事。喻歸《西河記》二卷,《注》云:記張重華事。苻堅焚史,事已見前。裴景仁之書,《隋志》著錄爲十一卷。

又有何仲熙《秦書》八卷,《注》云:記苻健事。景仁之書,亦見《南史·沈懷文傳》,云十卷。姚和都書,《隋志》亦著録。真興,勃勃僞號,承光,昌僞號,夏、西涼、西秦三國,《隋志》皆無書。段龜龍書,《隋志》著録十卷。宗欽,《魏書》有傳,云欽在河西,撰《蒙遜記》十卷,無足可稱。不云記禿髮氏。《隋志》有《拓跋涼録》十卷,不著撰人。韓顯宗,《魏書》亦有傳。云撰《馮氏燕志》十卷,不云記吕氏。則《史通》宗欽記禿髮氏,韓顯宗記吕、馮氏二句有誤。浦起龍改爲“宗欽記沮渠氏,失名記禿髮氏,韓顯宗記馮氏”,與《魏書》、《隋志》雖合,然合段龜龍記吕氏,凡有四種,與“惟此三者可知”句,文義又屬不符。浦氏又改惟此爲“惟有”,云“本有四種,其一失名,故云三者”。殊屬牽強。則元文雖誤,浦氏所改,亦未爲是也。《隋志》有《涼書》十卷,高道讓撰。又《涼書》十卷,《注》云:沮渠國史,而不著撰人。道讓,謙之字。其父崇。崇父潛,妻沮渠牧犍女武威公主。公主痛本生絶胤,以崇繼牧犍後,後乃啓復本姓,事見《魏書·崇傳》。韓顯宗書,《隋志》不著録,而有高閭《燕書》十卷,《注》云:記馮跋時事。崔鴻之書,《魏書》本傳云:鴻二世仕江左,故不録僭晉、劉、蕭之書。又恐識者貴之,未敢出行於外。世宗聞其撰録,遣散騎常侍趙邕詔鴻隨成者送呈。鴻以其書有與國初相涉,言多失體,且既未訖,迄不奏聞。鴻後典起居注,乃妄載其表,云謹以所訖者附臣邕呈奏。自正光以前,不敢顯行其書。自後,以其伯光貴重當朝,知時人未能發明其事,乃頗相傳讀。亦以光故,執事者遂不論之。子子元,永安中,乃奏其父書。據此,知鴻書於十六國事與魏相關者,必多存直筆,而惜乎其已亡也。初不肯順虜意進呈,而後乃妄載其表,蓋以爲書經呈奏,則攻擊者較難爲辭,此史家欲存史迹之苦心。正光已後,魏已無復綱紀,鴻故敢行其書,不必由於光之當權。至於永安,則拓跋氏僅亦守府矣,此其子所以又欲借中祕之力而存之也。《北史·崔亮傳》:齊文襄嘗言崔肇師合誅。左右問其故。曰:“崔鴻《十六國春秋》,述諸僭僞,而不及江東。”左右曰:“肇師與鴻別族”,乃止。虜惡其書如此,則其書之能秉大義可知,鴻可謂明於夷夏之界矣。① 其書,《魏書》云子元奏進者一百二卷。浦起龍因改《史通》勒爲十卷之十字爲一百二,然《史通》此句,或指其得蜀事後所增卷數言之,亦未可專輒也。**《魏書》成於魏收,號爲穢史。隋世嘗命改造,然其書未能行。**魏初命鄧淵著國記,後又命崔鴻總史事,浩之誅,以史事爲名,已見第八章第六節。其後高允、劉模,并典史事,史言其大較續浩故事,可見浩事實未嘗廢,其誅,特以此爲名而已。史又言允雖久典史事,而不能專勤著述。又言允年已九十,目手稍遜,多遣模執筆,而指授裁斷之。如此五六歲。允所成篇卷,著論上下,模與有功焉。則允雖尸其名,主其事者實模也。《高祖紀》:大和十一年,十二月,詔祕書丞李彪、著作郎崔光改析國記,依紀傳之體。《彪傳》云:自成帝已來,至於大和,崔浩、高允、著述國書,編年叙録,爲春秋之體。遺録時事,三無一存。彪與祕書令高祐,始奏從遷固之體,奏見《祐傳》。據其辭,則紀傳之體,起於皇始,蓋自此以前,事迹希簡,且無年月,不能編年,故不能作本紀。今《魏書》之《序紀》,其體,或亦沿自祐等邪?彪後因事失官。世宗踐阼,求以白衣脩史,如王隱故事。其表云:自大和十五年以來,頗有南輅,載筆遂寢。其時居史職者,傅毗、陽尼、邢産、宋弁、韓顯宗等,皆登年不永;程靈虬改從他職;惟崔光一人不移任,而亦侍、官兩兼,故載述致闕焉。《崔光傳》云:光雖領史官,以彪意在專功,表解侍中著作以讓彪,世宗不許。景明二年,秋,彪卒。四年,以孫惠蔚代光領著作。首尾五載,無所厝意。明帝立,詔光還領著作。光年者多務,疾病稍增,而自彊不已。然其書終未能成。正光四年卒。臨卒,言弟子鴻於肅宗。五年,正月,詔鴻以本官脩輯國史。尋亦卒。《魏書·自序》云:世宗時,命邢巒追撰高祖起居注。書至大和十四年。又命崔鴻、王遵業補續焉。下

---

① 民族、史籍:崔鴻《十六國春秋》爲齊文襄所深惡。

訖肅宗，事甚委悉。尒朱兆入洛，官守奔散。國史典書高法顯密埋史書，故不遺落。領著作郎山偉，自以爲功，得封東阿縣伯，法顯止獲男爵。偉與綦儁等更主史籍，無所述作，已見前。北齊文宣天保二年，詔魏收撰魏史。國史而外，兼以濟陰王暉業《辨宗室錄》爲據。五年，三月，奏上《紀》百一十卷。十一月，復奏十《志》。事見《魏書·自序》。收之脩《魏書》，史言其多快恩怨，私親戚，所引史官，恐其陵遁，亦惟取先相依附者。致爲諸家子孫所訴。文宣先重收才，收又誣訴者欲相屠害，致訴之者轉以獲罪。然猶以羣口沸騰，敕且勿施行，令羣臣博議，聽有家事者入署，不實者陳牒。於是投牒者相次。收無以抗之。時左僕射楊愔，右僕射高德正，勢傾朝野，與收皆親。收遂爲其家并作傳。二人不欲言史不實，抑塞訴辭。終文宣世，更不重論。孝昭皇建元年，詔收更加研審。收奉詔，頗有改正。乃詔行之。羣臣仍多言魏史不實，武成復敕更審。收又回換。收既緣史事，多憾於人，齊亡之歲，收冢被發，棄其骨於外焉。以上皆見《北齊書·收傳》。其說不知皆實否。然《傳》言陽休之父固爲北平太守，以貪虐，爲中尉李平所彈獲罪，載在《魏起居注》。而收書云：固爲北平，甚有惠政，坐公事免官。又云：李平深相敬重，其事固信而有徵，則收書之有曲筆，似無可解免也。《崔悛傳》云：悛爲常侍，求人脩起居注。或曰："魏收可。"悛曰："收輕薄徒耳。"更引祖鴻勛爲之。《收傳》言其意存實錄，好詆陰私。又曰：至於親故之家，一無所說。是則优直私曲，兼而有之。《高柔傳》云：收撰魏史，啓柔等與同其事。柔性頗專固，自是所聞，收常爲嫌憚。又云：柔在史館未久，逢勒成之際，志存偏黨。與其内外通親者，并虛美過實。深爲時論所譏。則阿私所好者，正不獨收一人，特收主持其事，遂爲衆矢之的耳。訴收獲罪者，事見《北齊書》盧潛、李構、王松年等《傳》。《北史·崔光傳》：光子劼，嘗恨魏收書，欲更作編年紀，竟不能就。光家世史學，使其成之，其書當有可觀也。齊後主武平四年，五月，詔史官更撰《魏書》，見《紀》。其事蓋無所成？隋高祖詔魏澹別成魏史，時稱簡正，事見《隋書·澹傳》及《北齊書·魏蘭根傳》。《隋書·薛道衡傳》：從子德晉，嘗佐澹脩《魏書》。然《潘徽傳》言：煬帝又詔楊素更撰《魏書》，素薨而止，則魏澹之書，論者必仍有不滿也。**《北齊書》成於李百藥。**《史通·古今正史篇》："高齊史：天統初，大常少卿祖孝徵述獻武起居，名曰《黃初傳天錄》。時中書侍郎陸元規，常從文宣征討，著《皇帝實錄》，惟記行師，不載他事。自武平後，史官陽休之、杜臺卿、祖崇儒、崔子發等相繼注記，逮於齊滅。隋祕書監王劭，内史令李德林，并少仕鄴中，多識故事。王乃馮述起居注，廣以異聞，造編年書，號曰《齊志》，十有六卷。李在齊預脩國史，創紀傳書二十七卷。至開皇初，奉詔續撰，增多《齊史》三十八篇。已上送官，藏之祕府。皇家貞觀初，勅其子中書舍人百藥，仍其舊錄，雜採他書，演爲五十卷。今之言齊史者，惟王、李二家焉。"《自注》云："王劭《齊志》，《序》云二十卷，今世間傳者，惟十六卷。"《隋志》著錄，則止十卷。又有崔子發《齊紀》三十卷。《杜臺卿傳》云：撰《齊紀》二十卷。《榮毗傳》：兄建緒，仕周，平齊之始，留鎮鄴城，因著《齊紀》三十卷。《隋志》皆不著錄。**《周書》成於令狐德棻。**宇文周史：《史通》云："大統有祕書丞柳虬，兼領著作，直辭正色，事有可稱。至隋開皇，中祕書監牛弘追撰《周紀》十有八篇，略敘紀綱，仍皆抵忤。皇家貞觀初，勅祕書丞令狐德棻、祕書郎岑文本共加脩緝，定爲《周書》五十卷。"《隋志》有牛弘《周史》十八卷，《注》云未成。**事亦皆在唐世。《史通·古今正史篇》云："大宗以梁、陳及齊、周、隋氏，并未有書，乃命學士分脩，仍使祕書監總知其務。合爲五代紀傳，并目錄凡二百五十二卷。書成下於史閣。惟有十志，斷爲三十卷，尋擬續奏，未有其文。又詔左僕射於志寧、大史令李淳風、著作郎韋安仁、符璽郎李延壽同撰。其先撰史人，惟令狐德棻重與其**

事。大宗崩後，刊勒始成。其篇第雖編入《隋書》，其實別行，俗呼爲《五代史志》。"云合爲五代紀傳，則梁、陳、齊、周、隋之史，實未嘗各別爲書。然則續脩之志，亦與五代紀傳合爲一書，無所謂編入《隋書》也。五代既合爲一書宋、齊、元魏何緣分立？隋實混一區宇，而亦繼南北朝之後，則晉又何不可冠於南北朝之前？然則當時史家，果未嘗謂史當斷代。李延壽雖與官脩，仍採雜史，補益官書，延壽與官脩而必別爲私史，意實在此。觀其自序可知。編爲南北紀傳，而亦入隋於其中，其《自序》稱以擬《史記》；知幾論史，亦入之通史之家；其明證也。然意雖在於會通，書實成於各別。合居一簡，未免無所取裁。當時雖合爲一書，後人仍目爲斷代，蓋以此也。

　　欲合隆古至於當代，萃爲一編者，當時亦非無其人。梁武帝之《通史》，其最著者也。此書，《梁書·本紀》云六百卷，《史通·古今正史篇》云六百二十卷，《紀》蓋以成數言之。《隋志》作四百八十卷，則有闕佚也。帝嘗躬製《贊》、《序》，亦見《本紀》。又語蕭子顯曰："此書若成，衆史可廢。"其重視之可知。《史通》云：其書"自秦已上，皆以《史記》爲本，而別採他説，以廣異聞。至兩漢已還，則全録當時紀、傳。《梁書·吳均傳》言：此書起三皇，迄齊代，均草《本紀》、《世家》已畢，惟《列傳》未就卒。而上下通達，臭味相依。又吳、蜀二主，皆入世家。五胡及拓跋氏，列於夷狄傳。大抵其體皆如《史記》，所異者惟無表而已。"斷代之書，所以不能合爲通史者，實以兩朝銜接之際，不免複重、矛盾，今云上下通達，臭味相依，當有以袪此弊。云惟無表，則亦有志。表事不容刊落，蓋當別有翦裁。《齊書·檀超傳》。超掌史職，上表立條例，即謂封爵各詳本傳，無假年表。此書實鄭樵《通志》之先河也。顧野王嘗撰《通史要略》一百卷，未就，《陳書》本傳。蓋又欲就斯書，加以刪略。熊襄《齊典》，所述不僅齊事，説已見前。宋江夏王義恭嘗撰《要記》五卷，起前漢訖晉大元，《宋書》本傳。蓋亦通史之體。北朝元暉，常山王遵曾孫。《史通》誤作濟陰王暉業。招集儒士崔鴻等，撰録百家要旨，以類相從，名爲《科録》，凡二百七十卷。上起伏羲，迄於晉、宋，凡十四代。《魏書·昭成子孫傳》。《北史·魏諸宗室傳》無宋字。其書《史通》列爲古今正史，而《隋志》入之子部雜家，蓋以爲類書也。《魏書·儒林·平恒傳》云：自周以降，暨於魏世，帝王傳代之由，貴臣升降之階，皆撰録品第，商略是非，號曰《略注》，合百餘篇，似亦《科録》之類。《周書·明帝紀》言：帝集公卿已下有文學者八十餘人，於麟趾殿刊校經史。又招採衆書，自羲、農已來，迄於魏末，叙爲《世譜》，凡五百卷。《隋書·蕭濟傳》：陳亡後濟子從典入隋，楊素奏使續《史記》迄於隋，其書未就，則亦梁武作《通史》之志也。

　　斯時史家,頗知講求體例。華嶠《脩漢後書》,以皇后入外戚傳爲不安,而改之爲紀。《晉書》本傳。檀超之掌史職,嘗上表立條例,詔内外詳議。其時王儉、袁豪,均有所論,見《齊書·超》及《豪傳》。脩史既皆斷代,故其起訖之間,最煩論議。晉初作本朝之史,即議立限斷。或云當起正始,魏廢帝立之歲。或云當始嘉平,宣王殺曹爽之歲。或云當起泰始,武帝篡魏之歲。見《晉書·賈充傳》。徐爰脩宋史,起元義熙,載與高帝并起及爲帝所戡定之人,而不取桓玄。表請詳議。詔曰:“項籍、聖公,編録二漢,《桓玄傳》宜在宋典。餘如爰議。”後沈約脩《宋書》,則并桓玄、譙縱、盧循、馬魯及劉毅、何無忌、魏詠之、檀憑之、孟昶、諸葛長民等并删之,事見《宋書·爰傳》及《自序》。魏收監脩國史,議立齊元,陽休之、李德林等亦有議論,見《北齊書·休之》、《隋書·德林傳》。此皆論一史之斷限者也。其分立時正統之論,則習鑿齒首及之。《晉書·鑿齒傳》載其臨終上疏曰:“臣每謂皇晉宜越魏繼漢,不應以魏後爲恪,而身微官卑,無由上達。今沈淪重疾,謹力疾著論一篇寫上。”其論曰:“今若以魏有代王之德,則其道不足,有静亂之功,則孫、劉鼎立。昔共工霸有九州,秦政奄平區夏,猶不見序於帝王,淪没於戰國,何況暫制數州之人,威行境内而已? 若以晉嘗事魏,拘惜禪名,則惑之甚者也。禪代之義,不同堯、舜,校實定名,必彰於後,人各有心,事胡可掩? 成業者係於所爲,不係所藉。立功者言其所濟,不言所起。有定天下之大功,爲天下之所推,孰如見推於閹人,受尊於微弱?”①論足王天下與否,純以功德爲準,而破拘於君臣之分,繆託禪讓之名,實頗合民貴君輕之義也。鑿齒正統之説,當以此論所言爲正。《傳》又言:鑿齒以桓温覬覦非望,著《漢晉春秋》以裁正之,於三國時,蜀以宗室爲正,則近億度。《晉書·天文志》云:“魏文帝黄初六年,五月,壬戌,熒惑入大微。七年,五月,帝崩。《蜀記》稱明帝問黄權:天下鼎立,何地爲正? 對曰:驗天文。往者熒惑守心,而文帝崩,吴、蜀無事,此其徵也。案三國史并無熒惑守心之文,疑是入大微。”以天象定正偽,則冥漠之説矣。

　　史也者,所以記人羣之行事,以資鑒戒,非徒爲一二人作起居注也。此義也,昔時史家,久已知之。然史官緣起,本君大夫之私人,所記者特其私事,記言記行,皆以表彰其人爲主,此等見解,相沿不易化除,而視史家之褒貶爲一身之榮辱者遂多矣。《齊書·崔祖思傳》:祖思陳政事曰:“古者左史記言,右史記事,君舉必書,盡直筆而不汙,故上無妄動,知如絲之成綸。今者著作之

－－－－－－－－－－

　　① 政體:正統之論,鑿齒之論,不必奕禪讓之虚名,甚正。

官,起居而已。述事褒諛爲體。世無董狐,書法必隱。時闕南史,直筆未聞。"即深惜史職不舉,不足使人歆懼者也。宋文帝欲封王曇首等,會燕集,出詔示之。曇首曰:"豈可因國之災,以爲身幸? 陛下雖欲私臣,當如直史何?"封事遂寢。苟丕惡於王儉,又上書極諫齊武帝,言甚直。帝不悅。竟於荆州獄賜死。徐孝嗣聞之曰:"丕縱有罪,亦不應殺,數千年後,其如竹帛何?"《南史·齊豫章王嶷傳》。魏孝文謂史官曰:"直書時事,無諱國惡。人君威福自己,史復不書,將何所懼?"皆謂史筆,足儆人君。然君既賞罰任情,史又何所恃以奮其直筆?《齊書·王智深傳》:世祖使沈約撰《宋書》,疑立《袁粲傳》,以謚世祖。世祖曰:"袁粲自是宋家忠臣。"約又多載孝武、明帝諸鄙瀆事。上遣左右謂曰:"孝武事迹,不容頓尒。我昔經事宋明帝,卿可思諱惡之義。"於是多所省除。則視人君之意旨爲進退矣。世祖敕智深撰《宋紀》,令奏上,未及而崩,鬱林又索其書,已見前。《傳》言智深初爲袁粲所接,及撰《宋紀》,意常依依,世祖之索之,蓋意實有所不釋然,故鬱林猶繼其志也。劉祥撰《宋書》,譏斥禪代,世祖銜而不問,亦已見前。《南史》言祥又於朝士多所貶忽,著連珠十五首以寄其懷。或以啓上,卒以是徙廣州,則亦未嘗不以他事中之矣。觀此,可知人君之於直筆,畏忌之深。《周書·柳虯傳》:虯上疏曰①:"古人君立史官,非但紀事而已,蓋所以爲監戒。漢、魏已還,密爲記注,徒聞後世,無益當時。且著述之人,密書其事,縱能直筆,人莫之知。何止物生橫議,亦自異端互起。故班固致受金之名,陳壽有求米之論。著漢、魏者非一氏,造晉史者至數家。後代紛紜,莫知準的。諸史官記事者,請皆當朝顯言其狀,然後付之史閣。庶令是非明著,得失無隱。使聞善者自脩,有過者知懼。"事遂施行。《文帝紀》:魏恭帝元年,四月,帝大饗羣臣。魏史柳虯執簡書於朝曰:"廢帝文皇帝之嗣子。年七歲,文皇帝託於安定公,曰:是子才由於公,不才亦由於公,宜勉之。公既受重寄,居元輔之任,又納女爲皇后,遂不能訓誨有成,致令廢黜,負文皇帝付屬之意,此咎非安定公而誰?"大祖乃令大常盧辯作誥諭公卿。此其所謂顯言於朝者也,豈不令人作惡? 虯以大統十四年除祕書丞,祕書雖領著作,不參史事,自虯爲丞,始令監掌焉。十六年,脩起居注,仍領丞事。周文之委任之,豈不以其能破密書之局,則知公論之莫予毒,而可以釋然於懷也邪?

————————

① 史籍:史不能直筆。柳虯破密書之局,可發一笑。以此歆懼人,適見其利用之甚(第九八六頁)。

人君如此,人臣亦然。魏孝文譴婦人冠帽著小襦襖,任城王澄言著者猶少,孝文斥爲一言喪邦,欲使史官書之,已見第二十一章第三節。梁取漢中,魏將乙速孤佛保自刎死,文帝詔著作録之。《北史·節義傳》。丘冠先死於蠕蠕,齊武帝賜其子雄錢一萬,布三十疋,雄不受。詣闕上書曰:"臣父執節如蘇武,守死如谷吉,遂不書之良史,甄之褒策,萬代之後,誰死社稷?"《南史·孝義傳》。謝朓之死,謂門賓曰:"寄語沈公:君方爲三代史,亦不得見没。"皆視史家之褒貶爲榮辱之大者也。源懷表陳其父賀擁立高宗及執立高祖之功,不霑茅土之錫。詔曰:"宿老元臣,云如所訴,訪之史官,頗亦言此,可依授北馮翊郡開國公。"可見私家勳伐,亦以書於國史者爲準。故有見録者則引爲殊榮,如李孝伯與張暢對問,書於《宋史·暢傳》,其孫豹子,欲求其君之披覽是也。其或見遺,則以爲大戚,如訴魏收者或云遺其家世職位,或云其家不見記録,或云妄有非毀是也。《收傳》言:收性頗急,夙有怨者,多没其善。每言何物小子,敢共魏收作色?舉之則使上天,按之則使入地。則藉此以肆其恣睢者,又有之矣。收《自序》曰:武定四年,獻武於西門豹祠宴集,謂司馬子如曰:"魏收爲史官,書吾等善惡,聞北伐時諸貴常餉史官飲食,司馬僕射頗曾餉不?"因共大笑。仍謂收曰:"卿勿見元康等在吾目下趨走,謂吾以爲勤勞。我後世身名在卿手,勿謂我不知。"又言齊文宣詔收撰魏史,勅收曰:"好直筆,我終不作魏大武誅史官。"神武、文宣皆粗才,能作是語,可知此等見解入人之深矣。《南史·王韶之傳》曰:韶之爲晉史,序王珣貨殖,王廞作亂。珣子弘、廞子華并貴顯,韶之懼爲所陷,深附結徐羨之、傅亮等。少帝即位,遷侍中,出爲吳郡太守。羨之被誅,王弘入相,領揚州刺史。弘雖與韶之不絶,諸弟未相識者,皆不復往來。韶之在郡,嘗慮爲弘所繩,夙夜勤勵,政績甚美。弘亦抑其私憾。文帝兩嘉之。《裴子野傳》云:齊永明末,沈約撰《宋書》,稱松之已後無聞焉。子野撰《宋略》云:戮淮南太守沈璞,以其不從義師故也。約懼,徒跣謝之,請兩釋焉。歎其述作曰:"吾弗逮也。"蓋直道之難行如此。《隋書·盧思道傳》云:齊天保中,魏史未出,思道先已誦之,由是大被笞辱。蓋亦以秉筆者爲恩怨所叢,慮其或受牽率,故當其未成之時,諱莫如深也。

史氏之初,本係記録故事,①以備方來之參證,其爲用,略如後世之檔案,先代學者,留意於此者極多。《宋書·殷景仁傳》云:景仁於國典、朝儀、舊章、記注,莫不撰録,識者知其有當世之志。《梁書·孔休源傳》:高祖嘗問吏部尚

———

① 史籍:故事。

書徐勉曰："今帝業初基，須一人有學藝、解朝儀者，爲尚書儀曹郎。爲朕思之，誰堪其選？"勉對曰："孔休源識鑒清通，諳練故實。自晉、宋起居注，誦略上口。"高祖亦素聞之。即日除儀曹郎中。是時多所改作每逮訪前事，休源即以所誦記，隨機斷決，曾無疑滯。吏部郎任昉嘗謂之爲孔獨誦。其有裨實用如此。王彪之博聞多識，練悉朝儀。自是家世相傳，并諳江左舊事。緘之青箱。世人謂之王氏青箱學。《宋書·王淮之傳》。王偉之少有志尚，當世詔命表奏，輒手自書寫。泰元、隆安時事，小大悉撰録之。《宋書·王韶之傳》。偉之，韶之父也。韶之因此私撰《晉安帝陽秋》，既成，時人謂宜居史職，即除著作佐郎，使續後事。訖義熙九年。許懋尤曉故事，深爲儀注之學。《梁書》本傳。劉諒尤博悉晉代故事，時人號曰皮裹晉書。《梁書·劉孝綽傳》。江蒨好學，尤悉朝儀、故事，撰《江左遺典》三十卷，未就。《梁書》本傳。凡此皆後世所謂掌故之學。《隋志》有舊事、儀注兩門皆其書，刑法一門，律令而外，有制、科、議、議駁、彈事、奏事、決事、駁事，亦其類也。

　　漢世治古史者，當以韋曜、譙周、趙曄、袁康爲巨擘。曜之《洞紀》，意在網羅放佚，求其完備。周之《古史考》，則是正舊聞，求其足信。曄與康之《吳越春秋》、《越絕書》，則皆著傳說於竹帛，使其不致湮滅者也。參看《秦漢史》第十九章第五節。魏、晉以降，此風未替。皇甫謐有《帝王世紀》，蓋《洞記》之倫。此書起三皇、盡漢、魏，見於《隋志》。其體例與《洞紀》之起庖犧至秦、漢，而黃武以後別作者同。《隋志》又有何茂材《續帝王世紀》十卷，疑本謐書續以晉已後事。其書在晉、南北朝之世，最爲通行。觀義疏言古事，多引此書，罕引《史記》可知。故當時即有爲作音注者。《隋志》有虞綽《帝王世紀音》四卷。《北史·文成五王傳》，安豐王猛之子延明，曾注《帝王世紀》。來奧有《帝王本紀》，似亦《世紀》之類。楊曄有《華夷帝王世紀》，則似兼詳外國者也。《隋志》所著録者，又有甄鸞《帝王世録》一卷。此書蓋但記世系，故卷帙甚少。《劉紹·先聖本紀》十卷，所謂先聖，蓋亦指古帝王，《志》云："自後漢已來，學者多鈔撮舊史，自爲一書。或起自人皇，或斷之近代，亦各其志。而體制不經。又有委巷之說，迂怪妄誕，真虛莫測，然其大抵皆帝王之事"可證也。王子年《拾遺記》二卷，今尚存，可見迂怪妄誕之概，然亦多記古帝王事也。又有姚恭《年歷帝紀》十卷，不著撰人《帝王諸侯世略》十一卷，蓋亦主年代、世系。又有孟儀《周載》八卷，《注》云：記前代下至秦，蓋古史之較略者。又有潘傑《王霸記》五卷，蓋亦記古帝王，下逮戰國。《晉書·陳壽傳》云：壽撰《古國志》五十篇。壽嘗師事譙周，其書或與周同調。《司馬彪傳》云：彪以周爲未盡善，條《古史考》中凡百二十二事爲不當，多據《汲冢紀年》之義，亦行於世，則又周之諍友。① 然立說雖異，其途轍則同也。《楊方傳》：謂方嘗撰《吳越春秋》，《隋志》作《吳越春秋削繁》。又有皇甫遵《吳越春秋》十卷，不著撰人《吳越記》六

---

① 經籍：司馬彪以《汲塚》匡譙周。

卷,蓋皆以趙、袁二氏之書爲不雅馴而改之。又有沈氏《南越志》八卷,則其所記,當較袁氏之書爲廣也。又有何承天《春秋前傳》十卷,《春秋前雜傳》九卷,樂資《春秋後傳》三十一卷,蓋記戰國前事,而附麗於《春秋》,如司馬光《通鑑》、劉恕《通鑑外紀》之例也。此節所引《隋志》之書,皆在雜史類。

　　一地方之史實,亦有留心搜緝者。常璩之《華陽國志》,其傳於今而可見者也。崔慰祖著《海岱志》,起大公,迄西晉人物;本傳云:四十卷,半未成。《隋志》在雜傳類,二十卷。王遵業著《三晉記》;十卷。見《北史·王慧龍傳》。遵業,慧龍曾孫也。蓋亦其倫。《隋志》云:"後漢光武,始詔南陽撰作風俗。故沛、三輔有耆舊節士之序,魯、廬江有名德先賢之贊。郡國之書,由是而作。"此後世方志之權輿,當時作者,蓋以人物爲重。然一地方之史實,苞含其中者,必不少矣。宋段國有《吐谷渾記》一卷,《隋志》入霸史類,其地實在域外,亦可稱爲外國史也。

　　傳記之作,此時最爲浩繁。有該括全國者,如《隋志》所著錄之《海内先賢傳》、《四海耆舊傳》是也。有域於一地者,如陳壽之《益部耆舊傳》,劉義慶之《江左名士傳》是也。有專詳一類人者,如嵇康之《聖賢高士傳》,諸家之《孝子傳》,梁元帝之《忠臣傳》,鍾岏之《良吏傳》,張隱之《文士傳》,范宴之《陰德傳》,王琪之之《童子傳》,諸家之《列女傳》,不著撰人之《美婦人傳》是也。此實正史類傳之倫。其兼容并苞者,則謂之《雜傳》。任昉、賀蹤、陸澄皆有其書。蹤書本七十卷,昉書本百四十七卷,可見其蒐採之博。就官守而傳其人者,有梁元帝之《丹陽尹傳》。網羅一時人物者,有袁敬仲之《正始人士傳》,戴逵之《竹林七賢論》,專記一人者,如不著撰人之《東方朔傳》,《毌丘儉記》,管辰之《管輅傳》。家傳亦有多家。就所知者而識之,則梁元帝之《懷舊志》也。僧、道亦有列傳,如《高僧傳》、《眾僧傳》、《尼傳》、《列仙傳》是。其專傳一人者,則有如《法顯傳》、《正一真人、三天法師、張君内傳》、《嵩高寇天師傳》。所傳并有非人者,如《靈鬼志》、《志怪》、《神錄》等是。梁元帝著《古今同姓名錄》一卷,則人名辭典之先河也。

　　譜牒之作,①斯時亦盛,以俗重閥閱故也。譜皇室者,如不著撰人之《漢氏帝王譜》、《宋譜》是。元暉業之《辨宗錄》,亦其類也。又有諸家之《百家譜》。一家之譜,則有如《京兆韋氏譜》、《謝氏譜》。譜一方巨族者,如《益州譜》、《冀州姓族譜》。官纂之書,以地、以姓爲別,如梁有王司空《新集諸州譜》十一卷,又有《諸姓譜》一百一十六卷,梁武帝總責境内十八州譜六百九十卷,蓋其最

---

①　宗族:譜牒之學。

巨者矣。譜牒之書，亦非僅記世次。如《隋志》有《楊氏家譜狀并墓記》一卷，裴子野有《續裴氏家傳》二卷。《南史》本傳。陸煦著《陸史》十五卷，《陸氏驪泉志》一卷是。《梁書·陸杲傳》。參看第十七章第二節。

　　宋元嘉中，使何承天立史學，石勒使任播、崔濬爲史學祭酒，已見第一節。私家亦有以此傳授者。《隋志》云："正史作者尤廣。一代一史，至數十家，惟《史記》、《漢書》，師法相傳，并有解釋。《三國志》及范曄《後漢》，雖已音注，既近世之作，并讀之可知。梁時明《漢書》者有劉顯、韋稜，陳時有姚察，隋代有包愷、蕭該，并爲名家。該、愷并見《隋書·儒林傳》，云：於時《漢書》學者，以蕭、包二人爲宗匠。聚徒教授，著錄者數千人。其盛，不下於傳經也。愷從王仲通受《史記》、《漢書》，李密師事愷，受《史記》、《漢書》，閻毗受《漢書》於該，皆見本傳。該梁鄱陽王恢之孫，愷東海人。《北史·崔瞻傳》云：潁川荀濟，自江南入洛，瞻學於濟，故得經史有師法。《隋書·儒林傳》：又有吳郡張沖，撰《前漢音義》十二卷。《文學傳》：劉臻，精於《兩漢書》，時人稱爲《漢》聖，《楊汪傳》：汪受《漢書》於臻。臻亦梁人，江陵陷没歸蕭督者也。然則是時史學，實自南而北也。《舊唐書·儒林傳》：秦景通，與弟暐尤精《漢書》。當時習《漢書》者皆宗師之。常稱景通爲大秦君，暐爲小秦君。不經其兄弟指授，則謂之不經師匠，無足採也。又有劉訥，亦爲當時宗匠。可見史學專門傳授之風，至唐初而未絕也。《史記》傳者甚微。"諸史述其時之人，熟精漢史者甚多，《梁書·文學傳》云：臧嚴於學多所諳記，尤精《漢書》，諷誦略皆上口。《張緬傳》：尤明後漢及晉代衆家，客有執卷質緬者，隨問便對，略無遺失。《南史·梁宗室傳》：吳平侯景之子勵，聚書至三萬卷，披翫不倦尤好《東觀漢記》，略皆誦憶。劉顯執卷策，勵誦應如流。乃至卷次，行數，亦不差失。《陳書·蕭濟傳》：第三從典，篤好學業，博涉羣書，於班史尤所措意。《史記》則除裴駰作注外，駰松之子，見《宋書·松之傳》。治者較罕，除前引蕭愷事王仲通與《漢書》并受外，惟《晉書·劉殷傳》言：殷有七子，五子各受一經，一子受《大史公》，一子受《漢書》。《南史·吳喜傳》云：喜出身爲領軍府白衣史。少知書。領軍將軍沈演之使寫起居注。所寫既畢，閣誦略皆上口。演之嘗作讓表，未奏失本，喜經一見，即寫無所脱漏。演之甚知之。因此涉獵《史》、《漢》，頗見古今，則不過涉獵而已，非真治學者也。蓋漢事近已而俗變相類，爲用較切，而言古史者，《史記》之席，又爲譙周、皇甫謐等書所奪也。《隋志》所云傳受，蓋重在訓詁、音釋，此馬融從班昭受讀《漢書》之舊，見《秦漢史》第十九章第五節。實尚不足語於史學。斯時史學之可稱者，一在補苴罅漏，一在提要鉤玄。補苴罅漏之功，見於注釋，《史通》言三國之志："異聞錯出，其流最多。宋文帝以《國志》載事，傷於簡略，乃命裴松之兼採衆書，補注其闕。"[1]《古今正史篇》。《宋書·松之傳》，稱其"鳩集傳記，廣增異聞"，蓋其所用心，實在於此。崔慰祖欲更注遷、固二史，採《史》、《漢》所漏二百餘事。《齊書·文學傳》。劉昭伯父彤，集衆家《晉書》注干寶《晉紀》，昭又集後漢同異，以注范曄書，世稱博悉。彤書四

---

十卷,昭書一百八十卷。《梁書》本傳。卷帙并遠逾於舊。王規亦集後漢衆家異同,注《續漢書》二百卷。《梁書》本傳。此等皆名爲注,實則補也。蔡謨總應劭以來注《漢書》者,爲之集解。《晉書》本傳。《梁元帝注漢書》百十五卷,《本紀》。其世子方等注范曄《後漢書》未就。《南史》本傳。吳均注范曄《後漢書》九十卷。《梁書·文學傳》。此等雖專於注釋,亦必有薈萃之功。惟韋稜著《漢書續訓》二卷,稜叡孫,見《南史·叡傳》。則或專於音訓耳。提要鉤玄之功,見於抄撮。有爲校勘同異者,如張緬抄《後漢》、《晉書》衆家異同,爲《後漢紀》四十卷,《晉抄》三十卷,又抄《江左集》,未及成。《梁書》本傳。裴子野抄合後漢事四十餘卷。是也。《南史》本傳。有欲刪繁就簡者,如袁峻抄《史記》、《漢書》,各爲二十卷,《南史·文學傳》。于仲文撰《漢書刊繁》三十卷,見《北史·于栗磾傳》。仲文,栗磾八世孫。劉延明以三史文繁,著《略記》百三十篇,八十四卷,《北史》本傳。阮孝緒有《正史削繁》九十四卷是也。《隋志》雜史類。《隋志》有漢衛颯《史要》十卷,《注》云:約《史記》要言,以類相從,亦見雜史類。此蓋《科録》之先河。又有王蔑《史漢要集》二卷,《注》云:抄《史記》,入《春秋》者不録。亦見雜史類。蓋合《史》、《漢》及《春秋》去其重者也。

# 第六節　文　學　美　術

晉、南北朝,爲文字趨於靡麗之世。以諸葛亮之綜事經物,而人或怪其文采不豔,見《秦漢史》第十九章第六節。即可見當時之風尚。《抱朴子·喻蔽篇》,述時人論王仲任者,病其“屬辭比義,不盡美”,亦此等見解也。[1] 葛氏雖正其非,然其所作之文,亦繁而不殺。《鈞世篇》論今人之文學,不必不如古人,其説多通。然又云:“俱論宫室,奚斯路寢之頌,何如王生之賦《靈光》? 同説游獵,叔曰盧鈴之詩,何如相如之言《上林》? 并美祭祀,《清廟》、《雲漢》之辭,何如郭氏《南郊》之豔? 等稱征伐,《出軍》、《六月》之作,何如陳琳《武軍》之壯?”則亦病古之醲素,而貴後之彫飾矣,可見自拔於風氣之難也。《晉書·劉頌傳》詳載其奏疏,且稱之曰:“游目西京,望賈誼而非遠;眷言東國,顧郎顗而有餘。”可謂以言存其人矣,然又譏其文懃華婉。《傅咸傳》云:“好屬文論,雖綺麗不足,而言成規鑒。”皆眷眷於文辭。此等皆時人之議論,爲史氏所採者也。曹魏之世,文章雖尚華飾,去古尚不甚遠。晉初潘、陸,稍離其真,然迄宋世,尚有雅正之作。至齊、梁而彫琢塗澤愈甚矣。北方文字,初較南方

---

[1] 文學:葛洪亦病古文辭不豔。

爲質樸，至其末葉，乃亦與之俱化焉。南朝文學之華靡，至梁之叔世而極。所謂宮體是也，見《南史·徐摛傳》。北朝則大盛於北齊後主之世。祖珽奏立文林館，召引文學之士，一時稱盛焉。見《北史·文苑傳》。《傳》云：“永明、天監之際，大和、天保之間，洛陽、江左，文雅尤盛。彼此好尚，雅有異同，江左宮商發越，貴於清綺。河朔辭義貞剛，重乎氣質。氣質則理勝其辭，清綺則文過其意。理深者便於時用，文華者宜於詠歌。此南北辭人得失之大較也。”然又云：“革車電邁，渚宮雲徹，梁荆之風，扇於關右。狂簡之徒，斐然成俗。流宕忘反，無所取裁。”則周人雖欲復古，亦未能自立於風氣之外矣。

斯時綴述之家，多務搜集辭藻。葛洪所謂以古書當山淵，採伐漁獵其中者也。《鈞世篇》。辭藻富麗者，吐屬仍貴自然。《顏氏家訓·文章篇》曰：“沈隱侯曰：文章當從三易：易見事一也，易識字二也，易讀誦三也。邢子才常曰：沈侯文章，用事不使人覺，若胸臆語也。深以此服之。”用事若胸臆語，則於語言之法無背，此行文之正軌也。若乃有意堆砌，致使辭浮於意，則雖庾信之富麗，論者且訾爲辭賦之罪人矣。《周書·信傳論》。又其甚者，如《顏氏·勉學篇》所譏：“既不學問，而又羞爲鄙樸。道聽塗説，強事飾辭。一二百件，傳相祖述，尋問莫知緣由，施安時復失所。”則爲絕物也矣。此等人并不讀書，然讀書者亦不必皆善雕飾。劉晝以舉秀才不第，發憤緝綴辭藻，已見第二十二章第四節。晝制一首賦，以《六合》爲名。自謂絕倫，吟諷不輟。以呈魏收。收謂人曰：“賦名六合，其愚已甚，及見其賦，又愚於名。”此真可發一笑。顏氏云：“學問有利鈍，文章有巧拙。鈍學累功，不妨精熟，拙文研思，終歸蚩鄙。但成學士，自足爲人，必乏天才，勿強操筆。”《文章篇》。學問自有其真，夫豈鈍根所能就？顏氏所云，亦經生呫嗶之業耳。然善用所長，亦足自立，究愈於強用所短者也。而一時風氣鼓盪，必率天下之人而出於一途。則知流俗波靡，未有不毀壞人才者。君子所以貴獨立不懼，遯世無悶也。

斯時之文字，有文筆之分。文貴華豔，筆則仍頗質實，與口語相去，初不甚遠。① 然二者已不必兼長。《晉書·摯虞傳》云：東平大叔廣，樞機清辯。廣談虞不能對，虞筆廣不能答。《樂廣傳》云：廣善清言，而不長於筆。累遷侍中河南尹。將讓尹，請潘岳爲表。岳曰：“當得君意。”廣乃作二百句語，述己之志。岳因取次比，便成名筆。時人咸云：“若廣不假岳之筆，岳不取廣之志，無以成斯美也。”《齊書·劉繪傳》：繪以辭辯，敕接虜使。事畢，當撰語辭。繪謂人曰：“無論潤飾未易，但得我語亦難矣。”皆可見口舌筆札，二者自有懸違也。然口語次比，便可成筆，則其相去究不甚遠，故雖不讀書者，亦或能爲之。《齊書·周顒傳》言顒善尺牘，而沈攸之送絕交書，大祖仍口授令顒裁答。《魏

---

① 文學：筆與語不遠。

書‧楊大眼傳》云：大眼雖不學，恒遣人讀書，坐而聽之，悉皆記識。令作露布，皆口授之，而竟不多識字也。《周書‧梁臺傳》云：不過識千餘字，而口占書啓，辭意可觀。此尚與王平所識不過十字，而能口授作書無異。見《秦漢史》第十九章第六節。大抵當時古書，苟非有意塗澤者，仍是盡人所能解。《晉書‧石勒載記》言：勒嘗使人讀《漢書》，聞酈食其勸立六國後，大驚曰：“此法當失，何得遂成天下？”至留侯諫，乃曰：“賴有此耳。”此與楊大眼使人讀書坐而聽之正同。《赫連勃勃載記》：劉裕入長安，遣使遺勃勃書。勃勃命其中書侍郎皇甫徽爲文而陰誦之。召裕使前，口授舍人爲書，封以答裕。裕覽其文而奇之。苟與語言相去甚遠，必非勃勃所能記也。《宋書‧劉穆之傳》云：穆之與朱齡石并便尺牘。常於高祖坐與齡石答書。自旦至中，穆之得百函，齡石得八十函，而穆之應對無廢也。此等書翰，亦必僅就口語，略事翦裁耳。《魏書‧胡叟傳》云：好作文。既善爲典雅之辭，又工爲鄙俗之句。《成淹傳》云：子霄，亦學涉，好爲文詠，但辭采不倫，率多鄙俗。與河東姜質等朋游相好，詩賦間起。知音之士，共所嗤笑。閭巷淺識，頌諷成羣，乃至大行於世，則知俗語亦可爲文，但不爲文士所貴耳。

文士之於語言，既但用之於筆，則高文典册，必也競事塗澤，寖失其真矣。窮而思返，實始北周。《周書‧蘇綽傳》曰：自有晉之季，文章競爲浮華，遂成風俗，大祖欲革其弊，因魏帝祭廟，羣臣畢至，乃命綽爲《大誥》奏行之。自是之後，文筆皆依此體。恭帝元年大祖命盧辯作誥喻公卿，見第五節。及閔帝時魏帝禪詔，册文，亦皆蘇綽《大誥》之流也。此等文字，雖似質實，實則仍以古語堆砌，未能達其真意。此仍是塗澤，不過其所塗澤者不同耳。故史臣譏其“矯枉非適時之用”焉。《王褒庾信傳論》。

賦體多學漢人，間有漸趨妍俊者，如《雪》、《月》、《恨》、《別》諸賦是也。詩體亦仍漢世之五言。如陶潛之高曠，謝靈運之工整，鮑照之雄駿，可謂各自名家。然較諸漢、魏以前之作，如《古詩》十九首等，則真樸漸漓矣。樂府之體，稍爲文人所效爲。《宋書‧樂志》云：“凡樂章古辭，今之存者，并漢世街陌謠謳。吳哥、雜曲，并出江東，晉、宋已來，稍有增廣。古者天子聽政，使公卿大夫獻詩，耆艾脩之，而後王斟酌焉。秦、漢闕採詩之官，歌詠多因前代。與時事既不相應，且無以垂示後昆。漢武帝雖頗造新哥，然不以光揚祖考，崇述正德爲先，但多詠祭祀見事及其祥瑞而已。商、周雅頌之體闕焉。”觀此，可知是時之詩，民間歌謠見採者日希，文人之所爲愈盛矣。

視書法爲藝事之風，降而益甚。古篆稍廢，通行最廣者，實惟隸書。作隸

求其姿媚，則有八分書，亦曰楷法。其專講實用者，仍稱爲隸書，亦曰章程書。統觀晉、南北朝諸史，善隸草者最多，工楷法者已少，古篆則幾於絶無矣。此可見雖云藝事，仍不能不受實用之牽率也。江式六世祖瓊，善蟲篆古訓，子孫世傳家業。此在當時，蓋爲孤學。式上表求作《古今文字》，言曹喜、蔡邕、張揖、邯鄲淳、韋誕、衛覬皆能篆，瓊即受學於覬者，此皆魏、晉間人。《表》稱"題篆宮禁，猥同上哲"，《傳》言式篆體尤工，洛京宮殿諸門版題皆式書，似題署尚皆用篆。然《晉書・王羲之傳》言：大元中，新起大極殿，謝安欲使其子獻之題榜，而難言之，試謂曰："魏時凌雲殿榜未題，而匠者誤釘之，不可下，乃使韋仲將縣橙書之。比訖，鬚髮盡白，裁餘氣息。還語子弟，宜絶此法。"獻之揣知其旨，正色曰："仲將魏之大臣，寧有此事？使其若此，有以知魏德之不長。"安遂不之逼。獻之，《傳》僅言其工草隸而已。《魏書・盧玄傳》言代京宮殿，多其孫淵所題，亦僅云其六世祖志法鍾繇書，傳業累世。繇亦僅工章程書耳。《竇瑾傳》：子遵，善楷、篆。北京諸碑及臺殿樓觀宮門題署多遵書，此當皆用楷、篆。然《周書・藝術傳》言：冀儁善隸書。趙文深少學楷隸，雅有鍾、王之則。當時碑牓，惟文深及儁而已。平江陵後，王褒入關。貴游等翕然，并學褒書。文深之書，遂被遐棄。文深愇恨，形於言色。後知好尚難反，亦攻習褒書。然竟無所成。轉被譏議，謂之學步邯鄲焉。至於碑牓，餘人猶莫能逮。王褒亦每推先之。宮殿樓閣，皆其迹也。世宗令至江陵書景福寺碑，漢南人士，亦以爲工。雖外任，每須題榜，輒復追之。儁固僅以善隸稱，文深雖楷、隸并言，然云有鍾、王之則，則所工者亦隸書也。然則碑牓亦不必篆分矣。古篆之用日少，[1]此識之者所由日希歟？見第一節。

衛恒作《四體書勢》：一爲古文，二爲篆書，三爲隸書，四爲草書，行書即該於隸書之中。蓋行、楷八分皆隸之小變，不足獨成一體也。然則晉、南北朝諸史所稱善隸書者，亦未始不可兼該行、楷矣。而楷法之名，亦漸移於章程書，不專指八分。《北齊書・趙彦深傳》：子仲將，善草隸。雖與弟書，書字楷正。云："草不可不解。若施之於人，即似相輕易。若與當家中卑幼，又恐疑所在宜爾。是以必須隸筆。"此云楷正，即指隸書，事甚明白。然其所謂隸筆，未必不苟行書，不必皆如今之正書，亦理之可信者也。《四體書勢》於行書稱鍾、胡，而荀勗領祕書監，立書博士，置弟子教習，以鍾、胡爲法，可見行書爲用之廣矣。史於行書，亦間有別諸隸書者，如《魏書・崔玄伯傳》，言其尤善草、隸、

---

① 文字：晉時題署似已不皆用篆。

行押之書是也，然甚少。

當時工書者，頗多衣冠中人。南則王、謝，如《晉書·王導傳》言其孫岷善行書，《謝安傳》亦言其善行書。北則崔、盧，見《魏書·崔玄伯》、玄伯子《浩》及《盧淵傳》。并爲史所豔稱，而王羲之尤稱“古今之冠”。《晉書》本傳語。書藝既爲世所重，名人筆迹，亦因之見寶。齊大祖嘗示王僧虔古迹十一袠，就求能書人名。僧虔得民間所有袠中所無者十一卷奏之。又上羊欣所撰《能書人名》一卷。《齊書》本傳。又《劉繪傳》，繪善隷書，亦嘗撰《能書人名》。梁武帝天監初，殷鈞爲祕書郎，啓校定祕閣四部書，更爲目錄。又受詔料簡西省法書古迹，別爲品目。《梁書》本傳。西陽王大鈞，年七歲，高祖嘗問讀何書？對曰：學《詩》。因命諷誦，音均清雅。賜王羲之書一卷。《梁書·大宗十一王傳》。陳時，征北軍人於丹徒盜發晉郗曇墓，大獲王羲之書及諸名賢遺迹。事覺，其書并没縣官，藏於祕府。世祖以始興王伯茂好古，多以賜之。《陳書·世祖九王傳》。此皆天家之藏。桓玄愛王羲之父子書，各爲一袠，置左右玩之。《晉書·羲之傳》。江祐遠致餉遺，或取諸王名書。《南史》本傳。此則士大夫之篤嗜成癖者也。北方則多寶崔、盧之書。《魏書·崔浩傳》言；世寶其迹，多裁割綴連，以爲模楷。《梁書·文學·周興嗣傳》言：次均王羲之書千字，使興嗣爲文。此皆世所謂集字。《魏書·崔玄伯傳》：玄伯父潛，爲兄渾誄手筆草本，延昌初，著作佐郎王遵業買書於市，遇得之。深藏祕之。武定中，遵業子松年，以遺黄門郎崔季舒。人多摹搨之。則又後世鈎摹展拓之本矣。

詔令、奏議，要密者或出親書，蓋欲以防詐僞。蔡興宗説宋明帝爲手詔以慰殷琰，已見第九章第五節。劉道濟之死，裴方明等使書與相似者爲教，酬答籤疏。蕭穎冑死，州中祕之，亦使似其書者假爲教命。此皆施於軍機緊急之時。謝瀟兄朏，在吳興，論啓公事稽晚，瀟輒代爲啓，齊明帝見非其手迹，被問，見原，此則施之平時者矣。冀儁特工模寫，周大祖令儁爲魏帝勅書與費也頭，令將兵助大祖討侯莫陳悦。儁依舊勅模寫，及代舍人主書等署，與真無異，此固稟分使然，亦其時多用手筆，故有工於模放者邪？《宋書·武三王傳》言：衡陽王義季素拙書，文帝聽使餘人書啓事，惟自署名，則非特許必出親筆，故梁昭明大子疾，武帝敕參問，輒自力手書啓也。萬幾日不暇給，或武人實不能書者，亦須自署名。《南史·恩幸傳》云：齊高帝在領軍府，令紀僧真學手迹下名。篡位後報答書疏，皆付僧真。上觀之，笑曰：“我亦不復能别也。”《王敬則傳》云：敬則不識書，止下名。《侯安都傳》云：安都日益驕慢，表啓封訖，有事未盡，乃開封自書之，云又啓某事。然則本不自書也。手迹之爲用既廣，留意於其工拙者遂多。劉穆之説宋高祖，已見第二節。《魏書·崔玄伯傳》：弟

子衡學崔浩書，頗亦類焉。天安元年，擢爲内祕書中散。班下詔命及御所覽書多其迹。此則虜主不能書，而使工書者爲代也。北齊高祖令工書人韓毅在東館師友諸王。後主在東宮，世祖亦選善書人性行純謹者令侍書。《北齊書·儒林傳》。亦以世重書法，故加意教習也。

　　書工有徒取機速能集事者。《齊書·幸臣傳》：劉係宗，泰始中爲主書。大祖廢蒼梧，明日，呼正直舍人虞整，醉不能起。係宗歡喜奉命。使寫諸處分敕令及四方書疏。使主書十人，書吏二十人配之。事皆稱旨。此等但求能赴事機，未必更求筆迹之美。若崔衡供職，兼及虜主所覽；《梁書·張率傳》：敕使撰婦人事二十餘條，使工書人琅邪王深、吳郡范懷約、褚泂等繕寫，以給後宮；則兼求其書法之工矣。然當時雖重書法，於工書者仍賤視之。① 觀王獻之對謝安語可見。《宋書·羊欣傳》：元顯每使欣書，嘗辭不奉命。元顯怒，乃以爲其後軍府舍人。此職本用寒人，欣意貌恬然，不以高卑見色，論者稱焉。觀劉係宗本爲竟陵王誕子景粹侍書，誕舉兵，廣陵城内皆死，敕赦之，又以爲東宮侍書，則知作書本寒人事也。《梁書·劉顯傳》：嘗爲上朝詩，沈約見而美之。時約郊居宅新成，因命工書人題之於壁。《文學傳》：約郊居宅新構閣齋，劉杳爲贊二首，并以所撰文章呈約。約即命工書人題其贊於壁。此等工書人，亦必寒素可隨意使令者。《顔氏家訓·雜藝篇》言："真草書迹，微須留意。江南諺云：尺牘書疏，千里面目也。"然又言："此藝不須過精。見第二節。王褒地冑清華，才學優敏，後雖入關，亦被禮遇，猶以書工，崎嶇碑碣之間，辛苦筆硯之役。嘗悔恨曰：使吾不知書，可不至今日邪？"趙文深書見遐棄而以爲恨，褒書見推重而亦以爲恨，膏粱寒素，自處之不同，概可見矣。《宋書·謝靈運傳》云：靈運詩書，皆兼獨絶，每文竟，手自寫之，文帝稱爲二寶。然則當時士夫，自寫文字者絶少，書工之見役使者必多也。

　　圖畫仍以人物爲主。王粹圖莊周於室，廣集朝士，使稽含爲之贊。《晉書·忠義稽紹傳》。宋明光殿以胡粉塗壁，畫古賢、烈士。《宋書·百官志》。王綸之爲豫章大守，圖畫陳蕃、華歆、謝鯤象於郡朝堂。顧野王與王褒并爲梁宣城王賓客。王於東府起齋，命野王畫古賢，褒書贊。韋叡居家無事，慕萬石、陸賈之爲人，畫之於壁以自玩。石季龍造大武殿初成，圖畫自古賢聖、忠臣、孝子、烈士、貞女。《晉書·藝術·佛圖澄傳》。《傳》又云：皆變爲胡狀。句餘，頭悉縮入肩中，惟冠帠鬐髯微出。季龍大惡之，祕而不言也。《宋書·五行志》亦云：石虎末，大武殿前所圖賢聖人象人頭悉縮入

---

① 文字、階級：晉南北朝重書法，於書工仍賤視之。畫工尤甚（第九九七頁）。

肩中。説雖怪誕，然其圖畫人象，自係實事也。皆畫古人於屋壁，以資鑒戒。李玄盛於南門外臨水起堂，名曰靖恭之堂，以議朝政，閱武事。圖贊自古聖帝、明王、忠臣、孝子、烈士、貞女，親爲序頌。當時文武臣寮，亦皆圖焉。則兼及今人矣。齊武帝時，藩邸嚴急，諸王《五經》之外，惟得看《孝子圖》，已見第十章第一節。王僧虔子慈，年八歲，外祖宋江夏王義恭迎之内齋，施寶物，恣所取，慈取素琴、石硯及《孝子圖》而已。《隋書·經籍志》：梁有《孝經圖》一卷，《孝經孔子圖》二卷，雜傳類又有《陳留先賢像贊》一卷，《會稽先賢像贊》五卷，皆裝成卷帙者。魏肅宗欲釋奠，豫詔有司，圖飾聖賢，見第一節。則祠祀者亦有畫像也。《宋書·自序》：世祖以沈伯玉容狀似畫圖仲尼像，常呼爲孔丘，此孔子像不知在廟中？抑在屋壁上？或裝成卷帙？然當時孔子畫像必頗多，則可想見也。畫今人者：王玄謨子寬，泰始初爲隨郡大守，逢四方反，父在建康，寬棄郡自歸。以母在西，爲賊所執，請西行。遂襲破隨郡，收其母。事平，明帝嘉之，使圖寬形以上。齊高帝圖功臣，劉僧副在焉。《南史·劉善明傳》。竟陵王子良開西邸延才俊，使工圖其像，王亮、宗夬皆與焉。并見《梁書》本傳。桓康隨武帝起兵。所經村邑，恣行暴害。江南人畏之，以其名怖小兒。畫其形於寺中。病瘧者寫形帖著牀壁，無不立愈。《南史》本傳。馮道根爲豫州，梁高祖引與燕，召工圖其形象。柳仲禮遷司州，帝思見其面，亦使畫工圖之。張緬居憲司，號爲勁直，帝遣畫工圖其形於臺省，以勵當官。陳武帝定杜僧明等之亂，帝亦遣畫工圖其容貌而觀之。昭明大子起樂賢堂，使圖工先圖劉孝綽。王秀之欽慕宗測，令陸探微畫其形，與己相對。《南史·隱逸傳》。夏侯亶遷吳興大守，在郡有惠政，吏人圖其像，立碑頌美。齊武成於華林起玄洲苑，備山水臺觀之麗，詔於閣上畫魏收。許惇遷守陽平，治爲天下第一，特加賞異，圖形於闕。凡此皆徒畫其人。《南史·宋宗室諸王傳》：長沙景王道憐之孫韞，人才凡鄙。在湘州、雍州，使善畫者圖其出行鹵簿羽儀，常自披翫。嘗以示蔡興宗，興宗戲之，陽若不解畫者，指韞形問之曰："此何人而在輿？"韞曰："正是我。"其庸鄙類如此。《梁書·康絢傳》：絢身長八尺，容貌絶倫。雖居顯官，猶習武藝。高祖幸德陽殿戲馬，敕絢馬射。撫弦貫的，觀者悦之。其日，上使畫工圖絢形，遣中使持以問絢，曰："卿識此圖不？"其見親如此。此圖中蓋亦有多人？齊武帝志存恢復，使毛惠秀畫《漢武北伐圖》，置琅邪城射堂壁，遊幸輒觀焉。《齊書·王融傳》。此圖除人物外，當更有他景色以資點綴也。然特以資點綴而已，所重者仍在人物，故有以善畫一種人物稱者，如《齊書·劉繪傳》言：滎陽毛惠遠善畫馬，繪弟瑱善畫婦人，當世并爲第一是也。顧愷之之畫，特重古今，觀《晉書》本傳所言，亦僅善於人物而已。《顔氏家訓·雜藝

篇》云："武烈大子，偏能寫眞。坐上賓客，隨宜點染，即成數人。以問童稚，皆知姓名矣。"《南史·陳本紀》云：袁彥聘隋，竊圖隋文帝狀以歸。後主見之，大駭，曰："吾不欲見此人。"此説不知信否？然當時有此速繪之術，自不誣也。

山水畫似亦起於此時，但不多耳。[1]《宋書·隱逸傳》：宗炳，好山水，愛遠游。西陟荆巫，南登衡岳。因而結宇衡山。欲懷尚平之志，即《後書·逸民傳》之向長，字子平。《注》云：《高士傳》作尚。有疾還江陵。歎曰："老、疾俱至，名山恐難徧覩，惟當澄懷觀道，臥以遊之。"凡所遊履，皆圖之於室。謂人曰："撫琴動操，欲令衆山皆響。"此所畫者，必爲山水無疑。炳孫測，見《齊書·高逸傳》。云：欲遊名山，乃寫祖炳所畫《尚子平圖》於壁上，則仍爲人物矣。《宋書·王微傳》，微報何偃書曰："性知畫繢，盤紆糾紛，或記心目。故兼山水之愛。一往迹求，皆放象也。"此所言者，或亦山水畫。

佛畫、佛像，亦隨佛教而俱興。《梁書·諸夷傳》述鄮縣光宅寺云：大同中，出舊塔舍利，敕市寺側數百家宅地，以廣寺域。[2] 造諸堂殿并瑞像周回閣等，窮於輪奂焉。其圖諸經變，并吳人張繇運筆。繇丹青之工，一時冠絶。又云：師子國，晉義熙初，始遣獻玉像。經十載乃至。像高四尺二寸。玉色潔潤。形製殊特，殆非人工。此像歷晉、宋世在瓦官寺。寺先有徵士戴安道手製佛像五軀，及顧長康《維摩畫圖》，世人謂爲三絶。至齊東昏，遂毁玉像，前截臂，次取身，爲嬖妾潘貴妃作釵釧。戴安道名逵，其子顒，見《宋書·隱逸傳》。云：自漢世始有佛像，形製未工。逵特善其事，顒亦參焉。宋世子鑄丈六銅像於瓦官寺，既成，面恨瘦，工人不能治，乃迎顒看之。顒曰："非面瘦，乃臂胛肥耳。"既錯減臂胛，瘦患即除，無不歎服焉。元魏造像，規模尤大，見第二十四章第二節。

畫工見賤，尤甚於書工。《顔氏家訓·雜藝篇》云："吳郡顧士端，出身湘東國侍郎，後爲鎮南府刑獄參軍。有子曰庭，西朝中書舍人。父子并有琴書之藝，尤妙丹青。常被元帝所使，每懷羞恨。彭城劉岳，橐之子也。仕爲驃騎府管記、平氏縣令。才學快士，而畫絶倫。後隨武陵王入蜀。下牢之敗，遂爲陸護軍畫支江寺壁，與諸工巧雜處。鄉使三賢都不曉畫，直運素業，豈見此恥乎？"其見輕可謂甚矣。然名畫與法書，同爲人所寶愛。《隋書·經籍志》簿録類，有《陳祕閣圖書法書目録》一卷，《法書目録》六卷，《書品》二卷，《名手畫録》一卷。

---

① 美術：山水畫緣起。

② 宮室：市寺側數百家宅地以廣寺。

　　魏復雅樂，始自杜夔，已見《秦漢史》第十九章第六節。晉初，荀勖典知樂事，又脩律呂，事見《晉書·勖傳》及《宋書·樂志》。《志》云：江左以無雅樂器及伶人，省大樂并鼓吹令。是後頗得登哥食舉之樂，猶有未備。明帝大寧末，又詔阮孚等增益之。成帝咸和中，乃復置大樂官，鳩習遺逸。而尚未有金石也。初荀勖脩正鐘磬，事未竟而勖薨。惠帝元康三年，詔其子蕃脩定金石，以施郊廟。事亦見《晉書·裴秀傳》。尋直喪亂，遺聲舊制，莫有記者。庾亮爲荊州，與謝尚共爲朝廷脩雅樂。亮尋薨，庾翼、桓温，專事軍旅，樂器在庫，遂至朽壞焉。晉氏之亂也，樂人悉没戎虜。《晉書·劉弘傳》云：伶人避亂，多至荊州。下書郡縣，使安慰之。須朝廷旋反，送還本署。則時伶人亦有南奔者，朝廷未能存撫耳。及胡亡，鄴下樂人，頗有來者。謝尚時爲尚書僕射，因之以具鐘磬。大元中，破苻堅，又獲樂工揚蜀等，閑練舊樂，四厢金石始備焉。《隋書·音樂志》曰：慕容垂破慕容永於長子，盡獲苻氏舊樂。垂息爲魏所敗，其鍾律令李佛等將大樂細伎奔慕容德於鄴。德遷都廣固，子超嗣立，其母先没姚興，超以大樂伎百二十人詣興贖母。及宋武帝入關，悉收南度。文帝元嘉九年，大樂令鍾宗之更調金石。至十四年，典書令奚縱復改定之。齊代因而用之。梁武帝思弘古樂。天監元年，下詔訪百寮。是時對者七十八家，咸多引流略，浩蕩其辭，言樂之宜改，而不言改樂之法。帝既素善鍾律，詳悉舊事，遂自制定禮樂。其後臺城淪没，樂府不脩。王僧辯破侯景，諸樂并送荊州。經亂，工器頗闕。元帝詔有司補綴。纔備，荊州陷没。西人不知採用，工人有知音者，并入關中，隨例没爲奴婢。又云：清樂，其始即清商三調是也。并漢末舊曲。樂器形制，并歌章古辭，與魏三祖所作者，皆被於史籍。屬晉朝遷播，夷羯竊據，其音分散。苻永固平張氏，始於涼州得之。宋武平關中，因而入南，不復存於内地。及平陳後獲之。高祖聽之，善其節奏，曰：“此華夏正聲也。昔因永嘉，流於江外，我受天命，今復會同”云云。此洛京亂後，雅樂流播之大略也。

　　《隋志》又云：道武克中山，大武平統萬，或得其宫縣，或收其古樂。於時經營是迫，雅器斯寢。孝文頗爲詩歌，以勖在位。謠俗流傳，布諸音律。大臣馳騁漢、魏，旁羅宋、齊。功成奮豫，代有制作。莫不各揚廟舞，自造郊歌，宣暢功德，輝光當世，而移風易俗，浸以陵夷。《周書·斛斯徵傳》云：孝武西遷，雅樂廢闕，徵博采遺逸，稽諸典故，創新改舊，方始備焉。《隋志》又云：齊文宣將有創革，尚樂典御祖珽，自言舊在洛下，曉知舊樂。上書曰：“魏氏來自雲朔，肇有諸華，樂操土風，未移其俗。至道武帝皇始元年，破慕容寶於中山，獲晉樂器，不知採用，皆委棄之。天興初，吏部郎鄧彦海奏上廟樂，創制宫縣，而

鍾管不備。樂章既闕，雜以簸邏回歌。初用八佾，作始皇之舞。至大武帝平河西，得沮渠蒙遜之伎，賓嘉大禮，皆雜用焉。此聲所興，蓋苻堅之末，呂光出平西域，得胡戎之樂，因又改變，雜以秦聲，所謂秦漢樂也。至永熙中，錄尚書長孫承業，共臣先人大常卿瑩等，斟酌繕脩，戎華兼採。至於鍾律，煥然大備。自古相襲，損益可知。今之創制，請以爲準。"琎因採魏安豐王延明及信都芳等所著樂説而定正聲，始具宮縣之器。仍雜西涼之曲。樂名廣成，而舞不立號。所謂洛陽舊樂者也。《志》又載牛弘奏云："後魏洛陽之曲，據魏史云：大武平赫連昌所得，更無明證。"《何妥傳》：妥請興雅樂，表言："江東宋、齊以來，至於梁代，所行樂事，猶皆傳古。侯景篡逆，樂師分散，四舞、鞞、鐸、巾、拂。三調，清、平、瑟。悉度偽齊。齊氏雖知傳受得曲，而不用之於宗廟朝廷也。"《隋志》又言：後周大祖輔魏之時，高昌款附，乃得其伎，教習以備宴饗之禮。及天和六年，武帝罷掖庭四夷樂。《周書·本紀》在九月。其後帝聘皇后於北狄，得其所獲康國、龜兹等樂，更雜以高昌之舊，并於大司樂習焉。采用其聲，被於鍾石，取周官制以陳之。明帝武成二年，正月朔旦，會羣臣於紫極殿，始用百戲。武帝保定元年，詔罷之。亦見《周書·本紀》。及宣帝即位，廣召雜伎，增脩百戲，魚龍漫衍，常陳殿前。見《紀》大象元年。武帝以梁鼓吹熊羆十二案，每元正大會，列於縣間，與正樂合奏。宣帝時，革前代鼓吹制爲十五曲。晨出夜還，恒陳鼓吹。《志》又載牛弘謂"後周之樂，皆是新造，雜有邊裔之聲，戎音亂華，皆不可用"云。魏、齊、周三朝之樂，大略如此。

晉、南北朝，實爲外國音樂流傳中國之世。據《隋書·音樂志》：煬帝定清樂、西涼、龜兹、天竺、康國、疏勒、安國、高麗、禮畢爲九部。除清樂并漢末舊曲，禮畢出自晉大尉庾亮家外，亮卒，其伎追思亮，因假爲其面，執翳以舞，象其容。取其謚以號之，謂爲文康樂。每奏九部樂終則陳之，故以禮畢爲名。餘皆來自異域。西涼者，起苻氏之末，呂光、沮渠蒙遜等據有涼州，變龜兹聲爲之，號爲秦漢伎。魏大武平河西得之，謂之西涼樂。至魏、周之際，遂謂之國伎。龜兹者，起自呂光滅龜兹，因得其聲。呂氏亡，其樂分散。後魏平中原，復獲之。其後聲多變易。至隋，有西國龜兹，齊朝龜兹，土龜兹等，凡三部。天竺者，起自張重華據有涼州，重四譯來貢男伎。康國，起自周代聘北狄爲后，得其所獲西戎伎，因其聲。疏勒、安國、高麗，并起自後魏平馮氏及通西域，因得其伎云。《志》又云：吹笛、彈琵琶、五絃及歌舞之伎，齊自文襄以來，皆所愛好。[1] 至河清以後，傳習尤

---

[1]　民族：北齊重胡人，亦與其音樂有關。

盛。後主惟賞胡戎樂,耽愛無已。於是繁手淫聲,爭新哀怨。故曹妙達、安未弱、安馬駒之徒,至有封王開府者。遂服簪纓而爲伶人之事。後主亦能自度新曲。親執樂器,悦翫無倦。倚絃而歌,別採新聲,爲無愁曲。音均窈窕,極於哀思。使胡兒、閹官之輩齊唱和之。莫不隕涕。雖行幸道路,或時馬上奏之。樂往哀來,竟以亡國。蓋時外國音樂,率較中國舊樂爲幽怨、高亢,故俗好之如此云。《顏氏家訓·雜藝篇》云:“禮曰:君子無故不撤琴瑟。古來名士,多所愛好。洎於梁初,衣冠子弟,不知琴者,號有所闕。”此亦習俗使然,好尚未必存焉也。

角觝百戲,仍頗盛行。《晉書·武帝紀》:泰始元年,十二月,禁樂府靡麗百戲之伎。《成帝紀》:咸康七年,十二月,除樂府雜伎。然《齊書·禮志》言:“晉中朝元會,設卧騎、倒騎、顚騎,自東華門馳往神虎門,此亦角觝雜戲之流也。”則除之究不能盡矣。《抱朴子·對俗篇》言:“幻化之事,九百有餘。”可想見其盛況。《周書·崔猷傳》謂大統時,大廟初成,四時祭祀,猶設俳優角觝之戲,則北朝亦迄有之也。俳優者,《北齊書·尉景傳》言:神武令優者石董桶戲之。董桶剥景衣曰:“公剥百姓,董桶何爲不剥公?”猶是詼諧剽剥之舊也。

《齊書·崔祖思傳》:高帝初即位,祖思啓陳政事曰:“前漢編户千萬,大樂伶官,方八百二十九人。孔光等奏罷不合經法者四百四十一人,正樂定員,惟置三百八十八人。今户口不能百萬,而大樂雅鄭,元徽時校試,千有餘人,後堂雜伎,不在其數。”①《王晏傳》:晏弟詡,永明中爲少府卿。六年,敕位未登黃門郎,不得畜女伎。詡與射聲校尉陰玄智坐畜伎免官禁錮。《南史·王琨傳》:大明中,尚書僕射顏師伯豪貴,下省設女樂,要琨同聽。侍酒行炙,皆悉内伎。《陳書·章昭達傳》:每飲會,必盛設女伎雜樂,備盡羌胡之聲。音律姿容,并一時之妙。雖臨寇對敵,旗鼓相望,弗之廢也。壯士軍前半死生,美人帳下猶歌舞,豈況平時之酣歌恒舞哉?然滿堂而飲酒,一人鄉隅而飲泣,則四坐爲之不樂;朱門酒肉臭,路有凍死骨;果何以致和氣之應乎?曷怪墨翟有《非樂》之篇也。

## 第七節　自然科學

自然科學之中,天文、曆法,措意者頗多。《宋書·天文志》曰:言天者有

---

① 音樂:漢正樂定三八八人,齊千余人,然士大夫畜伎者多。章昭達臨寇弗廢,壯士軍前半死生,美人帳下猶歌舞。

三家：一曰宣夜，①二曰蓋天，三曰渾天。而天之正體，經無前說，馬書、班志，
又闕其文。漢靈臺議郎蔡邕，於朔方上書曰：“言天體者三家，宣夜之學，②絕
無師法，周髀術數具存，考驗天狀，多所違失，惟渾天近得其情。今史官所用
候臺銅儀，則其法也。官有器而無本書，前志亦闕而不論，本欲寢伏儀下，思
惟微意，按度成數，以著篇章。罪惡無狀，投畀有北，灰滅兩絶，勢路無由。宜
問羣臣及巖穴，知渾天之意者，使述其義。”時閹官用事，邕議不行。案《晉
書·天文志》載漢祕書郎郗萌，能記宣夜先師相傳之說，則其師法似非全絶。
故晉成帝時，虞喜能因其說以造《安天論》焉。蓋天之說，著於《周髀》，後漢
時，王充據之以駁渾儀。《晉書·天文志》。梁武帝於長春殿講義，別擬天體，亦全
同《周髀》之文。《隋書·天文志》。渾天之說，信者最多。揚雄即難蓋天八事，以
通渾天。《隋志》。鄭玄又難其二事，爲蓋天之學者不能通。《宋志》。而桓譚亦駁
王充之說，吳陸績始推渾天意，王蕃傳劉洪乾象曆，亦主渾天。晉葛洪譏虞
喜，釋王充，說頗同蕃。宋何承天，梁祖暅，亦信渾天之說。《梁書·儒林傳》
云：先是儒者論天，互執渾蓋二義，崔靈恩立義，以渾蓋爲一焉。其說未知如
何。案宣夜之說，謂天了無質。其見爲蒼蒼然者，以高遠無極，仰而瞻之，眼瞥精絶。猶旁望
黃山皆青，俯察深谷窈黑，青非正色，黑非有體。日、月、衆星，自然浮生虛空之中。以七
曜或逝或住，或順或逆，伏見不常，進退不常，由其無所根繫爲證。虞喜《安天論》，
謂天有常安之形，地有居靜之體，光曜布列，各自運行。蓋天之說，則謂天似蓋笠，地法覆
槃，天地各中高外下。北極之下，爲天地之中，其地最高，滂沲四隤，三光隱
映，以爲晝夜。又謂天圓如張蓋，地方如棋局，天旁轉如推磨而左行。日月右
行，天左轉。故日月實東行，而天牽之以西没。譬之蟻行磨石之上，磨左旋而蟻右去，磨疾而蟻遲，
不得不隨磨左迴。天形南高而北下，日出高故見，入下故不見。天之居之如倚蓋，
故極在人北。極在天中，今在人北，所以知天之形如倚蓋。渾天之論，則謂天如雞子，地
如中黃，孤居於天内，天大而地小。天表裏有水。天地各乘氣而立，載水而
行。周天三百六十五度四分度之一，又中分之，則半覆地上，半繞地下。故二十
八宿，半見半隱。天之轉，如車轂之運焉。皆見《隋志》。其非天之正體相同，然渾天
之術，於推步最便，故後人率遵其說也。《隋志》載葛洪之言，謂張平子、陸公紀之徒，咸以
推步莫密於渾象。又載祖暅之言，謂“自來論天者多矣，羣氏糾紛，至相非毁。竊覽同異，稽之典經，仰
觀辰極，旁矚四維，規日月之升降，五星之見伏，校之以儀象，覆之以晷漏，則渾天之理，信而有徵。”束
晢云：“物有惑心，形有亂目，誠非斷疑定理之主。故仰遊雲以觀日月，日月常動而雲不移，乘船以涉

---

① 曆法：宣夜師法未全絶。
② 天文：宣夜謂七曜無所根繫，而虞喜本之造安天論，似彌其闕。

水，水去而船不徙矣。"察羣象必資徵實，夫固爲學自然之軌轍也。

　　渾天之器，有儀有象。《隋書・天文志》云："《書》：舜在璇、璣、玉衡，以齊七政。璇璣，謂渾天儀也。故《春秋文耀鉤》云：唐堯即位，羲和立渾儀。而先儒或因星官書北斗第二星名璇，第三星名璣，第五星名玉衡，仍七政之言，以爲北斗七星。載筆之官，莫之或辨。史遷、班固，猶且致疑。馬季長創謂璣衡爲渾天儀。鄭玄亦云：其轉運者爲璣，其持止者爲衡，皆以玉爲之。七政者，日、月、五星也。以璣視其行度，以觀天意也。故王蕃云：渾天儀者，羲和之舊器，積代相傳，謂之璣衡，其爲用也，以察三光，以分宿度者也。又有渾天象者，以著天體，以布星辰。而渾象之法，地當在天中，其勢不便。故反觀其形，地爲外匡。於已解者，無異在內，然斯二者，以考於天蓋密矣。又云：古舊渾象，莫知何代所造。今案虞喜云：洛下閎爲漢孝武帝於地中轉渾天，定時節，作大初曆，或其所製也。"案《堯典》乃東周後人所述，星官書亦出其時，以之相釋，正得其實。指爲渾儀，而以爲出於堯時，則謬矣。此造作讖緯者之妄談，馬、鄭無識，誤襲之也。渾象出於洛下閎，亦近億測。古不知何人之業，往往附諸一知名之人，一部《世本・作篇》，蓋莫非如是，虞喜之説，亦仍其故智耳。漢世作者，以張衡爲最精，已見《秦漢史》第十九章第七節。王蕃以古製局小，以布星辰，相去稠概，不得了察，張衡所作，又復傷大，難可轉移，乃改作之，大小居二者之中。陸績作渾象，形如鳥卵，以施黄赤二道，不得如法。績説云：天東西徑三十五萬七千里直徑亦然，則績意以天爲正圓。器與言謬，頗爲後人所譏。僞劉曜光初六年，史官丞南陽孔挺造銅儀，則古渾儀之法。宋高祖定咸陽得之。何承天、徐爰、沈約著宋史，咸以爲即張衡所造，誤也。後魏道武天興初，命大史令晁崇脩渾儀。明元永興四年，詔造大史候部鐵儀，唐時大史候臺尚用之。渾天象有機而無衡。梁末祕府有，以木爲之，吳大史令陳苗云：先賢製木爲儀，名曰渾天，謂此。宋文帝元嘉十三年，詔大史更造渾儀。大史令錢樂之，依案舊説，採效儀象，鑄銅爲之。以爲渾儀，則內闕衡管，以爲渾象，而地不在外，是參兩法，別爲一體。吳時有葛衡，改作渾天，使地居於天中，以機動之，天動而地止，以上應晷度，則樂之之所放述也。十七年，又作小渾天，亦象天而地在其中。此晉、南北朝之世天文儀器之大略也。亦據《隋志》。

　　自後漢行四分曆後，靈帝時，會稽東部尉劉洪，悟其於天疏闊，更作乾象曆。魏文帝黄初中，大史丞韓翊造黄初曆。校議未定，會帝崩而寢。明帝景初元年，尚書郎楊偉造景初曆。表上，帝遂改正朔，施行偉曆。帝崩，復用夏正。劉氏在蜀，仍漢四分曆。孫氏用乾象曆。晉武帝踐阼，因魏景初曆，改名

泰始。始楊偉推五星尤疏闊，故渡江以後，更以乾象五星法代偉曆。以上據《晉志》。宋武代晉，改泰始爲永初，此特更其名而已。元嘉二十年，何承天表上所作元嘉曆。二十二年行之。大明六年，祖沖之表言其謬，上所創新曆。八年，孝武欲以明年改元行之，而是歲晏駕。齊高祖代宋，改元嘉曆爲建元，亦徒更其名而已。梁天監九年，改用沖之之曆。《南史·祖沖之傳》：子暅之。父所改何承天曆，時尚未行，梁天監初，暅之更脩之，於是始行焉。《顏氏家訓·雜藝篇》云：算術亦是六藝要事，江南此學殊少。惟范陽祖暅精之。河北多曉此術。大同十一年，制詔更造新曆。未及施用，而遭侯景亂，遂寢。陳武受禪，亦無創改。以上據《隋志》。魏初仍用景初曆。世祖平涼土，得趙畋所脩玄始曆。高宗踐阼，以代景初。真君中，崔浩爲五寅元曆，未及施行，浩誅，遂寢。高祖大和中，詔祕書鍾律郎上谷張明豫爲大史令，脩綜曆事。未成，明豫物故。世宗景明中，詔大樂令公孫崇等同共考驗。正始四年冬，崇表請更造新曆，名景明曆。延昌四年冬，侍中國子祭酒領著作郎崔光表言：“大和十一年，臣自博士遷著作。時舊鍾律郎張明豫推步曆法，草創未備。及遷中京，轉爲大史令。未幾喪亡。所造致廢。臣中脩史。景明初，奏求奉車都尉領大史令趙樊生，著作佐郎張洪，給事中領大樂令公孫崇等造曆。功未及訖，樊生又喪，洪出除涇州長史，惟崇獨專其任。暨永平初，亦已略舉。時洪府解停京，又奏令重脩前事。更取大史令趙勝，大廟令龐靈扶，明豫子龍祥，共集祕書，與崇等詳驗，推建密曆。崇及勝前後并喪。洪又除豫州司馬。靈扶亦除蒲陰令，惟龍祥在京，獨脩前事。洪至豫州，仍續有所造。兼校書郎李業興，本雖不豫，亦私造曆。三家之術，并未施用。故貞靜處士李謐，私立曆法，言合紀次，求就其兄瑒追取，與洪等所造，遞相參考。”又求更取諸能算術兼解經義者，前司徒司馬高綽，駙馬都尉盧道虔，前冀州鎮東長史祖瑩，前并州秀才王延業，謁者僕射常景等，日集祕書，與史官同檢疏密。神龜初，光表總合洪、龍祥、業興、道、虔前大極採材軍主衛洪顯，殄寇將軍大史令胡榮，雍州沙門統道融，司州河南人樊仲遵，定州鉅鹿人張僧豫九家，共成一曆。請定名爲神龜曆。肅宗以曆就，大赦改元，因名正光曆，班於天下。其九家共脩，以龍祥、業興爲主。孝靜世，復頗乖舛。齊獻武王入鄴，復命業興改正。以年號爲目，命曰興和曆。以上據《魏志》。文宣受禪，命散騎侍郎宋景業造天保曆，施用之。後主武平七年，董峻、鄭元偉立議非之，而上甲寅元曆。又有廣平人劉孝孫、張孟賓，同知曆事。孟賓受業於張子信。并棄舊事，更制新法。爭論未定，遂屬國亡，西魏入關，尚行李業興正光曆法。至周明帝武成元年，始詔有司造周曆。及武帝時，甄鸞造天和曆。大象元年，大史上士馬顯又上景寅元曆。以上據《隋志》。然改曆之事，至

隋世乃成。

地理之學，留意者亦多。《隋書·經籍志》言："漢初蕭何得秦圖書，故知天下要害，武帝時計書既上大史，郡國地志，固亦在焉。"病"史遷所記，但述河渠"。又云："其後劉向略言地域。丞相張禹，使屬朱貢條記風俗。班固因之，作《地理志》。其州國郡縣，山川夷險，時俗之異，經星之分，風氣所生，區域之廣，户口之數，各有攸叙。是後載筆之士，管窺末學，不能及遠，但記州郡之名而已。晉世，摯虞依《禹貢》、《周官》作《畿服經》。其州郡及縣分野、封略、事業、國邑、山陵、水泉、鄉亭、城、疑奪郭字。道里、土田、民物、風俗、先賢、舊好，靡不具悉，凡一百七十卷，今亡。而學者因其經歷，并有記載，然不能成一家之體。齊時，陸澄聚一百六十家之説，依其前後遠近，編而爲部，謂之《地理書》。任昉又增澄書八十四家，謂之《地記》。陳時，顧野王抄撰衆家之言，作《輿地志》。隋大業中，普詔天下諸郡，條其風俗、物産、地圖，上於尚書。故隋代有《諸郡物産土俗記》一百三十一卷，《區宇圖志》一百二十九卷，《諸州圖經集》一百卷。"案《志》所謂但記州郡之名者蓋官書？所謂因其經歷，并有記載者，蓋私家之作？作志者之意，蓋以網羅宏富，條理分明爲貴？故訾此等記載，不能成一家之體也。陸澄、任昉之書，蓋叢書體？故亦不能成一家之言。此類記載，取材實多。有根據官書，專記州郡建置者，如《元康三年地記》、《元嘉六年地記》、《九州郡縣名》、《并帖省置諸郡舊事》是也。有兼及户口者，如《元康六年户口簿記》是也。其專詳一地方情形者，則爲諸州圖經。專志風俗者，如《陳留風俗傳》。演繹舊聞者，如揚雄《蜀王本紀》，記山水者，如劉澄之《永初山川古今記》，宋居士《衡山記》，謝靈運《游名山志》、《居名山志》、《水經》，庾仲容《江記》，釋道安《四海百川水源記》。記宮室者，有《洛陽宮殿簿》，楊衒之《洛陽伽藍記》，劉璆、釋曇鸞《京師寺塔記》。記冢墓者，有李彤《聖賢冢墓記》。記道里者，有蔡允恭《并州入朝道里記》。談沿革者，有京相璠《春秋土地名》，不著撰人《古來國名道里記》。記外國者，如法顯《佛國記》，不著撰人《交州以南外國傳》，楊莩《交州異物志》，不著撰人《諸蕃風俗記》。存録荒誕傳説者，如託諸東方朔之《十洲記》、《神異經》。王儉七志，七曰圖譜，記地域及圖書，參看下節。可見其卷帙之浩繁矣。

地圖之作，亦較前世爲精。《晉書·裴秀傳》言："秀爲司空，職在地官。以《禹貢》山川地名，從來久遠，多有變易，後世説者，或彊牽引，漸以暗昧，於是甄摘舊文，疑者則闕。古有名而今無者，皆隨事注列。作《禹貢地域》十八篇奏之，藏於祕府。"此蓋合古今地理爲一書，亦可云作今圖而兼詳其沿革也。

其《序》云：“祕府既無古之地圖，又無蕭何所得。惟有漢氏輿地及括地諸雜圖，各不設分率，又不考正準望，亦不備載名山大川。”其例實未盡善。顧又云：“晉文帝命有司撰訪吳蜀地圖。蜀土既定，六軍所經，地域遠近，山川險易，征路迂直，校驗圖記，罔或有差。”以當時粗疏之技，安能成此精審之作？其必諛媚非實明矣。秀所製圖，其體有六：一曰分率，二曰準望，三曰道里，四曰高下，五曰方邪，六曰迂直。其言曰：“有圖象而無分率，則無以審遠近之差。有分率而無準望，雖得之於一隅，必失之於他方。有準望而無道里，則施於山海絕隔之地，不能相通。有道里而無高下、方邪、迂直之校，則徑路之數，必與遠近之實相違。”蓋以分率定其地之所在，而以準望校之；以道里著準望所不及，而以高下、方邪、迂直核道里之實。在未知測經緯度之法時，所能爲者，亦不過如是而已。《宋書・謝莊傳》云：莊分《左氏經傳》，隨國立篇，製木方丈，圖山川土地，各有分理。離之則州別郡殊，合之則寓內爲一。以木製圖，蓋由當時簡牘，尚與縑素并用？見第二節。而其可分可合，亦可見其分率之審也。《隋志》所載，冀州、齊州、幽州，皆有圖經；隋有《諸州圖經集》，已見前；而其先已有《周地圖記》一百九卷；可見各地皆有圖。《魏書・沮渠牧犍傳》，世祖詔公卿爲書讓牧犍，有“民籍地圖，不登公府”之語，可見上計之制仍存。《南史・宋宗室及諸王傳》：陳文詔訴父饒爲竟陵王誕府吏，恒使入山圖畫道路，不聽歸家。又《張弘策傳》，謂當指建業時，凡磯浦、村落，軍行宿次，立頓處所，弘策豫爲圖，皆在目中。此等則皆供一時之用，不必精審也。《隋志》有張氏《江圖》一卷，劉氏《江圖》二卷，其亦弘策所爲之類歟？

醫學情形就《隋志》醫方類之書觀之，可分八類：一論醫理，二言明堂鍼灸，三論診法，四論病源候，五本草、藥錄、採藥法、種藥法，六醫方，七食經，八獸醫。此純爲醫家之學。其養身、養性、導引、合丹、服食、房中之說，則當與神仙家相出入也。方藥有來自外國者：如《雜戎狄方》，當來自西北，《龍樹菩薩》、《婆羅門》、《耆婆》、《乾陁利》諸方，當來自南海，香方亦當來自南海。《西域諸仙所説藥方》、《西域名醫所集藥方》，則當來自西胡也。《魏書・西域傳》：悦般國，真君九年，遣使朝獻。并送幻人，稱能割人喉脈令斷，擊人頭令骨陷。皆血出，或數升，或盈斗。以草藥内其口中，令嚼嚙之，須臾血止，養創一月復常，又無痕瘢。世祖疑其虛，乃取死罪囚試之，皆驗。云中國諸名山，皆有此草。乃使人受其術而厚遇之。此事或誇誕失實，然必有此類方藥，則無疑也。

《北齊書・馬嗣明傳》云：嗣明少明醫術，博綜經方。《甲乙》、《素問》、《明堂》、《本草》，莫不咸誦，其所學可謂甚博。然此特名醫如是。《宋書・范曄

傳》言：孔熙先善於治病，兼能診脈，則尋常醫家，於脈法且未能盡通也。《魏書·徐謇傳》言：顯祖欲驗其所能，乃置諸病人於幕中，使謇隔而脈之，深得病形，兼知色候，說亦近誕，謇善診脈當不誣，謇固亦非常醫也。《晉書·魏詠之傳》云：詠之生而兔缺。年十八，聞荆州刺史殷仲堪帳下有名醫能療之，乃西上。仲堪召醫視之。醫曰："可割而補之，但須百日進粥，不得笑語。"詠之曰："半生不語，而有半生，亦當療之，況百日邪？"遂閉口不語，惟食薄粥。而卒獲差。此醫之技，蓋可謂精。①《魏書·長孫道生傳》：曾孫子彦，少嘗墜馬折臂，肘上骨起寸餘。乃命開肉鋸骨，流血數升，言戲自若。時以爲踰於關羽。此醫之技，亦足與華佗爭勝矣。《晉書·盧欽傳》：欽子浮，以病疽截手，則斷一支以全生命，昔時醫者亦知之，毒虵螫手，壯士斷腕，非譬喻之辭也。又《溫嶠》傳：蘇峻平後，固辭還藩。先有齒疾，至是拔之因中風，至鎮未旬而卒。嶠之致病，或由拔齒爲之，則手術之未盡善者矣。《劉曜載記》：曜之敗，被創十餘，通中者三。爲石堪所執，送於石勒。勒使金創醫李永療之。《宋書·魯爽傳》：程天祚爲虜所獲，以妙善鍼術，爲拓跋燾所愛賞。《齊書·陳顯達傳》：顯達討桂陽王，休範。矢中左眼，拔箭而鏃不出。地黃村潘嫗善禁。先以釘釘柱，禹步作氣，釘即時出。乃禁達顯目中鏃出之。《南史·張融傳》：有薛伯宗，善徙癰疽。公孫泰患背，伯宗爲氣封之，徙置齋前柳樹上。明旦癰消。樹邊便起一瘤，如拳大。稍稍長。二十餘日，瘤大膿爛，出黃赤汁斗餘。樹爲之痿損。此乃呪由之科。凡此，皆醫之以一技鳴者也。

　　神仙家與醫家，關係本極密，故二家之學，仍相出入。葛洪、陶弘景之留心方書，即其明證。洪有《金匱藥方》百卷，《肘後要急方》四卷，弘景有《本草集注效驗方》、《肘後百一方》，見《晉書》、《南史》本傳。《宋書·羊欣傳》：言欣素好黃老，有病不服藥，飲符水而已。此蓋張角之術，在宋世爲天師道之流，見下章第三節。然又言兼善醫術，撰藥方十卷，則初非不知醫藥，蓋張角之術，原亦與神仙家相出入，即其以符水飲人，②亦未必非呪由科之支流餘裔也。《王微傳》言：微兼解醫方。載其報何偃書曰："生平好服上藥，起年十二時病虛耳，所撰服食方中，粗言之矣。家貧乏役，春秋令節，輒自將兩三門人入草採之，意在取精，世人便言希仙好異。"亦以所服食者與希仙者相出入，故見疑於世人耳。徐謇常吞服道符，又欲爲魏孝文合金丹。祖珽長於醫藥，齊武成欲撲殺之，乃大呼曰："莫殺臣，爲陛下合金丹。"二家關係之密，可以想見。此時沙門亦有善醫術，而其技

---

① 醫學：醫家手術。禁呪。
② 醫學，宗教：信符水者，道士兼知醫。

初非傳自外國者。《魏書·藝術傳》：李脩父亮，少學醫術，未能精究。世祖時，奔劉義隆於彭城，又就沙門僧坦，研習衆方，略盡其術。鍼灸、授藥，莫不有效。此其學已不能皆來自域外。又《崔彧傳》，言其少嘗詣青州，逢隱逸沙門，教以《素問》九卷及《甲乙》，遂善醫術，則更明爲中國之學矣。蓋時道佛雖互相排，然其術則初非彼此不相知；抑二家爲行其教計，於醫藥等便民之術，亦多所研習也。參看下章自明。

信巫不信醫者仍多此符水之所由足以惑衆也。《晉書·顧榮傳》言：元帝所幸鄭貴嬪有疾，以祈禱頗廢萬幾。榮上牋，言貴嬪未安，藥石實急，請塞鬼道淫祀。帝王如此，細民可知。褚澄、徐嗣，附《澄傳》。《南史》作徐嗣伯，附《張融傳》。皆號善醫，而《南史》所載治驗，率荒誕不經，即薛伯宗亦如是，可見其時之風氣矣。《南史·張融傳》云：融與東海徐文伯兄弟厚。文伯，濮陽太守熙曾孫也。熙好黄老，隱於秦望山。有道士過求飲，留一瓠䐑與之，曰：君子孫宜以道術救世，當得二千石。熙開之，乃《扁鵲鏡經》一卷。因精心學之。遂名振海内。傳業至於文伯。觀醫家之以此自張，而知附會失實之辭，亦不必盡出於愚民矣。

《晉書·孝友傳》：顏含兄畿，得疾，就醫自療，遂死於醫家。① 後復活。《衛瓘傳》：瓘與子恒、嶽、裔及孫等九人同遇害，而恒二子璪、玠在醫家得免，蓋亦就醫自療也。《魏書》言李亮，四方疾苦，不遠千里往從之。亮大爲聽事，以舍病人。時有死者，則就而棺殯，親往弔視。史言此，意以著亮之仁厚，其實爲舍以舍病者，恐當時醫家類然也。醫之所舍，必也能自給之人，若貧病者，則莫或顧恤矣。《梁書·儒林傳》：嚴植之，性仁慈，好陰德。少嘗山行，見一患者。問其姓名，不能答。載與俱歸，爲營醫藥。六日而死，植之爲棺斂殯之，卒不知何許人也。嘗緣柵塘行，見患人臥塘側。下車問其故。云姓黄氏，家本荆州，爲人傭賃。疾既危篤，船主將發，棄之於岸。植之惻然，載還治之。經年而黄氏差。請終身充奴僕，植之不受，遺以資糧遣之。此等義舉，非可恒遇；即有仁心者，亦必有力而後能爲之。《齊書·孝義傳》：江泌，歷仕南中郎行參軍。所給募役，去役得時病，莫有舍之者。吏扶杖投泌。泌親自隱卹。吏死，泌爲買棺。無僮役，兄弟共輿埋之。可見荒僻之地，呼籲無門，貧病之士，哀號莫恤之狀。《晉書·孝義傳》：庾袞，咸寧中大疫，二兄俱亡，次兄毗復殆。癘氣方熾，父母兄弟，皆出次於外。袞獨留不去。病之能傳染者，固以走避爲宜，然竟任病者之顛連而莫之或恤，則亦非人之相人偶之道矣。救恤之

---

① 醫學：就醫家治療。官立館（第一〇〇七—一〇〇八頁）。頒有藥方（第一〇〇八頁）。

事，官家亦間有之。《宋書·文帝紀》：元嘉四年，五月，京師疾疫，遣使存問，給醫藥。死者若無家屬，賜以棺器。二十四年，六月，京邑疫癘。使郡縣及營署部司，普加履行，給以醫藥。二十八年，四月，都下疾疫。使巡視給醫藥。《孝武帝紀》：大明元年，四月，京邑疾疫。遣使按行，賜給醫藥。死而無收斂者，官爲斂埋。四年，四月，詔都邑節氣未調，癘疫尤衆。可遣使存問，并給醫藥。其死亡者，隨宜卹贍。此皆疾疫時之救療。《魏書·顯祖紀》：皇興四年，三月，詔曰："朕思百姓病苦，民多非命，明發不寐，疚心疾首，是以廣集良醫，遠採名藥，欲以救護兆民。可宣告天下：民有病者，所在官司，遣醫就家診視。所須藥物，任醫給之。"《高祖紀》：大和二十一年，九月，詔勑司州、洛陽之民，年七十已上無子孫，六十已上無期親，貧不自存者，給以衣食。不滿六十而有廢痼之疾，無大功之親，窮困無以自療者，皆於別坊，遣醫救護。① 給醫師四人，豫請藥物以療之。《世宗紀》：永平三年，十月，詔勑大常，於閑敞之處，別立一館。使京畿内外，疾病之徒，咸令居處。嚴勑醫署，分師療治。考其能否，而行賞罰。又經方浩博，流傳處廣，應病投藥，卒難窮究。更令有司，集諸醫工，尋篇推檢，務存精要，取三十餘卷，以班九服。郡縣備寫，佈下鄉邑。使知救患之術。《藝術傳》：王顯，世宗詔顯撰藥方三十五卷，班佈天下，以療諸疾。此則不惟京邑，兼及四境，不惟疫癘，兼及平時矣。言之匪艱，行之惟艱，欲行諸詔，所集醫師所儲藥物，當得幾何？博施濟衆，堯、舜猶病，故終於別坊立館，僅在司洛，餘地止於班給方書也。延昌元年，四月，以肆州地震，陷裂，死傷甚多。遣大醫、折傷醫，并給所須之藥就治之。亦僅災害時爲然耳。《齊書·劉善明傳》：上表陳事，凡十一條：其二，以爲京師浩大，遠近所歸，宜遣醫藥，問其疾苦。年九十已上及六疾不能自存者，隨宜量賜，此北朝所已行，南朝則僅存願望而已。《梁書·文惠大子傳》，言其與竟陵王子良，俱好釋氏，立六疾館以養窮民，其所及恐亦有限也。醫工貪厚糈，多集都邑，偏僻之地，乃更無人療治。《宋書·隱逸傳》：戴顒，止於桐廬，僻遠難以養疾，乃出居吳下。僻遠之地，何以不能療疾？蓋亦以闕於醫藥耳。

　　醫家流品，仍爲衆所賤視。②《南史·張融傳》言：徐文伯兼有學行，倜儻不屈意於公卿，不以醫自業。融謂曰："昔王微、嵇叔夜，并學而不能。殷仲堪之徒，故所不論。得之者由神明洞徹，然後可至，故非吾徒所及。且褚侍中

---

① 醫學：對病者之救恤。
② 階級：醫爲人賤。

澄,當貴亦能救人疾。卿此更成不達。"答曰:"惟達者知其可貴,不達者多以爲深累。既鄙之,何能不恥之。"醫家之地位可見。《北齊書·斛律金傳》:行燕郡守馬嗣明,醫術之士,爲金子羨所欽愛。北齊流品混雜,嗣明蓋以見愛而得官?又《徐之才傳》:父雄,事南齊,位蘭陵大守。以醫術爲江右所稱。之才以豫章王綜啓其大善醫術見徵。魏孝明時。藥石多效。又閱涉經史,發言辯捷,朝賢競相要引,爲之延譽。又以首唱禪代,又戲謔滑稽,言無不至,於是大被狎昵。齊文宣。於和士開、陸令萱母子,曲盡卑狎。二家若疾,救護百端。蓋其父雖士流,之才則亦以嬖幸自居矣。流品既下,其人遂惟利是圖,而聲價既高,又或以驕蹇取禍。《李元忠傳》言其善於方技,而性仁恕。見有疾者,不問貴賤,皆爲救療。《崔季舒傳》言其大好醫術。天保中,於徙所無事,更銳意研精。遂爲名手,多所全濟。雖位望轉高,未曾懈怠。縱貧賤廝養,亦爲之療。此正由其本非醫家,是以能爾。《周書·藝術傳》:褚該,性淹和,不自矜尚,有請之者,皆爲盡其藝術,時論稱其長者,則由其稟性使然。若徐謇,則史言其"性甚祕忌,承奉不得其意者,雖貴爲王公,不爲措療"矣。職是故,人亦遂以威力脅之,[1]甚有以療治無效加之罪者。《魏書·孝文六王傳》,彭城王勰,高祖不豫,召徐謇至,勰引之別所,泣涕執手而謂之曰:"君今世元化。至尊氣力危惙,願君竭心,專思方治。若聖體日康,當獲意外之賞。不然,便有不測之誅。非但榮辱,乃存亡由此。"權戚矯僞,固不足論,然時人之所以待醫師者,則於此可見矣。其後謇治高祖有驗。車駕發豫州,次於汝濱,乃大爲謇設大官珍膳。因集百官,特坐謇於上席。命左右宣謇救攝危篤。下詔褒美,以謇爲大鴻臚卿,金鄉縣開國伯,食邑五百户,賜錢一萬貫。明年,從詣馬圈,高祖疾勢遂甚,則又每加切誚,又欲加之鞭捶,幸而獲免。加膝墜淵,異於俄頃,方術之士,能不人人自危乎?然此已在高祖時,稍沾中國之化矣。若虜初入塞時,則更有甚於此者。《神元平文諸帝子孫傳》:上谷公紇羅之子題,擊慕容驎於義臺,中流矢薨。道武以大醫陰光爲視療不盡術,伏法。則真如元勰所言,非但榮辱,存亡由之矣。王顯之死,雖由爲時所疾,然亦託諸世宗之崩,侍療無效也。虜豈足與言藝術哉?

## 第八節　經　　籍

晉、南北朝之世,王室藏書情形,《隋書·經籍志》備言之。其言曰:"董卓

---

① 醫學:以威力脅醫師。

之亂，獻帝西遷，圖書縑帛，軍人皆取爲帷囊，所收而西，猶七十餘載。兩京大亂，掃地皆盡。魏氏代漢，採綴遺亡，藏在祕書中外三閣。魏祕書郎鄭默，始製中經。祕書監荀勖，又因中經，更著新簿。分爲四部，總括羣書。一曰甲部，紀六藝及小學等書。二曰乙部，有古諸子家、近世子家、兵書、兵家術數。三曰丙部，有史記、舊事、皇覽簿、雜事。四曰丁部，有詩賦、圖讚、汲冢書。大凡四部，合二萬九千九百四十五卷。但錄題及言，盛以縹囊，書用緗素。至於作者之意，無所論辯。惠、懷之亂，京華蕩覆，渠閣文籍，靡有孑遺。東晉之初，漸更鳩聚。著作郎李充，以勘舊部校之。其見存者，但有三千一十四卷，充遂總没衆篇之名，但以甲乙爲次。自爾因循，無所變革。其後中朝遺書，稍流江左。宋元嘉八年，祕書監謝靈運造四部目錄，大凡六萬四千五百八十二卷。元徽元年，祕書丞王儉又造目錄，大凡一萬五千七百四卷。儉又別撰《七志》。一曰《經典志》，紀六藝、小學、史記、雜傳，二曰《諸子志》，紀古今諸子。三曰《文翰志》，紀詩賦。四曰《軍書志》，紀兵書。五曰《陰陽志》，紀陰陽圖緯。六曰《術藝志》，紀方技。七曰《圖譜志》，紀地域及圖書。其道、佛附見。合九條。然亦不述作者之意。但於書名之下，每立一傳。而又作九篇條例，編乎首卷之中。文義淺近，未爲典則。齊永明中，祕書丞王亮，監謝朏又造四部書目。大凡一萬八千一十卷。齊末兵火，延燒祕閣，經籍遺散。梁初，祕書監任昉，躬加部集。又於文德殿內，列藏衆書，華林園中，總集釋典。大凡二萬三千一百六卷，而釋氏不豫焉。梁有祕書監任昉、殷均四部目錄，又文德殿目錄。其術數之書，更爲一部，使奉朝請祖暅撰其名。故梁有五部目錄。普通中，有處士阮孝緒，博採宋、齊已來王公之家，凡有書記，參校官簿，更爲《七錄》。一曰《經典錄》，紀六藝。二曰《記傳錄》，紀史傳。三曰《子兵錄》，紀子書、兵書。四曰《文集錄》，紀詩賦。五曰《技術錄》，紀數術。六曰《佛錄》。七曰《道錄》。其分部題目，頗有次序。割析辭義，淺薄不經。梁武敦悦詩書，下化其上，四境之內，家有文史。元帝克平侯景，收文德之書及公私經籍，歸於江陵，大凡七萬餘卷。周師入郢，咸自焚之。牛弘云：“侯景渡江，祕省經籍，雖從兵火，文德殿內書史，宛然猶存。蕭繹據有江陵，遣將破平侯景。收文德之書，及公私典籍，重本七萬餘卷，悉送荆州。”《南史・賊臣侯景傳》云：“王僧辯收圖書八萬卷歸江陵。”顏之推《觀我生賦注》云：“王司徒表送祕閣舊事八萬卷。”蓋以成數言之。顏氏又云：“北方墳籍，少於江東，三分之一。梁氏剝亂，散佚湮亡，惟孝元鳩書，通重十餘萬卷。”則并江陵所故有者言之也。牛弘又云：“周師入郢，繹悉焚之於外城，所收十纔一二。”則元帝焚書，亦未能盡，但所餘不多耳。①《梁書・昭明大子傳》云：於時東宮有書三

萬卷。《賊臣·侯景傳》云：又登東宮牆射城內。至夜，簡文募人出燒東宮。臺殿遂盡。所聚圖書數百廚，一皆灰燼。先是簡文夢有人畫作秦始皇，云此人復焚書，至是而驗。然則侯景之亂，東宮所失書，亦不少也。陳天嘉中，又更鳩集。考其篇目，遺闕尚多。其中原則戰爭相尋，干戈是務。文教之盛，苻、姚而已。宋武入關，收其圖籍，府藏所有，纔四千卷。赤軸青紙，文字古拙。後魏始都燕代，南略中原，粗收經史，未能全具。《魏書·李先傳》：大祖問曰："天下書籍，凡有幾何？朕欲集之，如何可備？"對曰："不可計數。陛下誠欲集之，嚴制天下諸州郡縣，搜索備送。主之所好，集亦不難。"大祖於是頒制天下，經籍稍集。《高湖傳》：子謐，天安中，除中散，專典祕閣。肅勤不倦，高宗深重之。拜祕書郎。謐以墳典殘缺，奏請廣訪羣書，大加繕寫。由是代京圖籍，莫不審正。**孝文徙都洛邑，借書於齊。祕府之中，稍以充實。**《魏書·高祖紀》：大和十九年，六月，詔求天下遺書，祕閣所無，有裨益時用者，加以優賞。《世宗紀》：永平三年，六月，詔重求遺書於天下。《薛野䐗傳》：孫曇寶，初補散騎，高祖詔採遺書於天下。《儒林傳》：孫惠蔚，入東觀，上疏請依前丞盧昶所撰甲乙新錄，裨殘補闕，損幷有無，校練句讀，以爲定本。其先無者，廣加推尋，搜求令足。求令四門博士及在京儒生四十人，在祕書省專精校考，參定字義。詔許之。《宋繇傳》：弟道璵，世宗初，以才學被召。與祕書丞孫惠蔚典校羣書，考正同異。**暨於尒朱之亂，散落人間。**《魏書·高道穆傳》：莊帝以祕閣圖籍，出內繁蕪，致多零落，詔道穆總集帳目。幷牒儒學之士，編比次第。《隋書·李德林傳》：魏孝靜帝時，命當世通人正定文籍，以爲內校書。**後齊遷鄴，頗更搜聚。迄於天統、武平，校寫不輟。**《隋書·郎茂傳》：茂在齊世，嘗奉詔於祕書省刊定載籍。**後周始基關右，外逼彊鄰，戎馬生郊，日不暇給。保定之始，書止八千。後稍加增，方盈萬卷。**《周書·黎景熙傳》：六官建，爲外史上士。武成末，遷外史下大夫。保定三年，時外史廨宇屢移，未有定所。上言："外史之職，漢之東觀。自魏及周，公館不立。臣雖愚瞽，猶知其非。是以去年十一月中，敢冒陳奏。將降中旨，即遣脩營。荏苒一周，未加功力。臣職思其憂，敢不重請。"帝納焉，於是廨宇方立。**周武平齊，先封書府。所加舊本，纔至五千。隋開皇三年，祕書監牛弘表請分遣使人，搜訪異本。每書一卷，賞絹一匹，校寫既定，本即歸主。於是民間異書，往往間出。及平陳已後，經籍漸備。**《隋書·裴矩傳》：伐陳之役，領元帥記室。既破丹陽，晉王廣令矩與高熲收陳圖籍。檢其所得，多大建時書。紙墨不精，書亦拙惡。於是總集編次，存爲古本。召天下工書之士，京兆韋霈，南陽杜頵等，於祕書內，補續殘缺。爲正副二本，藏於宮中。其餘以實祕書內外三閣。凡三萬餘卷。"《牛弘傳》載弘表辭，論書有五厄，與此可以參觀。四部之分，本爲藏庋，而後遂以爲書之宏綱，①《七志》、《七錄》等沿劉《略》而漸變者，則存爲子目。求學術流別者，固當於子目觀之。校讎之家，或病四部之分，不合學術分類，亦未爲知言也。舊時書目，觀其名最不能責其實者爲集

---

① 經籍：四部本爲藏庋，後以爲宏綱，《七志》、《七錄》等。存爲子目，觀名不能責實，莫如集部，非撰類書不可。

部。此由專門變爲通學，著述者所苟率廣致之。欲救其弊，非撰類書不可。非編書目者所能爲力也。

十六國中，知收葺圖籍者，苻、姚而外，尚有沮渠氏。①《魏書‧闞駰傳》云：蒙遜甚重之，拜爲祕書考課郎，給文吏三十人，典校經籍。刊定諸子三千餘卷。即此一部，已幾當姚秦所有之全數已。《李順傳》云：世祖克統萬，賜諸將珍寶雜物，順固辭，惟取書數十卷。觀其所取之少，而知赫連氏所藏之薄也。《宋書‧蒙遜傳》：元嘉三年，其世子興國遣使奉表，請《周易》及子、集諸書，大祖并賜之，合四百七十五卷。蒙遜又就司徒王弘求《搜神記》，弘寫與之。十四年，茂虔奉表獻方物，并獻書合一百五十四卷。又求晉、趙起居注、諸雜書數十件，大祖賜之。觀其求請之殷，亦可知其搜求之切也。晉、南北朝之世，外夷求書者，或與或不與。② 齊世祖時，虜遣使求書，朝議欲不與，王融上書請與之，見《齊書》本傳。吐谷渾易度侯求星書，則朝議不給。見《齊書‧河南傳》。

私家之藏，少者數千，多者亦逾萬卷。《晉書‧儒林傳》：范蔚，家世好學，有書七千餘卷。《齊書‧褚淵傳》：父湛之卒，淵推財與弟，惟取書數千卷。《劉善明傳》：家無遺儲，惟有書八千卷。《梁書‧沈約傳》：聚書至二萬卷，京師莫比。《任昉傳》：聚書至萬餘卷，率多異本。《王僧孺傳》：聚書至萬餘卷，率多異本，與沈約、任昉相埒。《孔休源傳》：聚書盈七千卷。《陳書‧文學傳》：徐伯陽，家有史書，所讀者近三千餘卷。《南史‧梁宗室傳》：吳平侯景之子勵，聚書至三萬卷。《文學傳》：崔慰祖，聚書至萬卷。《隋書‧許善心傳》：九歲而孤，家有舊書萬餘卷。北方則沮渠蒙遜平酒泉，於宋繇室得書數千卷。魏任城王澄之子順，遇害，家徒四壁，無物斂尸，止有書數千卷。安豐王猛之子延明，鳩集圖籍，萬有餘卷。元晏，好集圖籍，家書多於祕閣。穆崇七世孫子容，求天下書，逢即寫録，所得萬餘卷。陽尼，有書數千卷。楊愔，前後賞賜，積累巨萬，散之九族，架篋之中，惟有書數千卷。祖珽，盜陳元康家書數千卷。李業興，愛好墳籍，鳩集不已，其家所有，垂將萬卷。黎季明，有書千餘卷。皆藏書家之佼佼者也。《魏書‧逸士傳》：李謐之卒，學官四十五人上書，言其棄產營書，手自删削，卷無重複者，四千有餘。則諸家之藏，皆非無重複，然其數已不少矣。所藏或多奇祕，公家搜求、校理，往往資焉。如《晉書‧張華傳》言：華雅愛書籍。身死之日，家無餘財，惟有文史，溢於几篋。嘗徙居，載書三十乘。祕書監摯虞，撰定官書，皆資華之本，以取正焉。天下奇祕，世所希有者，悉在華所。由是博物洽聞，世無與比。《齊書‧陸澄傳》言：家多墳籍，人所罕見。《梁書‧任昉傳》言：昉卒後，高祖使學士賀縱共沈約勘其書目。官所無者，就昉家取之。《魏書‧江式傳》言：内徙代京，獻經史諸子千餘卷。《北齊書‧文苑傳》：樊遜，天保七年，詔令校定羣書供皇大子。遜等十一人，同被尚書召共刊定，時祕府書籍，紕繆者多。遜乃議：大常卿邢子才，大子少傅魏收，吏部尚書辛

---

① 史事：沮渠氏最知求書且多，案其文明程度最高之證。

② 經籍：晉南北朝外夷求書者，或與或不與。

術,司農少卿穆子容,前黃門郎司馬子瑞,故國子祭酒李業興,并是多書之家,請牒借本,參校得失。祕書監尉瑾移尚書都坐,凡得別本三千餘卷。五經諸史,殆無遺闕。其所裨益,亦云大矣。

私家著述,亦有自行呈獻者,如虞溥撰《江表傳》,子勃過江,上於元帝,詔藏於祕府是也。又有官就取之者,如陳後主勅人就張譏家寫所撰入祕閣是也。

刻版未興,書不易得,公私之藏,皆爲借讀者所渴望。左思欲賦三都,自以所見不博,求爲祕書郎。祕書郎四員,宋、齊已來,爲甲族起家之選,居職例不數十日便遷。① 張纘乃固求不徙,欲徧觀閣內書籍。此求居藏書之府,以便借讀者也。不居職而求借者:皇甫謐自表就晉武帝借書,帝送一車與之。柳世隆啓齊大祖借祕閣書,上給二千卷。② 又有於人臣家開館,以書充之者,如宋明帝之於王儉是已,見第一節。賜書之事,亦時有之。如《宋書·自序》:大祖賜沈亮書二千卷;《陳書·江總傳》:家傳賜書數千卷是也。此皆公家之藏也。私家之藏,公諸同好者:范蔚之書,遠近來讀者,恒有百餘人,蔚爲辦衣食。崔慰祖,鄰里年少好事者,來從假借,日數十帙,慰祖親自取與,未嘗爲辭。元宴,諸有假借,咸不逆其意。可謂廓然大公。其以交誼假借者,則如陸少玄,家有父澄書萬餘卷,張率與少玄善,遂通書籍,盡讀其書。無交誼而徑往求乞者,則如劉峻,從桑乾還,自謂所見不博,更求異書,聞京師有者,必往祈借,崔慰祖謂之書淫。又有依附藏書之家而讀之者。劉晝知宋世良家有書,求爲其子博士,已見第一節。傅縡依湘州刺史蕭循,循頗好士,廣集墳籍,縡肆志尋閱,因博通羣書,亦其類也。藏書之家,多在都邑,遂有不憚遠游者。李鉉以鄉里寡墳籍遊京師,劉晝以里下少墳籍杖策入都是也。《顏氏家訓·治家篇》云:"借人典籍,皆須愛護。先有缺壞,就爲補治。此亦士大夫百行之一也。濟陽江祿,讀書未竟,雖有急速,必待卷束整齊,然後得起。故無損敗,人不厭其求假。或有狼籍几案,分散部帙,多爲童幼婢妾所點汙,風雨犬鼠所毀傷,實爲累德。吾每讀聖人之書,未嘗不肅敬對之,其故紙有五經辭義及賢達姓名,不敢穢用也。"此蓋後人敬惜字紙之緣起? 蓋緣得之艱,故其珍之甚矣。以書贈人者③:沈約,每見王筠文,咨嗟吟詠,以爲不逮也。嘗謂筠:"昔蔡伯喈

① 階級、選舉:祕書郎爲甲族起家之選,不數十日便遷。

② 經籍:就帝王借書,於人臣家開館以書充之。私家於來閱者,爲辦衣食,不識逕往求借,遠遊求書。書賈不禁人借閱(第一〇一四頁)。

③ 經籍:以書贈人。

見王仲宣，稱曰：王公之孫也。吾家墳籍，悉當相與。僕雖不敏，請附斯言。"劉顯每共孔奐討論，深相歎服。乃執奐手曰："昔伯喈墳素，悉與仲宣。吾當希彼蔡君，足下無媿王氏。"所保書籍，尋以相付。見賢思齊，何其異世而同揆也？馬樞，梁邵陵王綸爲南徐州刺史，素聞其名，引爲學士。侯景亂，綸舉兵援臺，留書二萬卷以付樞。蔡大寶，嘗以書干僕射徐勉，大爲勉所賞異。乃命與其子遊處。所有墳籍，盡以給之。皆可謂付託得人。陸瓊第三子從典，從父瑜，特相賞愛。及瑜將終，家中墳籍皆付焉。孫惠蔚一子早卒，其家墳籍，多歸其族曾孫靈暉。或亦誠以其能讀而與之，非盡親族中相傳授也。

　　刻版之術雖未興，然賣書之風，亦已稍盛。齊武帝時，藩邸嚴急，諸王不得讀書，江夏王鋒，乃密遣人於市里街巷買圖籍，期月之間殆備，可見書之可買者多。劉勰負書若貨粥者，以干沈約，事見第二十章第三節，則并有衒粥於道者矣。陽俊之多作六言歌詩，淫蕩而拙。屾俗流傳，名爲《陽五伴侶》，寫而賣之，①在市不絕。俊之嘗過市，取而改之，言其字誤。賣書者曰："陽五古之賢人，作此《伴侶》。君何所知？輕敢議論。"俊之大喜。《北史·陽尼傳》。則凡時俗流行之書，皆有寫賣者矣。崔亮傭書自業，從兄光勸亮往託李沖："彼家饒書，因可得學。"亮曰："弟妹饑寒，豈可獨飽？自可觀書於市，安能看人眉睫乎？"則雖書賈，似亦不禁人之借讀也。

　　古人言鈔，義與今異，②已見第二節。謄寫非易，鈔最遂多。《梁書·王筠傳》，載其《自序》云："予少好抄書，老而彌篤。雖遇見瞥觀，皆即疏記。後重省覽，懽興彌深。習與性成，不覺筆倦。自年十三四，齊建武二年乙亥，至梁大同六年，四十載矣。幼年讀《五經》，皆七八十徧。愛《左氏春秋》，吟諷常爲口實。廣略去取，凡三過五抄。餘經及《周官》、《儀禮》、《國語》、《爾雅》、《山海經》、《本草》，并再抄子史諸集皆一徧。未嘗倩人假手，并躬自鈔錄。大小百餘卷。不足傳之好事，蓋以備遺忘而已。"此鈔書者之自道也。鈔書而亦可假手，則雖鈔胥，亦與寫手有異矣。《宋書·傅隆傳》，言其歸老在家，手不釋卷，常手抄書籍。《齊書·高逸傳》：沈驎士遭火燒書數千卷。年過八十，耳目猶聰明，以火故，抄寫，燈下細書，復成二三千卷。《北史·崔逞傳》：崔謙好讀書，凡手抄八千餘紙。《李彪傳》：高悦兄閭，家富典籍，彪於悦家，手抄口誦，不暇寢食。凡此云抄，皆當有所廣略去取，非徒寫錄也。鈔雖亦有所廣，要以

----

① 經籍：寫賣。
② 經籍：鈔，鈔胥異寫手，寫，多不自爲，官或役人（第一〇一六頁），亦有高才屈居（第一〇一七頁）。

擷取精要之意爲多，故亦謂之抄略。《周書·薛憕傳》：言憕止其族父懷儁家，終日讀書，手自抄略：將二百卷，謂此也。陸澄之《地理書》凡百四十九卷，而其《地理書抄》不過二十卷，任昉增澄之書爲《地記》，二百五十二卷，而其《地理書抄》不過九卷。參看上節。《宋書·何承天傳》：先是《禮論》有八百卷，承天刪減并合，以類相從，凡爲三百卷，此亦所謂抄也。可見其去取之嚴矣，《晉書·鄭袤傳》：子默，起家祕書郎。考合舊文，刪省浮穢。中書舍人虞松謂曰："而今而後，朱紫別矣。"與其過而廢之也，毋寧過而存之，刪省舊文，庸或不免可惜，然其汰除蕪穢之功，則自不可没也。

抄書體例，蓋亦非一，而其有益於人者，則莫如類書。蓋學問愈進，則分科愈繁。就其全體而言之，則苦於徧覽之爲難，而必有人焉以助其採擷，就其一科而言之，又苦於網羅之不備，而必有人焉以助其蒐討；此類書之所以可貴也。① 魏文《皇覽》，蓋其開山。見《秦漢史》第十九章第八節。晉世摯虞，撰古文章，類聚區分，爲三十卷，名曰《流別集》，蓋亦斯意。過江而後，作者仍多。齊竟陵王子良，集學士抄五經、百家，依《皇覽》例，爲《四部要略》千卷。《齊書》本傳。《南史·陸慧曉傳》：子良西邸抄書，令慧曉參知其事。隨王子隆爲荆州，召庾於陵爲主簿，使與謝朓、宗夬，抄撰羣書。梁武帝敕到洽鈔甲部書，張率治丙丁部書抄。皆見《梁書》本傳。簡文在雍州，撰《法寶聯璧》。見《南史·陸杲》、《庾肩吾》，《文學·杜之偉傳》。安成王秀搜集經記，招劉孝標，使撰《類苑》。《梁書》本傳，及《文學·劉峻傳》。魏出帝時，詔撰《四部要略》。《魏書·裴延儁傳》。又召僧化與孫安都共撰兵法。《魏書·術藝傳》。安豐王延明，家有羣書，欲抄集五經算事爲《五經宗》，及古今樂事爲《樂書》。亦見《魏書·術藝傳》。元暉《科録》，周明帝《世譜》，已見第五節；北齊後主，雖曰無道，然其所撰《御覽》，則規模不可謂不大。見《北史·文苑傳序》。此等皆妙選一時之英才爲之。《北齊書·文苑傳》謂：祖珽奏立文林館，奏撰御覽，當時操筆之徒，搜求略盡，可見其取材之多。又《陽休之傳》：其子辟疆，性疏脱無文藝，休之亦引入文林館，爲時人所嗤鄙，又可見濫竽之不易也。而流俗一見抄字，輒以爲胥史之業，誤矣。鈔書亦有出於胥史者。《周書·寇儁傳》：儁以大統五年入關，拜祕書監。時軍國草創，墳典散逸。儁始選置令史，抄集經籍。四部羣書，稍得周備。蓋不暇一一謄寫，故且採擷其大略也。然此令史，亦必非今俗所謂鈔胥之流矣。

照本迻録之謂寫，《梁書·王泰傳》言：齊永元末，後宮火，延燒祕書，圖書散亂殆盡，泰爲丞，表校定繕寫是也。其事士大夫多不自爲。穆子容求天下

―――――――

① 經籍：類書。

書,逢即寫錄,已見前。張纘晚頗好積聚,多寫圖書數萬卷。《南史》本傳。亦必出於假倩。《北齊書·循吏傳》:郎基,性慎,無所營求。曾語人云:"任官之所,木枕亦不須作,況重於此事?"惟頗令寫書。潘子義曾遺之書曰:"在官寫書,亦是風流罪過。"基答書曰:"觀過知仁,斯亦可矣。"可證其係役人爲之也。惟寫錄亦有裨於精熟;又寫手必有力之家,乃能多畜;《北齊書·祖珽傳》云:齊州客至,請賣《華林徧略》、文襄多集書人,一日夜寫畢,退其本曰:不須也。故士大夫亦有自爲之者。齊衡陽元王嗣子鈞,常手自細書,寫五經,部爲一卷,置巾箱中。侍讀賀玠問曰:"殿下家自有墳素,復何須蠅頭細書,別藏巾箱中?"答曰:"巾箱中有五經,檢閱既易,且一更手寫,則永不忘。"此爲求精熟起見者也。若袁峻家貧無書,每從人假借,必皆抄寫,見第二節,此與《南史·王泰傳》手所抄寫二千許卷,皆以抄寫并言,蓋有抄亦有寫。則以無可假倩而然矣。又《梁書·處士傳》:劉慧斐在匡山,手寫佛經二千餘卷。《周書·蕭大圜傳》:周明帝開麟趾殿,大圜與焉。《梁武帝集》四十卷,《簡文集》九十卷,各止一本。大圜入麟趾,方得見之。乃手寫二本,一年并畢。識者稱歎之。此則或以虔誠孝愛而然也。《梁書·孔休源傳》:年十一而孤。居喪盡禮。每見父手所寫書,必哀慟流涕。時無刻書,抄寫之本,讀書者必人人有之也。

寫手之中,亦有高材屈居焉。吳喜寫起居注,闇誦略皆上口,已見第五節。王僧孺家貧,傭書養母,所寫既畢,諷誦亦通。《梁書》本傳。朱异以傭書自業,寫畢便誦,《南史》本傳。亦其倫也。此等事亦有傳言失實者。《梁書·文學傳》云:任孝恭家貧無書,常崎嶇從人假借。每讀一徧,諷誦略無所遺。《北史裴佗傳》:佗子諏之,嘗從常景借書百卷,十許日便返。景疑其不能讀,每卷策問。應答無遺。此所借書,或與其故所讀者相出入,故能舉其大略。若《梁書·陸倕傳》,謂其所讀一徧,必誦於口。嘗借人《漢書》,失《五行志》四卷,乃暗寫還之,略無遺脱,則必無是理矣。然寫錄一過,即能通知大略,則固事所可有也。

校勘之學,時人尚不甚精。《北齊書·邢子才傳》云:有書甚多,而不甚讎校。見人校書,常笑曰:"天下書至死讀不可徧,焉能始復校此?且誤書思之,更是一適。"妻弟李季節,才學之士,謂子才曰:"世間人多不聰明,思誤書何由能得?"①子才曰:"若思不能得,便不勞讀書。"此乃妄語,而史書之以爲美談,誤矣。且如田肯之肯誤作宵,見第二節。何由思而得之邪?即有義可通者,馮億度之,

---

① 經籍:邢子才謂思誤書之謬,顏之推讀天下書未徧,不得妄下雌黄,是學人語。

亦易致誤。《顏氏家訓·勉學篇》云："觀天下書未徧，不得妄下雌黃。"自是學人語也。

古書、古物，稍爲時人所愛重，然辨別真僞之術未精，故多爲作僞者所欺。古書之大批出土者，無過晉武帝時汲郡發冢所得。① 此事不徒空前，亦且古書出土如此之多，至今未曾再見，言考古者，誠不可不一審定其真僞也。此事見於《晉書》者：《武帝紀》云：咸寧五年，十月，汲郡人不準掘魏襄王冢，得竹簡小篆、古書十餘萬言，藏於祕府。《律曆志》云：武帝大康元年，汲郡盜發六國時魏襄王冢，亦得玉律。又云：武帝泰始九年，中書監荀勖校大樂，八音不和，始知後漢至魏，尺長於古四分有餘。勖乃部著作郎劉恭，依《周禮》制尺，所謂古尺也，依古尺更鑄銅律呂，以調聲均。以尺量古器，與本銘尺寸無差。又汲郡盜發六國時魏襄王冢，得古周時玉律及鐘磬，與新律聲均闇同。《衛瓘傳》：子恒，爲《四體書勢》曰："魏初傳古文者，出於邯鄲淳。恒祖敬侯，寫淳《尚書》，後以示淳，而淳不別。至正始中，立三字石經，轉失淳法，因科斗之名，遂效其形。大康元年，汲縣人盜發魏襄王冢，得策書十餘萬言。按敬侯所書，猶有髣髴。古書亦有數種，其一卷論楚事者，最爲工妙，恒竊悅之。"《荀勖傳》云及得汲郡冢中古文竹書，詔勖撰次之，以爲中經，列在祕書。《束皙傳》云：初大康二年，汲郡人不準盜發魏襄王墓，或言安釐王冢，得竹書數十車。其《紀年》十三篇，紀夏以來至周幽王爲犬戎所滅。以事接之。疑當作以晉事接之。三家分，仍述魏事，至安釐王之二十年。蓋魏國之史書？大略與《春秋》皆多相應。其中經傳大異，則爲夏年多殷；益干啓位，啓殺之；大甲殺伊尹；文丁殺季歷；自周受命至穆王百年，非穆王壽百歲也；幽王既亡，幽當作攜，此傳寫之誤。有共伯和攝行天子事，非二相共和也。其《易經》二篇，與《周易上下經》同。《易繇陰陽卦》二篇，與《周易》略同，繇辭則異。《卦下易經》一篇，似《說卦》而異。《公孫段》二篇，公孫段與邵陟論《易》。《國語》三篇，言楚、晉事。《名》三篇，似《禮記》，又似《爾雅》、《論語》。《師春》一篇，書《左傳》諸卜筮，師春似是造書者姓名也。《瑣語》十一篇，諸國卜夢、妖怪、相書也。《梁丘藏》一篇，先敘魏之世數，次言丘藏金玉事。《繳書》二篇，論弋射法。《生封》一篇，帝王所封。《大厤》二篇，鄒子談天類也。《穆天子傳》五篇，言周穆王游行四海，見帝臺西王母。《圖書》一篇，畫贊之屬也。又雜書十九篇，《周食田法》、《周書》、《論楚事》、《周穆王美人盛姬死事》。大凡七十五篇。七篇簡折書壞，不識名題。冢中又得銅劍一枚，長二尺五寸。漆書皆科斗字。初發冢者燒策照取寶物，及官收之，

---

①　經籍：汲塚書（第一〇一八——一〇二〇頁）。

多燼簡斷札。文既殘缺，不復詮次。武帝以其書付祕書，校綴次第，尋考指歸，而以今文寫之。晳在著作，得觀竹書，隨宜分釋，皆有義證。《王接傳》云：時祕書丞衛恒考正汲冢書，未訖而遭難，佐著作郎束晳述而成之，事多證異義。句疑有奪誤。時東萊大守陳留王庭堅難之，亦有證據。晳又釋難，而庭堅已亡。散騎侍郎潘滔謂接曰："卿才學理議，足解二子之紛，可試論之。"接遂詳其得失。摯虞、謝衡，皆博物多聞，咸以爲允當。《司馬彪傳》云：初譙周以司馬遷《史記》，書周、秦以上，或採俗語百家之言，不專據正經，周於是作《古史考》二十五篇，皆憑舊典，以糾遷之繆誤。彪復以周爲未盡善也，條《古史考》中凡百二十二事爲不當，多據《汲冢紀年》之義，亦行於世。《儒林·續咸傳》云：著《遠游志》、《異物志》、《汲冢古文釋》，皆十卷，行於世。汲冢得書之事，見於《晉書》者如此。年代舛譌，古籍恒有，不足以疑其事之真。簡策煩重，十餘萬言，自可盈數十車，説亦相會。《武帝紀》言竹簡文字爲小篆古書，《束晳傳》謂皆科斗，二者似不相符。然觀《衛恒傳》所言，則其時之人言字體之異者，非以其構造而以其筆畫形狀，則古書小篆，二者亦可并稱。以構造言與小篆同，以筆畫形狀言之則異。續咸之《古文釋》，蓋就其構造異於小篆者而釋之耳。此三者皆不足惑。然仍有甚可疑者。據《衛恒傳》，似策書雖有十餘萬言，其可知者不過數種。與《束晳傳》云文既殘缺，不復詮次者相符。晳之學，未聞遠逾於恒，何以所述成者能如是之多？杜預《春秋後序疏》引王隱《晉書·束晳傳》云：汲冢竹書，大凡七十五卷。其六十八卷，皆有名題。其七卷折簡碎雜，不可名題。有《周易上下經》二卷，《紀年》十二卷，《瑣語》十一卷，《周王遊行》五卷，説周穆王遊行天下之事，今謂之《穆天子傳》。此四部差爲整頓。汲郡初得此書，表藏祕府。詔荀勗、和嶠以隸字寫之。勗等於時即已不能盡識其書。今復闕落。又轉寫益誤。《穆天子傳》，世間偏多。整頓者不過四種，與衛恒之言，隱相符合。然則所謂六十八種者，不過能知其名題，而今《晉書·束晳傳》，乃皆能知其書之所述，其爲無稽之語可知也。《隋書·經籍志》：古史家有《紀年》十二卷，《注》云：汲冢書并《竹書同異》一卷。《志》又論其事云：晉大康元年，汲郡人發魏襄王冢，得古竹簡書。字皆科斗。發冢者不以爲意，往往散亂。帝命中書監荀勗、令和嶠撰次爲十五部八十七卷。多雜碎怪妄，不可訓知。惟《周易》、《紀年》，最爲分了。其《周易》上下篇，與今正同。《紀年》皆用夏正建寅之月爲歲首，起自夏、殷、周三代王事，無諸侯國別。惟特記晉國。起自殤叔；次文侯、昭侯，以至曲沃莊伯。盡晉國。滅，獨記魏事。下至魏哀王，謂之今王。蓋魏國之史記也？其著書皆編年相次，文意大似《春秋

經》,諸所記事,多與《春秋左氏》扶同。《晉書·束晳傳》,并無自夏以來即有
年紀之意,此所云則似有之。謂記魏事下至哀王,亦與《晳傳》不合。《四體書
勢》云:魏文好古,世傳丘墳,歷代基發,真僞靡分,則以冢屬魏襄王,晉初亦在
疑似之列。安釐王者,魏襄王之曾孫。據《史記》,其死在秦始皇四年,斯時魏
已距亡不遠,能否如此厚葬,實有可疑。然則《晳傳》或言安釐王冢一語,正因
其紀年迄於安釐王二十年而云然,而或云迄於哀王,則造作者又有所增也。
文似《春秋》,事同《左氏》,蓋造作者所摹放據依。夏年多殷,蓋曆人治古史者
之異說。益干啓位,大甲殺伊尹,文丁殺季歷,則其時之人,舜、禹之事,我知
之矣之見解耳。穆王享國之年,共伯釋位之事,說已見《先秦史》第四章及第
八章第八節。此數事蓋造作者之所特著,不與經傳舊說相會者也。《隋書·
律曆志》載劉孝孫論曆語云:"案《竹書紀年》,堯元年在丙子。"則其紀年又不
起於夏,與《經籍志》及《晉書·束晳傳》皆不符,可見依託《紀年》而爲僞者,非
一家矣。《易繇陰陽卦》與《周易》略同,《繇辭》則異,此蓋世所傳《焦氏易林》
之倫,世間自有此物。《卦下易經》,似《說卦》而異,蓋亦《易》家之所爲。此篇
言《易》之書特多,《易》固晉以來通行之學也。《名》三篇,似《禮記》,又似《論
語》、《爾雅》,此合《僞家語》、《孔叢子》爲一書。《師春》一篇,書《左氏》諸卜
筮,似全與《左氏》同者,古書有如此略無出入者乎?《瑣語》,《隋志》在雜史
家,云《古文瑣語》四卷。《注》云:汲冢書。雜史家又有《周書》十卷,《注》亦云
汲冢書。又云:"似仲尼刪《書》之餘。"《顏氏家訓·書證篇》謂《瑣語》中有秦
望碑。《史通·疑古篇》云:中有舜放堯於平陽事。與《晳傳》所云記卜夢妖怪
相書者,相去絶遠。舜之放堯,豈可云瑣事? 即卜夢妖怪相書,在迷信甚深之
世,亦豈以爲瑣事乎? 鄒子談天,久成絶學。誰則聞之,而知其與大曆相似?
《周王遊行》之誣,已見《先秦史》第八章第八節。此書《隋志》在起居注類,作
《穆天子傳》六卷。《注》云:"汲冢書,郭璞注。"大體即今日之本,蓋無可疑。
王隱云:《周王遊行》,今謂之《穆天子傳》,而今《晉書·束晳傳》亦謂之《穆天
子傳》,則今《晉書》所據,實出隱書所據後也。然今《晉書·晳傳》盛姬死事,
尚不在《穆天子傳》中,而今本不然,則今本又非作今《晉書》者之所見矣。亦
可見造作者非一家也。晉初四部之分,特計藏庋之便,說已見前。汲冢書列
於丁者,蓋以不可詮次,附諸四部之末,實非列於丁部。猶今編書目者,於四部
之外,別立叢部耳。若如《隋志》之說,可撰次爲十五部,則既能分別部居矣,
何不分隸四部之中,而必別爲一部? 而下云多雜碎怪妄,不可紀知,又隱與王
隱之說相合。則《隋志》此語,可信與否,亦正難言之也。要而觀之,則自有汲

冢得書之役,因之而作僞者非一家,隨之而説其事者,亦非一人。有心之造作,益以無意之傳譌,其説乃紛如亂絲,彌不可理,真爲荀勖、和嶠所隸寫,束晳、王庭堅、王接所考論者,蓋不知是否存十一於千百矣。然則以大體言之,汲冢書雖經出土,經隸寫而整頓者,實無幾種。惠懷亂後,故簡與寫本全亡,傳於世者,悉皆僞物,過江後人之所説,正與明代之僞本同也。《隋書·律曆志》云:梁武帝時,猶有汲冢玉律。候氣。此語之不足信,觀下論諸古物而可知。又非特如此汲冢果曾得玉律,抑治樂者妄爲此説以自張,亦正難言之矣。

《梁書·蕭琛傳》云:天監九年,出爲江夏大守。始琛在宣城,有北僧南度,惟齎一瓠蘆,中有《漢書序傳》。僧云:三輔舊老相傳,以爲班固真本。琛固求得之。其書多有異今者,而紙墨亦古。文字多如龍舉之例,非隸非篆。①琛甚祕之。及是,以書餉鄱陽王範。範乃獻於東宮。《劉之遴傳》云:範得班固所上《南史》作撰。《漢書》真本,獻之東宮。皇大子令之遴與張纘、到溉、陸襄等參校異同。之遴具異狀十事。其大略云:"案古本《漢書》,稱永平十六年五月二十一日己酉郎班固上,而今本無上書年月日字。又案古本《叙傳》號爲《中篇》,而今本稱爲《叙傳》。又今本《叙傳》載班彪行事,而古本云稚生彪,自有傳。又今本《紀》及《表》、《志》、《列傳》不相合爲次,而古本相合爲次,總成三十八卷。又今本《外戚》在《西域》後,古本《外戚》次《帝紀》下。又今本《高五子》、《文三王》、《景十三王》、《武五子》、《宣元六王》,雜在諸傳秩中,古本諸王悉次《外戚》外,在《陳項傳》前。又今本《韓彭英盧吳述》云:信惟餓隸,佈實黥徒,越亦狗盜,芮尹江湖,雲起龍驤,化爲侯王。古本《述》云:淮陰毅毅,杖劍周章,邦之傑子,實惟彭、英,化爲侯王,雲起龍驤。又古本第三十七卷,解音釋義,以助雅詁,而今本無此卷也。"案改外戚爲后妃,以次帝紀,類聚諸王,以次后傳,晉後乃有此例,顯爲後人所改。音義亦必後人所附。《韓彭英盧胡述》,蓋不滿舊文者改之。其事皆顯而易見,而舊老相同,顧信爲班固真本,當時論古者之無識,可見一斑矣。②

《晉書·郭璞傳》云:元帝初鎮建業,王導令璞筮之。遇《咸》之《井》。璞曰:"東北郡縣有武名者當出鐸,以著受命之符。西南郡縣有陽名者井當沸。"其後晉陵武進縣人於田中得銅鐸五枚。歷陽縣中井沸,經日乃止。及帝爲晉王,又使璞筮。遇《豫》之《睽》。璞曰:"會稽當出鍾以告成功,上有勒銘,應在

---

① 文字:真本《漢書》文字,非篆非隸,多如龍舉。
② 經籍:真本《漢書》之謬。

人家井泥中得之。”大興初,剡縣人果於井中得一鍾,長七寸二分,口徑四寸半。上有古文奇書十八字,云會稽嶽命,餘字時人莫識之。《齊書‧陸澄傳》云:竟陵王子良得古器,小口方腹而底平,可容七八升。以問澄。澄曰:“此名服匿,單于以與蘇武。”子良後詳視器底有字,髣髴可識,如澄所言。《梁書‧劉顯傳》云:魏人獻古器,有隱起字,無能識者,顯案文讀之,無有滯礙。考校年月,一字不差。高祖甚嘉焉。《南史‧何承天傳》云:張永嘗開玄武湖,遇古冢。冢上得一銅斗,有柄。宋文帝以訪朝士。承天曰:“此亡新威斗,王莽三公亡皆賜之,一在冢外,一在冢内。時三台居江左者,惟甄邯爲大司徒,必邯之墓。”俄而永又啓冢,内更得一斗,復有一石,銘大司徒甄邯之墓。《魏書‧祖瑩傳》:孝昌中,於廣平立第,掘得古玉印。勅召瑩與黄門郎李琰之,令辨何世之物。瑩云:“此是于闐國王晉大康中所獻。”乃以墨塗字觀之,果如瑩言。時人稱爲博物。此等皆藉文字以辨古物,以時人識古字者之少,見第一節。其信否殊不可知也。藉器物以考古事者,亦間有之。如《梁書‧劉杳傳》云:嘗於沈約坐語及宗廟犧尊。約云:“鄭玄答張逸,謂爲鳳皇尾娑娑然。今無復此器,則不依古。杳曰:“此言未必可按。《南史》作安。古者樽彝皆刻木爲鳥獸,鑿頂及背以出内酒。頃魏世魯郡地中得齊大夫子尾送女器,有犧尊,作犧牛形。晉永嘉中,賊曹嶷於青州發齊景公冢,又得二樽,形亦爲牛象。二處皆古之遺器,知非虛也。”約大以爲然。其一事也。其時發掘之事,皆出於偶然。其有意爲之者,則多在古墓。汲冢即其最大者。齊文惠大子鎮襄陽時盜發古冢,陳時征北軍人於丹徒發郗曇墓,亦其事也。見第一節及第六節。

　　《晉書‧惠帝紀》:元康五年,十月,武庫火,焚累代之寶。《張華傳》云:武庫火,華懼因此變作,列兵固守,然後救之,故累代之寶及漢高斬蛇劍,王莽頭,孔子履等盡焚焉。《五行志》略同。《劉頌傳》云:武庫火,頌弟彪,建計斷屋,得出諸寶器,蓋亦微有所出。王莽頭經漢末大亂,是否尚存,已屬可疑,孔子履何由得之? 漢高斬蛇,事本烏有,劍更不必論矣。天家掌故,有同東野人言如此。《齊書‧竟陵王子良傳》:昇明三年,爲會稽大守。子良敦義愛古。郡閣下有虞翻舊牀,罷任還,乃致以歸。後於西邸起古齋,多聚古人器服以充之。《孔稚圭傳》:父靈産,大祖餉以白羽扇、素隱几。曰:“君性好古,故遺君古物。”《梁書‧劉之遴傳》:之遴好古愛奇。在荆州,聚古器數十百種。又獻古器四種於東宮。《處士傳》:何點,竟陵王子良遺以嵇叔夜酒枏,徐景山酒鐺。《南史‧柳惲傳》:齊竟陵王子良嘗置酒後園,有晉大傅謝安鳴琴在側,援以授惲,惲彈爲雅弄。《齊高帝諸子傳》始興王鑑爲益州刺史。時有廣漢什邡人段祖,以錞于

獻。古禮器，所以節樂也。《王敬則傳》：世子仲雄善彈琴。江左有蔡邕焦尾琴，在主衣庫，齊明帝勑五日一給。《劉杳傳》：昭明大子有瓠食器，以賜焉，曰："卿有古人之風，故遺卿古人之器。"此等皆如世俗之玩骨董，其信否，觀俗所謂骨董者之信否而可知矣。① 劉曜所作渾儀，何承天等誤爲張衡所造，已見上節。此事致誤，實緣不按題識，具見《隋志》。魏時，御史中尉王顯，與廣平王匡爭權量。奏匡曰："匡表云：所據銅權，形如古誌，明是漢作，非莽別造。及案權銘：黃帝始祖，德布於虞，虞帝始祖，德布於新。莽佐漢時，寧有銘新之號？"《北史·景穆十二王傳》。二人論權量，誰曲誰直，姑不必論，而匡之不案銘文，則無可解免矣。《隋書·律曆志》載梁武帝作《鍾律論》曰："山謙之記云：殿前三鍾，悉是周景王所鑄無射也。遣樂官以今無射新笛飲，不相中，以夷則笛飲，則聲均合和。端門外鍾，亦案其銘題，定皆夷則。其西厢一鍾，天監中移度東。以今笛飲，乃中南吕。驗其鎸刻，乃是大蔟，則下金笛二調。重敕大樂丞斯宣達，令更推校，鍾定有鑿處，表裏皆然。借訪舊識，乃是宋泰始中使張永鑿之，去銅既多，故其調嘽下。以推求鍾律，便可得而見也。宋武平中原，使將軍陳傾致三鍾，小大中各一，則今之大極殿前二鍾，端門外一鍾是也。案西鍾銘，則云清廟撞鍾，秦無清廟，此周制明矣。又一銘云大蔟鍾徵，則林鍾宫所施也。檢題既無秦、漢年代，直云夷則、大蔟，則非秦、漢明矣。"此等雖案銘題，信否亦難遽定，乃後人或真信爲三代時物，毋亦見卯而求時夜乎？《殿本考證》，齊召南云："三代樂器，流傳最遠者，莫如此事。《左傳》昭二十一年，天王將鑄無射。孔《疏》曰：秦滅周，其鍾徙於長安。歷漢、魏、晉，常在長安。及劉裕滅姚泓，又移於江東。歷宋、齊、梁、陳時鍾猶在。東魏使魏收聘梁，作《聘遊賦》，乃珍是淫器，無射在懸是也。及開皇九年平陳，又遷於西京，置大常寺，時人悉得見之，至十五年敕毁之，可爲此文之證。"

　　毁壞古物之事，亦時有之。所謂三鍾者，入隋爲文帝所毁。其事，《北史·隋本紀》在開皇九年，云"毁所得秦漢三大鍾，越二大鼓。"《隋書·本紀》無之，而云："十一年，春，正月，丁酉，以平陳所得古器，多爲妖變，悉命毁之。"則《北史》亦同。三鍾之毁，未知究在何時，然隋毁江東古物，恐必甚多，且不止一次。三鍾固不必周景王物，江東所云古器，亦不必皆信，然其有較古之物，則必不誣也。齊東昏侯毁晉義熙初師子國所獻玉象已見第六節。《宋書·武三王傳》：魯郡孔子舊庭，有柏樹二十四株，經歷漢、晉，其大連抱。有二株先折倒。士人崇敬，莫之敢犯。江夏王義恭悉遣人伐取，父老莫不歎息。

---

① 古物：晉南北朝所謂古物之謬。毁壞古物之事。

義恭未爲最暴橫者，當四夷交侵，武人跋扈之世，此等事之不見記載者，必尚不知凡幾也。

著書假託古人者，此時仍有之。《晉書·曹志傳》：武帝嘗閱《六代論》，問志曰：“是卿先王所作邪？”志，魏陳思王孽子。對曰：“先王有手所作目錄，請歸尋按。”還奏曰：“按錄無此。”帝曰：“誰作？”志曰：“以臣所聞，是臣族父冏所作。以先王文高名著，欲令書傳於後，是以假託。”帝曰：“古來亦多有是。”顧謂公卿曰：“父子證明，足以爲審，自今已後，可無復疑。”託名高者以行其言，[1]而已不欲尸其名，此乃廓然大公之心；不得議其欺世也。《陸機傳》：機從子瑁，吳平又作《西州清論》，傳於世。借稱諸葛孔明，以行其書也。亦曹冏之志也。《隋書·儒林傳》云：劉炫因牛弘奏請購求遺逸，僞造書百餘卷，題爲《連山易》、《魯史記》等，錄上送官，取賞而去。後有人訟之，經赦免死，坐除名。則風斯下矣。然時書一卷不過賞絹一匹，炫負盛名，豈不能致百餘匹絹？則其造書非利官賞，蓋時俗莫辨真僞，乃借此欺世，以炫其博洽耳。然其心亦足誅矣。《晉書·郭象傳》云：先是注《莊子》者數十家，莫能究其旨統。向秀於舊注外而爲解義，妙演奇致，大暢玄風。惟《秋水》、《至樂》二篇未竟，而秀卒。秀子幼，其義零落。然頗有別本遷流。象爲人行薄，以秀義不傳於世，遂竊以爲己注。乃自注《秋水》、《至樂》二篇，又易《馬蹄》一篇，其餘眾篇，或點定文句而已。其後秀義別本出，故今有向、郭二注，其義一也。似象之爲人，攘善無恥矣。然《秀傳》則但云秀爲之隱解，象又述而廣之而已。則知此等傳説，亦難盡信也。

---

[1]　經籍：著述托高名者以行，出公心，如劉炫斯可鄙矣，如陳脩園託葉天士亦可諒也。

# 第二十四章　晉南北朝宗教

## 第一節　舊有諸迷信

玄學與迷信，不相容者也。故魏、晉以降，玄學盛行，而迷信遂澹。《晉書·天文志》：魏文帝黃初二年，六月，戊辰晦，日有食之。有司奏免大尉。詔曰：“災異之作，以譴元首，而歸過股肱，豈禹、湯罪己之義乎？其令百官，各虔厥職。後有天地眚，勿復劾三公。”此詔雖仍引咎責躬，然已知天地之眚，無與於人事矣。摯虞對策曰：“古之聖明，原始以要終，體本以正末，故憂法度之不當，而不憂人物之失所，憂人物之失所，而不憂災害之流行。其有日月之眚，水旱之災，則反聽內視，求其所由。遠觀諸物，近驗諸身。於物無忤，於人無尤，此則陰陽之事，非吉凶所在也。”郤詵對策，與虞實同時事。亦曰：“水旱之災，自然理也。故古者三十年耕必有十年之儲。堯、湯遭之而人不困，有備故也。自頃風雨，雖頗不時，考之萬國，或境土相接，而豐約不同，或頃畝相連，而成敗異流，固非天之必害於人，人實不能均其勞苦。失之於人，而求之於天，則有司惰職而不勸，百姓殆業而咎時，非所以定人志，致豐年也。”皆以釋天時任人事爲言，與漢人之論大異矣。《魏書·高祖紀》：承明十二年，九月，甲午，詔曰：“日月薄蝕，陰陽之恒度耳。聖人懼人君之放怠，因之以設戒，故稱日蝕脩德，月蝕脩刑，乃癸巳夜，月蝕盡，公卿已下，宜慎刑罰，以答天意。”此詔辭旨，幾於自相矛盾，然亦知天變與人事無關。[①] 虜主而能爲此言，可知釋天時，任人事，已成通常之見解矣。

然此特學者之見如是，習俗固未能驟變。魏自武帝，至於文、明，皆禁淫祀，已見《秦漢史》第二十章第二、第六節。晉武帝泰始元年，詔曰：“末代信道不篤，僭禮瀆神，縱欲祈請。曾不敬而遠之，徒偷以其幸，妖妄相扇，捨正爲邪，故魏朝疾之。其按舊禮，具爲之制。使功著於人者，必有其報，而妖淫之

_____

① 宗教：魏及晉初，知天變不關人事。

鬼，不亂其閒。"猶是前世之志也。然穆帝升平中，何琦論祠五嶽，謂"今非典之祠，可謂非一。考其正名，則淫昏之鬼。推其糜費，則四人之蠹。可俱依法令，先去其甚。"不見省。《宋書·禮志》。而武皇之志荒矣。宋武帝永初二年，四月，詔曰："淫祠惑民廢財，前典所絕。可并下在所，除諸房廟。"《宋書·禮志》云：由是蔣子文祠已下，并皆毀絕。然又云：孝武孝建初，更脩起蔣山祠。所在山川，漸皆脩復。明帝立九州廟於雞籠山，大聚羣神。則其廢之曾無幾時，旋且變本加屬矣。所謂蔣子文者，與蘇侯同爲南朝嚴祀之神。《宋書·禮志》云：蔣侯，宋代稍加爵位，至相國、大都督中外諸軍事，加殊禮，鍾山王。蘇侯驃騎大將軍。案《晉書·簡文三王傳》言：孫恩至京口，會稽王道子無他謀略，惟日禱蔣侯廟，爲厭勝之術。又《符堅載記》言：淝水之役，堅望八公山上草木，皆類人形。初朝廷聞堅入寇，道子以威儀鼓吹，求助於鍾山之神，奉以相國之號。堅見草木狀人，若有力焉。則蔣子文在晉代，久受尊崇矣。齊東昏又加帝號，見第十章第六節。《南史·曹景宗傳》述鍾離之役云：先是旱甚，詔祈蔣帝神求雨。十旬不降。帝怒，命載荻，欲焚蔣廟并神影。爾日開朗，欲起火，當神上忽有雲如繖。倏忽驟雨如寫。臺中宮殿，皆自振動。帝懼，馳召追停。少時還靜。自此帝畏信遂深。自踐阼已來，未嘗躬自到廟，於是備法駕將朝臣禮謁。是時魏軍攻圍鍾離，蔣帝神報敕必許扶助。既而無雨水長，遂挫敵人。凱旋之後，廟中人馬腳盡有泥淫，當時并目覩焉。梁武非迷信者流，蓋因大敵當前，藉此以作士氣也。陳高祖以十月乙亥即帝位，丙子即幸鍾山祀蔣帝廟，見《紀》。亦是志矣。蔣子文行事，不見正史。《齊書·崔祖思傳》云：州辟主簿。與刺史劉懷珍於堯廟祀神。廟有蘇侯象。懷珍曰："堯聖人，而與雜神爲列，欲去之，何如？"祖思曰："蘇峻今日，可謂四凶之五也。"懷珍遂令除諸雜神。《南史》云：所隨者爲青州刺史垣護之，祖思，清河東武城人。清河齊世屬冀州，如《齊書》意，懷珍當爲冀州刺史。然當時青、冀二州，或可合一刺史也。而載祖思對辭，則云："使君若清蕩此坐，則是唐堯重去四凶，"不以蘇侯爲蘇峻。峻凶逆，不應見祀，論者或以《南史》爲可信。然《齊書》此語，不能杜撰。《南北史》多採異說，其所據依，實較諸官脩之史爲晚。《北史·魏蘭根傳》言常山郡境有董卓祠，《景穆十二王傳》言鄴城有石季龍廟，董卓凶逆，豈減蘇峻？季龍尤異族淫暴之主也，二凶可祀，峻獨不可祀乎？然則《齊書》之說，殆爲不誣。以此推之，蔣子文亦必非正神也。[1]　永初之除房廟，明言"先賢及以勳德立祠者，不在

---

此例"。蔣子文若爲正神，豈應其時亦見除毁邪。或謂蘇侯神在建康，不應在青、冀，《崔祖思傳》所言者，或爲別一蘇侯，此亦不然。《南史·張沖傳》：言東昏遣薛元嗣等援沖，沖卒，與其子孜及程茂等共守，無他經略，惟迎蔣子文及蘇侯神於州聽上祀以求福，則蔣、蘇二神，流播及於荆郢矣。可至荆郢，何不可至青、冀邪？

淫祀所奉，汎然不一。吴興郡有項羽神，俗謂甚靈驗，至於郡聽事安施牀簟爲神坐，大守皆避不敢居，見《宋書·孔季恭》、《齊書·李安民》、《蕭惠基》、《梁書·蕭琛》諸傳。《南史》、《陳本紀》：高祖永定二年，正月，遣策吴興楚王神爲帝，蓋即所謂項羽神也。其見崇奉，亦不在蔣子文下矣。此與董卓、石季龍等，皆擇衆所共知之人而奉之，不計其善惡也。《齊書·周山圖傳》云：義鄉縣長風廟神姓鄧，先爲縣令，死遂發靈，此則所謂名宦之流，亦不必其人之果有功德也。後世所謂城隍神者，亦昉見於此時。《南史·梁武帝諸子傳》，謂邵陵王綸在郢州祭城隍神，將烹牛，有赤蛇遶牛山。《隋書·五行志》以爲武陵土紀之事。《北齊書·慕容儼傳》云：儼在郢城，爲侯瑱、任約所攻，於上流鸚鵡洲上造荻葓竟數里，以塞船路。人信阻絶，城守孤懸，衆情危懼。儼導以忠義，又悦以安之。城中先有神祠一所，俗號城隍神，公私每有祈禱。於是順士卒之心，相率祈請，須臾，衝風歘起，驚濤涌激，漂斷荻葓。約復以鐵鎖連緝，防禦彌切。儼還共祈請。風浪夜驚，復以斷絶。如此者再三。城人大喜，以爲神助。此《傳》言儼戰功，全不足信，然郢城有城隍神祠，儼曾祠之，自不害爲實語也。案隍謂城下池，[①]戰時憑城池以守，故祀其神，後遂以爲地方之神，若人間之有守令矣。《梁書·王神念傳》云：神念性剛正，所更州郡，必禁止淫祠。爲青、冀二州刺史，州東北有石鹿山，臨海，先有神廟。妖巫欺惑百姓，遠近祈禱，糜費極多。神念至，便令毁撤，風俗遂改。而《南史·陰子春傳》言：神念之毁神廟，棟上有一大虵，長丈餘，役夫打撲不禽，得入海水。子春爲朐山戍主、東莞大守。爾夜夢人通名，云有人見苦，破壞宅舍。欽君厚德，欲憩此境。經二日而知之。因辦牲醪請召，安置一處。數日，復夢一朱衣人，相問辭謝，云得君厚惠，當以一州相報。子春心喜，供事彌勤。經月餘，魏欲襲朐山，間諜前知，設伏破之，詔授南青州刺史。此則海濱怪物，廢於彼而興於此矣。要之可以惑衆則藉之，無恒奉也。宋世祖之責百官讜言也，周朗上書曰："凡鬼道惑衆，妖巫破俗，其原本是亂男女，合飲食。因之以禱祝，從之以報請。是亂不除，爲害未息。凡一苑始立，一神初興，淫風輒以之而甚。今脩隄以北，置園百里，峻山以西，居靈十房，糜財敗俗，其可稱限？"飲食男女，人之大欲存焉。凡民之所費誠多，而敢爲矯誣者，則其大欲遂焉矣。

---

① 宗教：城隍初蓋戰時所祀。

世豈有創教傳教之人,而真信教者哉?①

　　然矯誣之徒,亦有實爲救死之計者。《南史·孝義傳》云:諸暨東洿里屠氏女。父失明,母痼疾。親戚相棄,鄉里不容。女移父母,遠住紵舍。晝採樵,夜紡織,以供養。父母俱卒,親營殯葬,負土成墳。忽空中有聲云:"汝至性可重,山神欲相驅使,汝可爲人療病。"女謂是魑魅,弗敢從。遂得病積時。鄰舍人有溪蜮毒者,女試療之,自覺便差。遂以巫道爲人療疾,無不愈。家產日益,鄉里多欲娶之。女以無兄弟,誓守墳墓。爲山劫所殺。此女所爲,謂非矯誣得乎?然得以是爲其罪乎?闢二氏者,恒病其不耕而食,不織而衣。然如此女者,當其困窮之時,則親戚相棄,鄉里不容,及其爲巫而多財,則又欲娶之以爲利。風俗薄惡如此,而以藉矯誣以自活者爲罪,有是理乎?

　　《隋書·地理志》云:揚州"俗重鬼神,好淫祀"。又云:"大抵荆州率敬鬼,尤重祠祀之事。"似淫祀之俗,南方爲甚。然《魏書·肅宗紀》:神龜二年,十二月,嘗詔除淫祀,焚諸雜神,則北方淫祀,亦不少矣。《北齊書·于翼傳》:翼出爲安州總管。時屬大旱,湨水絕流。舊俗每逢亢陽,禱白兆山祈雨。高祖先禁羣祀,山廟已除。翼遣主簿祭之。即日澍雨霑洽。歲遂有年。民庶感之,聚會歌舞,頌翼之德。除之而民猶信之,則有其廢之,必有其舉之者矣。故破除迷信,實非政令所能爲也。

　　巫術所重,祠祀而外,莫如厭詛。元凶劭爲巫蠱,已見第九章第一節。及孝武起兵,劭又迎蔣侯神於宮內,厭祝祈請。竟陵王誕,陳談之上書告之,亦云:其弟詠之,見誕疏孝武年紀、姓諱,往巫鄭師憐家呪詛。廬江王禕,明帝泰始五年下詔,謂其"呪詛禱請,謹事邪巫。常被髮跣足,稽首北極。遂圖畫朕躬,勒以名字。或加之矢刃,或烹之鼎鑊。在江州得一女,云知吉凶,能行厭呪,大設供養,敬事如神。令其呪詛孝武,并及崇憲,祈皇室危弱,統天稱己"。陳長沙王叔堅爲左道厭魅,已見第十五章第二節。《宋書·王悅傳》:悅爲侍中,檢校御府大官、大醫諸署得姦巧甚多。及悅死,衆咸謂諸署呪詛之。明帝乃收典掌者十餘人,桎梏,云送淮陰,密令渡瓜步江投之中流。呪詛未必能殺人,怨姦巧之見發而爲呪詛,則罪有可誅,明帝處諸典掌者雖云非法,然諸人若果爲呪詛,亦自有取禍之道也。司馬休之降虜,孫彌陁,選尚臨淮公主。彌陁先娶竇瑾女,與瑾并坐呪詛伏誅。事見《魏書·休之傳》,亦見《瑾傳》。北齊河間王孝琬怨執政,爲草人而射之,和士開、祖珽譖其爲草人乃以擬武成,已見第十

────────────

① 宗教:無創教傳教之人,信教者,然矯誣者不必可罪。

四章第三節。《魏書·刑罰志》：神䴥中，崔浩定律令，爲蠱毒者，男女皆斬而焚其家。巫蠱者負殺羊，抱犬，沈諸淵。《高祖紀》：承明九年，正月，詔："諸巫覡假稱神鬼，妄説吉凶，及委巷諸卜，非墳典所載者，嚴加禁斷。"可見北方巫術之盛矣。厭勝之術，并有施諸死人者。賈后之殺武悼后也，妖巫謂后必訴冤先帝，乃覆而殯之，施諸厭劾符書、藥物。慕容儁夜夢石季龍齧其臂。寤而惡之，命發其墓，剖棺出尸，數其殘酷之罪，棄於漳水。姚萇以符登頻戰勝，亦於軍中立符堅神主而請之。及敗符師奴，禽梁犢，乃掘堅尸，鞭撻無數，裸剥衣裳，薦之以棘，坎土而埋之。侯景之葬梁武帝，使衛士以大釘於要地釘之，欲令後世絶滅。北齊孝昭不豫，見文宣爲祟，厭勝之術備設，《北齊書·廢帝紀》及《孝昭紀》。參看第十四章第三節。皆是物也。

行序之説，本謂治法當隨時變易，後乃流爲空談，入於迷信，已見《先秦史》第十五章第二節，《秦漢史》第二十章第三節。魏、晉已後，雖迷信已澹，而此故事仍存。晉武帝泰始元年，有司奏晉行尚金。《宋書·曆志》。劉曜、石勒，皆承金爲水德。皆見《載記》。慕容儁僭位，羣下言承黑精之君，代金行之後，從之。《韓恒傳》云：附《儁載記》後。將定行次，衆論紛紜，恒時疾在龍城，儁召恒決之。未至，羣臣議以燕承晉爲水德。恒至，言於儁曰："趙有中原，非惟人事，天所命也。且燕王迹始震。於《易》，震爲青龍，受命之初，有龍見於都邑。龍爲木德，幽契之符也。"儁初雖難改，後終從恒議，《慕容暐載記》云：郭欽奏議，以暐承石季龍爲木德，暐從之。則《儁載記》所謂後從韓恒之議者，實暐時事也。《姚萇載記》：萇僭位，自謂以火德承苻氏木行。案《苻堅載記》云：大元七年，堅謀入寇。初堅即僭位，新平王彫，陳説圖讖。堅大悦，以彫爲大史令。嘗言於堅曰："謹按讖云：古月之末亂中州，洪水大起健西流，惟有雄子定八州，此即三祖陛下之聖諱也。又曰：當有草付臣又土，滅東燕，破白虜，氐在中，華在表。按圖讖之文，陛下當滅燕平六州。願徙汧、隴諸氐於京師，三秦大户，置於邊地，以應圖讖之言。"堅訪王猛，猛以彫爲左道惑衆，勸堅誅之。彫臨刑上疏曰："臣以趙建武四年，從京兆劉湛學。明於圖記，謂臣曰：新平地古顓頊之虚，里名曰雞閭。此里應出帝王寶器，其名曰延壽寶鼎。顓頊有云：河上先生爲吾隱之於西北，吾之孫有草付臣又土應之。湛又云：吾嘗齋於室，中夜，有流星大如半月，落於此地，斯蓋是乎？願陛下誌之。平七州之後，出於壬午之年。"至是而新平人得之，以獻。堅以彫言有徵，追贈光禄大夫。分氐户，留鮮卑，當時蓋有深意，説見第六章第七節。彫在當時，蓋因違是策而見誅，既而造作妖言，則又託諸已受誅之人，以見其可信也。則堅實自以爲顓頊後。顓頊，必從相勝之説，乃得爲木德，見《秦

漢史）。豈堅時嘗行其説，萇乃又以相生之説承之歟？《魏書·禮志》云：大祖天興元年，定都平城，即皇帝位。詔有司定行次。[①]羣臣奏以國家繼黄帝之後，宜爲土德。故神獸如牛，牛土畜，又黄星顯曜，其符也。於是始從土德，數用五，服尚黄。亦見《本紀》。此時之拓跋氏，實受封於西燕，説見第六章第七節，豈亦從相勝之説，而以土承燕之水歟？參看第三章第八節。孝文大和十四年，八月，詔議國之行次。《本紀》。《禮志》載中書監高閭議，謂："居尊據極，允膺明命者，莫不以中原爲正統，神州爲帝宅。五德之論，始自漢劉。一時之議，三家致别：以爲水德者，以嘗有水溢之應，不推運代相承之數。以爲土德者，以亡秦繼歷相即爲次，不推逆順之異。以爲火德者，縣證赤帝斬虵之符，越惡承善，不以世次爲正。自兹厥後，乃以爲常。魏承漢，火生土，故魏爲土德。晉承魏，土生金，故晉爲金德。趙承晉金生水，故趙爲水德。燕承趙，水生木，故燕爲木德。秦承燕，木生火故秦爲火德。此説與《晉書·姚萇載記》不合，蓋憑億爲説，不依據故事也。秦之未滅，皇魏未克神州，秦氏既亡，大魏稱制河朔。故平文之廟，始稱大祖。以明受命之證，如周在岐之陽。若繼晉，晉亡已久，若承秦，則中原有寄。又五緯表驗，黄星曜采。考氏定實，合德軒轅。承土祖木，事爲著矣。秦、趙及燕，雖非明聖，各正號赤縣，統有中土。非若邊方僭擬之屬；遠如孫權、劉備，近若劉裕、道成，事繫蠻夷，非關中夏。臣愚以爲宜從尚黄，定爲土德。"案魏亦五胡之一，若挑後趙、燕、秦，試問自居何等？韓恒、高閭，蓋欲避内華外夷之嫌，故爲此認賊作子之説。然孝文之意，有異於是，閭亦未嘗不窺知之，故又請"集中祕羣儒，人人别議，擇其所長"也。於是祕書丞李彪、著作郎崔光議，謂："魏雖祖黄制朔，縣迹有因，然此帝業，神元爲首。司馬祚終於郊廓，而元氏受命於雲代。自周之滅，及漢正號，幾六十年，自有晉傾淪，暨登國肇號，亦六十餘載。物色旗幟，率多從黑。是又自然合應，玄同漢始。且秦并天下，革創法度，漢承其制，少所變易，猶仰推五運，竟踵隆姬，而況劉、石、苻、燕，世業促褊，綱紀弗立，魏接其弊，自有彝典？豈可異漢之承木，捨晉而爲土邪？"詔命羣官議之。十五年，正月，司空穆亮等言：欲從彪等所議。詔可。《紀》在十六年正月壬戌。居然自附於華夏矣。周孝閔帝之立，百官奏議，以木承水，制可，見《周書·本紀》。

　　五德之説，明出學者推論，乃《宋書·曆志》曰："鄒衍生在周時，不容不知周之行運。張蒼雖是漢臣，生與周接，司秦柱下，備覩圖書。秦雖滅學，不廢

---

術數,則有周遺文,雖不畢在,據漢水行,事非虛作。然則相勝之義,於事爲長。"竟以行序之說爲古來實事,誤矣。又云:"漢高斷虵,而神母夜哭,云赤帝子殺白帝子,然則漢非火而何?斯又不然。漢若爲火,則當云赤帝,不宜云赤帝子也。白帝子又何義況乎?蓋由漢是土德,土生乎火,①秦是水德,水生乎金,斯則漢以土德爲赤帝子,秦以水德爲白帝子也。"立說雖巧,終近鑿孔。

　　圖讖之作,本由後漢君臣之矯誣,而儒者因之以阿世,自炎祚云亡,而其學漸微,其書亦寖闕佚矣。②《晉書·索靖傳》,言其兼通内緯,此尚是後漢經生之遺風。《魏書·高崇傳》:子謙之,圖緯之書,多所該涉。《周書·陸騰傳》:父旭,好緯候之學。此等皆是術數之家,與經學無涉。儒林傳中人兼治圖緯者,不過取證經說,所重者緯而非讖。藝術傳中人,則取證術數,而或流於妖妄矣。要之圖緯非復顯學也。乃如《魏書·燕鳳傳》云:明習陰陽讖緯,《許謙傳》云:善天文圖讖,則恐魏人欲以妖妄之說託之,乃妄言其善是耳。東渡之初,戴邈疏請興學,有曰:"圖讖無復孑遺於世,"可見其書之存者已不多也。見《宋書·禮志》。然握有政權者,其矯誣如故。《齊書·高帝紀》云:"上姓名骨體,及期運曆數,并遠應圖讖,數十百條,歷代所未有。臣下撰録,上抑而不宣,盛矣。"《祥瑞志》云:"齊氏受命,事殷前典。黃門郎蘇侃撰《聖皇瑞應記》。永明中,庾溫撰《瑞應圖》。其餘衆品,史注所載。今詳録去取,以爲《志》云。"《紀》所謂抑而弗宣者,即是物也。《芮芮虜傳》云:宋世,其國相希利垔解星算數術,通胡、漢語。嘗言:"南方當有姓名齊者,其人當興。"又云:國相邢基祇羅迴奉表曰:"京房讖云:卯金十六,草肅應王。歷觀圖緯,休徵非一,皆云慶鍾蕭氏,代宋者齊。"造妖言而託諸外夷,可謂匪夷所思矣。梁武佳人,然亦未能免俗。《梁書·本紀》云:禪讓時,大史令蔣道秀陳天文符讖六十四條。《沈約傳》:約謂高祖曰:"讖云:行中水,作天子。"《處士傳》:陶弘景問議禪代,援引圖讖,數處皆成梁字,令弟子進之。其矯誣如此。蓋宋、齊、梁、陳四代之興,宋、陳皆有外攘之功,齊、梁更多慙德,故其矯誣尤甚也。《晉書·石季龍載記》:季龍以讖文天子當從東北來,備法駕自信都而還以應之。又以讖文言滅石者陵,而石閔徙封蘭陵公,惡之,改蘭陵爲武興郡。此說蓋閔所造作。《藝術傳》:黃泓,父沈,善天文祕術,泓從父受業。永嘉之亂,與渤海高瞻避地幽州,說瞻曰:"讖言真人出東北。"瞻不從。泓乃率宗族歸慕容廆。《苻洪載記》:洪以讖文有草付應王,又其孫堅背有草付字,遂改姓苻氏。此說蓋堅所造作,苻洪時尚未有也。苻實舊氏,見第五章第三節。又云:王墮明天文圖緯,洪征梁犢,以墮爲司馬。謂洪曰:"讖言苻氏應王,公其人也。"

―――――――――

①　宗教:《宋書·曆志》,以漢爲土德,釋赤帝子白帝子之穿鑿。
②　宗教:圖讖,魏晉非復顯學,且其書多不存,然纂者偽造。

《苻生載記》：健以讖言三羊五眼應符，故立爲大子。《苻堅載記》：姚萇求傳國璽於堅，堅瞋目叱之曰："圖緯符命，何所依據？五胡次序，無汝羌名。違天不祥，其能久乎？"《苻登載記》：馮翊郭質，起兵廣鄉以應登。宣檄三輔曰："姚萇窮凶餘害，毒被人神，於圖讖曆數，萬無一分。"《姚興載記》：興以司馬休之爲鎮南將軍揚州刺史。休之將行，侍御史唐盛言於興曰："符命所記，司馬氏應復河、洛。休之既得濯鱗南翔，恐非復池中之物。"興曰："脫如所記，留之適足爲患。"遣之。觀下引《南史》，魯宗之亦爲讖，此説恐又休之所造作。《慕容垂載記》：垂少好畋游，因獵墜馬，折齒。慕容儁僭即王位，改命䴥。本名霸。外以慕郤䴥爲名，内實惡而改之。尋以讖記之文，乃去夬，以垂爲名焉。堅之敗於淮南也，垂軍獨全。堅以千餘騎奔垂。垂世子寶言於垂曰："家國傾喪，皇綱廢弛。至尊明命，著之圖錄，當隆中興之業，建少康之功。"《慕容德載記》：劉藻自姚興至。大史令高魯，遣其甥王景暉隨藻送玉璽一紐，并圖讖祕文，曰："有德者昌，無德者亡。應受天命，柔而復剛。"又有謠曰："大風蓬勃揚塵埃，八井三刀卒起來，四海鼎沸中山頹。惟有德人據三臺。"羣臣因勸德即尊號。時以慕容寶尚存，未遽聽。《魏書·竇李雄傳》：譙周著讖曰："廣漢城北有大賊，曰流特；攻難得。歲在玄宫自相克。"卒如其言。《大宗紀》：泰常五年，五月，詔曰："宣武皇帝，體道得一，大行大名，未盡美，非所以光揚洪烈，垂之無窮也。今因啓緯圖，始覿尊號。天人之意，焕然著明。其改宣曰道，更上尊謚曰道武皇帝，以彰靈命之先啓，聖德之玄同。告祀郊廟，宣於八表。"《靈徵志》云：大祖真君五年，二月，張掖郡上言①："往曹氏之世，丘池縣大柳谷山石表龍馬之形，石馬脊文曰大討曹，而晉氏代魏。今石文記國家祖宗諱，著受命之符。"乃遣使圖寫其文。大石有五，皆青質白章，間成文字。其二石記張、吕之前已然之效，其三石記國家祖宗以至於今。其文記昭成皇帝諱，繼世四六天法平，天下大安，凡十四字。次記大祖道武皇帝諱，應王載記千歲，凡七字。次記大宗明元皇帝諱，長子二百二十年，凡八字。次記大平天王繼世主治，凡八字。次記皇大子諱，昌封泰山，凡五字。初上封大平王，天文圖録，又授大平真君之號，與石文相應。大宗名諱之後，有一人像，攜一小兒。見者皆曰："上愛皇孫，提攜卧起，不離左右，此即上像。"靈契真天授也。於是羣臣參議："宜以石文之徵，宣告四海，令方外僭竊，知天命有歸。"制可如所奏。《衛操傳》云：桓帝崩後，操立碑於大邗城南，以頌功德，云魏軒轅之苗裔。皇興初，雍州別駕雁門段榮於

---

① 民族：魏造張掖郡石文。

大邙掘得此碑。此更可謂極矯誣之致矣。造作妖妄，乃爲夷狄竊以爲資，豈不哀哉？然《道武七王傳》：陽平王熙之玄孫禹，頗好内學。每云晉地有福。孝昌末，遂詣尒朱榮。《北齊書·元坦傳》：坦，魏咸陽王禧之子，事亦見《北史·魏獻文六王傳》。子世寶，與通直散騎侍郎彭貴平因酒醉誹謗，妄説圖讖，有司奏當死。詔并宥之。坦配北營州，死配所。然則夷狄效中國而爲矯誣，亦適足啓分崩離析之端，而速其自弊耳。豈不哀哉？北齊文宣之篡也，徐之才、宋景業亦以讖爲言。見《之才》及《高德政傳》。武成禪位後主，則祖珽引《元命苞》以説，亦一丘之貉耳。

　　成則爲王，敗則爲寇，其實一也。秉政者既以此自張矣，睍而思奪之者，安得不競相放效？《南史·宋武帝紀》：魯宗之爲讖曰：“魚登日，輔帝室。”此彊臣之造讖也。《范曄傳》：孔熙先使婢隨法静尼南上見胡道世，付以牋書，陳説圖讖。其説徐湛之，則謂讖緯天文，并有徵驗。《顔竣傳》：竣爲世祖主簿，有沙門釋僧舍謂曰：“貧道嘗見讖記，當有真人應符，名諱次第，屬在殿下。”《文五王傳》：孝武使有司奏竟陵王誕，謂其徵引巫史，潛考圖緯。此宗戚之造讖也。《晉書·張軌傳》：晉昌張越，涼州大族，讖言張氏霸涼，自以才力應之，陰圖代軌。《魏書·傅豎眼傳》：祖父融，有三子：靈慶、靈根、靈越、并有才力。融以此自負。嘗密謂鄉人曰：“汝聞之不？鬲蟲之子有三靈，此圖讖之文也。”好事者然之。故豪勇之士，多相歸附。此豪右之造讖也。《晉書·石季龍載記》：貝丘人李弘，因衆心之怨，自言姓名應讖，遂連結姦黨，署置百寮。事發誅之。連坐者數百家。《魏書·大宗紀》：泰常元年，三月，常山民霍季，自言名載圖讖。持一黑石，以爲天賜玉印。聚黨入山爲盜。州郡捕斬之。《術藝傳》：劉靈助妄説圖讖，言劉氏當王。則凡思蠢動者，無不以讖爲資矣，此其所以終遭禁斷歟？

　　《隋書·經籍志》曰：“《易》曰：河出圖，洛出書，然則聖人之受命也，必因積德累業，豐功厚利，誠著天地，澤被生人。萬物之所歸往，神明之所福饗，則有天命之應。蓋龜、龍衔負，出於河、洛，以紀易代之徵。其理幽昧，究極神道。先王恐其惑人，祕而不傳。説者又云：孔子既叙六經，以明天人之道，知後世不能稽同其意，故别立緯及讖，以遺末世。”觀此，知當時所謂讖者，實有二科：一猶借重經義，與緯相雜，一則純爲妖言矣。抑讖本民間之物，與學術并無關係，自攘竊者競事造作，以古者政事與天道，關係極密，而天文之學，遂爲其所取資，乃亦隨之而遭禁斷焉。魏書武之狂惑也，史言其慮如天文之占，因此大肆殺戮。道武是時，固病狂易，然以天文之占爲慮，亦非虚語。《北史·魏宗室傳》云：天賜六年，天文多變，

占者云：當有逆臣，伏尸流血。帝惡之。頗殺公卿，欲以厭當天災，秦王翰之子儀，內不自安，單騎遁走，帝使人追執之，遂賜死，其一徵也。《北齊書‧神武帝紀》：武定五年，正月朔，日食。神武曰："日食其爲我邪？死亦何恨。"《北史‧后妃傳》：宣武皇后高氏，天文有變，靈大后欲以當禍，暴崩。《北齊書‧孝昭六王傳》：河清三年，五月，白虹圍日再重，又橫貫而不達，赤星見，武成以盆水盛星影而蓋之，一夜，盆自破。欲以百年厭之，遂斬之。不肯信福善禍淫之説，而又慌慌於變異如此，皆利害之見大切爲之也。《齊書‧天文志》云："今所記三辰、七曜之變，起建元迄於隆昌。建武世，大史奏事，明帝不欲使天變外傳，并祕而不書，自此闕焉。"《河南傳》：拾寅子易度侯好星文，嘗求星書，朝議不給。畏忌如此，天文之學，安得不遭禁斷？《隋志》云："宋大明中，始禁圖讖。天監已後，又重其制。及高祖受禪，禁之愈切。煬帝即位，乃發使四出，搜天下書籍與讖緯相涉者皆焚之。[①] 爲吏所糾者至死。自是無復其學。祕府之內，亦多散亡。"書籍之佚，實由喪亂弘多，印刷之術未興，流傳之本大少，與政令禁毀，關係實微。秦不禁醫藥卜筮種樹之書，而其傳於後者，亦不多於詩書百家語，即其明證。然昔時皇室，究爲一大書府，至中祕所藏散亡，而其湮没愈易矣。讖雖妖妄緯亦僞作，然其中究有漢人經説存焉，蘭艾同焚亦可惜也。天文圖讖之禁，初非僅如《隋志》所云。《晉書‧武帝紀》泰始三年，十二月，禁星氣讖緯之學。《南史‧隱逸阮孝緒傳》言：齊武帝禁畜讖緯。《晉書‧石季龍載記》：季龍禁郡國不得私學星讖，敢有犯者誅。《苻堅載記》：堅亦嘗禁老莊、圖讖之學。魏大武之滅佛，并禁師巫、讖記，事見下節。高祖承明九年之詔，<sub>見上。</sub>亦曰："圖讖之興，起於三季。既非經國之典，徒爲妖邪所憑。自今圖讖、祕緯，及名爲《孔子閉房記》者，一皆焚之。留者以大辟論。"《世宗紀》：永平四年，五月，詔禁天文之學。《肅宗紀》：熙平二年，五月，重申天文之禁，犯者皆大辟論。皆其事也。《劉潔傳》：潔使右丞張嵩求圖讖，問："劉氏應王，繼國家後，我審有姓名否？"嵩對曰："有姓而無名。"窮治款引。搜嵩家，果得讖書。潔及嵩等皆夷三族。潔事見第八章第三節，其死實别有原因。尋求圖讖，蓋忌潔者以此陷之，然可見讖書之易以陷人矣。《北史‧藝術傳》：庾季才，宇文護執政，問以天道徵祥，對曰："上台有變，不利宰輔，公宜歸政天子，請老私門。"及護夷滅，閲其書記，有假託符命，妄造異端者皆誅。惟得季才兩紙，盛言緯候，宜免政歸權。周武帝謂斛斯徵曰："季才甚得人臣之禮。"因賜粟帛。此雖意外獲福，其所乘亦危道也。是以通其説者皆兢兢焉。齊武帝之禁畜讖緯也，阮孝緒兼有其書，<sub>云兼有，可見是時讖緯有别。</sub>或勸藏之。答曰："昔劉德重《淮南祕要》，適爲更生之禍。杜瓊所謂不如不知，此言美矣。"客有求之。答曰："己所不欲，豈可嫁

---

禍於人?"乃焚之。《魏書·高允傳》:允雖明於曆數,初不推步,有所論説。惟游雅數以災異問矣。允曰:"昔人有言:知之甚難,既知復恐漏泄,不如不知也。"《北齊書·儒林傳》:權會,妙識玄象。至於私室,輒不及言。學徒有請問者,終無所説。每云:"此學可知不可言。諸君并貴游子弟,不由此進,何煩問也? 今惟有一子,亦不以此術教之。"治其學者之畏慎如此,宜其學之易於失傳矣。

有意造作之讖,頗類謠辭,蓋取其簡而有韻,爲衆所易傳、易記也。讖多近鄙俗字亦以此,若其爾雅深厚,即爲衆所不能解矣。謠辭亦有造作者。《宋書·王景文傳》云:明帝以景文外戚貴盛,張永累經軍旅,疑其將來難信,乃自爲謠言曰:"一士不可親,弓長射殺人。"《南史·文學傳》云:袁粲、王蘊雖敗,沈攸之尚存,卞彬意高帝事無所成,乃謂帝曰:"比聞謠云:可憐可念尸著服,孝子不在日代哭,列管暫鳴死滅族,公頗聞不?"時蘊居父憂,與粲同死,故云尸著服。孝子不在日代哭者,褚字。彬謂沈攸之得志,褚彦回當敗,故言哭也。列管,謂蕭也。高帝不悦。及彬退,曰:"彬自作此。"《北史·韋孝寬傳》云:孝寬參軍曲巖,頗知卜筮。謂孝寬曰:"來年東朝必大相殺戮。"孝寬因令巖作謠歌曰:"百升飛上天,明月照長安。"百升,斛也。又言"高山不摧自崩,槲樹不扶自豎。"令諜人多齎此文,送之於鄴。祖孝徵聞之,更潤色之,斛律明月竟以此誅。此等果如史説以否,雖不可知,然必時有造作謠辭之事,乃有此傳説也。吳人因童謠叛晉,已見第三章第九節。《晉書·五行志》又云:孫皓天紀中,童謠曰:"阿童復阿童,銜刀浮渡江。不畏岸上獸,當作虎,唐人避諱之字。但畏水中龍。"武帝聞之,加王濬龍驤將軍。又云:司馬越還洛,有童謠曰:"洛中大鼠長尺二,若不早去大狗至。"及苟晞將破汲桑,又謠曰:"元超兄弟大落度,上桑打椹爲苟作。"由是越惡晞,奪其兗州,隙難遂搆焉。《南史·賊臣傳》云:大同中,童謠曰:"青絲白馬壽陽來。"景渦陽之敗,求錦,朝廷給以青布,及舉兵,皆用爲袍,采色尚青,景乘白馬,青絲爲轡,欲以應謠。此等看似先有謠而後以事應之,又安知非欲作其事者,有意造爲謠言邪?《晉書·愍帝紀》云:初有童謠曰:"天子何在豆田中。"時王浚在幽州,以豆有藿,殺隱士霍原而應之。及帝如劉曜營,營實在城東豆田壁。《原傳》云:王浚稱制,謀僭,使人問之,原不答,浚心銜之。又有遼東囚徒三百餘人,依山爲賊,意欲劫原爲主,事亦未行。時有謠曰:"天子在何許? 近在豆田中。"浚以豆爲霍,收原斬之。《浚傳》曰:燕國霍原,北州名賢。浚以僭位示之,原不答,浚遂害之。浚謀僭位説不足信,已見第四章第二節。原雖列《隱逸傳》,實非恬退之人。《李重傳》云:遷尚書吏

部，留心隱逸，拔用燕國霍原等爲祕書郎及諸王文學，故海内莫不歸心，則原嘗一出仕。此事《原傳》未載。其見殺未知何由，然以風謠爲其藉端，則必不誣矣。生於其心，未有不害於其政者也。詩者，民幽約怨悱不能自言之情。作之一夫，播之衆口，民情大可見焉，故古有採詩之官。漢世刺舉，猶重風謠以此，造讖者必放謠辭亦以此。乃讟張者，遂因之而私造作焉。人心之變幻，誠不可測度矣。

龜卜之術，隨世益微，①諸言卜者，實多指筮。《北齊書·清河王岳傳》云：初岳家於洛邑，高祖每奉使入洛，必止於岳舍。岳母山氏夜起，見高祖室中有光，怪其神異，詣卜者筮之，遇《乾》之《大有》，即其一事也。《南史·梁元帝紀》云：魏師至柵下，有然星墜城中，帝援著筮之。卦成，取龜式驗之。因抵於城，曰："吾若死此下，豈非命乎？"筮而取驗龜式，似二者已可相通。豈莫能灼龜，乃以其繇供筮者之參證邪？《魏書·景穆十二王傳》：高祖詔大常卿王諶親命龜卜，易筮南伐之事，其兆遇《革》。雖并言卜，《革》亦《周易》卦名。《齊書·荀伯玉傳》云：大祖爲明帝所疑，徵爲黃門郎。伯玉勸遣騎入虜界，於是虜騎數百，履行界上。大祖以聞。猶懼不得留，令伯玉卜。《南史》作占。伯玉斷卦不成行。詳見第九章第八節。此所云卦，恐亦指《易》。《隋書·經籍志》有《龜決》一卷，葛洪撰，洪多爲言藝術者所依託，不必可信。《北史·文苑傳》云：明克讓龜策、曆象，咸得其要，恐亦泛辭。《王世充傳》云：曉龜策，世充多詐，其說更不必實也。《齊本紀》云：文宣謀篡位，使李密卜之，遇《大横》，曰："大吉，漢文帝之封也。"似係龜卜。然此文《北齊書》無之，文宣之篡，與漢文之立，事亦不倫，或出附會。惟《齊書·柳世隆傳》言其善卜，別龜甲價至一萬，著《龜經祕要》二卷行於世，《南史》又言其子惲著《十杖龜經》，則必係龜卜之術耳。

筮術則似極盛。豈由其時，談玄之家，争重《周易》，而占者亦受其賜歟？《晉書·郭璞傳》言：璞撰前後筮驗六十餘事。又抄京、費諸家要最。更撰《新林》十篇，《卜韻》一篇。璞爲術數之家，諸書當非依託。其時言筮驗者，多誕謾不可信之辭，如陶焻是也。見第二十章第五節。此等誕謾之辭，而亦託諸筮，可見筮爲人人之所知矣。《宋書·王微傳》云：大祖以其善卜，賜以名著。明帝以卜筮最吉，爲後廢帝立江皇后，見第九章第六節。又帝諸子在孕，皆以《周易》筮之，即以所得之卦爲小字，見《後廢帝紀》。《齊書·劉休傳》云：泰始初，諸州反，休筮明帝當勝，静處不與異謀。又云：後宫孕者，帝使筮其男女，無不如占。《晉書·苻健載記》云：杜洪盡關中之衆來距，健筮之，遇《泰》之《臨》。《北史·許彦傳》云：從沙

---

門法叡受《易》,大武徵令卜筮,頻驗,遂使左右,參與謀議,而齊神武館客如王春、趙輔和等,亦以善筮稱。見《北史·藝術傳》。皆王公大人之信筮者也。筮家亦分二派:一如吳遵等別有占書,亦見《北史·藝術傳》。蓋有專門傳授,一如權會,但用爻辭、彖、象辨吉凶,《易占》之屬,都不經口,《北齊書·儒林傳》。則儒者之業耳。魏樂平王及董道秀之死也,見第八章第二節。高允著《筮論》,曰:"道秀若推六爻以對曰:《易》稱亢龍有悔,窮高曰亢,高而無民,不爲善也,則上寧於王,下保於己,福禄方至,豈有禍哉? 今捨本而從其末,咎釁之至,不亦宜乎?"此則王公大人因信筮而取禍者也。

　　荀伯玉嘗隸子勛將孫沖,事敗還都,以賣卜自業。王叡父橋,解天文、卜筮,涼州平入京,以術自給。《魏書·恩幸傳》。吉士瞻年踰四十,忽忽不得志,乃就江陵卜者王先生計禄命。《南史》本傳。此等皆民間之賣卜者也。

　　望氣之術,亦塵有存者。《晉書·隱逸傳》:魯勝,嘗歲日望氣,知將來多故,便稱疾去官。《藝術傳》,臺産,善望氣之術。蓋尚真有所受? 然矯誣者極多。《齊書·祥瑞志》云:元徽四年,大祖從南郊,望氣者陳安寶見其身上黃紫氣屬天,此固顯然出於造作。《宋書·袁粲傳》云:順帝即位,使粲鎮石頭,有周旋人解望氣,謂粲:"石頭氣甚乖,往必有禍。"亦安知非高祖之徒所造作邪?《南史·后妃傳》云:梁武帝鎮樊城,嘗登樓以望,見漢濱五采如龍,下有女子擘絖,則丁貴嬪也。造作讕言而及於嬪御,可謂善於矯誣矣。北齊孝昭以望氣者云鄴城有天子氣而殺濟南,已見第十四章第三節。事亦見《北齊書·上洛王思宗傳》,云大史奏言鄴城有天子氣。望氣蓋兵家所重? 故《隋志》所載,兵家多有其書。《南史·梁宗室傳》言:元英謂望氣者言九月賊退,至九月而洛口軍果潰,可見軍中甚重此術也。

　　占夢之術蓋微? 然仍有藉夢徵以惑人者。《南史·張敬兒傳》云:性好卜術,信夢尤甚。初征荆州,每見諸將帥,不遑有餘計,惟叙夢,云:"未貴時,夢居村中,社樹忽高數十丈,及在雍州,又夢社樹直上至天。"以此誘說部曲,自云貴不可言。其妻尚氏,亦曰:"吾昔夢一手熱如火,而君得南陽郡,元徽中夢一髀熱如火,君得本州,建元中夢半體熱,尋得開府,今復舉體熱矣。"敬兒亦以告所親,言其妻初夢、次夢,今舉體熱矣。其鄙倍真可發一噱。然亦有真信其事者。《晉書·劉曜載記》云:曜夢三人,金面丹脣,東向逡巡,不言而退,曜拜而履其迹。旦召公卿已下議之。朝臣咸賀,以爲吉祥。惟大史令任義進曰:"秦兵必暴起,亡主喪師,留敗趙地。遠至三年,近至七日。"曜大懼,於是躬親二郊,飾繕神祠,望秩山川,靡不周及。大赦殊死已下。復百姓租税之半。義之占夢,不知所操爲何術? 然曜因此而恐懼脩省,則事必不誣,蓋胡人

無識，又禍福之念大切，故不覺爲所動也。

相術在諸術數中，可謂最有徵驗，故士大夫信者較多。《晉書·趙至傳》：嵇康謂至曰："卿頭小而銳，童子白黑分明，有白起之風矣。"《南史·庾杲之傳》：從子夐，少聰慧。家富於財。好賓客，食必列鼎。又狀貌豐美，頤頰開張。人皆謂必爲方伯，無餒乏之慮。及魏克江陵，卒至餓死。時又有水軍都督褚蘿。面甚尖危，有從理入口，竟保衣食而終。爲此説者，皆知前世行事者也。術家自炫，亦多依附舊聞。《陳書·章昭達傳》：少時嘗遇相者，謂曰："卿容貌甚善，須小虧損，則當富貴。"梁大同中，爲東宮直後，因醉墜馬，鬢角小傷，昭達喜之。相者曰："未也。"及侯景之亂，率募鄉人援臺，爲流矢所中，眇其一目。相者見之，曰："卿相善矣，不久當貴。"此放英布當黥而王之説也。《南史·梁元帝紀》云：初從劉景受相術，因訊以年，答曰："未至五十，當有小厄。"此放高元吕相魏文帝之事也。見《秦漢史》第二十章第二節。亦與委巷之言不同。然亦多惑人之談。《晉書·周訪傳》云：訪少時，遇善相者廬江陳訓，謂訪與陶侃曰："二君皆位至方嶽，功名略同，但陶得上壽，周得下壽，優劣更由此耳。"《宋書·武帝紀》：與何無忌等同建大謀。有善相者，相高祖及無忌等，并當大貴，其應甚近。惟云檀憑之無相。《沈攸之傳》云：與吳郡孫超之、全景文共乘小船出京都。三人共上引埭。有一人止而相之，曰："君三人皆當至方伯。"其後攸之爲郢、荆二州，超之廣州，景文豫州刺史。亦見《齊書·吕安國傳》。觀其所傳事極相類，便知其造作無實矣。《齊書·江祏傳》云：新立海陵，人情未服。高宗胛上有赤誌，常祕不傳。祏勸帝出以示人。晉壽大守王洪範罷任還，上袒示之，曰："人皆謂此是日月相，卿幸無泄言。"洪範曰："公日月之相在軀，如何可隱？轉當言之公卿。"上大悦。《蕭諶傳》云：諶好左道。吳興沈文猷相諶云：相不減高宗。諶喜曰："感卿意，無爲人言也。"諶被殺，文猷亦伏誅。王晏之死，以數呼相工自視，云當大貴。武陵王曅，巫覡言有非常之相，以此自負，武帝聞之，故無寵。此皆以相惑人，有所覬覦者，其事無足深論。《南史·江祏傳》云：魏軍南伐，齊明帝欲以劉暄爲雍州，暄時方希内職，不願遠役，投於祏。祏謂帝曰："昔人相暄，得一州便躓，今爲雍州，儻相中乎？"上默然。俄召梁武帝。果如所言，則真溺虛辭而受實禍矣。

論相以骨法爲主。蓋因人之肌肉，時有消長，故非骨骼變則相不能變。《南史·吕僧珍傳》云："一夜忽頭痛壯熱，及明而顙骨益大，其骨法蓋有異焉。"以此也。故世有所謂摸骨相者。①《北齊書·神武紀》：劉貴嘗得一白

---

鷹，與神武及尉景、蔡儁、司馬子如、賈顯智等獵於沃野。見一赤兔，每搏輒逸。遂至迴澤。澤中有茅屋，將奔入，有狗自屋中出噬之，鷹兔俱死。神武怒，以鳴鏑射之。狗斃。屋中有二人出，持神武襟甚急。其母兩目盲，曳杖呵其二子曰：“何故觸大家？”出甕中酒烹羊以飯客。因自言善暗相。徧捫諸人皆貴，而指麾俱由神武。又曰：“子如歷位，顯智不善終。”飯竟出。行數里，還更訪之，則本無人居。乃向非人也。此所託者，即世所謂摸骨相也。《方技傳》云：皇甫玉善相人。顯祖試玉相術，故以帛巾袜其額，而使歷摸諸人，所操蓋即是術。又云：世宗時，有吳士雙，盲而妙於聲相，[1]蓋亦暗相之一術也。

　　《晉書·王祥傳》云：初呂虔有佩刀，工相之，以爲必登三公，可服此刀。虔謂祥曰：“苟非其人，刀或爲害。卿有公輔之量，故以相與。”祥固辭，彊之乃受。臨薨，以刀授弟覽，曰：“汝後必興，足稱此刀。”覽後奕世多賢才，興於江左矣。《南史·孝義傳》云：庾道愍尤精相版。宋明帝時，山陽王休祐屢以言語忤顏。見道愍，託以己版爲他物，令占之。道愍曰：“此乃甚貴，然使人多恣。”休祐以褚彦回詳密，求換其版。他日，彦回侍帝，自稱下官。帝多忌，甚不悦。休祐具言狀。帝乃意解。《恩幸傳》云：綦母珍之在西州時，有一手版，相者云當貴。每以此言動帝。鬱林王。又圖黃門郎。帝嘗問之曰：“西州手版何在？”珍之曰：“此是黃門郎手版，官何須問？”帝大笑。此皆謂物能爲禍福於人。《梁書·玉瑩傳》：遷左光禄大夫、開府儀同三司、丹陽尹。將拜，印工鑄其印，六鑄而龜六毁。既成，頸空不實，補而用之。居職六日，暴疾卒。此則謂人之禍福，物能示之先兆。皆古相器物之術也。相家著述：《北史·藝術傳》：來和著《相經》三十卷。蕭吉著《相經要録》一卷。又有《相手版要訣》一卷。《隋書·經籍志》，亦有《相手版經》六卷。又有梁《相手版經》、《受版圖》、《韋氏相版法指略鈔》、《魏征東將軍程申伯相印法》各一卷，亡。

　　今俗推命之説，[2]似起於南北朝時。吉士瞻就日者推禄命，已見前。此不知其所用爲何術。《北史·孫紹傳》：與百寮赴朝，東掖未開，守門候旦。紹於衆中引吏部郎中辛雄於外，竊謂曰：“此中諸人，尋當死盡。惟吾與卿，猶享富貴。”未幾，有河陰之難。紹善推禄命，事驗甚多，知者異之。朝者甚多，紹必不能一一推其命造，此亦未知其所用者爲何術。若《北齊書·方技傳》云：魏寧，以善推禄命，徵爲館客。武成親試之，皆中。乃以己生年、月、日，託爲異人而問之。

---

① 宗教：聲相。
② 宗教：推命似起南北朝。

寧曰：“極富貴。今年入墓。”武成驚曰：“是我。”寧變辭曰：“若帝王，自有法。”則即今推命之術矣。[①] 宇文護母與護書曰：“昔在武川，生汝兄弟，大者屬鼠，第二屬兔，汝身屬虵，”亦今生肖之說也。《北史·袁充傳》：仁壽初，充言上本命與陰陽律呂合者六十餘條而奏之。因上表曰：“皇帝載誕之初，非止神光瑞氣，嘉祥應感。至於本命行年、生月、生日，并與天地日月陰陽律呂運轉相符，表裏合會，”亦據生年月日爲說。重生日本胡俗，[②] 蓋華人至是始漸染之，故推命之術，亦起於是時也。《北史·藝術傳》：臨孝恭，著《禄命書》二十卷。

今俗有借壽及代死之說，[③] 此時亦已有之。《晉書·王羲之傳》：子徽之，與弟獻之俱病篤。時有術人，云人命應終，而有生人樂代者，則死者可生。徽之謂曰：“吾才位不如弟，請以餘年代之。”術者曰：“代死者，以己年有餘，得以足亡者耳。今君與弟算俱盡，向代也？”未幾，獻之卒。徽之奔喪，不哭，直上靈牀坐，取獻之琴彈之。久而不調。歎曰：“烏乎子敬，人琴俱亡。”因頓絕。先有背疾，遂潰裂。月餘亦卒。此求代死，若使當死者延年若干，生者禪之，算仍不盡，則即借壽之說矣。人之生死，俗蓋仍以爲北斗主之，故祈請者皆於是。崔浩父疾，仰禱斗極，已見第八章第六節。《梁書·庾黔婁傳》：父易疾，夕每稽顙北辰，求以身代。俄聞空中有聲曰：“徵君壽命盡，不復可延。汝誠禱既至，止得申至月末。”及晦而易亡。亦其事也。《南史·賊臣傳》：侯景與慕容紹宗相持，誑其衆，以爲家口并見殺。紹宗遙謂曰：“爾等家口并完。”乃被髮鄉北斗以誓之。蓋亦以北斗主人生死，[④] 故鄉之立誓也。《南史·袁君正傳》：爲豫章內史。性不信巫邪。有萬世榮，稱道術爲一郡巫長。君正在郡小疾，主簿熊岳薦之。師云：“須疾者衣爲信命。”君正以所著襦與之。事竟取襦，云神將送與北斗君。君正使檢諸身，於衣裏獲之。以爲亂政，即刑於市而焚神。一郡無敢行巫。此所焚者，當係北斗刻象或畫象也。

《隋志》兵家多望氣之書，說已見前。其書，又有與星占同隸天文家者。兵家又有孤虛、陰陽、諸占、辟兵法。民間數術之書，多在五行家。如風角、九宮、遁甲、歲占、鳥情、禽獸語、災祥、卜筮、六壬、田家曆、曆家百忌、百事禁忌、嫁娶、産乳、拜官、占夢、相、相宅、圖墓等是也。又有《破字要訣》一卷，似即今

---

① 宗教：推命。
② 風俗：胡人重生日，華人蓋染之，故推命至南北朝始重。
③ 宗教：借壽代死。
④ 宗教：以爲北斗主生死。

之拆字。① 觀此,知識多拆字爲之,亦因乎習俗也。方技之家而外,士大夫亦或閑其術。兵家亦然。陳高祖,史言其好讀兵書,明緯候、孤虛、遁甲之術。吳明徹就周弘正學天文、孤虛、遁甲。齊神武攻玉壁,聽孤虛之言,於城北斷汾水起土山。其處天險千餘尺,功竟不就,死者七萬。《隋書·五行志》。神武老於用兵,而因迷信以取禍如此,可見軍中方術之盛行矣。② 蕭摩訶,武夫耳,而《陳書·本傳》言:有潁禹者,隨之征討,其人涉獵經史,解風角、兵書,蓋兵之成敗,所係者重,處其間者,不免皇惑無主,故諸方術,得以乘而中之也。《顏氏家訓·決疑篇》曰:"卜筮者,聖人之業也,但近世無復佳師,多不能中。古者卜以決疑,今人疑生於卜。何者? 守道信謀,欲行一事,卜得惡卦,反令恇恍。且十中六七,以爲上手。粗知大意,又不委曲。凡射奇耦,自然半收,何足賴也? 世傳云:解陰陽者爲鬼所疾,坎壈貧窮,多不通泰。吾觀近古已來,尤精妙者,惟京房、管輅、郭璞耳,皆無官位,多或罹災,此言令人益信。儻直世網嚴密,强負此名,便有詿誤,亦禍源也。及星文、風氣,率不勞爲之。吾嘗學六壬式,亦直世間好匠,聚得《龍首》、《金匱》、《玉變》、《玉曆》十許種書。訪求無驗,尋亦悔罷。凡陰陽之術,與天地俱生,其吉凶德刑,不可不信,但去聖既遠,世傳術書,皆出流俗,言辭鄙淺,驗少妄多。至如反支不行,竟以遇害,歸忌寄宿,不免凶終,拘而多忌,亦無益也。"此當時士大夫之明哲者對數術之見解也。

　　五胡皆久居塞内或近塞,舊俗漸次消亡。其所信奉,亦多化於中國矣。《晉書·劉聰載記》云:聰子約死,一指猶暖,遂不殯斂。及蘇,言見元海於不周山。經五日,遂復從至昆侖山。三日而復返於不周。見諸王公卿相死者悉在。宮室壯麗。號曰蒙珠離國。元海謂約曰:"東北有遮須夷國,無主,久待汝父爲之。汝父後三年當來。來後國中大亂,相殺害。吾家死亡略盡,但可永明輩十數人在耳。汝且還,後年當來,見汝不久。"約拜辭而歸。道過一國,曰猗尼渠餘國。引約入宫。與約皮囊一枚,曰:"爲吾遺漢皇帝。"約辭而歸。謂約曰:"劉郎後年來,必見過,當以小女相妻。"約歸,置皮囊於機上。俄而蘇。使左右機上取皮囊。開之,有一方白玉,題文曰:"猗尼渠餘國天王敬信遮須夷國天王。歲在攝提,當相見也。"馳使呈聰。聰曰:"若審如此,吾不懼死也。"及聰死,與此玉并葬焉。此説一見即知爲中國方士之流所造。《北史·斛律光傳》云:行兵用匈奴卜法,無不中。蓋其舊俗之猶存者,然亦廑矣。

---

① 宗教:拆字。
② 宗教:軍中數術盛行。

諸胡中惟拓跋氏距中國最遠，舊俗存者最多。其居平城，城西有祠天壇，立四十九木人，已見第十一章第二節。《齊書》又云：永明十年，遣司徒參軍蕭琛、范雲北使。宏之西郊，即前祠天壇處也。宏與僞公卿從二十餘騎戎服繞壇，宏一周，公卿七匝，謂之蹋壇。明日，復戎服登壇祀天。宏又繞三匝，公卿七匝，謂之繞天。此極似匈奴蹛林之俗。《宋書·索虜傳》云：其俗以四月祠天，六月末，率大衆至陰山，謂之卻霜。《北史·文明后傳》云：故事：國有大喪，三日之後，服御器物，一以燒焚。參看第十一章第一節。高允諫文成曰："今國家營葬，費損巨億，一旦焚之，以爲灰燼。"《宋書·索虜傳》云：死則潛埋，無墳壟處所。至於葬送，皆虛設棺柩，立冢槨。生時車馬、器用皆燒之，以送亡者。案《後漢書·烏桓傳》云：其葬，肥養一犬，以采繩纓牽，并取死者所乘馬、衣物，皆燒而送之。拓跋氏本鮮卑，鮮卑俗與烏桓同，蓋其所由來者舊矣。然亦有受諸西域者。《魏書·后妃傳》云：故事：將立皇后，必令手鑄金人以成者爲吉，不成則不得立。《尒朱榮傳》云：榮發晉陽，猶疑所立。乃以銅鑄高祖及咸陽王禧等六王子孫像，成者當奉爲主。惟莊帝獨就。榮本欲篡位，亦以鑄金爲象不成而罷。見第十二章第四節。金人本來自西域。《宋書·索虜傳》，載拓跋燾與文帝書，有云："取彼亦須我兵刃，此有能祝婆羅門，使鬼縛送彼來也。"婆羅門芮芮信之，亦來自西域者也。

## 第二節　佛　教　流　通

　　佛教流通，雖始漢世，然其漸盛，實在晉、南北朝之時。往史惟《魏書》特立《釋老志》，餘皆附見他列傳中。[1]《宋書》在《南夷西南夷傳》、《梁書》在《海南諸國傳》、《齊書》則見《高逸傳》中。凡厥所述，頗多迷信之談。惟《隋書·經籍志》所論，頗足見其教義流傳之迹耳。今節錄其辭如下：《隋志》曰："推尋典籍，自漢以上，中國未傳。或云久已流布，遭秦之世，所以湮滅。佛教在西漢前傳入之説，昔人多不之信，以無信史可徵也。然楚王英在後漢初即信之，則其流傳，似當在西漢以前。日本羽溪了諦《西域之佛教緒論》云："歐洲學者，謂西曆紀元前四百二十五年至三百七十五年之間，自愛理諾亞海至山東、浙江緣海之貿易，曾爲印度人所掌握。蓋經馬六甲海峽，過蘇門答剌、爪哇之西，來中國東海岸。所販來者，爲印度洋、波斯灣之珍珠等。《拾遺記》四，載西曆紀元前三百五年，有身毒術人來見燕昭王。朱士行《經錄》及《白馬寺記》，亦云西域沙門室利防等十八人齎梵本經典至咸陽，其事約在西曆紀元前二百四十三年至二百四十七年之間。其時正與阿育王相直。阿育王遣使傳布佛教，事見石刻，信而有徵，則

---

　　[1]　宗教：佛，《魏》有《釋老經》，《宋書》見《南夷》、《西南夷》，《梁書》海南諸國，《齊書·高逸傳》中，惟《隋書·經籍志》頗見教義流傳之迹。

《拾遺記》等之説，似亦非盡子虛也。"案西曆紀元前四百二十五年，爲入戰國後五十六年。三百七十五年，爲入戰國後百有六年。三百五年，爲入戰國後百七十六年。二百四十三年，爲入戰國後二百三十八年。二百四十七年，爲秦始皇三十年。古代海外交通，雖乏信史，然如《呂覽》、《淮南》等書，已多述海外情形，雖係傳聞不審之辭，必不能鄉壁虛造。古事之湮没不彰者多矣，謂戰國、嬴秦之世，佛教必未至中國，亦無確證也。其後張騫使西域，蓋聞有浮屠之教？哀帝時，博士弟子秦景，即《魏略西戎傳》之秦景憲，見《秦漢史》第二十章第七節。下文又云：明帝使秦景使天竺，其名氏必附會不審諦可知。使當作受月支使。伊存口授浮屠經。中土聞之，未之信也。後孝明帝夜夢金人飛行殿庭，以問於朝，而傅毅以佛對。帝遣郎中蔡愔及秦景使天竺求之。得佛經四十二章，及釋迦立象。并與沙門攝摩騰、竺法蘭東還。愔之來也，以白馬負經，因立白馬寺於洛城雍門西以處之。其經緘於蘭臺石室。而又畫像於清凉臺及顯節陵上。漢明帝迎佛之説，既不足信，建白馬寺等説舉不足信，不待論矣。《北齊書·韓賢傳》云：昔漢明帝時，西域以白馬負佛經送洛，因立白馬寺。其經函傳在此寺。形制淳樸，世以爲古物，歷代藏寶。賢無故斫破之。未幾而死。論者或謂賢因此致禍。謂經函藏於白馬寺，與經緘於蘭臺石室之説，又不相中，足見其皆傳聞不審之辭也。梁任公《翻譯事業研究》云："佛典：印度境外之寫本，先於境内，大乘經典之寫本，先於小乘。自西曆第四世紀以前皆如此。故初期所譯，率無元本，但憑譯人背誦而已。"此説如確，則不徒白馬負經之説不可信，下文所云齎佛經而來，及西行求得佛經之説，不可信者正多也。[1] 西曆第四世紀，自晉惠帝永寧元年至安帝隆安四年。章帝時，楚王英以崇敬佛法聞。西域沙門齎佛經而至者甚衆。永平中，法蘭又譯《十住經》。其餘傳譯，多未能通。至桓帝時，有安息國沙門安静齎經至洛翻譯，最爲通解。靈帝時，有月支沙門支讖，天竺沙門竺佛朔等并翻佛經。而支讖所譯《泥洹經》二卷，學者以爲大得本旨。漢末，大守竺融，[2]亦崇佛法。此人疑即笮融，見《秦漢史》第二十章第七節。《困學紀聞·雜識》引石林葉氏云：晉、宋間，佛學初行，其徒未有僧稱，通曰道人。其姓皆從所受學。如支遁本姓關，學於支謙爲支，帛道猷本姓馮，學於帛尸梨密爲帛是也。至道安，始言佛氏釋迦，今爲佛子，宜從佛氏，乃请皆姓釋。笮融疑學於天竺人而姓竺，笮、竺則同音字耳。三國時，有西域沙門康僧會齎佛經至吳譯之。吳王孫權，甚大敬信。魏黄初中，中國人始依佛戒，鬄髮爲僧。《梁任公佛教之初輸入》，據《歷代三寶記·年表》："魏甘露五年，朱士行出家，漢地沙門之始。"謂朱士行爲中國人出家最早者。石虎時，其臣王度言：漢、魏時，漢人皆不得出家，見後。二説與此皆異。要之其時漢人，即或出家，亦必不多也。先是西域沙門來此譯小品經，首尾乖舛，未能通解。甘露中，有朱仕行者，往西域，至于闐國，得經九十章，晉元康中，至鄴譯之，題曰《放光般若經》。泰始中，有月支沙門竺法護，西游諸國，大得佛經，至洛翻譯。部數甚多。佛教東

---

[1] 宗教：佛經初無寫本，則齎來説不可信。
[2] 宗教：竺融疑笮融。

流，自此而盛。石勒時，常山沙門衛道安，性聰敏，誦經日至萬餘言。以胡僧所譯《維摩》、《法華》，未盡深旨，精思十年，心了神悟，乃正其乖舛，宣揚解釋。時中國紛擾，四方隔絕。道安乃率門徒，南游新野。欲令玄宗，所在流布，分遣弟子，各趨諸方。法性詣揚州，法和入蜀，道安與慧遠之襄陽。後至長安。符堅甚敬之。道安素聞天竺沙門鳩摩羅什思通法門，勸堅致之。什亦承安令問，遙拜致敬。姚萇弘始二年，羅什至長安，鳩摩羅姓，什名，諸書作羅什者？古人於外國人姓名，率截取其末二字以求簡，不計其義也。時道安卒後已二十載矣，什深慨恨。什之來也，大譯經論。道安所正，與什所譯，義如一，初無乖舛。初晉元熙中，新豐沙門智猛策杖西行，到華氏城，得《泥洹經》及《僧祇律》。東至高昌，譯《泥洹》爲二十卷。後有天竺沙門曇摩羅讖，復齎胡本，來至河西。沮渠蒙遜遣使至高昌取猛本，欲相參驗。未還而蒙遜破滅。姚萇弘始十年，猛本始至長安，譯爲三十卷。曇摩羅讖又譯《金光明》等經。時胡僧至長安者數十輩，惟鳩摩羅什才德最優。其所譯則《維摩》、《法華》、《成實論》等諸經，及曇無讖所譯《金光明》，曇摩羅讖所譯《泥洹》等經，并爲大乘之學。而什又譯《十誦律》，天竺沙門佛陀耶舍譯《長阿含經》及《四方律》。兜法勒沙門雲摩難提譯《增一阿含經》，曇摩耶舍譯《阿毗曇論》，并爲小乘之學。其餘經、論，不可勝記。自是佛法流通，極於四海矣。東晉隆安中，又有罽賓沙門僧伽提婆譯《增一阿含經》及《中阿含經》。義熙中，沙門支法領從于闐國得《華嚴經》三萬六千偈，至金陵宣譯。又有沙門法顯，自長安游天竺。經三十餘國，隨有經、律之處，學其書、語，譯而寫之。還至金陵，與天竺禪師跋羅，《魏書·釋老志》作跋陀羅。參共辨足，謂《僧祇律》。學者傳之。齊、梁及陳，并有外國沙門，然所宣譯，無大名部。梁武大崇佛法，於華林園中總集釋氏經典，凡五千四百卷。沙門寶唱撰經目録。又後魏時，大武帝西征長安，以沙門多違法律，羣聚穢亂。乃詔有司：盡阬殺之，焚破佛像。長安僧徒，一時殲滅。自餘征鎮，豫聞詔書，亡匿得免者十一二。文成之世，又使脩復。熙平中，遣沙門慧生使西域，採諸經、律，得一百七十部。永平中，又有天竺沙門菩提留支，大譯佛經，與羅什相埒。其《地持》、《十地論》，并爲大乘學者所重。後齊遷鄴，佛法不改。至周武帝時，蜀郡沙門衛元嵩上書稱僧徒猥濫，武帝出詔，一切廢毀。開皇元年，高祖普詔天下，任聽出家。仍令計口出錢，營造經、像。而京師及并州、相州、洛州等諸大都邑之處，并官寫一切經，置於寺内。而又別寫，藏於祕閣。天下之人，從風而靡，競相景慕。民間佛經，多於《六經》數十百倍。① 大業時，又令沙門智

———————

① 宗教：《隋·經籍志》言"民間佛經多於六經數十百倍"。

果於東都内道場撰諸經目。分别條貫。以佛所説爲三部：一曰大乘，二曰小乘，三曰雜經。其餘似後人假託爲之者，别爲一部，謂之疑經。又有菩薩及諸深解奥義，贊明佛理者，名之爲論及戒律，并有大、小及中三部之别。又所學者録其當時行事，名之爲記，凡十一種。"梁任公《翻譯事業研究》，據元代《法寶勘同總録》所載歷代譯人及其所譯，分爲四期①：第一期起後漢明帝永平十年至唐玄宗開元十八年，譯人百七十六，所譯九百六十八部，四千五百七卷。自此至唐德宗貞元五年爲第二期，譯人八，所譯百二十七部，二百四十二卷。下至宋仁宗景祐四年爲第三期，譯人六，所譯二百二十部，五百三十二卷。下至元世祖至元二十二年爲第四期，譯人四，所譯者二十部，百十五卷。又作《千五百年前之留學生》云：出國求法者：西曆三世紀後半魏齊王芳嘉平三年至晉惠帝永康元年。二人，四世紀見前。五人，五世紀晉安帝隆安五年至齊東昏侯永元二年。六十一人，六世紀齊和帝中興元年至隋文帝開皇二十年。十四人，七世紀隋文帝仁壽元年至唐武后久視元年。五十六人，八世紀前半唐武后長安元年至玄宗天寶九年。三十一人。五、七兩世紀最盛，六世紀中衰，蓋由佛經傳者已多，如食者之正圖消化，觀於此世紀爲我國諸宗創建之時而可見也。佛教宗派，梁氏《論中國學術思想變遷之大勢》列舉之，凡得十三家。② 除俱舍、攝論二宗起於隋文帝之世，華嚴、法相、真言三宗起於唐世外，其成實、三論、涅槃，皆起晉安帝時。律、地論、净土、禪、皆起梁武帝時。天台起陳、隋間。八宗，皆起於晉、南北朝之世云。

　　佛教漸興，蓋始漢末？《梁書·海南諸國傳》述梁武帝改造阿育王寺塔事云：阿育王即鐵輪王，王閻浮提一天下。佛滅度後，一日一夜，役鬼神造四萬八千塔，此即其一也。吴時，有尼居其地，爲小精舍。孫琳尋毁除之。塔亦同泯。吴平後，諸道人復於舊處建立焉。晉中宗初渡江，更脩飾之。至簡文咸安中，使沙門安法師程造小塔，未及成而亡。弟子僧顯，繼而脩立。至孝武大元九年，上金相輪及承露。其後西河離石縣，有胡人劉薩阿，遇疾暴亡，經十日更蘇。云見觀世音，語云：汝緣未盡，若得活，可作沙門。洛陽、齊城、丹陽、會稽，并有阿育王塔，可往禮拜。若壽終，則不墮地獄。語竟，如墮高巖，忽然醒寤。因此出家，名慧達。游行禮塔。次至丹陽，未知塔處，乃登越城四望。見長干里有異氣色，因就禮拜。果是育王塔所。屢放光明。由是定知必有舍利。乃集衆就掘之。入一丈，得三石碑。并長六尺。中一碑有鐵函，函中有

———————————

① 宗教：隋譯經經卷見《隋志》。

② 宗教：諸宗。

銀函函中又有金函，盛三舍利及爪髮各一枚。髮長數尺。即遷舍利近北，對簡文所造塔西造一層塔。十六年，又使沙門僧尚伽爲三層塔。即高祖所開者也。初穿土四尺，得龍窟及昔人所舍金銀鐶釵鑷等諸寶物，可深九尺許，方至石磉。磉下有石函，函内有壺，以盛銀坩，坩内有鏤罌，盛三舍利。如粟粒大，圓正光潔，函内又有琉璃椀，内得四舍利及髮爪。爪有四枚，并沈香色。此事雖近怪迂，然梁武掘地，曾得諸物，不容虛誣。晉世營構，前有所承，則孫吳之世，丹陽即有塔及精舍，亦非虛構。漢、魏未許漢人出家，而吳已有尼，是南方佛教，更較北方爲盛也。①《隋書》言吳大帝深信佛教。蓋有由矣。《魏書·釋老志》云：自洛中構白馬寺，盛飾佛圖，畫迹甚妙，爲四方式。凡宫塔制度，猶依天竺舊狀而重構之。從一級至三、五、七、九，世人相承，謂之浮圖，或云佛圖。晉世洛中佛圖，有四十二所矣。漢明帝立白馬寺之説，既不足信，佛圖營構，疑必始於桓帝之時。董卓西遷，洛下悉成煨燼，則其脩復，又當在黃初已後也。《宋書·五行志》云：晉惠帝元康中，京洛童謡曰："南風起，吹白沙。"南風，賈后字也。白，晉行也。沙門，大子小名也。以佛語爲名，可見其時洛中佛教，業已盛行矣。

佛教與火祆、天方、基督等，同自外來，而其流通獨盛者，以上之人信向者多，故其推行無阻，且有風行草偃之效也。東晉帝、后，信佛者多，孝武及恭帝尤甚。明帝嘗手畫佛像，見《晉書·蔡謨傳》。桓溫廢海西公，康獻褚皇后方在佛屋燒香，見本傳。《孝武帝紀》：大元六年，正月，帝初奉佛法，立精舍於殿内，引諸沙門以居之。《恭帝紀》：帝深信浮屠法。造丈六金像，親於瓦官寺迎之，步從十許里。帝之見弑也，兵人進藥。帝不肯飲，曰："佛教自殺者不得復人身。"乃以被掩殺之。見《宋書·褚叔度傳》。宋明帝以故宅起湘宫寺，事見第十八章第四節。王奐嘗請幸其府，以不欲殺牲卻之。見《齊書·奐傳》。大漸時，正坐呼道人，合掌便絶，見《南史·循吏虞愿傳》。頗類信净土宗者所爲。齊武帝立禪靈寺。見《齊書·五行志》。大漸時，命靈上慎勿以牲爲祭，未山陵前，朔望祇設菜食，而極惓惓於顯陽殿玉像，亦可見其皈依之篤。豫章王嶷臨終顧命，亦與武帝遺命相類，見《齊書》本傳。文惠大子、竟陵王子良信佛，已見第十九章第五節。竟陵尤篤。嘗於雞籠山西邸招致名僧，講論佛法，造經唄新聲。數於邸園營齋戒，大集朝臣、衆僧，至於賦食、行水，或躬親其事焉。梁武帝屢幸同泰寺捨身，②郊廟牲牷，皆代之以麪。宗廟用蔬果，事在天監十六年，見《梁書·本紀》。後依劉勰議，二郊亦不用牲，見《勰傳》。會同用菜蔬，已見第二十一章第一節。帝幸同泰寺捨身，前後凡四：一在大通元年三月，一在中大通元年九月，一在中大同元年

①　宗教：佛教初入，南方似較北爲盛。
②　宗教：梁武以麪爲犧及捨身等，顏之推非殺生而祭（第一〇五七頁）。

1045

三月,一在大清元年三月。中大同元年幸寺,《梁書・本紀》不言捨身,而《南史》言之。據《陳書・文學杜之偉傳》:是年帝幸同泰寺捨身,勅徐勉撰定儀注,勉以臺閣先無此禮,召之偉草具其儀,則《梁紀》失書也。中大通元年六月,以都下疫甚,於重雲殿爲百姓設救苦齋,以身爲禱,亦見《南史・本紀》。其幸寺設會、講義,則自大通元年至侯景叛前皆有之。昭明大子亦於宮内别立慧義殿,爲法集之所。侯景之立簡文帝也,升重雲殿,禮佛爲盟,見《南史・賊臣傳》。《周書・蕭詧傳》云:尤長佛義。《隋書・蕭巋傳》云:兼好内典。詧之殘賊,可謂甚矣。而《周書・甄玄成傳》云:玄成以江陵甲兵殷盛,遂懷貳心,密書與梁元帝,申其誠款。有得其書者,進之於詧。詧常願不殺誦《法華經》人,玄成素誦《法華》,遂以獲免。家國鼎鑊,乃思徼福於異域之神,豈不悖哉? 其敬信,尤爲前古所未聞。陳武英略,今古無儔,豈其溺於虚寂? 而亦出佛牙,設無遮大會,《本紀》永定元年十月。又幸大莊嚴寺講經,捨身及乘輿法物。[①] 二年。一時風氣所趨,誠不易自拔哉? 陳諸主亦皆信佛。《世祖紀》:天嘉四年,四月,設無礙大會於大極前殿。《南史》云捨身。宣帝大建十四年,兩設無礙大會,後一會并捨身及乘輿御服。《南史・後主紀》云:前後災異甚多,以爲妖,乃自賣於佛寺爲奴以禳之。

　　五胡之主,亦多信佛者。石勒、石虎,皆頗信佛圖澄,事見《晉書・澄傳》。慕容皝謂見二龍,號新宮曰和龍,立龍翔佛寺於山上。慕容寶參合之役,沙門支曇猛勸其戒備,而寶弗聽。慕容熙寵妾苻氏死,見第六章第八節。令沙門爲之素服。苻堅謀南犯,羣臣使道安諫。既敗,猶召安於外殿,動靜咨問。苻朗臨刑,爲詩曰:“四大起何因? 聚散無窮已。”姚襄之敗,史載沙門智通勸其勿戰。然則班朝、治軍,沙門靡不與焉。諸胡中姚興頗知教義,故大乘之教,隆於其時,而其流通亦最盛。《載記》述其情形,謂公卿已下莫不欽附,沙門自遠而至者,五千餘人,州郡化之,奉佛者十室而九焉。屈丐至粗暴也,然《魏書・釋老志》云:義真之去長安,屈丐追敗之,道俗少長,咸見阬戮。惠始身被白刃,而體不傷。衆大怪異,言於屈丐。屈丐大怒,召始於前,以所持寶劍擊之,又不能害。乃懼而謝罪。則其殺戮,特行軍時玉石不分,平時亦未嘗不信沙門也。十六國中,涼州當西域交通之衝,佛法尤盛,已見第八章第五節。其餘波,遂及於拓跋氏焉。

　　魏之信佛,蓋起於拓跋珪入中原之時。《釋老志》云:天興元年,詔勅有司:於京城建飾容範,脩整宮舍,令信鄉之徒,有所居止,此蓋代京有佛寺之始? 又云:大宗亦好黄老,又崇佛法。京邑四方,建立圖像。仍令沙門,敷導民俗,則踵事而增矣。然其興盛,要當待諸涼州既平,沙門、佛事東來之後,已見第八章第五節。未幾而有佛貍滅佛之禍,此事實因其疑沙門與蓋吴通謀而

————————

　　① 宗教:陳武亦講經捨身等。

起,亦見第八章第五節矣。《釋老志》云:世祖得寇謙之道,以清浄無爲,有仙化之證,遂信行其術。時司徒崔浩,博學多聞,帝每訪以大事。浩奉謙之道,尤不信佛。與帝言,數加非毁。嘗謂虚誕,爲世費害。帝以其辯博,頗信之。帝既忿沙門非法,浩時從行,因進其説。詔誅長安沙門,焚破佛像。勑留臺下四方,令一依長安行事。又詔曰:"彼沙門者,假西戎虚誕,妄生妖孽,非所以一齊政化,布淳德於天下也。自王公已下,有私養沙門者,皆送官曹,不得隱匿。限今年二月十五日。過期不出,沙門身死,容止者誅一門。"時恭宗爲大子監國,素敬佛道。頻上表陳刑殺沙門之濫。又非圖像之罪。今罷其道,杜諸寺門,世不脩奉,土木丹青,自然毁滅。如是再三,不許。乃下詔曰:"昔後漢荒君,信惑邪僞。妄假睡夢,事胡妖鬼,以亂天常。自古九州之中無此也。誇誕大言,不本人情。叔季之世,闇君亂主,莫不眩焉。由是政教不行,禮義大壞。鬼道熾盛,視王者之法蔑如也。自此已來,代經亂禍。天罰亟行,生民死盡。五服之内,鞠爲丘墟,千里蕭條,不見人迹。皆由於此。朕承天緒,屬當窮運之敝,欲除僞定真,復羲、農之治。其一切盪除胡神,滅其蹤迹。庶無謝於風氏矣。自今已後,敢有事胡神及造形象泥人、銅人者門誅。雖言胡神,問今胡人,共云無有。皆是前世漢人無賴子弟劉元真、吕伯彊之徒,乞胡之誕言,用老、莊之虚假,附而益之。皆非真實。至使王法廢而不行,蓋大姦之魁也。有非常之人,然後能行非常之事,非朕孰能去此歷代之僞物? 有司宣告征鎮諸軍刺史:諸有佛圖形象及胡經,盡皆擊破焚燒,沙門無少長悉阬之。"是歲,真君七年三月也。恭宗言雖不用,然猶緩宣詔書,遠近皆豫聞知,得各爲計。四方沙門,多亡匿得免。在京邑者,亦蒙全濟。金銀寶像及諸經論,大得祕藏。而土木宮塔,聲教所及,莫不畢毁矣。《本紀》載真君五年正月戊申詔曰:"愚民無識,信惑妖邪,私養師巫,挾藏讖記、陰陽、圖緯、方伎之書。又沙門之徒,假西戎虚誕,生致妖孽,非所以一齊政化,布淳德於天下。自王公已下,至於庶人,有私養沙門、師巫及金銀工巧之人在其家者,皆遣詣官曹,不得容匿。限今年二月十五日。過期不出,師巫、沙門身死,主人門誅。明相宣告,咸使聞知。"此與《志》所載大武前詔,明係一事。《志》不及師巫及金銀工巧之人者,以專志釋老,故不及。《紀》又於七年三月,書徙長安城工巧二千家於京師,明係承此詔而來。然則五年正月戊申之詔,實七年二月中事,而《紀》誤繫諸五年也。① 與師巫及讖記并禁,明係懲於義民光復之謀。其并及技巧

---

者？夷性貪冒，欲徙諸其所居，正猶蒙古陷城，不殺工匠耳。大武信道，尚在真君以前，至七年乃有此禍，可見其別有原因，崔浩特迎機而導之耳。浩義士，寇謙之亦有心人，説見第八章第六節。其欲去佛，未知何故，或誠以其爲世費害，而假手於虜以除之邪？佛狸則安足語此？觀其詔言天罰亟行，浩蓋以此恐動之也。此舉在當時，自爲拂逆人心之事，故必以非常之人行非常之事自解也。《釋老志》云：謙之與浩同從車駕，苦與浩諍，浩不肯。謂浩曰：“卿今促年受戮，滅門户矣。”後四年，浩誅，備五刑，時年七十。此乃佞佛者怨毒之辭耳。又云：浩既誅死，帝頗悔之，業已行，難中脩復。恭宗潛欲興之，未敢言。佛淪廢終帝世，積七八年，然禁稍寬弛，篤信之家，得密奉事，沙門專至者，猶竊法服誦習焉，惟不得顯行於京都矣。然則外州仍有之也，亦猶清禁基督教，而人民仍密奉事之歟？《齊書·魏虜傳》云：宋元嘉中，僞大子晃與大臣崔氏、寇氏不睦，崔、寇譖之。玄高道人有道術，晃使祈福，七日七夜。佛狸夢其祖父并怒，手刃向之曰：“汝何故信讒，欲害大子？”佛狸驚覺，下僞詔曰：“自今已往，事無巨細，必經大子，然後上聞。”晃後謀殺佛狸，見殺。參看第十一章第一節。初佛狸討羯胡於長安，殺道人且盡。及元嘉南寇，獲道人，以鐵籠盛殺之。後佛狸感惡疾，自是敬畏佛教，立塔寺浮圖。始終不離乎迷信，佛狸之毁佛而又漸弛其禁，此或其真象邪？文成立，復佛法。事在興安元年十二月，見《魏書·本紀》。

魏自文成而後，獻文、孝文皆信佛。事皆見《釋老志》。高祖每與名德沙門談論，又集沙門講佛經，見《韋閬》及《裴駿傳》。《齊書·魏室傳》：建武二年，虜主元宏寇壽春，遣道登進城内，施衆僧絹五百匹。出帝亦頗知教義。《魏書·李同軌傳》：永熙二年，出帝幸平等寺，僧徒講説，敕同軌論難。宣武於此尤篤，然佛事之勞費，亦至斯而益甚，導孝明世靈后奢縱之先路矣。參看第十二章第一節。《魏書·陽尼傳》：世宗廣訪得失，尼從弟固上言：“請絶虛談窮微之論，簡桑門無用之費。”又《張普惠傳》：普惠以蕭宗不親視朝，過崇佛法，郊廟之事，多委有司，上疏言之，則奢費雖由胡后，蕭宗亦未嘗不溺於佛也。北齊文宣昏暴，武成、後主皆荒淫，於佛亦甚敬信。據《高元海傳》，則皆元海所教也。《北齊書·文宣紀》：天保七年，五月，帝以肉爲斷慈，遂不復食。①八年，四月，庚午，詔諸取蝦、蟹、蜆、蛤之類，悉令停斷，惟聽捕魚。乙酉，詔公私鷹、鷂，俱亦禁絶。八月，庚辰，詔丘、郊、禘、祫、時祠，皆仰市取少牢，不得剖割。農、社、先蠶，酒肉而已。雩、禖、風、雨、司民、司禄、靈星、雜祀，果、餅、酒、脯。九年，二月，己丑，詔限仲冬一月燎野，不得他時行火，損昆蟲、草木。十年，正月，甲寅，帝如遼陽甘露寺。二月，丙戌，於寺禪居深觀，惟軍國大事奏聞。《武成帝紀》：河清元年，正月，詔斷屠殺，以順春令。《後主紀》：天統五年，二月，乙

---

① 宗教：北齊文宣亦有宗廟不血食等事。

丑,詔禁網捕鷹、鷂,及畜養籠放之物。其去殺,幾與梁武帝無異。《元海傳》云:累遷散騎常侍。願處山林,脩行釋典。文宣許之。乃入林廬山。經二年,絶棄人事。志不能固,自啓求歸。徵復本任。便縱酒肆情,廣納姬侍。又云:元海好亂樂禍,然詐仁慈,不飲酒噉肉。文宣天保末年,敬信内法,乃至宗廟不血食,皆元海所謀。及爲右僕射,又説後主禁屠宰,斷酤酒。然本心非清,故終至覆敗。案元海勸武成奉濟南,未爲非義。後與祖珽共執朝政,依違陸大姬間,蓋亦勢不得已。周建德七年,於鄴城謀逆誅,尤可見其心存家國。既云縱酒肆情,又云不飲酒噉肉,未免自相矛盾。果其饕餮自恣,豈能説文宣、後主以斷殺,即言之,文宣、後主,又寧聽之邪? 周文帝亦頗能談義,且有信心。《周書·薛善傳》云:大祖雅好談論。并簡名僧深識玄宗者百人,於第内講説。又命善弟慎等十二人兼講佛義,使内外俱通。由是四方競爲大乘之學。《儒林傳》:盧光,嘗從大祖狩於檀臺山。獵圍既合,大祖遥指山上,謂羣公等曰:"公等有所見不?"咸曰:"無。"光獨曰:"見一桑門。"大祖曰:"是也。"即解圍而還。令光於桑門立處造浮圖。掘基一丈,得瓦缽,錫杖各一。大祖稱歎,因立寺焉。至武帝,乃又有廢佛之舉。

中國人之於佛,流俗雖不免迷信,士大夫之有識者,固多能知其教義。既能知其教義,自知其理與儒、道無二,而建寺、造像等,徒爲煩費矣。此周武之所以廢佛也。《周書·武帝紀》:天和三年,八月,帝御大德殿,集百僚及沙門、道士等,親講《禮記》。四年,二月,帝御大德殿,集百僚、道士、沙門等討論釋、老義。建德元年,正月,帝幸玄都觀,親御法坐講説。公卿、道、俗論難。二年,十二月,集羣臣及沙門、道士等。帝升高坐,辨三教先後。以儒教爲先,道教爲次,佛教爲後。三年,五月,丙子,初斷佛、道二教。經、象悉毁。沙門、道士,并令還俗。并禁諸淫祀,禮典所不載者盡除之。六月,戊午,詔曰:"至道弘深,混成無際,體苞空有,理極幽玄。但岐路既分,派源愈遠。淳離樸散,形氣斯乖。遂使三墨八儒,朱紫交競,九流七略,異説相騰。道隱小成,其來舊矣。不有會歸,爭驅靡息。今可立通道觀。①聖哲微言,先賢典訓,金科玉篆,祕迹玄文,所以濟養黎元,扶成教義,并宜弘闡,一以貫之。俾夫翫培塿者識嵩、岱之崇峻,守磧礫者悟渤澥之泓澄,不亦可乎?"觀此,知帝於佛道,特惡其煩費而欲絶之,是以與淫祀并禁。至於教義,原欲存之,且欲匯三爲一,以息紛争也。然此豈人力所可强爲乎? 宜其徒有此詔,終無所就也。此事《隋志》謂由衛元嵩上書而起,已見前。元嵩見《周書》、《藝術傳》,云:"好言將來,蓋江左寶誌之流。尤不信釋教,嘗上疏極論之史失其事,故不爲傳。"然此特會逢其適耳,周武之斷道、釋,初不由此。觀元嵩所攻專在釋,而周武所斷兼及道可知也。《記》曰:"堯、舜率天下以仁而民從之,桀、紂率天下以暴而民從

---

① 宗教:周武帝廢佛道,立通道觀。

之,其所令反其所好而民不從。"是故"以身教者從,以言教者訟"。此天下之
至言也。《紀》又載建德五年,九月,大醮於正武殿,以祈東伐。六年,五月,大
醮於正武殿以報功。其事豈能無所勞費?躬道之而躬自蹈之,何以使民從其
令乎?宣帝甫立,即復佛像及天尊像,與二像俱坐,大陳雜戲,令士民縱觀,見
第十五章第一節。亦武帝有以啓之矣?其明年,六月,庚申,遂復佛道二教。

　　教士之信教,必不如教民之篤也,同爲教會中人,執掌事權者之信教,又
必不如不執事權者之篤。不然,則基督教不因馬丁路德之崛起而分張,而第
巴桑結,亦不至挾達賴喇嘛爲傀儡矣。此凡教皆然,佛教亦莫能外也。《晉
書·藝術傳》云:鳩摩羅什,天竺人也。世爲國相。父鳩摩羅炎,聰懿有大節。
將嗣相位,乃辭避出家。東度蔥嶺。龜兹王聞其名,郊迎之,請爲國師。王有
妹,心欲當之,王乃逼以妻焉。羅什年七歲,母與俱出家。年十二,攜到沙勒
國,爲性率達,不拘小檢,脩行者頗共疑之,然羅什自得於心,未嘗介意。年二
十,龜兹王迎之還國。吕光獲羅什,見其年齒尚少,以凡人戲之,强妻以龜兹
王女。羅什距而不受,辭甚苦至。光曰:"道士之操,不踰先父,何所固辭?"乃
飲以醇酒,同閉密室。羅什被逼,遂妻之。姚興破吕隆,迎羅什,待以國師之
禮。嘗講經於草堂寺。興及朝臣大德沙門千有餘人肅容觀聽。羅什忽下高
坐,謂興曰:"有二小兒登吾肩,欲障須婦人。"興乃召宮女進之,一交而生二子
焉。興嘗謂羅什曰:"大師聰明超悟,天下莫二,何可使法種少嗣!"《魏書·釋老
志》:大和二十一年,詔曰:"羅什法師,見逼昏虐,爲道珍疇,既暫同俗禮,應有子胤。可推訪以聞,當加
救恤。"則是時於高僧,亦頗重其胤嗣,其視戒律,尚不如後世之重也。遂以伎女十人,逼令受
之。① 爾後不住僧坊,別立廨舍。諸僧多效之。什乃聚針盈缽,引諸僧謂之
曰:"若能見效食此者,乃可畜室耳。"因舉匕進針,與常食不別。諸僧愧服,乃
止。夫以學識論,什誠爲大乘之光矣,以戒律論,炎與什,得不謂世濟其凶乎?
以是推之,佛貍之殺曇無讖,雖云別有其由,謂讖必無誨淫之事,亦不可得也。
見第八章第五節。此或西域沙門,自率其俗。然生共其樂,則死共其哀,無中外一
也。龜兹王之待什,不爲不厚,乃乘其敗亡之際,倚敵帥而姦其子,誰知爲吕光之
逼之,抑什之求之邪?得非凡夫之所羞乎?擁伎十人,別立廨舍,至於諸僧皆效,佛
貍之殺道人雖虐,道人之非法,又豈虚也哉?武成后曇獻是通,見第十四章第四節。
蔡興宗娶尼爲妾,見第九章第三節。其小焉者矣。許榮上書晉孝武,病"尼僧成
羣,依傍法服,五戒粗誠,尚不能守"。閭人奭亦病"尼姐屬類,傾動亂時。"皆見

────────────────

　① 宗教:魏大和求羅什嗣,羅什用伎十人,此事戒律甚壞。

《晉書·簡文三王傳》。柳元景罪狀臧質曰："姬妾百房，尼僧千計，敗道傷俗，悖亂人神。"《宋書·質傳》。郭祖深欲罷僧尼白徒、養女，聽畜奴婢。婢惟著青布衣，僧尼皆令蔬食。見《南史·循吏傳》烏乎！當時僧尼之戒律，爲何如哉？迷信者或將爲之曲辯。然僧尼皆不耕而食，不織而衣，而人民且依託之以避賦役，《宋書·劉粹傳》：遷雍州刺史，襄陽、新野二郡大守。在任簡役愛民。罷諸沙門二千餘人，以補府史。《魏書·李孝伯傳》：兄孫瑒，民多絕户而爲沙門，瑒上言："南服未靜，衆役仍煩，百姓之情，方多避役。若復聽之，恐捐棄孝慈，比屋而是。"皆可見藉出家以避役者之衆。而其建寺、造像，所費尤巨，終必有不能坐視者。此所以一時之君若臣，信佛者雖多，亦卒不能不加以限制也。《顏氏家訓·歸心篇》云："俗之謗佛者，大抵有五：其一以世界外事及神化無方爲迂誕也。其二以吉凶禍福，或未報應爲欺誑也。其三以僧尼行業，多不精純爲姦慝也。其四以靡費金寶，減耗課役爲損國也。其五以縱有因緣，如報善惡，安能辛苦今日之甲，利後世之乙爲異人也。"一、二、五并關教理，非政事所當過問，亦非其所能過問，三、四兩端，固不可無以治之也。

龜茲區區，而《晉書·西戎傳》謂其國有佛塔廟千所，況中國乎？蕭惠開爲父起四寺，國秩不下均兄弟，悉供僧衆。賀革瑒子，事見《南史·瑒傳》。恨祿不及養，俸秩不及妻挐，專擬還鄉造寺，以申感思。何氏自晉司空充、宋司空尚之，并建立塔寺。至敬容，捨宅東爲伽藍。趨權者助財造構，敬容并不拒，輕薄呼爲衆造寺。及免職出宅，止有常用器物及囊衣而已。其佞媚至於如此，威權在手者，安得不竭民力以自爲功？宋明帝起湘宮寺，虞愿譏其所用皆百姓賣兒帖婦錢，見第十八章第四節。此真宜戰栗矣。前廢帝時，百姓欲爲孝武帝立寺，疑其名。巢尚之應聲曰："宜名天保。《詩》云：天保，下報上也。"《南史·恩幸傳》。吾誰欺，欺天乎？然王恭，史言其調役百姓，脩營佛寺，務在壯麗，士庶怨嗟，則勞民者又豈特人君爲然哉？唐杜牧詩曰："南朝四百八十寺，多少樓臺煙雨中。"緬想其時，江東風物，美則美矣，民脂民膏，竭於此者何限？若北朝則尤甚。《魏書·釋老志》言：顯祖起永寧寺，構七級浮圖。高三百餘尺。基架博敞，爲天下第一。皇興中，又構三級石佛圖。高十丈。鎮固巧密，爲京華壯觀。高祖踐位，顯祖移御北苑崇光宫，建鹿野佛圖於苑中之西山。去崇光右十里。巖房禪坐，禪僧居其中焉。蕭宗熙平中，於城内大社西起永寧寺。靈大后親率百寮，表基立刹。佛圖九層，高四十餘丈。此佛圖後毀於火，事在出帝永熙三年，即孝靜帝天平元年，見《魏書·靈徵志》及《北齊書·神武帝紀》。其諸費用，不可勝計。景明寺佛圖，亦其亞也。此皆虜主所爲，此特其最大者。此外，高祖又嘗爲文明大后起報德佛寺，大后又立思燕佛圖於龍城，見《后傳》。靈后所起，在京城者又有大上公等寺。於外州，亦各造五級浮圖。見《任城王澄傳》。其造永寧寺，至減食祿十分之一焉，見《周書·寇儁傳》。北齊後主造大寶林寺，已見第十四章第四節。其貴戚、大臣、州郡牧守所營者，尚不在此數。貴戚造構者

如馮熙，自出家財，在諸州鎮建佛圖精舍，合七十二處。多在高山秀阜，傷殺人牛。有沙門勸止之。熙曰："成就後人惟見佛圖，焉知殺人牛也！"①宋明帝用百姓賣兒帖婦錢，猶可委爲不知，此則知之而猶爲之，愚也而近於悖矣。大臣爲之者如齊高隆之，以廣費人工，大營寺塔，爲高祖所責。而州郡爲之者尤多。魏城陽王長壽次子鸞爲定州，繕起佛寺，公私費擾，世宗聞而奪禄一周。安同在冀州，大興寺塔，爲百姓所苦。楊椿爲定州，因脩黑山道餘工，伐木私造佛寺，役使兵力，爲御史輒劾，除名爲庶人。皆是物也。陸俟子馛爲相州，徵爲散騎常侍，吏民大斂布帛以遺，馛一皆不受，民亦不敢，以造寺，名長廣公寺。此雖非其所爲，其勞民則無以異也，且安知民非承馛意而爲之邪？《肅宗紀》：正光三年，詔中尉端衡肅厲威風，以見事輒劾，牧守輒興寺塔，爲其一條，可見此風之盛。馮亮爲魏所獲，不肯仕，隱居嵩高，宣武乃給其功力，令與沙門統僧暹、河南尹甄琛等周視形勝之處造閑居佛寺，曲盡山居之妙。輕用民力如此，民不將以佛爲災邪？讀《洛陽伽藍記》一書，猶可想見其時民力之竭爲何如也。

　　與寺塔同其靡費者，時爲造像。時雖亦有泥像，而用銅者殊多。② 晉恭帝造丈六金像，已見前。宋文帝時，蜀沙門法成，鳩率僧旅，幾於千人，鑄丈六金像，事見《魏書·胡叟傳》。《釋老志》：高宗興光元年，爲大祖已下五帝鑄釋迦立像五，各長一丈六尺。都用赤金二萬五千斤。顯祖於天官寺造釋迦立像，高四十三尺。用赤金十萬斤，黃金六百斤。其靡金之多，殊可驚駭。又有玉、石像。齊武帝有顯陽殿玉像，已見前。《釋老志》：高宗復佛法之歲，詔有司鑄石像，令如帝身。又嘗於恒農荆山造珉玉丈六像一，世宗迎置洛濱之報德寺，躬觀致敬。其尤侈者則爲石窟。高宗以曇曜言，於京城西武州塞鑿山石壁，開窟五所，鐫建佛像各一。高者七十尺，次六十尺。景明初，世宗詔大長秋卿白整，準代京靈巖寺石窟，於洛南伊闕山，爲高祖、文昭皇在后營窟一所。永平中，中尹劉騰，奏爲世宗造石窟一，凡爲三所。從景明元年至正光四年六月已前，用功八十萬二千三百六十六。即今所謂雲岡、伊闕石窟也。雲岡，在今大同、左雲之間。伊闕，俗名龍門，在洛陽南。石窟雕像，本放印度，尚有在他處者。如敦煌之莫高窟，亦其一也，特皆不如此之弘麗耳。南朝亦有石窟，在今首都東北攝山，俗稱棲霞山，爲齊、梁兩朝所造。鄭鶴聲、向達有《攝山佛教石刻小紀》，見《東方雜誌》二十三卷八期。云：佛龕凡二百九十四，佛像凡五百十五，即有遺誤，相去當不甚遠。論者徒美其彫飾之奇偉，誰復念其所費民力之多邪？《魏書·靈徵志》：大和十九年，徐州表言丈八銅像，汗流於地。晉恭帝法成所造金像，皆長丈六，魏珉玉像亦然。《魏書·崔挺傳》云：光州故吏聞其凶問，莫不悲感，共鑄八尺銅像，於城東廣因寺起八關齋，追奉冥福，此蓋減其長之半？然則當時佛像，殆有定制，袁宏《漢紀》云佛

　　① 宗教：馮熙造佛圖精舍，明知其多殺人牛而爲之。
　　② 宗教：佛教銅像之多（第一〇五二——一〇五三頁），欲鑄者詣臺自坐，蓋不得已也（第一〇五四頁）。時鑄幣乏銅，即此一端，耗費甚矣。

長丈六尺,蓋即因其造像而附會也。然則此丈八或丈六之譌。① 袁宏《漢紀》引見《秦漢史》第二十章第七節。《北齊書・循吏・蘇瓊傳》:徐州城中五級寺被盜銅像一百軀。可見地方佛像,亦多而且大。《靈徵志》又云:永安三年,京師民家有二銅像,各長尺餘,一頭上生白豪四,一頰旁生黑豪一,此像較小,然可見民家亦有銅像也。《南史》、《梁本紀》:武帝大同元年,四月,幸同泰寺,鑄十方銀像。三年,五月,幸同泰寺,鑄十方金銅像。則又有以金銀爲之者。

　　造像、建寺而外,靡財之事如設齋會等尚多。如胡國珍之死,詔自始薨至七七,皆爲設千僧齋,令七人出家,百日設萬人齋,二七人出家,其所費必甚巨。梁武以賀琛陳事,盛氣口授敕責之,曰:"功德之事,亦無多費。"吾誰欺,欺天乎? 不特朝廷,即民間爲齋會者,合聚飲食,所費亦必不少也。參看下引鄭子饒事。當時之人,有極儉嗇,而於奉佛則無所吝者。《晉書・何充傳》云:充性好釋典,崇脩佛寺,供給沙門以百數,靡費巨億而不吝也。親友匱乏,無所施遺,以此獲譏於世。《宋書・宗室傳》云:臨川王義慶,性簡素,寡嗜欲,受任歷藩,無浮淫之過,惟晚節奉養沙門,頗致費損。有是蔽者蓋甚多。此猶靡財而已,甚有因奉佛而壞法亂紀者。如張暢子淹,爲東陽大守,逼郡吏燒臂照佛。百姓有罪,使禮佛贖刑,動至數千拜。張彝除秦州刺史,爲國造寺,名曰興皇。諸有罪咎者,隨其輕重,謫爲土木之功,無復鞭杖之罰,爲治如此,尚復成何事體邪?

　　百姓之苦如此,而僧尼則有甚富者。② 宋文北討,換取僧尼資財,見第八章第七節。穎胄起兵,亦資下方黃鐵,見第二十章第五節。侯景兵至,梁攝諸寺藏錢,見《魏書・島夷傳》。皆可見其儲藏之富。平時既資借貸,凶飢或助振施,見第十九章第五節。佞佛者或且以爲有益於民,然觀僧祇、佛圖户粟之所爲,不亦所與者少,所取者多,藉振貸之名,行誅求之實乎? 見第二十一章第二節。王僧達劫竺法瑤,得數百萬,《宋書》本傳。亦所謂多藏者必厚亡邪?

　　佛事之有害於民如此,故其限制,乃隨其興盛以俱來。③《晉書・藝術傳》言:百姓以佛圖澄故多奉佛。皆營造寺廟,相競出家。真偽混淆,多生愆過。石季龍下書料簡。其著作郎王度奏曰:"佛方國之神,非諸華所應祠奉。漢代初傳其道,惟聽西域人得立寺都邑,以奉其神,漢人皆不出家。魏承漢制,亦循前軌。今可斷趙人,悉不聽詣寺燒香禮拜,以遵典禮,百辟卿士,逮於衆隸,例皆禁之。其有犯者,與淫祠同罪。趙人爲沙門者,還服百姓。"朝士多同度

----

① 宗教:丈八銅像或丈六之譌。
② 宗教:僧寺之富。
③ 宗教:關於佛教之制限,歷代皆有。

所奏。季龍以澄故下書曰："朕出自邊戎，忝君諸夏，至於饗祀，應從本俗。佛是戎神，所應兼奉。其夷、趙百姓，有樂事佛者特聽之。"此所謂兔死狐悲，惡傷其類，非必爲佛圖澄也。南朝論此者，以宋周朗、梁郭祖琛爲最切。朗欲申嚴佛律，疵惡顯著者，悉皆罷遣。餘則隨其藝行，各爲之條，使禪義、經誦，人能其一。食不過蔬，衣不出布。祖琛請精加檢括，若無道行，四十已下，皆使還俗附農。其論亡失戶口，已見第十七章第三節矣。又齊明帝即位，張欣泰陳便宜二十條，其一條言宜毀廢塔寺，見《齊書》本傳。其禁令，亦宋文帝時即有之。《宋書·夷蠻傳》云：元嘉十二年，丹陽尹蕭摩之請"自今已後，有欲鑄銅象者，悉詣臺自聞。興造塔寺、精舍，皆先詣在所二千石通辭，郡依事列言本州，須許報，然後就功。其有輒造寺塔者，皆依不承用詔書律。銅、宅、林苑，悉没入官"。詔可。又沙汰沙門，罷道者數百人。世祖大明二年，有曇標道人，與羌人高闍謀反。上因是下詔，精加沙汰。後有違犯，嚴加誅坐。於是設諸條禁，自非戒律精苦，并使還俗。而諸寺尼出入宮掖，交關妃后，此制竟不能行。齊武帝臨終顧命，於佛可謂惓惓，然亦云："自今公私皆不得出家爲道。及起立塔寺，以宅爲精舍，并嚴斷之。惟年六十，必有道心，聽朝賢選序。"蓋誠有所不得已也。北朝禁令，具見《魏書·釋老志》。云：世祖以沙門衆多，詔罷年五十已下者。高宗復佛法詔云："今制諸州、郡、縣，於衆居之所，各聽建佛圖一區。任其財用，不制會限。其好樂道法，欲爲沙門，不問長幼，出於良家，性行素篤，無諸嫌穢，鄉里所明者聽其出家。率大州五十，小州四十人。其郡遙遠臺者十人。"自正光至大和，京城内寺新舊且百所，僧尼二千餘人。四方諸寺，六千四百七十八。僧尼七萬七千二百五十八人。大和十年，冬，有司奏："前被勅：以勒籍之初，愚民徼幸，假稱入道，以避輸課。其無籍僧尼，罷遣還俗。重被旨：所檢僧尼，寺主維那，當寺隱審。其有道行精勤者，聽仍在道。爲行凡粗者，有籍無籍，悉罷歸齊民。今依旨簡遣。其諸州還俗者，僧尼合一千三百二十七人。"奏可。十六年，詔："四月八日，七月十五日，聽大州度一百人爲僧尼，中州五十人，下州二十人以爲常準。著於令。"延昌中，天下州郡僧尼寺，積有一萬三千七百二十七所。徒侶逾衆。興平二年，春，靈大后令曰："年常度僧，依限大州應百人者，州郡於前十日解送三百人，其中州二百人，小州一百人。州統、維那，與官精練簡取充數。若無精行，不得濫采。若取非人，刺史爲首，以違旨論。大守、縣令、綱寮，節級連坐。統及維那，移五百里外異州爲僧。自今奴婢悉不聽出家。諸王及親貴，亦不得輒啓請。有犯者以違旨論。其僧尼輒度他人奴婢者，亦移五百里外爲僧。僧尼多養親識及他人奴婢子，年大私度爲弟子，自今斷之。有犯還俗。被養者歸

本等。寺主聽容一人，出寺五百里，二人千里。私度之僧，皆由三長。罪不及
己，容多隱濫。自今有一人私度，皆以違旨論。隣長爲首，里、黨各相降一等。
縣滿十五人，郡滿三十人，<sub>疑當作二十人。</sub>州鎮滿三十人免官。寮吏節級連坐。
私度之身，配當州下役。"時法禁寬弛，不能改肅也。正光已後，天下多虞，工
役尤甚。於是所在編民，相與入道。假慕沙門，實避調役。猥濫之極，自中國
之有佛法，未之有也。略而計之，僧尼大衆二百萬矣，其寺三萬有餘。此出家
之限制也。其僧尼自外國來者，世宗永平二年，冬，沙門統惠深上言：求精檢
有德行合三藏者聽任。若無德行，遣還本國。若其不去，依此僧制治罪。其
造寺者，惠深言：限僧五十以上，啓聞聽造。若有輒營置者，處以違勅之罪。
其僧寺僧衆，擯出外州，詔從之。神龜元年，冬，司空公尚書令任城王澄奏曰：
高祖定鼎，《都城制》云：城内惟擬一永寧寺地，郭内惟擬尼寺一所，餘悉城郭
之外。景明之初，微有犯禁。世宗仰脩先志，爰發明旨：城内不造立浮圖、僧
尼寺舍。但俗眩虛聲，僧貪厚潤。雖有顯禁，猶自冒營。至正始三年，沙門統
惠深，有違景明之禁，便云營就之寺，不忍移毀。求自今已後，更不聽立。先
旨含寬，抑典從請。前班之詔，仍卷不行。後來私謁，彌以奔競。永平二年，
深等復立條制。爾來十年，私營轉盛，罪擯之事，寂爾無聞。輒遣府司馬陸
昶、屬崔孝芬都城之中，及郭邑之内，檢括寺舍，數乘五百。空地表剎，未立塔
宇，不在其數。民不畏法，乃至於斯。自遷都已來，年踰二紀，寺奪民居，三分
且一。昔如來闡教，多依山林，<sup>①</sup>今此僧徒，戀著城邑，當由利引其心，莫能自
止。非但京邑如此，天下州鎮亦然。如巨愚意：都城之中，雖有標榜，營造粗
工，事可改立者，請於郭外，任擇所便。其地若買得，券證分明者，聽其轉之。
若官地盜作，即令還官。若靈像既成，不可移撤，請依今勅，如舊不禁。悉令
坊内行止，不聽毀坊開門，以妨里内通巷。<sup>②</sup>若被旨者，不在斷限。郭内準此
商量。其廟像嚴立，而逼近屠沽，請斷旁屠殺，以潔靈居。雖有僧數，而事在
可移者，令就閑敞，以避隘陋。如今年正月赦後造者，求依僧制，案法科治。
若僧不滿五十者，共相通容，小就大寺，必令充限。其他買還，一如上式。自
今外州若欲造寺，僧滿五十已上，先令本州表列，昭玄量審，奏聽乃立。若有
違犯，悉依前科。州郡已下，容而不禁，罪同違旨。奏可。未幾，天下喪亂，加
以河陰之酷，朝士死者，其家多舍居宅，以施僧尼，京邑第舍，略爲寺矣。前日

<hr>

①　宗教：如來闡教依山林，今僧徒戀著城邑廟像至近屠沽。
②　宮室：不聽毀坊開門，以妨里内通巷。

1055

禁令，不復行焉。元象元年，秋，詔曰："梵境幽玄，義歸清曠，伽藍净土，理絕囂塵。前朝城内，先有禁斷。聿來遷鄴，率由舊章。而百辟士民，居都之始，城外新城，并皆給宅。舊城中暫時普借，更擬後須，非爲永久。如聞諸人，多以二處得地，或捨舊城所居之宅，擅立爲寺。宜付有司，精加隱括。且城中舊寺及宅，并有定帳。其新立之徒，悉從毁廢。"冬，又詔："天下牧、守、令長，悉不聽造寺。若有違者，不問財之所出，并計所營功庸，悉以枉法論。"此造寺之制限也。然亦成具文，略計魏末之寺，凡三萬有餘云。

　　管理僧衆之官[①]：南朝有僧正，其制始自姚興，以僧䂮爲之，見《高僧傳》。魏大祖以法果爲道人統。高宗復佛法，以師賢爲之。和平初，賢卒，曇曜代之，更名沙門統。先是立監福曹，又改爲昭玄，備有官屬，以斷僧務。參看第二十二章第三節。大和十年，詔立僧制四十七條。世宗詔衆僧犯殺人已上罪，仍依俗斷，餘犯悉付昭玄，見第二十二章第七節。《北史·崔暹傳》：僧尼猥濫，暹奏設科條篇爲沙門法，上爲昭玄都以檢約之。皆見《魏書·釋老志》。州有統，郡、縣皆有維那，見第二十二章第四節。

　　佛教流傳之廣，其説輪回，實爲一大原因。[②] 蓋人不能無求報之心，而禍福之來，必不能如世人所責望者之迳直。則懲勸之説，有時而窮。故摯虞病"道長世短，禍福舛錯，使怵迫之人，不知所守，或迷或放"，慧琳作《均善論》，亦病周、孔爲教，止及一世也。見《宋書·夷蠻傳》。《晉書·羊祜傳》云：祜年五歲時，令乳母取所弄金鐶。乳母曰：汝先無此物。祜即詣鄰人李氏東垣桑樹中探得之。主人驚曰："此吾亡兒所失物也，云何持去？"乳母具言之，李氏悲惋。時人異之，謂李氏子則祜之前身也。祜時佛教盛行未久，而已有此説，足見其流行之速矣。言輪回之事見於正史者尚多。如《晉書·藝術傳》言鮑靚爲曲陽李家兒託生，《南史·梁元帝紀》言帝爲眇目僧託生，《北史·李崇傳》言李庶託生爲劉氏女是也。此特舉其最早者耳。欲言報應，必有受報之體。佛説無我，又説輪回，陳義雖高，終非恒情所能喻。故當時信佛者多主神不滅，而怵於迷信之弊者，則主神滅。范縝作《神滅論》，謂"浮屠病政，桑門蠹俗"，皆由"厚我之情深，濟物之意淺"。以致竭財以赴僧，破產以趨佛，而不恤親戚，不利窮匱。家家棄其親愛，人人絶其嗣續。兵挫於行間，吏空於官府，粟磬於惰游，貨殫於泥木。欲使人知"陶甄禀於自然，森羅均於獨化，來也不禦，去也不追"，此志也。然劉歆作《革終論》，謂："神爲生本，形爲生具，死者神離此具，雖不可復反，而精靈遞變，未嘗滅絶。"實主神不滅之説者，而又謂："神已去此，館何用存？神已適彼，祭何所祭？"《顏氏家訓·終制篇》亦云："四時祭祀，周、孔

---

所教，欲人勿死其親，求諸内典則無益，殺生爲之，翻增罪累。”則即主神不滅之說者，亦未嘗不可澹泊自將，不當因此轉增貪欲也。然能如是者寡矣。輪回之說，爲衆所樂道者，畏怖貪欲之心中之耳。《晉書・王湛傳》：湛孫坦之，與沙門竺法師甚厚。每共論幽明報應。便要先死者當報其事。晉恭帝不肯自殺，慮不能得人身。宋彭城王義康亦然。皆畏怖之念爲之也。《宋書・文五王傳》：大宗嘗指左右人謂王景文曰：“休範人才不及此，以我弟故，生便富貴。釋氏願生王家，良有以也。”然則當時佛徒，曾有願生王家之說。此則爲貪欲所中矣。卒之如隋越王侗，將死，焚香禮佛，呪曰：“從今以去，願不生帝王尊貴之家。”哀哉！然貪欲者雖說輪回，仍斤斤於見世。《魏書・盧景裕傳》：謂其爲邢摩納所逼，起兵以應元寶炬，兵敗繫獄，至心誦經，枷鎖自脱。是時又有人負罪當死，夢沙門教誦經，覺時如所夢默誦千徧，臨刑刀折，主者以聞，赦之。此經遂行於世，號曰《高王觀世音》。此說今俗猶傳之。晉、南北朝時尤盛。《晉書・苻丕載記》：徐義爲慕容永所獲，械埋其足，將殺之。義誦《觀世音經》。至夜中，土開械脱，於重禁之中，若有人導之者，遂奔楊佺期。《宋書・王玄謨傳》：玄謨圍滑臺，奔退，蕭斌將斬之，沈慶之固諫乃止。始見其殺，夢人告曰：“誦《觀音經》千徧則免。”既覺，誦之，將千徧。明日將刑，誦之不輟。忽傳呼停刑。皆是物也。王恭臨刑猶誦佛經，王夬聞黃�ththe起兵入，還内禮佛，得毋臨命之際，猶有所冀辛邪？

　　無識者之奉佛，則多出於迷信。高僧之見於正史者，佛圖澄，鳩摩羅什，僧陟，曇曜，惠始，惠香，靈遠，惠豐，《晉書・北史・藝術傳》、《魏書・釋老志》。其事迹無不矜奇弔詭者。甚至如寶誌者，齊武帝曾忿其惑衆，收付建康獄，而俗猶盛傳其前知之事，《梁書・何敬容傳》，載其前知敬容敗於河東王。《南史・梁武帝紀》，載其前知同泰寺之災。《賊臣傳》載其前知侯景敗於三湘。甚至《隋書・律曆志》云：開皇官尺，或傳梁時有誌公道人作此，寄入周朝，云與多鬚老翁。周大祖及隋高祖，各自以爲謂己。夫周、隋二祖，寧不知其不足信？然猶爭欲當之者，以流俗信此等說，順之可以惑衆，抑此說即爲所造，亦未可知也。《宋書・符瑞志》、《齊書・祥瑞志》，亦多以前知託諸僧衆，蓋自佛教行而矯誣之徒，又得一憑藉矣。梁武帝亦敬事之，《南史》仍列諸《隱逸傳》，足見其時奉佛者之爲何等矣。然能知高義者，亦自不乏。夫泥其迹則主奴之見深，探其原則筌蹄之義顯，是以當時明哲之士，多能和會三教。[1] 慧琳，道人也，作《均善論》，設爲白學先生與黑學道士相難，初無左祖佛教之意。舊僧至謂其貶斥釋教，欲加擯斥。《宋書・夷蠻傳》。顧歡，道士之闢佛者也，亦不過謂佛、老立說，各因其俗，譬諸舟車，各有其用。且謂佛既東流，道亦西邁，故知世有精粗，道有文質，二者可以并行焉。其時又有孟景翼者，爲道士。文惠大子召入玄圃，竟陵王子良使之禮佛，不肯。然所作《正一論》，亦云道之大象，即佛之法身。至於張融，則竟謂道之與佛，區極無二矣。皆見《齊書・高逸傳》。衛元嵩上書周武，啓廢佛之端，然《舊唐書・經籍志》載其《齊三教論》一卷，則其所惡者，亦僧徒之猥濫耳。此以釋道二家言也。

---

[1]　宗教：明哲之士多能和會三教，然如周武之立通道觀，則自無可行之理也，闢佛者不關教義。

至如儒家：則徐勉以謂孔釋二教，殊途同歸。《梁書》本傳。王褒謂儒道釋雖爲教等差，而義歸汲引。《梁書‧王規傳》。韋叡謂其迹似有深淺，其理殆無等級。《周書》本傳。即李士謙謂佛日、道月、儒五星。《北史‧李孝伯傳》。雖有軒輊，仍非水火。其時釋家多通儒、道二家之義。如慧琳、慧始，皆嘗注《孝經》，琳與慧嚴，又皆注《道德經》，僧智解《論語》，慧觀作《老子義疏》是。皆見《隋書‧經籍志》。周續之、雷次宗，皆名儒也，而皆入廬山事慧遠。《宋書‧隱逸傳》。徐孝克旦講佛經，晚講禮傳。周弘正特善玄言，兼明釋典。沈重於紫極殿講三教義，朝士、儒生、桑門、道士至者二千餘人。則合三家成通學矣。《魏書‧高謙之傳》云：涼國盛事佛道，謙之爲論貶之，因稱佛是九流之一家。夫儒、道亦九流之一耳，此不足爲貶辭也。《李孝伯傳》：兄孫瑒，以民多絕户爲沙門，上書言之，有“安有棄堂堂之政而從鬼教”之語。沙門統僧暹等以爲謗毁佛法，泣訴於靈大后，大后責之。瑒自理曰：“人死曰鬼，《禮》曰：明則有禮樂，幽則有鬼神。佛道幽隱，名之爲鬼，愚謂非謗。”亦如實之辭，非强辯也。匪特學者如是，即怪迂阿諛苟合之徒亦然。《宋書‧文五王傳》：竟陵王誕遷鎮廣陵，發民治城。誕循行，有人干輿揚聲大駡曰：“大兵將至，何以辛苦百姓？”誕執之，問其本末。答曰：“姓夷，名孫，家在海陵。天公去年與道、佛共議，欲除此間民人，道、佛苦諫得止。大禍將至，何不立六愼門？”誕問六愼門云何？答曰：“古時有言：禍不入六愼門。”誕以其狂悖，殺之。此人蓋有心疾，然其論，則後世下流社會中雜糅三教之論也。《齊書‧祥瑞志》言：永明三年，七月，始興郡民龔玄宣云：去年二月，忽有一道人乞食。因探懷中，出篆書真經一卷六紙，又表北極一紙，又移付羅漢一紙，云：“從兜天宫下，使送上天子。”其糅合釋、道，更可發一噱。此固造作之辭，然造作者之見解，即其時流俗之見解也。《晉書‧隱逸傳》：鮑靚，東海人，年五歲，語父母云：“本是曲陽李家兒，九歲墜井死。”其父母尋訪得李氏，推問皆符驗。此明爲佛説，而又云：靚學兼內外，明天文、《河洛書》，嘗見仙人授道訣，百餘歲卒。陶弘景，道家之巨擘也，而云：“夢佛授其菩提，記名爲勝力菩薩。”乃詣鄮縣阿育王塔自誓受五大戒，居之不疑，在邦必聞之徒，其爲道、爲佛，亦不可究詰矣。此周武帝所由欲和會三教，自立皇極歟？

關佛者多以其出自外國爲言。王度及魏大武詔即如此。《晉書‧蔡謨傳》：彭城王紘上言：樂賢堂有明帝手畫佛像，經歷寇難，而此堂猶存，宜勅作頌，成帝下其議。謨曰：“佛者夷狄之俗，非經典之制。”其意亦與此同。苻堅命道安同輦，權翼謂毁形賤士，不宜參穢乘輿。宋文帝召見慧琳，常升獨榻，

顏延之方之同子參乘。毀形者天竺之法，亦惡其來自外國也。張敷爲江夏王義恭撫軍記室參軍。義恭就文帝求一學義沙門。會敷赴假還江陵，文帝令載沙門往。謂曰："道中可得言晤。"敷不奉詔。《宋書》敷自有傳，又附見其父邵傳中，皆載此事。梁武帝銳意釋氏，天下從風，而韋叡自以信受素薄，位居大臣，不欲與俗俯仰，所行略如他日。此特士大夫之驕矜。即李安民奉佛法，不以軛下牛祀項羽神，見上節。亦惡其爲淫祀故耳。要之當時不奉佛者，皆非不足其教義也。

僧人多有術藝。[1] 故周朗上疏，謂其假醫術，託卜數。沙門知醫，已見第二十三章第七節。臺城之陷，賀琛被創未死，賊輿送莊嚴寺療之，則當時佛寺，必有以醫療爲務者。沈攸之將發江陵，使沙門釋僧桀筮之，此則沙門明於卜筮之徵也。不特此也，《魏書·山偉傳》言偉與袁昇李延孝、李奐、王延業等方駕而行，偉少居後。路逢一尼，望之歎曰："此輩緣業，同日而死。"謂偉曰："君方近天子，當作好官。"昇等皆於河陰遇害。《術藝傳》言：王顯布衣爲諸生，有沙門相顯，後當富貴。誡其勿爲吏部官。由是世宗時或欲令攝吏部，每殷勤避之。及世宗崩，肅宗夜即位，倉卒百官不具，以顯兼吏部行事，竟遇害。《北史·藝術傳》云：魏正始前，有沙門學相，遊懷朔，舉目見人，皆有富貴之表。以爲必無此理，燔其書。而後皆如言，乃知相法不虛也。則沙門又多通相法者。此等不過取信流俗，便於傳布其教。乃若闞康之，嘗就沙門支僧納學算。《南史·隱逸傳》。《宋書》無算字，蓋奪。魏九家曆，沙門統道融居其一。見第二十三章第七節。《魏書·術藝傳》載殷紹上《四序堪輿表》云：初就大儒成公興學算。公興將之求沙門釋曇影，曇影又將之求道人法穆，從之學者四年。則沙門之於算法，多有深造。慕容寶參合之役，支曇猛勸早爲備。拓跋燾之圍縣瓠，毀浮圖，取金像爲大鉤，施之衝車端，以牽樓堞。城內有一沙門，頗有機思，輒設奇以應之。《宋書·文九王傳》。則其人并有通於兵、陰陽、技巧之學者矣。《隋書·經籍志》所載，音樂、小學、地理、天文、曆數、五行、醫方、《楚辭》諸門，皆有沙門撰著，而天文、曆數、醫方，傳自天竺者尤多，當時胡僧，幾如近世之基督教士，齎學藝以俱來矣。

僧人多有才學，故頗有參與政事者。宋廬陵王義真，嘗云得志之日，以慧琳爲豫州都督。《宋書·武三王傳》。元嘉中，琳遂參權要。賓客輻湊，四方贈賂相繫，勢傾一時。《夷蠻傳》。而義康謀叛，法略道人法靜尼，亦并與其事。齊世則有楊法

---

[1]　宗教：僧人多有術藝，故多參與政事（第一〇五九——一〇六〇頁）。

持。元徽中,宣傳密謀,後遂罷道,爲寧朔將軍,封州陵縣男。《齊書·倖臣傳》。北
齊神武之臣有潘相樂,本作道人。神武自發晉陽,至克潼關,凡四十啓而魏帝不
答,遣僧道榮奉表關中,又不答,乃集百僚、四門耆老議所推立。① 四門,《北史》
作沙門,蓋是? 文宣嘗命親奉神武音旨者,條録封上,中有沙門,見第二十三章第五
節。可見沙門多參謀議也。《晉書·載記》:沙門吴進言於石季龍曰:“胡運將衰,
宜苦役晉人,以厭其氣。”季龍於是使尚書張羣,發近郡男女十六萬,車十萬乘,運
土築華林苑及長牆於鄴北。姚襄之敗,沙門智通勸其無戰。慕容德之據廣固,
謀及沙門朗公。更觀慕容寶之有支曇猛,沮渠蒙遜之有曇無讖。而知五胡之
主,謀及沙門者,亦不乏矣。

　　凡藉宗教以資扇惑者,其所説教義,所立教條,不必皆其教之真諦也。特
就衆所共知共信者,附會爲説而已。洪秀全之於基督教,其顯而易見者也。
佛教之爲豪桀所資亦如是。②《晉書·石季龍載記》云:有安定人侯子光,自
稱佛大子,從大秦國來,當王小秦國。易姓名爲李子揚。游於鄠縣爰赤眉家。
赤眉信敬之,妻以二女。轉相誑惑。京兆樊經、竺龍、此人蓋亦道人,故以竺爲姓。
嚴諶、謝樂子等聚黨數千人於杜南山。子揚稱大皇帝,建元曰龍興。此爲藉
佛教以圖作亂,見於記載最早者。其後此等事迄不絶。宋文帝元嘉九年益州
之亂,五城人帛氏奴等奉道人程道養爲主,詐稱晉宗室司馬飛龍。見《宋書·劉粹
傳》。二十八年,又有亡命司馬順則,詐稱晉宗室近屬,據梁鄒城,又有沙門自
稱司馬百年應之。《蕭思話傳》。孝武帝大明二年,先是有南彭城蕃縣人高闍,沙
門釋道方等,共相誑惑。與秣陵民藍宏期等謀爲亂。又要結殿中將軍、大宰
府將等,謀攻宫門,掩大宰江夏王義恭,分兵襲殺諸大臣,事發,黨與死者數百
人。《王僧達傳》。《夷蠻傳》云:闍爲羌人,已見前。此甚似清世林清之變矣。齊武帝永
明十一年,建康蓮花寺道人釋法智與徐州民周盤龍等作亂。《齊書·王玄載傳》。
梁武帝時,有沙門僧强,自稱爲帝,攻陷北徐州。《梁書·陳慶之傳》。此皆在南朝
者。其在北朝,則《魏書·本紀》所載:太祖天興五年,有沙門張翹,自號無上
王,與丁零鮮于次保聚衆據常山之行唐。高祖建興三年,十二月,有沙門慧隱
謀反。大和五年,有沙門法秀謀反。十四年,有沙門司馬惠御謀破平原郡。
世宗永平二年,有涇州沙門劉惠汪聚衆反。三年,二月,有秦州沙門劉光秀謀
反。延昌三年,十一月,有幽州沙門劉僧紹聚衆反,自號浄居國明法王。四

---

① 宗教:集沙門議論推立。
② 宗教:藉佛教以作亂者。

年,六月,沙門法慶反於冀州,自稱大乘。九月,元遙破斬之。及渠帥百餘人,傳首京師。延平二年,正月,其餘賊復相聚結,攻瀛州。法慶與法秀,聲勢最爲浩大。《苟頹傳》云:大駕行幸三川,頹留守京師。沙門法秀謀反,頹率禁衛收掩,畢獲,內外晏然。駕還飲至,文明大后曰:"當爾之日,卿若持疑,不即收捕,處分失所,則事成不測矣。今京畿不擾,宗社獲安,卿之功也。"亦釋道方之類也。《恩倖·王叡傳》云:法秀謀逆,事發,多所牽引。叡曰:"與其殺不辜,寧赦有罪,宜梟斬首惡,餘從疑赦。"高祖從之。得免者千餘人。其徒黨可謂甚廣。據《崔玄伯傳》,是役也,崔道固兄子僧祐與焉。又《閹官傳》:平季父雅,亦與於此役,季以此坐腐刑,而雅實爲州秀才,則士大夫亦有與其事者。《齊書·魏虜傳》云:虜囚法秀,加以籠頭鐵鏁,無故自解脫,虜穿其頸骨,使呪之曰:"若復有神,當令穿肉不入。"遂穿而殉之。三日乃死。其遇漢人之酷如此。[1] 大乘之變,據《魏書·元遙傳》云:法慶爲妖幻,說渤海人李歸伯,歸伯合家從之。招率鄉人,推法慶爲主。法慶以歸伯爲十住菩薩、平魔軍司、定漢王。自號大乘。殺一人者爲一住菩薩,殺十人者爲十住菩薩。[2] 又合狂藥,令人服之,父子兄弟,不相知識,惟以殺害爲事。於是聚衆殺阜城令,破渤海郡,殺害吏人。刺史冀州蕭寶夤遣長史崔伯驎討之,敗於煮棗城,伯驎戰歿,凶衆遂盛。所在屠滅寺舍,斬戮僧尼,焚燒經象,云新佛出世,除去惡魔。其好殺頗類孫恩,未知何故? 或亦深疾末俗之惡,而思有所袪除歟? 而亦兼及僧尼,又可見是時僧尼爲衆所疾視之甚也。《張彝傳》云:元遙多所殺戮,積尸數萬。彝子始均,忿軍士重以首級爲功,乃令檢集人首數千,一時焚爇,用息徼幸,此又可見虜視漢人如草芥矣。大乘事迹,又見《宇文福》、《高允》、《蕭寶夤》、《裴叔業》、《李叔虎》、《酷吏·谷楷》、《閹官·封津》、及《北齊書·封隆之傳》中。《北齊書·皮景和傳》云:吳明徹寇淮南,景和率衆拒之。有陽平人鄭子饒,詐依佛道,設齋會,用米麪不多,供贍甚廣。密從地藏,漸出餅飯,愚人以爲神力,見信於魏、衛之間。將爲逆亂,謀洩,掩討漏逸,乃潛渡河,聚衆數千,自號長樂王。已破乘氏縣,又欲襲西兗州城。景和自南兗州遣騎數百擊破之,生禽子饒送京師,烹之。《魏書·盧玄傳》:高祖議伐蕭賾,玄子淵表曰:"臣聞流言:關右之民,比年以來,設爲齋會,假稱豪貴,以相扇惑。顯然於衆坐之中,以謗朝廷。無上之心,莫此爲甚。愚謂宜速懲絕,戮其魁帥。不爾,懼成黃巾、赤眉之禍。"子饒之所

---

① 民族:虜之虐(第一〇六一——一〇六二頁)。
② 宗教:大乘好殺并及僧尼焚經像。

爲,則所謂設爲齋會者也。顯謗朝廷於衆坐之中,可見其非不知政治。然則所謂假稱豪貴者,果編氓假稱之歟? 抑實有豪貴,參與其事也? 能爲地道,多出餅飯,其人亦非甕牖繩樞之子矣。《源賀傳》:賀出爲冀州刺史,武邑郡姦人石華告沙門道可與賀謀反。《逸士傳》:馮亮居嵩高,與僧徒禪誦爲業,逆人王敞事發,連山中沙門,亮亦被執赴尚書省,詔特免雪。亮遂不敢還山,寓居景明寺,久之乃還山室。沙門之易與亂事相連如此。異族竊據之際,有心人欲謀光復往往藉宗教爲結合之資。自胡元荐居,白蓮會聲勢始大,明代稍微,及清又盛。雖三合會亦自託於少林寺僧。合第八章第五節觀之,而知元魏時佛徒之稱兵者,必有民族義士,[1]廁身其間矣。然附從之者,究以所謂豪傑之徒爲多,故其宗旨不能盡純,久之或且寖忘其本。此觀於近世白蓮、三合之徒之數典忘祖而可知也。曇洛椎埋發墓,見第二十一章第五節。天恩橫行閭肆,見第十八章第三節。皆可想見僧徒中有何等人。此高宗之復佛法,所以必限欲爲沙門者,出於良家,無諸嫌穢歟,《釋老志》:高祖延興二年,四月,詔比丘不在寺舍,游涉村落,交通姦猾,經歷年歲。令民間五五相保,不得容止無籍之僧。精加隱括,有者送付州鎮,其在畿郡,送付本曹。若爲三寶巡民教化者,在外齋州鎮維那文移,在臺者齋都維那等印牒,然後聽行。違者加罪。世宗永平二年,沙門統惠深上言,與經、律法師,羣議立制。有不安寺舍,游行民間者,脱服還民。皆懼其爲黄巾赤眉之禍也。然藉資宗教,思教養其民以相保者,亦自有之。《北齊書·陸法和傳》云[2]:不知何許人也。隱於江陵百里洲。衣食居處,一與苦行沙門同。耆老自幼見之,容色常不定,人莫能測也。或謂自出嵩高,循游遐邇。侯景遣任約擊江陵,法和乃詣湘東乞征約。召諸蠻夷弟子八百人。湘東遣胡僧祐領千人與同行。至赤沙湖,武陵王紀兵來。王琳與法和經略,一戰而殄之。以爲都督郢州刺史。部曲數千人,通呼爲弟子。惟以道術爲化,不以法獄加人。市不立丞,見第二十二章第五節。天保六年,清河王岳進軍臨江,法和舉州入齊。文宣以爲荆州刺史。梁將侯瑱,來逼江夏,齊軍棄城而退。法和入朝。詣闕通名,不稱官爵,不稱臣,但云荆山居士。以官所賜宅營佛寺。自居一房,與凡人無異焉。案法和所用者蠻衆,史又言其語帶蠻音,蓋久習於蠻者。其所爲則甚似張魯,以是時佛教盛行,故自託於佛耳,此固無教不可託也。

---

[1]　民族:魏時藉佛教作亂者,中必有民族義士。
[2]　宗教:陸法和似張魯,案此等人如多,於革命亦有益,以其有後方也。

## 第三節　道教建立

古無所謂宗教也，人倫日用之道，幽深玄遠之思，諸子百家之學，蓋無不兼容并苞焉？佛教東來，説愈微眇，出世入世，道乃殊科。夫佛道則誠高矣妙矣，然究爲外來之教，不能舉吾所固有者而盡替之也。儒教重政治、倫紀，勢不能談空説有，與佛教争短長。於是有萃吾故所崇奉，文之以哲理，以與佛教對峙者，則道教是已。

道教之淵源何自邪？曰：其正源，仍爲漢末張角、張魯之教，晉時稱爲天師道。《晉書·何充傳》云：郗愔及弟曇奉天師道，而充與弟準，崇信釋氏。謝萬譏之云：“二郗諂於道，二何佞於佛。”《王羲之傳》云：王氏世事張氏五斗米道，凝之彌篤。孫恩之攻會稽，寮佑請爲之備，凝之不從。時爲會稽内史。方入靖室請禱。出，語諸將佐曰：“吾已請大道，許鬼兵相助，賊自破矣。”既不設備，遂爲孫恩所害。《魏書·僭晉傳》曰：恩之來也，弗先遣軍。乃稽顙於道室，跪而呪説，指麾空中，若有處分者。官屬勸其討恩。凝之曰：“我已請大道出兵，凡諸津要，各有數萬人矣。”獻之遇疾，家人爲上章。道家法應首過，問其有何得失？對曰：“不覺餘事，惟憶與郗家離婚。”獻之前妻，郗曇女也。案豈以爲同教中人故，離婚倍覺耿耿邪？《王恭傳》云：淮陵内史虞珧子妻裴氏，有服食之術。常衣黄衣，狀如天師。道子悦之，令與賓客談論。案元凶劭號嚴道育爲天師，亦知服食。《殷仲堪傳》云：仲堪少奉天師道。精心事神，不吝財賄。而怠行仁義，嗇於周急。桓玄來攻，猶勤請禱。《齊書·高逸傳》云：褚伯玉，年十八，父爲之婚，婦入前門，伯玉從後門出。孔稚珪從其受道法。《南史·孔珪傳》云：父靈産，泰始中晉安太守。有隱遁之志。於禹井立館，事道精篤。吉日，於静屋四向朝拜，涕泣滂沱。東出過錢唐北郭，輒於舟中遥拜杜子恭墓。自此至都，東鄉坐不敢背側。《沈攸之傳》云：齊武帝制以攸之弟雍之孫僧昭爲義興公主後。僧昭，别名法朗。少事天師道士。常以甲子及甲午日夜，著黄巾，衣褐，醮於私室。時記人吉凶，頗有應驗。自云爲泰山録事，幽司中有所收録，必僧昭署名。中年爲山陰縣，梁武陵王紀爲會稽大守，宴坐池亭，蛙鳴聒耳。王曰：“殊廢絲竹之聽。”僧昭呪厭，十餘口便息。及日晚，王又曰：“欲其復鳴。”僧昭曰：“王歡已闌，今恣汝鳴。”即便喧聒。又嘗校獵，中道而還。左右問其故。答曰：“國家有邊事，須還處分。”問何以知之？曰：“鄉聞南山虎嘯知耳。”俄而使至。復謂人曰：“吾昔爲幽司所使，實爲煩碎，今已自解。”乃開匣出黄紙書，上有一大字，字不可識。曰：“教分判如

此。"及大清初,謂親知曰:"明年海内喪亂,生靈十不一存。"乃苦求東歸。既不獲許,及亂,百口皆殲。觀此諸事,可知所謂天師道者即五斗米道,①而與大平道同源。大平道好爭鬥,晉世孫恩一派,蓋其嫡傳。《宋書·毛脩之傳》云②:脩之不信鬼神,所至必焚除房廟。蔣山廟中有佳牛好馬,脩之并奪取之,而其在洛,敬事嵩山寇道士,蓋亦漢世黄巾中黄大乙之舊。見《秦漢史》第二十章第六節。《隋書·地理志》云:梁州崇奉道教,有張魯遺風,則五斗米道之流傳,亦未嘗絶。然此二者,皆不能成爲全國通行之大教。惟于吉一派,頗與士大夫往來。吉雖爲孫策所殺,其道在江東,蓋迄未嘗絶,至晉世,遂成爲所謂天師道者,而流行於士大夫之間。夫其教流行於士大夫之間,則能掃除鄙倍,去其與政治不相容者,且加之以文飾,而豹變之機至矣。

《王羲之傳》又云:羲之雅好服食養性,不樂在京師。既去官,與道士許邁共脩服食,採藥不遠千里,而虞珧子妻,亦有服食之術,是神仙家與天師道同流也。案神仙家與醫藥經、經方,《漢志》同隷方技,其術本自相通。二張皆以符水爲人治病,亦未必不通醫藥。小民急治病,士夫覬長生,覬長生而服食、養性重焉矣。重養性則輕婚宦矣,此褚伯玉所以逃婚,孔靈産所以隱遁也。故神仙家亦道教之一源也。神仙家之説,至魏、晉之世,亦稍符於哲理。③稽康作《養生論》,謂神仙由"特受異氣,稟之自然,非積學所能致"。"道養得理,上獲千餘歲,下可數百年,以世皆不精,故莫能得"。其説云:"服藥求汗,或有不獲,而愧情一集,涣然流離。終朝未餐,囂然思食,而曾子銜哀,七日不飢。夜分而坐,則低迷思寢,内懷殷憂,則達旦不瞑。勁刷理鬢,醒醪發顔、僅乃得之,壯士之怒,赫然殊觀,植髮衝冠。"以此知"精神之於形骸,猶國之有君"。而"豆令人重,榆令人瞑,合歡蠲忿,萱草忘憂,薰辛害目,豚魚不養,蝨處頭而黑,麝食柏而香,頸處險而瘦,齒居晉而黄","凡所食之氣,蒸性染身,莫不相應",則形質亦未可忽。夫"爲稼於湯世,偏有一溉之功者,雖終歸於焦爛,必一溉者後枯",理無可惑。然則"田種者一畝十斛,謂之良田,而區種可百餘斛"。"謂商無十倍之價,農無百斛之望",特"守常不變"之論,"以多自證,以同自慰,謂天地之理盡此",實未爲是也。此其所信者雖非,而其所以信之者,則皆據事理立論,與迷信者殊科矣。《宋書·顧覬之傳》:覬之命弟子愿著《定命論》,謂:

---

① 宗教:天師道即五斗米道,與太平道同源,太平道好爭鬥,孫恩蓋其嫡傳。毛脩之所至焚除房廟,敬事嵩山寇道士,顧歡亦事五斗米道(第一〇六七頁)。

② 民族:毛脩之所至焚除房廟而事嵩山寇道士。

③ 宗教:神仙家之説漸趨合理。

"齊疆、燕平，厭驗未著，李覃、董芬，其效安在？喬、松之侶，雲飛天居，夷、列之徒，風行水息，良由理數縣挺，實乃鍾茲景命。"《顏氏家訓·養生篇》云："神仙之事，未可全非，但性命在天，或難種植。"皆與嵇氏同意。神僊家之論，存於今而可考者，莫如《抱朴子》之完。其説曰："幻化之事，九百有餘，按而行之，莫不皆效。"此其所以信"仙之可得"也。《對俗》。又曰："神仙方書，試其小者，莫不效焉。"《對俗》。"校其小驗，則知其大效，覩其已然，則明其未試。"《塞難》。此其所以信"長生可得，仙人無種"也。《至理》。求仙之術，葛氏所信者爲金丹。亦以"泥壤易消，而陶之爲瓦，則與二儀齊其久，柞柳速朽，而燔之爲炭，則可億載而不敗"，《至理》。以是信物質之可變。又謂"金玉在於九竅，則死人爲之不朽，鹽鹵沾於肌髓，則脯腊爲之不爛"，《對俗》。以是信藥物之有功耳。又云"雲、雨、霜、雪，皆天地之氣，而以藥作之，與真無異"，可見"變化之術，何所不爲"。且"化作之金，乃是諸藥之精"，轉"勝於自然者"。而且"得其要，則不煩聖賢大才而可爲"。《黃白》。此其所以信丹之可作也。然則何以成者甚寡？曰：此由道士皆貧，不得備其藥劑；又其法得之不易；既得之，又必入名山，不則當於海中大島嶼作之，其事彌難耳。葛氏謂導引、房中、服藥、禁呪，秖能延年，愈疾，外攘邪惡，皆不能免於死；而且命不可以重禱延，疾不可以豐祀除；故惟金丹爲足恃，説見《金丹》、《釋滯》、《微旨》等篇。其所以堅信金丹而賤草木之藥者，則以金石之質，堅於草木，而金又堅於石也。當時方士，信者甚多。《梁書·處士·陶弘景傳》云：大通初，令獻二丹於高祖。《南史》則云：天監中獻二丹於武帝，中大通初又獻二丹。又云：弘景既得神符祕訣，以爲神丹可成，而苦無藥物。帝給黃金、朱砂、曾青、雄黃等。後合飛丹，色如霜雪，服之體輕。帝服飛丹有驗，益敬重之。《魏書·釋老志》云：京兆人韋文秀，隱於嵩高，徵詣京師。世祖曾問方士金丹事，多曰可成。文秀對曰："神道幽昧，變化難測，可以闇遇，難以豫期。臣昔受教於先師，曾聞其事，未之爲也。"然《崔逞傳》言：逞子頤，與方士韋文秀詣王屋山造金丹，不就，則文秀實非不事此者，特不欲爲虜主言之耳。《術藝傳》：徐謇欲爲高祖合金丹，乃入居崧高，採營其物，歷歲無所成，遂罷。入山所採，當爲植物，然云金丹，則當僅以之爲助，仍以礦物爲主也。《北史·藝術傳》云：有張遠遊者，文宣時，令與諸術士合九轉金丹。及成，帝置之玉匣，云："我貪人間作樂，不能飛上天，待臨死時取服耳。"案《葛氏金丹篇》言丹之名甚多，而最貴者爲還丹及金液。還丹，亦曰神丹，成之凡九轉，故又稱九丹。得其一即仙。金液效與還丹同，而較還丹爲易作。其所謂仙者？則上士舉形升虛，謂之天仙，中士游於名山，謂之地仙，下士先死後蜕，謂之尸解仙。既已得仙，則升天住地，各從所好。又服還丹金液之法，若欲留在世間，可但服其半，録其半，後求升天，乃盡服之。説見《論仙》、《對俗》兩篇，實與張遠遊之説密合，而神丹之名，亦與陶弘景所欲作者同。足見其説皆有傳授，雖不足信，述之者初非欺人也。作金丹必入名山或大島嶼者？《金丹篇》述其師鄭隱之言曰："合大藥皆當祭，祭則大乙、元君、老君、玄女皆來鑒。若令俗間愚人得經過聞見之，諸神便責作藥者不遵承經戒，致令惡人有毀謗之言，則不復佑助人，邪氣得進，而藥不成。"又云："老君告之：諸小山皆不可於其中作金液、神丹，凡小山皆無正神爲主，多是木石之精，千歲老物，血食之鬼。此輩皆邪炁，不念爲人作福，但能作禍。善試道士。須當以術辟身及將從弟子，然或能壞人藥也。"其堅信長生之可求如此，然問以長生之理，則曰：

"松、喬之徒,雖得其效,亦未必測其所以然,"《對俗》。坦然自承其不知焉。又
設難曰:理之明顯,事之昭著如此,聖如周、孔,何莫之爲? 則曰:"受氣結胎,
各有星宿。命屬生星,則其人必好仙道,求之必得。命屬死星,則其人不信仙
道,不脩其事。"《塞難》。"俗所謂聖人者,皆治世之聖人,非得道之聖人"也。《辨
問》。《遐覽篇》論符,謂"世間有受體使術用符獨效者",亦同此意。其持論之致密如此,安得
謂與迷信同科邪? 葛氏之論,亦有類乎迷信者,如云:"按《易內戒》、《赤松子
經》、《河圖記命》符皆云:天地有司過之神,隨人所犯輕重,以奪其算,算三日,紀
三百日。又言身中有三尸,魂靈鬼神之屬也。欲使人早死,此尸當得作鬼,放縱
游行,饗人祭酬。是以每到庚申之日輒上天白司命,道人所爲過失。又月晦
之夜,竈神亦上天,白人罪狀。大者奪紀,小者奪算。吾亦未能審此事之有
無。然山川、草木、井竈、汙池,猶皆有精氣,況天地爲物之至大者,於理當有
精神則宜賞善而罰惡。但其體大而網疏,不必機發而響應耳。"《微旨》。又云:
"山無大小,皆有神靈,又有老魅。""入山無術,必有患害。"因此而著諸符。然
又曰:"天地之情狀,陰陽之吉凶,茫茫乎其難詳也,吾不必謂之有,亦不敢保
其無。"《登陟》。則於此等説,特過而存之耳。於説之不能決者,過而存之,而又
明著其存之之意,正見其立論之矜慎,亦非迷信也。

　　然此等議論,究尚未足登談玄者之堂。故神仙家之言,又有更進於此者。
《抱朴子》首篇《暢玄》曰:"玄者,自然之始祖,而萬殊之大宗也。其高則冠蓋
乎九霄,其曠則籠罩乎八隅。來焉莫見,往焉莫追。乾以之高,坤以之卑。雲
以之行,雨以之施。胞胎元一,範鑄兩儀。吐納大始,鼓冶億類。"以宇宙萬
物,皆一玄之所彌綸,幾乎哲學家一元之論矣。然又云:"玄之所在,其樂不
窮,玄之所去,器弊神逝。"則似又岐形與氣而二之。又引《仙經》述貞一之説
曰:"一有姓氏、服色。男長九分,女長六分。或在臍下二寸四分下丹田中。
或在心下絳宮金闕中丹田。或在人兩眉間,卻行一寸爲明堂,二寸爲洞房,三
寸爲上丹田也。此乃道家所重,世世歃血,口傳其姓名耳。"又述其師説曰:
"一在北極大淵之中。道術諸經所思存念作,可以卻惡防身者,乃有數千法,
亦各有效。然思作數千物以自衛,率多煩難。若知守一之道,則一切除棄此
輩。故曰:能知一則萬事畢也。"又曰:"玄一之道,亦要法也。無所不辟,與貞
一同功。吾內篇第一名之爲《暢玄》者,正以此也,守玄一復易於守貞一。守
貞一有姓字、長短、服色。曰玄一,但此見之。初求之於日中,所謂知白守黑,
欲死不得者也。然先當百日潔齋,乃可候求。亦不過三四日得之。得之守
之,則不復去矣。守玄一并思其身分爲三人。三人已見,又轉益之,可至數十

人，皆如己身。隱之顯之，皆自有口訣。此所謂分形之道。左君及薊子訓、葛
仙公所以能一日至數十處，及有客坐上，一主人與客語，門中又有一主人迎
客，而水側又有一主人投釣也。"《地真》。此則不成語矣。蓋以其仍受舊説之牽
率，故如此也。《齊書·高逸傳》云：杜京産，杜子恭玄孫也。世傳五斗米道。
與同郡顧歡同契，歡爲道教中名人。其答袁粲之難曰："神仙有死，權便之説。
神仙是大化之總稱，非窮妙之至名。至名無名，其有名者，二十七品。仙變成
真，真變成神，或謂之聖，各有九品。品極則入空寂，無爲無名。若服食、茹
芝，延壽萬億，壽盡則死，藥極則枯，此脩考之士，非神仙之流也。"①《齊書》本傳。
其説較葛氏彌有進矣。然如此則無體。無體則辛苦脩爲，誰受其報？此必非
俗情之所能甘。抑無擬人之神，以資崇奉，而徒皈心於虛寂，亦非俗情之所能
喻也。此雖無負於哲理，而必不能成爲宗教，故建立道教之士，又必別闢一
途焉。

一切迷信若方術，果何以結合之，使之成爲一大宗教乎？曰：文之以當時
通行之哲理，更益之以佛説之虛誕，其要道也。觀於《魏書·釋老志》及《隋
書·經籍志》之説，而道教之所以成爲宗教者，思過半矣。《魏書·釋老志》
曰："道家之原，出於老子。其自言也：先天地生，以資萬類。上處玉京，爲神
王之宗，下在紫微，爲飛仙之主。千變萬化，有德不德，隨感應物，厥迹無常。
授軒轅於峨嵋，教帝嚳於牧德，大禹問長生之訣，尹喜受道德之旨。至於丹書
紫字，昇玄飛步之經，玉石金光，妙有靈洞之説，如此之人，不可勝記。其爲教
也，咸蠲去邪累，澡雪心神，積行樹功，累德增善。乃至白日升天，長生世上。
所以秦皇、漢武，甘心不息，靈帝置華蓋於灌龍，設壇場而爲禮。及張陵受道
於鵠鳴，因傳天官章本千有二百。弟子相授，其事大行。齋祠跪拜，各成法
道。有三元、九府、百二十官，一切諸神，咸所統攝。又稱劫數，頗類佛經。其
延康、龍漢、赤明、開皇之屬，皆其名也。及其劫終，稱天地俱壞。其書多有禁
祕，非其徒也，不得輒觀。至於化金銷玉，行符勅水，奇方妙術，萬等千條。上
云羽化飛天，次稱消災滅禍。故好異者往往尊事之。"《隋書·經籍志》曰："道
經者？云有元始天尊，生於大元之先，稟自然之氣，沖虛凝遠，莫知其極。所
以説天地淪壞，劫數終盡，略與佛經同。以爲天尊之體，常存不滅。每至天地
初開，或在玉京之上，或在窮桑之野，授以祕道，謂之開劫度人。然其開劫，非
一度矣。故有延康、赤明、龍漢、開皇，是其年號。其間相去，經四十一億萬

① 宗教：顧歡言神仙無體。

載。所度皆諸天仙上品。亦有大上老君、大上丈人、天真皇人、五方天帝,及諸仙官,轉共承受,世人莫之與也。所説之經,亦稟元一之氣,自然而有,非所造爲。亦與天尊,常在不滅。天地不壞,則蘊而莫傳,劫運若開,其文自見。凡八字,盡道體之奥,謂之天書,字方一丈,八角垂芒,光輝照耀,驚心眩目,雖諸天仙,不能省視。天尊之開劫也,乃命天真皇人,改囀天音而辯析之。自天真已下,至於諸仙,展轉節級,以次相授。諸仙得之,始授世人。然以天尊經歷年載,始一開劫,受法之人,得而寶祕,亦有年限,方始傳授。上品則年久,下品則年近。故今授道者經四十九年,始得授人。推其大旨,蓋亦歸於仁愛、清静,積而脩習,漸致長生,自然神化。或白日登仙,與道合體。案此即顧歡之説。其受道之法,初受《五千文籙》,次受《三洞籙》,次受《洞玄籙》,次受《上清籙》。籙皆素書,紀諸天曹官屬佐吏之名有多少。又有諸符錯在其間。文章詭怪,世所不識。受者必先潔齋,然後齎金環一,并諸贄幣,以見於師。師受其贄,以籙授之。仍剖金環,各持其半,云以爲約。弟子得籙,緘而佩之。其潔齋之法,有黄籙、玉籙、金籙、塗炭等齋。爲壇三成,每成皆置縣蕝,以爲限域。傍各開門,皆有法象。齋者亦有人數之限。以次入於縣蕝之中,魚貫面縛,陳説愆咎,告白神祇。晝夜不息,或一二七日而止,其齋數之外有人者,并在縣蕝之外,謂之齋客,但拜謝而已,不面縛焉。而又有諸消災、度厄之法,依陰陽數術,推人年命,書之如章表之儀,并具贄幣,燒香陳讀,云奏上天堂,請爲除厄,謂之上章。夜中於星辰之下,陳設酒脯、餅餌、幣物,歷祀天皇、大一,祀五星、列宿,爲書如上章之儀以奏之,名之爲醮。又以木爲印,刻星辰日月於其上,吸氣執之,以印疾病,多有愈者。又能登刃入火,而焚勑之使刃不能割,火不能熱。而又有諸服餌,辟穀、金丹、玉漿、雲英蠲除滓穢之法,不可殫記。云自上古黄帝、帝嚳、夏禹之儔,并遇神人,咸受道籙。年代既遠,經史無聞焉。推尋事迹,漢時諸子,道書之流有三十七家,大旨皆去健羨,處沖虚而已,無上天官符籙之事。"綜觀二説,以老子或天尊影射自然之力,誠如孟景翼之言,猶佛家之説法身。見上節,始蓋即傅會老子,繼乃又造一元始天尊也。開劫之説,亦竊諸佛。仁愛、清静,積累功德,則所以隨順世俗。白日升天,長生世上,取諸神仙家。凡諸方術,亦多自此而來。章醮印勑,節級之煩,傳授之祕,蓋大平、五斗米道之舊也。凡此皆後人所謂雜而多端者,而其能成爲一大教,則正由此,以其能網羅一切也。考諸漢時而無可見,可見其爲魏、晉後所造作矣。其爲誰造作不可知,亦必非一人所爲,一時所成也。

道教之成爲宗教,必在其經籙既具之後。《隋志》云:"陶弘景受道經、符

錄,梁武帝素與之游。帝弱年好道,先受道法。及即位,猶自上章。朝士受道者衆。三吳及邊海之際,信之逾甚。陳武世居吳興,故亦奉焉。"蓋至梁、陳之世,而江左之道教,規模粗立,非復其爲天師道時之舊矣。然梁武究爲明哲之主,且學問深邃,故其事道之篤,卒不敵其信佛之誠,而道教之大受崇奉,必有待於虜朝焉。《魏書·釋老志》云:"大祖好老子之言,誦詠不倦。天興中,儀曹郎董謐,因獻服食仙經數十篇。於是置仙人博士,立仙坊,煮鍊百藥。封西山以供其薪蒸。令死罪者試服之。非其本心,多死無驗。大祖猶將脩焉。大醫周澹,苦其煎采之役,欲廢其事,乃陰令妻貨仙人博士張曜妾,得曜隱罪。曜懼死,因請辟穀。大祖許之。給曜資用,爲造净室於苑中,給灑掃民二家。而鍊藥之官,仍爲不息。久之,大祖意少懈,乃止。"此所信者實方士耳,與道教無涉也。至世祖時而寇謙之起。《志》云:謙之少脩張魯之術。有仙人成公興,至謙之從母家傭賃,謙請回賃興,代己使役。乃將還,令其開舍南辣田。謙之算七曜,有所不了,興曰:"先生試隨興語布之。"俄然便決。謙之歎伏,請師事之。興固辭不肯,但求爲謙之弟子。未幾,令謙之絜齋三日,共入華山。令謙之居一石室。自出採藥,還與謙之。食藥不復飢。乃將謙之入嵩山。有三重石室,令謙之住第二重。歷年,興謂謙之曰:"興出,後當有人將藥來。得但食之,莫爲疑怪。"尋有人將藥而至,皆是毒蟲、臭惡之物,謙之大懼出走。興還問狀,謙之具對。興歎息曰:"先生未便得仙,政可爲帝王師耳。"興事謙之七年而卒。明日中,有叩石室者。謙之出視。見兩童子,一持法服,一持鉢及錫杖。謙之引入。至興尸所。興欻然而起。著衣持鉢,執杖而去。先是有京兆灞城人王胡兒,其叔父亡,頗有靈異。曾將胡兒至嵩高別館,同行觀望。見金室玉堂。有一館,尤珍麗,空而無人,題曰成公興之館。胡兒怪而問之。其叔父曰:"此是仙人成公興館。坐失火燒七間屋,被謫爲寇謙之作弟子七年。"始知謙之精誠遠通,興乃仙者,謫滿而去。謙之守志嵩岳,精專不懈。神瑞二年,十月,乙卯,忽遇大神,稱大上老君。謂謙之曰:往辛亥年,嵩岳鎮靈集仙宫主表天曹:稱自天師張陵去世已來,地上曠誠脩善之人,無所師授。嵩岳道士上谷寇謙之,立身直理,行合自然,才任軌範,宜處師位。吾故來觀汝。授汝天師之位。賜汝雲中音誦新科之誡二十卷,號曰《并進言》。吾此經誡,自天地開闢以來,不傳於世,今運數應出。汝宜吾新科,清整道教。除去三張僞法租米、錢稅,及男女合氣之術。大道清虛,豈有斯事?專以禮度爲首,而加之以服食、閉練。使王九疑人長客之等十二人授謙之服氣、導引、口訣之法,遂得辟穀,氣盛體輕,顏色殊麗。弟子十餘人,皆得其術。泰常八年,十

月,戊戌,有牧土上師李譜文來臨嵩岳。云老君之玄孫。昔居代郡桑乾。以漢武之世得道,爲牧土宮主,領治三十六土人鬼之政。地方十八萬里有奇,蓋曆術一章之數也?其中爲方萬里者有三百六十萬。遣弟子宣教,云:"嵩岳所統廣漢平土方里,以授謙之。賜汝天中三真大文録,劾召百神,以授弟子。文録有五等。壇位、禮拜,衣冠儀式,各有差品。凡六十餘卷。號曰《録圖真經》。付汝奉持。轉佐北方泰平真君,出天宮静論之法。能興造克就,則起真仙矣。又地上生民,末劫垂及。其中行教甚難。但令男女立壇宇、朝夕禮拜。若家有嚴君,功及上世。其中能脩身、練藥、學長生之術,即爲真君種民。"藥別授方,銷練金丹雲八石玉漿之法,皆有訣要。上師李君手筆有數篇。其餘皆正真書曹趙道覆所書古文、鳥迹、篆、隸雜體。又言:"二儀之間,有三十六天。中有三十宮,宮有一主。最高者無極至尊。次曰大至真尊,次天覆地長陰陽真尊,次洪正真尊,姓趙,名道隱,以殷時得道,牧土之師也。"牧土之來,赤松、王喬之倫,及韓終、張安世、劉根、張陵,近世仙者,并爲翼從。牧土命謙之爲子。與羣仙結爲徒友。幽冥之事,世所不了,謙之具問,一一告焉。經云:佛者,昔於西胡得道。在四十二天,爲延真宮主。勇猛苦教,故其弟子皆髡形、染衣,斷絕人道。諸天衣服悉然。此初無闢佛之意,可見崔浩說大武滅佛,非素定之計也。① 始光初,奉其書獻之。世祖乃令謙之止於張曜之所,供其食物。時朝野聞之,若存若亡,未全信也。崔浩獨異其言。因師事之,受其法術。於是上疏讚明其事,曰:"臣聞聖王受命,則有天應。而《河圖》《洛書》,皆寄言於蟲獸之文,未若今日,人神接對,手筆燦然,辭旨深妙,自古無比。斯誠陛下侔蹤軒、黄,應天之符也。豈可以世俗常談,而忽上靈之命?臣竊懼之。"世祖欣然。乃使謁者奉玉帛牲牢祭嵩岳,迎致其餘弟子在山中者。於是崇奉天師,顯揚新法,宣布天下,道業大行。及嵩高道士四十餘人至,遂起天師道場於京城之東南。重壇五層,遵其新經之制。給道士百二十人衣食。齊肅祈請,六時禮拜。月設厨會數千人。真君三年,謙之奏曰:"今陛下以真君御世,建静輪天宮之法,開古以來,未之有也。應登受符書,以彰聖德。"世祖從之。於是親至道壇受符録。自後諸帝每即位皆如之。恭宗見謙之奏造静輪宮,必令其高不聞雞鳴狗吠之聲,欲上與天神交接,功役萬計,經年不成,乃言於世祖曰:"人天道殊,卑高定分。今謙之欲要以無成之期,説以不然之事,財力費損,百姓疲勞,無乃不可乎?必如其言,未若因東山萬仞之上,爲功差易。"世祖深然

---

① 宗教:崔浩説太武滅佛,非素定之計。

恭宗之言，但以崔浩贊成，難違其意，沈吟者久之，乃曰："吾亦知其無成。事既爾，何惜五三百功？"九年，謙之卒，葬以道士之禮。崔浩實有覆虜之計，謙之蓋亦同心，①已見第八章第六節。《北史·李先傳》：先少子皎，天興中密問先曰："子孫永爲魏臣，將復事他姓邪？"皎爲謙之弟子，亦謙之不甘臣虜之一證也。隆静輪之宫至於天，豈不知其勞民？所圖者大，則不得復恤其小矣，此民族義士之苦心也。崔浩雖敗，道教初不因之而廢，足見謙之藏機之深，而其志竟不得遂，徒使後人譏爲迷信之魁，豈不哀哉？

　　道教之寺，名曰崇虚。《釋老志》云：大和十五年，詔以昔京城之内，居舍尚希，今者里宅櫛比，移寺於都南桑乾之陰，岳山之陽，給户五十，以供齋祀。仍名爲崇虚寺。可召諸州隱士，員滿九十人。《高祖紀》云：所移者爲道壇，改曰崇虚寺，蓋以寺該於道壇之中也。《志》又云：遷洛移鄴，踵如故事。其道壇在南郊，方二百步。以正月七日、七月七日、十月十五日，壇主、道士、哥人一百六人行拜祠之禮。諸道士罕能精至，又無才術可高，武定六年，有司執奏罷之。其有道術如河東張遠遊、河間趙静通等，齊文襄王別置館京師而禮接焉。《隋書·經籍志》曰：遷洛已後，置道場於南郊之旁，方二百步。正月、十月之十五日，并有道士、哥人百六人拜而祠焉。後齊武帝遷鄴，遂罷之。文襄之世，更置館宇，選其精至者使居焉。後周承魏，崇奉道法，每帝受籙，如魏之舊，尋與佛法并滅，其事已見上節。齊世道士屬崇虚局，局隸大常之大廟署，見《隋書·百官志》。

　　自道教既興之後，昔日神仙之家，方術之士，世遂皆稱爲道教之徒。其實此教在張角、張魯等推行於民間之時，可稱爲一宗教，至其受政府崇奉之後，則轉失其宗教之性質矣。如齊文襄之所館，實方士也。方士之中，亦有精心學道者。《抱朴子·金丹篇》，自言所見道士數百，各有數十卷書，亦未能悉解，但寫畜之而已，此等必非欺人之人，②或轉受欺於人也。《魏書·釋老志》云：河東羅崇之，常餌松脂，不食五穀。自稱受道於中條山。世祖令崇還鄉里立壇祈請。崇云："條山有穴，與昆侖、蓬萊相屬，入穴中得見仙人，與之往來。"詔令河東郡給所須。崇入穴，行百餘步，遂窮。後召至，有司以崇誣罔不道，奏治之。世祖曰："崇脩道之人，豈至欺罔以詐於世？或傳聞不審而至於此。今治之，是傷朕待賢之意。"遂赦之。以世祖之酷而能如是，蓋深審其無他也。然欺人者實不少。《勤求篇》謂可有十餘人。《祛惑篇》述其欺詐之狀，真可發一笑。然葛氏於其師鄭隱，葛氏受業鄭隱，見《遐覽篇》。崇信甚至，而隱恐即欺人之人。何者？隱信金

_____

① 宗教：寇謙之不甘臣虜之一證。

② 宗教：方士不必欺人。

丹甚篤,《黄白篇》謂其與左慈試作有成,不應不服,然則何以不仙去邪?而葛氏曾不之知,故人不可以有所蔽也。

方士中之一派,奔走於貴人之間。河間大妃之去鄴,必待道士而後決,已見第三章第三節。三王之起兵也,趙王倫拜道士胡沃爲大平將軍。又令近親於嵩山著羽衣,詐稱王子喬,作神仙書,述倫祚長久以惑衆。皆其最得信任者也。此等人日與貴人爲緣,亦有爲其所害者,如孟欽、王嘉是。然自其徒言之,仍不妨以爲未嘗遇害,且别有異迹。孟欽、王嘉,皆見《晉書・藝術傳》。欽洛陽人,符堅召詣長安。惡其惑衆,命符融誅之。俄而欽至。融留之。遂大燕郡寮。酒酣,目左右收欽,欽化爲旋風,飛出第外。頃之,有告在城東者。融遣騎追之。垂及,忽然已遠。或有兵衆距衛,或前谿澗,騎不得進,遂不知所在。堅末,復見於青州,符朗尋之,入於海島。蓋其人實爲堅所殺,而其徒造爲此言也。嘉字子年,爲姚萇所殺。然道家甚尊信之。《傳》云:其所造《牽三歌讖》,事過皆驗,累世猶傳之。李少君明係病死,葛洪且信爲尸解,《抱朴子・論仙》。人之有所蔽者,誠不可以常理喻也。此等人迄不絶。如北齊文宣所信之由吾道榮,周文帝所信之李順興,皆其人也。皆見《北史・藝術傳》。因之圖讖之類,亦或託之道家。如《隋書・經籍志》所載《老子河洛讖》、《嵩高道士歌》等是矣。又一派則遊行民間。《晉書・藝術傳》云:戴洋,吳興長城人,年十二,遇病死。五日而蘇。説死時天使爲酒藏吏,授符籙,給吏從、幡麾。將上蓬萊、昆侖、積石、大室、恒、廬、衡等山。既而遣歸。逢一老父,謂之曰:"汝後當得道,爲貴人所識。"及長,遂善風角。爲人短陋,無風望,然好道術,妙解占候、卜數。吳末爲臺吏,知吳將亡,託病不仕。及吳平,還鄉里。後行至瀨鄉,經老子祠,皆是昔死時所見使處,但不復見昔物耳。因問守藏應鳳曰:"去二十餘年,嘗有人乘馬東行,過老君而不下,未及橋墜馬死者不?"鳳言有之。所問之事,多與洋同。此人乃以占候、卜數遊行民間者,而亦自託於老子,無怪老子之多受附會矣。此等託辭誑惑之徒,初未必有爲亂之意,然亦或爲亂人所假藉。晉初有李脱者,自言八百歲,故號李八百,爲王敦所殺,已見第四章第三節。《抱朴子・道意篇》論淫祀之宜絶云:"諸妖道百餘種,皆殺生血食,獨李家道無爲爲小差。或問李氏之道,起於何時?答曰吳大帝時,蜀中有李阿者,穴居不食,傳世見之,號爲八百歲公。人往往問事,阿無所言但占問顏色。若顏色欣然,則事皆吉,若顏容慘戚,則事皆凶,若含笑者,則有大慶,若微歎者,即有深憂,如此之候,未曾一失也。一旦忽去,不知所在。後有一人,姓李名寬,到吳而蜀語。能呪水治病,頗愈。於是遠近翕然,謂寬爲李阿,因共呼之李八百。而實非也。自公卿已下,莫不雲集其門。後轉驕貴,不復得常見,賓客但拜其外門而退。其怪異如

此。於是避役之吏民，依寬爲弟子者，恒近千人。而升堂入室，高業先進者，不過得祝水及三部符、道引日月行氣而已。了無治身之要，服食神藥，延年駐命不死之法也。吞氣斷穀，可得百日以還亦不堪久。此是其術至淺可知也。予親識多有及見寬者，皆云：寬衰老羸悴，起止欬噫，目瞑耳聾，齒墮髮白，漸又昏耗，或忘其子孫，與凡人無異也。然民復謂寬故作無異以欺人。豈其然乎？吳曾大疫，死者過半。寬所奉道室，名之爲廬。寬亦得溫病，託言入廬齋戒，遂死於廬中。而事寬者猶復謂之化形尸解之仙，非真死也。"綜觀其事，蜀中蓋有一穴居不食之士，李阿已非其人，李寬更無論矣。然即寬亦非有意於爲亂，事之者之多，特爲避役計耳。然至李脫，則竟別有所圖矣。范長生亦不過索隱行怪之徒，如桔橰俯仰以求自免，見第三章第六節。而後隗文、鄧定，竟立其子賁爲帝，爲晉平西將軍周撫龍驤將軍朱壽所擊斬。撫，周訪子，見《晉書·周訪傳》。則更非賁始願所及矣，故事之推波助瀾，不可測也。《抱朴子·袪惑篇》曰：有道士白和，忽去不知所在。有一人於河北自稱爲白和。遠近往奉事之，大得致遺，甚富。而白和弟子，聞和再出，大喜，往見之，乃定非也。此人因亡走矣。此則李寬之敗露較速者也。